Erika Därr

Agadir, Marrakesch und Südmarokko

„Marokko liefert sich nicht aus, man muß es sich selbst suchen.“

Tahar Ben Jelloun

REISE
KNOW-HOW
Der REISE KNOW HOW
Verlag Därr GmbH ist Mitglied
der **Verlagsgruppe REISE KNOW HOW.**
– REISE KNOW HOW im Internet –
Aktuelle Reisetips und Neuigkeiten
Ergänzungen nach Redaktionsschluß
Büchershop und Sonderangebote
Leserforum rund ums Reisen
http://www.reise-know-how.de

Erika Därr

Agadir
Marrakesch
Südmarokko

Die Deutsche Bibliothek - CIP-Einheitsaufnahme
Ein Titeldatensatz für diese Publikation ist bei Der Deutschen Bibliothek erhältlich

Impressum

2. Auflage 2000/Redaktionsschluß Oktober 1999
REISE KNOW-HOW Verlag Därr GmbH
Im Grund 12, 83104 Hohenthann,
Tel. 0 80 65 / 91 72, Fax 91 73
eMail: rkh.daerr@t-online.de

ISBN 3-89662-069-X

Auslieferung für den Buchhandel
Deutschland: Prolit Buchvertrieb
PF 9, 35463 Fernwald / Annerod (oder Barsortimente)
Schweiz: AVA Buch 2000
PF 89, CH-8910 Affoltern a. A.
Österreich: Mohr & Morawa Buchvertrieb
PF 260, A-1101 Wien
Niederlande: Nilsson & Lamm, NL-Weesp

Umschlag-Konzept und -Design:
Manfred Schömann / Peter Rump, Bielefeld
Umschlag-Gestaltung: Michael Luck
Karten: Bernhard Spachmüller, Schwabach
Lektorat & Layout: Erika Därr
Lithos: Litho Connection, Starnberg
Druck: Fuldaer Verlagsanstalt, Fulda

VORWORT

Marokko, Königreich zwischen Sahara und Meer, ist ein ideales Ziel für aufgeschlossene und aktive Urlauber, die Entspannung am Strand mit der Erkundung orientalischer Sehenswürdigkeiten verbinden wollen!

Natürlich ist die Atlantik-Metropole Agadir zunächst vor allem ein preiswertes Ziel für einen **Badeaufenthalt.** Hotels wie aus „1001 Nacht" werden sie in Agadir kaum, aber in Marrakesch finden, dafür aber eine komfortable, moderne Hotellerie, lange, feinsandige Badestrände, ein vielseitiges Sport- & Unterhaltungsangebot, alles gekrönt von einem strahlend blauen Himmel und immerwährendem Sonnenschein - bessere Voraussetzungen für die schönsten Wochen des Jahres lassen sich kaum denken.

Aber das allein kann es nicht sein. Marokko ist mehr. Marokko ist auch Marrakesch, Blick in die Vergangenheit und in eine andere Welt. Die alte Hauptstadt und die südlichen Landesregionen stehen für die **orientalische Faszination:** Bunte, lebhafte Märkte locken ebenso wie verschachtelte Altstädte, in denen dicht aneinandergereiht die Buden der Händler und Handwerker das Interesse wecken und zum Einkaufen animieren. Eine Besichtigung wert sind die historischen Bauten der Königsgeschlechter der Almohaden und Saaditen in Marrakesch genauso wie die Gärten und Palmenhaine.

Die **Landschaft** Marokkos ist **abwechslungsreich.** Lichte Kiefern- und Eukalyptuswäldchen bilden häufig das Hinterland der Strandzonen nördlich von Agadir, während die Macchia bis nahe ans Meer heranreicht. In den südlichen Küstenregionen weicht die Macchia dann zunehmend einer Wüstenvegetation aus Sukkulenten, Bäume werden seltener, nur noch vereinzelt finden sich Palmen in trockenen Oueds (Wadis).

Das Landesinnere zeigt sich gebirgig. Tafelberge mit schrundigen Auswaschungen, Felskegel, karge Hochflächen, grüne, fruchtbare Täler und Senken bestimmen das Landschaftsbild im südlichen Hohen Atlas, der nördliche Hohe Atlas bekommt mehr Regen ab, so daß bewaldete Hänge und sprudelnde Gebirgsbäche, Oleander und Obstbäume zu sehen sind. Der Anti-Atlas mit seinen wuchtigen Granitbergen, bizarren Felsformationen und engen Palmentälern um Tafraoute ist besonders reizvoll. In den Bergregionen finden sich alte Speicherburgen neben prächtigen, farbenfrohen, neuen und alten Wohnhäusern der Chleuh(Schlöh)-Berber.

Im Drâa- und Dadèstal thronen die mächtigen Kasbahs der Berber wie Ritterburgen auf Anhöhen über den Flußtälern. Entlang der Straße der Kasbahs von Ouarzazate nach Errachidia werden weite Steinwüstengebiete durchquert, die im Norden vom Hohen Atlas, im Süden vom vulkanischen Djebel Siroua und Jebel Sarhro begrenzt und von fruchtbaren Palmenoasen unterbrochen werden. Das dicht von Palmen gesäumte Ziztal zieht sich in Richtung Erfoud nach Süden, und dort ist dann wirklich die Sandwüste - der Erg Chebbi - erreicht.

Ein besonderes Erlebnis ist eine **Saharatour** - sei es mit dem Landrover oder dem Kamel. Übernachtet wird entweder in den Beduinenzelten der Wüstencafés oder in einfachen Hotels am Rande der Dünen. Spätestens hier oder in Zagora, der reizvollen Oase im Drâatal, wird auch ein Kamelritt fällig. Das erhabene Gefühl, auf dem Rücken eines dieser schwankenden Wüstenschiffe durch Palmenhaine und Sanddünen zu reiten, sollte sich kein Marokkobesucher entgehen lassen!

Marokko garantiert dem interessierten Gast einen erlebnisreichen Urlaub voll neuer und unvergeßlicher Eindrücke - sofern man bereit ist, den Hotelbereich zu verlassen und Wert legt auf mehr als nur Körperbräunung und eine Djellabah aus der Hotelboutique. Keine falsche Scheu in der Fremde! Auch wenn mangelnde Sprachkenntnisse abschrecken und viele der allzu „hilfreichen Geister" in Marokko ein Ärgernis sind: Unternehmen Sie wenigstens den ein oder anderen Ausflug, vielleicht auch erst einmal im Rahmen einer organisierten Tour, und wer weiß... womöglich kommen Sie auf den Geschmack!

Mit diesem Buch will ich vor allem den **Fluggast,** der sich nur im Süden - ob **organisiert oder individuell** (mit Mietwagen oder öffentlichen Verkehrsmitteln) - im Süden Marokkos aufhält, ansprechen. Der Besucher soll Wissenswertes über Land & Leute, über seinen Urlaubsort im speziellen, über die Vielfalt an Sehenswürdigkeiten und Ausflugszielen erfahren. Praktische Hinweise und Tips sowie Informationen zu Hintergründen sollen den Aufenthalt und die Orientierung erleichtern und das Verständnis für Marokkos Menschen und Kultur fördern.

Individualreisende, die sich mehrere Wochen im ganzen Land aufhalten oder mit eigenem Fahrzeug - sei es mit Wohnmobil oder Geländewagen, zu Fuß oder mit demFahrrad das Land durchqueren, und jene, die ausführlicher über Marokko informiert werden wollen, weise ich auf das im selben Verlag erschienene **Reisehandbuch „Marokko - Vom Rif zum Anti-Atlas"** hin. Auf rund 990 Seiten erhält der Leser detaillierte Routenbeschreibungen (speziell auch zu Bergpisten und Wüstenregionen mit GPS-Daten), umfassende Hintergrundinformation, Tipps zum Bergsteigen, Gleitschirmfliegen und Wildwasser sowie unzählige wertvolle Tips für die Vorbereitung und Durchführung seiner marokkanischen „Entdeckungsreise".

Mit den besten Wünschen für einen gelungenen, erholsamen und interessanten Marokkoaufenthalt

Ihre

INHALTSVERZEICHNIS

ALS GAST IN MAROKKO

LAND & LEUTE

AGADIR & NÖRDLICHE KÜSTE, SOUS & ANTI-ATLAS

MARRAKESCH & HOHER ATLAS

SÜDMAROKKO

PRAKTISCHE INFOS VON A–Z

ANHANG

ALS GAST IN MAROKKO

SEGEN UND FLUCH DES TOURISMUS

DIE MAROKKANER BEISSEN NICHT!

SEGEN UND FLUCH DES TOURISMUS

Einige Anregungen für richtiges Verhalten im Gastland

Touristen bringen Geld, und Marokko ist um den weiteren Ausbau des Tourismus bemüht. Allerdings kommen die Devisen nur zum Teil der marokkanischen Bevölkerung zugute, denn ein gutes Stück vom Kuchen bleibt den Touristen in Form von Luxusgütern, die importiert werden müssen, um die hohen Ansprüche der Besucher zu befriedigen.

Auch sonst hat der Tourismus nicht nur positive Seiten. Wenn man beobachtet, wie Busladungen kamerabewehrter Urlauber sich zur Schnellvisite über ein abgelegenes Bergdorf ergießen oder Touristinnen in knappen Shorts und tief ausgeschnittenen Tops ungeniert durch arabische Altstädte bummeln, läßt sich erahnen, welch **unterschiedliche Welten und Moralvorstellungen** hier aufeinanderprallen. Daher sollte nie vergessen werden: Auch wer bezahlt, bleibt Gast und hat die **landestypischen Sitten zu respektieren.** Religion, Gebräuche, Kultur und Mentalität der Marokkaner weichen nun einmal stark von europäischen Maßstäben ab.

Wo zu viele Fremde auftauchen, hat sich das **Verhalten der Einheimischen** inzwischen verändert. Während man sich entlang der Küste und in den großen Städten mittlerweile an Touristen gewöhnt hat und diesen mal reserviert, mal geschäftstüchtig, aber weitestgehend freundlich begegnet, wird der Besucher an stark frequentierten Ausflugszielen vor allem in den Hochgebirgsregionen des südlichen Hohen Atlas oft bedrängt, gelegentlich regelrecht belästigt und angebettelt. Man bedenke jedoch: Für den einfachen Marokkaner ist ein Europäer, der sich eine Auslandsreise leisten kann, der gut gekleidet in für ihn unerschwinglichen Hotels wohnt, zumindest reich genug, um auch ihn daran teilhaben zu lassen. Wenn wohlmeinende, aber gedankenlose Touristen ohne jede Gegenleistung Bonbons, Kugelschreiber oder gar Geld an die „armen Kinder" verteilen, ist es kein Wunder, wenn die nächsten Besucher umso forscher bedrängt werden. Abseits der Touristenpfade, in den Seitentälern des Anti-Atlas oder des Hohen Atlas oder in touristisch unattraktiven Gebieten trifft man nach wie vor auf eine freundliche Bevölkerung und herzliche Gastfreundschaft.

Das große Geld im Tourismus machen vorwiegend die Veranstalter und Hotelbesitzer; Angestellte und kleine Dienstleistende finden oft nur saisonweise Arbeit und müssen bei geringem Einkommen zusehen, wie die Gäste in Saus und Braus leben. Auch ist die Kauflust der Europäer schlechter geworden, so daß der **Konkurrenzkampf** von Teppichhändlern und Souvenirverkäufern **immer härter** wird: Nur wer ständig auf sich und seine Ware aufmerksam macht, hat Chancen,ein Geschäft zu machen. Man sollte das berücksichtigen, wenn die Händler wieder einmal besonders penetrant und nervend zum Kauf animieren.

Es wird sich nie ganz vermeiden lassen, daß man in einem fremden Land da oder dort ins Fettnäpfchen tritt. Wer sich jedoch für die Menschen, ihre Lebensart und ihren Alltag interessiert und versucht, sie zu verstehen, wird ganz von allein nicht so viel falsch machen wie der ignorante Reisende, dem nur seine Erholung, Sonne, Meer und die Qualität des Strandes und des Essens wichtig sind und der das Drumherum lediglich als malerische und exotische Kulisse registriert.

TOURISTENKNIGGE

1. Beginnen Sie Ihre Reise unvoreingenommen mit dem Wunsch, mehr über das Land und seine Menschen zu erfahren.
2. Respektieren Sie die Gefühle der gastgebenden Bevölkerung. Bedenken Sie, daß Sie durch Ihr Verhalten auch ungewollt verletzen können. Dies trifft vor allem auf das Fotografieren zu.
3. Machen Sie es sich zur Gewohnheit, zuzuhören und zu beobachten anstatt nur zu hören und zu sehen.
4. Halten Sie sich vor Augen, daß andere Völker oft andere Zeitbegriffe haben. Das heißt nicht, daß diese schlechter sind - sie sind eben verschieden.
5. Entdecken Sie, wie interessant und wertvoll es sein kann, eine andere Art des Lebens kennenzulernen.
6. Machen Sie sich mit den örtlichen Sitten und Gebräuchen vertraut. Sie werden sicher jemanden finden, der Ihnen dabei hilft.
7. Legen Sie die Gewohnheit ab, auf alles eine Antwort parat zu haben. Seien Sie mal derjenige, der eine Antwort haben möchte.
8. Denken Sie daran, daß Sie nur einer von tausenden Touristen im Land sind. Beanspruchen Sie keine besonderen Privilegien.
9. Wenn Sie etwas günstig eingekauft haben, denken Sie daran, daß Ihr Vorteil vielleicht nur deswegen möglich war, weil die Löhne in Ihrem Gastland niedrig sind.
10. Machen Sie niemandem Versprechungen, wenn Sie nicht sicher und willens sind, sie auch zu halten.
11. Nehmen Sie sich täglich etwas Zeit, um Ihre Erlebnisse zu verdauen. Sie werden dann mehr vom Reisen haben.
12. Wenn Sie es auf Reisen wie zu Hause haben wollen, dann verschwenden Sie Ihr Geld nicht fürs Reisen und bleiben lieber daheim.

Kugelschreiber, ein willkommenes Geschenk: aber bitte nicht ohne Gegenleistung verschenken!

WASSERKNAPPHEIT

Gehen Sie sparsam, zumindest bewußt mit Wasser um. Einige Touristenhotels machen ihre Gäste bereits gezielt auf dieses Problem aufmerksam. Gut gefüllte Pools in allen besseren Hotels gaukeln Wasser in Hülle und Fülle vor, aber nur durch den kostspieligen Bau zahlreicher Stauseen kann die Versorgung des Landes mit Trinkwasser aufrecht erhalten werden. Die Hotelzentren in Agadir wurden z. B. im Trockenjahr 1994/95 immer mit Wasser versorgt, während der einheimischen Bevölkerung das **Wasser rationiert** wurde. Besonders kritisch ist die Situation in den Saharaoasen, wo durch den unverhältnismäßig hohen zusätzlichen „touristischen" Bedarf der Grundwasserspiegel sinkt und dadurch die gesamte Oasenwirtschaft gefährdet.

FOTOGRAFIEREN

Die vielen fremdartigen Motive Marokkos verlocken zu häufigem Gebrauch der Kamera. Aber **Vor- und Rücksicht!** Grundsätzlich verboten ist das Filmen und Fotografieren militärischer Einrichtungen im weitesten Sinne, dazu gehören auch die Staumauern der Stauseen. Zurückhaltung also, wenn Antennenanlagen, beflaggte Gebäude, Militärzäune, Uniformierte etc. mit in die „Schußlinie" kommen.

Nach strenger Koranauslegung ist jede bildliche Darstellung des Menschen verboten, daher ist v. a. bei Personenaufnahmen äußerstes Feingefühl gefragt. Wer Menschen fotografieren will (und dies nicht unbemerkt tun kann), sollte sich durch Fragen oder entsprechende freundliche Gestik vergewissern, daß der Betroffene nichts dagegen hat. Im Zweifelsfall: kein Foto. Während die berberische Bevölkerung zumeist aufgeschlossen aufs Fotografieren reagiert, ist es nach wie vor undenkbar, z. B. eine traditionell gekleidete arabische Frau ungefragt aus der Nähe „abzuschießen". Auf wenig Verständnis stoßen auch Fotografen, die ärmliche Verhältnisse (Slums, Müllhalden, baufällige Häuser, Bettler, etc.) als Motiv wählen.

Polaroidfotos sind eine gute (aber leider teure) Möglichkeit, sich für eine Einladung oder Dienstleistung zu revanchieren, ebenso das (natürlich einzuhaltende) Versprechen, Fotos später von zu Hause aus zu schicken.

EINLADUNGEN

Der Besucher Marokkos entwickelt mit der Zeit ein Gespür dafür, ob echte **Gastfreundschaft oder** nur **Geschäftssinn** hinter einer Einladung steckt. In touristischen Hochburgen ist ein gesundes Mißtrauen angebracht, aber nicht immer berechtigt. Zwar mag einem der angebotene Tee dann in einem Laden neben hohen Stapeln von Teppichen gereicht werden; wer jedoch partout nichts kaufen will und dies klar kundtut, wird ohne Groll wieder entlassen.

Abseits der touristischen Zentren wird der Besucher im allgemeinen auch heute noch traditionsgemäß herzlich und ohne kommerzielle Hintergedanken begrüßt und aufgenommen. Legen Sie dann Ihre europäische Hektik ab, zeigen Sie Interesse für Ihre Gastgeber, lassen Sie Ihre Schuhe vor der Wohnungstüre stehen, und strecken Sie Ihrem Gegen-

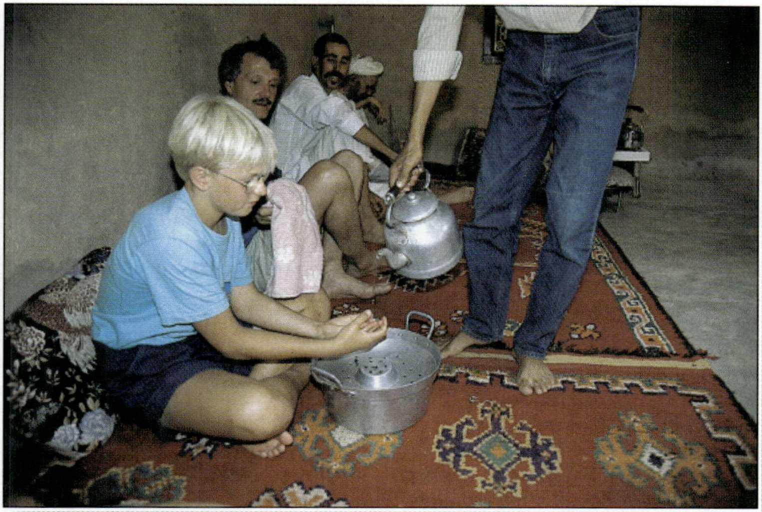

Zu Gast bei einer marokkanischen Familie

über niemals die Fußsohlen entgegen, also am besten im Schneidersitz.

Man sitzt traditionell auf Teppichen oder Sitzkissen, die auch später zum Schlafen benutzt werden. Die Frauen der Familie werden Sie abseits der großen Städte in der Regel nur zum Auftragen der Speisen sehen, üblicherweise essen die Frauen und Kinder von den Männern getrennt. Bei Touristinnen wird eine Ausnahme gemacht. **Essen Sie nur mit der rechten Hand**, **die linke gilt als unrein** (da man sich damit nach der Toilette das Hinterteil säubert). Reichen Sie einem Marokkaner Zigaretten oder auch ein kleines Gastgeschenk, was im Falle einer privaten Einladung angebracht wäre, dann ebenfalls nur mit der rechten Hand.

Üblicherweise wird vor und nach dem Essen ein Krug mit Wasser, Seife und eine Schüssel zum Händewaschen gereicht. Dieser Brauch ist sehr sinnvoll, wird aber inzwischen oft unterlassen. Die übliche marokkanische **Begrüßung** im Haus und auf der Straße ist: „Läbäs (bes)?“, was in etwa heißt: „Wie geht's?“, oder: „marhaba“ – „willkommen“ bzw. seltener das arabische „Salam aleikum“. Darauf folgt ein „läbäs el hamdulilah“ – „Ehre sei Gott“. Zur Verabschiedung sagt man „Besslama“ bzw. „Ma S'lama (Ma Salama – Saleikum ma Salam)“ – „Auf Wiedersehen“.

Wenn Sie bei einer Stadtfamilie zu Gast sind, kann es durchaus vorkommen, daß den ganzen Abend der Fernseher läuft, was nicht etwa Unhöflichkeit dem Besucher gegenüber darstellt, sondern den Stolz auf die modernen technischen Errungenschaften dokumentiert. Der Fernseher ist in den Städten ein solch wichtiger Bestandteil des Haushalts geworden, daß er häufig den ganzen Tag eingeschaltet bleibt, auch wenn nebenbei alle anderen Dinge des täglichen Lebens erledigt werden.

ALLEINREISENDE FRAUEN

Kein Problem. Auch eine Frau kann sich grundsätzlich unbesorgt allein und fernab des Hotelbereichs frei bewegen. Einige wichtige Punkte sollten jedoch beachtet werden: Westliches Fernsehen und Filme sowie das Verhalten einer nicht unerheblichen Zahl von Touristinnen, die einem kleinen Abenteuer im Urlaubsland durchaus nicht abgeneigt sind und sich entsprechend herausfordernd benehmen, haben unter vielen Marokkanern die Ansicht verstärkt, daß Touristinnen „leicht zu haben" sind. Was bei den eigenen Frauen undenkbar wäre – bei den freizügigen Ausländerinnen kann man doch zumindest mal sein Glück versuchen. Gelegentliche „Anmache" bis hin zu eindeutigen Angeboten, kesse Blicke und anerkennendes Pfeifen sollten vor diesem Hintergrund gesehen und nicht allzu ernst genommen werden.

Alleinreisende Frauen in **dezenter Kleidung,** die zurückhaltend, gleichzeitig aber **selbstsicher** auftreten, womöglich schon ein bißchen in die Jahre gekommen sind, haben im allgemeinen nichts zu befürchten. Wer seine Ruhe haben will, sollte auch jeden direkten **Blickkontakt mit Männern vermeiden** und eventuelle Zudringlichkeiten freundlich, aber bestimmt (und laut) ablehnen. Wenn in Gesprächen der eigene Verlobte, Ehemann oder gar Kinder erwähnt wer-

Als alleinreisende Frauen herzlich in einer Gastfamilie aufgenommen

den, dürfte auch das hartnäckigste Interesse versiegen. Als Verlobte oder verheiratete Frau und erst recht als Mutter wird auch eine Ausländerin respektiert. Allerdings wäre zu erwähnen, daß nach wie vor das Verständnis fehlt, warum man ohne männliche Begleitung reist. Bei echten Belästigungen findet man in der Regel Schutz bei älteren Marokkanern, die das aufdringliche Verhalten der Jüngeren meist mißbilligen und entsprechend eingreifen.

SONSTIGES

Gefühlsbezeugungen oder gar der Austausch von **Zärtlichkeiten** zwischen Mann und Frau in der Öffentlichkeit **widersprechen den islamischen Moralvorstellungen.** Umgekehrt läßt sich beobachten, daß marokkanische Männer häufig händchenhaltend oder Arm in Arm miteinander durch die Straßen gehen. Dies ist in der Regel Ausdruck einer ganz „normalen", guten Freundschaft unter Männern und in Marokko durchaus üblich. Man sollte jedoch nicht verschweigen, daß Homosexualität zwar geächtet aber weit verbreitet ist und diesbezügliche Offerten immer wieder an männliche Touristen herangetragen werden.

Als ungebührlich gilt, wenn ein männlicher Tourist in der Öffentlichkeit eine marokkanische Frau anspricht, und sei es nur, um nach dem Weg zu fragen. Ganz und gar ungewöhnlich ist es, als Mann von einer oder mehreren marokkanischen Frauen angesprochen zu werden. Diese Form der Kontaktaufnahme wird nur von Prostituierten gewählt, selbst wenn die Damen überhaupt nicht danach aussehen und sich erst ganz harmlos als am Fremden interessierte Studentinnen ausgeben.

Zu respektieren sind die **religiösen Sitten: Moscheen dürfen** in Marokko von Andersgläubigen (Ausnahme ist die Hassan II. Moschee in Casablanca) **nicht besichtigt werden,** allenfalls kann man einen Blick durch den Eingang in den Innenhof werfen. Nach der Religion gefragt, sollte man/frau sich nicht als Atheist, sondern als Christ bekennen, wenn man nicht Unverständnis ernten will. Während des Fastenmonats Ramadan sollten auch Touristen in der Öffentlichkeit Zurückhaltung bezüglich Rauchen, Essen und Trinken üben. Alkoholgenuß sollte generell auf Hotels, Bars und Restaurants beschränkt bleiben; animieren Sie keinen Moslem zum Alkoholkonsum.

In der Nähe von Grenzen, im Süden in Richtung Westsahara und gelegentlich auch an den Ein- und Ausfahrtsstraßen der großen Städte gibt es **Polizei-Checkpoints,** deshalb sollte der Paß immer griffbereit sein und nicht für die Dauer des Urlaubs an der Hotelrezeption verbleiben.

Beamten sollte man/frau immer **freundlich begegnen.** Autoritäten werden in Marokko noch wesentlich mehr respektiert als bei uns. Die Autorität des Staates, der Amtspersonen, aber auch der Eltern ist noch kaum in Frage gestellt. Deshalb sollten kritische oder gar beleidigende Äußerungen, sowohl was den König als auch das Land betrifft, unterbleiben. Der Stolz auf das Land, seine Kultur und seine Werte ist groß, und selbst dem System kritisch gegenüberstehende Marokkaner werden selten negativ über ihre Heimat sprechen.

DIE MAROKKANER BEISSEN NICHT!

Nur Mut zu eigenen Unternehmungen

Direkte Kontakte mit den Einheimischen und persönliche Beobachtungen prägen sich tiefer ein und wiegen später in der Erinnerung oft mehr als alle noch so spektakulären organisierten Programme. Sie machen den eigentlichen Reiz jeder Reise aus, und auf solche Erlebnisse sollte kein Besucher, auch nicht der organisiert Reisende, verzichten.

Wer **zum ersten Mal nach Marokko,** vielleicht zum ersten Mal nach Afrika überhaupt kommt, wird zunächst vermutlich ziemlich „fremdeln". Vieles ist anders als bei uns, die Sprache, die Religion, die Mentalität der Landesbewohner; man kennt sich nicht aus mit öffentlichen Verkehrsmitteln, ist unsicher beim Einkaufen und in Restaurants, fühlt sich schutzlos im Gewühle eines Marktes oder in unbekannten Stadtvierteln. Kurzum: Viele Pauschalurlauber trauen sich oft kaum aus ihrem ghettoartigen Hotelbereich hinaus. Ausflüge werden meist nur unter den Fittichen erfahrener Agenturen und Reiseleiter unternommen, die zweifellos bemüht sind, so viel wie möglich an Sehenswertem in ihre Touren zu packen, mit der Folge allerdings, daß das Programm prallvoll und gedrängt ist und keine Zeit zum „Atmosphäre schnuppern", keine Chance für private Erlebnisse läßt.

Nichts spricht dagegen, Ausflüge und Rundfahrten zu buchen; manches läßt sich ohnehin kaum oder nur mühsam in der Kürze der Zeit auf eigene Faust organisieren. Wer jedoch das Land und seine Menschen wirklich kennenlernen will, sollte versuchen, die ausgetretenen Touristenpfade zu verlassen. Das ist für jeden Hotelgast problemlos möglich und keineswegs ein riskantes Unterfangen, wie Reiseleiter gelegentlich – in weiser Berechnung – zu suggerieren versuchen.

Die Marokkaner sind ausgesprochen **gastfreundlich, tolerant, hilfsbereit und kontaktfreudig.** Man spürt dies schnell und fühlt sich dadurch auch bald sicherer in der fremdartigen Umgebung. Wenn Sie sich irgendwo verlaufen haben oder sonstwie Hilfe brauchen – sprechen Sie einen Passanten an oder gehen Sie ins nächstbeste Geschäft. Man wird Sie notfalls so lange „weiterreichen", bis irgendjemand gefunden ist, der Ihnen – wenn es sein muß, in Ihrer Sprache – weiterhilft. Vor allem in Agadir sprechen mittlerweile so viele Marokkaner deutsch, daß dies kein Problem sein sollte.

Dunkle, enge, abgelegene Altstadtgassen, die man in südeuropäischen Ländern – wenn überhaupt – nur mit Gänsehaut, schnellem Schritt und festem Griff um die Handtasche durcheilen würde, können in Marokko sorglos durchstreift werden. Die **Kriminalitätsrate** insgesamt liegt im Vergleich zu Deutschland und anderen Urlaubsländern extrem niedrig, auch wenn sie in **Agadir** selbst im Steigen begriffen ist. Dies ist aber natürlich auch auf die extremen Gegensätze zwischen der Glitzerwelt des Tourismus und den ärmlichen Lebensverhältnissen der häufig arbeitslosen Jugendlichen und ebenso auf den wesentlich zügelloseren Alkoholkonsum der männlichen Stadtbevölkerung zurückzuführen. Nicht selten setzen Männer in Agadir ihren geringen Verdienst in Bier um, und wenn der nicht ausreicht für die entsprechende Zeche, dann kommt der eine oder andere schon auf den Gedanken, sich das Geld von Touristen zu verschaffen. Im übrigen Marokko wäre so etwas undenkbar; Alkohol ist kaum erhältlich, und erst recht würde man in der Öffentlichkeit nicht damit gesehen werden wollen. Allenfalls wird verschämt in der Plastiktüte versteckt eine Flasche Wein oder Bier für einen Gast nach Hause gebracht.

Trotz einer gewissen Gefahr des Taschendiebstahls in der Nähe der Touristenzentren (die man aber nicht überbewerten sollte), muß man sich viel eher gegen eine gewisse „Schlitzohrigkeit" wappnen, wenn z. B. in phantasievollen Varianten immer wieder versucht wird, dem Besucher Führerdienste oder Souvenirs aufzudrängen.

„Wäre es Ihnen möglich, mir einen Brief eines deutschen Freundes zu übersetzen?", ist einer der ältesten Tricks, um Sie in einen Laden zu lokken. Auch nicht gerade selten ist eine vorgetäuschte Autopanne und die Bitte, doch einen der Beifahrer mit in die nächste Stadt zu nehmen. Darauf folgt natürlich selbstverständlich eine Einladung zum Tee – im nächsten Teppichladen! Man übe sich in freundlicher, aber selbstsicherer und konsequenter Ablehnung – und bald kehrt Ruhe ein, zumindest für kurze Zeit...

Im Gedränge nicht den Überblick verlieren

Vorschläge, was sich von den verschiedenen Ferienzentren aus unternehmen läßt, und Hinweise auf lohnende Ziele finden sich jeweils in den Ortsbeschreibungen, allgemeine Tips und Ratschläge in verschiedenen Sonderkapiteln. Klemmen Sie sich einen Stadtplan unter den Arm und marschieren Sie los, mieten Sie sich ein Fahrrad oder einen Motorroller, nehmen Sie sich – zur Kostensenkung evtl. zusammen mit anderen Gästen – einen Mietwagen, oder steuern Sie einfach mit dem Linienbus oder mit einem „Grand Taxi", das Sie auch komplett mit Fahrer für einen ganzen Tag mieten können, naheliegende, interessante Ziele an. Es kostet Sie – nebenbei bemerkt – einen Bruchteil dessen, was Sie für eine organisierte Tour bezahlen, und Sie können sich die Zeit unterwegs nach Gutdünken einteilen.

Hotelrezeptionen und die in allen größeren Touristenzentren vorhandenen Informationbüros sind behilflich, wenn es um Auskünfte zu lokalen Ereignissen und Veranstaltungen geht. Auch die in größeren Hotels ausliegenden Informations-Ordner der Reiseveranstalter sowie die „Schwarzen Bretter" enthalten nützliche Tips.

Sollten Sie größere Aktivitäten auf eigene Faust planen – besonders auch abseits touristischer Routen, oder womöglich sogar Geländewagenstrecken im Hohen Atlas oder der Wüste –, empfehle ich Ihnen mein ausführlicheres, im gleichen Verlag und der gleichen Reihe erschienenes Reisehandbuch „Marokko – Vom Rif zum Anti-Atlas" mit detaillierten Routenbeschreibungen für das ganze Land. Die Neuauflage erscheint voraussichtlich im Sommer 2000.

URLAUB UND UMWELT

Wer sich öfters in Dritte-Welt-Ländern aufhält, gewöhnt sich an den Müll, den Schutt und die Plastiktüten, die wild verstreut in der Gegend herumliegen. Auch Marokko erreicht natürlich keinen deutschen Umweltstandard, aber im Vergleich zu vielen anderen arabischen Staaten herrschen hier geradezu paradiesische Zustände.

Ausnahmen sind in erster Linie die **Randgebiete der Großstädte.** Trifft man mit dem Touristenbus von Marrakesch kommend am Stadtrand von Agadir ein, oder fährt man von *Ait Melloul* die Stadtautobahn vom Flughafen zur Stadt, dann wird man ein verständnisloses Kopfschütteln nicht unterdrücken können. Auch die dunkelste Sonnenbrille bewahrt einen nicht vor dem Anblick der herumfliegenden schwarzen Plastiktüten.

Aber keine Sorge: Ist man erst einmal **im Hotel,** so entsprechen die **hygienischen Verhältnisse** den Anforderungen der ausländischen Kundschaft. Heerscharen von Bediensteten und Putzpersonal sind ständig im Einsatz, um die Hotelräume, die Außenanlagen und den Strand in Schuß zu halten. Aber die Verantwortlichkeit endet vor der Tür, und außerhalb der Touristenmeile und des Stadtzentrums ist es oft vorbei mit der Sauberkeit. Gleiches gilt übrigens auch für die privaten marokkanischen Haushalte: Ihr gepflegter und sauberer Charakter steht in krassem Gegensatz zu dem Schmutz im öffentlichen Raum.

Eine perfekte **Müllentsorgung** und **Straßenreinigung,** wie wir sie kennen, existiert in Marokko nur in Ansätzen. Müll, Luft- und Umweltver-

Saubere und unberührte Natur ist in Marokko noch keinesfalls die Ausnahme

schmutzung werden mit zunehmender Bevölkerungszahl und Industrialisierung ein immer brennenderes Problem. Zwar sind in größeren Städten an den Straßenrändern große Müllcontainer aufgestellt (in kleineren Orten sind es meist offene Kübel oder Fässer), man bemüht sich auch um die Aufklärung der Bevölkerung, doch landet trotzdem viel Abfall einfach im Gelände. Außerdem sorgen Wind, Hunde und Katzen dafür, daß auch der gesammelte Müll wieder verteilt wird. Eine regelrechte „Landplage" sind die **schwarzbraunen Plastiktüten,** die beim Einkauf überall großzügig ausgegeben werden und dann landesweit Straßen, Gehwege, Gärten und Felder verunzieren und an Zäunen, Sträuchern und Bäumen hängen. Hier könnte ein gewaltiger Schritt in Richtung Umweltschutz getan werden, würde eine Pfandgebühr auf Plastiktüten erhoben, denn dann käme es schnell dazu, daß Einheimische und Touristen auf die traditionellen Bastkörbe zurückgreifen.

Der **Mangel an Umweltbewußtsein** ist erschreckend. Wenn schöne Strände, Park- oder Picknickplätze übersät sind mit Plastikflaschen, Kronkorken und rostigen Sardinenbüchsen, dann könnte man schon in Depressionen verfallen, auch wenn von Zeit zu Zeit wieder Säuberungsaktionen stattfinden. Andererseits sollte berücksichtigt werden, daß Umweltschutz und die entsprechende Bewußtseinshaltung immer auch in direkter Beziehung stehen zum allgemeinen Wohlstand eines Landes und seiner Einwohner. Ein bekannte Weisheit paraphrasierend, könnte man formulieren: „Fressen kommt vor Sauberkeit", und viele Marokkaner haben nun mal in erster Linie damit zu tun, ihren Lebensunterhalt zu sichern und sorgen sich wenig um die Sauberkaut außerhalb ihrer vier Mauern. Wie aber in allen arabischen Ländern ist es dafür in der eigenen Wohnung um so sauberer!

Um so ärgerlicher ist es deshalb, wenn der in ökologischer Hinsicht sensibilisierte Tourist im Ausland alle Hemmungen fallen läßt, nur weil sich die meisten Einheimischen einen Dreck um Umweltbelange kümmern. Hier besteht eine gute Gelegenheit, als Vorbild aufzutreten: Hinterlassen Sie keinen Müll, gehen Sie sparsam mit Wasser um und verwenden Sie umweltfreundliche Shampoos, Seifen und Waschpulver, da die Abwässer meist ungeklärt ins Meer fließen.

Das Erscheinungsbild mancher Dörfer und Städte wird auch beeinträchtigt durch deren anhaltenden **Baustellencharakter.** Häuser bleiben lange Zeit halbfertig und unverputzt. Steine, Sand, Bauschutt und Abfall werden nach der Fertigstellung nur peu à peu weggeräumt. Der Wind wirbelt Staub und Dreck unbefestigter Bodenflächen durch die Gassen. Mancherorts stolpert man bei Rundgängen über hochstehende Steinplatten, steigt über Sandhaufen und Baumaterial, hüpft über Löcher und offene Kanalschächte - und niemanden scheint das zu stören. **Rollstuhlfahrer** haben es deshalb, und auch mangels durchgehend gepflasterter Gehwege, besonders schwer. Wenn dann die wenigen gut ausgebauten Fußgängerwege noch mit Buden und Caféstühlen vollgestellt sind, gleicht das Fußgängerdasein eher einem Amoklauf.

In Agadir kommt es vor, daß die Bewohner abends die Nase rümpfen und dabei lakonisch kommentieren: „Heute stinkt es aber wieder zum Himmel..." Grund sind die noch nicht zeitgemäße Mülldeponie und die Abwässer der Stadt, die immer noch ungeklärt abgeleitet werden. Zwar sind sowohl ein modernes Klärwerk als auch eine bessere Müllverbrennungsanlage geplant, aber wann diese Projekte fertiggestellt sein werden, ist nicht abzusehen...

Abstriche von der uns gewohnten Sauberkeit und Hygiene müssen häufig auch gemacht werden, wenn **Billighotels,** kleine Restaurants und **Garküchen** besucht werden, von **öffentlichen Toiletten** ganz zu schweigen.

Diese Zu- und Mißstände sind den Verantwortlichen durchaus bewußt. In Ministerien, Kommunen, Universitäten und Schulen sind landesweit **Umweltspezialisten** eingesetzt, die forschen, informieren und aufklären - ein weites Aufgabengebiet, das viel Geld kostet. Vieles wird bereits getan, aber noch mehr bleibt zu tun übrig. Marokko hat eine Menge Probleme zu lösen - der Umweltschutz ist nur eines davon.

Land & Leute

LANDESÜBERBLICK

GEOGRAPHISCHER ÜBERBLICK

KLIMA UND REISEZEIT

GESCHICHTE UND POLITIK

WIRTSCHAFT

BEVÖLKERUNG UND SOZIALWESEN

RELIGION

KUNST UND KULTUR

PFLANZEN- UND TIERWELT

NATURPARKS UND RESERVATE

LANDESÜBERBLICK

Quellen u. a.: Morocco in figures (Ministry of Economic Forecasting and planning; BFAI (Bank für Außenhandelsinformationen)

Lage
Marokko erstreckt sich zwischen dem 23. und 36. Breitengrad und zwischen dem 1. und 16. Längengrad. Begrenzt wird das Land vom Mittelmeer im Norden, vom Atlantik im Westen, im Süden von Mauretanien.

Größe
Ca. 458 730 km^2, mit Westsahara ca. 711 000 km^2; diese wird von Marokko als nationales Territorium beansprucht und verwaltet; Eingliederung des nördl. Teils 1975 - jetzt marokkanische Provinz Laayoun - Boujdour - Sakia al Hamra und des südl. Teils 1979, jetzt Provinz Oued ed Dahab - Laguira.

Bevölkerung
über 28,2 Millionen (geschätzt 1997), das Gebiet der Westsahara mitgerechnet.

Bevölkerungsdichte
61,5 Einwohner/km^2 ohne Westsahara, mit Westsahara 38,4 Einw./km^2.

Bevölkerungswachstum
1,89 % p.a. (geschätzt 1998, rund 40% der Bevölkerung sind unter 15 Jahren).

Bevölkerungsverteilung
12,7 Mio. Landbevölkerung, 13,4 Mio. Stadtbevölkerung.

Sprachen
Staatssprache ist Arabisch. Sehr verbreitet ist Französisch als Handels- und teilweise auch als Bildungs- und zweite Amtssprache.
In den nördlichen Regionen zwischen Mittelmeer und Rif und in der Westsahara wird von der älteren Bevölkerung gelegentlich Spanisch gesprochen.
Verbreitete Berbersprachen sind *Tamazight, Tachelheit, Tarafit* und *Hassania* (keine Berbersprache, sondern ein arabischer Dialekt, der in der Westsahara gesprochen wird).

Staatsform
Konstitutionelle Monarchie mit weitreichenden Zuständigkeiten des Königs; Zweikammerparlament (erste Kammer - *Chambre des Répresentants* mit 325 Mitgliedern und zweite Kammer - *Chambre des Conseillers,* die aus gewählten Vertreteren von Standesorganisationen, Berufsverbänden und Arbeitnehmerorganisationen

Unabhängigkeitsdenkmal in Rabat

besteht; staatliche Unabhängigkeit seit 1956; König ist seit 1961 *König Hassan II,* Premierminister seit 1997 *Aberrahmane al Youssufi* von der sozialistischen Partei USFP.

Zusammenschluß zur *Maghreb-Union* mit Algerien, Libyen, Tunesien und Mauretanien (Februar 1989).

Religion
99% sunnitische Moslems (Islam ist Staatsreligion), jüdische und christliche Minderheiten.

Währung
Dirham; 1 Dirham = 0,189 DM,
1 DM = 5,26 DH (Mitte 1999)

Bruttoinlandsprodukt (1997)
ca. 317 Mrd. DH

Auslandsverschuldung (1996)
ca. 23,4 Mrd. US $

Inflationsrate: 2,8 % (1997)

Wichtigste Städte
(Einwohnerzahl; alle Angaben geschätzt 1997)
Agadir (Stadt 403 000, Großraum ca. 700 000)
Casablanca (Großraum: 3,10 Mio.)
Fès (ca. 520 000, Großraum 1 Mio.)
Kénitra (493 000, Großraum 1 Mio.)
Marrakesch (660 000)
Meknès (304 000,
Großraum 723 000)
Oujda (441 000)
Rabat (Großraum: 1, 275 Mio.)
Tanger (675 000 mit Asilah)
Tétouan (573 000)

Maßsystem
metrisch

Uhrzeit
MEZ -1 Stunde (während unserer Sommerzeit MESZ -2 Stunden)

Strom
220 V

GEOGRAPHISCHER ÜBERBLICK

Marokko liegt in seiner Nord-Süd-Erstreckung zwischen dem 36. Breitengrad und dem nördlichen Wendekreis im äußersten Süden bei 23,3°. Das Land bildet zusammen mit Tunesien und Algerien den Landschaftsraum der **Atlasländer.** Die Gipfelhöhen des *Atlas-Gebirgsmassivs* nehmen westwärts von Tunesien über Algerien nach Marokko hin ständig zu und erreichen im *Hohen Atlas* ihre größten Höhen. Die beiden Gebirgsketten des nördlichen *Rifgebirges* an der Mittelmeerküste und des *Mittleren Hohen Atlas,* der sich Richtung Südwesten bis zur Atlantikküste bei *Agadir* fortsetzt, umschließen den atlantischen Kernraum Marokkos, die *Meseta*.

In geologischen Fachkreisen wurde zeitweise diskutiert, ob Afrika nicht schon jenseits der *Pyrenäen* beginnt oder umgekehrt Europa nicht erst in Südmarokko endet. Diese Vorstellung mag abwegig klingen, sie rührt jedoch daher, daß, geologisch betrachtet, die uralte afrikanische Tafel erst südlich des Hohen Atlas beginnt (und sich andererseits marokkanische und spanische Meseta landschaftlich äußerst ähnlich sind). Tatsächlich trennt die Grenze zwischen *Hohem Atlas* und *Anti-Atlas* (die sich geologisch im *Dadès-Tal* weiterzieht) als sogenannte **vorafrikanische Furche** die alte afrikanische Tafel (Alter über 1 Milliarde Jahre mit einzelnen Gebirgsbildungen von ca. 350 Mio. Jahren).

Wenn von Marokko als einer „Insel" gesprochen wird, so ist der beschriebene Kernraum mit den umrahmenden Gebirgen im Norden, Osten und Süden gemeint. Damit ist aber nicht einmal die Hälfte der Fläche Marokkos abgedeckt. Die übrigen Gebiete werden oft als das **transmontane Marokko** bezeichnet: Hierzu gehören der Nordosten Marokkos östlich des Flusses *Moulouya* – ein altes Hochlandmassiv, das jenseits der Grenze nach Algerien in das *Hochland der Schotts* übergeht – und die Landschaftsräume im Süden und Südosten, die nun in der Tat zum eigentlichen afrikanischen Festlandsockel gezählt werden. Es sind im wesentlichen die Gebiete des *Anti-Atlas* und des östlich anschließenden *Djabal Sarhro* sowie die atlantischen Wüstenbereiche der *Westsahara* im äußersten Südwesten Marokkos.

Die **landschaftliche und klimatische Gestaltung** Marokkos wird wesentlich von den Ketten des **Atlas-Gebirges geprägt.** So sind bereits in der gebirgsbildenden Hebungsphase vor 30 bis 50 Millionen Jahren Teile auch der zentralen Meseta in die Hebung mit einbezogen worden. Gleichzeitig bedecken die bei der Gebirgsbildung abgetragenen Sedimente weite Bereiche des alten Massivs Zentralmarokkos wie auch der transmontanen Hochsteppen und Wüsten. Die Wassermassen der Flüsse werden nahezu ausschließlich von den Gebirgshängen des Atlas gespeist und gelenkt. Und nicht zuletzt bildet diese Gebirgsmauer die alles dominierende Klimascheide Marokkos und ist damit für die unterschiedlichen Klimate sowie für die agrarische Nutzung der verschiedenen Landesteile verantwortlich.

MITTLERER ATLAS

Von Westen her gehen die Mittelgebirge der zentralen Meseta südlich von *Meknès* und *Fès* in den sogenannten *Flächenatlas* und dieser schließlich in den eigentlichen Mittleren Atlas über. Dieser gefaltete und am stärksten gehobene Gebirgsteil erreicht im äußersten Osten seine größten Höhen mit **über 3300 m.** Ein schroffer, steiler Abfall zum *Moulouya-Tal* auf 700–800 m markiert dann deutlich die Grenze zu den *ostmarokkanischen Hochsteppen.*

Die **Niederschläge** sind im Hochgebirge des Mittleren Atlas **sehr reichlich** (bis über 1000 mm) und ermöglichen (meist über Stauseen) die Bewässerung weiter Landesteile. Der Schnee bleibt in den Wintermonaten oft 4–5 Monate liegen, so daß selbst Skifahren in diesem Gebiet möglich ist. Zur Zeit der Schneeschmelze in den Monaten März und April sind deshalb plötzliche Hochwasser nicht selten.

Verbreitet sind auf den zentralen Hochplateaus verschiedene **Karsterscheinungen**, etwa *Dolinen* (Erdfälle oder größere Senken, die zuweilen Seen enthalten) oder *Karren* (scharfe Gesteinskämme, vergleichbar dem Gottesacker). Die Baumgrenze wird bei 2600–2800 m erreicht. Es wachsen insbesondere die Steineiche, daneben laubabwerfende Eichen und die Atlaszeder.

Die **Dörfer** im Mittleren Atlas liegen, abgesehen von manchen Randgebieten, **sehr weit verstreut.** Die Bewohner betreiben als **Halbnomaden** zumeist Transhumanz, d.h. sie wohnen im Winter in ihren Häusern in den Tälern, während im Sommer ein Teil der Bevölkerung mit den Tieren (Schafe und Ziegen, aber auch Rinder) auf die Hochweiden zieht und dort in selbstgebauten Zelten *(Khaimas)* lebt, der übrige Teil aber zurückbleibt und die meist terrassierten Felder bewirtschaftet. Große Städte entstanden erst mit der Einrichtung von Militärstützpunkten oder an den Handelsplätzen.

HOHER ATLAS

Gewaltiger noch als der Mittlere Atlas ragt das Gebirge des südlicheren Hohen Atlas empor. Seine Ausdehnung vom *Atlantischen Ozean* bei *Agadir* in nordöstlicher Richtung beträgt ca. 700 km, seine höchsten Gipfel erreichen **über 4100 m.**

Die Gipfelketten trennen das mediterrane vom saharischen Marokko, sie schieben die Wüstensteppe gewissermaßen um mehrere hundert Kilometer nach Süden (vgl. dagegen z. B. das weitere Vordringen der Wüste nach Norden in Algerien).

Der Gegensatz zwischen den vegetationsbedeckten Nordhängen und den nackten, schroffen Südhängen zeigt sich am deutlichsten im gewaltigen Massiv des Hohen Atlas von *Marrakesch.* Südlich davon trennt die schmale Depression des *Sous* und *Dadès* nochmals die Kette des *Anti-Atlas* und des *Djabal Sarho* ab, bevor dann die Wüstensteppe endgültig das Landschaftsbild beherrscht.

Der **östliche Hohe Atlas** ist im Gegensatz zum zentralen (*paläozoischen* = erdaltertümlichen) Hohen Atlas aus **„mittelalterlichen" Jurakalken** aufgebaut (Alter ca. 169–190 Millionen Jahre). Er geht nach Osten allmählich in den sogenannten *Saha-*

ra-Atlas über, der das Bindeglied zum algerischen Teil des Atlas bildet. Die Gebirgshänge sind insbesondere oberhalb von 3000 m von mächtigen Schutthalden überdeckt. Sie sind das Resultat häufigen Frostwechsels vor allem in den winterlichen Grenzmonaten (stärkere Erwärmung tagsüber, nächtlicher Frost). Große, eiszeitlich gebildete Hangmulden (sog. *Kare)* und beachtliche Schuttmäntel auch in den niederen Höhen unter 2700 m zeugen von einer eiszeitlichen Vergletscherung des Hohen Atlas.

Der Wald ist in weiten Teilen des Hohen Atlas durch **Überweidung** dezimiert. Allerdings ist auch unter natürlichen Bedingungen der Wald im Hohen Atlas aufgrund der geringen Niederschläge nie so dicht gewesen wie im Mittleren Atlas.

Karge Felshänge im südl. Hohen Atlas

ANTI-ATLAS & SOUS-EBENE

Hoher Atlas und Anti-Atlas sind durch die bereits erwähnte „vorafrikanische Furche" getrennt. Diese ist als von Ost nach West verlaufende Längssenke ausgebildet, bestehend aus der *Sous-Ebene* und dem *Dadès-Tal*. Als einzige Nahtstelle zwischen den beiden Gebirgssystemen fungiert lediglich das vulkanische Massiv des *Djabal Siroua*.

Die **Sous-Ebene** zeichnet sich durch eine offene Lage zum Atlantik hin aus. Der hier vorbeiströmend **kühle Kanarenstrom** führt deshalb bis 30 km landeinwärts zu häufigen Nebelbänken, die die geringen Niederschläge von unter 200–300 mm zumindest teilweise wettmachen und den Anbau von Zitrusfrüchten, Mandeln, Artischocken und weiteren Gemüsearten ermöglichen.

Der **Anti-Atlas** erweist sich als **trokken-felsiges,** in weiten Teilen **wenig reliefiertes Gebirge** mit Höhen bis 2100 m. Das Gestein besteht im zentralen Bereich aus *Granit*, während es randlich von (karbonischen) *Kalken* umgeben ist, die schließlich im *Djabal Sarhro* in *sandige Sedimente* übergehen. Im Süden und Südosten dagegen tauchen die Sedimente der auslaufenden Berghänge allmählich unter die weiten *Hammada-Flächen*.

Kennzeichnend für die lichten Wälder des Anti-Atlas ist der *Arganienbaum*, in dem allerorts Ziegen klettern und dessen Früchte fressen. Weiterhin wachsen *Gummi-Akazien* und *Palmen*. Jahresniederschläge von meist unter 200 mm in diesem Gebiet machen eine Vorratswirtschaft notwendig. Zu diesem Zweck sind in und unweit der Dörfer **riesige Speicherburgen** angelegt worden.

KLIMA UND REISEZEIT

Marokko hat von Norden her **bis etwa zum Anti-Atlas** Anteil am **gemäßigten Mittelmeerklima.** Dieses zeichnet sich durch trockene, warme Sommer und milde Winter aus. Die je nach Region meist zwischen 300 und 600 mm schwankenden Niederschläge fallen überwiegend im Winterhalbjahr, wenn atlantische Tiefausläufer bis nach Marokko vorstoßen. Ergänzt werden sie am Atlantik und insbesondere in den Mündungsebenen durch ausgedehnte morgendliche Nebel.

Der **kalte Kanarenstrom** zeigt seine ausgleichende Wirkung unmittelbar an der Atlantikküste bis weit in den Süden Marokkos hinein. Die Tagesmitteltemperaturen bewegen sich fast immer zwischen 18°C und 25°C.

Im Landesinnern sorgt der Atlantik bis zu den Atlasketten für jahreszeitlich relativ ausgeglichene Temperaturen. Die mittlere Jahrestemperatur liegt meist um 18°C, das Monatsmittel der wärmsten Monate um 25°C (mit Tagesmaxima häufig über 35°C).

Südlich der als Klimascheide wirkenden Atlas-Ketten bewegen wir uns bis etwa zum Breitengrad der Kanarischen Inseln bei 28°C im Bereich des **Steppenklimas.** Hier sinken die Niederschläge bereits deutlich auf meist unter 200 mm im Jahr ab, die Temperaturschwankungen zwischen Tag und Nacht nehmen dagegen spürbar zu. Das Jahresmittel der Temperatur liegt meist noch unter 18°C, die Tagesmaxima im Sommer klettern allerdings bereits auf über 40°C.

Wesentlich heißer und trockener noch wird es im Wüstenklima der **Westsahara und der südöstlichen Hammadas.** Tagestemperaturen von oft 40 bis 50°C im Sommer und immer noch bis 30°C im Winter stehen nächtliche Werte gegenüber, die zwischen 20°C im Sommer und 2,5°C im Winter, d.h. teilweise bis unter dem Gefrierpunkt liegen.

Auch **zum Landesinneren hin** wird das **Klima allgemein extremer,** d.h. die Temperaturgegensätze zwischen Tag und Nacht und - vor allem im Gebirge - auch zwischen Sommer und Winter nehmen zu. So können in den Hochgebirgen des Atlas oberhalb 2000 m die reichlichen Niederschläge von bis zu 1000 mm als geschlossene Schneedecke oft bis ins Frühjahr hinein liegenbleiben.

Ein **besonders angenehmes Klima** herrscht im **Mittleren Atlas** in der Gegend von **Ifrane und Azrou** mit Sommertemperaturen um 25°C und Schneereichtum im Winter, so daß sich diese Region zum bevorzugten Erholungsgebiet der reichen Marokkaner entwickelt hat. Im Hohen Atlas herrschen im Winter eisige Winde und sehr kalte Temperaturen, und im Sommer ist es selbst in den Hochtälern sehr heiß und trocken.

Die Gebiete des **östlichen transmontanen Hochlandes** weisen ein typisches **Steppenklima** auf. Die Sommer sind trocken und heiß mit Durchschnittstemperaturen im Juli von 25 bis 30°C, die Winter relativ kalt mit Januarmittel unter 10°C und zeitweisem Schneefall.

Die tägliche (astronomisch mögliche) Sonnenscheindauer in Marokko weicht von den Verhältnissen in unseren mittleren Breiten bereits deutlich ab. Die Sonne steht im Sommer, je weiter wir nach Süden zum Wendekreis kommen, um so näher im Zenit. Dies bedeutet auch, daß der nächtliche Schattenwurf, eingedenk der Erdrotation, größer ist und damit länger andauert als bei uns. Die höchste Sonnenscheindauer im Sommer erreicht deshalb nur etwa 14 Stunden. Im Winter steht die Sonne dagegen nie so tief wie bei uns, die kürzeste (mögliche) Sonnenscheindauer sinkt deshalb kaum unter zehn Stunden ab.

Kennzeichnend für die regelhaften Windsysteme und damit verantwortlich für die Wetterlagen in Marokko sind einerseits das vor allem im Sommer relativ ortsfeste **Azoren-Hoch** sowie das ebenfalls im Sommer ausgeprägte **Sahara-Hitzetief.**

Das Hoch bewirkt im Uhrzeigersinn umlaufende Winde, die auf die marokkanische Küste als Nord- oder Nordwestwinde treffen. Nach Süden zum Wendekreis hin gehen sie mit einer leichten Drehung in den **Nordostpassat** über.

Das Hitzetief der Sahara dagegen bewirkt leicht gegen den Uhrzeigersinn umlaufende Winde. Sie erreichen den Süden Marokkos aus östlicher Richtung oft als **heiße Wüstenwinde** *(Schirokko)*, die mehrere Tage andauern können und weite Landstriche austrocknen. Diese großräumig wirkenden Zirkulationssysteme werden häufig durch vielfältige lokale Winde überlagert. Als Beispiel mag das bei allgemein windarmen Wetterlagen auffällig in Erscheinung tretende Land-See-Windsystem gelten. Danach weht der Wind tagsüber vom Meer aufs Land, weil sich dieses stärker erwärmt und die dadurch aufsteigende Luft bodennah eine Sogwirkung erzeugt, die die kühlere Meeresluft nachfließen läßt. Umgekehrt weht abends und nachts der Wind aufs Meer hinaus, weil dann das Wasser gegenüber dem sich auskühlenden Land vergleichsweise wärmer ist.

Die **Wassertemperaturen** im Atlantik werden in ihrem Jahresverlauf vom kalten, aber gleichmäßig temperierten Kanarenstrom geprägt. Sie sinken im Januar und Februar auf noch erträgliche 17°C ab, steigen aber im Sommer kaum über 21°C.

Neben den klimatischen Faktoren sollte bei der **Wahl der Reisezeit** auch berücksichtigt werden, daß in der **Vor- und Nachsaison,** vor allem im **Herbst,** damit zu rechnen ist, daß manche touristischen Einrichtungen – Cafés, Läden, Strandrestaurants – bereits geschlossen haben. Suqs und typische marokkanische Kneipen betrifft dies nicht, denn sie richten sich in erster Linie an die einheimische Bevölkerung.

Im **Sommer,** vor allem im Juli und August, während der europäischen und marokkanischen Ferien, sind die Badeorte am Atlantik (und am Mittelmeer) heillos überfüllt, und die Campingplätze quellen von marokkanischen Großfamilien über. Während der Sommersaison kann man zumindest die Campingplätze entlang der Küsten vergessen, denn die sanitären Anlagen sind dem Ansturm nicht gewachsen. Im Landesinnern dagegen läßt es sich vor allem an den hochgelegenen Seen des Mittleren Atlas gut aushalten, und auch der Hohe Atlas ist noch nicht von Touristen überlaufen. Übrigens bietet selbst der Hochsommer keine Schönwettergarantie; gerade im Gebirge sind sturzflutartige Regenfälle nicht selten, so gab es im August 1995 über 200 Tote durch Unwetter im Hohen Atlas.

Wichtig ist es, bei der Reiseplanung zu überlegen, ob die Reisezeit in den Fastenmonat **Ramadan** (Daten siehe S. 74) fällt. Da ein erwachsener Moslem während dieser Zeit von Sonnenaufgang bis Sonnenuntergang nichts essen darf, bleibt es nicht aus, daß man, sofern man tagsüber etwas zu sich nimmt, als Tourist entweder unangenehm auffällt oder sich irgendwohin zurückziehen muß. Rucksacktouristen haben es etwas schwerer als Pauschaltouristen, da in kleinen Restaurants und arabischen Hotels nicht gekocht wird und der Geldbeutel für große Hotels zu schmal ist. Sparsame Esser oder Mann/Frau mit Diätabsichten haben während des Ramadan allerdings eine beschaulichere Reisezeit, da wesentlich weniger Touristen im Land unterwegs sind, und wenn die Fastenzeit nicht gerade in den Hochsommer fällt, wenn die Tage am längsten sind, dann läßt sich das Fasten ganz gut auch für den Touristen durchhalten.

Cluburlauber und Gäste größerer Hotels brauchen auf die gewohnte Küche nicht zu verzichten, aber einem marokkanischen Hotelangestellten wird man es kaum verübeln, wenn er angesichts opulenter Büfetts und eigenem knurrenden Magen nur noch mürrisch seiner Arbeit nachgeht...

Das öffentliche Leben insgesamt läuft während des Ramadan auf Sparflamme: Man kann nur vormittags mit geöffneten Schaltern rechnen; Brot ist in kleineren Orten nur nachmittags zu bekommen, da tagsüber natürlich nichts gebraucht wird, alle anderen Lebensmittel gibt es aber reichlich auf den Märkten.

Nach Sonnenuntergang aber wird um so üppiger gegessen und gefeiert, auf den Straßen ist viel mehr los, und wegen des turbulenten Nachtlebens kann es recht interessant sein, zu Ramadanzeiten zu reisen.

Eine willkommene Erfrischung – „Gueltas", Wassertümpel in der Wüste

GESCHICHTE UND POLITIK

FRÜHGESCHICHTE

Die Besiedlung Marokkos ist durch den Fund des *Homo erectus atlanthropus* in den Steinbrüchen von *Sidi Abd er-Rahman* in der Nähe von Casablanca bis auf die Zeit **um 300 000 v. Chr** nachgewiesen. Die Überreste eines *Homo sapiens neandertaliensis* bei Rabat und Tanger werden der Zeit um 100 000 v. Chr. zugeordnet. Werkzeuge aus Feuerstein und Knochen, entdeckt vor allem im algerisch-marokkanischen Grenzgebiet im Landesinnern, stammen aus der Jungsteinzeit (um 40 000 v. Chr.) und weisen auf die Präsenz des *Homo sapiens sapiens* hin.

Bis 5000 v. Chr. treten **zwei Kulturen** auf: das **Capsien** und das **Mouillien** (nach den Fundorten Capsa = *Gafsa,* Tunesien, und Mouillah bei *Maghnia,* marokkanisch-algerischer Grenzbereich). Aus diesem Zeitraum liegen Werkzeug- und Skelettfunde vor, auch Gräber wurden entdeckt. Ein Bezug dieser Kulturen zu den Berbern der geschichtlich faßbaren Zeit ist noch ungeklärt.

Die letzte Epoche der Altsteinzeit **bis um 2000 v. Chr.** ist die Zeit der **Felsbilder und Megalithkulturen.** Steinkreise gibt es z. B. bei *Sidi Harazem* unweit von Fès, Felsgravuren finden sich überwiegend im Hohen Atlas *(Oukaimeden* und *Djabal Yagour* südlich von Marrakesch).

Im Laufe des frühen zweiten Jahrtausends v. Chr. erfolgte dann wahrscheinlich auch die Einwanderung der Berber. Stichhaltige Beweise fehlen allerdings noch.

PHÖNIZIER UND KARTHAGER

Die **ersten historischen Fakten,** auf die wir zurückgreifen können, belegen das Vordringen des Seefahrer- und Handelsvolkes der Phönizier in den maghrebinischen Raum.

Ende des 2. Jahrtausends v. Chr. begannen diese von *Tyros* (Libanon) aus, im gesamten Mittelmeerraum **Handelskolonien** zu bilden. Man nimmt an, daß sie um 1100 v. Chr. durch die Meerenge von Gibraltar sogar in den Atlantik vorstießen. In der Folgezeit wurden u. a. *Gadir* (Cadiz, Südspanien) und *Liks* (röm. Lixus, bei Larache in Nordmarokko) sowie *Rusaddir* (Melilla) gegründet. Gehandelt wurde mit der einheimischen Bevölkerung, die wahrscheinlich *Masmuda-Berber* waren. Bis zur Mitte des 1. Jahrtausends v. Chr. wurden weitere Handelsstützpunkte angelegt: *Tingis* (Tanger), *Rusibis* (Mazagan, Al-Jadida) und *Chellah* (bei Rabat). Diese Gründungen sind als karthagisch zu bezeichnen, zumal bald nach der Gründung von Karthago 814 v. Chr. die Einwohner dieser Kolonie die Oberhoheit über die bis dahin phönikischen Handelsniederlassungen im westlichen Mittelmeerraum übernahmen (6. Jh. v. Chr.).

Um das Jahr 460 v. Chr. unternahm der karthagische Seefahrer *Hanno* seine „Afrika-Umseglung", die ihn bis in die Gegend des *Río de Oro,* vielleicht gar bis zum *Golf von Guinea* führte. Das **bekannteste Handelsgut** in der Folgezeit wurde die **Purpurschnecke**, eine begehrte Ware bis in die ersten Jahrhunderte unserer Zeitrechnung.

Die einheimische Bevölkerung war bis in die letzten vorchristlichen Jahrhunderte nur sehr lose organisiert. Erst im Laufe des 3. Jahrhunderts v. Chr. scheint sich eine Art Herrschaftsbereich herausgebildet zu haben, der sich beiderseits des *Moulouya-Flusses* etablierte. In der Geschichtsschreibung ist er als das mauretanische „Königreich von Marusia" bekannt geworden.

RÖMER UND BYZANTINER

Nach dem 3. Punischen Krieg und dem **Fall der Stadt Karthago** im Jahre 146 v. Chr. übernahmen die Römer die Herrschaft über die karthagischen Gebiete und gaben den Masmuda auch ihre bis heute geläufigen Namen: **Berber** (von Lat. *barbarus,* vom Griech. *barbaroi* = „stammeln" bzw. ein mit der einheimischen Sprache nicht vertrauter Ausländer) und **Mauren** (Lat. *Mauri,* von griech. *amauros* = dunkel); **Mauretanien** ist also das **„Land der Dunkelhäutigen"**. Es umfaßte das nördliche Marokko bis zum Fluß *Ampsaga* (dem heutigen *Oued al-Kebir* im westlichen Algerien).

Der wohl bekannteste Herrscher der Mauren war **Juba II.,** den *Augustus* im Jahre 25 v. Chr. auf den Thron von Numidien und Mauretanien hob. Er behielt diese Stellung bis ins Jahr 23 n. Chr. Seine Frau *Kleopatra Selene,* die Tochter der berühmten ägyptischen Herrscherin und des *Antonius,* brachte das griechische Kulturgut nach Nordwestafrika. Juba II. residierte in *Jol* (Cherchell in Algerien) und in *Volubilis,* der wohl bekanntesten römischen Stadt in Marokko, die auch schon vor der Römerzeit von Masmuda besiedelt war.

Juba II. – Bronzebüste im archäologischen Museum in Rabat

Im Jahre 40 n. Chr. wurde Jubas Sohn *Ptolemäus* auf *Caligulas* Geheiß in Rom ermordet. In der Folge kam es in Mauretanien zu **Aufständen,** die im Jahre 42 von Kaiser Claudius niedergeschlagen wurden. Er teilte die Provinz in zwei Teile: **Mauretania Tingitana** (Hauptstadt: Tanger) und **Mauretania Caesarea** (Hauptstadt: Cherchell). Die Grenze bildete der Fluß *Mulucha* (Oued Moulouya). Der römische Einfluß beschränkte sich letztendlich auf einen relativ kleinen Teil des heutigen Marokko: auf die nördlichen Küstenstädte und (ungefähr) auf die gedachte Linie Salé – Fès – Taza – Oujda. Südlich dieser Linie, die im Jahre 146 teilweise durch einen Limes befestigt wurde, blieben die Berber unabhängig.

Die ersten nachchristlichen Jahrhunderte waren eine Zeit der Wirren, in der es einigen Statthaltern immer wieder gelang, sich für einige Zeit von Rom loszusagen. Anfang des 5. Jahrhunderts beherrschte Rom nur noch das Gebiet von *Tingis* (Tanger) und *Septem* (Ceuta).

Im Jahre 429 kamen die **Wandalen** über die Meerenge von Gibraltar nach Afrika. Die Berber schlossen sich dem Wandalenkönig *Geiserich* an. Dieser besetzte Tingis und Septem, zog aber bald mit dem Großteil seines Heeres und einer nicht unbeträchtlichen Anzahl von Berbern gen Osten, um seinen großen Feldzug fortzuführen.

Nach dem Tod Geiserichs im Jahre 477 **zerfiel das Reich der Wandalen** sehr schnell, und die Berber übernahmen die westlichen Gebiete. Der letzte Wandalenherrscher *Gelimer* wurde von den Truppen *Justinians I.* unter dem Feldherr *Belisar* 533 besiegt. Kaiser *Maurikios* (582–602) faßte Tingis und Septem mit einigen südspanischen Küstenstädten und den Balearen zur Provinz *Mauretania Secunda* zusammen. Dieser Schritt hatte allerdings fast nur noch nominale Bedeutung, denn die Berber waren die faktischen Beherrscher Marokkos, abgesehen von den beiden Küstenstädten.

ISLAMISIERUNG

Das erste Eindringen der Araber in Marokko ist mit dem Namen **Uqba Ibn Nafi** verbunden, der im Rahmen des großen islamischen Eroberungsfeldzuges des 7. Jahrhunderts der Überlieferung nach im Jahre 682 bis zum Atlantik, auf der Höhe des heutigen Agadir, vorstieß. Danach kämpfte er gegen die Berber im Mittleren Atlas, die in großer Zahl den Islam annahmen. Doch deren Widerstand war damit nicht gebrochen, und zahlreiche Aufstände zwangen Uqba ben Nafi zum Rückzug nach Osten, bei dem sein Heer in der Nähe von *Biskra* (Algerien) von der Berberarmee unter *Kusaila Ben Lemzen* vernichtend geschlagen wurde und Uqba den Tod fand.

Zwischen 698 und 709 gab es weitere Vorstöße Richtung Atlantik unter der Führung *Musa Ibn Nusairs*. Marokko wurde dem **Umayyadenkalifat** von Damaskus einverleibt und wird ein Teil der Provinz *Ifriqiya* (= Afrika).

Der **Islam breitete sich unterdessen immer weiter unter den Berbern aus**, und zwar in Form der kharidjitischen Lehre. Der Grund dafür war, daß ihnen diese Richtung eine gerechtere, ihrem Status als Muslime angemessenere, Behandlung zu verheißen schien. Das kharidjitische Dogma ging nämlich davon aus, daß es keine Unterschiede unter den Muslimen aufgrund ihrer Herkunft geben dürfe, und so die Araber nicht automatisch das Recht auf das Kalifenamt inne hatten. Nur der beste Muslim sei dazu geeignet, dieses Amt zu verwalten, nicht der Mächtigste. Dieses Dogma machte es ihnen zur Pflicht, eine Art „Heiligen Krieg" gegen die „illegitimen" Kalifen zu führen.

711 setzte *Tariq Ibn Ziyad* nach Gibraltar (= Djabal at-Tariq/Berg des Tariq) über und leitete damit die **Eroberung der iberischen Halbinsel** ein. Binnen zwei Jahren gelang es dem arabisch-berberischen Heer, nahezu das ganze heutige Spanien in seinen Besitz zu bringen.

In Marokko kam es in den folgenden Jahrzehnten zu mehreren Aufständen, deren bedeutendster, von *Maisara al-Matghar* geführt (739–740), die **Loslösung vom Kalifat** zur Folge hatte und das Land in anarchische Zustände stürzte.

Die **Dynastie der Idrissiden** (788 –974) unternahm den ersten Versuch zur Organisation eines selbständigen staatlichen Gemeinwesens. *Idris I.* errichtete sein befestigtes Lager *Madinat Fas*, das unter seinem Nachfolger *Idris II.* (803–828) die Züge der künftigen **Stadt Fès** annahm. Um das Ende des 8. Jahrhunderts erfolgte die Errichtung der Moschee der Fatima, der nachmaligen *Kairawiyine-Moschee*. Das Arabische wird als Verwaltungssprache immer gebräuchlicher, und der sunnitische Islam (die orthodoxe Richtung des Bagdader Kalifats) gewinnt allmählich die Vorherrschaft.

Am Anfang des 10. Jahrhunderts entwickelte sich in Nordafrika die **Fatimiden-Dynastie** (974–1061), die sich gegen das herrschende, auf die Umayyaden folgende Abbasidenkalifat stellte und dem schiitischen Glaubenszweig *(Ismailiten)* anhing. Die Herkunft dieser neuen Herrscherfamilie lag im Bereich zwischen Ostalgerien und dem westlichen Libyen. Im Verlauf weniger Jahrzehnte dehnte sie ihre Macht bis Ägypten (969) und Marokko aus. Da sich das Interesse der Fatimiden nach der Eroberung Ägyptens immer mehr nach Osten orientierte, konnte sich in Nordalgerien eine neue Dynastie etablieren, die **Ziriden.** Sie gehörten zum seßhaften Zweig der Sanhadja-Berber. Im Jahre 1051 sagte sich *al-Mu´izz,* der bedeutendste Ziridenemir, von den Fatimiden los und unterstellte sich dem Kalifat von Bagdad. Diesen Ungehorsam beantwortete der Fatimidenherrscher *al-Mustansir* mit der wohl folgenschwersten Entscheidung für den gesamten Maghreb, mit der Entsendung der **Beni Hillal-Nomaden** nach Westen.

Ursprünglich vom *Hidjaz* auf der südlichen arabischen Halbinsel stammend, kam dieser Nomadenstamm schon in der ersten Hälfte des 8. Jahrhunderts zusammen mit dem Bruderstamm der *Sulayman* nach Unterägypten, von wo sie wegen ihres Ungehorsams im letzten Drittel des 10. Jahrhunderts vom Fatimidensultan *al´Aziz* nach Oberägypten umgesiedelt wurden. Um die Mitte des 11. Jahrhunderts veranlaßte dann, wie erwähnt, *al-Mustansir* die Strafexpedition der Beni Hillal gegen die abtrünnigen Ziriden im westlichen Maghreb. Damit begann eine große Wanderungsbewegung nach Nordafrika (um 1052), zu deren Beginn die Hillalscharen die Felder und Dörfer niederbrannten und die Bewohner zur Flucht in die Städte zwangen. Nachdem schon 1053 die *Banu Ridyah,* die Vorhut des Hauptstammes, *Gabes* (Tunesien) erreicht hatten und der Ziridenemir *al-Mu´izz* besiegt war, stießen die Beni Hillal weiter nach Zentralalgerien vor.

Hier herrschten die **Hammadiden,** die die plündernden Horden zu zähmen wußten, indem sie sie teilweise in die eigene Armee eingliederten und ihnen Subsidien zahlten. Der Tauschhandel der arabischen Nomaden mit der einheimischen Bevölkerung forcierte deren Assimilation zusätzlich, so daß im Laufe der folgenden Jahrzehnte ein mehr oder minder friedliches Zusammenleben zustande kam.

Der **Ansturm der Almohaden** (siehe unten) ließ das Ziriden- und Hammadidenreich endgültig zusammenbrechen. **Abd al-Mu'min,** der erste große Herrscher der neuen Dynastie, besiegte die Beni Hillal bei *Setif* und *Kairuan* und drängte sie mehr und mehr in die nordmarokkanische Tiefebene.

Festzuhalten bleibt, daß alle Beduinen zwischen der atlantischen Küste und den Grenzen Ägyptens Nachkommen des Beni Hillal-Stammes sind (und zweier weiterer Stämme, die diesem folgten, des *Ma´qil-* und des *Sulaimstammes);* auf sie geht die Verbreitung der arabischen Sprache in Nordafrika zurück.

Die von 1061–1147 herrschenden **Almoraviden** (arab.: *al-murabitun*, von *ribat* = eine Art „Wehrkloster", ähnlich der *Zawia;* die Bewohner dieser Klöster sind die *murabitun*, also Mönche mit offensivem Missionseifer) kamen als eine **Reformbewegung** an die Macht, die die Rückkehr zur reinen, ursprünglichen Lehre des Islam propagierte. An der Spitze standen der Theologe *Abdallah Ibn Yasin* und seine Gemeinschaft von „Kriegermönchen" vom Stamm der Sanhadja-Berber, die den Schleier trugen und deshalb *Al-Mulathamin* genannt wurden (von litham = Schleier/t = „th"). Begründer der Almoraviden-Dynastie war der Neffe einer der ersten Gefährten *Ibn Yasins,* **Yussuf Ibn Tashfin** (1061–1106).

Um 1040 brachen die **Sanhadja** auf, um den Senegal und den Sudan zu islamisieren. Nachdem sie ihre Vorherrschaft im Süden gefestigt hatten, überquerten sie unter der Führung von Yussuf Ibn Tashfin den Atlas und schlugen in der *Haouz-Ebene* ihr Heerlager auf (1062), aus dem sich dann **Marrukusch,** später **Marrakesch** (wörtl.: „die Stadt") entwickelte. Von dort ausgehend eroberten sie im Laufe von weniger als zwanzig Jahren ganz Marokko und Westalgerien bis Algier. 1085 wurde Marrakesch Residenzstadt. Nach der Eroberung von *Toledo* durch *Alfons VI. von Kastilien und León* riefen die andalusischen Moslems *Ibn Tashfin* zu Hilfe, der im Jahre 1086 den Christen in der Schlacht bei *Zallaqa* (Provinz *Badajoz)* eine schwere Niederlage beibrachte. In der Folge dehnte sich das Almoravidenreich auch über große Teile Spaniens aus, das seit Anfang des 11. Jahrhunderts in viele kleine moslemische Teilreiche (Taifa-Könige) zerfallen war.

Der **Almoravidenstaat** ruhte auf einer losen Organisation von Provinzen, deren Statthalter auf die Beibehaltung ihrer Autonomie bedacht waren. Der andalusische Einfluß wurde sehr stark spürbar. Ibn Tashfin holte Gelehrte, Dichter und Schriftsteller aus *al-Andalus* in die neue Hauptstadt Marrakesch und sorgte in seinem Reich für eine **Blüte andalusisch-maurischer Geisteskultur.** Auch auf dem Gebiet des Kunsthandwerks und der Architektur wird das andalusische Wissen verarbeitet und weiterentwickelt (besonders in der Ornamentik). In dieser Zeit ist der Ursprung des typisch „maurischen" Stils in Nordafrika zu suchen.

Nach dem Tode Alis, der die Nachfolge seines Vaters, Ibn Tashfins, 1106 übernommen hatte, erlosch das Reich der Almoraviden sehr schnell und mit ihm auch die kurze Hochblüte der Geisteskultur. Die regen theologischen Forschungen und Diskussionen machten einer immer dogmatischeren

Starrheit Platz, die Entstehung einer neuen religiösen Bewegung war regelrecht absehbar: Es sollte die **Dynastie der Almohaden** (1147–1269) sein.

Der Aufstieg der Almohaden (arab.: *al-muwahhidun* = die Bekenner der göttlichen Einheit, abgeleitet vom arabischen Wort für eins = *wahid)* ist mit dem Namen eines Masmuda-Berbers aus dem Stamm der *Hargha* verknüpft: **Muhammad Ibn Abdallah Ibn Tumart,** der um 1080 geboren wurde und schon in früher Jugend eine asketische Lebensweise und religiösen Eifer an den Tag legte. Nach langjährigem Aufenthalt in Andalusien und im arabischen Osten zur Vertiefung seiner Studien kehrte er um 1115–1120 von Ägypten nach Marrakesch zurück. Auf seinem Wege entlang der nordafrikanischen Küste predigte er in vielen Städten, und es sammelte sich bereits eine kleine Schar von Adepten um ihn (u. a. *Abd al Mu'min,* der spätere Herrscher). Aus Marrakesch als politisch gefährlicher Agitator vertrieben, ließ er sich um 1125 schließlich in *Tin Mal,* im zentralen Hohen Atlas, wo heute noch sein Ribat (Kloster) zu sehen ist, nieder. Von dort aus verbreitete sich seine Lehre in wenigen Jahren über das gesamte Atlasgebiet. Deren Grundprinzip ist die rigorose, doch vergeistigte Interpretation des islamischen Dogmas von der Einheit Gottes; der bei den Berbern tief verwurzelte Glaube an einen Erlöser = *Mahdi,* als der er sich verstand, kam Ibn Tumart zugute.

Es folgten die **Ausrufung des Heiligen Krieges gegen die Almoraviden** und langwierige Kämpfe.

In dieser Zeit (1130) starb Ibn Tumart, und sein Schüler **Abd al-Mu'min**

Die restaurierte Moschee von Tin Mal

übernahm nach und nach die Führung der neuen Bewegung.

Bis 1148 gelang es Abd al-Mu'min mit großer Brutalität, ganz Marokko, das moslemische Spanien sowie Algerien und Tunesien zu erobern (Hinrichtung von fast 30 000 Rebellen). Das Almohadenreich erreichte damit eine größere Ausdehnung als alle Dynastien vor- und nachher. Im Jahre 1162 nahm er den Kalifentitel an. Abd al-Mu'min gilt als **großer Förderer der spanisch-maurischen Kultur**, er gründete Universitäten und organisierte die Verwaltung, indem er die traditionellen Stammesinstitutionen der Berber (mit einer religiös-militärischen Hierarchie) übernahm und sie mit der aus Andalusien stammenden Administrationspraxis verband. Marrakesch, das er mit prächtigen Bauten schmückte, blieb auch die Hauptstadt des Almohadenreiches.

Nach Abd al-Mu'mins Tod (1163) übernahm sein Sohn **Abu Yaqub Yussuf** (bis 1184) das wohl bestorganisierte Imperium des arabischen Westens. Dieser war vor allem ein großzügiger Gönner von Religionswissenschaft und Philosophie. Den strengen Puritanismus, den die ersten Anhänger der Almohadenlehre befolgten, hatte er abgelegt. Unter ihm und seinem Sohn **Abu Yussef Yaqub al-Mansur** erreichten die Baukunst und die geistige Kultur Marokkos und Südspaniens ihren Höhepunkt. Die drei „verwandten" Minarette wurden errichtet: der *Hassan-Turm* in Rabat, die *Giralda* in Sevilla und die *Kutubiya* in Marrakesch sowie u. a. die Kasbah der Oudaia in Rabat, die Kasbah von

Das Bab Agnaou in Marrakesch

Marrakesch und das *Bab Agnaou* ebendort. Unter Yaqub al-Mansur wurde **Rabat** die neue **Hauptstadt.**

Doch schon bald nach der **Schlacht bei Las Navas de Tolosa** (1212), in der der Urenkel von Abd al-Mu'min, *Muhammad an-Nasir,* von *Alfons VIII.* besiegt wurde, brach das Reich auseinander. Die Almohaden mußten sich aus Spanien zurückziehen, in Tunesien löste sich die berberische Dynastie der *Hafsiden,* und in Algerien übernahmen die *Abdalwadiden* die Stadt *Tlemcen* und den Osten des Landes.

Im zentralen Kernland etablierten sich einige Jahrzehnte später die **Meriniden,** die dann von 1269–1420 an der Macht blieben.

Aus dem Osten und Südosten des heutigen Marokko stammend, konnten diese *Zenata-Berber* nur ungenügend in die almohadische Armee integriert werden. Ihr Führer **Abu Yahya Abdelhaqq** (bis 1258) organisierte den Widerstand gegen die Almohaden, den sein Bruder *Abu Yussuf Yaqub* verstärkte; schließlich gelang es diesem, Marrakesch im Jahre 1269 einzunehmen. Unter ihm und seinem Sohn kam es zur **Ausdehnung des Reiches bis Algier.**

Nach den Regierungszeiten von *Abu al-Hassan Ali* (1331–1351) und seines Sohnes *Abu Inan Faris* (1351 - 1358) verloren die Meriniden immer mehr an Macht und Bedeutung.

Die **Wattasiden**, ein über viele Jahrzehnte treu ergebener Clan, übernahmen die Regierungsgeschäfte und ließen die Merinidennachkommen als Marionettenherrscher an der Macht. Da den Meriniden das religiöse Prestige ihrer Vorgänger fehlte, versuchten sie dieses Manko wettzumachen, indem sie die Vorkämpfer des Islam in Marokko zu Heiligen erhoben, allen voran *Idris I.,* der bis heute als *Mulay Idris* im religiösen Leben der Marokkaner eine wichtige Rolle spielt.

Die **spanisch-maurische Kultur erlebte nochmals eine Blüte.** Die Universität von Fès, die *Kairawiyine,* zog viele Gelehrte aus dem gesamten arabischen Westen an, so auch den berühmtesten arabischen Geschichtsschreiber *Ibn Khaldun* und den grossen andalusischen Dichter *Ibn al-Khatib.* **Fès,** die **neue Hauptstadt**, wurde mit Palästen, Moscheen und Medresen (Koranschulen) versehen und entwickelte sich zur wichtigsten Handelsstadt im Maghreb.

Doch dem Merinidenreich fehlte eine stabile Organisation, vielen lokalen Persönlichkeiten gelang es immer wieder, autonome Klein- und Kleinstreiche zu gründen. Im Jahre 1465 schließlich, nachdem der letze Sultan durch ein Attentat ums Leben gekommen war, übernahmen die *Bani Wattas* offiziell die Macht im „äußersten Westen", wie Marokko im arabischen Sprachgebrauch genannt wird.

CHRISTLICHE OFFENSIVE

Die **internen Schwierigkeiten,** mit denen die Meriniden und Wattasiden zu kämpfen hatten, machten es den Christen leicht, eine offensive Position gegen die Mauren zu beziehen.
1415 nahmen die **Portugiesen** Ceuta ein, 1471 Tanger. In den folgenden Jahrzehnten eroberten sie an der Atlantikküste eine Stadt nach der anderen: *Asilah, Anfa* (Casablanca), *Azzemour, Safi, Mazagan (Al-Jadida)* und *Santa Cruz* (Agadir). Nur *Larache* konnte seinen unabhängigen Status

Kanone aus der Portugiesenzeit

erhalten. Damit waren also nahezu die gesamte Atlantikküste und das angrenzende Binnenland unter portugiesischem Einfluß.

Im Osten wurden die Wattasiden von den Spaniern bedrängt. Nachdem im Zuge der **Reconquista 1492** die letzte maurische Dynastie auf andalusischem Boden, die *Nasriden* von Granada, von der Halbinsel vertrieben worden war, setzten die Spanier ihren „christlichen Eroberungsfeldzug" an der nordafrikanischen Küste fort (1507 fiel *Marsa al-Kabir,* 1509 *Oran).*

Diese Bedrohung durch die Christen hatte eine **Renaissance des Islam** im 15. und 16. Jahrhundert zur Folge. Vorbereitet wurde diese Entwicklung einerseits durch die aus dem Osten importierten *Sufi-Lehren* (Sufismus = islamische Mystik), andererseits durch das **Entstehen von religiösen Bruderschaften** (arab.: *tariqa,* vom arabischen Wort für „Weg" = *tariq* abgeleitet), in denen die Anhänger dieser Lehren organisiert waren. Die Berber, die noch immer dem *Marabutismus* anhingen, schlossen sich der Entwicklung schnell an (Marabutismus = Verehrung von „lokalen Heiligen"; das Wort *Marabut* bedeutet „Heiliger", bezeichnet aber auch das Grabmal desselben, das etwa zur Befreiung von Krankheiten aufgesucht wurde).

Die religiösen Führer übten im regionalen Bereich einen sehr starken moralischen Einfluß aus, der von der Bevölkerung bereitwillig aufgenommen wurde und zur Bildung eines „religiösen Gemeinschaftsgewissens" führte. Die Folge war eine starke Solidaridät unter den Anhängern der verschiedenen „Tariqat" (Mehrzahl von *Tariqa),* die bis zum heutigen Tag noch spürbar bleibt!

DIE SCHERIFEN

Die **Saaditen** (1554–1659) sind, wie die Nachfolgerdynastie der Alawiden, *Sherifen* (arab: shurafa, sing.: *Sharif).* Das bedeutet wörtlich „die Edlen" und bezeichnet diejenigen, die ihre **Herkunft von der Familie des Propheten Muhammad** ableiten. Damit kommen wir also in die arabische Epoche und lassen das Zeitalter der Berberdynastien hinter uns.

Die Saaditen stammten wie die Beni Hillal aus dem Hidjaz (arabische Halbinsel) und wanderten zu Beginn des 14. Jahrhunderts in Südmarokko ein; dort ließen sie sich im *Draa-Tal* (franz. *Vallée du Drâa)* nieder. Aufgrund ihrer scherifischen Herkunft und ihres religiösen Ansehens waren die

Saaditen dazu berufen, den **Kampf gegen die Portugiesen** zu führen. 1511 begann der *Scherif von Tagmaddart* einen Kleinkrieg gegen die Invasoren mit Unterstützung der Marabuts. Aber erst unter seinem Sohn *Muhammad al-Mahdi* nahm der Aufstand überregionale Dimensionen an. Bis 1541 waren die Portugiesen aus fast allen Küstenstädten vertrieben, im Jahr 1554 fiel Fès, die Hochburg der Wattasiden.

Muhammad I., erster Herrscher der neuen Dynastie, wählte Marrakesch zur neuen Hauptstadt. Die Autorität über Marokko wurde wiederhergestellt, das Reich administrativ gefestigt. Im Jahr 1578 wurden die Portugiesen in der **„Dreikönigsschlacht“** bei *Ksar al-Kebir* vernichtend geschlagen.

Der Sieger der Schlacht, **Ahmad al-Mansur** („der Siegreiche“), Sohn von Muhammad I., gilt als der fähigste Herrscher der Dynastie. Er leitete eine Periode des „Friedens und Wohlstandes“ ein, und das Reich expandierte. 1591 eroberten seine Truppen *Timbuktu* und brachten von dort mehrere tausend schwarze Sklaven nach Marokko. Die Saaditen wurden für ein halbes Jahrhundert die Herren über den westlichen Sudan, ein Gebiet, das sich vom Senegal bis nach *Bornu* im heutigen Tschad erstreckte.

Doch wie so oft, kam es auch diesmal nach dem Ableben eines starken Herrschers (Ahmad al-Mansur starb 1603) zu einem rapiden Verfall. Im Verlauf der Thronstreitigkeiten, die unter den Söhnen al-Mansurs ausbrachen, zerfiel die Zentralmacht zusehends. Larache wurde von den Spaniern eingenommen, Fès entzog sich der Oberherrschaft, eine Reihe von religiösen Fürstentümern, mit Marabuts

Mulay Ismail

und Sherifen an ihrer Spitze, betrat die Bühne: so im *Sus* (franz. Sous) *Sidi Ali,* im *Gharb* (NW-Marokko) *al-Ayyaschi* und im Tafilalet die Hassani-Sherifen, besser bekannt unter dem Namen **Alawiten** (seit 1659).

Diese unternahmen Raubzüge im Norden und brachten den Osten unter ihre Gewalt. **Mulay ar-Rashid** (1664–1672) gelang es, Fès einzunehmen, bald darauf auch Marrakesch. Erneut kam es zur **Schaffung eines gesamtmarokkanischen Reiches,** das die Alawiden – in Ermangelung einer soliden scherifischen Abstammung – mit Hilfe von Scherifenfamilien mit einem tragfähigen religiösen Fundament untermauerten.

Die Nachfolge von Mulay ar-Rashid trat **Mulay Ismail** an, der bis 1727 an der Macht war. Während der ersten fünfzehn Jahre bildete er eine **Armee aus schwarzen Sklaven** heran, die er im Laufe seiner langen Regierungszeit durch regelrechte „Zucht“ auf 150 000 Mann anwachsen ließ.

Das „bilad al-makhzan“, das Land unter staatlicher Kontrolle, erstreckte sich über nahezu ganz Marokko. Der Unterlauf des Moulouya-Flusses bildete für lange Zeit die Ostgrenze des scherifischen Reiches.

Nach dem Tod Mulay Ismails kam es drei Jahrzehnte lang zu Streitigkeiten um den Thron. **Mulay Muhammad** (1757–1792) gelang es schließlich, die Autorität der scherifischen Dynastie wiederherzustellen. Mit der Eroberung von *Mazagan (Al Jadida)* im Jahre 1769 nahm er die letzte Bastion der Portugiesen ein. Er versuchte, die miserable finanzielle Lage, in der sich das Reich befand, durch Forcierung des Handels mit Europa zu verbessern. Er schloß **Handelsverträge** mit Dänemark, Schweden, England und Frankreich und gründete die Stadt **Mogador** (Essaouira) als zentralen Handelspunkt, um Kaufleute anzuziehen.

Mulay Sulayman (1794–1822) hatte lange Zeit mit dem nach dem Tode Mulay Muhammads neu entfachten Widerstandsgeist der Berber zu kämpfen, die sofort die Gelegenheit, die sich durch eine schwache Regierung bot, ergriffen, um sich selbständig zu machen. Mulay Sulayman war es, der Marokko nach außen hin abschloß. Die Kontakte mit christlichen Kaufleuten wurden auf ein Minimum reduziert, aus Furcht vor verschwörerischen Verbindungen mit den aufsässigen Berbern. Auch die Nachfolger Mulay Slimans verfolgten eine **Politik der Abschottung,** was aber nicht verhinderte, daß der **Einfluß der Europäer** auf die Wirtschaft und Politik des Landes zunahm.

Im Land sagten sich die vom Machtzentrum weit entfernten Gebiete von der Regierung los, und der „bilad al-makhzan", die Kontrolle über das Land, schrumpfte von Jahrzehnt zu Jahrzehnt.

Mulay al-Hassan

Mulay al-Hassan (1873–1894) konnte den Zusammenbruch noch um einige Jahre verzögern, auch weil sich die Situation auf der internationalen Bühne grundlegend geändert hatte. Die **Franzosen** hatten schon 1830 mit der **Kolonialisierung Algeriens** begonnen, und auch Marokko zog die imperialistischen Gelüste der europäischen Großmächte auf sich. Es war schon mehrmals zu Gefechten zwischen Europäern und Marokkanern gekommen. Das folgenschwerste aber war sicherlich der **1859** von den Spaniern errungene Sieg, der als Antwort auf die andauernden marokkanischen Angriffe auf die spanischen Enklaven gefeiert wurde. Resultat war der **Vertrag von Tetuan** (1860), in dem Marokko verpflichtet wurde, 100 Millionen Riyal (!) als Wiedergutmachung zu zahlen. Dies war der **Grundstein für den Ausverkauf Marokkos** durch die Kolonialmächte und das 50 Jahre später errichtete spanisch-französische Protektorat.

Unter Sultan **Abd al-Aziz** (1894–1908) traten die **Unabhängigkeitsbestrebungen der Berberstämme** wieder in den Vordergrund. Anfang des Jahrhunderts begann dann die europäische Aufteilungspolitik in Afrika. 1906 wurde als Folge der wirtschaftlichen Ambitionen des Deutschen Reiches in Marokko die Unantastbarkeit des Landes in der **Konferenz von Algeciras** festgelegt. Doch schon ein Jahr darauf provozierten die Franzosen in Marokko Unruhen, denen sie dann durch die Entsendung eines Expeditionskorps entgegentraten. Die Städte Casablanca, Agadir, Rabat, Safi und Essaouira wurden besetzt.

1911 rief der durch die Berber in Fès eingeschlossene Nachfolger Abd al-Aziz', Sultan *Abd al-Hafiz,* die Franzosen zu Hilfe, die daraufhin Mitte des Jahres in Fès einmarschierten. Auch das „Unternehmen Panthersprung" (das Erscheinen des deutschen Kanonenbootes „Panther" vor Agadir) konnte die Schutzherrschaft Frankreichs über Marokko nicht verhindern. **Am 30. März 1912 wurde fast ganz Marokko** (der nördlichste Teil unterstand spanischer Kontrolle) **zum französischen Protektorat.**

DIE PROTEKTORATSZEIT

(1912–1956)

Die Hauptstadt des französischen Territoriums wurde Rabat, die Spanier wählten Tétouan zum Verwaltungssitz. Tanger wurde internationale Zone.

Der französische Marschall *Louis Hubert Lyautey* übernahm 12 Jahre als Resident Général mehr oder minder die Regierungsgeschäfte, dem Sultan kam eine rein formelle Funktion zu.

Es bedurfte zwanzig Jahre unausgesetzter militärischer Anstrengungen, ehe Frankreich und Spanien den Kleinkrieg gegen die einheimischen Stämme gewannen.

Im Norden, im Rifgebirge, konnte sich der Berber **Abd al-Karim al-Khattabi** (bekannt unter dem Namen *Abd al krim)* jahrelang gegen die Spanier erfolgreich zur Wehr setzen und sogar eine **„Rif-Republik"** ausrufen, die von 1922–1926 Bestand hatte. Er wurde schließlich von einer französisch-spanischen Armee unter massivem Einsatz von deutschem Giftgas (!) besiegt. Abd al Krim wurde daraufhin von den Franzosen auf die Insel Réunion verbannt, von der er 1947 flüchten konnte; er starb 1963 in Ägypten.

Im Süden vereinte **Ahmad al-Hiba** die Berber des Sous, nachdem schon sein Vater *Ma´al-Ainain* erfolgreich gegen die europäischen Usurpatoren gekämpft hatte.

Die „Befriedung" Marokkos kostete einer halben Million Moslems das

Abu Karim (Abd el Krim)

Leben, auf französischer Seite waren es knapp 30 000 Tote, ein Verhältnis, das sich 30 Jahre später im algerischen Befreiungskrieg wiederholen sollte.

1930 wurde von den Franzosen im Namen des Sultans *Muhammad V.*, damals 21 Jahre alt, das **Berber-Dekret** (der „Dahir") erlassen, das die Trennung von Arabern und Berbern zum Ziel hatte, getreu der macht politischen Maxime des „divide et impera". Den Berbern wurde eine eigene Rechtssprechung nach ihrem Gewohnheitsrecht zugebilligt, während die Araber am islamischen Recht festhalten sollten. Doch die „umma al-islamiyya", das islamische Zusammengehörigkeitsgefühl, war stärker als die politischen Ziele der Franzosen. Ein **marokkanischer Nationalismus** erwachte, erste politische Parteien wurden gegründet, das „Marokkanische Aktionskomitee" in der französischen Zone und die „Nationale Reformpartei" auf spanischem Territorium. Aus ersterem entstand im Jahre 1944 nach dem Zusammenschluß mit der Partei der Marokkanischen Volksbewegung die „Marokkanische Unabhängigkeitspartei" oder **Istiqlal,** wie sie auf arabisch genannt wurde. **Allal al-Fassi** wurde ihr **legendärer Führer** und die bestimmende Person im Unabhängigkeitskampf.

Die Rede, die Sultan Muhammad V. 1947 in Tanger hielt, in der er unverhohlen die Linie der Istiqlal-Partei vertrat, war der Ausgangspunkt zur **Verbreitung des Unabhängigkeitsgedankens** auch im ländlichen Raum beim „einfachen Volk". Die nationalistische Bewegung konnte auch in den Bergen Fuß fassen, im Ausland entstand bald ein Propagandaapparat.

In der Folge kam es zu Masseninhaftierungen, Presseverbot und Landesverweisungen. Im August 1953 wurde Muhammad V. vom Thron abgesetzt und nach Madagaskar ins Exil geschickt. *Ben Arafa* wurde zum Marionettensultan von Frankreichs Gnaden erhoben.

Die nächsten zwei Jahre waren gekennzeichnet von Terrorismus, den Aktivitäten der Befreiungsarmee, Einkerkerungen und Todesstrafen. Doch der Aufruhr konnte nicht mehr eingedämmt werden. Ende 1955 dankte Ben Arafa ab.

Muhammad V. kehrte aus dem Exil zurück und wurde begeistert in Rabat empfangen. In einer Reihe von Abkommen wurde schließlich am **2. März 1956** das **Ende des französischen Protektorats** besiegelt, am **8. April 1956 trat Spanien als Schutzmacht zurück**. Tanger blieb bis 1960 internationaler Freihafen, Ceuta und Melilla sind bis heute in spanischem Besitz.

POLITIK HEUTE

Am 16. August 1956 nahm Muhammad V. den Königstitel an. Er starb 1961. Die Nachfolge trat sein Sohn Hassan an, der nunmehr seit 38 Jahren die marokkanische Politik bestimmt.

König Hassan II. war religiöses und staatliches Oberhaupt des Landes. „Der König (...) ist der Hüter des Islam und der Verfassung", so der Artikel 19 der marokkanischen Verfassung. Die fast autokratische Position des Königs im Wechselspiel der Staatsgewalten zeigte sich v. a. in der Tatsache, daß er einen Großteil exekutiver und legislativer Entscheidungen per Dekret treffen/beeinflussen konnte. Außerdem hatte er den Vorsitz im Obersten Rat der Richter und Staatsanwälte, auf dessen Vorschlag unabsetzbare Richter durch königlichen Erlaß ernannt werden. Schließlich war er Oberbefehlshaber der Streitkräfte.

Verfassung

1961 wurde eine Verfassung mit 17 Artikeln verkündet, in denen die Grundrechte und Pflichten der Marokkaner festgelegt waren. Diese **Verfassung** wurde am **7.12.1962** durch Volksabstimmung angenommen, aber bereits 1965 von König Hassan wieder außer Kraft gesetzt, da zahlreiche Unruhen schon zu Beginn seines Amtsantrittes und darauffolgende Wahlmanipulationen, drastische Übergriffe auf Oppositionelle und wirtschaftliche Probleme immer mehr Unmut in der Bevölkerung hervorgerufen hatten.

1970 trat eine **neue Verfassung** in Kraft, die am 10.03.72 nach einem Referendum revidiert wurde. Das Einkammerparlament mit 306 Abgeordneten, von denen 206 in direkter und 100 in indirekter Wahl gewählt wurden, ersetzte die alte Repräsentantenkammer. Die Machtbefugnisse des Königs blieben de facto unangetastet.

Nach einer erneuten **Volksabstimmung im September 1992** wurde eine weitere Verfassungsrevision genehmigt. Auch hier fielen die Änderungen nur bescheiden aus: Dem Premierminister wird ein Vorschlagsrecht bei der Zusammensetzung des Kabinetts zugebilligt. Das Parlament muß der Regierungserklärung mit absoluter Mehrheit zustimmen. Ohne diese Zustimmung muß die Regierung zurücktreten. Außerdem kann das Parlament Untersuchungskommissionen bilden, und mit der Verhängung des Ausnahmezustandes ist nicht automatisch eine Auflösung des Parlaments verbunden. Auch der König muß sich bei der Einführung von Gesetzen nunmehr an eine Frist von 30 Tagen halten. Neu ist die Bildung eines Verfassungsrates mit neun Mitgliedern, von denen fünf der König bestimmt. Das Wahlalter wurde von 21 auf 20 Jahre gesenkt.

Bei dem Referendum 1992 wurde auch die Westsaharapolitik des Königs gutgeheißen. Trotz eines Boykottaufrufs der Opposition wurde bei ei-

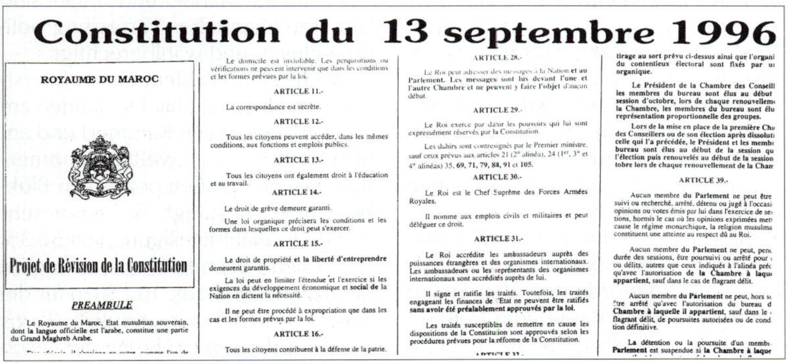

Constitution du 13 septembre 1996

ROYAUME DU MAROC

Projet de Révision de la Constitution

PREAMBULE

Le Royaume du Maroc, Etat musulman souverain, dont la langue officielle est l'arabe, constitue une partie du Grand Maghreb Arabe.

Le domicile est inviolable. Les perquisitions ou vérifications ne peuvent intervenir que dans les conditions et les formes prévues par la loi.

ARTICLE 11.-

La correspondance est secrète.

ARTICLE 12.-

Tous les citoyens peuvent accéder, dans les mêmes conditions, aux fonctions et emplois publics.

ARTICLE 13.-

Tous les citoyens ont également droit à l'éducation et au travail.

ARTICLE 14.-

Le droit de grève demeure garanti.

Une loi organique précisera les conditions et les formes dans lesquelles ce droit peut s'exercer.

ARTICLE 15.-

Le droit de propriété **et la liberté d'entreprendre** demeurent garantis.

La loi peut en limiter l'étendue et l'exercice si les exigences du développement économique et **social de** la Nation en dictent la nécessité.

Il ne peut être procédé à expropriation que dans les cas et les formes prévus par la loi.

ARTICLE 16.-

Tous les citoyens contribuent à la défense de la patrie.

ARTICLE 28.-

Le Roi peut adresser des messages à la Nation **et au Parlement. Les messages** sont lus devant l'une et l'autre Chambre et ne peuvent y faire l'objet d'aucun débat.

ARTICLE 29.-

Le Roi exerce par dahir les pouvoirs qui lui sont expressément réservés par la Constitution.

Les dahirs sont contresignés par le Premier ministre, sauf ceux prévus aux articles 21 (2° alinéa), 24 (1er, 3° et 4° alinéas) 35, **69, 71, 79, 84, 91** et **105.**

ARTICLE 30.-

Le Roi est le Chef Suprême des Forces Armées Royales.

Il nomme aux emplois civils et militaires et peut déléguer ce droit.

ARTICLE 31.-

Le Roi accrédite les ambassadeurs auprès des puissances étrangères et des organismes internationaux. Les ambassadeurs ou les représentants des organismes internationaux sont accrédités auprès de lui.

Il signe et ratifie les traités. Toutefois, les traités engageant les finances de l'Etat ne peuvent être ratifiés **sans avoir été préalablement approuvés par la loi.**

Les traités susceptibles de remettre en cause les dispositions de la Constitution sont approuvés selon les procédures prévues pour la réforme de la Constitution.

tirage au sort prévu ci-dessus ainsi que l'organi du contentieux électoral sont fixés par u organique.

Le Président de la Chambre des Conseil les membres du bureau sont élus au début session d'octobre, lors de chaque renouvellem la Chambre, les membres du bureau sont élu représentation proportionnelle des groupes.

Lors de la mise en place de la première Ch des Conseillers ou de son élection après dissolut celle qui l'a précédée, le Président et les memb bureau sont élus au début de la session qu l'élection puis renouvelés au début de la session tobre lors de chaque renouvellement de la Cham

ARTICLE 39.-

Aucun membre **du Parlement** ne peut être suivi ou recherché, arrêté, détenu ou jugé à l'occasi opinions ou votes émis par lui dans l'exercice de se tions, hormis le cas où les opinions exprimées met cause le régime monarchique, la religion musulma constituent une atteinte au respect dû au Roi.

Aucun membre **du Parlement** ne peut, pen durée des sessions, être poursuivi ou arrêté pour ou délits, autres que ceux indiqués à l'alinéa pré qu'avec l'autorisation **de la Chambre à laqu appartient,** sauf dans le cas de flagrant délit.

Aucun membre **du Parlement** ne peut, hors s être arrêté qu'avec l'autorisation du bureau d **Chambre à laquelle il appartient,** sauf dans le flagrant délit, de poursuites autorisées ou de cond tion définitive.

La détention ou la poursuite d'un memb **Parlement** est suspendue si **la Chambre à laque** ner Wahlbeteiligung von 97,29% (incl. der Westsahara-Gebiete) ein Wahlergebnis von 99,9% Ja-Stimmen notiert.

Einen neuen Markstein in der Verfassungsgeschichte Marokkos bedeutet die Verfassung, die am **13. September 1996** per Referendum angenommen und im Frühjahr 1997 gültig wurde. Festgeschrieben sind u.a. Gewaltenteilung, Meinungsfreiheit, Gleichheit der Geschlechter, Streikrecht, Recht auf Eigentum und Erziehung. Entscheidend aber ist die Verankerung des Zweikammerparlaments im Abschnitt „Titre III.: Du Parlament/ De l´Organisation du Parlament" (s. o. unter „Parlament & Regierung"). Damit stellt Marokko nun eine staatliche Mischform aus Königsherrschaft und Demokratie dar, wobei das Schwergewicht immer noch beim Monarchen liegt. Die oberste Verfassungs- bzw. rechtsstaatliche Garantie ist weiterhin, nach einem Ausspruch von Abderrahmane Youssufi, „nichts als das Wort des Königs."

Staatsform

„Marokko ist eine **konstitutionelle, demokratische und soziale Monarchie"** (Art. 1 der Verfassung). Der **Islam ist Staatsreligion** (Art. 6).

Volksvertretung

Mit der letzten Verfassungsreform vom September 1996 wurde das alte Einkammersystem durch ein **Zweikammerparlament** ersetzt. Die Volksvertretung setzt sich nun zusammen aus der Ersten Kammer - *Chambre des Répresentants* - und aus der Zweiten Kammer - *Chambre des Conseillers.* Die 325 Abgeordneten der Ersten Kammer werden direkt vom Volk für fünf Jahre gewählt, die Vertreter in der Zweiten werden bestimmt zu drei Fünfteln von einem Wahlgremium, das sich aus Wahlmännern der Gebietskörperschaften zusammensetzt, und zu zwei Fünfteln von regionalen Wahlgremien, die aus Vertretern von Standesorganisationen, Berufsverbänden und Arbeitnehmerorganisationen bestehen. Die Mitglieder der Zweiten Kammer werden für eine neunjährige Amtszeit gewählt, wobei im Turnus von drei Jahren jeweils ein Drittel neu gewählt wird (bei den ersten beiden „Rotationen" in den Jahren 2000 und 2003 soll laut Verfassung das Los über diejenigen entscheiden, die Nachfolgern weichen müssen). Formal mag das neue marokkanische Zweikammerparlament „westlichen" Vorbildern nahekommen, jedoch stehen die semidiktatorischen Vollmachten des Königs einer echten Ausgestaltung des für demokratische Systeme wesenhaften Gewaltenteilungsprinzips im Wege.

Die Regierung muß sich gegenüber dem König (und dem Parlament) verantworten. Wichtige politische Fragen werden im **Ministerrat** behandelt, dessen Vorsitz der König einnimmt (Art. 25).

Volljährige Männer und Frauen sind laut marokkanischer Verfassung politisch gleich- und wahlberechtigt.

Die **letzten Wahlen,** die wohl erstmalig wirklich frei abliefen, fanden am **14.11.97** (zur Ersten Kammer) und am **05.12.1997** (zur Zweiten Kammer) statt. Die drei großen politischen Blökke wurden bestätigt. Bei einer sehr niedrigen Wahlbeteiligung von 58,3% ergab sich folgende Sitzverteilung im Repräsentantenhaus: 102 Sitze für die linke Parteienallianz „Koutla" *(Partis de la Koutla)* unter Führung der *Union*

Socialiste des Forces Populaires, USFP (zu den einzelnen Parteien s. u.), 100 Sitze für das konservative, königstreue Bündnis „Wifaq“ *(Partis de l´entente),* 97 Sitze für das Zentrum *(Partis du Centre),* angeführt vom *Rassemblement National des Indépendants (RNI),* sowie 26 Sitze für die restlichen Parteien, darunter nur neun für die Islamisten.

Zum Premierminister wurde *Abd ar-Rahman Yussufi* von der USFP ernannt, die auch den Präsidenten des Repräsentantenhauses stellt, *Abd al-Wahid Radi.* Noch vor den Wahlen hatte König Hassan die Regierung umgeformt und dabei erstmalig in der Geschichte Marokkos (vier) Frauen mit hohen Staatsaufgaben (als Staatssekretärinnen) betraut - ein weiteres Beispiel dafür, daß 1997 als Jahr der Reformen in die marokkanischen Geschichtsbücher eingehen könnte, aber eben auch wieder ein Zeichen für die unvermindert starke Stellung des Königs, von dessen Kalkül im politischen Leben Marokkos immer noch alles abhängt. Nicht umsonst konnte er den mächtigen Innenminister *Driss Basri,* gegen den die Opposition zuvor Sturm gelaufen war, auch im neuen Kabinett halten, einem Kabinett, dem viele der vormaligen Kritiker angehören.

Verwaltung

Den 39 Provinzen und acht selbständigen Stadtpräfekturen in Rabat und Casablanca stehen Gouverneure vor; ihnen steht beratend eine Abgeordnetenversammlung zur Seite.

In ländlichen Gebieten und bei den Nomaden existieren noch Stammesfraktionen, geführt vom „Qa´id“ oder „Shaykh“.

Armee und Polizei

Die marokkanische **Armee** ist ein **wichtiger Machtfaktor im Lande** und zählt zu den bestausgebildeten Truppen Afrikas. Infolge des Saharakrieges wurde die Armee von 57 500 (1974) auf inzwischen 300 000 Mann aufgestockt. Die Verteidigungsausgaben haben sich in 18 Jahren auf 12,9 Mrd. DH im Jahr 1998 versechsfacht.

Gern wird die starke marokkanische Armee von anderen afrikanischen Regierungen zu Hilfe gerufen, wenn es gilt, Aufständische zu bekämpfen. So wurden marokkanische Truppen z. B. unter Mobutu in Zaire eingesetzt, um die Shaba-Rebellen niederzuschlagen.

Die **Polizei** ist ebenfalls **straff organisiert** und auch nicht zimperlich, jedoch im Umgang mit Touristen ausgesprochen höflich. Korruption und Ausnutzung der Machtposition waren bis vor kurzem alltäglich, und erst langsam ändert sich hier das Verhalten, da zahlreiche Untersuchungen und Kontrollen dazu geführt haben, daß Mißbräuche seltener geworden sind. Verstöße gegen das Gesetz, z. B. gegen das Rauschmittelgesetz oder unerlaubter Autoverkauf, werden v. a. bei Touristen streng bestraft und haben viele Europäer hinter Gitter gebracht. Es gibt aber auch Berichte (dessen Wahrheitsgehalt ich nicht beurteilen kann), denen zufolge die Polizei mit Drogenhändlern zusammenarbeitet und Käufer bei der Polizei verpfiffen werden. Diesen wird das (billig) gekaufte Cannabis abgenommen, hohe Geldstrafen werden verhängt, der Stoff und das Geld wandern in die Taschen der Polizisten.

Die marokkanischen **Gefängnisse** entsprechen eher mittelalterlichen Verliesen und bei weitem nicht unseren Vorstellungen eines modernen Strafvollzugs.

Amnesty International berichtete in der Vergangenheit immer wieder von Menschenrechtsverletzungen bei inhaftierten Sahrauwis und Islamisten. Allerdings besserte sich die Situation durch eine 1992 eingerichtete Menschenrechtskommission und eine gründliche Neustrukturierung des Polizeiapparates erheblich. Die letzten politischen Gefangenen wurden 1994 freigelassen, jedoch werden Teilnehmer ungenehmigter Demonstrationen immer noch mit hohen Haftstrafen belegt. Auch gegen Fundamentalisten wird angesichts der Situation im Nachbarland Algerien hart durchgegriffen.

Politische Parteien

Die großen Parteien sind während der gemeinsamen Frontstellung gegen die Protektoratsmacht Frankreich entstanden. Die bestehenden programmatischen Unterschiede prägten sich im Laufe der Zeit immer mehr aus und sind heute erheblich.

Das Mitspracherecht der Oppositionsparteien wurde von 1965 an nachhaltig eingeschränkt. Seit 1977 ist ein vorsichtiger **Demokratisierungsprozeß** im Gange, der 1997 durch die freien Wahlen und den **Sieg des linken Parteienbündnisses Koutla,** dem die Parteien *Istiqlal, Union Socialistes des Forces Populaires, Parti du Progrés et du Socialisme und Organisation de l´Action Democratique et Populaire* angehören, seinen Höhepunkt erlebte.

Die Opposition bilden der **Wifaq-Bund,** bestehend aus *Union Constitutionelle, Le Mouvement Populaire* und *Parti National des Démocrates* und das **Zentrum,** geführt vom *Rassemblement National des Indépendants.*

Gewerkschaften

Gewerkschaftliche Vereinigungen sind nach der Verfassung zugelassen und gewinnen im Land zusehends an Einfluß, Streiks zur Durchsetzung von Forderungen werden aber oft von der Regierung verboten.

Stärkste Gruppe ist die Gewerkschaft **Marocaine du Travail** *(UMT)* mit ca. 700 000 Mitgliedern. Ihr Einfluß in Wirtschaft und Handel ist ziemlich bedeutend, und sie konnte auch ansehnliche Erfolge verbuchen. Das 1962 erlassene Arbeitslosen- und Altersversorgungsgesetz ist zum großen Teil auf ihre Arbeitskämpfe zurückzuführen.

Die zweite wichtige Gewerkschaft **L'Union Général des Travailleurs Marocains** *(UGTM)* hat rund 673 000 Mitglieder und wird von den der UMT nicht angeschlossenen Einzelgewerkschaften unterstützt.

Die Gewerkschaften sind zu einer Gegenmacht im Staate geworden, vor allem deshalb, weil sie sich auch dem Kampf gegen die Korruption verschrieben haben. Die Mitglieder der Gewerkschaften sind dadurch natürlich Pressionen ausgesetzt. Zu großen Spannungen zwischen Regierung und Gewerkschaften kam es von Dezember 1990 bis März 1991 während des Golfkrieges, als diese zur Unterstützung des Irak zum Generalstreik aufgerufen hatten und es im Vorfeld in mehreren Städten zu blutigen Zusammenstößen mit Polizei und Militär mit mehr als 100 Toten kam.

ZEITTAFEL

Phönizier und Karthager

ca. 1100 v. Chr.
Errichtung der ersten phönikischen Handelsniederlassungen Liks (später Lixus) an der Oued Loukkos-Mündung und von Russadir (bei Melilla).

ca. 500 Gründung von Tingis (Tanger), Russadir (Mazagan bzw. jetzt Al Jadida) und Chellah (Rabat) durch die Karthager.

ca. 460 Der karthagische Seefahrer Hanno umrundet Afrika und besucht dabei die Handelsplätze Russadir und Lixus.

ca. 300 Ein Berberkönigreich entsteht, das als das mauretanische Königreich Marusia bekannt wird.

Römer, Byzantiner und Wandalen

146 Nach dem Fall Karthagos übernehmen die Römer die Herrschaft über das karthagische Reich.

25 Juba II., ein Berber, wird von Augustus zum König von Mauretanien ernannt.

24 n. Chr. – 40
Ptolemäus, der Sohn Jubas II., ist König, wird aber im Jahre 40 auf Geheiß Caligulas ermordet. Berberaufstände sind die Folge.

42 Aufteilung der römischen Provinz Mauretenia in zwei Teile. Der marokkanische Teil wird Mauretania Tingitana genannt.

146 Die Grenze wird im Süden durch einen Limes gegen die unabhängigen Berber geschützt. Unruhen, Aufstände.

429 Die Wandalen unter Geiserich dringen nach Marokko ein, besetze Tingis und Septem und verbünden sich mit den Berbern.

477 Tod Geiserichs und Zerfall des Wandalenreiches. Die Berber besetzen die Städte.

533 Belisar besiegt den letzten Wandalenherrscher Gelimer.

582–602
Regierungszeit von Kaiser Maurikios und Entstehung der Provinz Mauretania Secunda.

Die Arabische Eroberung

622 Flucht Muhammads nach Medina. Beginn der islamischen Zeitrechnung.

632 Tod Muhammads.

711 Tariq Ibn Ziyad dringt über Gibraltar ins Westgotenreich ein.

788–974
Herrschaft der Idrissiden, Gründung der Stadt Fès.

974–1061
Fatimiden- und Ziridenherrschaft, Entsendung der Beni Hillal-Nomaden als Strafexpedition gegen die abtrünnigen Ziriden.

1061–1147
Bildung des arabischen Almoravidenreiches im Maghreb (= äußerster Westen – Marokko); Hauptstadt Marrakesch.

1147–1269
Almohadenherrschaft. Kulturelle Hochblüte des Almohadenreiches (1184–1198); Rabat Hauptstadt.

1269–1420
Merinidenherrschaft; Fès Hauptstadt.

1415 Die Portugiesen erobern Ceuta.

1477–1661
Tanger in portugiesischer Hand, dann bis 1648 englisch.

Die Scherifenreiche

1554–1659
Scherifenreich der Saaditen. Marrakesch Hauptstadt.

1659 Heutige Dynastie der Alawiden wurde gegründet.

1672–1727
Regierungszeit Mulay Ismails; Meknès Hauptstadt.

ab 1800
Strenge Abschließung Marokkos von Europa. Widerstand und Unabhängigkeitsbestrebungen der Berber.

1859 Niederlage gegen Spanien und 1860 Vertrag von Tètuan mit Wiedergutmachungssumme von 100 Mill. Riyal.

1844 Erster Angriff Frankreichs auf Marokko.

1907 Frankreich besetzt Casablanca.

Kolonialzeit

1911 Frankreich besetzt Fès. Spanien besetzt die Nordzone.

1912 Marokko wird französisches Protektorat (ohne Tanger); Abkommen von Fès.

1921–1926
Krieg der Rif-Kabylen gegen Spanien und Frankreich.

1923 Erste Tanger-Konvention (Großbritannien, Frankreich).

1943 Parti National und andere bilden die Istiqlal-Partei.

1944 **(11.1)** Unabhängigkeitsmanifest. Unruhen in Rabat und Fès.

1953 Absetzung und Verbannung des Sultans Muhammad Ben Yussuf.

1955 **(16.11)** Sultan Muhammad kehrt nach Unruhen zurück.

Nach der Unabhängigkeit

1956 **(2.3.)** Unabhängigkeit für die französische Zone.

1956 **(2.4.)** Unabhängigkeit für die spanische Zone.
(29.10.) Tanger wird Bestandteil Marokkos.
1957 **(14.8.)** Sultan Muhammad V. nimmt Königstitel an.
1958 **(22.7.)** Spanien überläßt Marokko den Tarfaya-Streifen.
1960 **(März)** Erdbebenkatastrophe in Agadir.
1961 Tod Muhammads V.; Krönung Hassans II.
1962 **(Dez.)** Verfassung (konstitutionelle Monarchie) gebilligt.
1969 **(4.1.)** Rückgabe Ifnis durch Spanien.
(31.3.) Abkommen zur Assoziierung mit der EU unterzeichnet.
1970 **(Aug.)** Erste Parlamentswahlen nach Verfassungsannahme.
1971 **(10.7.)** Gescheiterter Putschversuch einer Militärgruppe.
1972 **(1.3.)** Billigung der neuen Verfassung durch Volksabstimmung.
(16.8.) Attentatsversuch auf den König; Tod von General Oufkir.
1973 **(3.2.)** Erweiterung der Fischereigewässer. Der sich anschließende Fischereistreit mit Spanien wird im Januar 1974 beigelegt.
1975 **(31.10.)** Marokkanische Truppen stoßen mit Billigung Spaniens bis Farsia und Hausa in die nordöstliche Westsahara vor und führen die ersten Gefechte mit der „Frente Polisario"
(6.11.) Beginn des „Grünen Marsches" in die Westsahara.
1976 **(28.2.)** Gemäß Geheimabkommen zwischen Spanien, Marokko und Mauretanien gehen die nördlichen zwei Drittel der Westsahara in marokkanischen Besitz über; tags darauf Proklamation der „République arabe saharaouie démocratique" (RASD) durch die POLISARIO in den annektierten Sahara-Provinzen.
1977 **(Juni)** Parlamentswahlen: Mehrheit für Anhänger der Monarchie.
1978 **(30.9.)** Räumung des letzten USA-Stützpunktes.
1979 **(14.8.)** Annexion der von Mauretanien beanspruchten Westsahara.
1980 **(Mai)** Volksabstimmung billigt Verfassungsänderung.
(Sept.) OAU-Komitee empfiehlt Volksabstimmung in der Westsahara.
1981 **(Juni)** Beistandskredit des Internationalen Währungsfonds; Unruhen nach Preiserhöhungen (rund 600 Todesopfer).
(Juni) Hassan II. stimmt Westsahara-Referendum zu.
1982 **(Aug.)** OAU-Gipfelkonferenz in Addis Abeba fordert direkte Verhandlungen zwischen Marokko und der Polisario.
1984 **(Jan.)** Straßenkämpfe wegen befürchteter Preiserhöhungen; **(Sept.)** Wahlen; **(Nov.)** Marokko verläßt OAU, da diese die Demokratische Arabische Saharauische Republik anerkennt.
1985 **(11.4.)** Neues Kabinett Lamrani.
(7.–9.8.) Arabische Sondergipfelkonferenz in Casablanca (von Syrien, Libanon, DVR Jemen und Libyen boykottiert).
(Sept.) IWF-Stand-By-Kredit über 318 Mio. Dollar.
(9.4.) UNO-Generalsekretär Perez de Cuellar spricht getrennt mit

Marokko und POLISARIO über Westsahara-Frage.
(22./23.7.) Treffen König Hassans mit Shimon Peres (Israel). Heftige Reaktionen aus dem arabischen Lager (Syrien, Libyen).
(5./6.11.) Besuch des amerik. Verteidigungsministers Weinberger.
(Dez.) IWF-Abkommen über Stand-By-Kredit und Wirtschaftsreformpaket.

1987 **(12.4.)** Fertigstellung der marokkanischen Verteidigungsanlagen in der Westsahara (Länge 2700 km).
(18.5.) Marokko tritt dem GATT bei.
(20.7.) Antrag Marokkos auf EG-Mitgliedschaft.

1988 **(16.5.)** Marokko und Algerien vereinbaren die Wiederaufnahme der 1976 abgebrochenen diplomatischen Beziehungen.
(30.8.) Marokko und die POLISARIO-Front billigen mit Einschränkungen den Westsahara-Friedensplan des UNO-Generalsekretärs (Referendum).

1988 **(Dez.)** Ein Treffen führender POLISARIO-Politiker bei Hassan II. wird arrangiert; zur Vorbereitung dieses Treffens Besuch des Generalsekretärs der algerischen FLN, Muhammad Mehri, bei Hassan II.

1989 **(Jan.)** Die führenden POLISARIO-Politiker Mustafa Saied, Machfud Ali Beiba und Ghali sind zu Besuch bei Hassan II.
(17.2.) Zusammenschluß zur Maghrebunion mit Algerien, Tunesien, Libyen und Mauretanien.
(24.9.) Staatsbesuch König Hassans II. in Spanien zur Planung einer festen Straßenverbindung (Brücke) von Europa nach Afrika und zur Ausarbeitung eines Vertrages über militärische Zusammenarbeit.
(Dez.) Verschiebung der Parlamentswahlen auf 1992.

1990 **(Okt.)** König Hassan II. lehnt den UNO-Friedensplan für die Westsahara ab.
(Dez.) Demokratische Arbeitervereinigung und Gewerkschaft UGTM rufen Generalstreik aus. Bei blutigen Auseinandersetzungen mit Polizei und Militär in Fès, Meknès, Casablanca und Tanger kommen fünf Menschen ums Leben.

1991 **(Jan.)** Massenprozesse werden anläßlich des Generalstreiks abgehalten, 400 Personen werden angeklagt. Ankündigung sozialpolitischer Maßnahmen durch Hassan II.
(Feb.) Wachsende Spannungen zwischen Regierung und Islamisten anläßlich des Golfkrieges. Generalstreik der Gewerkschaften zur Unterstützung des Irak.
(April) Der UN-Sicherheitsrat bewilligt die Einrichtung einer UN-Mission für die Durchführung des Referendums in der Westsahara (MINURSO).

Hassan II.

(6.9.) Inkrafttreten des Waffenstillstandes in der Westsahara. UNO-Beobachter reisen in die Konfliktzone. Westsahara-Referendum für Januar 1992 geplant.
(Sept.) Begnadigung von 119 politischen Gefangenen; das berüchtigte Gefängnis von Tazmamart soll aufgelöst werden.

1992 **(Jan.)** Westsahara-Referendum wird wegen Unklarheiten bzgl. der Wählerlisten auf Juni und dann erneut verschoben.
(März) Hassan II. kündigt eine Verfassungsreform an. Die geplanten Parlamentswahlen werden auf 1993 verschoben.
(Aug.) Übergangskabinett Lamranis wird aufgelöst. Erneut wird Karim Lamrani Premierminister. Sein Kabinett aus Technokraten soll nur bis zu den Parlamentswahlen 1993 regieren.
(Sept.) Die neue Verfassung wird mit einem Abstimmungsergebnis von 99,9% der Wählerstimmen angenommen.
(Okt.) Sieg der Regierungsparteien bei den ersten Kommunalwahlen seit 1983. Daraufhin Demonstrationen im Nordosten Marokkos wegen angeblichem Kauf von Wählerstimmen.

1993 **(25.6.)** Erste Runde der Parlamentswahlen. Erfolg für die Oppositionsparteien Istliqlal und Sozialisten (USFP), zum erstenmal in der Geschichte des Landes werden zwei Frauen ins Parlament gewählt.
(Sept.) zweite Runde der Parlamentswahlen, in der die restlichen Abgeordneten aus den Berufsverbänden gewählt werden. Sieg der Regierungsparteien.
(Okt.) Die Istliqlal und USFP lehnen eine Beteiligung an der Regierung ab, nachdem die gewünschten Ministerposten vom König an die Regierungsparteien bzw. an parteilose Technokraten vergeben werden sollen. Der USFP-Vorsitzende Youssufi geht zurück ins Exil nach Nizza. Der König ernennt ein Kabinett, das von parteilosen Technokraten dominiert wird. Die geplanten direkten Verhandlungen zwischen Marokko und der POLISARIO in New York sind geplatzt.

1994 **(Juni)** GATT-Wirtschaftsgipfel in Marrakesch.
(Aug.) Krise zwischen Algerien und Marokko nach Überfall algerischer Terroristen auf Hotel in Marrakesch; Grenzschließung.
(Nov.) Wirtschaftskonferenz der islamischen Länder in Casablanca.

1995 **(Jan.)** Drei Todesurteile gegen islamische Fundamentalisten wegen des Hotelüberfalls im August 1994.
(April–Nov.) Fischereistreit zwischen Spanien und Marokko.
(Juni) POLISARIO stellt Westsahara-Referendum Jan. 96 in Frage.
(Nov.) Beilegung des Fischereistreites; Handelsvergünstigungen für Marokko durch die EU.

1996 **(Febr.)** Assoziierungsabkommen mit der EU wird verabschiedet.

(Mai) Staatsbesuch König Hassan II. in Frankreich.
(Juni) Bundeskanzler Kohl auf Staatsbesuch in Marokko.
(Sept.) Referendum zur 5. Verfassungsreform unter Hassan II.; fast 100% Zustimmung; wichtigste Neuerung: Einführung eines Zweikammerparlaments; die umfassenden Vollmachten des Königs bleiben unberührt.

1997 **(Juni)** Kommunalwahlen, Sieg der Opposition.
(Sept.) UN vermitteln Referendum über die Zukunft in Westsahara.
(Nov.) UN legen den Termin für das Westsahara-Referendum auf den 7. 12. 1998 fest; POLISARIO und Marokko einigen sich auf 80 000 Wahlberechtigte.
Erste demokratische Parlamentswahl; den (knappen) Sieg erringt die linke Parteienallianz „Koutla".

1998 **(Feb.)** König Hassan II. beauftragt den Vorsitzenden der Sozialistischen Union der Volkskräfte (USFP),
(März) Abderrahman Yussufi, mit der Regierungsbildung. Erstmals seit der Unabhängigkeit Marokkos werden die Mitglieder einer Mitte-Links-Regierung vereidigt.
(Sommer) Das Westsahara-Referendum wird wiederum verschoben, da eine Rückführung der Flüchtlinge immer noch nicht stattgefunden hat; (neuer in 1999 vereinbarter Termin ist der 31.7.2000).

1999 **(April)** Besuch von Hilary Clinton in Marokko.
(23.7) König Hassan II. stirbt in Rabat an Herzversagen als Folge einer Lungenentzündung.
(24.7) Sein Sohn Sidi Muhammed wird als neuer König Muhammad VI. inthronisiert.

König Mohammed VI.

WIRTSCHAFT

LANDWIRTSCHAFT

Marokko ist ein Agrarland. **Die Hälfte der Bevölkerung lebt von der Landwirtschaft,** und mit - je nach Ernterträgen - 12–24% des Bruttoinlandproduktes und 20–30% Anteil an den Exporten ist sie ein wichtiger Sektor der Volkswirtschaft.

Ungefähr **21% der Landfläche entfallen auf Ackerland** und Dauerkulturen. Fast alle werden - zumindest in den Sommermonaten - bewässert. **57% der landwirtschaftlichen Fläche** werden allein für den Anbau von **Weizen, Gerste und Mais** genutzt. Hinzu kommen Tomaten, Zuckerrohr, Zuckerrüben und Kartoffeln.

Im **Obstanbau** dominieren Orangen, Zitronen, Mandarinen und Mandeln. 70% der Weintrauben werden zu Wein verarbeitet und der zum Großteil exportiert. Da dem Moslem der Genuß von Wein verboten ist, ist der Weinanbau rückläufig.

Reis, Hirse, Bohnen, Kichererbsen, Artischocken und Auberginen werden in großem Stil kultiviert. 13 Millionen Olivenbäume dienen der Speiseölherstellung, der Exportanteil ist hoch.

Weit über die Hälfte der jährlichen Gesamternte wird **auf nur 13% der landwirtschaftlich genutzten Fläche** von 6000 Großgrundbesitzern und staatlichen Domänen erwirtschaftet. 10% der agrarischen Betriebe bewirtschaften Anbaugebiete von 100 und mehr Hektar, und 11% der Betriebe verfügen über 55% der gesamten landwirtschaftlichen Betriebsflächen. So kann man sich leicht ausrechnen, daß auf den restlichen **45%** nur **Subsistenzwirtschaft** (für den Eigenbedarf) betrieben wird und diese Teile des Landes noch mit archaischen Methoden bestellt werden.

Trotz der Bemühungen um eine Agrarreform gehören die besten Böden nach wie vor Großgrundbesitzern, und die Abzahlung der Darlehen der Kleinbauern für Düngemittel und Saatgut verschlingt einen Großteil ihrer Ernteerträge. Die Landwirtschaft und auch damit auch das gesamte Wirtschaftswachstum Marokkos ist in entscheidendem Maße abhängig von den Ernteerträgen und damit auch von den jährlichen Regenfällen. So hatte Marokkos Landwirtschaft 1997 aufgrund von schlechten Ernteerträgen ein deutliches Minus zu verzeichnen, während 1998 ein Plus von 30% erwirtschaftet wurde.

Ein **wirtschaftlicher Rückschlag** für Marokko war der **Beitritt Portugals und Spaniens zur EU** am 1. Januar 1986 (Marokkos Aufnahmeantrag in die EU wurde abgelehnt, es wurde aber ein Assozierungsabkommen mit der EU geschlossen). Trotzdem sind die Exportchancen für landwirtschaftliche Erzeugnisse durch die Abschottungspolitik der EG/EU beeinträchtigt. Stellt man in Rechnung, daß bald die Hälfte des Nahrungsmittelexports in die EU ging, dann wird deutlich, daß die Situation nicht rosig ist. Vor wenigen Jahren noch konnte man problemlos marokkanische Tomaten und Orangen in unseren Supermärkten kaufen, inzwischen sind diese durch spanische Waren ersetzt worden. Und wenn dann der einheimische Markt die Bevölkerung nicht ernähren kann, ist es kaum verwunderlich, daß fast die Hälfte der männlichen Landarbeiter Arbeit im Ausland sucht.

(Zum traditionellen Oasenanbau siehe Kastentext S. 344)

FORSTWIRTSCHAFT

Zur Aufforstung des Landes wurden in den letzten zwei Jahrzehnten enorme Anstrengungen unternommen. Das Land drohte, ähnlich wie alle südlichen Mittelmeerländer, zu verkarsten, da die Nomaden und Kleinbauern vorwiegend Ziegen und Schafe halten, die die jungen Triebe der Bäume fressen und so alles Grün mit der Zeit vernichten. Es gibt ein eigenes Ministerium für Wasser- und Forstwirtschaft, und in Zusammenarbeit mit einigen Entwicklungshilfegesellschaften (u.a. der deutschen GTZ) wurden zahlreiche Projekte zur Unterstützung einer sinnvollen Waldnutzung ohne Zerstörung der natürlichen Resourcen gefördert. Inzwischen sind etwa **20% der Landesfläche bewaldet.** Das ist mehr als in Spanien und weit mehr als in den übrigen nordafrikanischen Ländern.

Die Wälder befinden sich fast ausschließlich in staatlichem Besitz. Da in erster Linie aufgeforstet wird, ist der Nutzen im Moment noch gering. 35% der Flächen sind von *Steineichen* bewachsen, 22% mit *Gliederzypressen,* 17% mit *Eisenholzbäumen* und 16% mit *Korkeichen* bepflanzt.

Ein **Aufforstungsplan** sieht bis zum Jahre 2000 die Bepflanzung mit 400 000 ha Nadel- und 70 000 ha Laubbäumen vor, vor allem *Eukalyptus, Kiefern und Pappeln.* Trotzdem ist mit einer Verringerung des Waldbestandes zu rechnen, da der „illegale" Einschlag zur Brennholzgewinnung sehr stark ist.

VIEHZUCHT

Die Viehhaltung hat für die Gesamtwirtschaft einen **geringen Stellenwert,** bringt aber ein Drittel der Erlöse in der Landwirtschaft. Die Erzeugung tierischer Produkte (mit Ausnahme von Hühnereiern) ist im Vergleich mit anderen nordafrikanischen Ländern gering. Wesentliche **Bedeutung** hat die Viehwirtschaft **für die Kleinbauern,** für den Eigenverbrauch und den Verkauf auf den Märkten der Provinz.

Nach den Statistiken sind **Rind- und Kalbfleisch** neben Hühnerfleisch **am wichtigsten für die Ernährung.** Rinder gibt es in den Ebenen zwischen *Rif* und *Atlas,* im *Rharb* (Gharb), *Sous* und in den milden, grünen Gebieten des *Mittleren Atlas.*

Abseits der großen landwirtschaftlichen Ebenen werden bevorzugt **Schafe und Ziegen** in **Wechselweidewirtschaft** gehalten.

Esel und **Maultier** sind die beliebtesten **Arbeits- und Reittiere**, ihnen begegnet man auf Schritt und Tritt. Das Pferd wird nur als Reittier benutzt.

Ochsen und Esel werden als Zugtiere für Pflüge und Ölmühlen verwendet. **Kamele** sieht man fast ausschließlich **in den Regionen südlich** des Atlas, aber auch zwischen Essaouira und Agadir. Sie dienen als Last- und Reittiere.

FISCHEREI

Der im Atlantik vor Marokkos Küsten vorbeifließende Kanarenstrom mit seinem Planktonreichtum sorgt für **ertragreiche Fischgründe.**

An den Küsten zwischen Larache und Agadir werden *Thunfisch, Seezungen, Sardinen, Makrelen, Meeraale, Rochen, Brassen, Austern* und *Tintenfische* gefangen. Vor den Küsten Agadirs und Essaouiras werden *Langusten* und *Hummer* in großer Zahl eingebracht. Die Hochseefischerei liefert in erster Linie *Sardinen;* Marokko ist **weltweit zweitwichtigster Erzeuger von Sardinenkonserven**. Über 90% des Fischfangs werden in den Häfen Agadir, Tarfaya, Tan-Tan, Essaouira, Safi und Casablanca eingebracht.

Die Binnengewässer Marokkos, vor allem die Bergseen des *Mittleren Atlas,* sind reich an Süßwasserfischen wie *Forellen, Hechte, Brassen,* die aber in erster Linie von Hobbyfischern geangelt werden.

Im **Mai 1995** kam es über die Frage der Fischereirechte vor der marokkanischen Küste zu einem **Streit zwischen Spanien und Marokko,** der im November desselben Jahres mit einem Fischerei- und im Februar 1996 mit einem EU-Assoziierungsabkommen beigelegt werden konnte. Die Verträge koppeln die Ausweitung von Fischereirechten für portugiesische und spanische Fischer in marokkanischen Gewässern mit dem Abbau von Handelsschranken für Tomaten, Schnittblumen, Orangen und Sardinenkonserven aus Marokko in der EU.

Neuerliche Auseinandersetzungen kündigen sich mit der 1999 fälligen Verlängerung des Fischereiabkommens mit der EU an, denn Marokko will nicht nur über Quoten und Zahlungen für Konzessionen verhandeln, sondern auch Gelder zur Modernisierung der eigenen Fischwirtschaft fordern.

BODENSCHÄTZE

Marokko verfügt über reiche Bodenschätze, die bei weitem noch nicht alle erforscht sind und genutzt werden. Noch trägt der Bergbau erst mit ca. 4% zum Bruttoinlandsprodukt bei.

Wichtigstes Bergbauprodukt ist das Rohphosphat (Förderung im Jahr ca. 25 Mio. t; Weltanteil der Phosphatproduktion: ca. 30%). Bis zu zwei Drittel aller Phosphatreserven der Welt werden auf marokkanischem Territorium vermutet.

Für den Export bedeutend sind auch Manganerze, Kohle, Eisen- und Bleierze und Kobalt, ebenfalls Baryt. Zinkerz, Zinn, Nickel, Kupfer, Antimon, Silber, Fluorit (Flußspat), Bentonit und Tonerde werden ebenfalls gefördert.

Die bekannten marokkanischen **Erdölvorkommen** im Gharb sind fast

Im Hafen von Essaouira

erschöpft. Die Suche im Atlantik vor der Küste der Regionen Doukkala und Essaouira sowie am Südhang des Rifgebirges wird fortgesetzt.

Der Abbau von Uran (Kernenergie) und die Nutzung der großen **Erdgasvorkommen** werden ebenfalls stark gefördert. Bei Essaouira liegt ein Erdgasfeld mit einer geschätzten Reserve von 500 Mio. m^3, und südlich von Casa-blanca wurden Erdgasfelder mit einer geschätzten Reserve von über 1 Mrd. m^3 entdeckt.

Bislang muß Marokko noch **85% der Energierohstoffe importieren** (Rohölimporte von jährlich mehr als 1 Milliarde US $), wofür das Land angesichts der sinkenden Phosphatpreise einen stetig wachsenden Anteil seiner Devisen ausgeben muß, was seine Handelsbilanz immer tiefer in die roten Zahlen treibt.

INDUSTRIE & AUSSENHANDEL

Privatisierung und Liberalisierung stehen im Mittelpunkt der marokkanischen Wirtschaftspolitik (nicht zuletzt auf Druck des IWF, der Weltbank und im Rahmen von Umschuldungsprogrammen). So wurde der ökonomische Anschluß an den Westen erreicht: eine marktfreundliche Wirtschaftsordnung, Schutz des Eigentums, Preisbildung hauptsächlich durch Angebot und Nachfrage, realistische Wechselkurse, Gewerbe- und Niederlassungsfreiheit.

Wichtige Industrien sind die chemische (Herstellung von Phosphaten, Sulfaten, pneumatischen und Kunststoffartikeln und Zement), die **Textilindustrie**, der **Ernährungsbereich** und die Tabakverarbeitung sowie die **Metallverarbeitung,** die mit dem Aufschwung des marokkanischen Kfz-Marktes wohl an Bedeutung noch zunehmen wird. Wenig industriellen Charakter haben bis dato die Lederverarbeitung und das Handwerk. Viele Produkte werden nach wie vor nach traditioneller Art hergestellt.

In der marokkanischen **Exportbilanz** stehen Nahrungsmittel an der Spitze (Fisch und Meeresfrüchte, Früchte und Gemüse), gefolgt von Halbfertigprodukten, sonstigen bearbeiteten Waren und Konsumartikeln sowie Rohstoffen (davon 80% Rohphosphat), chemischen Erzeugnissen und Textilprodukten.

Unter den **Abnehmerländer**n steht Frankreich mit 26,9% an erster Stelle, gefolgt von Spanien mit 9,9% und Indien, Italien und Japan mit jeweils 6,9%. Erst dann folgen Großbritannien und Deutschland mit jeweils 3,9%. (1997). Die EU ist mit Abstand wichtigster Handelspartner (63% der Exporte).

Der größte Lieferant Marokkos ist **Frankreich** mit 20,7%, dann folgen Spanien (8,8%), Saudi Arabien (6%) die USA (7,4%), Italien (7,2%) und Deutschland mit 6,1% der Einfuhren (1997).

18% der **Importe** entfallen auf Nahrungsmittel (vorwiegend Getreide, Tee, Kaffee, Zucker, Tabak, Vieh). Den größten Posten nehmen Erzeugnisse des Maschinenbaus, elektrotechnische Produkte und Fahrzeuge ein, gefolgt von mineralischen Brennstoffen und bearbeiteten Waren (darunter Eisen und Stahl).

Die **Außenhandelsbilanz** Marokkos ist **negativ**. Das Defizit betrug 1997 2,9 Mrd. US $. Die **Auslandsverschuldung** belief sich im selben Jahr auf 23,4 Mrd. US $.

Die derzeitige wirtschaftliche Entwicklung gestaltet sich uneinheitlich: Während die Deviseneinnahmen durch im Ausland tätige marokkanische Gastarbeiter ansteigen, die Industrieproduktion 1997 um 4,5% gestiegen ist und auch das Assoziierungsabkommen mit der EU vom November 1995 eine gewisse Belebung des Marktes versprach, sank das Wirtschaftswachstum 1997 um 2,2% und stieg aufgrund von guten Ernten, infolge ausgiebiger Regenfälle im Herbst 1998, um 8–9% im Jahr 1998-was wiederum die Abhängigkeit von der Landwirtschaft zeigt. Ein zunehmend wichtiger Devisenbringer ist der Tourismus, der zwar immer wieder Einbrüche verzeichnet (1995–1995), aber sich seit 1998 sehr zufriedenstellend und stabil entwickelt.

TOURISMUS

Der Tourismus ist die **drittwichtigste Devisenquelle** Marokkos (nach den Phosphateinnahmen und den Gastarbeiterüberweisungen). Allerdings hat das Land seit 1992 mit großen Rückschlägen zu kämpfen. Marokko sieht sich der starken **Konkurrenz** vor allem **durch Tunesien** ausgesetzt, das billiger ist, flexibler auf Änderungen und spezielle Marktchancen reagiert und weniger mit den marokkospezifischen Imageproblemen (Belästigung durch bettelnde Kinder und Geschäftemacher, Drogenkriminalität, usw.) zu kämpfen hat.

Die **Zahl der eingereisten Auslandsgäste** hat seit 1992 (3,7 Millionen, 1998 ca. 2,1 Mio.) stark abgenommen, und die marokkanischen Tourismusmanager muß die in manchen Berichten geäußerte Vermutung beunruhigen, daß die Touristenzahlen für Marokko nur bedingt steigerungsfähig seien, da die meisten Touristen nur einmal, lediglich 3% (mindestens) ein weiteres mal kämen. Ursachen seien überhöhte Preise, Überbuchungen und nicht zuletzt das für viele Touristen sehr ungewohnte und **aufdringliche Verhalten** der zahlreichen selbsternannten Führer und Händler. Hier haben die marokkanischen Behörden durch gezielte Kampagnen zur „Erziehung" der Bevölkerung in den Printmedien und in Hörfunk und Fernsehen und durch verstärkte Polizeipräsenz in den einschlägigen Stadtvierteln vor allem in den großen Städten einiges bewirken können. Wegen der anhaltenden Massenarbeitslosigkeit und der Armut in den Gebirgsregionen wird dieses Problem aber in ländlichen Regionen kaum in den Griff zu bekommen sein, da gerade im Tourismusbereich von vielen arbeitslosen Jugendlichen das schnelle Geld gewittert wird.

Im übrigen: Auch der **Tourismus** ist ein Problem. Er bringt nicht nur Vorteile, sondern auch **erhebliche kulturelle und wirtschaftliche Probleme** für das Volk. Die Preise steigen laufend, und auch der Zusammenstoß fremder Kulturen und Mentalitäten ist nicht nur fruchtbar. Oftmals sieht der durchschnittliche Marokkaner die Situation in Frankreich oder Deutschland reichlich verklärt, und gerade die Jugendlichen und Studenten streben nach einem vermeintlich besseren Leben im Ausland.

Ein Teil der Jungen zog es vor, vor der Schaffung des neuen Touristenführergesetzes, das die Beschäftigung als illegaler Führer verbietet, keiner Arbeit nachzugehen und als illegaler Fremdenführer mehr Geld zu verdienen als mancher Tagelöhner mit Schwerstarbeit. Dies hat die Polizei mit drastischen Maßnahmen, die von Verhaftung bis zu großen Geldstrafen reichen, inzwischen in den Städten unterbunden. Aber im Süden und im Gebirge verlegen sich viele Kinder scharenweise aufs Betteln, und die Erwachsenen versuchen, amTourismus Geld zu verdienen, sei es durch ein Café, kleines Hotel, durch einen Teppich- oder Souvenirladen, als Anbieter von Kameltouren oder anderen Dienstleistungen. Die Konsequenz ist, daß mittlerweile auch in kleinen Orten ein Überangebot an touristischen Dienstleistern besteht und diese sich mit nicht immer sauberen Mitteln um die Gunst des Touristen bemühen, denn ein Gesetz wie bei uns gegen unlauteren Wettbewerb gibt es nicht.

Viele Strände werden nur von Fischern genutzt – hier am Cap Tafelney

BEVÖLKERUNG UND SOZIALWESEN

Die Hälfte der knapp **29 Millionen Einwohner** Marokkos ist jünger als 20 Jahre. 50% der Bevölkerung können weder lesen noch schreiben. Die Arbeitslosenquote beträgt laut Statistik (1997) 16,9%, auf dem Land ist sie teilweise noch viel höher. Zwischen Stadt und Land bestehen erhebliche Unterschiede im Einkommen und dem erreichten Lebensstandard. Die Schere zwischen Arm und Reich öffnet sich immer weiter. Ein Drittel der Bevölkerung lebt unterhalb der Armutsgrenze.

Das jährliche (statistische, undifferenzierte und wenig aussagekräftige) **Pro-Kopf-Einkommen** in Marokko liegt bei 1250 US $. Auch wenn seit 1993 **gesetzliche Mindestlöhne** gelten - zur Zeit 12,50 DH/Std. für einen Industriearbeiter (die aber oft genug unterschritten werden), wird die Entlohnung v.a. in den Städten kaum mehr den Lebenshaltungskosten gerecht. Selbst ein Beamter oder kleiner Bankangestellter kann in den Städten häufig nicht von dem verdienten Geld leben, da die Mieten den Monatslohn übersteigen. In der Bürokratie sind viele Beschäftigte auf ein Zubrot (gleich Bestechungsgeld) angewiesen. Die Folge: Der Beamtenapparat wird dadurch immer korrupter.

Anschaulich wird die Arbeits- und Lebenssituation vieler Marokkaner in einer Szene aus dem Buch von *Abdelhak Serrane*, „Kinder der engen Gassen“ (edition Orient):

„...Man verweist sie von einem Büro zum anderen. Von Zimmer Nr. 13 zu 129, von 129 zu 78 und so weiter. Schließlich werden sie des Ganzen überdrüssig und gehen. Sie verstehen das Leben nicht.

‚Ich gebe dir den Rat, mein Sohn: Wohin du gehst, geh' nicht mit leeren Händen!

Gott verabscheut dieses Verhalten, und ich begreife nicht, warum ein Mensch Gefallen daran findet, seinen Bruder auszunehmen. Du täuschst dich, wenn du denkst, daß ich diesen Geldschein gern angenommen habe. Verfluche den Satan, mein Sohn! Ich habe auch meinen Stolz. Ich werd' dir etwas sagen! In einem Monat verdiene ich fünfhundertfünfzig Dirham. Ich zahle sechshundert Dirham Miete und habe sechs Kinder.‘

‚Und wie stellen Sie es an, um zu überleben?‘

Der Mann lächelte: ‚Wir leben dank der Großzügigen wie dir! Hin und wieder zehn Dirham, und das Leben geht weiter. Meine Frau arbeitet auch. Sie putzt bei meinem Chef. Meine drei Töchter habe ich als Hausmädchen bei Familien untergebracht, das bringt etwas Geld ein, und ich brauche mich nicht um ihr Essen zu sorgen. Das Leben ist bitter geworden!‘.“

Der überwiegende Teil der marokkanischen Erwerbstätigen arbeitet in der Industrie (26,1%). Bis vor wenigen Jahren war der Hauptbevölkerungsanteil noch in der Land-/Forstwirtschaft und Fischerei tätig, die jetzt nur noch 5,1% der arbeitenden Bevölkerung beschäftigt. Wobei hier sicherlich nur die abhängig Beschäftigten gezählt wurden und nicht die vielen mithelfenden Familienangehörigen in landwirtschaftlichen Kleinbetrieben. Der Handel folgt laut Statistik an zweiter Stelle (18%), gefolgt von Dienstleistung (12,5%) und Verwaltung (11%).

Der **Anteil der arbeitenden Frauen** betrug 1980 nur 8% und hat sich bis 1997 auf 24% erhöht - ob diese Zahlen die vielen in den familiären Landwirtschaftsbetrieben arbeitenden und Teppiche produzierenden Frauen berücksichtigen, kann an dieser Stelle nicht geklärt werden.

Erst seit wenigen Jahren können verheiratete Frauen ohne Erlaubnis ihres Ehemannes einer bezahlten Arbeit nachgehen.

Prostitution existiert offiziell nicht; vielen Frauen in wirtschaftlicher Notlage und Mädchen, die sich leichtsinnigerweise einmal mit einem Mann eingelassen und die Jungfräulichkeit eingebüßt haben, bleibt aber gar kein anderer Ausweg, um zu überleben. Auch **Männerprostitution** ist häufig. Durch die strengen islamischen Moralgesetze zum ausschließlichen Umgang mit Geschlechtsgenossen gezwungen, wird die Männlichkeit häufig an ihnen demonstriert, und kleine Jungs werden durch Drohung, Geld oder Überredung zu willfährigen Geschlechtspartnern. Einmal als Stricher abgestempelt, verdienen viele dann weiterhin ihr Geld in dieser Szene. In Europa ist Marokko als Homosexuellen-Treffpunkt bereits vor vielen Jahren bekannt geworden. Die gesundheitlichen Folgen der Prostitution - Geschlechtskrankheiten und AIDS (franz. SIDA)- bleiben sicher nicht aus (nach UNO- Angaben allerdings nur 0,03% der Bevölkerung).

Seit 1961 existiert offiziell eine **Sozialgesetzgebung,** die Alters-, Hinterbliebenen- und Invalidenrenten, Leistungen bei Krankheit und Mutterschaft und Familienbeihilfen beinhaltet. 1995 waren etwa 24% der marokkanischen Bevölkerung im Rahmen der Sozialversicherung abgesichert. Wünschenswert wäre, daß sich dies für alle Berufsgruppen durchsetzte und die Leistungen anstiegen. Immerhin versucht die neue sozialistische Regierung einige Verbesserungen für die sozial Schwachen zu erkämpfen. So wurde zumindest 1999 durchgesetzt, daß ein Einkommen bis zu 20 000 DH steuerfrei bleibt und die Mindestrente auf 500 DH monatlich angehoben werden soll.

SCHULWESEN

Zu **Beginn der Unabhängigkeit** waren **80%** aller Marokkaner im schulfähigen Alter **Analphabeten**. Eine der vorrangigen staatlichen Aufgaben bestand folglich darin, Schulen zu bauen, die Lehrerausbildung zu verbessern, die Schulverwaltung zu straffen sowie die Lehrmittelversorgung und die Ausarbeitung adäquater Lehrpläne im Grundschulbereich in den ländlichen Regionen zu fördern.

1959 begann die **Vereinheitlichung des Schulsystems,** das zuvor ein Mischmasch spanischer, französischer, jüdischer und moslemischer Schulen war. **1963** wurde die **allgemeine Schulpflicht** eingeführt.

Das **Schulsystem** ist **nach französischem Vorbild** aufgebaut. Es gibt staatliche und private Schulen, eine wichtige Rolle spielen aber nach wie vor die Koranschulen. Neben Primar- *(écoles primaires)* und Sekundarschulen *(écoles secundaires)* gibt es technische Schulen *(écoles techniques)*. Die Regelschulzeit in staatlichen Schulen beträgt fünf Jahre in der Primarstufe (Abschluß *Certificat Moyen)*. Viele Kinder besuchen lediglich diese fünf Jahre die Schule.

Offizielle Unterrichtssprache ist Arabisch. Zweitsprache ist Französisch, das vor allem in den höheren Klassen und an weiterbildenden Schulen in vielen Fächern auch als Unterrichtssprache Eingang gefunden hat. Weitere Wahlsprachen sind Englisch, Spanisch, Italienisch und Deutsch.

Umgangsprache ist das Maghrebinisch-Aarabisch, das sich erheblich vom klassischen Arabisch unterscheidet. Im städtischen, bourgeoisen Bereich hat sich sogar eine Mischsprache aus Französisch und Arabisch entwickelt.

Nach wie vor sind gewaltige Anstrengungen nötig, um das Schulsystem den Anforderungen gemäß zu verbessern. Qualifizerte Lehrkräfte sind weiterhin Mangelware, schulische Einrichtungen fehlen bzw. sind sehr schlecht ausgestattet, und trotz der gegebenen **Schulgeldfreiheit** können sich viele Familien die Schulmaterialien nicht leisten.

Zu Beginn der 90er Jahre betrug die **Einschulungsquote** 72% (mit einem starken Übergewicht in den städtischen Gebieten). Ziel der Regierung ist es, eine Einschulungsquote von 100% zu erreichen, die aber auf dem Land unter den bisher herrschenden Umständen kaum realisiert werden kann, obwohl offiziell Schulpflicht herrscht. Viele Dörfer im Hochgebirge liegen weit verstreut in fast unzugänglichen Gebieten und sind nur auf Mulipfaden oder Allradpisten erreichbar und im Winter tief verschneit; ein Weg zur Schule also lang und mühsam. In vielen Familien wird vor allem eine Ausbildung für Mädchen als unnütz angesehen, und wenn diese schon zur Schule geschickt werden, dann nur die kürzest mögliche Zeit von 5 Jahren. Zudem müssen viele Kinder arbeiten und zum spärlichen Familieneinkommen beitragen.

Die **Analphabetenquote** beträgt immer noch um die 50%, mit einer deutlichen Prävalenz auf dem Lande und bei den Frauen.

Universitäten befinden sich in den Städten Rabat, Casablanca, Fès, Ifrane, Oujda, Marrakesch, Meknès, Al Jadida, Kénitra, Agadir und Tétuan.

GESUNDHEITSWESEN

Das marokkanische Gesundheitswesen ist im Vergleich zu anderen afrikanischen Staaten **relativ gut ausgebaut**, zwischen Stadt und Land jedoch sehr unterschiedlich. 1997 standen fast 10 000 Ärzte zur Verfügung, das heißt, ein Arzt kommt auf etwa 2900 Einwohner. Zum Vergleich: In europäischen Ländern kommt ein Arzt auf ca. 1000 Einwohner.

In den Städten ist die ärztliche Versorgung gut, da sich die Mehrzahl der Ärzte dort niedergelassen hat, weil das Leben auf dem Land mühsam und die Gesundheitseinrichtungen spärlich sind. Zudem ist das Publikum in den Städten zahlungskräftiger.

In den öffentlichen Krankenhäusern ist die Versorgung kostenlos, Korruption aber an der Tagesordnung, so daß meist doch nur der Teil der Bevölkerung behandelt wird, der vorher erfolgreich geschmiert hat.

Grundsätzlich kann man sagen, daß **private Krankenhäuser und Ärzte**

Traditionelle Wundermittel – viele glauben noch daran

wesentlich **besser ausgestattet** sind als die öffentlichen Krankenhäuser.

Eine **Krankenversicherung gibt es nicht,** ärztliche Leistungen von privat niedergelassenen Ärzten müssen bar bezahlt werden.

Die ärztliche Versorgung auf dem Lande wird in erster Linie durch die Gesundheitszentren garantiert. Hier wird kostenlos, freundlich und kompetent eine medizinische Grundversorgung gewährleistet. Zusätzlich wurden fahrbare ambulante Pflegestationen eingerichtet.

Die Versorgung mit **Medikamenten** ist in allen größeren Orten gut, hier gibt es häufig sogar mehrere Apotheken (pharmacie).

Oft treten in den entlegenen Gebieten alle möglichen **Wunderheiler** an die Stelle von Ärzten. Der Glaube an die Wirkung diverser volkstümlicher Heilmittel, angefangen von häufig tatsächlich heilenden Kräutern bis zu getrockneten Chamäleons, abgeschnittenen Ziegenköpfen und potenzsteigernden Mitteln, ist weit verbreitet. Auf jedem Suq, vor allem in der Nähe von Wallfahrtsstätten, gibt es „Apotheken mit Wundermitteln".

Als **Hebammen** fungieren meist ältere Frauen und Familienangehörige. Aufgrund der verbesserten ärztlichen Versorgung ging die Säuglingssterblichkeit in den letzten Jahren erheblich zurück (geschätze Zahl 1998: 53 Todesfälle pro 1000 Geburten).

Familienplanung wird seit der zweiten Hälfte der 60er Jahre staatlich gefördert, das Verbot des Vertriebs von Empfängnisverhütungsmitteln wurde 1967 aufgehoben. Im Zusammenspiel vor allem mit der zunehmenden Verstädterung ist das jährliche **Bevölkerungswachstum** innerhalb von zwei Jahrzehnten von 3% auf **1,89%** zurückgegangen, ein Wert, der der demographischen Entwicklung in Industriestaaten schon sehr nahe kommt.

ETHNISCHE GRUPPEN

Die einheimische Bevölkerung Marokkos besteht in der Mehrheit aus **Berbern** und aus **Arabern**, die mit der Ausbreitung des Islam nach Marokko vorgedrungen sind. Die 20% Marokkaner arabischen Ursprungs sind überwiegend Stadtbewohner. Vor allem die gehobenen Schichten von Fès sind arabischer Herkunft. Die **Fassis** (so nennt man die Stadtbewohner von *Fès)* übten zu allen Zeiten einen entscheidenden Einfluß auf das Land und den Handel aus. Die fruchtbarsten Gebiete und die größten Fabriken befinden sich arabischer Hand. Zwischen Berbern und Arabern besteht seit dem gemeinsamen Kampf gegen die Protektoratsmacht Frankreich kaum mehr ein Gegensatz. Für einen Außenstehenden ist es nicht möglich, einen arabisierten Berber von einem Marokkaner arabischen Ursprungs zu unterscheiden.

Eine dritte Bevölkerungsgruppe rekrutiert sich aus den **Schwarzen** *(Haratin),* die hauptsächlich als Sklaven ins Land gebracht wurden und sich im Laufe der Zeit mit den einheimischen Bevölkerungsteilen vermischten. Hinzu kommt eine Minderheit von Israeliten und Nachfahren europäischer Moslems, die im Zuge ihrer Flucht aus Spanien nach Marokko gelangten. Vermischungen mit mediterranen Völkern sind in Marokko von allen nordafrikanischen Ländern am deutlichsten erkennbar. Bei den Berbern im Rif gibt es erstaunlich viele blauäugige und blonde Typen.

In der Westsahara leben **nach der aktuellen Volkszählung ca. 200 000 Einwohner.** Ca. 50 000 der Einwohner sind noch „echte" Sahrauwis der Stämme *Reguibat, Kunta, Tekna, Brakna, Aulad Delim, Aulad Dada* und andere. Davon leben noch ca. 2000 als Nomaden, die wie ihre Nachbarn in den angrenzenden Saharaländern nur von ihrem Vieh leben und in Zelten wohnen, und die je nach Ertrag der Weidegründe weit umherziehen.

Es gibt keinen einheitlichen marokkanischen Typ in ethnischer Hinsicht. Die Einheit besteht in erster Linie in einer kulturellen und seelischen Gemeinsamkeit, welche von Sprache und Religion geprägt wurde.

EHE UND FAMILIE

Die wichtigste soziale Einrichtung im Staat Marokko ist nach wie vor die Familie. Im Gegensatz zu europäischen Verhältnissen lebt die **Mehrzahl der Bevölkerung** im Verbund der **Großfamilie,** wobei in den Großstädten die Tendenz zur Kleinfamilie (Eltern und Kinder) zunimmt.

Nach den Gesetzen des Islam darf der Mann **vier Frauen** heiraten, vorausgesetzt, er kann alle gleichrangig behandeln und ernähren. Da dies aber nur einem geringen Teil der Männer finanziell möglich ist, gibt es nur in 2% aller Familien eine zweite Ehefrau. König Hassan hat vor einigen Jahren verfügt, daß sich ein Mann nur noch eine zweite Ehefrau „anschaffen" darf, wenn die erste damit einverstanden ist. Muslimische Männer dürfen nichtmuslimische Frauen, die dem Christen- oder Judentum angehören, heiraten, aber keine Atheistin. Muslimische Frauen dagegen dürfen nur Muslims heiraten.

Die **Ehemündigkeit** tritt beim Mann mit Vollendung des 18., bei der Frau mit Vollendung des 15. Lebensjahres ein. Da aber die Volljährigkeit erst mit 20 Jahren erreicht wird, ist bei einer früheren Heirat ein Vormund erforderlich. **Beide** Ehepartner müssen **in eine Heirat einwilligen,** geistig gesund und geschlechtsreif sein. Eine weitere Voraussetzung zur Eheschließung ist die Festsetzung der „Morgengabe" - *sadaq* -, die der Mann der Frau geben muß (= Brautpreis).

Bei der **traditionellen Heirat auf dem Lande** sucht nach wie vor der Vater des Bräutigams die passende Braut für seinen Sohn aus. Die Braut wird meist nach Gesichtspunkten wie Reichtum, Familienverbindungen und Ansehen ausgewählt, ähnlich wie in unserer bäuerlichen Gesellschaft noch vor wenigen Jahrzehnten.

Im modernen Leben der **Städte, aber auch zunehmend auf dem Land,** nimmt hingegen der europäische Einfluß stark zu, und das traditionelle Wertdenken wird oft als rückständig angesehen. Hier besteht meist der Wunsch nach einer **„Liebesheirat",** wenn dieser auch oft gerade bei den Mädchen gegenüber den Eltern nicht durchsetzbar ist.

Die **Scheidung ist einfach.** Es gibt viele, der Frau rechtlich zugestandene Scheidungsgründe, vom Nichterfüllen der Unterhaltspflicht über Mißhandlung bis zu schweren Krankheiten des Mannes, die der Frau vor der Eheschließung nicht zur Kenntnis gebracht wurden. Untreue des Mannes zählt nicht zu den Scheidungsgründen. Gesetze sollen die Frau davor bewahren, nach einer Trennung arm dazustehen. Meist wird der Brautpreis, den der Mann zur Hochzeit entrichten mußte, von der Familie der Frau zur Hälfte eingefordert (für den Verlust der Arbeitskraft bzw. falls die Frau nach einer Scheidung wiederaufgenommen werden muß), die zweite Hälfte bekommt die Frau, ebenso den oft teuren Brautschmuck. Nach den Ehegesetzen muß der Mann der Frau bei Verstoßung ein **Schmerzensgeld** zahlen, das seinen Mitteln und den Verhältnissen der Frau entspricht. Da nach islamischem Recht **Gütertrennung** herrscht, kann die Frau ein evtl. vor bzw. während der Ehe erworbenes Vermögen selbst verwalten und darüber verfügen.

Theorie und Praxis gehen hier aber oft weit auseinander: Wenn der Mann nicht zahlen kann oder die Morgengabe bei armen Familien ohnehin sehr gering war und die Familie der Frau sie nicht mehr aufnehmen will bzw. kann, dann bleibt nur noch der Weg in die Armut, der oft in der Prostitution endet. Andererseits kommt manchen Männern, die sich ein teures Brautgeld nicht leisten können, eine geschiedene Frau viel preiswerter, da in der Regel kein weiteres Brautgeld an die Familie, abgesehen vielleicht für etwas Schmuck für die Frau, bezahlt werden muß.

Die Zahl der Scheidungen ist ziemlich groß, vor allem bei einigen wenigen Berberstämmen, z. B. den *Ait Haddidou,* wo die Scheidung geradezu im Interesse der Frauen liegt, da diese danach das Recht haben, sich den Mann selbst zu suchen...

Im Leben des männlichen Marokkaners ist die **Beschneidung** ein wichtiges Ereignis, meist im Alter von etwa 5 Jahren durchgeführt (grundsätzlich muß sie zwischen dem 1. und 7. Lebensjahr stattfinden). Das für den Bu-

Fortsetzung auf Seite 72

FRAUEN IN MAROKKO

von Nadia Kerouach

Mädchen in der traditionellen Familie

In der traditionellen, paternalistischen Familienstruktur wachsen die Mädchen streng behütet auf. Der Vater ist die Autoritätsperson, die absoluten Gehorsam verlangt.

Die Tochter wird von der Mutter von klein auf auf ihre Rolle als Gattin und Mutter vorbereitet – die Frau ist Garantin für ordentliche Haushaltsführung, Kindererziehung und biologische Reproduktion. Eine Sexualerziehung findet nicht statt; einziges Anliegen in dieser Hinsicht ist die Wahrung der Jungfräulichkeit und des damit verbundenen guten Rufes (auch der Famile) bis zur Hochzeit. Doch Kontrolle ist anstrengend, so daß die Töchter in vergangenen Zeiten gar nicht früh genug vermählt werden konnten, getreu dem arabischen Sprichwort: „Ein Mädchen im Haus zu haben, ist das Gleiche wie ein ruhendes Pulverfaß". Heute gibt es ein Gesetz, das das frühestmögliche Heiratsalter der Mädchen auf 15 Jahre festlegt.

Von Geburt an werden Jungen und Mädchen in ein starres Rollenschema gepreßt. Söhne werden eindeutig bevorzugt. Schon bei der Geburt eines Buben zeigt sich das, wenn ein dreifaches Jubeltrillern ausgestoßen wird, während ein Mädchen ganz ohne Freudengeschrei das Licht der

Berbermädchen aus dem Rosental

Welt erblickt... In der traditionellen Familie werden die Mädchen schon bald den Vätern und Brüdern zu Diensten gestellt, während die Jungen altersgemäßen Beschäftigungen nachgehen dürfen. Ein Mädchen lernt so schon sehr früh, seine Minderwertigkeit zu akzeptieren, was sich (zumindest früher) auch relativ konfliktfrei vollzog, geschah doch erstens alles im Namen Allahs, und waren doch zweitens die Männer im Gegenzug verpflichtet, die Frauen zu beschützen.

Der sozialen Knebelung der Frau entspricht denn auch ihre rechtliche Unmündigkeit. Ist sie unverheiratet, egal ob mit 15 oder 42, bedarf sie der Erlaubnis des Vaters für alle wichtigen Angelegenheiten. Sollte der Vater sterben, so übernehmen die Brüder die Vormundschaft. Im Stand der Ehe schließlich ist der Gatte der Herr, und bei dessen Tod und im Falle der Scheidung oder Verstoßung fällt die Frau wieder unter die Macht ihres Vaters bzw. ihrer Brüder.

Die Heirat

Hochzeiten sind in Marokko riesige Feste. Auf dem Lande finden sie gewöhnlich im Sommer statt, wenn die Kornkammern gut gefüllt und die Nächte warm sind. Die Festlichkeiten dauern je nach Wohlhabenheit der Familien drei bis sieben Tage und zählen oft hunderte von Gästen. Die Farbenpracht der weiblichen Kostüme, der Überfluß an Gold- und Silberschmuck, die Fülle köstlicher Speisen, Musik und Tänze lassen an Märchen aus 1001 Nacht denken, besonders wenn Hochzeiten reicher arabischer Familien gefeiert werden. Aber was geschieht hinter der glänzenden Fassade? Und wie entstehen die Bindungen?

Die Wahl der Partner und das Arrangement der Ehen wird heute noch in vielen Fällen von den Eltern getroffen. Besitz, Sozialprestige und Familienbindungen spielen dabei eine wesentliche Rolle. Emotionale Zuneigung und Liebe sind zunächst zweitrangig und mögen vielleicht in der Ehegemeinschaft entstehen, gewissermaßen als Tauschgeschäft: „Verwöhnt er mich, und behandelt er mich gut, so werde ich ihn lieben".

Eine der wichtigsten Angelegenheiten bei der Eheschließung ist das Brautpfand, ein Usus, der sich im 20. Jahrhundert in reicheren Milieus entwickelte und nach und nach von allen sozialen Schichten übernommen wurde. So kommt es nicht selten vor, daß ärmere Familien durch den gesellschaftlichen Druck anläßlich der Eheschließung ihrer Söhne an den Rand des Ruins gedrängt werden. Doch es hilft nichts, Töchter und ihre Eltern sind sich einig: „Mein Vater hat viel für mich ausgegeben, der Schwiegersohn soll die Familie großzügig entschädigen. Eine Frau muß man sich erst verdienen. Ein Mann, der keinen Brautpreis bezahlt hat, könnte seiner Frau sehr schnell überdrüssig werden."

Unabdingbare Voraussetzung einer Eheschließung ist die Unberührtheit der Frau – ohne Jungfräulichkeit gibt es keine Ehre und keine Ehe. Zum

Beweis des intakten Hymens warten die Gäste in der Hochzeitsnacht ungeduldig vor der Schlafstätte der Jungvermählten und gehen erst, wenn sie das Leintuch mit dem frischen Blut überprüft haben. Diese Erfahrung ist für viele Frauen demütigend und peinlich, erst recht, da doch die Hochzeitsnacht oft mit dem erstmaligen Anblick eines nackten Mannes, ihres nackten Mannes verbunden ist...

Sollte die Frau ihre Jungfräulichkeit nicht nachweisen können, aus welchem Grund auch immer, so wird sie in erniedrigendster Weise nach Hause geschickt, unter den Beschimpfungen der Gäste, und die ganze Nachbarschaft erfährt die empörende Angelegenheit. Für diese Verstoßenen ist das Kapitel Heirat so gut wie abgeschlossen. Wie schwer – für den sexuell „befreiten" Mitteleuropäer eigentlich unvorstellbar schwer – das normative Gewicht dieser Vorschrift auf den Mädchen und Frauen lastet, mag anschaulicher werden, wenn man sich vor Augen hält, daß vor allem in Ägypten viele Ärzte damit Geld verdienen, verzweifelten, weil bis dato unverheirateten, aber sexuell aktiven Frauen aus dem gesamten islamischen Raum die Eheschließung durch eine Art „simulierter Defloration" zu ermöglichen: Dabei wird eine winzige blutgefüllte Kapsel entsprechend unauffällig plaziert und im entscheidenden Moment zur „Blutung" gebracht...

Die Frau in der Gesellschaft

Auf dem Lande hatten und haben Frauen einen großen Teil der Feldarbeit (neben der gesamten Erziehungs- und Hausarbeit) zu leisten; Pflanzen, Jäten und die Ernte gewisser Feldfrüchte sind Frauenarbeit, nie jedoch Pflügen oder das Schneiden des Weizens mit der Sichel.

Im städtischen Milieu haben Frauen früher nur aus Not gearbeitet und dann typische weibliche Tätigkeiten für Frauen aus reichen Familien ausgeführt. Aus niedrigen sozialen Schichten stammend, waren diese Frauen ohne soziales Ansehen; ihre Leistungen aber waren sehr gefragt.

Typische traditionelle Frauenberufe sind Hebamme, „Kräuterweiblein", Masseurin, Friseuse, Totenwäscherin, Klageweib, Wahrsagerin, Heiratskupplerin, Zeremonienmeisterin für große Feste, Sängerin und Tänzerin, Köchin, Wäscherin u. ä.

Für die Rolle der Frau in der heutigen marokkanischen Familie und Gesellschaft gilt weiterhin der Unterschied zwischen Stadt und Land, auch Differenzen in ethnischer Hinsicht sind bedeutsam (die berberische Frau ist weit weniger unterdrückt als die arabische), insgesamt aber führen die Verlängerung der Ausbildungszeiten, eine hohe Einschulungsquote (mit dem Ergebnis einer Verschiebung des Heiratsalters) und als Klammer des Ganzen die zunehmende Urbanisierung zur vermehrten Teilnahme von Frauen am aktiven Arbeitsleben, in der Politik und im öffentlichen Leben.

Immer noch, und hier liegt das große Hindernis jeglicher Emanzipati-

onsbestrebungen, garantiert eine große Familie Wohlstand (auf dem Land), denn die Anzahl der Kinder entscheidet über die Hilfskräfte in der Familie und sichert später das Auskommen der Alten. Die Mädchen werden als billige Arbeitskräfte gebraucht und tragen in hohem Maße zum Familieneinkommen bei. Schulbesuch ist Luxus, auch wenn er kostenlos ist. Traditionelles Denken wird auch deutlich, wenn die Frage nach der Anzahl der Kinder mit der Zahl der Söhne beantwortet wird, die Würde und Macht der Frau bestimmen.

Insgesamt sind die Frauen eher konservativ eingestellt, der Einfluß der alten auf die jungen ist stark. Viele Frauen der jüngeren Generation stekken denn auch in der Klemme: Einerseits sind sie durchaus willens, tradierte Vorstellungen und alte Kulturwerte zu bewahren, andererseits arbeiten sie dadurch auch an ihrer eigenen Unterdrückung.

Auch der zunehmende Einfluß fundamentalistischer Islaminterpretationen, die das (westliche) Selbstbestimmungsrecht der Frau verdammen und Frauen aus dem öffentlichen Raum in die männliche Verfügungsgewalt hermetischer Privatsphären verbannen wollen, wirkt der Emanzipation der marokkanischen Frau entgegen.

Wo es an Gleichheit und gleichem Recht fehlt, muß die Frau zu kompensatorischen Strategien greifen, um ihre Teilhabe am sozialen Leben zu gewährleisten. Tüchtigkeit, Schlauheit, auch Intrigen und ein Sammelsurium subtiler Mittel der Verführungs- und Verblendungskunst belassen die Männer in der Gewißheit zu herrschen, wo sie doch nur getrieben werden...

Auch haben sich manche Sitten und Praktiken herausgebildet, die geradezu abstrus anmuten, im täglichen Leben aber die (Rechts-)unsicherheit der Frau verkleinern helfen, insbesondere was die leichte Verstoßung von Ehefrauen bei Sterilität, Alter oder Haß der Schwiegerfamilie betrifft. Erwähnt sei hier nur die seltsame Sitte des „Raqed" (= eingeschlafenes Kind), ein verbreiteter, im Islam verankerter Glaube, der besagt, daß ein Kind im Mutterleib einschlafen und erst Jahre später wieder erwachen und dann geboren werden kann. Diese Annahme hat zur Folge, daß außerehelich gezeugte Kinder ihren Platz in der Familiengemeinschaft finden; sie legitimiert ein illegitimes Kind und schützt die Mutter vor Verstoßung und Verbannung. Sie ist auch ein Verteidigungsmechanismus für sterile und ungeliebte Frauen, denn die Bosheit der Schwiegerfamilie könnte ja den Wachstumsstopp des Babys ausgelöst haben...

ben schmerzhafte und für die Familie ehrenvolle Ereignis wird mit dem ersten Moscheebesuch des Jungen und einem großen Fest (meist auch mit viel Gehupe und einer Prozession auf den Straßen) begangen. Die Knaben erhalten für diesen Tag ein extra Kleid (bequemlichkeitshalber) und einen *Fez,* den traditionellen roten Hut der Fèsbewohner, der allerdings nur noch selten getragen wird.

Frauenbeschneidung wird in Marokkonicht praktiziert.

Der **Tod** ist im Leben eines gläubigen Moslems kein trauriges Ereignis, da der Tote zu Allah zurückkehrt. Die Toten werden schnell mit dem Kopf gen Mekka beerdigt. Ein Totenmahl findet wie bei uns bei der Familie des Toten statt. Männer und Frauen besuchen getrennt den Friedhof, die Witwen tragen als Zeichen der Verbundenheit oder auch als Trauerkleidung vier Monate lang ein Kleidungsstück des Mannes und dürfen sich in dieser Zeit nicht wieder verheiraten.

DORF UND STAMM

Bei den Berbern, die noch in festen Stammeseinheiten leben, sind die **Sippen und Großfamilien** nach wie vor die **grundlegende Sozialeinheit.**

Die Leitung der Sippe obliegt dem ältesten Mann; im Besitz der Sippe befinden sich Grund und Vieh. Viele der Sippen besitzen einen **gemeinsamen Speicher,** einen **„Agadir“** . Er wurde früher auch als Fluchtburg der Familie benutzt. Mehrere verwandte Sippen bewohnen ein **Ksar** (befestigtes Dorf) das aus vielen von Familien bewohnten „Kasbahs“ oder „Tighremt“ besteht, oder ein **Duar** (Siedlung aus Zelten, jetzt auch festes Dorf).

Die Männer der verwandten Sippen bilden die **Jemâa** (Ratsversammlung). Diese wählt den Vorsitzenden, den „Muqadam“ oder „Amghar“.

Durch Verwandtschaft verbundene Dörfer bilden eine **Stammesfraktion,** „Taqbilt“ oder „Fechda“ genannt. Sie besitzt oft einen gemeinsamen Wochenmarkt und zählt meist zwischen 5000 und 10 000 Mitgliedern. Der **Stamm** oder **Qibla** besteht aus mehreren Stammesfraktionen. Diese spielen im normalen Leben keine entscheidende Rolle, lediglich in Notzeiten oder im Kriegsfall.

Der **Ursprung des Stammes** geht auf einen gemeinsamen Urahn zurück. Dem Namen des Stammes wird „Ait“ oder „Aulad“ (berberisch) bzw. „Beni“ (arabisch) vorangestellt, was soviel wie „Söhne von...“ bedeutet.

Stammesbündnisse von kurzer Dauer wurden gelegentlich bei Eroberungszügen in der Vergangenheit geschlossen. Heute gibt es ungefähr **300 verschiedene Berberstämme** in Marokko.

Die Stammesfraktionen halten ebenso ihre Jemaas ab wie die Dörfer. Allerdings wurde der gewählte Vorsitzende oft durch den **Führer der Stammesfraktion,** den „Scheikh“ oder **„Qaid“** ersetzt. Die **Ämter** sind innerhalb der Familien **erblich**. In den Versammlungen haben nur die Männer das Stimmrecht.

RELIGION

95% der marokkanischen Bevölkerung bekennen sich zum **Islam.** Er ist **Staatsreligion** und gleichzeitig einigende Klammer aller Volksgruppen. Der König ist geistliches Oberhaupt. Die Marokkaner gehören der **sunnitischen Richtung des Islam** an.

Der Islam durchdringt so sehr den Alltag, daß ohne seine Kenntnis das Verhalten der Menschen oft nicht verständlich wirkt. Bislang wird der Islam in Europa meist nur negativ rezipiert, oft stehen einer angemessenen und vorurteilsfreien Beurteilung „kulturelle Imperative" der Aufklärung und des christlichen Glaubens im Weg.

Das heilige Buch des Islam ist der **Koran.** Als schriftliche Fixierung der Äußerungen des Propheten Muhammad zu seinen Lebzeiten, gibt der Koran dem Anhänger des Islam die Gewißheit, daß es sich um das **Wort Gottes** handelt, d. h. nicht nur um bloße Glaubensformeln, sondern um ein moralisch und gesellschaftlich bindendes Gesetz. Die gesamte islamische Rechtsprechung beruht daher auf dem Koran. Wo keine Aussagen zu finden sind, wird er von der **„Sunna"** ergänzt, dem vom Propheten vorgelebten Beispiel, das selbst alltäglichen Tätigkeiten wie zum Beispiel dem Essen und Waschen die Form gibt.

DIE 5 SÄULEN DES ISLAM

Das Glaubensbekenntnis - Sahada

Der wichtigste Satz des Glaubensbekenntnisses lautet: *„Es gibt keinen*

بسم الله الرحمن الرحيم

Gott außer Allah, und Muhammad ist sein Prophet."

Dieser Satz wird bei zahlreichen Gelegenheiten ausgesprochen, er dient auch als Formel beim Übertritt zum Islam.

Das Gebet - Salat

Der Gläubige muß sich **fünfmal am Tag** gen Mekka wenden und knieend **beten:** bei Sonnenaufgang, mittags, nachmittags, bei Sonnenuntergang und nachts. Vor dem Gebet wäscht sich der Moslem nach genauer Vorschrift und verrichtet sein Gebet nicht auf blanker Erde (sondern auf Gebetsteppichen, Decken oder ähnlichem) und ohne Schuhe.

Das Fasten - Ramadan

Der **neunte Monat** im islamischen Kalender ist der Fastenmonat Ramadan. Während dieser Zeit darf der Gläubige zwischen Sonnenaufgang und -untergang **weder essen noch trinken,** nicht rauchen oder sich irgendwelchen weltlichen Vergnügungen (das schließt Geschlechtsverkehr ein) hingeben. Reisende und Kranke, Schwangere und Kinder bis zu 12 Jahren sind von den Vorschriften ausgenommen, Reisende und Kranke müssen das Fasten aber nachholen. Die Nichteinhaltung des Ramadan wird bestraft, es kommt oft zu Denunziationen und öffentlicher Auspeitschung des Missetäters. Der Ramadan dauert **29 Tage,** sein **Ende** wird mit dem **Aid Fitre** festlich begangen.

Zum Sonnenuntergang ertönt ein Sirenensignal oder der Ruf des *Neffar (Muezzin)* von der nächstgelegenen Moschee, und erst ab diesem Zeitpunkt darf gegessen werden. Die erste Mahlzeit *(Ftur)* ist in der Regel die *Harira,* eine nahrhafte Gemüsesuppe. Ihr folgt ca. 2 bis 3 Stunden später das Hauptgericht und vor Sonnenaufgang ein Frühstück *(Shour)* zwischen 3 Uhr und 4 Uhr morgens. Hierzu wird man entweder wieder vom Ausrufer der Moschee *(Neffar* bei den Marokkanern) oder von einer Sirene geweckt. Es werden alle drei Mahlzeiten nachts eingenommen. Gefastet wird also im eigentlichen Sinne nicht.

Meist fällt das Essen im Ramadan auch noch festlicher aus als sonst, und zusätzliche Gesangs- und Tanzveranstaltungen zwischen den Mahlzeiten sind in den Lokalen während dieser Zeit üblich. In der Stadt wird zwischen den Mahlzeiten promeniert, oder man hält sich im Café auf.

Im Ramadan geht es wesentlich lebhafter auf den Straßen zu, oft bis weit nach Mitternacht, während normalerweise ab 22 Uhr nicht mehr viel los ist. Auf dem Lande wird der Ramadan eher im Kreise der Familie zugebracht.

Die Arbeitsleistung der Marokkaner ist während des Tages selbstverständlich auf ein Minimum reduziert.

Der Ramadan, unserer Adventszeit vergleichbar, soll ein Monat der Besinnung, der Freude, Kraft und Güte, der inneren Einkehr sein - aber er ist auch ein Monat der Gelüste, Düfte und Gerüche, ebenso ein Monat der Gebete, der Selbstverleugnung, der Sammlung, Unterwerfung, Mildtätigkeit und ein Monat der Gefühle, Solidarität und Brüderlichkeit unter den Gläubigen.

Zeiten des Ramadan 1999–2001

- 1999/2000: ca. 9./10.12.1999 bis 7./8.01.2000
- 27.11. bis 26.12. 2000
- 15./16.11. bis 6./7.12. 2001

Die Barmherzigkeit - Sakat

Armen etwas von seinem Verdienst zu geben, ist eine wichtige Pflicht für den Moslem. **Almosen sind selbstverständlich**, früher wurde eine Armensteuer erhoben, die sich auf 10% der Ernte und des Herdenzuwachses und 25% vom zehnten Teil der Geldeinnahmen belief. Inzwischen sind die Almosen an die Armen aber wieder freiwillig.

Aus der Verpflichtung, Almosen zu geben, wird das Betteln bzw. die Anspruchshaltung der Armen gegenüber den Reichen (in diesem Fall auch gegenüber den Touristen) wohl verständlicher.

Die Wallfahrt - Hadj

Im letzten Monat des Jahres begibt sich der Moslem auf **Wallfahrt zu den Pilgerstätten.** Einmal in seinem Leben soll er dabei Mekka besucht haben. Er darf dann den Titel *al-Hadj* führen.

Die *Qaaba* in Mekka verehren die Moslems als ein von Abraham *(Ibrahim)* und *Ismail* erbautes Heiligtum. Der Besuch der Kaaba ist eine Wiederbegegnung mit der ursprünglichen, monotheistischen Überlieferung, welche auf Abraham zurückgeht und als deren Erneuerung sich der Islam betrachtet.

In Marokko und auch anderen Ländern wird es zunehmend Sitte, während des Wallfahrtsmonats zu den Gräbern der Landesheiligen zu pilgern, in Marokko z. B. zum Grab des Staatsgründers *Mulay Idris*. Wer es sich allerdings leisten kann, zieht natürlich den Besuch Mekkas vor, denn sich *al-Hadj* nennen zu dürfen, ist nach wie vor die größte Ehre.

Weitere wichtige Regeln

Zahlreiche Regeln bestimmen das Leben des Gläubigen. So darf der Moslem **keinen Alkohol** trinken, er soll **nur Fleisch von geschächteten Tieren** essen - das sind gänzlich ausgeblutete Tiere, denen die Kehle durchschnitten wurde - und kein Blut trinken oder mit Blut verarbeitete Speisen essen (Blut ist unrein). Auch die Frau in der Menstruation gilt als unrein und muß während dieser Zeit zahlreiche Vorschriften einhalten.

Das ganze Leben des Moslems ist durch den Koran und die Sunna geregelt. Für alle denkbaren und undenkbaren Lebensvorgänge gibt es einen Verhaltenskatalog. Dazu gehören auch die zahlreichen Hygienevorschriften, die u. a. die **täglichen Waschungen** vor dem Gebet, die teilweise rituellen Charakter erhalten haben, vorschreiben.

Gebetsräume der **Moscheen** dürfen in Marokko von Ungläubigen nicht betreten werden. Touristen sollten auch beim Fotografieren Zurückhaltung üben.

MYSTIK & BRUDERSCHAFTEN

Es gibt im Islam keine übergeordnete Einrichtung, die unserer Kirche vergleichbar wäre, also auch kein Priestertum. **Als Verbreiter der Glaubensgesetze gelten die Gelehrten,** die meist Rechtsgelehrte sind.

Man verlangt von einem Moslem zwar, daß er die Glaubensvorschriften befolgt, sein inneres Glaubensleben aber geht nur ihn allein etwas an. Da jedoch der Koran immer wieder die geistige Vertiefung in den Glauben empfiehlt, sind Lehrer und Meister hervorgetreten, welche die Besinnung auf den innersten Gehalt der Religion lehren. Aus dieser Besinnung auf die innersten Werte hat sich die islamische Mystik herausgebildet, deren Vertreter die **Sufis** sind. Die Mystik selbst wird als „Tasawuf" bezeichnet.

Etwa seit dem 13. Jahrhundert formierten sich die Überlieferer der Mystik zu **Orden oder Bruderschaften** *(Zawia),* welche großen Einfluß auf das Volk hatten. Aus solch einem Orden ging zum Beispiel auch das Herrschergeschlecht der Almorawiden hervor.

Gnawa-Tänzer am Djemaa-el-Fna

DER HEILIGENGLAUBE

Im Zusammenhang mit der Mystik des Islam und den Glaubensvorstellungen der Berber entwickelte sich in Marokko ein ganz besonderer Heiligenglaube, der aber von den strenggläubigen Moslems nicht als reiner islamischer Glaube anerkannt wird.

Die Heiligen verfügen über **„Baraka"** (Segen), eine göttliche Kraft. Sie wird lebenden und verstorbenen Personen zugeschrieben. Diese Heiligen werden auf arabisch **Marabuts** und auf berberisch *Igourramen* genannt.

Die berühmtesten islamischen Heiligen waren Begründer von „geistigen Schulen". Sie haben meist **sittliche Vorschriften und Anweisungen** zu einem Leben in Besinnung und geistiger Versenkung hinterlassen, die von Schülern weitergegeben wurden und denen durch das Beispiel des Heiligen auch eine rettende und verwandelnde Wirkung beigemessen wurde. Den Heiligen werden oft Wundertaten zugeschrieben. Plätze, an denen Heilige gewohnt oder sich auch nur zur Rast niedergelassen haben, werden besonders verehrt, ebenso die **Grabstätten der Marabuts,** welche man im ganzen Land findet. Das Baraka soll an diesen Plätzen auf die Gläubigen übergehen. Deshalb sind diese Stätten oft Pilgerziele, Frauen erbitten sich Fruchtbarkeit oder Bauern einen reichen Erntesegen.

Viele Feste – **Moussems** (Mausims)– finden jedes Jahr an den zahlreichen Marabuts zu Ehren der Dorfheiligen statt (s. a. S. 94).

Die Kraft des Baraka kann aber auch in Dingen wohnen: Baraka besitzt das Korn, das im Kreislauf der Natur immer wieder neues Leben hervorbringt, oder das *Henna* (Henna, die rötlichbraune Farbe), eine Gabe Gottes und des Propheten Muhammad. Daher rührt auch die Sitte, sich Haare, Nägel und Hände mit Henna zu färben. Dieser Baraka-Glaube spielt vor allem bei den Atlas- Berbern eine erhebliche Rolle.

Der Heiligenglaube ist aber in ganz Marokko verbreitet, und die Baraka-Wirkung wird vielen Personen, die sich durch Glaubenstaten hervorgetan haben, zugeschrieben, so auch Muhammad. Dieser vererbte sie auf seine Tochter Fatima. Und da das Herrschergeschlecht der Alawiten auf Muhammad zurückgeht, verfügt auch der König über das Baraka.

Weit verbreitet ist der Glaube an die **Djinnen,** die guten und bösen Geister. Man schützt sich mit Salz, Metallen (Silber bringt Glück, Eisen und Gold Unglück, allerdings nur bei den Berbern, nicht bei den Arabern) oder Schießpulver oder besänftigt sie mit Opfergaben.

Vielerorts anzufinden ist auch der **Glaube an den bösen Blick.** Hier helfen Amulette oder die „Hand der Fatima", ein Talisman in der Form einer Hand. Es mehren sich freilich die Stimmen, die in der Heiligenverehrung eine **Bedrohung des Monotheismus** sehen. Diese Auffassung wird v. a. von den *Wahabiten,* deren Glaubensrichtung im 19. Jahrhundert aufkam, und von der modernen ägyptischen Islamforschung vertreten. Für die strenggläubigen Moslems aus dem Osten ist der in Marokko praktizierte Islam nichts anderes als Sektentum.

KUNST UND KULTUR

VORISLAMISCHE KUNST

Auf marokkanischem Boden waren es die **Römer** (im damaligen *Mauretania tingitana),* die als erste bleibende Kunstwerke hinterließen. Zunächst orientierten sie sich am Stil der Griechen, kauften oft für viel Geld griechische Originale oder ließen Kopien anfertigen. Erst als für römische Bürgerhäuser, Tempel und Gräber der Bedarf an Skulpturen und Steinmetzarbeiten wuchs, entwickelten sich ein **eigener Stil und ein lebhaftes Kunstschaffen.** Vor allem öffentliche Bauten wurden kostbar geschmückt. Teure Plastiken aus Bronze und Marmor wurden hergestellt, von denen auch in Nordafrika wertvolle Stücke gefunden wurden, z. B. die **Bronzefiguren** aus *Volubilis, Banasa* und *Thamusida*.

Besonderer Wert wurde auf die **Verschönerung von reichen Privathäusern,** Thermen, öffentlichen Gebäuden und Bädern gelegt.

Die Baumeister verwandten große Sorgfalt darauf, die Bauten der Landschaft anzupassen. Tempel und Säulenhallen wurden so angelegt, daß sie den Blick auf Berge und Täler frei ließen. Ein Beispiel für die schöne Lage und prachtvolle Baukunst ist **Volubilis,** die **bedeutendste Stadt aus römischer Zeit in Marokko.** Sie liegt auf einer Hochebene am Fuß des *Zerhoun-Massivs* in der Nähe von Fès und Meknès. Das Ruinenfeld erstreckt sich über 40 ha; der Platz war bereits vor den Römern sowohl von Berbern besiedelt als auch von maurischen Königen geschätzt. König *Juba II.* (25 vor Chr. bis 23 n. Chr.) errichtete hier eine seiner Hauptstädte. Sie wurde Residenzstadt der Prokuratoren und mit einer 2350 m langen Mauer und 40 Bastionen gut gegen die aufständischen Berber geschützt.

Das Ruinenfeld von Volubilis wurde früher als Steinbruch genutzt, so daß dadurch viele wertvolle Kunstgegenstände und Bauten zerstört wurden. Erst 1915 begann man dort systematisch mit Ausgrabungen.

Viele **Bronzen, Skulpturen und Stelen** aus den römischen Städten kann man im **Archäologischen Museum in Rabat** besichtigen. Dort findet man auch Keramiken, Werkzeuge und Kunstgegenstände aus der Punierzeit und der Steinzeit.

ISLAMISCHE KUNST

Die islamische Kunst basiert auf Elementen der römisch-hellenistischen, persisch-sassanidischen und christlichen Kunst. Aus diesen Bestandteilen formte sich ein **eigener Stil,** für den sich die Bezeichnung **„maurisch"** durchgesetzt hat.

Charakteristika sind die Vernachlässigung der Fassaden, die Ausdehnung in die Breite, scheinbare Auflösung der Deckenlasten durch Verjüngung der Säulen und Tropfsteinschmuck, Betonung von Details, wobei sich durch die Anwendung der stilisierten Muster trotzdem ein zusammenhängendes, harmonisches Gesamtbild ergibt.

Das **dekorative Moment** wurde zum **wichtigsten Bestandteil der islamischen Architektur.** Es verziert

Kunstvolle Schriftornamente und Fliesen in der Medersa Attarine in Fes

Decken, Wände, Bögen und Gewölbe. Die charakteristischen Dekors sind der **Hufeisenbogen und Tropfsteinverzierungen, Arabesken und Ornamente.** Da dem Moslem bildliche Darstellungen verboten sind (es soll sich hier allerdings um eine falsche Auslegung des Koran handeln), wurden diese Dekors immer neu variiert.

Arabesken geometrischer Ornamente wurden kombiniert mit pflanzlichen Formen, wodurch abstrakte Bilder entstanden. Linien, Kurven, Blätter und blütenartige Gebilde ohne Anfang und Ende fügen sich zu einem kompletten Ganzen. Die Arabeske ist eine typische Schöpfung der maurischen Kunst. *Palmetten,* ein Rankenwerk aus Blumenformen und Blättern, deren ursprüngliche Gestalt nicht mehr zu erkennen ist, formen sich zu Spiralen und Wellen, verzieren hölzerne Fenstergitter, Wände und Fliesen.

Das **Schriftornament** verbindet sich oft mit Arabesken und stellt so ein Rankengebilde aus Schrift und Muster dar. Es dominieren zwei Stilformen, eine in der eckigen Schrift des *Kufi,* die andere in der Kursivschrift des *Nesschi.* Die Schriftornamente werden so weit stilisiert, daß sie oft zum herausragenden Element des Gesamtdekors werden. Den **Inhalt der Ornamente** bilden **Koranverse**, die sich immer auf die Allmacht Allahs beziehen, und der Gruß *Salam,* was soviel wie Frieden bedeutet.

Die wichtigsten Bauwerke der maurischen Kunst entstanden unter der Herrschaft der Araber in Spanien, so z. B. die **Alhambra in Granada.** Von Spanien aus, zumal nach der Vertreibung der Mauren von der Iberischen Halbinsel, verbreitete sich dieser Stil unter den *Almoraviden* und *Almohaden* auch in Marokko. Die **Kairaouyi-**

ne-Moschee in Fès, ursprünglich nur ein bescheidener Betsaal, wurde unter dem Almorawiden *Yussuf Ben Tashfin* (2. Hälfte des 11. Jahrhunderts) mit gewaltigem Aufwand ausgebaut. Sie bekam reiche Verzierungen, macht aber wegen ihrer wuchtigen Pfeiler und den nur geringen Höhen der Bögen einen schwerfälligen Eindruck. Unter den Almohaden (2. Hälfte des 12. Jahrhunderts) wurde die marokkanische Architektur zu neuen Glanzleistungen geführt. *Abd al Mu'min* (1130–1163) gründete die Moscheen von *Tinmal, Taza* und *Marrakesch* und veranlaßte den Bau des *Agnaoua-Tors* in *Marrakesch.* Sein Sohn *Abu Yaqub* (1163–1184) gab in *Sevilla* eine später zerstörte Moschee in Auftrag. Außerdem ließ er die große *Moschee von Salé* errichten. Sein Enkel *Abu Yussef Yaqub al Mansur* (1184–1199) vollendete in Marrakesch die von seinem Vater begonnene *Kasbah* und versah sie mit einer riesigen Moschee. In Rabat errichtete er den großen *Almohaden-Mauerring* mit seinen berühmten *Minaretts,* die er aber nicht vollenden konnte.

Die **Meriniden** (13. bis Ende 15. Jahrhundert) **führten die Baukunst der Almohaden fort.** So wurde von ihnen neben *Fès-al-Bali* auch *Fès-al-Jedid* errichtet, das *Arsenal von Salé,* die *Medersa von Taza* und *Chellah* in *Rabat,* das zur Königsnekropole (Totenstadt) wurde.

Die Kunst der Meriniden war nicht nur dem Krieg und der Religion geweiht, sie diente auch dem persönlichen Vergnügen und der Verschönerung der Städte und Paläste.

Unter den Nachfolgern der Meriniden und Ouassiten, den Saadiern bzw. Saaditen (16. bis Mitte 17. Jahrhundert), entstanden nicht mehr so bedeutende Bauwerke. Eindrucksvollstes Zeugnis sind die *Saaditengräber* in Marrakesch.

Unter der *Aliden- bzw.* **Alawidendynastie** (1663 bis heute) verflachte die Kunst gänzlich. *Meknès* wurde mit riesigen Stadtmauern, Kasernen und Stallungen versehen, berühmtestes Bauwerk dieser Zeit ist das *Bab al Mansur* in Meknès.

Das städtische Haus

Die Städte hatten und haben Bedeutung als zentrale Markt- und Produktionsorte, als religiöse und administrative Zentren. Islamische Städte waren im Mittelalter bereits wesentlich besser organisiert als europäische Städte und verfügten über Kanalisation und Wasserleitungen. Auch in kultureller Hinsicht waren sie den mittelalterlichen Städten in Europa bei weitem überlegen. In den marokkanischen Städten war eine Schicht aus Großgrundbesitzern, Großkaufleuten, Beamten des Sultans, Besitzern von Teppichmanufakturen, Juwelieren, Professoren, usw. entstanden, die durchaus mit dem europäischen **Großbürgertum** im 9. Jahrhundert zu vergleichen war. Sie ließen sich prunkvolle Häuser bauen, die zum Teil in den Altstädten (v. a. von Fès) noch erhalten sind.

Die Bauweise des städtischen marokkanischen Hauses läßt sich vom alten orientalischen Hofhaus ableiten, das wiederum nach römischen Vorbildern erbaut wurde. In der Regel handelt es sich um ein **zweistöckiges,** aus sehr flachen, plattenförmig gebrannten Ziegeln aufgemauertes **Flachdachhaus mit Innenhof** *(Patio).* Dieser Innenhof war in der Regel offen, es gibt aber auch Häuser, denen ein Glasdach aufgesetzt wurde. Die schwere, **hölzerne Haustür** befindet sich in der linken Hausecke, von der ein rechtwinkeliger Gang in den Innenhof abzweigt, so daß dieser von der Haustüre nicht eingesehen werden kann. Dadurch haben die Frauen die Möglichkeit, beim Erscheinen eines Besuchers rechtzeitig den Rückzug anzutreten. Dieser **Innenhof** ist mit Mosaikfliesen belegt, und **in der Mitte** befindet sich ein marmorner **Brunnen.**

Um den Innenhof sind **symmetrisch die vier Haupträume** (Empfangszimmer, Schlafraum des Hausherrn, Aufenthaltsraum der Frauen, Familienraum), kleinere Nebenräume und die Küche angeordnet. Vier achteckige, mit Fliesen und Stuck verzierte Säulen tragen die Galerie des überdachten Ganges vor den Räumen. In die vier Haupträume führen geschnitzte Doppelflügeltüren. Lichteinfall erhalten die unteren Räume durch ein ca. 1,50 m hohes und 1 m breites vergittertes Fenster ohne Scheiben, vor dem hölzerne Fensterläden angebracht sind.

Islamische Häuser haben im Gegensatz zu den jüdischen Wohnhäusern in der Mellah (Wohnviertel der Juden) **keine Fenster zur Straßenseite,** sondern lediglich zum Innenhof oder zum Garten hin. Die Fenster zum Innenhof sind meist holzgeschnitzt mit doppeltem oder einfachem Hufeisenbogen. Die Holzläden und Türen bestehen aus meist farbig gefaßtem Zedernholz, tragende Balken aus geschnitztem, dunklem Zedernholz.

Die **Räume des Obergeschosses** entsprechen im Grundriß in der Regel denen des Untergeschosses und werden von den Frauen bewohnt. Geschlafen wird auf Polstern in den Schlafräumen, nach Geschlechtern getrennt.

Die nicht verzierten Teile eines Raumes sind gekalkt, das obere Drittel ist meist durch eine Stuckdekorbordüre verziert, an die eine bemalte Holzkassettendecke anschließt. Die Böden und Wände der Innenhöfe wie auch die Säulen sind mit Mosaikfliesen (Zelliges) in den Farben Schwarz, Weiß, Flaschengrün, Dunkelblau und Ocker belegt. Hier gibt es einige immer wiederkehrende Muster in Pfeilform oder als achteckiger Stern. Die Stuckverzierungen an den oberen Teilen der Wände, aber auch die Holzdecken sind mit vielfältigen Ornamenten und Arabesken gestaltet .

Zum **Mobiliar** gehören Polster am Boden, die als Rückenstütze (bzw. Kissen) dienen, unter denen häufig auch ein einfaches Holzgestell angebracht ist. Bei den vornehmen Familien waren die Stoffpolster aus Brokat, und kunstvoll bestickte Kissen wurden als Rückenpolster verwendet. Im Empfangsraum stehen noch einige wenige kleine Holztische. Der Tee wird auf einem Metalltablett serviert, das auf einem Holzgestell abgestellt wird oder Füße hat. Als zusätzliche Einrichtung gibt es noch gelegentlich hölzerne, verzierte **Wandborde.** Sehr kunstvoll verziert waren die hölzernen Brottische, die inzwischen sehr selten geworden sind. Schränke fehlen völlig: Decken sowie Schmuck und Kleider werden in **Truhen** aufbewahrt, die von der Frau in die Ehe mitgebracht werden. Sie sind aus braun gebeiztem Zedernholz und bemalt.

Die **Lampen** sind aus Messing oder Bronze gegossen, an schweren Ketten aufgehängt und mit typischen marokkanischen Ornamenten durchbrochen (nach *J. Kalter:* „Aus marokkanischenBürgerhäusern", Linden-Museum, Stuttgart).

Derartige Häuser finden sich noch zahlreich in den Medinas, die aber aber aufgrund veränderter Gegebenheiten (weniger Frauen, ärmere Familien) meist von mehreren Familien gemeinsam genutzt werden. In den Volkskundemuseen Marokkos, aber auch im *Palais de la Bahia* in Marrakesch kann man solche Wohnstätten sehr gut besichtigen, da die Museen in ehemaligen Wesirspalästen untergebracht und mit zahlreichen Exponaten aus Bürgerhäusern bestückt sind und als hervorragende Beispiele gehobener islamischer Wohnkultur und Architektur dienen. Gelegentlich werden jetzt traditionelle Häuser als Restaurants, Privatpensionen oder als Teppichhäuser verwendet und so vor dem Verfall gerettet; denn kaum mehr jemand kann sich den Unterhalt eines solchen Hauses leisten.

Die reichen Familien der heutigen Zeit bauen sich ihre nach europäischen und maurischen Vorbildern gestalteten und mit allem Komfort ausgestatteten Villen in den Vororten bzw. Nobelvierteln der großen Städte (z. B. Casablanca-Anfa) und statten diese zum Teil sehr geschmackvoll, manchmal auch orientalisch überladen mit westlichem Mobiliar aus.

In den Wohnungen der Mittelklassefamilien findet man häufig Schränke, Wohnzimmermöbel und Betten nach europäischem Vorbild, aber aus einheimischer Möbelproduktion, während in den Wohnungen der traditionellen Familien nach wie vor Polstermobiliar vorherrscht.

Dem an marokkanischer Wohnkultur Interessierten sei das Buch „Maroccan Interiors" (siehe Literaturverzeichnis) empfohlen.

In den großen Städten werden ähnlich wie in Europa zahlreiche Trabantensiedlungen angelegt, deren Bauweise nur noch wenig mit islamischer Tradition zu tun hat; sie weisen, wie auch bei uns üblich, Balkone und Fenster nach außen häufig auch Erker und Vorbauten auf. Nach wie vor sind aber wegen der geringen Regenfälle begehbare Flachdächer, auf denen Wäsche oder Früchte getrocknet werden, vorherrschend.

Ein großzügiges Haus kann sich kaum mehr jemand leisten, die Mieten für eine Dreizimmerwohnung in einfachen Neubauvierteln sind für viele ebenfalls unerschwinglich und lassen sich nur durch den Verdienst mehrerer Familienangehöriger bezahlen. Sie betragen bereits 1200–1500 DH (ca. 300 DM), das ist das monatliche Durchschnittseinkommen eines marokkanischen Arbeiters.

DIE BAUKUNST DER BERBER

So **unklar** wie die Herkunft des Bervolkes ist auch die **Entstehung der berberischen Baukunst.** Eine Verwandtschaft zu babylonisch-assyrischen Bauten läßt sich nicht leugnen. Eine große Ähnlichkeit besteht vor allem zu den Wohnburgen im *Hadramaut (Jemen).*

Die **Ksour** (Sg. *Ksar*) - so nennt man die **befestigten Dörfer der Berber** - sind vom Aufbau her alle gleich. Sie bestehen aus einer Zusammenschachtelung verschiedener Wohnstätten in verschiedener Höhe mit konisch zulaufenden Mauern und wenigen Fenstern. Sie sind mit Türmchen und Zinnen versehen, oft mehrere Stockwerke hoch und haben eine hohe Umfassungsmauer.

Ein Ksar beherbergt oft einen ganzen Stamm oder eine Sippengemeinschaft. In ihnen herrscht nicht selten ein Leben wie bei uns auf den mittelalterlichen Burgen. Bei Überfällen bot die **Kasbah** (arabisch für „Burg"), ganz gleich, ob es sich um die befestigten Teile eines Dorfes , eine Familienburg oder um einen fürstlichen Privatwohnsitz handelt, Schutz vor Überfällen feindlicher Stämme. Innerhalb der Ksour befinden sich oft bis zu 100 Feuerstellen, je nach Größe des Familienverbandes.

Vier Ecktürme sind charakteristisch für eine Familienburg, welche ebenso als **Tighremt** bezeichnet wird. In den Ecktürmen führen die Treppen nach oben. Tore der Umfassungsmauern eines Ksar oder eines ummauerten Marktplatzes sind ebenfalls von solchen quadratischen Türmen flankiert. Die Tighremt sind **vor allem im Süden** zu finden und durch ihr wehrhaftes Aussehen und ihre reichhaltigen Verzierungen innerhalb der Ksour besonders dominant. Es gibt zwei Arten von Tighremt: solche mit Innenhof und andere mit Mittelgang. Von außen sind sie in der Regel nicht zu unterscheiden. Die Tighremts mit Innenhof findet man mehr in den Tälern und Ebenen, die andere Form im Gebirge.

Die Tighremts oder Kasbahs sind häufig **fünf bis sechs Stockwerke** hoch. Die Kasbah als Fürstensitz oder verschachtelte Wohnburg einer Sippe wird von den Nebengebäuden, manchmal noch mit einer Mauer innerhalb des Gesamtkomplexes umfaßt.

Der **Grundriß** der Burg ist bei allen Anlagen mehr oder minder gleich. Das Erdgeschoß besteht gewöhnlich aus mehreren kleinen oder einem großen Raum und wird meist als Stall oder Abstellraum für Arbeitsgerät benutzt. In der Regel besitzt die Burg nur eine Tür, durch die man in einen dieser dunklen Räume gelangt; in einem der Ecktürme führt die Treppe in die weiteren Stockwerke. Das 1. Stockwerk wird in den meisten Fällen noch als Speicher für Getreide und Hülsenfrüchte benutzt. Im 2. Stockwerk befinden sich die Schlafräume und im 3. Stock die Wohnräume. Sie sind mit Teppichen und Polstern ausgelegt. Sessel und Stühle gibt es bei den Berbern nicht.

Die **Fenster sind nicht verglast,** nur mit einem oft schmiedeeisernen Gitter versehen. Die weißen Wände sind manchmal mit bunten Ornamenten verziert.

Die **Außenmauern** einer Kasbah oder eines Tighremt sind ebenfalls mit Ornamenten geschmückt, die häufig erst in Höhe des Wohntraktes beginnen. Die **Ornamente haben magische Bedeutung.** Sie verfügen über *Baraka,* heilbringenden Segen (s. S. 76), und sollen vor bösen Geistern schützen. Die Ornamente wurden in ihrer Ausgestaltung geringfügig durch den Islam beeinflußt, beruhen aber meist auf alten Stammestraditionen.

Die Häuser und Burgen sind **aus Stampflehmerde hergestellt.** Man sticht an dem Platz, wo das Gebäude entstehen soll, den Lehmboden aus und mischt den Lehm mit Wasser und Maisstroh. Dann wird der Lehmbrei in Holzkästen gefüllt, die die Breite der geplanten Mauern haben, man läßt das Ganze trocknen und zieht dann den Holzkasten ab. Über die fertigen Mauerteile legt man Holzknüppel zur Befestigung, setzt den oben und unten offenen Holzkasten darauf, füllt ihn mit Lehm, läßt die Masse trocknen und löst die Bretter. Nach dem Trocknen zieht man die Balken heraus, so daß in bestimmten Abständen Löcher entstehen, die wie Fenster oder Schießscharten wirken. Bei besonders sorgfältig gebauten Kasbahs werden diese Löcher mit Lehmbrei ausgefüllt. In den oberen Stockwerken führt man manchmal den Bau mit luftgetrockneten Lehmziegeln zu Ende. Diese Bauweise ist die gleiche wie im Südjemen. Durch eine bestimmte Anordnung der Ziegel oder durch Aussparungen kann man nun Muster und Zeichen an der Außenmauer gestalten. Die Decken der Innenräume werden mit Baumstämmen befestigt und mit geflochtenen Rohrmatten in Fischgrätmuster belegt.

Solch eine einzelne Kasbah vergrößerte sich mit dem Anwachsen der Familie. Es wurden immer wieder neue Anbauten mit Türmen, Höfen und Mauern geschaffen, die den Kasbahs ihr jetziges festungsartiges Aussehen gaben und oft Hunderten von Menschen Platz boten. Früher hatten diese Festungsbauten eine lebenswichtige Funktion, da sich die Berberstämme laufend bekriegten. Selbst noch unter der Protektoratszeit gab es Kämpfe und Aufstände gegen den Pascha *Al Glaoui,* der durch die Zusammenarbeit mit den Franzosen die Macht über Marrakesch und die Oberherrschaft über viele Stämme gewann, die sich aber dagegen auflehnten. Oftmals war eine **Kasbah auch Privatwohnsitz mächtiger Herrscher,** mit prachtvoll ausgeschmückten Räumen und Nebengebäuden für Gesinde und Günstlinge. So baute gerade Pascha *Al Glaoui* einige der bekanntesten Kasbahs, z. B. das *Dar Glaoui* bei Telouèt im Hohen Atlas und die *Kasbah von Ouarzazate.*

Durch die Befriedung der Berberstämme verloren die Kasbahs ihren ursprünglichen Zweck. Darum verfielen gerade die größten und berühmtesten von ihnen, vor allem die ehemaligen Privatwohnsitze und Residenzen der Berberfürsten, im Laufe der Zeit durch die schweren Regenfälle. Früher wurden die Lehmmauern der Kasbahs fortwährend instand gehalten, verbessert und verschönert, so daß kaum eine Kasbah im Laufe der Jahrhunderte das gleiche Gesicht behielt.

Im Agadir Id Aïssa

Jetzt wird gar nicht mehr oder nur notdürftig ausgebessert, vor allem der ornamentale Schmuck wird vernachlässigt. Die Kasbahs befinden sich ausnahmslos im Süden Marokkos, vor allem im Dadès-, Draa-, Todhra- und Ziz-Tal. Einige schöne Speicherburgen gibt es auch im Anti-Atlas in der Gegend von Tafraoute.

Innerhalb der Ksour, v. a. im **südlichen Hohen Atlas** und im **Anti-Atlas** findet man meist mehrere **Vorratsspeicher** für die Dorfgemeinschaft, **Agadir** genannt. Sie ähneln einer Burg, haben ein oder zwei Wachtürme und sind von zwei Verteidigungswällen umgeben. Der Agadir hat einen einzigen Eingang, an dem ein Wachposten steht. Es gibt zwei Arten von Agadir, den **Hof-Agadir** und den **Zellen-Agadir.** Beim Hof-Agadir sind die Aufbewahrungszellen um einen Innenhof gruppiert, so daß man dort auch noch Vieh unterbringen kann. Diese Form der Agadire ist vor allem bei Halb-Nomaden beliebt. Zellen-Agadire findet man vor allem im Anti-Atlas, dort sind die Aufbewahrungszellen entlang eines Ganges angebracht.

Große Agadire haben etwa **200–300 Aufbewahrungszellen, die abschließbar sind.**

Oft befindet sich innerhalb des Agadirs auch noch das Grab eines Heiligen, dem einige Vorratskammern geweiht sind. Dieser ist meistens ein Urahn der Sippe. So ist dieser Ort besonders geschützt und mehr oder minder ein heiliger Bezirk, der nicht entweiht werden darf (etwa durch Gewalttaten).

In den Vorratskammern werden Feldprodukte, Häute, Waffen, Familienbesitz, Urkunden etc. untergebracht. Die Zellen werden über vorstehende Ziegel oder Balken erreicht. Am gefragtesten sind die mittleren Zellen, da in diese weder durch das Dach noch durch den Boden Feuchtigkeit dringen kann.

Besonders schön und typisch für die Speicher sind die **großen Holzschlösser.** Solch ein Schloß besteht aus einem ausgehöhlten Holzblock mit einem ebenfalls ausgehöhlten Riegel, der sich innerhalb des Blockes hin- und herschieben läßt. In das Loch des Riegels führt man einen hölzernen Schlüssel mit aufrecht stehenden Zacken ein, die man genau unter die dazugehörigen Löcher steckt. Dort befinden sich bewegliche Holzstifte, die das Schloß blockieren, wenn man den Schlüssel abzieht.

KUNSTHANDWERK

Vieles, was uns als Kunsthandwerk erscheint (z. B. Textilien, Metall-, Lederarbeiten), ist für den Marokkaner Gebrauchsgegenstand. Deshalb haben sich auch bis heute noch die **alten Handwerkstraditionen** lebendig erhalten.

In einer Stadt wie *Fès* arbeiten Hunderte von Schneidern, Silberstickern, Metallhandwerkern vorwiegend für den innermarokkanischen Markt, wenn auch ein Vordringen der „Plastikkultur" in marokkanische Haushalte zu beobachten ist und die Fertigung für den Souvenirmarkt zunehmend auch industriell erfolgt.

Die **Überflutung mit europäischen Waren** während und seit der französischen Protektoratszeit führte zu einer **Verflachung der handwerklichen Kunst** und zu tiefgreifenden Veränderungen. Denn die Trennung zwischen Handwerker und Kunsthandwerker ist dem Marokkaner ursprünglich fremd. Er benutzt die französische Bezeichnung „artisan" (Künstler) für jeden Handwerker. So sehr dieser auch kreativer Individualist ist, sein bestimmendes Anliegen ist es, Gegenstände zu schaffen, die allen nützen und den Ansprüchen der Allgemeinheit gerecht werden.

Der Touristenstrom nach Marokko hat zu einer gewissen Vereinheitlichung im handwerklichen Schaffen geführt, so daß ursprüngliche marokkanische Handwerksstücke oft nicht mehr auf dem Markt zu finden sind, sondern nur noch direkt bei den Handwerkern oder in Geschäften, die außerhalb der von Touristen überschwemmten Gegenden liegen.

Insgesamt aber begegnet man bei einem Aufenthalt in Marokko nach wie vor der Vielfältigkeit des marokkanischen Kunsthandwerks.

In den *Suqs* oder auf den marokkanischen Märkten findet man für die verschiedensten Handwerkszweige eigene Gäßchen und Viertel, so etwa Messing- und Kunstschmieden, Teppichwirkereien, Gerbereien, Färbereien, Töpfereien; Schmuckwaren, Lederwaren, Intarsienarbeiten, Holzschnitzereien und viele andere kunstvolle Arbeiten werden hier gefertigt.

Weiteres zu Kunsthandwerk siehe auch Souvenirs S.459.

THEATER UND FILM

Moderne Kultursparten wie Theater und Film führen in Marokko ein **Schattendasein,** jedoch ist in den letzten Jahren eine Art **Frühlingserwachen,** v.a. in den Großstädten, festzustellen, so daß sich in einigen Jahren die Situation womöglich besser darstellt. Filmisch dient das Land nur als Kulisse für zahlreiche internationale Filme, und im Gegensatz zum algerischen und ägyptischen Film hat der marokkanische kaum Werke von Bedeutung hervorgebracht. Nur wenige marokkanische Filmer wie *Muhammad Tazi* sind in Europa in der Filmszene bekannt. Die wenigen vorhandenen Bühnen in Marokko, z. B. in Rabat, bringen eher klassische arabische Musik, Folklore- und Ballettveranstaltungen in ihrem Programm als Theaterstücke. So hatte Tahar Ben Jellouns „Nacht der Unschuld" Anfang 1994 in Zürich Uraufführung. Theater findet mehr als Musikveranstaltung oder in der Öffentlichkeit als Jahrmarkt (z. B. auf dem *Djemâa al Fnaa* in Marrakesch) statt.

In Deutschland gab es einzelne Kulturinitiativen (etwa die Ausstellung „Tanger - Frankfurt zum Beispiel" in Frankfurt 1995, die durch ein begleitendes Buch auch über die überaus aktive Filmszene in Tanger berichtet).

BILDENDE KUNST

Die **bildende Kunst hat keine Tradition** in Marokko und steckt noch in den Kinderschuhen, wenn sich auch erste Anzeichen auf internationalen Wettbewerben ergeben, daß marokkanische Künstler zunehmend wahrgenommen werden.

Nach der Kolonialzeit gab es einige Ansätze und bekanntere Namen wie *Cherkaoui, Gharbaoui, Mulay Ahmad Idrissi, Ouardighi,* die einige internationale Ausstellungen aufweisen können, aber innerhalb Marokkos auch nicht besonders gefördert und unterstützt wurden. Die bildende Kunst seit der Unabhängigkeit ist sehr auf die Eigeninitiative der Künstler angewiesen. Kleinere Aktivitäten marokkanischer Künstler gibt es in den Großstädten, vor allem in Casablanca, freilich mit wenig staatlicher Förderung. Hier sind auch die besten Galerien zu finden. Fast alle einheimischen Künstler holen sich ihre ersten Erfahrungen und Erfolge im Ausland. Einer der Pioniere der bildenden Kunst der heutigen Zeit ist *Miloud Labied*. Er läßt sich u. a. von Teppichmustern inspirieren. 1993 sagte er in einem Interview in der Zeitung „Rivages": *„Malen zum Überleben ist unwürdig. Was ich glaube, ist, daß es zu einem Weiterkommen der Malerei an der Förderung mangelt. Es gibt derzeit nur weiße Mauern in Marokko."*

In **Essaouira** hat sich eine kleine Künstlerkolonie entwickelt, deren Niveau sehr unterschiedlich ist.

Vaterfigur der marokkanischen Künstlerszene ist *Boujmaa Lakhdar* (1945–1989), Maler und Bildhauer, der den Maghreb 1989 auf einer Ausstellung im Centre Pompidou in Paris vertrat. Einen großen Bekanntheitsgrad erreichte die Malerin *Chaïba Tallal,* die wie Lakhdar und ihre jüngeren Künstlerkollegen *Muhammad Tabal, Fatima Ettalbi, Maimoun Ali, Abdelmalik Berhiss, Rashid Amarhouss* und *Abdelkader Bentjar* Autodidakten sind. Sie vereinen in ihrer Malerei Elemente der naiven Kunst *(art brut)* mit der Volkskunst.

Afrikanische Tradition, Magie und Volksglaube ist der Fundus, aus dem die Maler schöpfen und mit der sie die Grenzen des islamischen Bilderverbots sprengen. Daß sich Essaouira als Künstlerstadt behauptet, zeigte die Preisvergabe des internationalen Wettbewerbs der modernen primitiven Malerei in *Morges* (Frankreich) 1994. Drei der fünf Preise gingen an Künstler aus Essaouira (Muhammad Tabal, Maimoun Ali, Fatima Ettalbi).

Künstlerwerkstatt in Essaouira

In Deutschland wurde vom DMF (Deutsch-marokkanischen Freundeskreis e.V.) die **„Kunstkarawane Okzident – Orient"**, eine wandernde Kunstausstellung, ins Leben gerufen. Diese Ausstellung zeigt Bilder marokkanischer und deutscher Künstler, u. a. von dem in Deutschland lebenden Maler *Nacir Chemao,* der in Paris sein Kunsstudium absolvierte. Unter der Schirmherrschaft der marokkanischen Botschaft gab es im Juni 1994 eine Aussstellung der „Association Ra", einer Künstlervereinigung in Marokko.

SPRACHE UND LITERATUR

Die Berberliteratur basiert im wesentlichen auf der **mündlich überlieferten Volksdichtung,** die auch heute noch in Märchen und Legenden lebendig geblieben ist. Aus der Kultur der Berbervölker nicht wegzudenken sind die **Märchenerzähler** auf den Stadtplätzen, bei Festen und Veranstaltungen. Auch Balladensänger, die den Alltag oder die Liebe besingen, oder der Vortrag von kleinen Theaterstücken und Satiren, die sowohl vom grausamen Alltag als auch von Zauber- und Hexenmeistern erzählen, sind heute noch Bestandteil der literarischen Volkskunst.

Die **berberische Sprache gehört zu den ältesten der Welt** und war vor der römisch-christlichen Herrschaft von den Kanarischen Inseln über Nordafrika bis hin nach Mauretanien und Libyen verbreitet. Sie differenzierte sich später in viele Mundarten, vondenen heute die meisten ausgestorben sind. An geschriebener Sprache existieren lediglich Felsinschriften, die auch heute noch von den Tuareg gelesen werden können, die übrigens als einziges Berbervolk eine Schriftsprache (das *Tifinagh)* entwickelt haben. Der geistige Austausch zwischen Römern, Puniern und Berbern brachte einige bedeutende berberische Denker hervor. Auch nach der Islamisierung traten Berber durch literarische Leistungen hervor, v. a. durch Übersetzungen des Koran. Bedeutend war das Loblied von *Al-Busiri* (1213–1295) auf den Propheten Muhammad.

Einige **arabische Reiseschriftsteller** berichteten bereits im Mittelalter in eindrucksvoller Weise von Marokko und legten so schriftliches Zeugnis von der damaligen, für den Europäer noch gänzlich fremden Welt ab. Dazu zählen der aus Granada stammende **Leo Africanus,** mit richtigem Namen *Muhammad al Wassan,* der im 16. Jahrhundert seine berühmte *Beschreibung von Afrika* verfaßt hat, und **Ibn Battuta,** der 1325 von Tanger nach Mekka aufbrach und über diese Pilgerfahrt eine der ältesten arabischen Reisebeschreibungen verfaßt hat.

Die **moderne marokkanische Literatur** ist meist in Französisch verfaßt – ein Dilemma für die modernen Autoren, da dies die Sprache der Kolonialmacht ist. Andererseits bildet, laut Harenbergs Lexikon der Weltliteratur, das Hocharabische ein Hindernis in der Auseinandersetzung mit der modernen Welt. Ein Problem, sich weiten Teilen der Bevölkerung verständlich zu machen, besteht darin, daß ein großer Teil der Bevölkerung nach wie vor in lediglich mündlich überlieferten Sprachen – Dialektarabisch und Berbersprachen – spricht. So befinden sich die Marokkaner in der kulturell sehr schwierigen Lage, daß ihnen eine **gemeinsame geschriebene Muttersprache als verbindendes Element fehlt.** In den Schulen wird zwar als erste Sprache Arabisch gelehrt, das Hocharabisch weicht aber vom maghrebinischen Arabisch ab. Als zweite Sprache ist Französisch üblich, so daß – vielleicht auch mit Blick auf den europäischen Markt – **Französisch** zur **Schriftsprache der Intellektuellen** wurde.

Die modernen Schriftsteller befassen sich vor allem mit der **Aufarbeitung des tristen marokkanischen Alltags** und der überlieferten Wertvorstellungen, religiösen Riten und Aberglauben, die Konfliktstoff auf dem Weg zur modernen Gesellschaft bilden.

Werke, die bis Anfang der 50er Jahre entstanden sind, befassen sich mehr ethnographisch und folkloristisch mit den Gewohnheiten des Volkes. Heirat, Mahlzeiten, kleine Episoden sind Hauptthemen.

Nach der Unabhängigkeit wurde die Literatur allmählich nationalistischer, aber auch kritischer. Zunehmend wird die Rollenverteilung in der Gesellschaft, die Willkür des Mannes gegenüber der Frau, aber auch die des Vaters gegenüber den Söhnen, schließlich die Willkür des Staates und der Behörden auf- und angegriffen. Die Machtlosigkeit im Alltag, Hoffnungslosigkeit und Tristesse angesichts von Hunger und Arbeitslosigkeit, aber auch die Unterdrückung der Sexualität und die daraus folgenden Probleme sind tragende Themen der neuen Literatur.

Der bekannteste marokkanische Schriftsteller der heutigen Zeit ist **Tahar Ben Jelloun,** mit seinen wichtigen Romanen „Sohn ihres Vaters" und „Nacht der Unschuld" und seinem neuesten Buch „Papa was ist ein Fremder – Gespräche mit meiner Tochter", das 1999 auch auf der Spiegelbestsellerliste zu finden war.

Ein weiterer bedeutender Autor ist **Driss Chaibri,** der in der Schilderung des Alltags versönlicher ist als sein Kollege **Abdelahak Serrane,** der in seinen Romanen „Messauda" und „Söhne der engen Gassen" ein düsteres Bild der marokkanischen Wirklichkeit zeichnet.

Sehr zeitkritische Autoren sind auch **Muhammad Mrabet** und **Muhammad Choukri.** Dessen bekanntester Roman, „Das nackte Brot", wurde von Tahar Ben Jelloun ins Französische und von *Paul Bowles* ins Englische übersetzt und war in Marokko wegen seiner realistischen Schilderung der Armut, die mit sittenwidriger Ausbeutung einhergeht, unter dem Vorwurf der Obszönität zeitweise verboten. Muhammad Choukri wuchs selbst in ärmsten Verhältnissen auf, lebte und arbeitete als Kind und Jugendlicher viele Jahre in Straßencafés, war im Gefängnis und beschloß dann mit 20 Jahren, Lesen und Schreiben zu lernen und sich schriftstellerisch zu betätigen.

Als wichtiger Literat darf **Paul Bowles,** gebürtiger Amerikaner und seit vielen Jahren in Marokko ansässig, nicht vergessen werden. Er hat sowohl Romane marokkanischer Autoren nach mündlichen Erzählungen aufgeschrieben *(Driss Ben Hamed Charhadi:* „Ein Leben voller Fallgruben") als auch Kurzgeschichten zu Marokko gesammelt; auch für seine eigenen Romane wählt er marokkanische Schauplätze. Sein Buch „Himmel über der Wüste" hat Weltruhm erlangt.

Eine wichtige Autorin kritischer Dokumentationen ist die Soziologieprofessorin **Fatima Mernissi,** die in Amerika studierte und jetzt an der Universität Rabat Soziologie lehrt und deren Bücher in Deutschland zum großen Teil bei Luchterhand verlegt wurden.

MAROKKANISCHE MUSIK

von Jürgen Sieberer, Wien

Musik ist in Marokko **allgegenwärtig;** man wird auf Schritt und Tritt von ihr begleitet, in den Straßen der Suqs, in öffentlichen Verkehrsmitteln genauso wie im privaten Rahmen.

Das **Angebot** an Musikrichtungen ist **breit gestreut.** Von Reggaemusik über englisch- und französischsprachige Popmusik bis hin zu allen möglichen Variationen arabischer Musik ist in Marokko alles zu hören.

Die arabische Musik kann in mehrere Gruppen eingeteilt werden:

- klassisch-andalusisch-maghrebinische Musik *(musiqa andalusiya)*
- Musik aus dem arabischen Osten *(Umm Kulsum, abd al Halim Hafis, Fairuz, Muhammad Abd al-Wahhab, Farid Atrasch,* etc.)
- moderne marokkanische Musik in arabischer Sprache
- zeitgenössische Berbermusik

Die klassisch-andalusische Musik

Sie bedient sich der traditionellen **Musikinstrumente** wie *kamandscha* (Geige), *darbuka* oder *derbouka* (Tontrommel), *tara* (Schellentrommel), *aud* (Laute, von diesem Begriff leitet sich das deutsche Wort ab!), *darija* (kleine Handtrommel), *rbab* (gestrichenes, zweisaitiges, lautenähnliches Instrument), *qanun* (Zither) und, auf westlichen Einfluß zurückgehend, *Violen* (meist in Kniehaltung gespielt), *Celli,* manchmal auch des Klaviers und neuerdings sogar elektronischer Instrumente.

Das **zentrale Musikstück** ist die **Nuba,** eine Art Suite mit instrumentalen und vokalen Teilen, mit einem Wechselspiel von rhythmisch freien und gebundenen Abschnitten. Ihre Entstehung ist eng mit dem Namen *Siryabs* verbunden, eines berühmten Musikers, der um das Jahr 820 aus Bagdad an den Hof von Córdoba kam. Dort gründete er eine Musikschule, in der die traditionelle persisch-altarabische Musik weiterentwickelt wurde.

Bekannt für die arabo-andalusische Stilrichtung sind besonders die beiden Orchester von Fès und Tétouan.

Zeitgenössische Musik

Die **zeitgenössische marokkanische Musik** verwendet neben dem *aud,* der *darbuka, hajhuj, genbri (guimbra),* etc. auch elektronische Instrumente.

Hier lassen sich wiederum **mehrere Unterteilungen** machen:

- **Ray-Musik,** die auch bei uns seit einigen Jahren bekannt ist, mit ihren Hauptvertretern *Cheb Mami* (sprich schäb = junger Mann), *Cheb Kader* und *Cheb Khaled,* die allerdings, wie der Ray selbst, algerischer Herkunft sind;
- **Gnawa-Musik,** die hauptsächlich von der dunkelhäutigen Bevölkerung Marrakeschs und Südmarokkos gespielt wird und für Europäer den urtümlichsten Klang hat. Sie verwendet fast ausschließlich das Saiteninstrument *Hajhuj* („j" sprich wie frz. „j" in Journal) und die *qar-*

qaba (eine Art Kastagnetten aus Metall) als Begleitung zu dunklem, melodiösem Gesang. Außerdem findet eine große Trommel Gebrauch, die man um die Schulter hängt und die mit zwei Schlegeln beidseitig bearbeitet wird, ähnlich unseren großen Marschtrommeln. Die Gnawa-Musik hat auch eine wichtige soziopsychologische Funktion, da sie für viele psychisch Labile oder Kranke eine Möglichkeit bietet, durch Tanzen und sich monoton wiederholende Körperbewegungen und Sprachformeln in Trance zu fallen und Aggressionen und seelische Unstimmigkeiten abzubauen. Ein beliebter Vertreter dieser Musikrichtung ist *Muallim Susu* mit der Gruppe „Hamdawa", der natürlich schon sehr kommerziell orientiert ist, denn ursprüngliche Gnawa-Musik kann man nicht auf Kassette hören, zumal neben dem auditiven Eindruck auch der visuelle dabei äußerst wichtig ist;

- **populäre Musik oder „Marocpop"**, wie er vielleicht am prägnantesten bezeichnet werden kann, ist eine **Mischung aus traditioneller marokkanischer Musik und** allen möglichen Stilen der **westlichen Popmusik.** Diese Musik ist bei der jungen und mittelalten Bevölkerung überaus beliebt. Die Rolling Stones, Doors und Beatles der Marokkaner sind die Gruppen *Lemchaheb, Jil Jilala* (wörtl. „das Volk ihrer Majestät") und *Nass al Ghiwane*. Diese Musikgruppen haben einen ungeheuren Stellenwert, da sie abgesehen von den ausgezeichneten Rhythmen und Melodien wunderschöne Texte haben, die nahezu jeder Marokkaner auswendig kennt. Die Texte sind auch von äußerst sozialkritischem Inhalt, so daß fast alle Mitglieder dieser Bands einige Monate im Gefängnis verbracht haben, was ihre Popularität enorm gesteigert hat.
  Weitere Musikgruppen mit unterschiedlicher klanglicher Ausrichtung sind: *Tagada, Frères Bouchenaq* und *Madschmuat Aflaq.*
  Welterfolg (weniger in Marokko) erzielt mittlerweile *El Houssaine Kili* der Gnawa-Klänge mit Ray-Musik und westlichem Sound mixt und vor seiner Solo-Karriere mit der Gruppe Embryo spielte.

Wer sich für arabische Musik interessiert, findet ein umfangreiches Angebot mit Newsservice per e-mail im Internet bei *aramusic:* e-mailadresse: *info@aramusic.com*

Berbermusik

Berbermusik ist **regional eng eingegrenzt** und wird fast ausschließlich von Berbern gehört. Bei den **Arabern findet sie keine Beachtung** und wird meist als unhörbar abgetan, was einerseits damit zusammenhängt, daß diese die Texte nicht verstehen und andererseits darauf zurückzuführen ist, daß diese Musik dem Image der gehobenen Musik nicht entspricht, und sei es nur deshalb, weil viele Araber den Berbern gegenüber ohnehin eine deutliche Herablassung an den Tag legen.

Der **Ursprung der Berbermusik und -lyrik** ist in der alten Vorliebe für Dichtung zu suchen, die bei den Berbern einen großen Stellenwert besitzt und oft in Begleitung mit Musik dargeboten wurde. Diese Mischung aus Lyrik und Musik nennt man **amarg.** Viele Berber sind stolz auf ihre Fähig-

Ahaidous, Tanz der Aït Haddidou

keit, Gedichte zu traditioneller Musik zu improvisieren. Die *rwais,* professionelle Musiker, dienten nicht nur zur Unterhaltung, sondern ebenso als „Journalisten", Lobsänger und Sozialkritiker, um Neuigkeiten von Dorf zu Dorf zu bringen und Mißstände anzuprangern. Diese Berufsmusiker sind gänzlich im Verschwinden begriffen und werden in wenigen Jahren nur noch auf historischen Tonbandaufnahmen existieren.

Die **moderne Berbermusik** unterscheidet sich für Europäer anfänglich überhaupt nicht von der arabischen Populärmusik, was sich allerdings nach genauerem Studium als vollkommener Trugschluß erweist. Genauer auf die Berbermusik einzugehen würde den Rahmen eines Reiseführers sprengen, deshalb sei nur kurz auf weiterführende Literatur bzw. Musikaufnahmen verwiesen: *The Rwais, Moroccan Berber musicians from the High Atlas* – Lyrichord LLST 7316 (Schallplatte mit kurzem Einführungstext in die Musikgeschichte der Berber). Als interessante berberische Musikgruppe, die man in jeder größeren Stadt auf Tonband findet, ist **Inerzaf** zu nennen. Kassetten von arabischen oder berberischen Musikgruppen kosten übrigens nahezu einheitlich in ganz Marokko nur 15 DH.

Volksmusik und Tänze

Die Volksmusik ist abwechslungsreicher und phantasievoller als die andalusische Musik und kennt kein grammatisches Maß. Sie ist **der leichten Musik zuzurechnen**, etwa wie bei uns der Schlager. Sie wird **in arabischen Dialekten gesungen** und ist **für den Mann auf der Straße,** den Handwerker und Händler **bestimmt.** Man unterscheidet verschiedene Ausdrucksformen: der *Griha*, dies bedeutet Improvisation, räumt dem Gedicht viel Platz ein und ist ein von Schlaginstrumenten begleitetes Rezitativ. Die *Aïta* (Aufruf) wird im *Haouz* in der Gegend von Marrakesch gesungen; es ist ein schriller Leidensschrei, der am Ende eines von Frauen aufgeführten Tanzes ausgestoßen wird, der im Rhythmus der Klänge von Terrakotta-Tambourinen vollführt wird.

Es gibt auch **Schaukelgesänge,** die vor allem dichterisch wertvoll sind. Zur Volksmusik gehört auch **Zugmusik,** die von Tamburin- und Dudelsackkapellen und langen geraden Trompeten, *N'Fir,* bei religiösen Festen und Umzügen gespielt wird.

Die berberische oder ländliche Musik wird allein auf den Rhythmus des *Bendir* (kreisförmige, mit Ziegenfell umspannte Trommel) gespielt. Die Tänze und Gesänge der Berber sind Schauspiele mit vielen Gedichten und reich an Ausdruckskraft, die durch die malerische Kulisse der Landschaft und Nomadenzelte besonders wirksam sind. Die Musik ändert ihren Charakter je nach Ort und Stamm (siehe auch vorheriges Kapitel).

Die **Volkstänze** werden meist **zu großen Festen** (nicht zu verwechseln mit den *Mausims,* vgl. unten) nachts um ein Holzfeuer getanzt. Bei diesen Gelegenheiten tragen die Frauen die schönsten Kleider und wertvollen Schmuck.

Die Volkstänze sind Ausdruck der Lebensfreude der jeweiligen Region und keine religiösen oder kulturellen Veranstaltungen. Jede Gegend feiert auf ihre eigene Art ein bestimmtes Produkt oder eine Pflanze, etwas, das charakteristisch für die Gegend ist. Meist finden diese Feste im Gegensatz zu den Mausims, die oft vom islamischen Kalender abhängen, immer in den gleichen Monaten statt. In Marokko werden das ganze Jahr über zahlreiche Feste gefeiert, v. a. nach der Erntezeit oder zu religiösen Feiertagen ist immer etwas los.

Bekannte Feste:

- in Tafraoute das *Fest der Mandelbaumblüte (Fête des Amandes en Fleurs)* im Februar
- in Salé das *Fest der Kerzen (Fête de cires Veille de Maulad),* 6. Mouloudtag; dieses Fest ist abhängig vom islamischen Feiertag *Maulad* (Geburtstag Muhammads)
- in Kelaa des M'gouna das *Fest der Rosen (Fête des Roses)* im Mai
- in Erfoud das *Fest der Datteln (Fête des Dattes)* Anfang Oktober
- in Tissa das *Fest der Pferde (Fête du Cheval)* im Oktober
- in Beni Mellal das *Baumwollfest (Fête du Coton)* im März
- in Al Hoceima das *Fest des Meeres (Fête de L'eau)* im August
- in Sefrou das *Fest der Kirschen (Fête des Cerises)* im Juni

Bekannte Tänze:

- Der **Ahouach** stammt aus dem Hohen Atlas und wird nur von Frauen getanzt. Sie bilden einen großen Kreis, in dessen Mitte die Männer neben einem großen Holzfeuer mit ihren *bendir* hocken und den Rhythmus angeben.
- Der **Ahaidous** ist ein Tanz aus dem Hohen Atlas. Die Tänzer und Tänzerinnen bewegen sich eng aneinandergedrängt und bilden einen großen Kreis. Immer schneller bewegen sie sich nach rechts und links und berühren den Boden nach bestimmten Rhythmen und alten Traditionen.

- Die **Guedra** stammt aus dem marokkanischen Süden. Er wird von einer schwarz verschleierten Frau kniend getanzt. Hände, Arme und der ganze Körper folgen dem Rhythmus der Guedratrommel bis zur völligen Erschöpfung der Tänzerin.
  Dieser Tanz wird vor allem beim Mausim des Cheikh Sidi Muhammad Laghdaf Ende Mai, Anfang Juni aufgeführt.
- Der **Tissinint** wird südlich von Agadir von blau gekleideten Männern und Frauen getanzt. Er heißt auch Tanz des Dolches.
- Der Tanz der **Gnawa** – einer religiösen Bruderschaft, die sich auf Bilal, einen ehemaligen Sklaven, berufen, der zum Islam übertrat - stammt aus Schwarzafrika und war ursprünglich ein magischer Festtanz. Die Gnawa (Gnaoua) bezeichnen sich selbst als „Leute des Luftwirbels“, und entsprechend lebhaft und akrobatisch sind ihre Tänze. Sie glauben an übernatürliche Wesen wie „Djinnen“ und bringen dies in ihren Tänzen zum Ausdruck. Ihre Gesänge sollen auch Heilkraft bringen, und nicht selten werden die Musiker zu diesem Zwecke engagiert.
- Der Kriegstanz **Taskiouine**, der im Hohen Atlas und in der Gegend von *Ouarzazate* getanzt wird. Mit weißen Mänteln bekleidet, das Pulverhorn über den Schultern, tanzen die Männer zum Rhythmus des Tambourins. Schnelles Händeklatschen und zuckende Schultern sind die typischen Merkmale dieses Männertanzes.
- Bewaffnete Krieger tanzen zum Rhythmus von Trommeln und Pfeifen den **Ghiatas**. Die Tänzer imitieren mit dunklen rauhen Schreien Geräusche herannahender Reitertruppen. Gewehrsalven beenden den Tanz.
- Die Oulad Sidi Ahmad Ou Moussa sind wandernde Akrobaten, die zum Orden des *Sidi Ahmad ou Mausim,* des Heiligen von *Tazeroult,* gehören. Ihre farbenfrohen Kostüme sind reich bestickt und haben sich seit Jahrhunderten nicht verändert. Diese Akrobaten treten hin und wieder auch in europäischen Zirkussen auf, zuerst im Zirkus *Roncalli.*
- Die **Fantasia** ist eigentlich kein Tanz, sondern ein Reiterspiel, ein Höhepunkt verschiedener Feste und Festspiele.
  Die prachtvoll geschmückten Pferde und Reiter jagen in einer Staubwolke dahin und halten jäh an, begleitet vom Knallen aller Pulverflinten der Reiter. Diese Reiterspiele sind vor allem beim jährlichen Moussem des *Sidi Abdallah* Ende August in der Nähe von *Al Jadida* zu bewundern.

Die Moussems (Mausims)

Ein Mausim ist die Zusammenkunft vieler Menschen zu einem jährlich wiederkehrenden Zeitpunkt, meist zur Erinnerung an ein ganz bestimmtes, vorwiegend religiöses Ereignis meist zu Ehren eines Heiligen.

Fast in jedem Dorf, in dem ein *Marabut* begraben ist, findet ein Mausim statt – Familien, oft von weit her, kommen zusammen, Erinnerungen werden ausgetauscht, es wird gehandelt, auch überirdischer Schutz wird erbeten; vor allem aber wird gefeiert.

Moussems werden häufig auf islamische Feiertage gelegt, die nach dem islamischen Kalender stattfinden. Dadurch verändern sich die Termine der Feste alljährlich (s. a. S. 394).

Hier eine Auflistung großer, regelmäßiger Moussems im Süden:

- **Moussem de Gouelmim (Asrir)** (Grand foire aux chameaux Guera) Meist Anfang Juni; wird sehr oft als Suq der Kamele bezeichnet, da sich nach altem Brauch alle südlichen Stämme mit ihren Kamelen hier trafen.
- **Moussem de Cheikh Sidi Muhammad Laghdaf (Tan Tan)** Der Moussem der Blauen Männer, meist im späten Frühjahr (Ende Mai, Anfang Juni). Nach dem Gebet am Marabut (Grabmal eines Heiligen) wird eine Kamelstute geopfert. Hier wird auch der Tanz der Guedra getanzt.
- **Moussem de Sidi Ahmad ou Musa (Tiznit)** August oder September. Er dauert fünf Tage und beginnt jeweils am dritten Donnerstag des Monats.
- **Moussem des Fiancailles (Imilchil)** (Moussem der Verlobten) Freitag bis Sonntag, Mitte September. In dem Dorf Imilchil im Hohen Atlas findet der bekannte Heiratsmarkt der Ait Haddidou statt.

Erkundigen Sie sich im Touristenbüro der jeweiligen Stadt oder Provinz nach den genauen Terminen.

Bei den Städtebeschreibungen im Routenteil finden Sie jeweils eine Auflistung der Feste und Moussems innerhalb der Stadt und der zugehörigen Provinzen, wobei es bei dem Besuch kleiner örtlicher Moussems schon eines gewissen Fingerspitzengefühls bedarf, um nicht als störender Fremder unangenehm aufzufallen.

Neben den traditionellen Volksfesten und Moussems gibt es noch eine Reihe von **Fremdenverkehrsfesten und Festwochen,** die vom Fremdenverkehrsamt veranstaltet werden. Die Veranstaltungen finden zum größten Teil im Sommer statt und dienen ausschließlich dem Tourismus.

Im Juni wurden früher in *Marrakesch* im *Al-Badi-Palast* 14tägige Festwochen veranstaltet, die einen guten Überblick über die traditionellen Tänze gaben. Hier traten alle Folkloregruppen von Rang und Namen auf. Volkstanzgruppen, Akrobaten und Musiker sowie Theatergruppen zeigen ihre Künste. (Jeden Abend gleiches Programm.) Ob und wann das Festival wieder abgehalten wird, ist ungewiss.

Außerdem gibt es Festivals in *Agadir, Rabat, Tanger, Fès* und *Tétuan.*

Mädchen aus Imilchil

PFLANZEN- UND TIERWELT

in Zusammenarbeit mit Carola Stoob, Ethologie und Wildforschung, UZI, Zürich

Bemerkenswert an Marokko ist nicht eine bestimmte Landschaftsformation oder das einzigartige Vorkommen von Pflanzen und Tieren, sondern der **Wechsel** und das zum Teil **sehr krasse Nebeneinander der verschiedenen Landschaftstypen.** Zwischen Laub-Mischwald und Wüste sind alle Übergänge anzutreffen, dazu kommen zwei verschiedene Küstenregionen und spezielle Kulturformen wie die „sagenhaften" künstlich bewässerten Gärten aus 1001 Nacht, die Palmenhaine und die Oasen (s. S. 344).

Marokko ist ein **Agrarland**, und ein großer Teil der Produkte dient der Subsistenz der einheimischen Bevölkerung. Die Landwirtschaft ist auf natürlich vorkommendes Wasser angewiesen (Täler, Wadis, Oasen). Dessen Ausnutzung wird durch Bewässerungssysteme verbessert. Unter solchen Voraussetzungen fallen zunächst Kulturpflanzen und Haustiere oder sog. *Kulturfolger,* z. B. Spatzen, auf.

Die **wichtigsten Kulturpflanzen** sind etwa: Olivenbäume (= Ölbaum), Pistazien, Lorbeer, Drum- oder Dattelpalmen, Agaven, Feigenkaktus, Agrumen (das sind die Bäume, die die Zitrusfrüchte liefern), Mandel, Pfirsich, Maulbeere, Walnuß, Feige, Wein, Banane, Baumwolle, Weizen, Gerste, Hirse, Paprika, Artischocke, Aubergine, Mais, Eukalyptus, sog. *Mimosen*

Olivenbäume - eine der wichtigsten Kulturpflanzen Marokkos

(es sind aber Akazien), Oleander, Thuja, Zypressen, Pappeln und Arganien. Einige dieser Pflanzen sind uns aus dem Supermarkt durch ihre Früchte oder andere eßbare Teile längst bekannt, trotzdem kann die Entdeckung der ganzen Pflanze zum Erlebnis werden – meine erste Artischocke, die als Riesen-Distel daherkam, hat mich jedenfalls beeindruckt!

Marokko läßt, bedingt durch die unterschiedliche Höhe und Klimazonen, sowohl Mittelmeervegetation wie auch eine tropische Vegetation zu. Diesen Vorteil nutzen zahlreiche Hotels, indem sie ihre Gärten zu wahren Pflanzenparadiesen gestalten: so wachsen zwischen verschiedensten Palmenarten prachtvoll leuchtende Bougainvilleen, Jacarandas, Kakteen, Agaven, Bambus- und sogar Bananenstauden. Vor allem die Rosenzucht hat in Marokko eine lange Tradition. Wer Ende Mai bis Ende Juni durch Marokko reist, wird den Duft der Rosen, der aus Haus-, Hotel- und Oasengärten strömt, nicht mehr vergessen. Rosen werden entlang der Oasen der Straße der Kasbahs als Nutzpflanzen geerntet und zu Rosenwasser und Rosenöl, auch als Grundsubstanz für Parfüms, verarbeitet.

Als **Nutztiere** sind Geflügel, Schafe, Ziegen, Rinder, Pferde, Kamele, Esel und Maultiere aufzuzählen. Hunde und Katzen sind nicht eigentlich „Haustiere", sondern führen in Marokko ein recht freies, wildes Leben. Kamel, Pferd, Esel und Maultier sind traditionelle Transportmittel.

In den Lebensraum der Kulturpflanzen gehört selbstverständlich auch eine Reihe von Tieren, die der Mensch nicht direkt nutzt oder als schädlich bezeichnet. Aufgrund der Temperaturen ist Marokko ziemlich ideal für **Insekten.** Diese bilden die **Nahrungsgrundlage für Reptilien** (z. B. Eidechsen, Geckos, Skinke), **Vögel, Nagetiere** und – systematisch – **sog. Insektenfresser** (das sind z. B. Igel und Spitzmäuse). Man findet hier neben „alten Bekannten" wie Bienen, Ameisen, Tag- und Nachtfaltern, Spinnen, Smaragdeidechsen, Tauben, Spatzen, Nachtigallen, Käuzen, Eulen, Mäusen und Igeln auch Arten, die man bei uns gar nicht oder höchst selten zu Gesicht bekommt: den Dungkäfer Skarabäus oder den echten „heiligen" Skarabäus, die „biblische" Wanderheuschrecke, Fangschrecken, die Maulwurfsgrille, den Hirschkäfer, Skorpione, den Mauretanischen Mauergecko, Hausammer, Steinsperling, verschiedene Grasmückenarten (z. B. Cistensänger), Blaumerle, Bienenfresser, Blaßspötter, Heckensänger, Zwergohreule und Wimpernspitzmäuse (auch: Weißzahnspitzmäuse).

ATLANTIKKÜSTE & MITTELMEER

Der **reine Sandstrand und ein Strand aus Kies** verdanken ihren optischen Reiz vielleicht gerade der Abwesenheit von Pflanzen und Tieren – als Biotope sind sie **vergleichsweise artenarm.** Für Pflanzen bieten sie z. B. keine Möglichkeit der Verwurzelung, und nur wenige Spezialisten vertragen Salzwasser (sog. *Halophyten* wie Sode, Queller, Salzkraut).

Ein typischer Bewohner des Sandstrandes ist der Sandflohkrebs *(Talitrus),* der aber auch lieber in gestrandeten Algen Deckung sucht, als daß er auf dem bloßen Sand umherhüpft. Die meisten anderen Sand-

Atlas-Zeder

bewohner graben sich ein und bilden dabei eine röhrenförmige Behausung (Borsten- und Sandröhrenwürmer). Auf dem Sand direkt unter Wasser leben nur wenige vegetarische oder räuberische Schnecken, z. B. die Hornschnecke, *Cerithium,* die Netzreusenschnecke, *Nassarius,* und die Halsbandschnecke *(Natica).* In tieferem Wasser oder in Tümpeln mit stehendem Meerwasser können sich Algen entwickeln und bereits einer größeren Vielfalt von Tieren als Lebensraum dienen.

An **felsigen Küsten** entfaltet sich dann der ganze **Artenreichtum des Meeres** – mal abgesehen von der Möglichkeit, daß die Einleitung von Abwässern oder die letzte Tankerkatastrophe dort ihre nachhaltigen Wirkungen hinterlassen haben. Es ist unmöglich, an dieser Stelle die verschiedenen Schwämme, Seeigel-, Seestern-, Muschel-, Schnecken-, Krebs- und Fischarten aufzulisten.

Der Rand des Festlandes ist v. a. dort, wo er für den Menschen „unattraktiv" oder schwer zugänglich ist (etwa als Steilküste oder verschlammte Flußmündung), ein **Rückzugsgebiet für Wasservögel.** „Besucher" sind eigentlich immer „ungebetene Gäste", und man sollte sie daher nur durch ein gutes Fernglas beobachten.

WALD

Neben den tropischen Wäldern stellt sich der Tiergeograph unter „Wald" v. a. die sommergrünen Laubwälder gemäßigter Breiten vor, die sich überwiegend aus Eichen, Buchen und Ahorn zusammensetzen. Diesen Waldtyp wird man in Marokko vergeblich suchen, aber aufgrund der Restbestände nimmt man an, daß vor ein paar tausend Jahren das *Rif,* der *Mittlere* und der *Hohe Atlas* dicht bewaldet waren.

Die **Atlas-Zeder** *(Cedrus atlantica)* ist – wie der Name schon sagt – der typische Baum Marokkos und eine der wenigen ursprünglichen Arten. Sie wird im Rahmen von Aufforstungsprogrammen zusammen mit Libanon-Zedern *(C. libani)* und eingeführten Kiefern *(Pinus)* und Tannen *(Abies)* kultiviert. Auch Korkeichen *(Quercus suber)* sind in Marokko heimisch und bildeten vermutlich mit Stein- und Kermeseichen *(Q. ilex, Q. coccifera)* den ursprünglichen, immergrünen Eichenwald bis 1100 m. In größerer Höhe findet man Thuja und Wacholder *(Cupressaceen).*

Reiner **Nadelwald** ist wegen der Ansäuerung der Böden ein recht schwieriger Lebensraum. Nadelbäume haben jedoch den wirtschaftlichen Vorteil, daß sie geringere Ansprüche an die Bodenbeschaffenheit und Wasserversorgung stellen und relativ schnell wachsen. Die Aufforstung der Zedern- und Eichenwälder mit z. T. nicht heimischen Laub- und Nadelbäumen ist ein Kompromiß zwischen den Nutzungsaspekten des Waldes und dem Bedürfnis nach Erhaltung oder Wiederherstellung einer relativ ursprünglichen Vegetation und Tierwelt.

Zum Wald gehören pflanzenfressende oder -saugende **Insekten:** Blattkäfer, Rüsselkäfer (an verschiedenen Eichenarten), *Coccinelliden* (erinnern an Marienkäfer – der VW-Käfer heißt auf französisch *coccinelle), Chrysomeliden* (kleine, gedrungene, metallisch glänzende Käfer; eine Art ist auf Minze spezialisiert), Schmetterlinge und ihre Raupen, Bienen, Ameisen, (Holz-)Wespen und Zikaden – um nur einige zu nennen. „Ameisenlöwen", Wanderheuschrecken und Maulwurfsgrillen trifft man eher an trockenen Standorten. Hundert- und Tausendfüßler (die einen meint man gerade noch zählen zu können, bei den anderen versucht man es gar nicht mehr), Laufkäfer (dazu gehören die beiden häufig anzutreffenden Skarabäusarten) sowie Spinnen leben eher im Verborgenen.

Wegen der Vielfalt der Nahrungsquellen und der guten Deckung ist der **Wald bzw. der Waldrand bei Vögeln beliebt.** Kuckuck, Eichelhäher, Grün- und Buntspecht, Amseln, Drosseln, Finken – Stare weniger –, aber

Diese Tierarten gibt (bzw. gab) es in Marokko (mit freundlicher Genehmigung der Zeitschrift „Ein Herz für Tiere")

Berberaffe

Baumläufer, Meisen, Nachtigall, Fitis, Rotkehlchen, Ammern, Würger, Dorn- und Mönchsgrasmücke, Ziegenmelker, Uhu und Waldohreule sind entweder „alte Bekannte“ oder kommen in einer nah verwandten spezielleren Art vor: zum Beispiel Einfarbstar, Häherkuckuck, Rothalsziegenmelker, Zaunammer, Alpendohle, Berglaubsänger und Rotflügelgimpel. Spezielle Bewohner Marokkos sind z. B. die Atlasgrasmücke, der Diademrotschwanz und der Blauwangenspint.

Nagetiere wie Eichhörnchen und Mäuse gehören in den Wald, und in Marokko kommen zudem Stachelschweine *(Hystrix christata)* vor. Spezialisierte Insektenfresser sind der Wanderigel *(Erinaceus algirus)* und die Rot- und Weißzahn-Spitzmäuse (*Soricidae, Crocidu-ridae* = Wimpernspitzmäuse), die aber auch einen Wurm nicht verschmähen. Neben dem Fuchs, dem marderartigen Wiesel, Dachs und Fischotter könnten in den marokkanischen Wäldern auch Ginsterkatzen *(Genetta genetta)*, Luchse und der Serval *(Felis lynx, F. serval)* vorkommen. Es soll noch Leoparden *(Panthera pardus)* und Berberhirsche *(Cervus elaphus barbarus)* geben, aber es fehlen aktuelle Angaben dazu. Wildschweine *(Sus scrofa)* gibt es genug, da sie kaum gejagt werden.

Erwähnenswert im Vergleich zur heimischen Fauna ist sicher das Vorkommen der **Berberaffen** (*Macaca sylvanus,* franz. *magot).* Marokko besitzt – neben Algerien – die letzten nennenswerten Bestände dieser schwanzlosen, „winterfesten“ Affenart, die vor den Kaltzeiten auch in Europa verbreitet war.

Stehende und fließende Gewässer bilden einen eigenen Lebensraum innerhalb des Waldes. Hier kommen Rohrkolben *(Thypha)*, Binsen *(Juncus)*, Süßgräser *(Poaceen)* und „passende“ Tiere vor: Libellen, Barben, Hechte, Forellen (eingeführt), Frösche, Kröten, Salamander, Wasserschildkröten, (Bach)stelzen, Wasseramseln, Eisvögel und Gebirgsstelzen.

In felsige, höhere Lagen können sich Mufflons *(Ovis ammon)* und Mähnenschafe *(Ammotragus lervia)* zurückziehen. Einige Vogelarten bevorzugen die Felsen als unzugängliche Brutplätze (beispielsweise Greifvögel, verschiedene Segler, Blaumerle oder Alpenbraunelle).

Stachelschwein, Fuchs und Hase sowie die Landschildkröte und verschiedene Greifvogelarten kommen auch im offeneren Gelände und in den sich an den Wald anschließenden trockeneren Regionen vor. In diesen Übergangsgebieten kann man außerdem gestreiften Hyänen *(Hyaena hyaena)* begegnen.

TROCKENGEBIETE

Die **Macchie** (franz. *le maquis)* besteht aus immergrünen Sträuchern und Bäumen mit harten Blättern (1-6 m hoch). Dazu gehören Lorbeer *(Laurus)*, Erdbeerbaum *(Arbutus unedo)*, Myrte *(Myrtus)*, Lentisken *(Pistacia lentiscus)*, Rosmarin, Ginster *(Genista)*, Kreuzdorn *(Rhamnus)*, Baumheide *(Erica)* und aromatische Büsche wie Lavendel und Thymian. Sie bilden ein dichtes Gewirr von Zweigen und Ästen. Ihren Namen verdankt die Macchie der spanischen Bezeichnung für eine charakteristische Pflanze, die Zistrose *(Cistus)*.

Auf durchlässigem Kalkstein degeneriert die Macchie zur **Garrigue** (auch *Garide*). Die Vegetation besteht aus **niederwüchsigen,** ca. 1 m hohen **Sträuchern und Polsterpflanzen.** Zwischen bloßem Felsen wachsen z. B. Stechginster, Lavendel, Salbei und andere Gewürz- und Heilkräuter. Übergänge zu den Vegetationstypen *Steppe* und *Wald* kommen vor; oft sind die Gebiete nur kleinräumig und liegen wie Inseln zwischen anderen Regionen. Größere Areale, die aber auch unter menschlichem Einfluß stehen, befinden sich in der *Meseta* (Atlantikküste nördlich von *Agadir* bis *Rabat* und landeinwärts bis an den Fuß des *Hohen* und *Mittleren Atlas*) und in der Ebene von *Sebou*, die sich nordostwärts daran anschließt. Auch in der Garrigue gibt es Korkeichen, die hier aber nur Strauchhöhe erreichen.

In diesem Vegetationstypus sind **manche Tiere leichter zu finden und besser zu beobachten** als im Wald oder in der Macchie: Ein einzelner Tritt kann eine Vielzahl von ihnen aufscheuchen. Man kann ihnen dann vorsichtig folgen. Wieder sind Insekten und insektenfressende Arten stark vertreten. Es gibt spezielle Heuschrekken, Spinnen (z. B. die Wolfsspinne *Lycosa)*, Eidechsen, Schlangen und Vögel. Landschildkröten aufzuspüren, ist dagegen nicht so einfach. Skorpione lieben dunkle, feuchte Unterschlupfe, die sie nicht nur unter Steinen, sondern manchmal auch in Camper-Schuhen finden. Eine gewisse Vorsicht ist daher angebracht. Läßt man ihnen die Wahl, ziehen **Skorpione** und **Schlangen** auf jeden Fall die Flucht dem Angriff vor.

In der Garrigue gibt es auch **Chamäleons,** man muß sie nur finden – ihrer Anpassungsfähigkeit entspricht der Mangel an natürlicher Deckung. Dieser Mangel zieht eine Reihe von **Greifvögel**n (Bussard, Falke, Milan, Sperber, Steinadler oder gelegentlich die selteneren Schlangen-, Habichts- und Steppenadler) an, die Jagd auf kleinere Wirbeltiere machen. Verhältnismäßig häufig kann man im Bereich der Sous-Mündung und entlang der südlichen Atlantikküste das gestreifte **Zieselhörnchen** beobachten *(Xerus erythropus)*, das nur einen Streifen auf der Flanke hat und ca. 20 cm groß ist. Sein Vetter, das **Atlashörnchen** *(Atlantoxerus getulus)* lebt an der Atlantikküste bis hinauf in die Höhen des 4000 m hohen Atlasgebirges, ist viel kleiner, besitzt drei helle Streifen auf der Flanke und hat einen körperlangen, buschigen Schwanz. Kleinere **Vögel** leben eher von In-

Euphorbienpolster mit Echse

sekten, z. B. der Bienenfresser *(Merops apiaster)* und der Wendehals *(Jynx torquill)* sowie verschiedene Grasmückenarten (z. B. Brillen-, Weißbart-, Provence- und Samtkopfgrasmücke). Die verschiedenen dort vorkommenden Lerchenarten und die Wachteln bevorzugen „gemischte" Kost. V. a. in der Dämmerung und in der Dunkelheit sind der Ziegenmelker *(Caprimulgus)*, die Zwergohreule *(Otus scops)*, der Steinkauz *(Athene noctua)* und Fledermäuse *(Hufeisennasen, Rhinolophus)* unterwegs auf der Jagd nach Insekten und anderen kleinen Tieren.

Natürliche Trockengebiete

Einiges spricht dafür, daß **Macchie und Garrigue** im Bereich der Mittelmeerküsten als Trockengebiete nicht auf klimatische Einflüsse, sondern vielmehr auf die **Einwirkung des Menschen zurückzuführen sind.**

Daneben gibt es in Marokko verschiedene Formen natürlich entstandener Trockengebiete, wo aufgrund der Bodenverhältnisse, Niederschläge und Temperaturen keine Bäume wachsen. Dort können nur Pflanzen und Tiere vorkommen, die besondere „Techniken" entwickelt haben, um ihren Wasserverbrauch einzuschränken. Viele Pflanzen wirken z. B. unscheinbar, weil die Blattoberflächen klein und die Stengel hart und holzig sind. Sprosse werden in Dornen umgewandelt und Blätter mit Haaren und Borsten versehen. Unauffälligkeit, Verholzung und Dornbildung schützen zugleich gegen saugende Insekten und Verbiß der Triebe durch Weidetiere. Charakteristisch für die Trockengebiete sind Dornsträucher wie beispielsweise der Kameldorn *(Zi-*

zyphus lotus) und die Tamarisken *(Tamarix)*. In der atlantiknahen Sahara findet man in Strauchwüsten (z. B. *Rhus oxiacantha*) auch kaktusähnliche Wolfsmilchgewächse *(Euphorbiaceen)* und Arganien, in denen Ziegen klettern, um die Früchte zu fressen. Räumlich begrenzt, z. B. im Hohen Atlas und am Djabal Sarho, treten Trokken- und Wüstensteppen mit Halfa- oder Espartogras auf *(Stipa tenacissima, Lygeum spartum)*. Das Halfagras, das einen durchlässigen Standort bevorzugt, verdankt sein Überleben in den trockenen Gebieten vermutlich seiner Nützlichkeit: Im 19. Jahrhundert wurden seine hervorragenden Eigenschaften für die Papierherstellung entdeckt (Geldscheine, Zigarettenpapier), und es wird gelegentlich kultiviert.

Am Südfuß des Hohen Atlas begegnet man neben Kameldorn *(Zizyphus lotus)* und Akazien dem Kapernstrauch *(Capparis spinosa)* und an feuchten Standorten durchaus Oleander *(Nerium oleander)*.

An die mit Graspolstern durchsetzte **Strauchwüste** schließt sich die **Hammada** mit Dornpolsterpflanzen (z. B. *Limoniastrum,* Bleiwurzgewächse) an. Dazwischen gibt es Areale mit Pflanzen, die die hohen Salzkonzentrationen im Boden vertragen, z. B. spezielle Sodenarten.

Allmählich geht die Vegetation über in „echte" Wüste, deren „klassischer" Dornbusch, *Zilla spinosa,* ein Verwandter unserer Kohlpflanzen *(Brassicaceae)* ist. Einzelne Dünenstandorte *(= nebkas)* bestehen u. a. aus Kameldorn, Retam *(Retama raetam),* Tamarisken, dem „Salzbusch" *(Atriplex),* Drinn *(Aristida pungens)* und „Keuschlamm" *(Vitex agni castus)*.

In diesem **Übergangsbereich zur echten Sandwüste** findet sich ein relativ **reiches Tierleben,** v. a. Insekten, Reptilien und Vögel: Felsenhühner, Trappen, Rennvogel, Steinschmätzer- und Lerchenarten, Triele, Flughühner (in Wassernähe), Felsen- und (evtl.) Brachschwalbe.

Die **Wüste** beherbergt Vertreter verschiedener Echsenfamilien mit sprechenden Namen wie *Fransenfinger, Wüstenrenner, Dornschwanz* oder *Wühlechse* (sog. *Skinke*). Skorpione und Schlangen (z. B. die giftige Hornviper, *Cerastes cerastes)* hinterlassen hier deutliche Spuren im Sand. Viele Arten sind aber nachtaktiv und graben sich tagsüber ein. Von den Insekten, Schlangen und Echsen ernährt sich z. B. der Wüstenigel *(Parechinus aethiopicus)*. Größere Wirbeltiere, die von kleineren leben, passen sich deren Nachtleben an: z. B. die Sandkatze *(Felis margerita),* der Wüstenluchs oder Caracal *(F. caracal)* und der Wüstenfuchs, Fennek *(Fennecus zerda)*. Umgekehrt vermeiden die Dorcas- und Edmi-Gazellen, die vom spärlichen Pflanzenbewuchs leben können und auch nicht regelmäßig trinken müssen, ihre möglichen Feinde, indem sie tag- bzw. dämmerungsaktiv sind. Auch das *Gundi*, ein Verwandter der Meerschweinchen, ist dämmerungsaktiv und ein reiner Pflanzenfresser. Seine Nagetierverwandten, die Mäuse, nutzen alle Nahrungs- und Zeit-„nischen": Tags ist die Wüste der Tummelplatz für die Sandrennmaus *(Psammonys obesus),* Springmäuse *(Jaculus)* sind nachaktiv, und die Stachelmaus *(Acomys)* ist dämmerungsaktiv.

Im Bereich der **Wadis und Oasen** kommen aufgrund der Feuchtigkeit wieder Tier- und Pflanzenarten vor, die stärker auf Wasser angewiesen sind, z. B. findet man hier verschiedene Natternarten (Vipernnatter, Diademnatter und die Sandrennatter) sowie Arten, die die Nähe des Menschen vertragen.

Literaturhinweise:

- Barthel, G.; Nötzold, G. (Hrsg.): *Die arabischen Länder.* Eine wirtschaftsgeographische Darstellung. Haack, Gotha 1987
- Burton, J. A., Pearson, B.: *Collins Guide to the rare mammals of the world.* Collins, London 1987
- Dittrich: *Biologie der Sahara.* UNI-Druck, München 1983
- Grandjot, W.: *Reiseführer durch das Pflanzenreich der Mittelmeerländer.* Schröder-Verlag, Leichlingen 1981
- Gerstmeier, R.: *Marokko – Landschaften, Tiere, Pflanzen.* LB-Naturreiseführer, Landbuch-Verlag 1990
- Gubb, A. S.: *La Flore saharienne.* Un aperçu photographique. Jourdan, Algier, Paris, London 1913
- Harris, T.: *Pflanzen- und Tierwelt der Mittelmeer-Region.* (Pareys Mittelmeerführer), Parey Verlag, Hamburg, Berlin 1982
- Heinzel, H.; Fitter, R.; Parslow, J.: *Pareys Vogelbuch,* Parey Verlag, Hamburg, Berlin 1980 (3. Aufl.)
- Illies, J.: *Einführung in die Tiergeographie* Fischer Verlag, Stuttgart 1971
- Ploquin, Ph.; Peuriot F.: F*auna and wide open spaces.* Daniel Briand publisher, Panayrac 1992

Im Oued Sous Nationalpark

NATIONALPARKS UND NATURRESERVATE

In Marokko gibt es 10 Nationalparks und 14 Naturschutzgebiete, die über das ganze Land verteilt sind.

NATIONALPARKS

Als erster Nationalpark wurde 1942 der **Parc National du Toubkal** ausgewiesen, der 38 000 ha groß ist. Wie der Name bereits aussagt, umfaßt dieser Park, das Gebiet um den höchsten Berg Marokkos, den 4167 m hohen *Djabal Toubkal,* der ca. 60 km (Luftlinie) südlich Marrakeschs im Hohen Atlas liegt. In den Höhen zwischen 800 m und 4000 m leben 16 verschiedene Säugetierarten, 50 verschiedene Vogelarten und zahlreiche Amphibien sowie Fischarten. Die bekanntesten Spezies sind das Mähnenschaf (Moufflon à manchettes) und der Lämmergeier. In diesem Park sind die meisten endemisch vorkommenden Pflanzenarten Marokkos zu finden. 15% des Parks sind mit Wald bedeckt, in dem die ältesten Eichen und Thujen des Landes wachsen. Auch zahlreiche Felsgravuren, die mehr als 5000 Jahre alt sind, gibt es im Toubkal-Nationalpark zu entdecken.

Bereits 1950 wurde der zweite Nationalpark - der **Parc National du Tazzekka**, auf einer Fläche von 680 ha, rings um den *Djabal Tazzekka* (1980 m) ausgewiesen, um die Zedern auf dem Gipfel des Berges zu schützen. Er liegt ca. 80 km östlich von Fès und wurde auf 12 800 ha ausgeweitet, um die weitere Region mit ihren Wäldern und zahlreichen Höhlensystemen, v.a die größten Tropfsteinhöhlen Nordafrikas - die *Friatou-Grotten* - mit einzubeziehen. Wichtige Wasserresourcen, Zedern- und Korkeichenwälder, 506 verschiedene Gefäßpflanzen (höhere Pflanzen mit Leitsystemen für Wasser) und verschiedenste Wildarten wie Hirsche, Rehe, Wildschweine, Wiesel, Luchs, Ginsterkatze, Igel, Stachelschwein und viele Fledermausarten, sind hier zuhause. Der seltene Berberhirsch wurde 1993 wieder angesiedelt.

Erst 1991 entstand der nächste Nationalpark, diesesmal an den Mündungen des Oued Sous und Oued Massa in den Atlantik, südlich von Agadir. Der **Parc National de Souss-Massa** ist 34 000 ha groß und beherbergt 257 Vogelarten, 46 Säugetierarten, 40 Reptilien- und Amphienarten und neun verschiedene Fisch- sowie zahlreiche Schmetterlingsarten. Im Park ist weltweit das größte Vorkommen des kahlköpfigen Ibis zu verzeichnen, auch die seltene Wassereule ist hier beheimatet. Dorcas- und Mhorr-Gazellen, Oryx-. und Addaxantilopen, aber auch Strauße wurden hier ausgewildert. Dieses Gebiet liegt in einer Übergangszone, das vom gemäßigten Mittelmeerklima zum tropischen und saharaischen Klima übergeht, aber trotz weniger Niederschläge eine hohe Luftfeuchtigkeit, infolge der Temperaturunterschiede zwischen heißem Inlandsklima und dem vorbeiziehenden kalten Kanarenstrom, vorzuweisen hat. So ist durch dieses Klima auch ein großer Artenreichttum an Pflanzen zu verzeichnen. Verschiedenste Euphorbienarten, Dünengräser, Steppenvegetation und Arganienbäume sind hier zu finden. Die Feuchtzonen entlang der Flüsse bieten den Vögeln ideale Voraussetzungen zum Überwintern, so daß dieser Nationalpark ein beliebtes Durchzugsgebiet von Zugvögeln aus Europa ist.

Der **Al Hoceima Nationalpark** an der Mittelmeerküste umfaßt 47 000 ha und schließt weite Zonen des Mittelmeers mit ein. Dieser landschaftlich einzigartige Küstenstreifen, mit klaren Felsbuchten und vorgelagerten Inseln, ist nur wenig besiedelt und kaum durch Straßen erschlossen. So konnten sich hier die fast ausgestorbene Mönchsrobbe, aber auch drei Delphin- und 69 Vogelarten erhalten. Zahlreiche Muscheln, Krustentiere, Fische und Schnecken bevölkern das glasklare Meereswasser.

Wenig bekannt ist der 60 000 ha große **Nationalpark Talassemtane** im Rif, zwischen Ceuta und Assifane. Das schroffe, calciäre Gestein bildet spektakuläre Felslandschaften mit Wäldern, Schluchten und fantastischen Aussichtspunkten. Mehr als 239 Pflanzenarten - erwähnt sei vor allem die Atlaszeder, die Schwarzkiefer und die einzige marokkanische Tannenart „abies marocana“ - wachsen hier. 37 Säugetierarten, so auch der in Nordafrika beheimatete Berberaffe, leben in den Wäldern und finden Unterschlupf in den zahlreichen Höhlen. Von den 117 vorkommenden Vogelarten sind besonders der Lämmergeier und der Goldadler erwähnenswert.

Auf 53 000 ha dehnt sich der **Parc National d´Ifrane** im Mittleren Atlas. Dieses einzigartige Gebiet mit zahlreichen kleinen Vulkanseen, Flüssen, Quellen, Grotten und vielen Zedern- und Eichenwäldern ist aufgrund seiner kargen, steinigen Böden kaum besiedelt. Nur im Sommer findet man hier Halbnomaden, die ihre schwarzen Wollzelte auf den Hochplateaus aufstellen und ihre Schafen und Ziege hier weiden lassen.

Diese Region ist das Gebiet mit den größten zusammenhängenden Zedernwäldern in Marokko. 37 verschiedene Säugetierarten gibt es hier. Deren in dieser Region wichtigster Vertreter, der Berberaffe, hat hier sein größtes Siedlungsgebiet, und auch wenige Leoparden soll es noch geben. 142 verschiedene Vogelarten und 33 verschiedene Amphibien- und Reptilienarten und so seltene Fische wie die Fario-Forelle sind hier noch heimisch.

Der **Parc National Du Haut-Atlas Oriental** liegt im Hochgebirge zwischen einem relativ feuchten Gebiet im Norden und einer trockenen wüstenartigen Zone im Süden. Er umfaßt 49 000 ha und zieht sich entlang der bis zu 3000 m hohen, schwer zugänglichen Hochplateaus um Imilchil. Die Berghänge sind im Norden von Zedern, Steineichen, Mittelmeerpinie, Thujen und Wacholder bewachsen und von zahlreichen Wasserläufen durchzogen, während auf den trokkenen, zum Süden weisenden Hochebenen hauptsächlich Dornbuschgewächse wie der *„Erinacea pungens“* wachsen und, abgesehen von den Flußauen entlang der Siedlungsgebiete, keine Bäume mehr gedeihen. In dieser wilden kargen Landschaft gibt es noch die letzten Leoparden, Berggazellen, und noch eine größere Population von Mähnenschafen.

Der **Parc National D´Iriqui** liegt nahe der Grenze zu Algerien, südlich von Zagora, entlang des Wadi Draa

Bergkamele im Parc National du Haut-Atlas Oriental

und des nur sehr selten wasserführenden Sees *Lac Iriqui.* Er wird im Norden durch die Ausläufer des Anti-Atlas bei dem Ort *Foum Zguid* begrenzt. Er gehört bereits zur Sahara und kann die typische Wüstenflora und -fauna im Übergang zur Savanne vorweisen. Die goldgelben Sandgebiete sind mit Tamarisken und Akazien, diversen Wüstengräsern und Dornbuschgewächsen bewachsen, zwischen denen Dorcasgazellen, Wüstenschafe, Reptilien, Chamäleons, Geckos, Wüstenvarane und auch der Wüstenfuchs viele Verstecke finden. Auch hier sollen Oryx- und Addaxantilopen sowie Strauße ausgesetzt werden.

Im Bereich des unteren Draa, zwischen *Djabal Bani* und *Djabal Ouarzik* liegt der **Parc National Du Bas Draa.** In diesem Park, mit seinen schroffen Wüstenbergen und sandigen Tälern, gibt es noch große Bestände von *acacia raddiana (Mimosen)* gemischt mit *balanites* (Jochblattgewächsen) und Tamarisken.

Nach offiziellen Angaben sollen dort noch Geparden leben sowie Wildkatzen (caracal), Gazellen, Honigdachse, aber auch viele Reptilien, u.a. Kobras. Um 1940 wurden die letzten Krokodile ausgerottet.

Der südlichste Nationalpark, und für Touristen nicht zu erreichen (da in der für Touristen nicht geöffneten Sperrzone der Westsahara gelegen), ist der **Parc National de Dakhla,** der aus zwei Teilen besteht. Der sich weit südlich von Dakhla ins Landesinnere ziehende Teil des Parks um den *Adrar Souttouf* mit seinen von Sand durchzogenen Steinhügeln wird von Trockenflußbetten durchzogen, die mit Akazien bewachsen sind. Es gibt dort noch wenige Mähnenschafe (Moufflons) und Dorcas-Gazellen. Geplant ist aber die Wiederansiedlung einiger, früher in der Sahara heimischen Tierarten, u.a. von Addax- und Oryxantilopen.

Der **Küstenbereich des Dakhla Nationalparks,** die **Mönchsrobbenküste** *(Côte de Monques)* bei *Aguergar,* liegt im Grenzbereich zu Mauretanien, im Anschluß an den in Mauretanien ausgewiesenen Nationalpark *Banque d´Arguin.* Dieser Park zieht sich 180 km entlang der Küste und reicht 12 nautische Seemeilen weit ins Meer. Wie der Name schon sagt, sind hier die seltenen Mönchsrobben zu Hause. Es soll sich weltweit um die größte Population handeln. Im Küstenbereich, der das Meer mit hellgelben Sanddünen begrenzt, sind noch *Dorcasgazellen* heimisch. Dieser Park ist wegen der ungeklärten Westssaharasituation und der Minengefahr für Touristen ebenfalls noch nicht zugänglich.

NATURRESERVATE

Es gibt in Marokko 14 Naturreservate, die meist in den achtziger Jahren auf Initiative der Wasser- und Forstverwaltungsbehörde gegründet wurden. Sie sollen sowohl das biologische Gleichgewicht erhalten als auch Studienzwecken und der Bewußtseinsbildung der Öffentlichkeit zum Erhalt des Ökosystems dienen.

Das **M´Sabih Talaa Naturreservat** ist eines der ältesten, von der Wasser- und Forstverwaltung gegründeten Reservate in Marokko. Seine Aufgabe ist es, die letzten Dorcas-Gazellen der *Haouz-Ebene* zu schützen. Die Population der Tiere ist mittlerweile auf 200 Stück angestiegen. Die Haouz-Ebene zwischen Marrakesch und Essaouira gehört zur semi-ariden Klimazone, und der jährliche Regenfall beträgt unter 200 mm im Jahr. Es wachsen u.a. Akazien, Kreuzdorngewächse und wilde Olivenbäume.

Das **Réserve des Iles d´Essaouira** liegt auf den der gleichnamigen Stadt vorgelagerten Inseln. Die Inseln waren wegen des Purpurexports bereits den Phöniziern bekannt. Der Farbstoff, der v.a. den Prachtgewändern der Könige und Kardinäle seine rote Farbe verlieh, wurde aus der Muschel - *Murex,* bei uns als Purpurschnecke bekannt, gewonnen. Jetzt sind die Inseln in erster Linie Vogelschutz-Reservat und dem Besucher nur mit Sondergenehmigung zugänglich. Es brüten dort sehr seltene Vogelarten wie der *Eleonorafalke* und die *gelbfüßige Heringsmöwe.*

Marokko verfügt über die meisten **Feuchtgebiete** in Nordafrika. So hat das Königreich mehr als zwanzig natürliche Seen und über dreißig Stauseen, viele Flußläufe - auch ein Flußdelta (Moulouya) und vier große Meereslagunen. Einige dieser Feuchtgebiete, vorwiegend Rückzugsgebiet vieler Vogelarten – auch durchziehender Vögel aus Europa - wurden als Naturreservate ausgewiesen. Vier Reservate wurden 1980 in die Schutzliste RAMSAR aufgenommen: das **Naturreservat Sidi Boughaba,** am gleichnamigen See bei Khenitra, das **Reservat Merja Zerga** bei Mulay Bousselham, das **Reservat Khnefiss** im Süden zwischen Tan-Tan und Tarfaya **(s. S.240)** und das **Reservat d´Afennourir** im Mittleren Atlas.

Quelle: Royaume du Maroc Ministère de l´Agriculture et de Mise en Valeur agricole und Adminstration des Eux et Forets in Zusammenarbeit mit der GTZ: *Parcs nationaux et Reserves Naturelles Du Maroc.*

agadir
nördliche küste
sous & anti-atlas
südliche küste

AGADIR

VON AGADIR NACH ESSAOUIRA

VON AGADIR NACH TIZNIT

TAFRAOUTE • OUED MASSA-NATIONALPARK

VON AGADIR NACH TAROUDANNT

TAROUDANNT • TATA BOU IZAKARNE •
ID AISSA

GUELMIM • SIDI IFNI • MIRHLEFT

GUELMIM • FORT BOU DJERIF • TAN-TAN •
LAAYOUN

AGADIR & NÖRDLICHE KÜSTE

ÜBERBLICK

Agadir liegt zwischen Hohem Atlas, Sous und Anti-Atlas. Der *Hohe Atlas* setzt sich im Süden nach dem *Djebel Siroua* mit dem *Anti-Atlas* fort. Die Ebene zwischen Anti-Atlas und Hohem Atlas nennt man *Sous,* begrenzt vom *Oued Sous,* der bei Agadir in den Atlantik mündet. Der **Anti-Atlas** ist eines der ältesten Gebirge mit Höhen um 2000 m und vielen trockenen Flußtälern. Die Vegetation ist wüstenähnlich, es fallen unter 200 mm Regen im Jahr. Nur in den Tälern wachsen Dattelpalmen, Oliven, Mandeln und Feigen. Die Bevölkerung lebt in erster Linie von Viehzucht (Ziegen und Schafen).

Dagegen ist der **Sous** eines der fruchtbarsten Gebiete des Landes. Durch die Flüsse des Hohen und Anti-Atlas, vor allem durch den Oued Sous, wird das Becken mit Wasser gespeist.

Der Sous ist bedeutendes Anbaugebiet für Zitrusfrüchte, Bananen, Oliven, Artischocken, Tomaten und viele weitere Obst- und Gemüsesorten. Im Sous fallen unter 300 mm Regen im Jahr, vorwiegend in den Monaten November/Dezember und Februar/März. Die Jahresdurchschnittstemperatur liegt bei 19,5°C. Der Sommer ist heiß, wobei der „Chergui" (warmer Fallwind), welcher vom Anti-Atlas weht, die Temperatur noch erhöht.

Die nördliche Atlantikküste bis Essaouira ist bewachsen mit Aleppokiefern und dichter Macchia, die vor allem zwischen *Tamri* bis *Tamanar* Euphorbien- und Sukkulentenpolstern weicht, um dann wieder die typische Macchiavegetation, die auch in anderen Mittelmeerländern vorkommt, anzunehmen. So wachsen Kiefernarten, vorwiegend Pinien, Lorbeer, Thujen und andere Koniferienarten, dazwischen niedrige verholzte Stauden und Sukkulenten. Arganienbäume prägen die Landschaft um Agadir und Essaouira. Es gibt sie außer in diesen Gebieten nur noch in Südamerika, und ihre ölhaltigen Früchte werden zur Produktion von Arganienöl verwendet. Sie schmecken auch den zahlreichen marokkanischen Ziegen, und als Kuriosum kann man die Huftiere bis in die Kronen dieser Bäume klettern sehen, um auch noch die letzten Früchte des Baumes zu erhaschen.

Zwischen *Tamrakht* und *Tamri* ermöglicht das milde Klima den Anbau von Bananen. Die Küste wird begrenzt von niedrigen Ausläufern des Hohen Atlas, deren höchste Erhebung der *Djebel Amsittene* mit 905 m ist.

AGADIR

Da Agadir durch den vorbeifließenden (kalten) *Kanarenstrom* über ein gleichmäßiges Klima sowohl im Sommer als auch im Winter verfügt, wurde vor allem diese Stadt zur **Touristenmetropole.** Die mittleren durchschnittlichen Temperaturen liegen nicht unter 16°C und nicht über 27°C, die Wassertemperaturen fallen nicht unter 16°C, steigen aber auch nicht über 20°C, so daß für abgehärtete Naturen das Baden auch im Win-

UMGEBUNG VON AGADIR,
SOUS, ANTI-ATLAS
0
50
km
ATLANTISCHER
OZEAN
Nationalstraße
Teerstraße
Piste
Routenvorschlag
Grenze (umstritten)
Marrakesch
Chichaoua
Essaouira
Tamanar
Tamri
Imouzzer des Ida Outanane
Agadir
Argana
Amizmiz
Asni
Oukaimeden
Tizi n'Tichka
Tizi n'Test
Tin Mal
Djebel Toubkal
Hoher Atlas
Djebel Siroua
Tazenakht
Taliouine
Aoulouz
Imghid
Taroudannt
Biougra
El Tleta
Aït Baha
Igherm
Tasguent
Adrar n'Aklim
Tagmoute
Souk Khemis d'Issafèn
Imitek
Tata
Akka
Foum-Zguid
Dj. Lekst
Tafraoute
Anti-Atlas
Issi Afella
Id Aïssa (Amtoudi)
Icht
Assaka
Tiznit
Timoulaye
Nationalpark Oued Massa
Sidi Rbat
Sidi Moussa d'Aglou
Bou Izakarn
Guelmim
Sidi Ifni
Fort Bou Djerif
Plage blanche
N

An der Strandpromenade

ter bei 16–17°C möglich ist. Anhänger echter Sommerhitze werden selbst im Juli und August frösteln, bei Wassertemperaturen um die 19°C und Lufttemperaturen häufig um die 25°–28°C. Der Himmel ist wegen des feuchten Kanarenstroms im Frühsommer oft bedeckt und lockert sich manchmal erst nachmittags auf. Regen ist allerdings selten (300 Sonnentage im Jahr). Man kann sich klimamäßig im Winter wie im Sommer wohl fühlen, ohne seinen Kreislauf unnötig zu strapazieren. Ähnlich wie die Kanaren, ist der Ort deshalb vor allem für Rentner ein Überwinterungsparadies. Gerade imWinter strahlt der Himmel im leuchtenden Blau, die Temperaturen bewegen sich um die 20°C, die Luft ist klar und man hat von den wenigen Bergen der Umgebung eine fantastische Fernsicht.

Die Stadt fehlt in keinem der deutschen Reiseprospekte und avancierte inzwischen auch zum beliebten Aktivurlaubsziel, v. a. für Tennisspieler und Golfer. Für Marokkaner ist Agadir der Inbegriff des modernen Marokko und Urlaubswunschziel Nr.1. Für Touristen aus Europa mit wenig Zeit und europäischen Komfortbedürfnissen eignet sich Agadir ebenfalls gut als Urlaubsziel.

Agadir ist eine **moderne Hafen- und Industriestadt ohne historische Sehenswürdigkeiten** und beherbergt mittlerweile mit den Vororten *Anza* und *Ben Segao* 403 000 Einwohner. Agadirs Bevölkerung besteht aus Arabern und Berbern. Auch als Tourist kann man eine gewisse Rivalität zwischen diesen beiden Volksgruppen spüren. Nirgends ist der Kontrast zwischen Tradition, Religion und modernem Leben größer als in Agadir. Was man sich hier als Tourist erlauben darf, ist in keiner anderen Stadt möglich. Selbst wenn Sie noch so leicht bekleidet über die Boulevards laufen (was ich keineswegs gutheißen möchte), wird Sie niemand darauf ansprechen, ebenso wenig bei Alkoholgenuß in der Öffentlichkeit, der normalerweise streng untersagt ist. Die Folgen auf die Bevölkerung blieben allerdings nicht aus. So gibt mancher Familienvater sein Geld für das überall käufliche Bier aus, und zahlreiche Nachtclubs und auch ein Casino verführen nicht bloß Touristen dazu, ihr Geld loszuwerden. Auch das horizontale Gewerbe hat seine Hauptniederlassung in Agadir gefunden, nirgendwo sonst im Land bieten sich sowohl weibliche als auch männliche Prostituierte so offensichtlich an wie in Agadir.

Um die **Sicherheit der Touristen** zu garantieren, wird versucht, die steigende Kriminalität mit verstärkter Polizeipräsenz im den Griff zu bekommen. Auffallend ist, daß an jeder wichtigen Ecke der Stadt ein Polizist postiert ist, den man jederzeit um Hilfe bitten kann, auch wenn man sich durch Händler, illegale Führer oder Rauschgiftdealer bedrängt fühlt. Das mag jetzt abschreckend klingen – insgesamt aber ist die Kriminalitätsrate in Marokko um einiges niedriger als in europäischen Ländern, und selbst in Agadir ist es noch zehnmal sicherer als in Barcelona, Cannes oder auf den Kanarischen Inseln.

In Agadir kann man sich also schon deswegen durchaus länger aufhalten. Wegen ihrer günstigen Lage und den ausgezeichneten Versorgungsmöglichkeiten eignet sich die Stadt auch hervorragend als **Ausgangspunkt für Rundreisen** in den Süden oder den *Hohen Atlas.* Von kaum einer anderen marokkanischen Stadt aus kann man ähnlich bequem und preiswert mit Mietwagen oder organisiert Tages- und Wochendausflüge ins Umland unternehmen und von dort marokkanische Eindrücke par excellence mit nach Hause nehmen. Denn Städte wie *Marrakesch* oder *Essaouira,* auch der *Anti-Atlas* und die Umgebung von *Tafraoute* oder der südliche Atlantik sind auf guten Straßen leicht und schnell erreichbar. Auch als Anlandungsstelle für Kreuzfahrten gewinnt Agadir zunehmend an Attraktivität.

Die **Stadtentwicklung** geht rasch voran: Der Hafen wurde mit deutscher Hilfe ausgebaut, neue Industrieviertel entstehen, auch im Tourismusbereich sollen weitere Gebiete erschlossen werden. Die neu entstehenden Arbeitsplätze im Fischerei- und Industriebereich und im Tourismussektor locken immer mehr Menschen in die Vororte der Stadt, die sich rasch nach Norden und Süden hin ausdehnt. Zahlreiche neue Hotels werden gebaut, ein Ausbau der Gebiete nördlich von Agadir als touristische Zentren ist geplant. Allerdings setzte der drastische Touristenrückgang Mitte der 90er Jahre der Euphorie der vergangenen Jahre ein Ende. Auch wenn sich die Lage stabilisiert hat und die 1999 offenen Hotels gut ausgelastet waren (weil sich zahlreiche Hotels in Renovierung befanden oder ältere Häuser von den Veranstaltern nicht mehr angeboten werden), so muß man – abgesehen von Weihnachten, Ostern und dem Ferienmonat August – selten frühzeitig reservieren.

GESCHICHTE

Die Ursprünge der Stadt sind unklar, einige Chronisten verbinden sie mit dem antiken Hafen *Rusadir,* an dem auch *Hanno,* der bekannte phönizische Seefahrer, gelandet sein soll.

Die eigentliche **Stadtgründung** geht auf das Jahr 1505 zurück, als der portugiesische Edelmann *Joao Lopes de Sequeira* um eine Quelle in der Nähe des Meeres die Festung *Santa Cruz de Cap de Gue* gründete. Später wurden daraus die Namen *Santa Cruz de Narba* und *Santa Cruz de Aguer. Don Francisco de Castro,* der Statthalter der Festung (1513– 1521), ließ auf Wunsch des neuen Besitzers, des portugiesischen Königshauses, die Festung ausbauen und hatte im Laufe der Jahre heftige Kämpfe gegen die benachbarten Stämme zu bestehen.

Muhammed es Cheikh errichtete 1531 in der Nähe eine Festung, um *Santa Cruz* einzunehmen. Dies gelang ihm auch im Jahr 1541. Unter der Herrschaft der **Saadier** wurde der Hafen nun ein **bedeutender Handelsplatz.** Ausgeführt wurden Zuckerrohr, Datteln, Wachs, Häute und Gold; Stoffe wurden importiert.

Infolge der verstärkten Rohrzuckereinfuhren aus Südamerika nach Europa verlor der Hafen an Bedeutung. 1751 wurde Dänemark das Handelsmonopol über Agadir übertragen. Der Sultan *Sidi Muhammed Ben Abdallah* verhinderte 1756 eine weitere Entwicklung des Hafens zugunsten der Stadt *Mogador (Essaouira).* 1819 sollen nach Berichten des Reiseschriftstellers *Cochelet* nur noch zwölf be-

Fortsetzung auf Seite 122

Nirgendwo prallen Tradition und Moderne so aufeinander wie in Agadir

WIE AUF SAMT
SPAZIERT MAN AM SAUM DER FLUT

Maghrebinische Sonnentage in Agadir – mit einer Brise vom Atlantik, die sogar den Sommer erfrischt

Von Loni Skulima

Man träumt nicht gerade von Agadir. Man träumt von Marrakesch oder von Fès, wenn man an die Schätze Arabiens in Marokko denkt. Aber wenn es einen doch einmal auf irgendeine wundersame Weise nach Agadir verschlagen hat, kann es leicht geschehen, daß man noch zwanzigmal wiederkommt. Agadirs Zauber ist sein Strand. Er ist wahrlich traumhaft, ein perfektes Revier zum Schweifen. Von ihm wird man träumen, wenn man später an Marokko denkt.

Am Morgen mit dem wiederkehrenden Licht klopft der sanfte Ruf des Muezzins von einer nicht allzu nahe gelegenen Moschee zart an den Schlaf. Viel früher, als es nötig wäre, treibt einen der Gedanke an den Strand heraus. Am Flutsaum entlang eilt man zu den Flamingos, die an der Einmündung des Sous besonders morgens in großer Zahl zu stehen pflegen, Inbilder nobler Selbstvergessenheit.

Am Strand betritt man mit jedem Schritt Neuland, umgewendet und durchgespült von der Brandung des Atlantiks. Kleine Steinchen wirbelt er um, Muscheln und anderes seltsames Angespül bringt er aus der Tiefe hervor ans gleißende Licht. Sollte es den Schwärmer desillusionieren, wenn er einmal auf ein schneepflugartiges Gefährt trifft, das den weichen, reinen Sand maschinell siebt?

Leichter als im umberührten, pudrig weichen Sand wandelt es sich am Flutsaum. Die Ausläufer der weißen Brandungsgischt lecken heran und pressen den Sand gerade so viel, daß man wie auf Samt spaziert. Den ganzen Winter hindurch gehen Unentwegte ins Meer hinein. Wellenreiter versuchen sich mit dem Surfbrett, Stehaufmännchen.

Allein bleibt man freilich nicht. Der Strand ist ja eine Landschaft, vielleicht hundert Meter breit, fünfundzwanzig Kilometer lang. Die Abdrücke der Fußsohlen sind nicht nur die von Menschen. Auch Pferde und Kamele tummeln sich hier. Man muß sich schon ein bißchen entfernen vom betriebsamen Hotelstrand, wenn man von bizarren Angeboten und Anträgen verkaufswütiger oder verleihwilliger Einheimischer verschont bleiben will. „Du kein Geld?", fragt ein Schmuckmann, durch Abwehr gewitzt. „Ich geben Kredit. Oder tauschen mit diese Kamera?"

Am späten Vormittag macht sich die Animation des Beach Clubs lautstark mit Trommeln und Händeklatschen bemerkbar. Man kann ebenso-

gut zuschauen, wie sich die Gutwilligen zu einer Polonäse rund um den Swimming-Pool formiern, wie sie mit Beineschwingen und Hüftendrehen auf Kommando den Faulen ein schlechtes Gewissen machen, lustig und laut.

Zu Mittag könnte man über die Straße schlendern, um in einem der kleinen Restaurants einen Snack zu nehmen, wenn man nicht gleich am Strand unter einem Sonnenschirm oder am pompösen Pool seines Hotels ein Ähnliches tut. Ehe die Sonne sinkt, läßt man sich auf einer Hotelterrasse nieder, um den farbenprächtigen Himmelsbahnen bei Sonnenuntergang zuzusehen, wie sie sich dehnen und wieder schrumpfen. Siehe, auch andere haben den Standort entdeckt. Hotelgäste sitzen in stummer Versenkung, das Teleobjektiv im Anschlag.

Dreihundertsechzig Sonnentage habe Agadir, sagen die Tourismusmanager. Man glaubt es schon nach den ersten Wintertagen, die man ungetrübt verbracht hat. Nach den Klimatabellen wird es im Januar und Februar durchschnittlich 20 bis 22 Grad warm am Tag, nachts kühlt es ab auf acht bis neun Grad. Bis August nimmt die Temperatur je Monat einen Grad zu. In die paar Tage, da der Schergui (das arabische Wort für Schirokko) wütet, braucht man ja nicht unbedingt hineinzugeraten. Und Regen? Es muß doch regnen, so grün, wie Agadir ist? Der dauere nur Stunden, sagen die Einheimischen, und im Juli hört er ganz auf.

Agadir ist keine richtige marokkanische Stadt mehr. Nachdem es in der Nacht des 29. Februar im Schaltjahr 1960 in 15 Sekunden von zwei Erdstößen bis auf einen Rest der Kasbah zerstört wurde und die Hälfte der Einwohner in den Trümmern umkamen, hat der König die Stadt unter eigener Aufsicht neu bauen lassen. „Auch wenn das Erdbeben die Stadt Agadir zerstört hat, der Wille der Marokkaner ist stärker, die Stadt neu zu bauen", dazu hat damals König Muhammed V. aufgerufen. Allah ist mit den Standhaften. „Allah – König – Vaterland", ist mit hellen Steinen weit über den Strand leuchtend in den Kasbahberg eingelegt, oder, arabisch von rechts nach links gelesen: „Allah – Vaterland – König". Auch in Agadir steht einer der zahlreichen weitläufigen Paläste, in die der König gelegentlich einkehrt. Diesen hat er allerdings, obgleich seit zwei Jahren fertig, noch nicht einmal angesehen.

Die Gunst der Sonne, die auch im Winter fast acht Stunden leuchtet, und die Brise vom Atlantik, die den Sommer erfrischt, sind Agadirs Kapital. Investoren fanden sich, die mit Schweizer Architekten eine angenehme Hotelstadt an den geduldigen Strand stellten und noch stellen, meist kleinteilig auseinandergezogene Kreationen, die fast eine gewisse Individualität aufkommen lassen. Wohlhabende Familien wohnen im Quartier Souss in eleganten Häusern hinter Alleen von Pfefferbäumen und Jacarandas.

Das moderne Agadir, Marokkos größtes Touristenzentrum, ist heute ein Seebad von einem gewissen Charme und lässigem Stil. Man kann auf den

Agadir – Sonne und Meer

Boulevards im Schatten der Alleen flanieren, im Suq die strotzenden Südfrüchte erstehen, in Straßencafés sitzen und in kleinen Restaurants einkehren, wo man marokkanisch oder französisch speist – oder gar auch einmal deutsch „Bei Hilde" oder österreichisch in der „Mozartstube". Im Fischereihafen werden Unmengen von Sardinen angelandet. Die größten davon werden gleich in den Kneipen an Ort und Stelle vom Grill verzehrt.

Agadir besitzt heute ca. 20 000 Fremdenbetten bei zweihunderttausend Einwohnern in der Kernstadt. Anders als im übrigen Marokko, wo Franzosen die Nummer eins im Tourismus sind, stehen in Agadir Deutsche an der ersten Stelle der Besucher. Und sie sind keine Zufallsgäste, sie lieben Agadir, sie kommen wieder und wieder. Im „Europahotel" wohnen Deutsche zum zwanzigsten Mal. Deutsche erkennen ihre Landsleute an der Nasenspitze. Auch der Einzelgänger, von dem kein Laut zu hören ist, wird angesprochen, erhält gute Ratschläge. Eine Dame kommt seit fünf Wintern hierher wegen ihrer Krampfadern. Nichts habe ihr je besser getan als das Gehen im Flutsaum. Das Ehepaar mit der Bronchitis, seit neun Jahren zur Winterzeit in Agadir, schwört auf die reine und kräftigende Luft und berichtet von einem Ausflug ins Landesinnere, nach Tafraout zum Beispiel, wo die Luft so glasklar sei, daß die Leute dort ein ungewöhnlich hohes Alter erreichen.

Das maghrebinische Marokko könnte man über der Faszination dieses Strandes fast vergessen. Exotik schlummert um die Ecke, in Ausflugsnähe.

Reiseveranstalter aus der ganzen Welt haben ihre Service-Tafeln in den Empfangshallen der Hotels ausgehängt, etwa südwärts nach Tassila, wo man in einer ehemaligen Speicherburg aus dem 18. Jahrhundert einfällt (arabisch: agadir). Von den einheimischen Berbern mit Musik und Tanz empfangen, quetschen sich die Touristen zu einem marokkanischen Mahl in die einzelnen weißgetünchten Zellen, die einmal den Familien des Dorfs als separate Schatzkammern innerhalb des Gemeinschaftsspeichers dienten. Zeremonielles Händewaschen unter dem Wasserstrahl aus der Messingkanne, Fisch, Wein, Kuskus mit drei Fingern, Früchte. Wer konnte in all dem Tohuwabohu die wunderbaren Türen beachten? Das kleine Museum in Agadir hat interessante Speichertüren gesammelt.

Jeden Tag könnte man einen anderen organisierten Ausflug in das „echte" Marokko unternehmen, per Bus, Minibus oder Landrover, sogar mit dem Flugzeug, Mietwagen auf eigene Faust empfehlen sich, das Straßennetz ist gut, auch ungeplante Erlebnisse stellen sich ein. Wer polyglott ist, könnte die Aufnahme des alten Orients auf französisch, skandinavisch oder amerikanisch miterleben. „It´s out of this world", flötet eine Amerikanerin angesichts der rosa Lehmhäuser in der rosa Gebirgslandschaft.

Taroudant, eine der ältesten Städte des Sous hinter einer unversehrten Stadtmauer, wird als Tagesauflug angeboten, desgleichen Essaouira mit seiner alten weiß-blauen Medina voller Intarsienschreine unterhalb der

Agadir Beach Club

portugiesischen Hafenbefestigung. Für Tafraout im Anti-Atlas, wo die Leute so alt werden, braucht es schon etwas mehr Zeit. Zwischen riesigen glatten rosa Gesteinsblöcken haben die Häuser ihren Platz gesucht, auch sie rosa und weiß wie die Mandelblüte im Februar. Touristenfreuden unterwegs lassen sich selbst vom Anblick von olivenähnlichen Bäumen einheimsen, Arganien, deren Fürchte die Ziegen besonders gern fressen. Man sieht sie possierlich naschen, indem sie bis auf die Spitzen klettern.

Natürlich gab es in der jüngsten Vergangenheit Projekte, diesen von der Natur so begünstigten Strand weiterzuentwickeln. Eine Nationale Gesellschaft zum Ausbau der Bucht von Agadir, Sonaba, legte 1976 detaillierte Pläne zur Urbanisation von achtzig Kilometern Küste von Kap Rhir bis zum Fluß Massa auf dem Tisch. Als erste Einheit sollte Founty ausgebaut werden am Meer bei Agadir, zu einer Stadt von 30 000 Einwohnern mit 9700 Touristenbetten. „Harmonische Koexistenz zwischen Besuchern und Einheimischen zu fördern", steht als hehre Absicht des Unternehmens in der Broschüre, in der Tourismus als „Gelegenheit zu Kontakt zwischen Menschen verschiedener Horizonte, verschiedener Rassen, verschiedener Kulturen" gesehen wird. Begeisterte Investoren lieferten ihr Geld ab. Die Gesellschaft baute die Infrastruktur für Founty, Straßen und Telefonleitungen unter der Erde. Dann war Schluß. Niemand erfährt warum. Seit vierzehn Jahren ruht das Projekt. Eine kafkaeske Geschichte. Auch deutsche Veranstalter hatten sich beteiligen wollen, die TUI mit zwei Hotels, NUR mit einem Club Aldiana. Beide waren vorsichtig, warteten ab und blieben ungerupft. Vielleicht war es ein Glück, daß die geplanten Trabantenstädte vom Reißbrett zum Flop wurden.

Am Hotelstrand von Agadir und dahinter sind unterdessen auch ohne Generalplan die Hotels emporgewachsen, keine Hochhäuser, die meisten einfallsreich auseinandergezogene niedrige Kompositionen mit dekorativen Swimming-pools und Tennisplätzen, eines schöner als das andere. In einem Schwellenland wie Marokko ist ein größeres Problem als der Hotelbau die Instandhaltung. Die Besitzer, sofern es sich nicht um große Konzerne wie z. B. die „groupe Sahara" handelt, hören meistens nicht recht hin, wenn es um Reparaturen geht.

Die neueren Hotels wie Agadir Beach Club, das Tikida Beach, das Tivoli und der Club Valtur bieten auch gute Voraussetzungen für einen Sport-, Schönheits- und Gesundheitsurlaub. Ein Hammam, ein türkisches Bad, wo es auch Massage gibt, Fitneß Center und Sauna sind selbstverständlich. Bei einigen wird auch Thalassotherapie angeboten. Nichts steht einer Winterkur in Agadir im Weg.

Irgendwann werden die Marokkaner wohl den Gesundheitsurlaub regelrecht etablieren, wie es an derselben Küste Casablanca getan hat, und das liegt vierhundert Kilometer weiter nördlich. Der Vorläufer hat die Freude des Entdeckens für sich.

Kasbah
Avenue
al
Moun
Tidi
Zankat Mokhtar
Z. des Nations
Oued
Zankat Chouhada
Zankat de Paris
Zankat du
Z. du Caire
Z. de Madrid
Av du Général Kettani
Presid. Ke
nach Essaouira
Hafen
Le Port
L'Amiral
Strand
Miramar
s. Detailplan
Avenue Mohammed V.
Sango
Hassan II
Royal Air Maroc
Afernì
Luhban Moschee
Marhaba
Sud Bahia
Almogar
Oasis
Autovermieter
Résidence Tilila
Marineheim bei Hilde
Avenue
Marché Central
Post
Av.
Cafés u. Strand-restaurants
Syndicat d'Initiative
Stadtverwaltung
Office de Tourisme
Uniprix
Rathaus
Sheraton Casino
Vogelpark
Sheraton
Kamal
Rue de la Plage
Alibaba
Redy's Land
Pizzeria + Sn
Cafés und Restaurants
Europa Safir
Anezi
Avenue
Aladin
Tafoukt
Medina Palace
Salam
Museu
Theater
ATLANTISCHER
OZEAN
Boulevard du
Tagadirt
Club Salam
Club Med
Trans-atlantique
Les Almohades
Argana
Mabrouk
Palm Beach
Chemin du Oued Souss
Adrar
20 Août
La Kasbah
Strand
Agador
Agadir Beach Club
Borjeddahab
Tamlelt
Dunes d'Or
Club Valtur
Amadil
Tennis
Tikida Beach
AGADIR
nicht befahrbar
Buslinie 1
Buslinie 2
Buslinie 3
Buslinie 4
Museum
Hotel
Jugendherberge
Touristeninformation
Campingplatz
Moschee
Krankenhaus
0
200
m
N

Krankenhaus Hassan II.
LOTISSEMENT CHARAF
LES AMICALES
LOTISSEMENT MARINS PÊCHEURS
LCTISSEMENT AN-NAJAH
Polyclinique
Avenue Moulay Youssef
EXTENSION X
Ismail
Avenue Moulay
Bus-bahnhof
Satas-Büro
CTM-LN-Büro
CITÉ DU PRINCE SIDI MOHAMMED
Stadion
LOTISSEMENT KHIAM
Mohammed Saadi
Centre Artisanal
Mohammed V.
Markt
du 18 Novembre
Zankat
Presid. Bekal
du
Polizei
Feuerwehr
QUARTIER INDUSTRIEL
Z. Moussa Ibn Noussaire
Zankat Gadi Ayyad
Zankat du Mars
Zankat du Marrakech
Zankat de Meknès
Zankat d'Oujda
Hassan II.
Zankat de Fès
Großmarkt
Zankat des Souks
Avenue el Mougaouama
Jugendhaus
Suq
Kino Salam
Stadion
Z. Oued Ziz
Taxis Stadtbusse
Place Salam
Rue d'Essaouira
Z. Oued n'Fiss
Rue el Hamra Mohammed
Oued Lahwar
Mohammed V.
nach Inezgane
nach Marrakech
nach Dakhla und zu den wissenschaftl. Fakultäten
Autobahn-Ring (Umfahrung des Zentrums), Taroudannt, Tiznit, Inezgane und

wohnte Häuser in Agadir gestanden haben.

Anfang des 20. Jahrhunderts gründeten einige deutsche Firmen Niederlassungen in Agadir *(Mannesmann, Marx u. Co., Atlasgesellschaft, Gondafi-Gesellschaft)*. Dadurch kam es schon1911 beinahe zum Ersten Weltkrieg, als das deutsche Kanonenboot *Panther* vor der Küste aufkreuzte, um den deutschen Bewohnern (fünf an der Zahl!) und Firmen „Schutz zu gewähren" (vor den Franzosen). Diese Episode ging als „Panthersprung von Agadir" in die Geschichte ein.

Mit Beginn der französischen Protektoratsherrschaft wurden diese Rivalitäten beendet, und die deutschen Firmen mußten das Land verlassen. Agadir entwickelte sich zu einem Badeort, der 1936 6000 Einwohner zählte, 1960 dann schon 50 000.

Das **Erdbeben am 29.2.1960,** das nur 15 Sekunden andauerte, zerstörte die Stadt fast vollständig, 15 000 Einwohner fanden den Tod. 1962 begann der Wiederaufbau; die Häuser wurden in erdbebensicherer Ganzbetonbauweise errichtet. Keineswegs aber entstanden gesichtslose Einheitsbaracken, wie man es nach so einem Schicksalsschlag vermuten möchte, sondern ein Musterbeispiel architektonischer Stadtplanung der 60er Jahre. Allerdings wirken die nur ein- bis zweistöckigen modernen Betonhäuser nach wie vor ziemlich fremdartig in Marokko, wie überhaupt die Stadt eher einem Badeort an der Riviera oder einer Kleinausgabe des Münchner Olympiazentrums gleicht als einer von orientalischem Flair durchdrungenen Stadt Nordafrikas. Wie dem auch sei – der Neuanfang nach dem Erdbeben war gleichzeitig Startschuß für die Entwicklung Agadirs zur wichtigen Hafenstadt (mit dem drittgrößten Fischereihafen des Landes) und zur Tourismusmetropole: 1996 reisten über den Flughafen Agadir fast 284 000 Touristen ein, wovon der Großteil Deutsche waren und erst an zweiter Stelle die Franzosen folgten.

ANKUNFT

Kommen Sie mit dem Flugzeug auf dem modernen **Flughafen Al Massira** in *Aït Melloul* an, dann werden Sie dort durch den Vertreter des von Ihnen in Anspruch genommenen Touristenbüros empfangen. Andernfalls nehmen Sie sich ein blaues Taxi bis zum Hotel. Der Preis liegt um die 100 DH. Die blauen Taxen werden nur für Überlandfahrten genommen. Sie nehmen bis zu sechs Personen mit. Die „Petit Taxis", in Agadir rot, fahren ausschließlich in der Stadt. Eine Fahrt kostet ca. 10 DH (nachts ca. 15 DH). Vom Flughafen bis zur Stadt sind es 6 km entlang einer sehr schönen palmengesäumten Straße.

Wer sich das Taxi-Geld sparen will, fährt mit dem Bus Nr. 22 vom Flughafen nach *Inezgane* (blauer oder weißer G.A.P.-Bus); ab 6 Uhr morgens alle 20 Minuten, 3 DH. Weiter von Inezgane nach Agadir fährt der Stadtbus Nr. 5 für 2,10 DH.

STADTBUMMEL

★KASBAH

Außer den wenig lohnenswerten Resten der **Kasbah,** die *Muhammed ash-Shaykh* als Festung gegen die Portugiesen errichten ließ und die von *Mulay Abdallah* 1752 ausgebaut wurde, gibt es in der Stadt nichts Historisches

Der Club Valtur

zu besichtigen. Ein Ausflug auf die Kasbah, auf einem Felsen in 236 m Höhe liegend, lohnt sich weniger wegen der Ruinen als wegen des prachtvollen Ausblicks auf die Stadt und den Hafen.

★INNENSTADT/ TOURISTENVIERTEL

Die **Hauptadern Agadirs** sind die *Av. Hassan II.*, die *Rue Prince Sidi Heritièr Muhammed* und die *Av. Muhammed V.*, die als Durchgangsstraße die Wohn- und Verwaltungsviertel von den Hotelvierteln trennt. Vor ihr liegt der Strand mit seinen Hotelbauten, Strandanlagen, Geschäften und Restaurants - eine Touristenstadt für sich entlang des *Bd du 20 Août* und des *Chemin du Oued Sous*.

Dieses **touristische „Retortenviertel"** unterscheidet sich exorbitant vom Rest Marokkos. In ihm liegen schicke Hotels, deren Stil vom Betonbau der 70er Jahre bis zu der an maurische Stilelemente anknüpfenden Architektur der 90 er Jahre reicht. Es gibt nur wenige Bettenburgen, die höher als 5 Stockwerke sind. Die weniger beschauliche und unpersönliche Atmosphäre dieser Hochhaushotels macht der herrliche Blick aus den oberen Stockwerken wett. Zwischen allen Hotelkomplexen liegen Fußgängerstraßen mit Boutiquen, Eisdielen, Cafés und internationalen Spezialitätenlokalen mittelmäßiger Qualität. Auch entlang des 8 km langen **Sandstrandes** gibt es zahlreiche Restaurants und Cafés, viele öffentliche Strandabschnitte mit Liegen und Sonnenschirmen (zu mieten, ca. 25 DH), aber auch private Strandbereiche der Club- und Luxushotels.

Im nördlichen Strandbereich liegt angrenzend an das Hotelviertel und den Hotelkomplex *Tafoukt* die Strandpromenade, die bis zum Yachthafen reicht. 1990 wurde hier ein großer **Vergnügungsplatz** mit einer kleinen Bimmelbahn für Kinder fertiggestellt. An Festtagen und in der Hauptsaison im Sommer werden dort Spektakel aufgeführt und Verkaufsstände, Karussels und Autoscooter zur Unterhaltung der Kinder und Jugendlichen aufgebaut. Auch der **Motorradverleih** hat dort seinen Platz (s. a. „Praktische Informationen").

Hier einige Circa-Preise:

- **Vespa/Motorrad**

1 Tag	250 DH
1 Woche	1000 DH
1 Stunde	50 DH
Halber Tag	150 DH

(einschließlich Versicherung)

Im Museum

teltaschen, Töpfereien, Decken, Hausrat, ein hölzernes Eingangstor eines Agadirs mit dem bekannten Zahnbürstenschloß (vgl. S. 83) und ein Nomadenzelt. Das Museum zeigt auch Ausstellungsstücke von *Bert Flint* (s. S. 234). Der Leiter des Museums spricht sehr gut deutsch.

★ SÜDL. STRANDBEREICH BIS INEZGANE

Geht man entlang des *Chemin de Oued Sous* südlich des *Club Valtur* über die Mündung und noch ein wenig weiter südlich bis zu den bewachsenen Dünen, gelangt man zum **schönsten** (und noch unbebauten) **Strandabschnitt Agadirs** an der Oued Sous-Mündung mit hohen Dünen, Bäumen und weniger Rummel. Häufig sind hier frühmorgens Flamingos zu beobachten.

Dieser Strandabschnitt wurde im Winter 1995/96 nach einer heftigen Sturmflut zum Teil weggespült, auch einige Hotelanlagen, vor allem die des *Hotel Amadil,* wurden in Mitleidenschaft gezogen. Etwas oberhalb des südlichsten Strandabschnittes befindet sich das Viertel *Founty,* das als Wohn- und Touristikviertel geplant war (vgl. den Kastentext auf S. 119) und wegen unklarer Rechtsverhältnisse, angeblich auch wegen der Nähe zum neuen Königspalast gestoppt wurde. Das ganze Gelände wirkte lange Zeit wie eine Geisterstadt, mittlerweile wächst das Viertel und auch Hotels entstehen.

Noch weiter südlich in Richtung Inezgane-Aït Melloul liegt zwischen der Straße dorthin und dem Meer der neue **Königspalast,** wie üblich riesig dimensioniert inmitten gepflegter Gartenanlagen. Der Palast ist nicht zu

◆ **Fahrrad**

1 Tag	80 DH
Halber Tag	50 DH
1 Stunde	20 DH

Weitere Motorrad/Fahrradverleihe finden sich vor dem *Hotel Les Almohades* und an der Av. Mohammed V. neben dem *Hotel Salam* oder dem *Hotel Europa*.

Auch die kleine **Eisenbahn,** mit der eine Stadtrundfahrt (10 DH) unternommen werden kann, hat dort ihre Haltestelle. Im Sommer ist die Bahn immer vollbesetzt, an Festtagen besonders von Einheimischen, die sich dann durch die Straßen Agadirs fahren lassen. Im Juli und August ist auch der Strand von Agadir vorwiegend von Einheimischen belegt, da dies die Urlaubszeit der Marokkaner ist.

★ VALLÉE DES OISEAUX

In der Verlängerung des großen Platzes nach Nordosten, zwischen Av. 20 Août und Av. Hassan II., liegt ein kleiner **zoologischer Garten** *(Vallée des Oiseaux),* der verschiedene Vogelarten aus allen Kontinenten beherbergt, u. a. ein Prachtexemplar eines Tukan, ferner Moufflons, Lamas und andere Tiere.

★ MUSEUM

An der Av. Muhammed V. , der Hauptverkehrsachse Agadirs von Nord nach Süd, steht ein kleines **Volkskunstmuseum.** Es ist im Theatergebäude gegenüber vom *Hotel Salam* untergebracht und täglich von 9.30–13 Uhr und von 14.30–18 Uhr geöffnet. Die kleine, aber sehr schöne Sammlung über südmarokkanische Volkskunst vom Ende des 19. Jahrhunderts bis heute enthält alte Ledersattel zu besichtigen, die Pracht läßt sich nur von außen erahnen.

Nahebei an der Straße nach Inezgane wurde das **Wohnviertel Ben Segao** neu errichtet, in dem vorwiegend die Verwaltungs- und Militärelite der Stadt wohnt. Auch der Reitclub, der Königliche Golfplatz und der sehr schön angelegte neue Golfplatz *des Dunes* liegen in diesem Viertel.

★ TALBORJT

Das Wohnviertel Talborjt nordöstlich des Touristenviertels zwischen Av. Muhammed V. und der Av. Moulay Abdellah kann man als **Wohnviertel der Mittelschicht** bezeichnen. Hier wohnen die gutgestellten Marokkaner, aber auch einige Ausländer, hauptsächlich Franzosen. Dort gibt es viele Hotels, Residencen und besonders viele Restaurants. Diese sind auch auf europäischen Geschmack und Geldbeutel zugeschnitten, aber preiswerter als im Touristenviertel. Die billigsten Restaurants, auch für die einheimische Bevölkerung, findet man nordöstlich der Av. Moulay Abdellah in den **„Quartiers“ für die Hauptbevölkerung Agadirs.** Hier liegen auch die preiswerten, einfachen Hotels.

★ FISCHEREIHAFEN

In den Fischereihafen, der einen Besuch wert ist, werden Sie nach Vorlage Ihres Passes eingelassen. Günstigste Zeit ist vormittags von 9–10 Uhr. Gehen Sie bis zum Ende des Hafens, wo sich die kleinen Kutter drängen. Hier können Sie das Treiben der Fischer beim Löschen der Ware und beim Verkauf beobachten. In der großen Auktionshalle wird der Fisch verkauft und mit Lkws abgeholt. Auch

Im Suq

im Einzelverkauf wird die Ware angeboten. Wenn Sie ein Souvenir mitnehmen wollen, dann kaufen Sie eine große Muschelkette für die Kinder. Die Muscheln liegen zu großen Bergen gehäuft zum Verkauf aus. Außerhalb des Hafentores (wenn man davor steht rechts) gibt es mehrere saubere Verkaufsbuden mit langen Tischen davor, wo man ein preiswertes Fischgericht essen kann. Für ca. 25 DH pro Person kann man einen kleinen gemischten Fischteller mit Tomatensalat, Garnelen, Kalamari und gebratenen Sardinen essen. Auch Fischtajine gibt es dort. Fragen Sie vor der Bestellung nach dem Preis!

★ GROSSER SUQ (SOUK)

Lohnenswert ist ein Besuch des großen Suq (südöstlich des Zentrums), besonders am Samstag oder Sonntag. Auf dem Suq gibt es alles, was das Herz begehrt, von frischem Gemüse, Obst und Gewürzen bis zu Töpferei- und Metallwaren, auch allerlei Kitsch und Spielzeug aus asiatischer Fertigung. Tischlern und diversen anderen Handwerkern kann bei der Arbeit zugesehen werden. Kunsthandwerk wird preiswerter angeboten als in den Geschäften im Zentrum oder gar im Touristenviertel. Aber auch hier ist Handeln angesagt!

SPORT

Für **sportlich Aktive** eignet sich Agadir bestens. Jedes bessere Hotel bietet eine Vielzahl an Möglichkeiten zum Erlernen verschiedener Sportarten wie Tennis, Golf, Surfen u. v. m.

Es gibt zwei sehr schöne Golfplätze in Agadir, einen Reitclub, eine Pferderanch, außerdem Gelegenheit zum Paragliding von der Kasbah, zum Wasserskifahren und zum Windsurfen im Meer.

Agadir ist nach Essaouira der wichtigste marokkanische **Surfer-Treffpunkt.** Es gibt hier eine Wind-Surf-Schule, dort kann man auch Surfbretter mieten. Zahlreiche europäische und marokkanische Surfer belegen den Ort im Sommer, und Tennisurlauber sind das ganze Jahr über anzutreffen. Ein weiterer Surfer-Treffunkt ist „Surfer's Point" nördlich von Taghazoute.

Wer lieber dem Fischfang frönt, kann einen Tagesausflug mit modernen Yachten zum **Haifischfang** buchen (s. Ausflüge).

Flieger können im *Aéro-Club d'Agadir* in Inezgane ihrem Hobby nachgehen, für Segler ist die Möglichkeit gegeben, im Yachtclub im Hafen ein Boot zu chartern. Ferner bieten Clubhotels noch viele weitere Möglichkeiten der sportlichen Betätigung, angefangen vom Bogenschießen bis zu Tischtennis und Mini-Golf. Ob surfen, Tennis, Strandreiten, Golf, Segeln, Gymnastik, Jogging, Fahrradfahren oder Wandern - in Agadir ist alles möglich.

Auch zahlreiche Reiseveranstalter haben den günstigen Standort der Stadt für Sporturlaub erkannt und bieten in ihren Prospekten ein breitgefächertes Angebot an.

Das sicher allumfassendste Wassersportangebot bietet die private Strandanlage **Palm Beach.** Hier gibt es für 30 DH/Tag (135 DH/Woche) neben bewachtem Strandabschnitt, Strandvolleyball, Boule, Kinderspielplatz, Duschen, Toiletten, Umkleidekabinen, Restaurant und Bar auch ein weitreichendes Sportangebot (muß natürlich extra bezahlt werden). Tel. 84 66 66.

Im folgenden einige unverbindliche **Preisangaben** (soweit vorhanden von Palm Beach):

- **Aquascooter:** 150 DH/20 min.
  Parachute (Ballonfliegen)
  200 DH/Flug
- **Ski nautique (Wasserski)**
  200 DH/20 Min.
  Surfen
  100 DH/Std., Unterricht 150 DH/Std.
  Boogieboard/Wellenreiten
  100 DH/Std., Unterricht 150 DH/Std.
  Bananaboat
  min. 5 Pers., 50 DH p.P.
  Katamarane
  250 DH/Std., Unterricht 300 DH/Std.
  Pedalo
  100 DH/Std.
- **Tennis**
  Platzmiete: 1 Stunde ca. 120 DH, mit Beleuchtung ca. 150 DH;
  Mieten der Schläger: ca. 20 DH pro Spiel, Ballmiete: 10 DH pro Spiel;
  Balljunge: 10 DH pro Spiel;
  Tenniskurs: Montag bis Freitag ca. 1000 DH, eine Trainerstunde kostet ca. 150 DH.
  Wer nicht im Hotel wohnt, aber trotzdem Tennis spielen will, kann dies beim: **Royal Club de Tennis**
  Av. Hassan II., Tel. 84 01 45; Std. 30 DH/p.P., Woche 200 DH.
  Tennisplätze haben auch viele Hotels und fast alle Clubs.
- **Squash**
  30 Minuten: 50 DH
  30 Minuten individuell: 80 DH

◆ **Golf**
Für Golfer ist es sicher am besten, den Golfurlaub direkt beim Veranstalter zu buchen. Hier ist v. a. der *Club Valtur* zu empfehlen, der auch in seinem Prospekt gut über die Möglichkeiten und Golfplätze informiert.
Wer keinen Golfurlaub gebucht hat und trotzdem mal Lust auf ein Spiel verspürt, dem stehen in Agadir **zwei Golfplätze** zur Verfügung. Der neue und größere Platz **Golf les Dunes,** Impasse Oued Sous, liegt rechterhand der Straße in Richtung Bensegao (beschildert); Tel. 83 46 80, 83 46 04 (27-Loch-Platz, Handicap vorgeschrieben). Club Valtur- und Club Med-Urlauber spielen hier und werden auch mit einem Pendelbusservice dorthin gebracht.

In Marokko werden edle Araberpferde gezüchtet

Preise:
9 Löcher 350 DH, 18 Löcher 500 DH.
Der **Royal Club de Golf** (18-Loch-Platz) liegt 12 km südlich von Agadir Richtung Ait Melloul;
Tel. 63 12 68.
Preise:
9 Löcher 100 DH, 18 Löcher 200 DH, 12 Std. 3400 DH. 1 Stunde Lektion: ca. 100 DH; für den Begleiter und den Träger jeweils 30 bis 40 DH für 25 Bälle, für einen Wagen ca. 35 DH, als Zuschauer bezahlt man ca. 30 DH.

◆ **Reiten**
Reiten oder auch nur mal auf dem Pferd rumhoppeln ist am Strand von Agadir (beim *Hotel Amadil)* oder vor dem Campingplatz in Tarhazoute möglich (1 Stunde: 70 DH, mit oder ohne Begleiter); auch Organisation vom Hotel oder Clubhotel aus (2 Stunden: 150 DH).
Reitausflüge oder -stunden kann man auch über *Sports Evasion,* Rue des Administrations Publiques, Tel. 84 01 22, und häufig auch im Hotel buchen. Ein Ausritt mit Reitlehrer kostet ca. 150 DH pro Person, incl. Transfer; ½ Reitstunde auf dem Reitplatz kostet ca. 80 DH.
Wer ernsthaft reiten will, kann dies beim Reitclub **Royal Club Equestre Agadir** tun. Zu finden ist er an der *Route d´Ait Melloul,* ca. 6 km von Agadir: Club Equestre (Reitclub), Route d'Inezgane km 6, beim Golfclub. 120 DH/Std.
Die **Reha Horse Ranch** ca. 1 km vor Taghazoute (17 km von Agadir), rechterhand der Straße, vermietet Pferde stunden- und tageweise (50 DH/Std., 70 DH/Ausritt/Std.) und veranstaltet Pferdetouren ins Um-

land (nur für geübte Reiter) oder Wochentouren zu Pferd, z. B. bis *Immouzzer des Ida Itanane* und zurück. Information: 22, Extension X, B.P. 80 000 Agadir, oder über *Nadia,* Tel. 84 75 49, Fax 84 43 07.

Auch die **Ranch Pyramid,** gelegen an der Route Oued Souss bietet Ausritte an. 1/2 Tag, 350 DH, ganzer Tag 500 DH, auch Mondscheinritte bei Vollmond.

In allen großen Hotels sind die Programme der Veranstalter angeschlagen, hier werden meist auch Pferdeausritte angeboten (2 Std. Ausritt ca. 220 DH) .

- **Fischfang**

Über *Sports Evasion* (Adresse siehe bei „Reiten“) oder *Péchatour* (Adresse siehe bei "Jagen")kann man sowohl in den „kleinen Fischfang“ auf dem Schiff „Cala Iris“ eingeführt werden (mit anschließendem Verzehr der Fische an Bord) als auch einen Tag zum Haifischfang auf hohe See fahren (350 DH/ Tag).

- **Fliegen**

Der *Aéro Club d'Agadir* liegt am Flughafen El Massira, Tel. 83 91 22, 83 90 02, und ist für Hobbyflieger zuständig.

- **Segeln**

Der *Yacht Club d'Agadir* (im Hafen, Tel. 84 37 08) gibt Auskunft, falls Sie mit dem eigenen Boot Agadir ansteuern oder ein Boot ausleihen wollen.

Die Ausflugsprogramme der Veranstalter (Aushang in den Hotels) enthalten Segeltörns: z. B. 600 DH/ Tag mit der Segelyacht „Tifou“ (TUI) oder über K.T.I Voyages, Av. Hassan II., Tel. 84 72 25 für 550 DH/Tag. Katamarane können sowohl bei Palm Beach als auch bei *Sun Beach* (Julien) gechartert werden.

- **Taubenschießen**

Gelegenheit dazu besteht im *Quartier Anza,* wird aber auch von diversen Club-Hotels ebenso wie Bogenschießen angeboten.

- **Jagen**

Wer Lust verspüren sollte, auf Jagd zu gehen, eine Kontaktadresse: *Péchatour, Peche et Chasse touristique,* Mohamed el Galta, BP 118, Agadir, Tel/Fax. 83 31 41. Da natürlich nicht immer Jagdsaison ist, sollte man sich bereits im Vorfeld um die Termine kümmern.

- **Sports Evasion Maroc**

Das Sportzentrum liegt an der Rue des Administrations Publiques, Tel. 84 01 22.

- Nach dem Sport: Auffrischung in der **Sauna**, im **Hamam** (türkisches Bad) oder durch **Massagen;** fast alle großen Hotels und Clubs bieten diese Einrichtungen/Dienste.

Preise:

Hamam und Sauna: 50–60 DH;
Massage: 60 DH.

Sollte Ihr Hotel nicht über ein Hamam verfügen, so bleibt noch die Möglichkeit, ein öffentliches Hamam zu besuchen, die es in allen Städten nach Geschlechtern getrennt gibt und die sozusagen als öffentliche Badehäuser fungieren – „atmosphärisch“ sicherlich ein größeres Erlebnis, als im Hotel-Dampfbad zu schwitzen. Es gibt auch einen **Fitness-Club**: *Pardise Fitness Club.* Hier werden neben Sauna, Hamam und Massage auch Bodybuilding, Streching, Aerobic etc. geboten. Adresse: im *Hotel Melia al-Madina Palace.*

- **Sport zum Zuschauen** sind die Fußballspiele im Stadtstadion. Fußball ist gewissermaßen Nationalsport, und kaum ein Kind, das nicht die Namen der wichtigsten Fußballspieler Deutschlands kennt. Seit die marokkanische Nationalmannschaft bei der vorletzten Weltmeisterschaft in Mexico Deutschland besiegt hat und bei der letzten Weltmeisterschaft in Frankreich sehr unglücklich bei Punktgleichheit mit Norwegen erst im Achtelfinale ausgeschieden ist, steht Fußball erst recht hoch im Kurs.

KULTUR & VERANSTALTUNGEN

Gelegentlich werden im **Rathaus** von Agadir Ausstellungen gezeigt, z. B. über die Entwicklung Agadirs, die Vorstellung neuer Wohnviertel, etc. Ebenso in der *Alliance Francais,* Souissi oder in der Industrie- und Handelskammer, Bd. Hassan II.

In Agadir gibt es ein **Freilichttheater** (nahe der Av. Moulay Abdellah), in dem hin und wieder (meist zu wichtigen Feiertagen) Folklore oder Kinderveranstaltungen stattfinden.

Nahe des *Uniprix,* in der Av. Hassan II., und manchmal auch im Touristenviertel versucht sich ab und zu ein **Maler.**

Insgesamt wäre das Kulturprogramm in Agadir noch sehr ausbaufähig. Auch die Hinweise auf bevorstehende Veranstaltungen sind begrenzt. Es fährt dann oft ein Lautsprecherwagen durch die Straßen und gibt die anstehenden Veranstaltungen bekannt, allerdings nur auf arabisch. Für die Touristen ist auf jeden Fall in den Hotels für Unterhaltung gesorgt.

In dem Kuppelzelt „Agadir-Fantasia" in Richtung Inezgane werden **Fantasias (Reiterspiele)** vorgeführt, die über die Ausflugsprogramme der Veranstalter gebucht werden können.

NACHTLEBEN

Die großen Hotels bieten ein buntes Abendprogramm: von **Show-Veranstaltungen** á la Las Vegas bis zu Zaubervorstellungen, Bauchtanz und klassich marokkanisch-andalusischer Musik. Es gibt viele **Nachtclubs** (in denen nicht nur seriöses Publikum verkehrt...) und einige Discos mit europäischem Flair; besonders beliebt und bekannt ist das dem „Agadir Beach Hotel" angeschlossene *Café de Paris,* wo „Les Lords", eine Varieté- und Transvestitentruppe, auftritt.

Auch die Bar im Sahara-Hotel bietet ein sehr gutes Programm, das von hervorragenden andalusischen Musikveranstaltungen bis zum marrokanischen Abend mit Bauchtanz reicht.

Nachstehend eine **Auswahl an Bars und Diskos** in Agadir:

- **Café de Paris**
  Bd du 20 Août (Agadir Beach Hotel; Auftritte von „Les Lords", Show-Programm mit Tanz, Kabarett, Akrobatik inklusive Menü und Wein 350 DH)
- **Flamingo**
  (ebenfalls Agadir Beach Hotel)
- **Black Jack 21**
  Disko (neben *Club Agador),* soll gut sein.
- **Le Central**
  Mit Karaoke, sehr beliebt, im Hotel *Tagadirt*
- **Flamingo**
  Das derzeitige "In"-Lokal der marokkanischen Yuppie-Jugend.

- **Papa Geo**
  Neu, im Hotel *Tikida Beach*
- **Jazz-Bar**
  Complèxe Igoudar, Av. 20 Août
  Tel. 82 02 08
- **Restaurant Bar Golden Gates**
  (Restaurant Tafoukt), Bd du 20 Août
  Tel. 84 08 20
- **Oasis**
  Bd Muhammed V., (*Oasis Hotel*)
  Tel.84 33 13

MOUSSEMS (MAUSSIMS) UND RELIGIÖSE FESTE

Moussems werden wie überall in Marokko auch in Agadir gerne und oft gefeiert. Meist handelt es sich bei den Festen um örtliche, kleinere Veranstaltung zu Ehren eines Ortsheiligen oder zu einem bestimmten Anlaß (vgl. S. 94).

Im folgenden die gebräuchlichsten Moussems in der Region Agadir (Daten ohne Gewähr, da sie sich häufig mit dem islamischen Mondkalender verschieben; erkundigen Sie sich auf jeden Fall im Touristenbüro).

- **Moussem Sidi M'Hamed**
  Regragui, Akhrib Belfaa, Cercle Biougra, zweite Maihälfte
- **Moussem Sidi Aaza ou Hadda**
  in Ait Moussa in der ersten Maiwoche
- **Moussem Sidi Bousta,** Ende Mai
- **Moussem Sidi Boushab**
  im gleichnamigen Ort bei Inezgane, 1. Juniwoche
- **Moussem M'Hamed ben Amer**
  in Ain Nakhla bei Inezgane in der 2. Junihälfte
- **Moussem Sidi Abderrahmane**
  in Ait Youssef bei Inezgane, Ende Juli
- **Moussem Sidi Moughit**
  in Immi Mkourn bei Biougra in der ersten Juliwoche; weitere drei *Moussems* um Biougra (Aalal, Ait Ikku, Ait Iaaza) im Juli.
- **Moussem Sidi Bibi**
  Region Biougra, August
- **Moussem Sidi Lhaj M'Barek**
  in Inezgane im August
- **Moussem Sidi Ali Oumoussa**
  Region Tiznit, Ende August
- **Moussem Brahim ou Alla**
  in Ait Baha Ende August
- **Moussem Abdellah M'Hamed**
  in Ait Ouadrim, Anfang August
- **Moussem Tikki**
  im Suq Jemaa Tikki bei Inezgane Mitte September
- **Moussem Lallal Aicha Abdellah**
  in Immouzzer, Cercle Inezgane, September

Volksfest in Agadir

Agadir

- **Moussem Sidi Bousmail**
  Suq Sebt es Taddart, Anfang September
- **Moussem Ait Bouchoir**
  in Ait Baha, letzte Septemberwoche
- **Manifestations Religieuses de Pecheurs**
  in Agadir im Oktober
- **Moussem Sidi M'Hamed ou Amer**
  in Zaouit Assif, bei Inezgane, 1. Oktoberwoche
- **Moussem Sidi Amzal**
  und *Sidi Messaoud*
  bei Biougra im Oktober
- **Moussem Sidi Yakoub**
  im Douar Aferni bei Inezgane im Dezember
- **Moussem Immi Ouassif**
  im gleichnamigen Dorf bei Inezgane im Dezember

Ramadan in Agadir

Während für andere Orte und Gegenden Marokkos von einer Urlaubsreise in dieser Zeit abzuraten ist, gilt dies für Agadir nicht. Hier muß sich der Tourist keinerlei Einschränkungen auferlegen. Die gläubigen Moslems halten natürlich den Ramadan streng ein. Es ist auch für die Urlauber sehr interessant, die Betriebsamkeit ab 21 Uhr mit den damit in Zusammenhang stehenden Volksfesten mitzuerleben. Gegen 3 Uhr nachts beruhigt sich das Leben auf den Straßen allmählich (vgl. a. S. 74).

Hammelfest (Aïd el Kebir) in Agadir

Das Hammelfest findet zwei Monate und zehn Tage nach dem Ende des Ramadan statt. An diesem Tag wird in jeder Familie ein Hammel geschlachtet. Sollten Sie in dieser Zeit in einer Residence oder in einem Hotel mitten im Wohngebiet wohnen, werden Sie wohl für ein bis zwei Nächte auf Ihren Schlaf verzichten müssen, denn dann steht auf jedem Balkon ein Hammel und wartet lärmend auf sein Ende.

Zu Beginn des Festtages stehen die Schlachter mit ihren geschärften Messern vor den Wohnhäusern bereit, um ihre blutige Arbeit zu verrichten. Nachdem der König öffentlich (im Fernsehen übertragen) einen Hammel geschlachtet hat, müssen auch alle andern Hammel im Lande dran glauben. Gegen Mittag hängen dann die Felle über dem Balkon, und abends duftet es überall herrlich nach Essen. Zur Vorbereitung auf das Hammelfest werden vor dem Suq große Flächen für den Verkauf der Tiere geräumt, und die Messerschleifer sitzen in Massen vor den Eingangstoren zum Suq und bieten ihre Dienste an.

SONSTIGE VERANSTALTUNGEN

- **Semaine commercial**
  Handelswoche im November
- **Touristen- und Kulturwoche**
  im Dezember
- **Kunsthandwerkswoche**
  im Dezember
- **Amateur-Theater-Festival**
  im Oktober

KINO UND FERNSEHEN

In den Kinos werden sowohl arabisch- als auch französischsprachige Filme gezeigt. Im Hauptprogramm laufen meist amerikanische Reißer, danach auch arabische oder französische Produktionen, meist Action-Filme. Die Ki-

Blühende Jacaranda-Bäume in der Av. Hassan II.

nos werden in erster Linie von einheimischen Jugendlichen besucht, Touristen werden Sie kaum antreffen. Das Kinoprogramm erfährt man direkt an der Kinokasse, die Preise sind sehr niedrig.

- **Cinema Rialto,** Tel. 84 10 12
  Es liegt neben der Markthalle im Stadtzentrum und ist auch für Touristen zu empfehlen.
- **Cinema Salam,** Tel. 82 24 58
  es ist das ältestes Kino der Stadt (ein großes Tonnengewölbe am Stadtbusbahnhof), arabische Filme, niedrigere Eintrittspreise als die drei anderen, für Touristen weniger zu empfehlen.
- **Cinema Sahara,** Tel. 82 25 65
  Es liegt im Viertel Talborjt am kleinen Markt und ist auch für Touristen zu empfehlen.
- **Cinemas du Sous,** Tel. 84 00 25
  Richtung Av. Général Kettani, auch für Touristen zu empfehlen.

In Agadir kann man zahlreiche **Fernsehprogramme** empfangen, denn fast alle Hotels sind mit einer Satellitenschüssel ausgerüstet. Welche Programme jeweils zu empfangen sind, hängt davon ab, ob auf *Eutelsat* oder *Astra* zurückgegriffen wird bzw. von der Anlage des Hotels.

Immer zu empfangen sind die zwei marokkanischen Sender – ein mehr oder minder *arabischsprachiger* Kanal, auf dem marokkanische, ägyptische, teilweise auch französische Filme gezeigt werden, und ein marokkanischer französischsprachiger Sender. Hinzu kommt *TV 5,* ein *französischsprachiger* Kanal, der oft mit einem interessanten Programm aufwartet, das allerdings entsprechende Sprachkenntnisse voraussetzt.

Meistens sind auch zwei italienische Sender und der Fernsehkanal der Deutschen Welle zu empfangen (der allerdings nur zu bestimmten Zeiten deutsch, häufig auch englisch und französisch sendet). *SAT 1* oder *RTL* sind bei entsprechend eingestellter Satellitenschüssel auch zu empfangen.

Videogeschäfte gibt es natürlich auch; hier sind in erster Linie Horrorkassetten erhältlich.

EINKAUFEN

Kaufhäuser in unserem Sinne und Supermärkte der Kategorie „Mammouth" in Frankreich gibt es in Agadir nicht. Ein bescheidenes Angebot an Souvenirs, Spirituosen und Dosenwaren hat das **Kaufhaus Uniprix,** Av. Hassan II.; zumindest hinsichtlich der Souvenirmassenware kann man sich hier gut über Preise informieren.

Frischware gibt es dort nicht, diese kauft man am besten am **Marché Municipale,** Place Prince S.H. Muhammed (vom Uniprix am *Restaurant Le Dom* vorbei und rechts rein). Frische Fische und allerlei Meeresgetier (auch Aal: ca. 60 DH pro Stück), Fleisch, Wurst (auch Salami), Käse sowie Blumen sind zu haben. Im ersten Stock findet man neben Souvenirs und Lederwaren auch Gemüse, Obst und Gewürze.

Fisch und Schalentiere kann man auch direkt **am Hafen** kaufen. Dort sollte man möglichst forsch direkt die Fischverkaufsstellen ansteuern, da man sonst unweigerlich von „hilfreichen" Leuten zu den Händlern gelotst wird und Aufpreis zahlt, weil dem Lotsen ja eine Provision zusteht. Ohne Vermittler zahlt man für ein Kilo Langusten ca. 150 DH.

Einen guten **Supermarkt** namens *Suma* gibt es in der Straße hinter dem Büro von *Globus Voyages* (119, Av. Hassan II.) wahrscheinlich in der Zankat d'Oujda und der *Libré Service Tafraoute* beim Place Salam (Stadtbusbahnhof).

Der **Suq** im Südosten der Stadt hat in den letzten Jahren dem Marché Municipal den Rang abgelaufen. Ob Souvenirs, Gewürze, Arganienöl, gute handwerkliche Produkte oder allerlei Plasik- und Spielwarenramsch aus Fernost - hier ist alles preisgüsntig zu haben. Am Montag ist der Suq geschlossen!

Preislich noch etwas günstiger für Gegenstände des täglichen Gebrauchs ist der **Markt in Inezgane** (Dienstag und Freitag).

Kunsthandwerk gibt es sowohl im Suq als auch im Touristenviertel bzw. an den Ständen und Geschäften um den Marché Municipal bzw. um das Kaufhaus Uniprix, ferner im *Complexe Artisanal Aroussa el Janoub,* im „Quartier Industriel", Tel. 22 07 95 und 22 09 48, rechts des Bd Hassan II. in der Nähe des Hotel Atlantik, wo es Lederwaren, Gold- und Silberschmuck, Edel- und Halbedelsteine und Teppiche zu kaufen gibt. Auf Wunsch organisiert das Hotel einen Abholservice.

Sehr schönen, auch alten Schmuck und Bernsteinketten hat *Bijoux Anciens Bois Sculptés,* 6, Chemin de l'Oued Sous. Bei Gold gelten Fixpreise (nach Gramm), bei den anderen Waren kann man ca. 40% herunterhandeln.

In Agadir sind die Souvenirs vergleichsweise teuer, wenn auch der Standard hoch und die Auswahl in

Im Suq (Messing- , Silber und Kupfermarkt)

Agadir

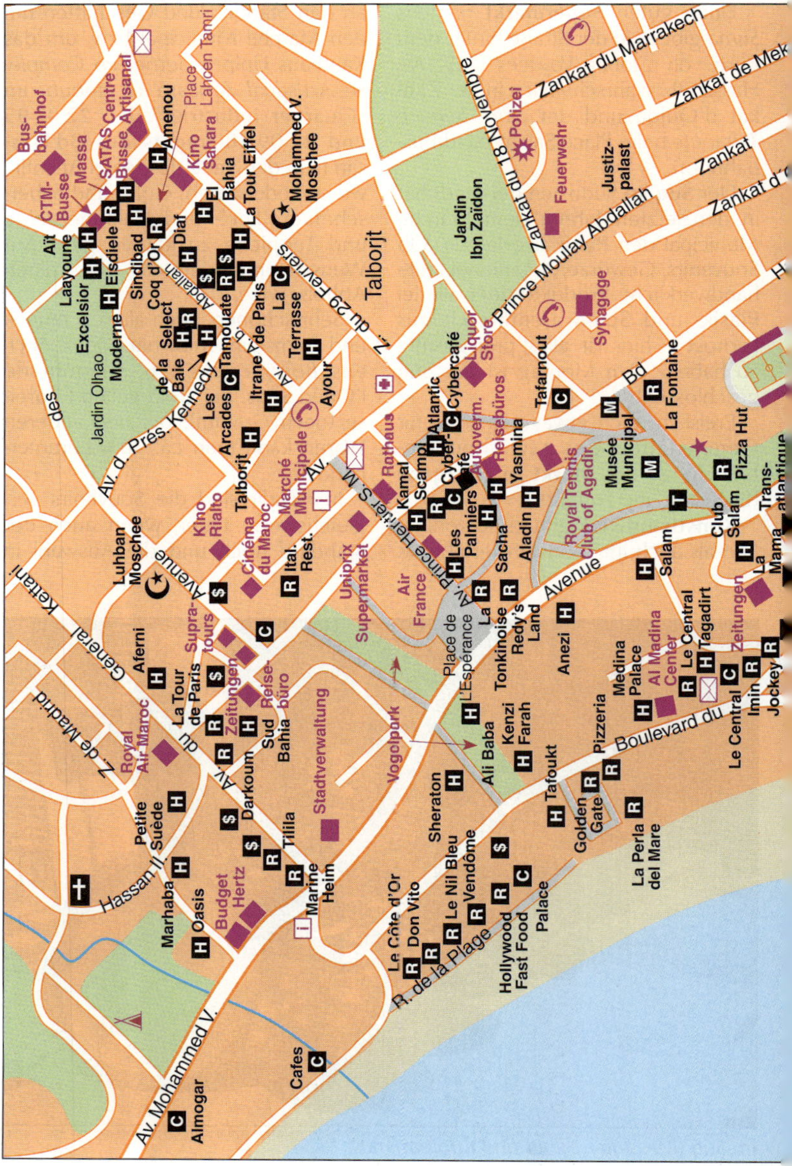

Bus-bahnhof
CTM-Busse
Massa
SATAS Centre
Busse
Artisanal
Amenou
Place Lahcen Tamri
Kino Sahara
El Bahia
La Tour Eiffel
Mohammed V. Moschee
Aït Laayoune
Excelsior
Eisdiele
Sindibad
Coq d'Or
Diaf
Moderne
Select
Abdallah
Tamouate
Jardin Olhao
de la Baie
Les Arcades
Itrane
A. b.
de Paris
La Terrasse
Av. du 29 Février
Talborjt
Ayour
Jardin Ibn Zaïdon
Zankat du 18 Novembre
Polizei
Zankat du Marrakech
Zankat de Mek
Justiz-palast
Zankat
Feuerwehr
Prince Moulay Abdallah
Synagoge
Liquor Store
Cybercafé
Atlantic
Tafarnout
Bd
La Fontaine
Pizza Hut
Musée Municipal
Royal Tennis Club of Agadir
Trans-atlantique
des
Av. d. Prés. Kennedy
Luhban Moschee
Kino Rialto
Cinéma du Maroc
Marché Municipale
Av.
Rathaus
Kamal
Scampi
Cyber-café
Autoverm.
Reisebüros
Yasmina
Les Palmiers
Sacha
Aladin
Club Salam
La Mama
Salam
Ital. Rest.
Uniprix Supermarket
Air France
Av. Prince Héritier S. M.
Avenue
General Kettani
Aferni
Supra-tours
Zeitungen
Reise-büro
La Tour de Paris
Sud Bahia
Stadtverwaltung
Vogelpark
Place de l'Espérance
La Tonkinoise
Redy's Land
Avenue
Anezi
Medina Palace
Al Madina Center
Le Central
Tagadirt
Zeitungen
Le Central
Imin
Jockey
Z. de Madrid
Royal Air Maroc
Av. du
Darkoum
Tilila
Marine Heim
Ali Baba
Kenzi Farah
Pizzeria
Boulevard du
Sheraton
Tafoukt
Golden Gate
La Perla del Mare
Petite Suède
Hassan II
Marhaba
Oasis
Budget Hertz
Le Côte d'Or
Don Vito
Le Nil Bleu
Vendôme
R. de la Plage
Hollywood Fast Food
Palace
Av. Mohammed V.
Cafes
Almogar

AGADIR
Kirche
Hotel
Restaurant
Café,Club
Museum
Bank
Theater
Tourist-Information
Post
Telefon
Polizei
Moschee
Krankenhaus
Campingplatz
Fußgängerzone
Zankat (arab.) =
rue (franz.) = Straße
ATLANTISCHER OZEAN
Strand
Palm Beach
Agadir Beach Club
El Oumnia
Dunes d'Or
Amadil
Tikida Beach
100 m
N
Chemin de Oued Souss
La Langouste
La Trotteria
La Kasbah
Agador
Borjeddahab
Grill du Soleil
Mabrouk
Royal
Sahara
20 Août
Palais de Congres
Omayades
Le Tivoli
Targa Club
Tamlelt
La Scala
Norway
Jazz
Zeitungen
Club Valtur
PLM Tennis
Alhambra Cabaret
Atlantic Palace
ADAC-Geschäftsstelle
Les Cinq Parties du Monde
Solman
Mohammed V.
Kino Salam
Taxis Stadtbusse
Fes
nach Inezgane, Taroudannt,
Tiznit u. zum Flughafen Aït Melloul
LOTISSEMENT FOUNTY

den einzelnen Boutiquen groß ist. Vor allem hochwertige, sehr schön bemalte Keramiken, Lederwaren und Metallwaren, aber auch modische kleidung gibt es zu kaufen. Eine gute Auswahl von Geschäften gibt es in der *Residence Tafoukt* und im *Melia Palace Center*.

Hervorragendes marokkanisches Gebäck gibt es im *Café/Pâtisserie Tafernout*, Av. Hassan II. (kurz bevor die Fußgängerzone auf der gegenüberliegenden Seite in Richtung Av. Muhammed V. und zum *Pizza Hut* weggeht).

Ein **Schweinemetzger** befindet sich in der Av. Hassan II. hinter dem *Hotel Marhaba* und neben dem vietnamesischen Lokal *Phi Long*.

In der Av. Hassan II. und überall im Touristenviertel gibt es deutsche Zeitungen und Landkarten von Marokko zu kaufen.

Ein Tip: Kaufen Sie Lebensmittel und Spirituosen nicht im Touristenviertel ein. Dort sind die Preise um ca. 10–20% höher.

Das Einkaufen gestaltet sich in Agadir recht einfach, da alle Händler (außer in den Gebieten nordöstlich der Stadt) deutsch sprechen. Auch in den Hotels und Restaurants wird in mehreren Sprachen bedient. Es ist bewundernswert, wie schnell (junge) Marokkaner Sprachen lernen – und wie „kreativ" sie dann ihre Sprachkünste entwickeln, wenn es darum geht, Touristen zu schocken bzw. zu ködern: „Alles klar, keiner weiß Bescheid", „Gucken sie rein, gucken kostet nichts", „Wir machen demokratische Preise", usw.

Trickreiche Händler im Touristenviertel versuchen, Touristen in ihr Geschäft zu locken, indem sie rufen: „Hallo, ich hab mal eine Frage, kön-

Auf dem Gemüsemarkt im Suq

nen Sie mir einen Brief von einem Freund aus Deutschland übersetzen?" Häufig genug fällt man darauf herein, und es stellt sich heraus, daß es sich um einen uralten Brief von irgendwoher handelt. Wesentlich aber: Der Tourist ist in die „Falle", also irgendeinen Laden gegangen, und wird womöglich - schon um schnell wieder loszukommen - nach kurzer Zeit auch zum Kunden. Entgegnen Sie den cleveren Burschen, daß sie den Trick kennen, wird Ihnen das keiner übelnehmen, und Sie haben die Lacher auf Ihrer Seite.

Neueste Tricks sind die Aufforderung, einen medizinischen Beipackzettel zu übersetzen, oder die Vortäuschung einer Fahrzeugpanne, um dann per Anhalter mit dem Touristen direkt bis zum nächsten Laden zu fahren, in dem man zum Tee und natürlich zur Verkaufsausstellung geladen wird.

Wollen Sie **in Ruhe einkaufen,** ohne zu feilschen, dann können Sie das am besten in *Talborjt* (nordöstlich der *Av. Moulay Abdellah* in Richtung *Place Lahcen Tamri,* dem Busbahnhof für die Überlandbusse). Um den Place Lahcen Tamri liegen auch die preiswerten Hotels für Einheimische und Rucksackreisende mit schmalem Geldbeutel. Talborjt ist das Einkaufszentrum der Einwohner, ein Herunterhandeln der Preise glückt nur in den wenigsten Fällen, da die Preise angemessen sind.

Sollten Sie länger in Agadir sein, macht es sich bezahlt, immer im gleichen Geschäft einzukaufen; auch beim Friseur zahlt es sich aus, denn schon beim zweiten Besuch zahlt man nur die Hälfte. Nur der Hotel-Friseur verlangt unerbittlich Festpreise.

PRAKTISCHE INFORMATIONEN

Tel. Vorwahl: 08
Tel. Auskunft: international 16
national 14

Touristeninformation

O.N.M.T.
Immeuble A., Place Prince Héritier Sidi Muhammed, (oberhalb vom Marché Municipal) Tel. 84 28 94, 84 13 67
Syndicat d'Initiative et de Tourisme
Av. Muhammed V., Tel. 84 03 07

Klassifizierte Hotels

Siehe auch Clubs (dort kann man sich wie im Hotel einmieten).
Bei einigen Hotels ist eine Buchung über Internet preiswerter. Wenn zwei Preise angegeben sind, so bezieht sich ersterer meist auf den im Internet unter http://www.hotelguide.ch. angegebenen Preis, während der zweite Preis bei Recherche vor Ort genannt wurde.

Europa Safir *****
Bd du 20 Août, Tel. 82 12 12,
Fax 82 34 35. Achtstöckiges Hotel mit toller Aussicht auf den Strandbereich (von den oberen Zimmern). Die Zimmer sind schön, entsprechen aber nicht dem Standard eines 5-Sterne-Hotels; sehr schönes Restaurant und Lounge; Fitneßcenter, Swimmingpool, Tennisplätze, Squashhalle, Friseur und alle Annehmlichkeiten eines Luxushotels. Sehr freundliches Personal, DZ 520/1240 DH, Essen 200 DH.
Melia al Medina Palace ***(Salam)**
Bd du 20 Août, Tel. 84 53 53,
Fax 84 53 08. Neues, sehr schönes und komfortables Hotel in maurischem Stil auf mehreren voneinander abgesetzten Etagen, mit Pool und schöner Gartenanlage, sehr geschmackvollen blauen Holzbalkonen, -fenstern und -türen. DZ 825 DH, Suite 1165 DH. Es gibt im Hotelkomplex einen Münzwaschsalon, der von jedermann benutzt werden kann (9-17 h). Unterhalb liegt ein Einkaufszentrum mit Boutiquen und Restaurants.

Sahara (groupe Sahara)***
Av. Muhammed V., Tel. 84 06 60,
Fax 84 07 38. DZ 1200/1320 DH. Neu renoviert, ziemlich protzig. Mit Pool und eigenen Tennisplätzen, Nachtclub und marokkanischem Salon. Hier geht die marokkanische Oberschicht zum Feiern und Essen (hervorragendes marokkanisches Büffet, gute arabische Musikvorstellungen). Es gibt auch Bungalows; nachts ist es jedoch wegen des Nachtclubs dort manchmal recht laut.

Sheraton (Atlas)***
Av. Muhammed V., Tel. 84 32 32,
Fax 84 43 79. Mehrstöckiges Hotel mit allen Schikanen, Pool, eigenes Spielcasino ist direkt nebenan. DZ 1500–1700 DH.

Agadir Beach Club**A**
Bd du 20 Août, Tel. 84 43 43,
Fax 84 53 08, Secteur balnéaire,
Tel. 84 43 43/25/26, Fax 84 08 63.
Große, fast schon großkotzig-noble, sehr schöne Anlage direkt am Strand. Sehr komfortable, geräumige Zimmer. Etwas laut wird's in den Zimmern, die um die über mehrere Stockwerke offene, kreisförmige Lobby mit der darunterliegenden Musikbar gruppiert sind. DZ 1000/1160 DH. Sieben Restaurants, Nachtclub „Café de Paris", Disco, Sauna, Hammam, Fitnessclub. Schöner Pool in 1 ha großem Garten; Animation. Sehr freundliches Personal.

Le Tivoli**A**
Bd. du 20 Août, B.P. 900, Tel.84 76 47, 84 76 48, Fax 84 76 46. Sehr schönes, geschmackvolles Hotel, mit großem Pool, Fitnessraum, Sauna, Hammam, 2 Tennisplätzen, Animation. Zimmer im maurischen Stil. DZ 690/750 DH, Frühstück 65 DH.

Iberotel Tikida Beach**A**
Bd. des Dunes, secteur balnéaire, Tel. 84 08 61, 84 54 00, Fax 84 58 62.
Zwischen Agadir Beach Club und Dunes d'Or direkt am Strand; sehr schönes, im Sommer '95 fertiggestelltes Hotel unter dt. Leitung, sehr komfortabel, große Disco. DZ 1170 DH.

Adrar**A**
Av. Muhammed V., Tel. 84 04 37 und 84 04 17. Hotel mit großem, sehr schönem parkähnlichen Garten. Unter marokkanisch-schwedischer Leitung. DZ 360/450 DH.

Amadil**A**
Route de Oued Sous, Tel. 84 05 30, Fax 84 22 48. Schönes Hotel mit prachtvoller Halle, sehr schöner Garten; Pool. DZ 770/800 DH.

Anezi**A**
Av. Muhammed V., Tel. 84 09 40,
Fax 84 07 13. Unpersönlicher Hochhausbau, große Gartenanlage mit Pool, mit schönem Blick vom obersten Stockwerk (9. Stock), Strandnähe, 2 Restaurants, Nightclub. DZ 770 DH, Frühstück 65 DH.

Argana****
Bd Mohammed V., Tel.84 83 04, Fax 84 05 56. Neues 5-stöckiges Hotel. 229 Zimmer mit Loggia bzw. Balkon. Mit großem Pool , Sauna, Disco. Sportmöglichkeiten, ital. Restaurant; Behindertenfreundlich. DZ 800 DH, Frühstück 65 DH.

Oasis**A**
Av. Muhammed V., Tel. 84 33 13, Fax 84 42 60. Sehr schönes, neueres Hotel unter Schweizer Leitung, mit Ausstellungen über Agadir (z. B. Stadtgeschichte und das Erdbeben) im Foyer. Pool, Sauna und Hammam, Fitnessraum, Tennisplatz, Disco *Oasis*. DZ ca. 620 DH incl. Frühstück. In Strandnähe.

Salam****
Av.Mohammed V.,Tel. 84 01 20, Fax 84 08 21. 150 schöne Zimmer, neu renoviert. Doppelzimmer ca. 700 DH.

Univers Tours Residence Tafoukt**A**
Bd du 20 Août, Tel. 84 07 23, Fax 84 09 71. Im maurischen Stil, mit sehr schöner Lobby und Zimmern. Weitläufige Anlage mit Garten, Pool und Straßenzügen (öffentlich zugänglich) mit Boutiquen und internationalen Restaurants direkt an den Strand angrenzend, auch Appartements. DZ 700/845 DH (je nach Saison), Appartments für 2 P./700 DH, 4 P./900 DH, Bungalow 330 DH. Nahe der Restaurants ist es abends etwas laut. Im Anschluß an den Komplex liegt der Nachtclub *Golden Gate*.

Les Almohades**A**
Bd du 20 Août, Tel. 84 02 33, 84 11 45, Fax 84 01 30. Schon etwas ältere, aber 1995 renovierte Anlage mit sehr schönem

Garten. Disco *Tan-Tan Club*. DZ 393/420 DH, Frühstück 48 DH, Essen 169 DH.

Marhaba**B**

Av. Hassan II., Tel. 84 06 70. Fax 84 35 29. Angenehmes Hotel mit Pool und schönem Garten. DZ 440 DH.

Tagadirt (groupe Sahara)**B**

Bd du 20 Août, Tel. 84 06 30, Fax 84 12 12. Sehr schöne Anlage im maurischen Stil, mit Pool, nahe am Strand. DZ um die 500 DH.

Transatlantique****

Tel. 84 21 20, Fax 84 20 70, Bd Muhammed V., DZ 1100 DH. Sehr schöner Komplex mit Boutiquen, großem Garten, Pool. Ca. 10 Minuten zum Strand.

Aferni ***A

Av. Général Kéttani, Tel. 84 07 30. Sauberes Mittelklassehotel mit Pool, wo einige Touristikunternehmen Station machen, schon etwas abgewohnt. DZ 330 DH, Frühstück ca. 30 DH.

Kamal ***A

Tel. 84 28 17, Av. Hassan II.
Angenehmes Stadthotel, ohne besonderes Ambiente.

Ibis (ex. Moussafir)***

Rue Oued Sous (beim Suq), Tel. 23 28 42, Fax 84 39 40, DZ 402 DH, bei mehrtägigen Aufenthalten auch Sonderkonditionen. Wie alle ehemaligen Moussafir-Hotels nach Preis-Leistungsverhältnis sehr zu empfehlen. Die Moussafir-Hotels der staatlichen Eisenbahngesellschaft wurden von der französischen Ibis-Gruppe übernommen.

Ali Baba ***B

Av. Muhammed V., Tel. 84 33 26, Fax 84 12 47. Schöne Zimmer mit Blick auf Garten oder Vogelpark, etwas öder Garten mit Tischtennis und Pool, Sauna, Tennisplatz, wenig Atmosphäre (Betonstil der 70er-Jahre). Es handelt sich um ein typisches, preiswerteres Touristenhotel für Reisegruppen. Zugangsberechtigung zur *Palm Beach* (30 DH pro Tag incl. Liegestuhl und Sonnenschirm, Dusche, Toilette und Strandspiele), DZ 465 DH/ HS, 3 Personen ca. 560 DH, in der Nebensaison 382 DH/DZ.

Sud Bahia ***B

Rue des Administrations Publiques, Tel. 84 07 82, 84 07 41, Fax 84 63 82. Schon etwas heruntergekommen und allenfalls 2 Sterne wert. DZ 440 DH.

Talborjt***

Tel. 82 06 71. Im Talborjt-Viertel, Rue Entraide. 55 DZ, 4 EZ. DZ 189/200 DH

Aladin **

Rue de la Jeunesse, Tel. 84 60 71, Fax. 84 32 28, DZ/ÜF 223 DH, angenehmes Mittelklassehotel ohne besonderen Flair, Pool. Handeln bei Stammgästen und längerem Aufenthalt möglich.

Solman **

Av. Hassan II., Tel. 84 47 61

Atlantic **A

Av. Hassan II., Tel. 84 36 61, Fax 84 03 96. Gutes, sauberes Hotel mit kleinem Garten und Sonnenterrasse. Für Individualreisende empfehlenswert. DZ in der Hauptsaison 226 DH, in der Nebensaison 217 DH. EZ für 185/194 DH. Frühstück 24 DH. Bei Pauschalbuchung häufig noch preisgünstiger (z.B. TUI, Kreutzer etc.).

Ayour **A

4, Rue de l'Entraide, Tel. 82 49 76, DZ 223 DH.

Jamal **A

Av. Hassan II., Tel. 84 23 46,
Fax 84 43 67. Ordentliches Hotel, DZ 229 DH.

Karam **A

10, Place de la Foire, Tel. 84 10 30, DZ um die 220 DH.

Mabrouk **A (laut Internet ***)

Bd du 20 Août, Tel. 84 06 29, 82 26 06; schöner Garten mit Swimmingpool, DZ 286 DH, inklusive Frühstück. Nach Leserangaben unfreundlich gegenüber Rucksackreisenden. Es ist verboten, Speisen und Getränke von außerhalb mit auf das Zimmer zu nehmen. Man kann Ausflüge buchen, z.B. 1 Tag Marrakech (6 Uhr bis 21 Uhr) für 500 DH, 1 Tag Tafraoute für 280 DH.

Miramar **A

Av. Muhammed V., Tel. 84 07 70, ältestes Hotel Agadirs im Norden; klein, sauber und preisgünstig.

Les Palmiers **A

Av. Prince Héritier Sidi Muhammed,
Tel. 84 37 19. Saubere DZ mit WC/Bad kosten 234 DH.

Royal **A
Av. Muhammed V., Tel. 84 06 75, Fax 84 05 02, DZ in der Nebensaison 223 DH, Hauptsaison ca. 330 DH, Internet 205 DH. Hübsche Bungalowsiedlung mit Pool, aber etwas ungepflegt; freundliches Personal.

Sindibad **A
Place Lahcen ou Brahim Tamri (am Busbahnhof), Tel. 84 45 35, mittlerer Standard, ruhig und sauber,
DZ 223 DH.

El Bahia **B
Tel. 82 27 24, Fx. 82 45 15, Rue El Mehdi Ibn Toumert, (in der Nähe der Stadtbusstation Place Salam, für Rucksackreisende empfehlenswert, sauber, DZ 220 DH mit Dusche und Frühstück.

De Paris *
75, Av. Kennedy, Tel. 82 26 94, DZ mit Dusche 170 DH, ohne Du./DZ 130 DH; warme Duschen, saubere Toiletten, schöne Dachterrasse. Preiswertes Hotel mit freundlichem Besitzer. 2 Min. vom Busbahnhof, etwas ruhiger als Aït Laâyoune.

Aït Laâyoune *A
Tel. 82 43 75, Rue Yacoub El Mansour. Direkt beim Busbahnhof, deshalb sehr laut. Viele Kakerlaken, aber gut funktionierende heiße Duschen. DZ 110 DH.

Amenou *B
Tel. 82 30 26, 1, Rue Yacoub El Mansou

De la Baie *B
Av. Allal Ben Abdellah, Tel. 82 30 40

Cinq Parties du Monde *B
Av. Hassan II., Tel. 84 25 45, DZ 120 - 150 DH, unfreundlich, etwas heruntergekommen.

Diaf *B
Av. Allal Ben Abdellah, Tel. 82 58 52, DZ ca. 120 DH.

Excelsior *B
Tel. 82 10 28/19, Rue Yacoub El Mansour, einfach, aber neu renoviert; freundliche Hotelleitung. DZ 95 DH, mit Dusche 110 DH.

Ifrane*
23, Rue de l'Entraide, Tel. 82 14 07 , DZ 100 DH.

Moderne *B
Rue Ibn Toumert, Tel. 82 33 73

Petite Suède *B
Av. Hassan II., Tel. 84 07 79,
84 00 57, EZ kostet 115 DH, DZ 195 DH mit Dusche. Sauber, sehr freundliches Personal, Hotelparkplatz, etwas laut, da an verkehrsreicher Ecke gelegen.

Ferienclubs/Clubhotels

1. Kategorie:

Hotel Club Agador (groupe Sahara)
Bd du 20 Août, Tel. 84 03 83,
Fax 84 09 28, Reservierungen:
Tel. 84 16 18, Fax 84 03 28. DZ 1000 DH, Frühstück 55 DH. Sehr schöne, individuelle Anlage mit viel Grün und sehr großzügig in verschiedenen Ebenen angelegt. Ca. 150 m zum Strand (eigener reservierter Strandbereich).

Club PLM Les Dunes d´Or
Route Oued Sous, Cité balnéaire, Tel. 84 05 75, 84 05 74. Komplett neu renoviert und nun in die Lusxusklasse eingruppiert. Liegt direkt am Strand, 440 DZ in Bungalows, eigene Disko, Sauna, Pool, Sportplätze, direkt am Meer. DZ *all inclusive* kostet 1000/1460 DH.

Tamlelt (groupe Sahara)
Chemins des Dunes, Tel. 84 02 35 Fax und Reservierung s. o. bei Hotel Club Agador. Ebenfalls ein sehr schönes Clubhotel in orientalischem Stil auf verschiedenen Ebenen. 150 m zum Strand. DZ incl. Frühstück 885 DH, HP 1150 DH.

Club Méditerranée
Rue de Oued Sous, Tel. 84 06 01, Fax 84 67 40. Traumhaft schöner Garten, mit eigenem Strand (etwas außerhalb - Pendelbus); etwas kleine Zimmer, die je nach Aussicht aufs Meer teurer werden. Golfplatz, Tennisplätze, Reit- und Surfmöglichkeit. Keine Buchung vor Ort, nur ab Reisebüro bzw. Internet: www.club-med.com.

Club Valtur
Secteur balnéaire, Tel. 84 48 15,
Fax 84 33 75, sehr luxuriöser, eleganter italienischer Club, eigenes Sportareal mit Tennisplätzen, Bogenschießanlage, Reitmöglichkeit, Mitbenutzung der Golfplätze *Les Dunes* (27-Loch) und *Royal Golf* (18-Loch) gegen Aufpreis; eigener Strandbereich, der Club ist aber ca. 200 m vom Strand ent-

Im Club Tamlelt

fernt. Internet:www. vacation-hotline.com/ cvagadir.htm

2. Kategorie

La Kasbah

Bd du 20 Août, Tel. 84 01 36, 84 09 50, Fax 84 03 75. Sehr schöne Bungalowanlage im orientalischen Stil in 52 ha großem Gartenareal, ca. 10 Min. zum Strand, drei Restaurants *(Le Langouste, Grill et Soleil* und *Le Dar Tajine),* Disko, Tennisplätze, Squash, Basketball, Volleyball, Aerobic, Fitnessraum, Whirlpool, Reiten, Windsurfing, Spielraum und Mini-Club, Geschäfte und Wäscherei. DZ 700 DH, Suite 1980 DH, Appartement (Bungalow) 2660 DH.

Aparthotel Igoudar (groupe Sahara)

Tel. 84 03 99, Reservierung s. *Club Agador.* Schöne Appartements mit eigener Küche, v. a. für Familien geeignet, untergebracht in einem auf verschiedenen Ebenen verschachtelten Gesamtkomplex mit Gemeinschaftsräumen, Pool und Garten. Ca. 150 m zum Privatstrand *Sahara Beach.*

Les Omayades

Bd du 20 Août, Tel. 84 00 05, Fax 84 22 01. Ebenfalls schöne Bungalows mit 73 DZ, arrogant, Individualtouristen sind nicht willkommen. DZ 840 DH.

Sangho Al Moggar

Av. Muhammed V., Tel. 84 22 72, 84 03 42 Fax 84 01 19. Schöne, große, schon etwas ältere Anlage (700 Personen), nur durch die Uferpromenade vom Strand getrennt. Großer, parkähnlicher Garten mit Weiher, Tennisplätzen, Mingolf, Bolzplatz, Pool, schöne Lobby in marokkanischem Stil, Zimmer schlicht mit einfachen Betten, aber mit Terrasse. Angenehmes, gut organisiertes Animationsprogramm. DZ 752 DH.

Ferienwohnungen/ Appartements

Bei den „Residence" genannten Unterkünften handelt es sich um **1- bis 2-Zimmer-Selbstversorger-Appartements** mit Kochnische, Geschirr und Kühlschrank. Die Preise liegen bei ungefähr 400–700 DH für ein 3- bis 5-Personen-Appartement/Tag, es kann aber bei längeren Aufenthalten und außerhalb der Saison günstiger werden.

Viele dieser Appartements kann man bei den großen Reiseveranstaltern vorausbuchen. So kommt man meist billiger weg, als wenn man individuell vor Ort bucht.

Village de l´Electricien
Bd Cheik es Saadi, B.P.3176, 80005 Agadir, Tel. (00212-8) 84 30 71, Fax 84 30 73. Hier handelt sich um eine Ferienanlage der Elektizitätsgesellschaft, die bei freien Kapazitäten auch an in- und ausländische Touristen vermietet. Die komfortablen Bungalows und Appartments liegen in einer herrlichen Gartenanlage mit Pool.

1. Kategorie

Résidence Yasmina
Rue de la Jeunesse, Tel. 84 25 65, Fax 82 55 96; ziemlich nah am Zentrum, aber weit zum Strand, schön angelegt, mit Pool und hübschem Gartenrestaurant, von der obersten Etage aus hat man Meeresblick. DZ 664 DH in der Hauptsaison. Wird von vielen Reiseveranstaltern angeboten und ist bei Pauschalbuchung häufig preiswerter.

2. Kategorie

Résidence Afoud
68 DZ; Rue de la Foire, Tel. 84 39 99, Fax 84 37 09, DZ 326/350 DH. Pool, Restaurant, Zimmerservice, TV. Pool.

Résidence Chems
Rue Hôtel de Ville, Tel. 84 45 62

Résidence Farah
Rue de la Foire, Tel. 84 39 33, Fax 84 33 64.

Résidence Fleurie
Rue de la Foire, Tel. 84 36 24
Fax 84 42 78

Résidence Karam
10, Place de la Foire, Tel. 84 42 49

Résidence Igoudar
Bd du 20 Août, s. Clubhotels. Sehr gute und große Selbstversorgerappartements.

Résidence Nejma
Av. des F.A.R., Tel. 84 11 06, Fax. 84 19 75

Résidence Sascha
Rue de la Jeunesse, Tel. 82 55 68, Zwei-Personen-Appartment mit Küche und Bad 219 DH, Pool.

Résidence Tilila
Av. du Général Kettani, Tel. 84 06 66, 84 16 01, Fax 84 15 43

Résidence Tafoukt
Bd du 20 Août, Tel. 84 07 27/88, sehr schöne Appartements, zwei Zimmer für bis zu fünf Personen mit Bad und Küche, Balkon, tägl. Reinigung, ca. 750 DH/Tag/4-5 Personen komplett; innerhalb eines eigenen Touristikkomplexes mit Geschäften, Restaurants etc. gelegen, Schwimmbecken beim Hotel Tafoukt; etwas laut durch die Musik der umliegenden Lokale.

3. Kategorie

Résidence Anezi
Av. Muhammed V., Tel. 84 07 13

Résidence Isni
Av. Moulay Abdallah, Tel. 84 26 40

Résidence Louban
Av. Prince H. Sidi Muhammed,
Tel. 84 07 67

Résidence Nawal
Rue Mokthar Sousi, Tel. 84 19 25

Résidence Ryad
Impasse Général Kettani,
Tel. 84 17 20

Résidence Soraya
Rue de la Foire, Tel. 84 40 58

Résidence Tafat
Rue Hôtel de Ville, Tel. 84 32 07

Résidence Tislit
Av. Prince Héritier Sidi Muhammed,
Tel. 84 25 27

Résidence Villa Diaz
km 4, Route d'Inezgane, Tel. 82 22 26

Résidence Mer et Soleil I
Av. Hassan II., Tel. 84 35 83

Résidence Mer et Soleil II
Bd Hassan II., Tel. 82 17 41

Résidence Mer et Soleil III
Av. Mokthar Sousi, Tel. 84 15 53

Unklassifizierte Hotels

Massa und Hotel Canaria
Place Lahcen Tamri (Talborj-Viertel, beim Busbahnhof CTM-LN und SATAS), einfach, etwas schmuddelig.
DZ ca. 70 DH im Massa, im Canaria 80 DH.

Lahksous
ebenfalls am Busbahnhof. Verhältnismäßig kleine und dunkle, aber tadellose Zimmer, warmes Wasser, freundliches Personal. DZ 80 DH.

Tour Eiffel
Zankat 29 Février, direkt gegenüber der großen Moschee Moh. V., nahe beim Gare Routière, 100 DH für 3er-Zimmer, Etagenduschen, einfach, aber sauber; gutes und preiswertes Essen.
Al Mahata
N 25 bis, Place al Massira. Tel.: 83 40 88. Von der Hauptausfahrt vom Busbahnhof kommend auf der Hauptstraße links. Einen großen Platz mit vielen parkenden Autos nach rechts überqueren. Viele Zimmer, sauber und ordentlich, aber etwas laut. EZ 35 DH, DZ 70 DH, warme Dusche 5 DH. Netter deutschsprachiger Portier.

Weitere preiswerte Hotels findet man in der Nähe des Busbahnhofs und in der *Rue Yaqub El Mansur*. Da Agadir keine typisch marokkanische, sondern mehr Touristenstadt ist, findet man hier kaum ganz einfache, billige Quartiere; man muß meist auf die 1-Stern-Häuser ausweichen.

Hotels in Ben Segao und Inezgane

Wer nicht vorhat, in Agadir länger Halt zu machen, sollte gleich in Inezgane übernachten, da alle Busse morgens ohnehin von dort wieder weiterfahren und eine Übernachtung in Agadir umständlich und teurer wäre.
Hazienda ***A
km 6, Route d'Inezgane-Ben Segao, Tel. 83 50 60, Fax 83 50 70. Schönes, kleineres Hotel (Reiturlaub), von kleinem Wäldchen umgeben, nahe beim Königspalast, weit zum Meer. DZ ca. 350 DH.
Ranch Hotel Les Pyramides * B**
Chemin Oued Sous-Ben Segao, Tel. 83 47 05. Kleines Hotel mit 25 Zimmern, schon etwas abgewohnt, mit Pool und v. a. für Reiturlauber. DZ 260 DH mit Bad. 2 Reitstunden kosten (Stand 1995) 200 DH, 1 Wo. incl. Flughafentransfer, HP, DZ, tägl. Ausritte kosteten 1995 4840 DH.
Le Provencal ** A
Tel. 83 34 31, km 9, Route d'Inezgane (mit Pool), kleines Hotel, an verkehrsreicher Straße gelegen.
La Pergola ** A
km 8, Route d'Inezgane, Tel. 83 31 00. Kleines Hotel an der verkehrsreichen Straße von Agadir nach Inezgane. DZ 160 DH.
D'Agadir ** B
Route d'Agadir-Inezgane, Ben Segao, Tel. 82 09 71
D'Aday ** B
Bd. Muh. V., Tel. 83 37 84. Im Zentrum von Inezgane, rechts der Hauptstraße, sauberes, freundliches Hotel. DZ 160 DH.
Hagounia
9, Av. Mokthar Sousi, Tel. 83 27 83, neueres Hotel, aber nicht besonders sauber. DZ 170 DH.
Orient * B
Route de Tiznit / Ecke Rue Mezguina, Tel. 83 05 48
Louz Noufara
Neues (eröffnet Frühjahr 1999), sehr sauberes Hotel direkt am Busbahnhof. Nettes Personal, nette Zimmer. DZ 140 DH, EZ 70 DH, alle Zimmer mit Bad und WC. Tel.33 18 43, 33 20 46.

Campingplatz

Camping International, Bd Mohammed V., Tel. 84 66 83/4. Die schön konzipierte Anlage ist etwas heruntergekommen und entspricht keineswegs europäischem Standard. Die warmen Duschen sind gegen Gebühr von 7,50 DH (Ticket) bis 18.30 Uhr benutzbar, bei der Campingplatzverwaltung muß man den Schlüssel abholen; kalte Duschen sind frei. Die sanitären Anlagen sind heruntergekommen, werden aber regelmäßig sauber gemacht. Der Boden ist voll Kies und Staub und im Winter bei Regenfällen, wenn Rinnsale durch das Gelände fließen, schmutzig. Es gibt einen gut sortierten Laden am Platz, auch frisches Obst und Gemüse.
Der Platz ist von November bis Januar und im August meist voll. Im Winter sind vor allem Wohnmobil-Rentner anzutreffen, die Agadir als Überwinterungsquartier nutzen, und im Sommer ist der Platz voll in der Hand marokkanischer Familien. Die sanitären Anlagen sind meist sauber, abgesehen vom August und Dezember, wenn der Campingplatz mehr oder minder „überquillt". Laut Leserbrief: Achtung vor Dieben!

Gebühren: Pro Person 10 DH, Caravan 30 DH, Zelt 15 DH, Pkw 10 DH, Strom 12 DH, Geländewagen bzw. Wohnmobil 30 DH, Motorrad 10 DH.

Ein weiterer Camping- bzw. mehr Standplatz befindet sich bei *Sidi Moussa* in der Nähe von *Tiznit,* s. S.200 und in *Taghazoute* (siehe S.161).
15 km nördlich bei *Taghazoute* liegt direkt am Strand ein weiterer beliebter Campingplatz gleichen Namens, s. Route E 1.

ESSEN UND TRINKEN

In Agadir konkurrieren **viele Restaurants** um die Gunst der Kunden, so daß das Preisgefüge breit gefächert ist. Ißt man im Touristenviertel verhältnismäßig teuer, so ist es in den Wohnvierteln um die Av. Moulay (Allal) ben Abdallah umso preiswerter. V.a. rund um den Platz Lahsan Tamri gibt es jede Menge preiswerter Lokale, die um die Gunst des Touristen buhlen. Hier gibt es schon Menüs für 25 DH, und das Gericht des Tages *(plat du jour)* für 18 DH. In Touristenlokalen mit europäischer Küche zahlt man zwischen 80 und 150 DH für ein Menü, im Hotel bis zu 250 DH.

Im Hafen

Bar-Restaurant du Port
Tel. 84 37 08, sämtliche Fischspezialitäten, hervorragend und unbedingt zu empfehlen, aber auch teuer (Langusten: Preis für 1 Kilo 360 DH); nur à la carte, kein Menü. Langusten, Bouillabaisse, Paella.

L'Amiral
Tel. 84 60 80. Fischspezialitäten, sehr gut, gepflegt, Air-Condition.

Kleine (preiswerte) Fischrestaurants, in denen auch viele Einheimische essen, liegen am Hafen, vor der Einfahrt rechts hinter der ABM-Bank. Achtung vor den Schleppern, die einen zu Fischständen schleppen und Provision kassieren. Außerdem sollte man vorher unbedingt die Preise vereinbaren, sonst kann man ganz schön über den Tisch gezogen werden.

Zentrum und Talborjt

Darkoum
Av. Général Kettani, marokkanische Palastatmosphäre, Spezialitäten des Landes; mit Musik, sehr edel und teuer (Menü ca. 200–250 DH).

Phi Long
Av. Hassan II., hinter dem Hotel Marhaba, Tel. 84 21 08, sehr gut, Fleischgericht ca. 65 DH.

Marine-Heim: Bei Hilde
Bungalow Marhaba, Bd Muhammed V., Tel. 84 07 31, deutsche und französische Küche, die etwas nachgelassen hat, seit Hilde weg ist; Hauptgericht ca. 85 DH.

La Tour de Paris,
Av. Hassan II., Tel. 84 09 06, sehr gut und gepflegt, aufmerksame Bedienung, teuer, Hauptgericht ca. 85 DH.

La Pampa
Tel 84 64 10, Haus A1, Erdgeschoß No. 8, Av. Prince Héritier Sidi Muhammed, Grillbraten - marokkanische Spezialitäten.

Le Miramar
Bd Muhammed V., Tel. 84 07 70, italienisch, Fisch, gute Küche.

Via Veneto
Tel. 84 14 67, Av. Hassan II.

La Tonkinoise
Tel. 84 25 27. Koreanisch, Av. Prince Héritier Sidi Muhammed

Mozartstuben
Tel. 82 45 65. Place Hassan II. (Nordseite vom Marché Municipale), gute österreichi-

sche und internationale Küche (österr. Besitzerin); kitschig-alpenländisches Interieur, Mozartmusik. Hauptgericht ca. 85 DH.

La Dolce Vita (Chez Rachid)
Tel. 84 09 26, Av. Hassan II.

Chez Mania
Av. Général Kettani, marokkanische Spezialitäten

Le Pêtit Dome
Av. Hassan II., direkt am Eingang zum zoologischen Garten, vielbesucht, Garten, abends Musik. Sandwich 30 DH, Steak 60–75 DH.

La Mamma
Tel. 84 10 34. Neben *Le Pêtit Dome,* Pizzeria

Redy's Land
Tel. 84 59 17. Av. Prince S.H. Muhammed, Steak-Restaurant und internationale Küche, mit Biergarten

Restaurant Farah
in der Residence Farah (s. Ferienwohnungen), marokkanische Spezialitäten

Bistro Romain
Av. Hassan II., italienisch, gute Pizza, ca. 45 DH

Chachoua
Rue de l'Hôtel de Ville, Imm. M 3,
Tel. 84 37 67

Chinois
Rue de la Foire, Residence, Tel. 84 38 58

El Rico
24, Av. des F.A.R., Tel. 84 19 89

Founty
Av. Hassan II., Tel. 84 09 01

Kasbah Tafraoute
Av. des F.A.R., marokkanische Spezialitäten, mäßig, unfreundlicher Service.

Fleur de Ming
Rue de la Foire, vietnamesisch

Select
38, Rue Allal Ben Abdallah,
Tel. 82 11 16, preiswertes, gutes marokkanisches Restaurant und Fischrestaurant, große Portion Tintenfische ca. 50 DH.

Café-Restaurant Daffy
Tel. 82 00 68. Rue des Oranges, Menü 50 DH, einfach, aber o. k.

Café de l'Arcade
Rue Allal ben Abdallah, preiswertes Lokal, nettes Ambiente.

Azzahra
60, Bd Moulay Abdallah; das Lokal ist gut und preiswert, Menü ca. 65 DH.

Zwischen Av. Muhammed V. (etwa in Höhe des Theaters) und Av. Hassan II. entstand eine **kleine Fußgängerzone** mit *Pizza-Hut* (teuer und schlecht) und diversen Lokalen.

Im Touristenviertel

(zwischen Av. Muhammed V. und Strand, Chemin de Oued Sous, Bd du 20 Août, Centre balnéaire)

Perla del Mar
Complexe Tafoukt, Tel. 84 00 65, Meeresfrüchte (145 DH) und internationale Küche (Filet 85 DH), gut.

Résidence Tafoukt
Bd du 20 Août, mehrere Lokale innerhalb des Touristikkomplexes (spanisch: **Tio Pepe** - Paella 150 DH; italienisch: **Jo-Jo-Burger;** franz.: **La Nautile** - Fischspezialitäten; **La Perla del Mare** (s. o.); neben dem Nachtclub **Golden Gate** gibt es Hamburger, Pizzas und ein Gyros-Restaurant)

Tan-Tan
Chemin de Oued Sous, Grill-Restaurant (mit Garten) und Disco (gehört zum *Hotel Les Almohades),* Lammkeule 170 DH, Fischplatte 250 DH, Steak, Ente 92 DH, gut

Jockey
Bd du 20 Août, Grill-Bar, Irish Pub, Essen zwischen 40 und 70 DH.

Mimi - La Brochettes
am Strand, Secteur Balnéaire

Tifnit
Av. Muhammed V., Tel. 84 08 70

La Corniche
Secteur Touristique, am Strand, Tel. 82 21 22

Nostalgy
3, Place de la Mer, Chemins Oued Sous, Tel. 84 11 26

Le Mirage
Bd du 20 Août, neben Le Fouquet, sehr gut, neues Interieur, gute Küche, aufmerksamer Service aber gehobene Preisklasse.

La Langouste (Club La Kasbah)
Bd du 20 Août, ehemals „das Lokal" Agadirs; die Preise sind auf Normalmaß ge-

schrumpft (zwischen 70 und 150 DH), die Küche ist immer noch gut.

Le Cesar (Club la Kasbah)
9, Rue de Oued Sous, Tel. 84 11 87

Jardin d'Eau
Bd du 20 Août; hier sollte man sich nicht von dem verspielten Interieur abschrecken lassen; Live-Sänger, Küche und Service sehr gut

Le Fouquets
Bd. du 20 Aout, nahe Club Med. Empfehlenswert, Fischgerichte.

Grill du Soleil
Bd du 20 Août, internationale Küche

Samouray Bd du 20 Août

Kim Hoa „Chez Redy"
Tel. 84 60 88. Bd du 20 Août (Complexe l 'Agador), koreanisch

Restaurant Palace
an der Strandpromenade, schön angelegt, Steak 60–80 DH

Don Vito
Tel. 84 74 09. An der Strandpromenade, international und Pizzeria, Menü 65–70 DH, Mobiliar etwas gammelig

La Côte d'Or
Tel. 84 55 67. An der Strandpromenade, Menü 70–85 DH; Treffpunkt des horizontalen Gewerbes

Bar Piscine D'Agadir
an der Strandpromenade, Fleischspeisen im Durchschnitt 50 DH

Le Vendôme
Tel. 82 56 11. Café und Restaurant an der Strandpromenade, gutes Essen für 70–100 DH, leckere Eisbecher, Touristenambiente

La Vernesse an der Strandpromenade

Jackson Burger
Fast-Food Lokal unterhalb Al Madina Palace, Bd du 20 Août

Feyrouz
im Al Madina Palace, Bd du 20 Août, sehr gutes libanesisches Essen, aber teuer

Norway
Hübsches, stilvolles Restaurant, gegenüber Club Valtur im Secteur balnéaire.

Jazz Restaurant
Bd du 20 Août, neben Complexe Igoudar, Pfeffersteak 90 DH, Fischplatte 80 DH, gut. Tel. 84 02 08.

La Scala
Bd. de Aout, Tel. 84 18 34. Sehr schönes, und gutes französisches Restaurant nahe Club Valtur und Hotel Tivoli, schräg gegenüber mit roter Backsteinmauer.Schön zum draußensitzen.

Die einfachen Lokale, in die auch die einheimische Bevölkerung geht, sind vor allem nördlich der Av. Mulay Abdellah und im Bereich des Busbahnhofs um den Platz Lahcen Tamri zu finden, aber auch im Bereich des Busbahnhofs der städtischen Busse (Place Salam) und des Suqs, z. B. das preiswerte *Café-Restaurant Chellah.*

Cafés/Patisserien

Zahlreiche Cafés auch mit deutschem Kuchen und Eis gibt es vor allem **an der Strandpromenade.** Gut geführt, aber verhältnismäßig teuer ist das deutsche **Café** von *Karin* und *Uli Decker* im **Tafouktkomplex** zwischen Av. Muhammed V. und Strandpromenade (Erbeerkuchen, Apfel- und Käsekuchen, riesige Eisbecher, etc).
Deutsch geführt und bestückt mit deutschem Kuchen von **Rudis Backstube** ist **Tati´s** am Strand, zwischen Agadir Beach Club und Dunes D´Or.
Gut sind ebenfalls das **Café Tafranout**, Av. Hassan II., mit hervorragendem Gebäck und das bei Marokkanern sehr beliebte **Café Louban**, (nahe Kaufhaus Uniprix) Av. Prince Mulay Abdallah, mit üppigem Frühstück für zwei Personen um 45 DH. Zu empfehlen ist auch die Boulangerie/Patisserie **La Muse des Gouts** in der Av. 29 Février. Tel.: 84 65 88, Fax 82 64 78, wo es neben marokkanischen, libanesischen und französischen Spezialitäten auch Schokolade aus eigener Produktion gibt.

Busverbindungen

Stadt- und Vorortbusse

(Siehe Streckenplan rechts oben und auch Stadtplan S. 120)
Abfahrtsorte: Ab *Place Salam* (im Südosten Agadirs, beim Kino Salam) nahe dem Suq; hier fahren die orangefarbenen Busse; die einfache Fahrt p. P. kostet 2,10 DH.

STADT- UND VORORTBUSSE

Bus	Strecke	Länge	Dauer
1	Pl. Salam - Anza (über den Hafen)	9 km	30 Min.
2	Pl. Salam - Hôpital Hassan. II. (über Amicale)	10 km	40 Min.
3	Pl. Salam - Hôpital Hassan II. (über Bouargane)	8 km	30 Min.
4	Pl. Salam - Facultes (Uni - über Bouargane)	7 km	30 Min
5	Pl. Salam - Pl. Massira (Umsteigen zum Flughafen)	10 km	30 Min.
6	Pl. Salam - Pl. Massira (über Dcheira)	10 km	30 Min.
7	Pl. Massira - Tarrast	3 km	26 Min.
8	Pl. Massira - Koleaa (über Ait Melloul)	11 km	35 Min.
9	Pl. Massira - Tikiouine (über Ait Melloul)	7 km	30 Min.
10	Pl. Massira - Lamzar (über Ait Melloul)	7 km	35 Min.
11	Pl. Massira - Temsia (über Ait Melloul)	12 km	35 Min.
12	Pl. Salam - Taghazout (üb. Hafen, Tamrakht)	21 km	50 Min.
13	Pl. Salam - Imiki (über Hafen, Tamrakht)	18 km	45 Min.
14	Pl. Salam - Tamri (über Hafen-Taghazout)	55 km	2 Std.
19	Pl. Massira - Drarga (üb. Ait Melloul - Tikiouine)	10 km	30 Min.
21	Pl. Salam - Ait Melloul (üb. Faculte - Tikikouine)		40 Min.
22	Pl. Massira - Flughafen El Massira (Ait Melloul)	8 km	30 Min.

Der *Place Massira* liegt in Inezgane, hier fahren die Busse nach außerhalb ab.

Busse zu den Stränden in Richtung Tamri, Tarhazoute (Taghazout) (Nr. 12 und 14) fahren stündlich.

Vom (zum) Flughafen verkehrt:
Linie 22: Flughafen - Inezgane, ab 6 Uhr morgens alle 40 Min., 3 DH; weiter von Inezgane nach Agadir: Stadtbus Nr. 5, Preis: 2,10 DH.

Fernverkehrsbusse

CTM-LN-Busse
CTM-Bahnhof, Bd Muhammed Cheikh Saâdi, Tel. 82 20 77. Ein weiterer CTM-Bahnhof befindet sich am Bd Hassan II.

Zentraler Abfahrtsplatz der privaten Linien für lange Busstrecken ins In- und Ausland ist **Inezgane.** Ab hier werden alle Verbindungen innerhalb Marokkos abgewickelt und diverse Großstädte in Westeuropa angefahren. Die staatliche Linie CTM fährt von Agadir und Inezgane gleichermaßen ab. Hier kann man sich die Fahrt nach Inezgane getrost schenken, zumal die meisten Busse sowieso über Inezgane fahren bzw. aus Inezgane kommen. Auch bei den privaten Linien lohnt es sich, erst einmal abzuchecken, welcher Bus eventuell ab Agadir fährt, es gibt mehr als man denkt! Es empfiehlt sich unbedingt, ein bis zwei Tage vor Abfahrt das Bustikket zu kaufen bzw. reservieren zu lassen, da sonst die Gefahr besteht, keinen Platz zu bekommen.

CTM-Verbindungen

➡ *Agadir – Casablanca*
(Expressbus) über Essaouira, Safi, El Jadida: 23 Uhr

➡ *Inezgane - Agadir - Casablanca*
7 Uhr, ab Agadir 7.30 Uhr, 8 Uhr, ab Agadir 8.30 Uhr

➡ *Inezgane - Agadir - Fès*
19 Uhr, ab Agadir 19.30 Uhr

➡ *Inezgane - Agadir – Marrakesch – Beni Mellal* (Expressbus): 12.45 Uhr, ab Agadir 13.15 Uhr

➡ *Agadir – Inezgane - Dakhla* (Expressbus): 19 Uhr, ab Inezgane 19.45 Uhr, Preis 325,50 DH

Petit Taxi an der Av. Mohammed V.

- *Agadir – Inezgane - Laâyoune / Smara* (Expressbus): 20.30 Uhr
  ab Inezgane 21 Uhr
  Preis 194,50 DH
- *Inezgane - Agadir – Safi (Essaouira)*:
  7 Uhr, ab Agadir 7.30 Uhr; 11 Uhr, ab Agadir 11.30 Uhr; Preis 70 DH
- *Agadir – Inezgane - Ouarzazate:*
  9 Uhr, ab Inezgane 9.30 Uhr, Preis 100 DH, Fahrzeit 10 Std.
- *Agadir – Inezgane - Marrakesch:*
  8 Uhr, ab Inezgane 8. 30 Uhr; 12.45 Uhr, ab Inezgane 13.15 Uhr; 14.30 Uhr, ab Inezgane 15 Uhr; 19 Uhr, ab Inezgane 19.30 Uhr; Preis 64 DH
- *Agadir – Rabat – Tanger:*
  21.30 Uhr
- *Agadir – Tiznit - Tafraoute* : 3.30 Uhr, Preis 58 DH.
- *Agadir – Lyon* bzw. *Paris:*
  1x wöchentlich für ca. 1400 DH (billiger als Bahn)

Privatlinien

Bd Mohammed Cheikh Saâdi.
Die **Abfahrtszeiten** wechseln monatlich, deshalb sollte man sich unbedingt vorher erkundigen, die Zeiten gelten nur als Richtlinie,um die Häufigkeit der Abfahrten zu ersehen.

Busgesellschaft SATAS

- *Agadir – Tan-Tan:*
  6 Uhr, 9.30 Uhr, 14.30 Uhr (über Tiznit, Boulzakarne, Gouelmim), Preis 65 DH
- *Agadir – Tiznit*
  (von Marrakesch kommend, über Tiznit) 6 Uhr, 7.30 Uhr, 9.30, 14 Uhr
- *Agadir – Marrakesch:*
  8 Uhr, 12 Uhr, 20.30 Uhr
- *Inezgane – Casablanca*
  6.30 Uhr, 21.30 Uhr, 22.30 Uhr
- *Inezgane – El Jadida:* 6.30 Uhr

Busgesellschaft Pullman du Sud*:*

- *Agadir – Essaouira – Safi – Casablanca:* 20.45 Uhr

Eisenbahnbusse

O.N.C.F. (Busse der Eisenbahngesellschaft):
12, Rue des Orangers,
Tel. 84 04 19, 82 42 07, nur ab Inezgane
- *Marrakesch:*
  5, 9, 14 Uhr,
  Fahrzeit 3,5–4 Std., Preis 70 DH

- *Agadir - Dakhla:* 20.30 Uhr (über Gouelmim,Tan-Tan, Laayoune oder über Tana-Tan, Smara) 2 Tage.

Eisenbahn

Busanschluß besteht zu den Bahnhöfen nach Marrakesch, siehe ONCF-Busse.

Flugverbindungen

Flughafen El Massira in Aït Melloul, Tel. 83 91 02, 83 91 52

Royal Air Maroc in der Rue Général Kettani, Tel. 84 07 93, Reservierungen unter 83 90 01

Auslandsflüge v.a. nach *Nouakchott* (Mauretanien, *Dakar* (Senegal) und *Libreville* (Liberia) interessant. Alle Flugpläne wechseln halbjährlich (nächster Flugplanwechsel im Spätsommer 1999)

Inlandsflüge gehen nach

- *Casablanca,* mehrmals täglich
- *Laâyoune,* 2 x wöchentlich
- *Marrakesch,* mehrmals wöchentlich
- *Ouarzazate,* 1 x die Woche
- *Oujda,* 2 x wöchentlich
- *Rabat,* mehrmals wöchentlich
- *Tanger,* mehrmals wöchentlich
- *Tan-Tan,* 1x die Woche

Inlandsflüge sind preisgünstig, gehen aber fast immer über Casablanca, so daß sich ein Flug kaum rentiert. Mittlerweile gibt es bei *RAM* ein verbilligtes Wochenendticket mit spürbarem Preisnachlaß.

Taxi

- **Taxiruf:** (Grand Taxis) Tel. 82 10 28
- **Stadtfahrten** ca. 10-15 DH/km, nachts das Doppelte.
- Vom Flughafen verkehren nur Grand Taxis (100 DH), nachts mit 50% Zuschlag, deshalb ist es besser, den Bus zu nehmen (alle 30 Min., s. S. 128 und 148) oder Mitfahrer fürs Taxi zu suchen (bis zu vier Personen). Eine Fahrt zur Kasbah und zurück kostet ca. 60 DH.
- Ein großes Taxi kann auch für den gesamten Tag gemietet werden (ca. 600-700 DH); der Vorteil: Man kann den Tag einteilen, wie man will, und halten, wo man will. Als sehr zuverlässig gilt Herr *Soumaq al Bachir,* Taxi 144 (ca. 600 DH für einen Tag incl. Essen, 1000 DH für eineinhalb Tage).
- Ein **Sammeltaxi** (die blauen, großen Taxis) kostete 1995 zwischen 15 und 17 DH pro Person nach Taroudannt, nach Laayoune 150 DH und nach Guelmim 100 DH. Wer nicht so auf Tuchfühlung sitzen will, zahlt für den Platz, der leer bleiben soll, einfach den Fahrpreis mit.

RUND UMS AUTO

Autovermietung

(Siehe auch S. 385)

Viele Traveller kommen in Agadir an und mieten sich hier ein Auto; daher seien an dieser Stelle einige Preisvergleiche angegeben.

Zu berücksichtigen ist, daß bei allen Preisen noch 19% Steuer und die Versicherung hinzukommen. Organisiert Reisenden ist zu empfehlen, evtl. den lokalen Reiseleiter zu konsultieren, denn diese kennen in der Regel auch einige günstige und zuverlässige Agenturen.

Die meisten **Autovermietungen** liegen am *Bd Muhammed V.* fast nebeneinander oder sind in den Hotels untergebracht, so daß es sehr einfach ist (falls der Mietwagen nicht schon in Deutschland reserviert wurde), Preisvergleiche anzustellen. Grundsätzlich kann man sagen, daß die Fahrzeuge der größeren und internationalen Vermieter in besserem Zustand sind als die der kleinen und Kleinstvermieter, die häufig nur ein bis zwei Fahrzeuge in (sau)-mäßigem Zustand anbieten.

- **Avis**
  Av. Moh. V., Tel. 84 17 55.
  Flughafen El Massira, Tel. 84 03 45.
  Kategorie A, z.B. Fiat Uno 1.1 oder Punto für 495 DH/Tag (Avis Spezialtarif inkl. 3000 DH Selbstbehalt im Schadensfall), Kategorie B, z.B. Peugeot 205 GL, Opel Corsa oder Renault 5 für ca. 520 DH/Tag; die Kilometerzahl ist nicht begrenzt und Haftungsausschluß, Diebstahlversicherung und Steuern sind inklusive. Rückgabe auch in anderen Städten.

Meist günstiger über TUI zum Super-Value-Tarif zu buchen (siehe Teil III).

- **Europcar/Interrent**
  Bd Mohammed V., Tel. 84 50 27
  Rue Hubert Giraud, Immeuble Marhaba und am Flughafen Agadir-El Massira, Tel. 83 90 66
  Kategorie A: z.B. Renault 4, Fiat Uno: 3-6 Tage für 115 DM pro Tag, bei 7-13 Tagen 98 DM/Tag und ab 21 Tagen 87 DM/Tag. Fiat Uno für 138 DM bei 3-6 Tagen, 118 DM für 7-13 Tage und ab 21 Tagen 104 DM, Preise ebenfalls pro Tag gerechnet (alle Preise ab Deutschland), in Agadir pro Woche 2970 DH. Kategorie B: 1 Woche 3640 DH. Ab Deutschland: Ein Peugeot 205 kostet für 3-6 Tage 160 DM pro Tag, für 7-13 Tage 137 DM und ab 21 Tagen 122 DM pro Tag. Land-Rover und Minibus werden nur mit Chauffeur vermietet.
- **Tourist-Cars**
  Bd Mohammed V., Bungalow Marhaba, Tel. 84 02 00. Flughafen El Massira, Tel. 84 21 69. Ablieferung undAbholung am Flughafen möglich. R4: 250 DH/Tag + 2,50 DH/km, 3 Tage 1990 DH, 1 Woche 3437 DH. Handeln evtl. möglich, aber die Beschwerden häufen sich. Fahrzeuge von Fiat Uno bis zu größeren Peugeot- und Renault-Modellen und Minibus. Die Fahrzeuge gründlich nach Tauglichkeit kontrollieren, die älteren Baujahre sind nicht besonders in Schuß, eine Leserin bekam ein Fahrzeug ohne gültige technische Zulassung (entspricht unserem TÜV). Bei einem Leser wurde ein Neufahrzeug vermietet, das noch keine gültige Zulassung und Papiere (und nur die vorläufige Zulassung mit WWW im Nummernschild) hatte!

- **Hertz-Maroc**
  Av. Mohammed V., Bungalow Marhaba, Tel. 84 09 30
  Preise für R4 sind in etwa die selben, wie bei Tourist-Cars und Europcar, 6 Tage bei Buchung in Deutschland kosteten 1998 in Kategorie A DM 531 und Kategorie B 615 DM.
- **Golden Tours**
  Bd Muhammed V., Tel. 84 03 62; 3 Tage 1500 DH; vermietet auch Geländewagen ohne Chauffeur.
- **Budget**
  Av. Mohammed V., Bungalow Marhaba, Tel. 84 64 00, Fax 84 53 09, z.B. Fiat Uno für 320 DH pro Tag unter der Woche, Kilometerbegrenzung auf 200 km am Tag; 7 Tage bis 2100 km kosten 1680 DH, zusätzliche Kilometer 2.50 DH pro Kilometer. Renault Clio und Peugeot 205 kosten pro Tag unter der Woche 380 DH, eine Woche kostet - ebenfalls mit Kilometerbeschränkung - 1995 DH. Der zusätzliche Kilometer wird mit 2.80 DH verrechnet. Für den Flughafen gilt ein Zuschlag von 80 DH. Auch Geländefahrzeuge (Jeep Cherokee) 1490 DH/Tag unter der Woche (Wochenende teurer). Preiswerter ab Deutschland!
- **Colombia-Cars**
  36, Bis Rue Drarga (Talborjt), Tel. 84 46 48. Der Besitzer, Herr Tazit, spricht ein wenig deutsch, aber gut englisch. Die Vermietung arbeitet u.a. auch mit Jahn-Reisen zusammen und die Preise sind oft bis zu 40% billiger als die

der großen Vermieter. Sehr kulant, preisgünstig und schnelle Reaktion auf Fax-Anfragen. Fiat Uno 1 Woche 2250 DH.

- **AST-Voyages**
  Av. Hassan II., Tel.84 63 51/52, vermietet R4 mit Chauffeur. 11 Tage für 3 500 DH. Dies hat den Vorteil, daß der Fahrer das Fahrzeug auf seinen Namen einträgt und damit auch die volle Verantwortung übernimmt. Man muß sich außerdem um nichts mehr kümmern und erhält viele Zusatzinformationen durch den Fahrer .
- **Afrique Cars**
  Av. Mohammed V., Tel. 84 07 50,
  R4 500 DH/Tag (laut Tafel), 7 Tage ca. 2000 DH, einfache Autovermietung, trotz Preislisten ist der Preis meist Verhandlungssache, vor allem ab 3 Tagen bis einer Woche sehr preisgünstig. Die Zuverlässigkeit der Autos sollte allerdings gründlich geprüft werden.
- **Amadou Cars**
  Av. Hassan II., Ecke Av. Mouqaouama, Tel. 82 50 10. Gute Vermietung, die vom Manager des *Petit Suede Hotels* betrieben wird. 1 Tag 450 DH, ab 7 Tagen Mietdauer pro Tag 250 DH.
- **Ifni-Cars**
  Av. Hassan II., Tel. 82 48 72, laut Leser nicht zu empfehlen: Die Fahrzeuge sind in schlechtem Zustand, nur beschränkte Rückzahlungen bei Reparaturen.
- **Always-Cars**
  Av. Mohammed V., in der Nähe des Hotels Marhaba. Tel. 84 59 37. Bei der Miete eines Geländewagens (pro Tag 1200 DH) gab es bei einem Leser Probleme (ohne Kreditkarte Vorauszahlung, Ablieferung bei Nacht mit blanken Reifen, undichte Windschutzscheibe und Türen), andere waren wieder recht zufreiden.
- **Tikki Cars**
  107, Av. Hassan II., Tel. 82 09 81, 84 38 46. Fiat Uno 10 Tage 3200 DH, 7 Tage 2400 DH, R4: 10 Tage 2800 DH, 7 Tage 2100 DH.
- **Moon-Cars**
  Résidence Farah, Rue de la Foire,
  Tel. 82 26 50. Fiat Uno für 490 DH pro Tag, 3 Tage 1290 DH und 1 Woche 2490 DH. Peugeot und Renault 5 für 550 DH pro Tag, 3 Tage 1500 DH und 1 Woche 2800 DH. Jeep 4x4 kostet für 1 Tag 1750 DH, für 3 Tage 5100 DH und für 1 Woche 8500 DH, zuverlässiger Vermieter.
- **Week-end-Cars**
  Bungalow Marhaba, Bd Mohammed V., Tel. 84 17 13, Fax 84 17 13. Guter Service, kulant und empfehlenswert. R4 GTL für 450 DH am Tag bei unbegrenzter Kilometeranzahl, 3 Tage kosten 1350 DH und 1 Woche 2310 DH. Außer Renaults noch Fiats und Peugeots. Leser bezahlten für einen Fiat Uno (nach Verhandlungen) bei 14-tägiger Miete nur 4000 DH, andere 4700 DH (incl. aller Abgaben, Versicherungen, unbegrenzte Kilometer). Das ist um 35% günstiger als bei großen Vermietern. Es gibt dort sehr günstig (ca. 600 DH/Tag) Geländewagen zu mieten. Ein deutschsprachiger Prospekt ist vorhanden.
- **Holiday-Cars**
  am Flughafen. Fiat Uno kostet pro Woche 599 DM (!) bei unbegrenzter Kilometerzahl, Haftpflicht- und Vollkaskoversicherung sowie Steuern und Flughafengebühren. Peugeot 106 Für 739 DM.
- **Massira Travel-Massira Cars**
  Tel. 84 00 75, Bd 20 Août, R4: 450 DH/Tag, 1 Woche 2360 DH, Suzuki Vitara 4x4: 120 DH/Tag, 6300 DH/Woche.
- **Lotus-Cars**
  Av. Muhammed V., Bungalow Marhaba, Tel. 84 95 88, 82 18 52.
  1300 DH/3 Tage, 1960 DH/Woche; deutschsprachiger Prospekt. Nach Auskunft eines Lesers ist es wichtig, bei dieser Vermietung unbedingt die Vertragsbedingungen genau zu lesen, das Auto sollte unbedingt geprüft werden und bei Schwierigkeiten oder Reparaturen sollte man auf jeden Fall auf den Vertragsbedingungen beharren bzw. den Vertrag sorgfältig aufbewahren: Unserem Leser sollte trotz abgeschlossener Vollkaskoversicherung der Schaden nicht bezahlt werden, und sogar mit der Polizei wurde gedroht...

- **Voitures Sous**
  Av. Hassan II., Tel. 84 08 22 und 84 08 57
- **L.V.S.**
  52, Av. Hassan II., Tel. 84 08 22/ 84 08 57
- **Autos Cascades**
  Av. Hassan II., Tel. 84 37 01
- **Swiss Cars**
  Rue Hubert Giraud, B.P. 64, Tel. 84 01 13. R4: 140 DH/Tag + 1,50 DH/km, 1320 DH/3 Tage, 2100 DH/Woche. Vorsicht: Bei der Vollkaskoversicherung sind in den Mietbedingungen Reifen- und Karosserieschäden ausgenommen!
- **Star Cars**
  Hôtel les Almohades, Tel. 82 32 33
- **Pyramid Cars**
  24, Place du Souss, Tel. 82 01 51 und im Hotel Sud Bahia. Renault 4 kostet 500 DH am Tag, 7 Tage 2300, Fiat Uno für den gleichen Preis bei unbegrenzter Kilometeranzahl, Renault 5 ab 550 DH am Tag, 1 Woche für 3000 DH.
- **Trans Rent**
  Tel.84 33 78, 84 56 03
  Av. Hassan II. (siehe unten bei Motorrädern) vermietet auch Geländewagen.

Mietwagen und Taxis am Flughafen

Fiat Uno für 500 DH am Tag, 2 Tage 900 DH und eine Woche 2400 DH. Peugeot 205 ab 550 DH am Tag, 1 Woche für 2600 DH. Kilometerzahl unbegrenzt, Versicherungen und Steuern inklusive.

- **Hamza-Cars**
  46, Av. des F.A.R., Tel. 84 31 93, 84 12 72, Fiat Uno für 10 Tage 2800 DH; Fahrzeuge in schlechtem Zustand, Reifenschäden werden nicht ersetzt.
- **Auto Rent Maria**
  (im Sheraton-Hotel) Zulassungspapiere, etc. sollen laut Leserzuschrift nicht in Ordnung und die Wagen in schlechtem Zustand sein.

Werkstätten/Vertretungen

- **Honda-Motorradwerkstatt**
  Av. Président Kennedy; sehr hilfsbereit, allerdings wenig Know-how und Werkzeug. Tel 22 07 07
- **Castano et Cie.**
  Tel. 22 01 91. Av. Cadi Ayad. Renault-Vertretung.
- **Atelier Téchnique Autos**
  Av. Hassan II., Tel. 84 22 63. Volvo, Isuzu, Mercedes, Opel, Mazda, Hyundai, Chevrolet-Vertretung.
- **Auto-Hall**
  Rue de la Foire, Tel. 84 80 96, Fiat, Ford, Opel-Vertretung.
- **Fiat**
  Ecke Avenue, Hassan II. und Av. Mouqaouama. Tel. 84 87 38.

Auskünfte zur Fahrzeugverzollung

Im Hafen gibt es ein neues Hauptzollamt im sogenannten neuen Hafen, dort kann man sich Informationen wegen Import von Pkw holen (Fazit: aussichtslos bis unrentabel).

Automobilclub

Es gibt in Agadir eine **Außenstelle des ADAC,** die von Frau *Sigrid Graetz* und Mitarbeitern mit viel Engagement betrieben wird. Die ADAC-Filiale hilft bei den nötigen Papieren (Zollbefreiungserklärung), falls ein Ersatzteil aus Deutschland eingeflogen werden muß, und bei sonstigen Problemen rund ums Automobil bzw. bei Inanspruchnahme des Auslandschutzbriefes.

- **ADAC, Sigrid Graetz**
  Immeuble Errachade, Entrée 2,
  App. 141, Av. Muhammed V.,
  Tel. 84 37 52
  Fax 82 51 54

Notfall

Polizei
Route de Marrakech, Rue du 18 Novembre, Tel. 82 22 43
Notfallrufnummer: landesweit 19
Feuerwehr: Tel. 15

Nachtapotheke
Im Rathaus von Agadir *(Municipalité d'Agadir)*, Tel. 84 33 39, 24 Stunden geöffnet; normale Apotheken haben von 9–13 und 15–19 Uhr geöffnet.

Krankenhäuser

- **Hôpital Hassan II.**
  Route de Marrakech, Tel. 84 66 86–88.
- **Clinique Al Massira**
  Av. Hassan II, Tel 84 10 16r
- **Polyclinique de la Cnss**
  Tel. 82 49 56, Av. Mly Youssef, Extension X, .
- **Clinique des Nations Unies**
  Pl. de Nations Unies, Tel. 82 52 31.

Ärzte

Allgemeinärzte
Als guter und sehr freundlicher Arzt gilt *Dr. Ouahmani Abdellah*, Place Assais Tikouine.
Ebenfalls empfehlenswert ist der deutschsprachige Arzt *Dr. Akerbib*, Tel. 22 71 56. 8, Rue Souk el Had (Quartier Industriell).
Als guter **Kinderarzt** wird von NUR *Dr. Mouhid* angegeben.
Dr. Grich, eine spanische Ärztin, ist ebenfalls zu empfehlen. Immeuble Oumlil, Av. Hassan II, Tel. 84 17 50.

Chirurg
Ebenfalls empfohlen wird die chirurgische Klinik von dem Franzosen *Dr. Paul Hemelin*, Clinique de la Residence, 34, Rue Mehdi ben Toumert Talborjt, Tel. 82 36 82/83. Die Klinik ist sauber und verfügt über moderne Einrichtung. Dr. Hemelin spricht englisch und auch etwas deutsch.

Internist
Dr. Tarik Ljubuncic, Av. des F.A.R. Imm. Mistine, Tel. 82 20 78, ist gebürtiger Jugoslawe und spricht gut deutsch. Sie finden ihn, wenn Sie entlang der Av. Moulay Abdellah bis zum Ende in Richtung Moschee gehen, dann ein Stück rechts und die nächste Querstraße um die Ecke.

Zahnarzt
Dr. Berrada, Av. Hassan II, Imm. Oumlil, Tel. 22 06 24, Spanierin.
Dr. Touhami, Av. Moulay Abdellah, Imm. M2, App. 4, Tel. 82 26 48, spricht englisch und hat in Frankreich studiert. Er ist ziemlich teuer, arbeitet aber sauber und gut und verfügt über eine moderne Praxis.

Tierarzt
Dr. Albert, Poliklinik, Tel. 82 49 56 bzw. Klinik Assoulil, Tel. 84 38 18.

Internetcafés

AG@DIR NET, 33,034 Imm. Oumlil, Av. Hassan II. Tel.: 82 11 80, e-mail: postmaster@agadirnet.net.ma. 40 DH pro Surfstunde!!
G@BE NET, Imm. Tigourramine, neben Café Tafanoute, Av. Hassan II, Tel. 84 35 85.

Fahrrad-/Motorrad-Vespaverleih

- **Fahrrad-/Motorrad-/Vespaverleih**
  Av. Muhammed V. beim Hotel Salam oder beim Hotel Europa; Motorrad 1 Tag 200 DH, 1 Std. 50 DH, ½Tag 150 DH; Mountainbike 1 Tag 80 DH, ½Tag 50 DH, 1 Std. 20 DH
- **Trans Rent**
  Av. Hassan II., neben Hotel Kamal, Tel. 84 56 03. Vermietet Motorräder und Geländewagen; Yamaha 125 incl. Steuer und Versicherung ca. 250 DH/Tag.
- **Univers Moto Rent**
  am Bd Muhammed V. beim Hotel Anezi (die Büroadresse lautet: Rue Taran,

Tel. 82 32 24); nicht zu empfehlen: schlecht gewartete Fahrzeuge, die häufig schon nach kurzen Fahrten „en panne“ sind; läßt man dann das Fahrzeug reparieren, ersetzt der Vermieter die Kosten nicht.

- Einen weiteren Motorradverleih gibt es am Bd du 20 Aôut in der Nähe vom Restaurant Langouste, beim Hotel Les Almohades und Club Med. Ein Honda-Motorrad kostet dort 220 DH/Tag.
- **Der preiswerteste Verleih** liegt an der Strandpromenade nahe des Haltepunkts der kleinen Bimmelbahn und des „Complexe Tafoukt“: 1 Std. 50 DH, ½Tag 130 DH, 1 Tag 180 DH für ein Motorrad bzw. -Roller.

Banken/Wechselstellen

In fast allen größeren Hotels besteht Tauschmöglichkeit zum offiziellen Kurs, außerdem gibt es zahlreiche Banken in den Straßen Av. Hassan II., Av. Général Kettani, Av. des F.A.R. und Bd. 20 Aôut.

Beachten Sie, daß die Banken oft schon um 11 Uhr schließen und meist erst wieder zwischen 14.30 und 15 Uhr öffnen. Im Ramadan haben sie häufig nur vormittags geöffnet bzw. machen eine längere Mittagspause! Am Aït el Fitre zum Ramadanende und am Aïd el Kebir, dem Opferfest, sind auch die Banken am Flughafen nur mit Einschränkungen geöffnet, d. h. man sollte in dieser Zeit über ausreichend Bargeld für drei Tage verfügen.

Die Bank am Bd du 20 Aôut, im Gebäude des Al Madina Palace-Hotels, hat auch Samstag vormittags, die Bank im Sahara-Hotel täglich (auch am Wochenende) von 10–14 und 16– 20 Uhr geöffnet!

Eine **Wechselstube** befindet sich am **Flughafen.**

Reisebüros

- **Atlas Tours**
  Av. Hassan II., Tel. 84 26 43
- **Atlas Voyages**
  40, Av. de l´Armée Royale, Tel. 82 30 03.
- **Bovoyage**
  Av. General Kettami, Tel. 84 35 17. Sehr gutes Reisebüro, das mit vielen deutschen Veranstaltern zusammenarbeitet. Sehr zuverlässig und interessante Programme. Von dort können auch komplette Rundreisen für Selbstfahrer (mit Mietwagen inkl. Hotelbuchungen) im voraus arrangiert werden, so daß man vor Ort nur noch das Auto in Empfang nehmen und zum vereinbarten Übernachtungstermin im vorausgebuchten Hotel ankommen muß. Es geht aber auch, nur ein Fahrzeug alleine zu mieten. Bovoyages organisiert sogar Symphoniekonzerte in der Wüste! Außerdem sind sie auch im Internet vertreten.
- **Globus Voyages**
  Bd du 20 Aôut und 109, Bd Mohammed V., Tel. 84 28 60
- **Holidays Services**
  Av. Hassan II., BP 272,
  Tel. 84 16 31, 84 12 20
  Fax 84 18 49; deutschsprachig, arbeitet mit TUI zusammen.
- **Voyages Atlantica**
  Av. Hassan II., Tel. 84 40 17
- **Sahara-Tours Voyages**
  13, Pont Ait Melloul, Tel. 24 09 69
- **Top-Voyages**
  Imm. Tarik Annoumou,
  Av. Hassan II., Tel. 84 65 08
- **Sud-Voyages**
  Bd Muhammed V., Tel. 84 07 46
- **Touring Voyages**
  1, Av. des F.A.R., Tel. 84 15 55
- **Karam Voyages**
  10, Place Prince Héritier Sidi Mohammed, Tel. 84 10 30
- **Hyatt Voyages**, Rue de Madrid
- **Wagons Lits Tourisme Maroc**
  26, Av. des F.A.R., Tel. 84 15 28
- **Massira Travel**
  Bd du 20 Aôut, Tel. 84 08 43
- **Meditours**
  Imm. Sopradir, 23, Av. Prince Moulay Abdallah, Tel. 82 44 26
- **Menara Tours**
  341, Av. Hassan II., Tel. 84 27 32
- **Fès Voyage**
  Rue de l´Hotel de ville, Tel. 84 25 53
- **Souss Tourisme**
  20, Av. des F.A.R., Tel. 84 13 86

Post/Telefon

Hauptpost
In der Av. Prince Héritier Sidi Muhammed; geöffnet Mo bis Fr von 8.30–12 und 14-18.30 Uhr; Telefonzentrale geöffnet von 8.30–21 Uhr durchgehend.

Telefonieren
Zahlreiche Teleboutiquen und Telefonzellen mit Selbstwahl (Karten- und Münztelefone) sind über das gesamte Stadtgebiet verteilt.
Vorsicht bei Telefonkarten: Zahlreiche private Betreiber bieten eigene Telefonkarten an, die dann bei der Konkurrenz nicht verwendet werden können. Teleboutiquen wechseln Scheine in 5 DH-Stücke, mit denen problemlos ins Ausland telefoniert werden kann. In der Boutique ist Telefonieren billiger als im Hotel.

Ausflüge

Organisierte Ausflüge

In allen Hotels, in denen Reisegruppen der großen Veranstalter untergebracht werden, sind Ausflugsprogramme ausgehängt, die man dort buchen kann. Ebenso besteht die Möglichkeit, über die vielen Reisebüros (s. nebenan) in Agadir Ausflüge zu buchen. **Bevorzugte Ziele** sind Marrakesch, Amtoudi mit der Speicherburg *Id Aissa,* Tafraoute, Tiznit, Tassila („Berberabend") und der *Souss Massa-Nationalpark,* gelegentlich auch Ouarzazate.
Organisierte „Strapazenausflüge", z. B. nach Marrakesch an einem Tag hin und zurück oder zur Speicherburg Id Aissa (Amtoudi) ebenfalls an einem Tag, sind meiner Meinung nach unsinnig. Morgens um 5 Uhr ist Abfahrt, eine Stunde bleibt für den Bazarbummel in Marrakesch, zwei Stunden Badeaufenthalt und Ruhepause in einem Hotelgarten, dann geht es wieder zurück.
Wenn man sich als Pauschaltourist nur ein wenig **Eigeninitiative** zutraut, so sollte man kurzerhand einen Fiat Uno, R4 oder R5 mieten und auf eigene Faust losfahren und solch einen Ausflug auf zwei bis drei Tage ausdehnen, selbst wenn das Hotelbett in Agadir dann leer bleibt. Es gibt allerdings auch organisierte Ausflüge nach Marrakesch und Taroudannt, die zwei Tage dauern.

- Wer in kleineren Gruppen Ausflüge machen will, kann sich an Herrn **Moulay Muhammed Achhifi** wenden (jeden Abend ab 20 Uhr vor dem *Restaurant Le Fouquets* nahe dem Hotel Les Almohades zu erreichen, Tel. 84 16 86, privat 82 04 52). Er führt mit seinem Mitarbeiter Kamal Ausflugsfahrten in Minibussen durch. Preise für Halbtagesausflüge liegen in etwa bei 180 DH, für 1-Tagesausflüge bei 300 - 350 DH. Sowohl Moulay als auch Kamal sprechen ausgezeichnet deutsch!
- Ebenfalls Ausflüge mit Minibussen veranstaltet Herr **Sekkou-Allali,** Tel. 84 47 09, der jeden Abend ab ungefähr 20 Uhr neben dem Hotel Mabrouk postiert ist. Er spricht gut deutsch. Es werden die gleichen Ziele wie von den großen Bussen angefahren, und die Preise pro Person sind in etwa gleich. Da aber die Gruppe aus maximal neun Personen besteht, läßt sich die Tour individueller gestalten.

Bislang wurden bei den Reisebüros oder direkt im Hotel über die Veranstalterprogramme Ausflüge mit der Motoryacht „Abu Karim" zum **Haifischfang** (350 DH) angeboten. Das Unternehmen soll weniger blutrünstig verlaufen als vermutet und sogar Spaß machen. Nach Leseraussagen sind die „Haie" aber an Land gegangen, d.h. die Touren fanden nicht mehr statt. Vermutlich wurde aber nur in Touristenarmen Zeiten eine Betriebspause eingelegt oder das Schif war ausgefallen.

Auskünfte über die Fangtouren:

- **Sous Plaissance**
  Av. Hassan II., Imm. Sud Bahia
  Tel. 82 11 25 oder Fax 84 07 26, bei *Massira Travel.*

Beliebte Ausflugsziele, die von Reisebüros angeboten werden, sind **Tassila im Massatal:** gegessen wird im Berberzelt, Folklore wird dargeboten, alles sehr touristisch.

Die Landrover-Touren (ca. 10 Fahrzeuge voll besetzt) nach **Sidi R'bat,** z. B. von Holiday-Tours, laufen folgendermaßen ab: Es wird kurz angehalten, Gelegenheit zum Knipsen, dann ein „Sprint" zum Strand, und nach etwa zwanzig Minuten geht es wieder zurück... Viel angenehmer ist es wirklich, sich für einen Tag ein Auto zu mieten und in aller Ruhe selbst hinzufahren und sich denTag nach eigenem Gusto einzuteilen (s. S. 151).

Ausflugsmöglichkeiten bestehen auch nach **Sidi Moussa d'Aglou** bei *Tiznit* (s. S. 202).

Halbtagesausflüge:

Taroudannt 300DH;
Immouzzer 180 DH;
Stadtrundfahrt 90 DH;
Tassila-Berberabend (17-22 Uhr) ca. 260 DH.

Tagesausflüge:

Marrakesch 350 DH; Segeltörn ca. 580-690 DH; Motoryacht ca. 500 DH; Haifischfang 350 DH; Landrover-Safari ca. 670 DH; Tafraoute 250 DH; Essaouira ca. 320 DH; Tiout/Taroudannt ca. 300 DH.

2-Tagesausflüge:

Tata-Akka ca. 1500 DH;
Marrakesch-Ouarzazate 1000 DH.

Individuelle Ausflüge

Alle genannten Ausflüge (mit Ausnahme der Bootsfahrten) lassen sich problemlos individuell durchführen - und den Sehenswürdigkeiten angemessener. Nachfolgend habe ich angeführt welche Zeit ich für die Ziele **bei individueller Planung** veranschlagen würde. Alle Ausflugsziele bzw. die nachfolgend beschriebenen Orte und Regionen sind gut mit öffentlichen Verkehrsmitteln zu erreichen. Wer Wartezeiten oder volle Busse scheut, sollte sich einen Mietwagen nehmen. Vergleichen Sie dabei die Preise, denn die in den Hotels untergebrachten Mietwagenagenturen sind oft die teuersten. Verhandeln Sie um den Preis und die Mietkonditionen!

Geeignet für Tagesausflüge sind:

- Taghazout - Tamri - Immouzzer
- Tiznit
- Sous-Massa-Nationalpark mit Massatal
- Taroudannt und Tiout
- Marrakesch
- Gouelmim, Fort Bou Djerif

Zwei- bis Dreitagestouren

- Essaouira (notfalls auch an einem Tag)
- Tafraout (mit Agadir Tasguent 3 Tage)
- Marrakesch
- Gouelmim - Tarfaya - Laayoun (3 Tage)
- Tata-Akka (3 Tage)

Ausflug in den Anti-Atlas

Von Agadir nach Immouzzer

Die Strecke führt **62 km** nordöstlich von Agadir zum Ort **Immouzzer des Ida-Outanane**. Die Anfahrt über das hübsche „Paradise Valley" führt durch eine reizvolle Berggegend. Endpunkt sind die Wasserfälle bei dem Ort Immouzzer, das durch das Honigfest, welches früher im Mai oder Juni zur Honigernte gefeiert wurde, Bekanntheit erlangte. Dieser Ausflug ist bequem an einem Tag (mit evtl. Wanderung), notfalls auch als Halbtagesausflug machbar.

ANFAHRTSBESCHREIBUNG

Von Agadir aus geht es in Richtung Norden auf der Straße nach Essaouira und Taghazoute.

13 km hinter Agadir ist der Ort **Auria** und nach 14,5 km der große Ort **Tamrakht** erreicht. In Auria zweigt eine beschilderte Straße rechts nach Immouzzer ab. Wer noch Tamrakht besuchen will, kann in mehreren Cafes einkehren: z. B. *Yasmina, Belle Vue* und *La Baraka*. Der Ort ist bekannt für seine schmackhaften Tajines; Agadirer Familien fahren am Wochenende hierher zum Essen. Es gibt kleine, sehr süße Bananen zu kaufen, die im Mündungsgebiet des *Oued Tamrakht* angebaut werden. Markt ist am Mittwoch. **Übernachtung** ist in der **Auberge Imrouane**, an der Hauptstraße, Tel. 08/31 46 16/17, einem sauberen und ruhigem kleinen Hotel mit schönem Innenhof und hübschen Zimmern (DZ 150 - 300 DH) oder in der **Villa Freya**, mit zwei Schlafzimmern, Küche Bad und Wohnzimmer (Tel. 08/31 46 94), möglich . Ab Deutschland kann man die Villa Freya direkt beim Besitzer H. Hübner, Tel. 05264/8970 vorausbuchen.

Wer noch einen **Abstecher zum Meer** einlegen will, biegt kurz hinter Tamrakht, nach einer kleinen Anhöhe, links zum Strand ab. Am Friedhof vorbei, führt ein Feldweg direkt auf einen im Atlantik liegenden Felsen zu. Unbeschadet kann dieser aber nur bei Ebbe erreicht werden. Hier zu verweilen, ist sehr schön, man spürt die Kraft des Atlantiks und kann so richtig die „Seele baumeln" lassen. Aus vielen kleinen Kratern spritzt das Wasser fontänengleich heraus.

Weiter in Richtung Immouzzer fährt man zurück nach **Auria** und zweigt im Ortszentrum bei der **Auberge Littoral***,** Tel. 31 43 54, Fax 41 43 57; links (von Agadir rechts) nach Immouzzer ab. Die hübsche neue Auberge (eröffnet 1998, 20 Zimmer, 4 Suiten, 4 Appartments) mit Dachterrasse (Meeresblick) eignet sich als Feriendomizil, für alle die den Trubel von Agadir scheuen und lieber preisgünstig in einem kleineren Ort wohnen wollen. DZ 225 DH, Appartment 450 DH, Menü 65 DH. Zum Meer sind es ungefähr 400 m. Sehr freundliches Personal und Manager

Die Straße nach Immouzzer führt am meist ausgetrockneten Flußbett des Oued Tamrakht entlang. Es sind vom Abzweig 10 km bis zum Dorf *Alma (Oulma)* das bei Gesamt-Km 24 erreicht ist.

Die Straße schlängelt sich bergab in ein hübsches, von Oleander und Palmen gesäumtes Flußtal in Richtung Immouzzer, das in den 70er Jahren spaßeshalber **„Paradise Valley"** genannt wurde. Steinhändler bieten Fossilien und Mineralien an. Die schmale Straße schlängelt sich oft durch hohe Felswände und bietet herrliche Ausblicke ins romantische Flußtal.

Nach weiteren 8 km (Km 32) erreicht man ein kleines Dorf und überquert dann den Fluß *Asif Tamrakht* auf einer gut ausgebauten Furt (Bademöglichkeit); eine sehr schöne Gegend mit Bananenanpflanzungen. Nach dem Ort steigt die Straße steil an und führt bei Km 42 zum Ort **Tifrit (Hotel Tifrit, Café-Restaurant Chez Zenid,** Tel.: 08/82 60 44, einfaches nettes kleines Hotel, mit Pool, aber zu teuer für das Gebotene: DZ mit HP 320 DH, Etagenduschen). Der Ort liegt auf einer Hochebene mit schönem Blick nach unten, Felder und Olivenhaine befinden sich entlang des Weges.

Schleierwasserfall von Immouzzer

Bei Km 48 erreicht man **Taghzote;** Mandelbäumchen und Ginster blühen im Januar/Februar. Nach weiteren 8 km ist bei Km 56 das Tal der *Commune Immouzzer* erreicht. Bei Km 59 zweigt rechts eine Piste in Richtung *Agadir – Marrakesch* ab.

62 km hinter Agadir und 38 km von Tamrakht entfernt ist man in **Immouzzer** angelangt. **Unterkunft** gibt es im *****Hotel Cascades** (DZ mit HP 909 DH), das aber nach Aussagen von Teilnehmern einer Reisegruppe (Sommer 99) ungepflegt, und das Personal unfreundlich ist. Schöner Garten, Tennisanlage, Pool. Jagden und Ausflüge werden organisiert. Tel. 08/84 26 71, Fax. 82 16 71. Gutes Quellwasser ist oberhalb der Wasserfälle zu finden.

Im Ort zweigt links die steil abfallende Straße zu den Wasserfällen ab, die man nach 4 km erreicht. Man parkt bei einem Flußbett oder davor und wird sofort von der Dorfjugend „abgeschleppt“ und zu den 400 m weiter oben rechts liegenden Wasserfällen „geführt“, die aber in den letzten jahren im Sommer meist ausgetrocknet sind.

Wer von den **unglaublich lästigen Führern** – in ganz Marokko habe ich nichts vergleichbares erlebt – verschont bleiben will, sollte erst gar nicht bis zu den Wasserfällen fahren und lieber die schöne Fahrt bis Immouzzer genießen.

Wer es trotzdem wagt, sollte sich auf eine Meute Kinder und Jugendlicher einstellen, die einem nicht vom Rockzipfel weicht. Als Abschlußclou der ungewollten Führung zu den Wasserfällen wird dann ein Sprung vom Felsen in ein Wasserloch unterhalb des Wasserfalles vorgeführt, den sich die „Kunstspringer" teuer bezahlen lassen (wollen). Selbst nicht in Auftrag gegebene Vorführungen werden abkassiert, oder es wird zumindest lautstark reklamiert, wenn man nicht zahlen will. Dieses Spektakel ist wirklich dazu angetan, den Anblick des schönen Wasserfalls, der in dünnen Bändern über eine glatte, steile Felswand nach unten in ein glasklares Becken sprudelt, zu trüben. Die Möglichkeit, im Becken ein Bad zu nehmen, ist eher theoretischer Natur, v. a. als Frau hat man keine Minute Ruhe. Auf dem Rückweg schließlich wird man, sollte man noch nicht ausreichend gezahlt haben, wiederum begleitet und zum Zahlen aufgefordert.

Von Agadir nach Tamri

Die Küste nördlich von Agadir zwischen Tamrakht,Taghazoute und Tamri hat schöne Sandstrände mit ruhigen Buchten, die oft von Aleppokiefern gesäumt sind, zu bieten.

Zu den Stränden bei Taghazoute kann man mit den **Linienbussen** Nr. 12 und 14 stündlich ab 9 Uhr von Agadir (Place Salam) aus gelangen.

19 km hinter Agadir führt rechts ein Abzweig zur *Reha Horse Ranch,* einer Reiterranch, wo man sowohl Stundeweise reiten als auch tages- oder Halbtagesausflüge zu Pferd machen kann (s. Kapitel Agadir, Sport, S. 126).

20 km nördlich von Agadir liegt **Taghazoute Plage,** ein langer Sandstrand, der weniger überlaufen ist als der Strand von Agadir. Hier gibt es zwei **Restaurants,** mit moderaten Preisen (z. B. Tajine 40 DH, Steak 50 DH). Auch ein Laden und diverse Kioske sind vorhanden, ebenfalls Sonnenschirmverleiher.

Gegenüber liegt der **Campingplatz Paradis Plage** direkt am Strand. Der einfache Platz wird im Winter von zahlreichen „Wohnmobil-Überwinterern" genutzt. Sonst ist er ein ruhiger Ort etwas abseits des Agadir-Trubels. Die sanitären Anlagen des Campingplatzes sind sehr einfach, Duschen nur gegen Gebühr (kalte Dusche 3 DH, warme 7,5 DH). Gebühren 5 DH p. P., Caravan/Campingcar/Bus 15 DH, Pkw 5 DH, Motorrad 2,50 DH, Zeriba (allereinfachste Strohhütte ohne Fenster, nicht abschließbar, kein Bett, dreckig) 40 DH.

Etwas oberhalb liegt das Dorf **Taghazoute**, in dem es auch einige Quartiere für Touristen gibt. Hier kann man auch **Zimmer in Privathäusern** mieten z.B. im *Dar Jelly Bubble* von Thorsten Scholl. Die Preise in Privathäusern liegen zw. 60 DH (für ein einfaches Zimmer) und 650 DH (für ein herrliches Appartment oder Haus am Hafen). Abzuraten ist vom einzigen **Hotel** am Ort. Es sieht zwar von außen sehr nett aus, innen ist es allerdings mehr als dürftig. Die Duschen funktionieren nicht, das Klo stinkt, die Besitzer feiern eine Party nach der anderen (kann sehr laut werden) und werden unverschämt, wenn man als Hotelgast nicht bei ihnen essen möchte. Allerdings ist es sehr billig (ab der dritten Nacht 50 DH/DZ). Im Ort gibt es zwei sehr nette **Restaurants:** *Sable d'Or* mit Alkoholausschank, gutem Essen und herrlicher Terrasse (am Orstanfang links), sowie *Panorama Beach* mit sehr netter Wirtsfamilie, ausgezeichnetem Essen (Fisch für 25 DH) und auch sehr schöner Terrasse.

Nördlich von Taghazoute reihen sich zahlreiche schöne Strände (u. a. *Paradis Plage, Miami Beach* und *Surfer's Point,* ein beliebter Surfer-Treffpunkt) aneinander.

30–31 km nördlich von Agadir sind **Immi Oudar** und danach **Aghroud mit Agazoud Plage** erreicht, Orte an der Steilküste mit vielen Villen an den Hängen und schönen, sauberen Sandbuchten. Hier soll bis zum Jahr 2000 ein neues Touristikgebiet mit Hotels entstehen.

43 km nördlich von Agadir liegt das **Cap Rhir** mit Leuchtturm und schönem Ausblick aufs Meer.

Tamri, 56 km von Agadir entfernt, ist ein kleiner Fischerort. Das Gebiet wurde bereits in der Steinzeit bewohnt. Man fand in den Höhlen von *Ifrane Oughoua* zahlreiche Steinwerkzeuge. Bei Tamri mündet der *Aït-Ameur-Fluß* ins Meer. Im Mündungsgebiet und am Ufer gibt es zahlreiche Bananenanpflanzungen. Die Bananen sind sehr klein, schmecken aber ausgezeichnet.

Von Agadir nach Essaouira

ÜBERBLICK

174 km, P 8

Fahrzeit mit CTM-LN- oder SATAS-Bus auf sehr guter Asphaltstraße ca. 4 Std., (s. Agadir, „Verkehrsverbindungen", S. 148); mit Ausflugsbussen der Reiseveranstalter oder Reisebüros ca. 3 Std. Essaouira ist als Tagesausflug anstrengend, aber durchführbar. Um die unvergleichliche Atmosphäre Essaouiras kennenzulernen, ist aber ein zweitägiger Aufenthalt zu empfehlen.

ANFAHRTSBESCHREIBUNG

Die gute Straße führt vorbei an Taghazoute und Tamri, (s.o.) entlang der Küste. Hinter *Tamri* (56 km von Agadir) wird es karger, die Vegetation wird wüstenähnlich (Euphorbien und Kakteenpflanzen), und 9 km hinter Tamri ziehen sich Sanddünen bis zum Meer. Hier gibt es noch einsame Strände und traumhafte Ausblicke aufs Meer, denn die Straße schlängelt sich bergauf und führt dann oberhalb der Küste weiter.

Bei km 77 liegt links der Oued Tamkouirint. Man kann hier sein Auto parken und das Oued hinunterlaufen. Nach ca. 10 Min. erreicht man die **Gouffre d'Agadir Imoucha,** wo das Flüßchen aus einer Schlucht über mehrere halbkreisförmige Terrassen in Wasserfällen (wenn der Fluß Wasser führt!) nach unten zur Mündung fällt. Am Ende der Schlucht liegt das kleine Dorf *Tildi,* wo angeblich viele Heilige begraben sind.

5 km weiter, bei km 82 zweigt links die Piste zum Ort Immesouane ab. Die Beschilderung ist nur auf Arabisch und auch nur zu sehen, wenn man von Richtung Essaouira kommt. Die Pisteneinfahrt ist an einem weißem Betonstein erkennbar. Nach wenigen Kilometern teilt sich die Piste: Links geht es zum **N'Guit Felsen**, oberhalb des Dorfes **Tildi** (herrliche Aussicht), rechts geht sie weiter zum Dorf **Immesouane**, von wo man weiter nach **Immesouane Plage** kommt (siehe km 87).

Bei km 87 zweigt links eine Straße nach *Imesouane Plage* ab. Eine kleine, neu geteerte Straße führt 15 km lang hinunter zum Strand. Immesouane Plage ist ein kleiner Fischerhafen,

Agazoud-Plage

dessen Idylle leider mehr und mehr durch neue Bauvorhaben getrübt wird. 300 neue Häuser sind in Planung, ein neuer Hafen, gesponsert von Japan, ist bereits in Betrieb. Dennoch ist Immesouane Plage ein hübscher Flecken Erde in grandioser Landschaft. Entlang der Piste hinauf ins Dorf kann wild gecampt werden (viele Surfer!), und ein nettes Hotel lädt ein. Es gibt einen schönen Strand, der allerdings nur bei Ebbe betretbar ist, von welchem man nichts von den Bauarbeiten mitbekommt. **Übernachtung** in der sauberen und stilvoll eingerichteten **Auberge Kahina**, Tel. 08/ 82 60 32, DZ 160 DH, HP p.P. 160 DH. Vom Ort aus können jede Menge Ausflüge in die Umgebung gemacht werden (z.B. zu dem Gouffre oder ins Dorf). Hier wohnt auch der Maler und Schriftsteller *Abdallah Aourik,* der sich neben seiner künstlerischen Tätigkeit sehr für die Belange der Bevölkerung gegenüber den Behörden einsetzt.

Die weitere Landschaft ist jetzt von Thujen und Arganien geprägt. Ein Schild beim Ort *Souk Sebt Aït Tamanar* weist daraufhin daß hier die „Route des Arganiers“ beginnt. Zu den Arganien s.a. Kastentext S. 214

Nach 107 km ist der Ort **Tamanar** erreicht, das Zentrum der *Haha-Nomaden,* die vor allem durch ihre Tänze bekannt sind. Der Ort ist umgeben von kargem, mit Macchia und Arganien bewachsenem Gebirgsland; hübsche kleine Dörfer verteilen sich auf den Hügeln. Eine Erfrischung gibt es im sauberen und angenehmen **Café-Restaurant L'Etoile du Sud** bzw. im **Café Argana,** Lebensmittel in kleinen Geschäften, **Unterkunft** ist in dem einfachen **Café/Hotel Hassani** möglich.

Hinter dem Dorf **Oued Tassaraset** (124 km von Agadir) wird die Landschaft wieder gebirgiger, es wachsen viele Thujen-, Wacholder-, Oliven- und Arganienbäume in der dünn besiedelten Gegend. Am Straßenrand wird Arganienöl verkauft.

Ein Abzweig führt 126 km hinter Agadir links zum **Cap Tafelney** (Beschilderung *Plage Tafaroua)*. Hier kann man auf einer schmalen Teerstraße (14 km) bis zum Cap Tafelney fahren. Am Kap liegt ein kleiner Fischerort in bergiger Landschaft; der Sandstrand ist um den Ort verschmutzt, weiter weg aber sauber. Bei den Fischern kann man preiswert Fisch und Schalentiere kaufen.

138 km nördlich von Agadir liegt **Smimou,** ein kleiner Ort mit Läden und Tankstelle; Markt ist am Sonntag. In dem kleinen Ort **Tidzi**, nahe Smimou, befindet sich die **Coopérative d'Huile d'Argan**. Es handelt sich hier um eine Frauenkooperative, in welcher 20 Frauen der Umgebung arbeiten. Japan und Kanada unterstützen dieses Projekt, welches offen für Touristen ist. Die nette Directrice *Kab Zineb* führt interessierte Besucher gerne durch das Projekt und erklärt die Produktion. Ein kleiner Verkaufsraum ist angeschlossen. Tel. 04/47 66 45

Die Straße führt weiter durch waldige Gebirgsgegend, die nach 20 km wieder in Flachland übergeht.

2 km danach führt ein Abzweig links zum Turm *Had-Smimou* (10 km). Bei Km 162 zweigt links vor der Brükke eine Straße zu den phantastischen Dünenstränden von **Sidi Kaouki** und zum gleichnamigen **Marabut ab.** Nach 12 km ist Sidi Kaouki erreicht.

Geradeaus geht es nach *Essaouira* weiter.

Der große Marabut liegt direkt am Meer und wird immer wieder von Pilgern besucht. Das Grab des Heiligen ist neben dem eigentlichen Marabut. Hier liegt auch der kleine Ort, welcher zwei Pensionen und einen Campingplatz beherbergt: die **Auberge de la Plage - Club Equestre** gehört einem deutsch-italienischen Paar. Die nette Reiterpension hat ein hübsches Restaurant, die Zimmer sind einfach, aber sauber, das Personal ist sehr nett. Preise: DZ mit Bad 290 DH, EZ mit Bad 190 DH, ohne Bad 210, bzw. 135 DH. Alle Zimmer mit Meeresblick. Tajine 60 DH, Ausreiten 100 DH/Std. Adresse: BP 218, 44 000 Essaouira. Tel 04/47 66 00, Fax. 04/47 68 01.

Die andere Auberge ist die sehr hübsche **Residence Sidi Kaouki.** Sie ist ganz in blau-weiß gehalten und wird durch einen eigenen Brunnen versorgt. Es gibt zehn sehr gemütliche Zimmer und ein ausgesprochen nettes Restaurant, das abends geöffnet ist (mittags nur Schnellimbiß). Die Zimmer haben teilweise eigene Bäder und liegen alle mit Blick aufs Meer. Die Preise liegen das ganze Jahr über bei 165 DH für DZ/ B&B. Nur Etagenduschen. Die *Résidence Kaouki* wird seit drei Jahren von neuen Besitzern betrieben und ist v.a. ein Treffpunkt für Surfer. Das Haustier, ein Chamäleon, hängt an der Lampenschnur. Das marokkanische Personal ist sehr nett. Das Essen ist sehr gut und die Zimmer sind sauber. Tel. 04/ 78 32 06, Fax. siehe *Villa Maroc*, Essaouira.

Der öffentliche Campingplatz ist äußerst rudimentär und wird von einem alten verwirrten Mann geführt, der weder französisch noch sonst

Das Marabut von Sidi Kaouki

eine Fremdsprache kann. Einigermaßen sauber, Preis Verhandlungsssache. Man kann neben dem Areal auch wild campen. Versorgungsmöglichkeiten über die Strandbuden am Parkplatz oder durch fliegende Händler, die Brot, Eier und Fisch verkaufen.

Sidi Kaouki gilt neben *Sidi Bouzerktoun* (nördlich von Essaouira) als das **beste Surfrevier Marokkos,** allerdings nur für geübte Surfer, da die Wellen ziemlich hoch sind. Es gibt von Essaouira aus eine **Busverbindung** nach Sidi Kaouki. Der Bus Nr. 5 verkehrt von morgens um 7 Uhr bis 21 Uhr abends.

Entlang dieser Strände zieht sich eine einsame, von Arganienbäumen und Pinien gesäumte Küstenlandschaft, die man auf kleinen Abzweigen auch mit dem Auto erkunden kann. Viele Camper haben die Region als Wildcamprevier entdeckt. Besonders scchön ist auch die Küste nördlich von Essaouira.

170 km hinter Agadir, beim Ort *Oued El Kebab,* und 3 km vor Essaouira führt ein Abzweig links zur **Auberge/Camping Tangaro.** Das schöne, kleine Hotel liegt in bewaldeter und ruhiger Gegend. Es ist sehr gut geführt (franz. Leitung) und verfügt über einen gemütlichem Innenhof mit Terrasse und kleinem Campingplatz; leider ist es etwas weit zum Meer. Wer's ruhig mag und Wandern dem Baden vorzieht, ist hier gut aufgehoben. Die Auberge ist beliebter Travellertreffpunkt. Das DZ mit Halbpension kostet ca. 550 DH (für zwei Personen), zur Ferienzeit ca. 580 DH, das DZ ohne Halbpension ca. 300 DH; Camping 20 DH/Person/Camper, Pkw 10 DH.

ESSAOUIRA

Früher hieß die Stadt *Mogador*, angeblich benannt nach dem Heiligen und Patron *Sidi Magdol* (das Grab liegt am Eingang zur Stadt). Der Name könnte aber auch von dem Wort *Amegdol* („die Wohlbehütete") abstammen.

Essaouira ist auf den Felsen an der Küste gebaut. Kein Tourist sollte es versäumen, die ehemals portugiesische Stadt zu besuchen: Attraktionen sind der Fischerhafen mit Werft, die portugiesische Festung, die rote Stadtmauer und vor allem die beindrukkende, vollständig erhaltene **Altstadt,** die **stark andalusisch geprägt** ist: weiße, zweistöckige Häuser mit grün und blau eingefaßten Tür- und Fensterrahmen und runden, gelb eingefaßten Torbögen.

In der Stadt herrscht eine ganz eigene Atmosphäre. Obwohl noch viele Frauen verschleiert im weißen Haik gehen und alles auf den ersten Blick eher streng islamisch wirkt, hat sich doch eine kleine Künstlerkolonie mit Malern und Galerien und eine lebhafte, eher alternative Touristenszene entwickelt. Essaouira ist Surfer-Treffpunkt und gilt als individuelle Alternative zum Touristenghetto von Agadir.

GESCHICHTE

Die Ursprünge des Hafens und des Handelsplatzes gehen auf *Hanno* (karthagischer Admiral um 465 v. Chr.) zurück, der hier Halt gemacht haben soll.

Der Nubierkönig *Juba II.* unterhielt im 1. Jahrhundert Purpurmanufakturen. Der rote Farbstoff, der von der Purpurschnecke stammt, gab den vorgelagerten Inseln ihren Namen („Purpurinseln", *Iles de Mogador* - jetzt Naturschutzgebiet).

Im 11. Jahrhundert brachten Karawanen, die vom Senegal und Niger kamen, Elfenbein und Goldstaub nach Essaouira. 1506 wurde in der Stadt ein portugiesisches Fort errichtet. Zeitweise diente die Stadt auch Piraten als Unterschlupf.

Die eigentliche Stadtgründung erfolgte dann Mitte des 18. Jahrhunderts. Die Stadt wurde nach den Plänen des gefangenen französischen Ingenieurs *Cornut* unter der Herrschaft von *Muhammad Ibn Abdallah* 1773 erbaut. Im Gegensatz zu den anderen marokkanischen Städten verlaufen die Straßen schnurgerade im rechten Winkel.

Mogador wurde nach der Schließung des Hafens von Agadir wichtiger Hafen und Handelsplatz. Zahlreiche jüdische Händler ließen sich in der Stadt nieder. Im 19. Jahrhundert beherrschte Mogador 40% des überseeischen Handels des Landes. Karawanen aus *Timbouktou* brachten Gold und Elfenbein aus dem Süden und tauschten es gegen Lederwaren, Salz und Zucker aus Marokko.

Erst im 20. Jahrhundert nahm die Bedeutung als Handelsstadt ab, als durch die französische Besetzung von Timbouktou der Saharahandel unterbrochen wurde. Heute ist Essaouira (ca. 45 000 Einwohner) vor allem als Fischereihafen und Badeort wichtig, und es ist eines der sehenswertesten Städtchen in Marokko.

Fortsetzung auf Seite 171

Am Uhrenturm

ESSAOUIRA
ATLANTISCHER
OZEAN
zum Busbahnhof und Sammeltaxis
DZIRA LOUCTANIYA
JARF HMAM
DOUKKANA
JARF BARMIL
AZROU AYLAL
IRAYFAT
Boulevard de l'Industrie
Rue Gharwat Oahbi
Rue Gharwat Badr
Marché de Gros
Busbahnhof, Taxis
QUARTIER
INDUSTRIEL
Av. 2 Mars
Avenue Regraga
Avenue Idriss Ier
DOUKKALA
LALLA
AMINA
LOTISSEMENT
AL BOUHAYRA
Lyceum
Avenue Rabat
Avenue Fes
Lalla Aicha
Al Massirs
Al Khadra
Boulevard Mulay Yussu
Café
Bab Doukkala
AL MALLAH
BAKHAR
Mohammed Zerktouni
Suq Jdid
CHBANET
Rue Mohammed el Gorry
DERB AGADIR
Bab Marrakech
Erste Hilfe Sanitätsstation
Avenue
Rue 10
Ensemble Artisanal
Mohammed Ben Abdallah
Av. de l'Istiqlal
Große Moschee
Mechouar
LHADDADA
AL QACHA
Camping-gas
R. Attarin
R. D. Laalouj
Ibn Nafi
Villa Maroc
Pl. Moulay el Hassan
Jack's Kiosk
Bab
Skala de la Kasbah
Nordbastion

QUARTIER HAMMOU
QUARTIER DES DUNES
Province
Rue de Stade
Délgation de Jeunesse et Sports
B. d. A. Lalla Hasna
Rue Lalla Maryiem
Al Jazira
Villa Quieta
Bd Mohammed V.
Gärtnerei
Reitclub
nach Agadir, Safi und Marrakech
Rue 12
Strand
kleiner Vergnügungspark
Surfclub
Wetterstation
du Port
Coquillage
Chez Sam
Fischer-hafen
Porte de la Marine
Sqala de la Kasbah
LA LOU
ATLANTISCHER OZEAN
Kirche
Hotel
Restaurant
Café
Museum
Bank
Tourist-Information
Post
Polizei
Moschee
Friedhof
Uhr-, Turm
Leuchtturm
Sportplatz/Stadion
Krankenhaus
Campingplatz
200 m
N

BENHILA

von Franz Riegel

Die Frauen, die in ihren Haik gehüllt durch die Gassen schlurfen, an der Stadtmauer auf dem Boden kauern, am Rand des Brunnens sitzen, sind mir fremd. Der Haik verhüllt die Figur, der Gesichtsschleier verdeckt Mund und Nase, und nicht einmal am Gang kann man das Alter der Frauen schätzen. Nur die Augen sieht man, wenn man nicht höflich den Blick abwendet. Was sind das für Frauen? Warum tragen sie das Verhüllungstuch und den Schleier?

Ich hatte das Weitwinkelobjektiv montiert, hatte die Kamera um den Hals gehängt und fotografierte aus dem Verborgenen. Ich fotografierte die Fleischerläden mit den Hammelköpfen, den gerupften Hühnern und den halbierten Rindern. Ich fotografierte einen Stand, an dem eine verschleierte Araberin Büstenhalter feilbot, das handgetriebene Riesenrad, das Karussel mit den demolierten Plastikpferden, die Schiffschaukel, einen blinden Bettler und den Transvestiten, der in der Losbude die Gewinne ausrief. Hinter dem Hotel „Bel Rivage" bog ich in eine Gasse ein, die, von der Stadtmauer beschützt, zum Meer führte. Auf der Zitadelle sah ich den Möwen zu, die über die Kanonen flogen. In einem Turm der Zitadelle war eine Galerie untergebracht. Obwohl ich nichts von Malerei verstehe, ging ich hinein. Die Bilder waren mir etwas zu naiv, erinnerten mich eher an Schülerarbeiten. Doch ein Bild gefiel mir: Der Strand von Essaouira war darauf in grellen Farben gemalt, erinnerte an die „Neuen Wilden". Dieses Bild war mit „BENHILA" gezeichnet.

Abdrahaman, das Faktotum der Galerie, machte mich mit Monsieur Melody, dem Besitzer der Galerie bekannt. Er bat mich in sein Atelier und zeigte mir Kataloge, in denen seine Gemälde abgebildet waren: Bonn, New York, Lissabon, Amsterdam. Eine Frau huschte in das Atelier. Sie trug einen weißen Haik, das „Große Verhüllungstuch für die Straße". Den Schleier hatte sie bis über die Nase gezogen, und von ihrem Gesicht sah ich nur die dunklen, mit Kajal umrahmten Augen. Ich sah, da sie gelbe Babuschen trug, daß ihre Füße mit rotbraunen Mustern bemalt waren. Sie reichte mir die Hand und lächelte. Ihr Händedruck war fest, was mich überraschte. Ganz leicht schimmerte ihr Mund durch den Schleier. Sie gab dem Faktotum eine in Zeitungspapier eingeschlagene Rolle, zwei Bilder, die vom selben Künstler gemalt waren wie das Bild „Strand von Essaouira". Ich betrachtete eines der Bilder. Es war ebenso grell, zeigte Ziegenköpfe, verschleierte Frauen, einen Arm, der sich quer über das Bild nach oben reckte, und einen Elefanten, der sich hier seltsam fremd ausnahm.

„Ich verstehe meine Bilder nicht" sagte Benhila. „Ich weiß nicht, warum ich so male. Aber warum gefallen Dir meine Bilder?" Aber wie sollte ich

Die Malerin Benhila

das mit meinen wenigen französischen Worten erklären? Bilder, die das Leben einer arabischen Frau zeigen, ein Leben unter Schleier und Haik, ein Leben durch die Augen gelebt: grell, verrückt, zerrissen, wenn man den Haik lüftet. „Ich freue mich sehr", sagte Benhila, beugte den Kopf und lächelte.

Ich bat Benhila, am Abend einen Tee mit mir zu trinken und war überrascht, wie selbstverständlich sie meine Einladung annahm. Auf der Terasse des Café France wartete ich auf Benhila. Würde Sie auch bei diesem Treffen ihren Haik tragen? Ich hoffte es, ein modernes Gewand würde mein Bild zerstören. Aber eine Frau im Haik, die im Straßencafe sitzt? Unvorstellbar! Und dann noch neben mir, einem Europäer.

Ich erkannte Benhila sofort, obwohl sie unter ihrem Tuch aussah wie all die anderen Frauen. Ich stand auf und begrüßte sie und freute mich über den Druck ihrer weichen, trockenen Hand. Zögend deutete ich auf den Stuhl. „Ich bitte sie, lassen Sie uns in ein etwas diskreteres Lokal gehen", sagte sie leise. Benhila ging voraus, und ich folgte ihr in ein Hotel, an dessen Glastüre eine Reihe von Kreditkarten klebte. Benhila nahm den Schleier ab. Sie hatte einen schönen Mund und fröhliche Augen. Ich schätzte ihr Alter auf etwa dreißig Jahre, aber da lacht Benhila. „Ich bin fünfzig Jahre alt", versicherte sie mir und zeigte ihre blendend weißen Zähne. „Ich lebe nur für den Tag", fuhr sie fort, „wenn ich einschlafe, sterbe ich. Wenn ich aufwache, bin ich jeden Tag aufs neue überrascht. Vielleicht bin ich deshalb so jung". Benhila spricht wenig über ihre Kunst. Sie hat den Blick auf den Teetisch gerichtet, und die Hände, die mit Ornamenten und Linien aus Henna bemalt sind, übereinandergelegt. Benhila verrät mir ein Heilmittel gegen Schnupfen: ein Glas, halb mit Cola und halb mit Milch gefüllt. „Wie ist das mit dem Haik?", frage ich Benhila. „Tragen Sie den gerne?" „Mein Haik ist mein Haus!" antwortet sie.

Benhila wurde 1940 in der Medina von Essaouira, in der Nähe des Strandes, geboren. Mit sieben Jahren malte sie ihr erstes Bild. Während der Fahrt von Marrakesch nach Essaouira war sie eingeschlafen, und ihr Vater weckte sie, als sie das Meer erreicht hatten. Es war die Stunde zwischen Tag und Nacht; sie sah die Lichter über dem Meer und den Häusern, und das alles in Farben, die es nicht gibt. Zu jener Zeit malte sie ihre Bilder in den Sand. Mit 19 Jahren heiratete Benhila einen Algerier, der sie in ein kleines Dorf in der Nähe von Algier mitnahm. Zehn Jahre lebte sie in Algerien, und als sie nach Essaouira zurück kam, war sie ganz allein. „Ich schrieb einen Brief an Allah, in dem ich um einen Gatten bat. Ich war es gewöhnt, einen Mann zu haben, und hängte den Brief ins Fenster. Das war 1969, und im Jahr darauf war ich schon verheiratet."

Benhila kann weder lesen noch schreiben. Sie hat – da ist ein schwarzes Brett in ihrem Herzen – keine eigenen Kinder. Benhila nimmt die drei Monate alte Tochter ihrer Schwester zu sich, später adoptiert sie die Tochter ihrer Tante. Ihr Mann ist Fischer. Die ganze Familie lebt in einem einzigen, langgestreckten Raum. An einem Ende steht ein Schrank, am anderen Ende ein Beistelltischchen. Entlang der Längswände stehen Diwane, vor dem Fernseher ein Teetischchen.

Benhila zeichnet drei Jahre lang mit Bleistift und Tusche. Als sie die Bilder dem Bruder ihres Mannes zeigt, warnte der Benhila. „Hör auf damit!", sagte er, „sonst wirst Du verrückt". Darauf hin zeichnet Benhila zehn Jahre lang keinen Strich.

1987 adoptiert Benhila einen kleinen, schwarzen Wuschelkopf. Ihr Mann ist zu alt zum Fischen, er bleibt zu Hause. Benhila beginnt wieder zu malen. Jeden Abend geht sie zur Zeit des Sonnenunterganges an den Strand. Hier findet sie die Farben, die sie in ihre Bilder mischt. Auf ihrem Lieblingsbild fährt eine Frau mit langen, schwarzen Haaren zum Himmel auf. Das ist sie selbst. Dieses Bild gibt sie dem Dänen, der eine Galerie an der Av. Oqba ben Nafi betreibt. Es ist schmerzlich für Benhila, das Bild zu verkaufen, es ist ihr ans Herz gewachsen wie ein Kind, und der Däne gibt ihr nur zweihundert Dirham dafür.

„Aber es wird besser", erzählt sie. „Ich soll bald eine eigene Austellung bekommen." Sie lacht so fröhlich und stolz, als sie erzählt, daß der Portugiesische Botschafter heute nachmittag ein Bild gekauft hat – den „Strand von Essaouira".

SEHENSWÜRDIGKEITEN

Wichtigste Straßen sind die *Av. Oqba Ibn Nafi* und deren Verlängerungen, *Av. de Istiqlal* sowie *Rue Muhammed Zerktouni.* An deren Ende liegt das **Bab Doukkala** (das Stadttor), außerhalb ist ein großer Platz mit Café, meist laden dort die Reisebusse die Touristen ab; am späten Nachmittag werden auf dem Platz Dorftheater und Musik dargeboten.

Durch das Stadttor, über die oben genannten Straßen, kommt man am leichtesten zum netten **Suq,** wo es besonders preisgünstig Safi-Keramik und Gewürze gibt. Essaouira ist außerdem bekannt für hübschen Silberschmuck (pro Gramm Silber werden ca. 4 DH und pro Gramm Gold (18 Karat) 100 DH verlangt) und vor allem für Holzeinlegearbeiten. Markttag ist der Freitag.

Sehenswert ist der **Uhrturm** in der Stadtmauer entlang der *Av. Oqba Ibn Nafia* (bzw. Okba Ben Nafi, s. Foto S. 165).

Im Süden, zu Beginn der Av. Oqba Ibn Nafia, liegt der **Fischereihafen.** Durch die *Porta Marina* hat man Zutritt zu ihm. Im Juni beginnt die Sardinenfischerei. Sehenswert sind der Trubel bei der vormittäglichen Fischauktion, das Einbringen der Netze sowie die traditionellen Bootswerften, die nach wie vor die schönen Holzfischerboote herstellen. Am Hafen steht eine Reihe von Ständen, wo man ab Mittag bis ca. 17.30 Uhr frisch gefangene und über dem Feuer gegrillte Fische verzehren kann.

Vom Hafen gelangt man über den *Place Moulay Hassan* und die *Rue de la Scala* zu den alten portugiesischen Festungsanlagen, der **Scala de la Kasbah.** Sie ist von Türmen flankiert und

Im Hafen von Essaouira

besitzt schöne, in Spanien gefertigte Bronzekanonen (Sevilla 1743).

An der *Rue Laalouj,* die ebenfalls zur portugiesischen Festung führt, liegt das kleine **Volkskunstmuseum Sidi Muhammed Ben Abdallah.** Im Erdgeschoß findet man eine schöne Sammlung alter Musikinstrumente und eine Ausstellung über die Musikgeschichte der verschiedenen Stämme, vor allem der „Gnawas", Sklavennachfahren, deren ekstatische Tänze aus Westafrika stammen und durch die Ähnlichkeit zum Voodookult besonders bekannt sind. Die **Gnawa-Musik** kann im volkstümlichen Glauben Krankheiten heilen und „Baraka" übertragen (siehe „Religion" auf S. 76). In der Medina, westlich der Rue S.M. Ben Abdellah, treffen sich regelmäßig Gnawa-Musiker. Wer Glück hat, kann sie bei offener Tür spielen hören (häufig stehen einige Musikinstrumente davor) und auch gegen ein Trinkgeld bei ihren Übungen zuhören. Auch **Djembéspieler** (die Djembé ist eine Trommel aus Ghana) gibt es in Essaouira. Wer dieses Instrument erlernen will, kann Einzelstunden bei dem gut englisch und französischsprechenden Karim ben Ali nehmen, der meist im Café-Restaurant Opera zu finden ist.

In der Galerie Bazar Kasbah

Im 1. Stock des Museums sind Silberarbeiten, Waffen sowie alte und neue Bilder der Stadt zu bewundern.

Unterhalb der Mauer stehen zahlreiche Handwerksbuden. Hier werden die **berühmten Holzeinlegearbeiten** aus Thujen- und Zitronenbaumholz gefertigt. Solche Geschäfte findet man überall in Essaouria.

Es gibt zahlreiche interessante **Galerien** in der Medina. Am bekanntesten ist die Galerie *Van Daamberg* in der Rue Oqba Ibn Nafia neben dem Restaurant *El Minzah,* wo zahlreiche bekannte Künstler aus der Stadt und ganz Marokko ihre Bilder und Skulpturen ausstellen. Eine kleine Galerie mit ansprechenden und gar nicht teuren Bildern, auch von weniger bekannten Künstlern, ist die *Galerie Bazar Kasbah* von *Attar Kabir,* 4, Rue Tétouan, Tel. 47 26 05. In den Seitenräumen befinden sich die Künstlerwerkstatt und Ausstellungen zum Verkauf von Bildern, Holzskulpturen, Keramik, Teppichen, Messing usw. Seine Schwester *Chama* malt auch und zeigt gerne ihr Atelier. Attir Kabir vermietet auch Zimmer (s. Unterkunft)

Gewürze, Pflanzenextrakte, Naturfarbstoffe etc. kann man bei *Abdelatif Jraibi* in der Rue Abdelaziz Fachtaly, einer Seitengasse der Av. de l´Istiqlal (Richtung Suq, dann rechts) kaufen. Der „Natur-Apotheker" ist sehr liebenswürdig und erklärt gerne alle Fragen.

Ein netter **Gewürzladen** wird von *Koufaz Abdelouahab* im Suq El Jadid (Nr. 115) geführt, wo bei einer Tasse Tee Kräuter für Naturmedizin, Rausch und Kochkunst erklärt werden.

Außerhalb der Altstadt führt der **Bd Mohammed V.** als breite Avenue an dem langen, aber meist verschmutzten Strand entlang. Strandanlagen mit einigen Sonnenschirmen, Liegestühlen und Cafés/Restaurants laden zum Verweilen ein, wobei die häufig starke Brise einem den Strandaufenthalt verleiden kann. Nicht umsonst wird Essaouira auch „windy city" genannt. Besser eignet sich die Bucht zum Windsurfen. Der Surfclub befindet sich auch am *Bd Mohammed V.*

PRAKTISCHE INFOS

Tel. Vorwahl: 04
PLZ 44 000

Touristeninformation

Syndicat d´Initiative de Tourisme
Bd. Mohammed V. beim Bab es Sabaa.

Klassifizierte Hotels

Des Iles ****B
Boulevard Mohammed V., Tel. 47 23 69, Fax 47 24 72. DZ 640 DH, Frühstück 60 DH. Wenig ansprechendes Hotel aus den 70ern mit verstaubten Glasfronten. Mit Pool, ziemlich heruntergekommen, wenig Ausstrahlung, viel zu teuer für das Gebotene. Der Garten gleicht einer Müllhalde. Das Menu kostet 180 DH.

Villa Quieta***
86, Bd Mohammed V., Tel. 78 32 81, Fax 78 34 21. Noch vor dem eigentlichen Ortsanfang, gleich nach dem ersten Kreisverkehr (rechteckiges Kunstwerk in der Mitte) befindet sich nach ca. 100 m rechts die

In der Villa Quieta

Villa. Biegen Sie in die erste rechts abzweigende Straße nach dem Kreisverkehr ein. Linkerhand befindet sich das Eingangstor. Dieses neueröffnete Hotel ist ein großes Stadthaus, das sich der Vater des jetzigen Besitzers Mourad Rahman privat gebaut hatte und das nach seinem Tod acht Jahre lang leer stand, bis es eine neue Verwendung als Hotel fand. Mourad und Imane Rahham wohnen mit ihrem Sohn direkt nebenan und kümmern sich persönlich und herzlich um alle Gäste (sie sprechen englisch und französisch). Das palastartige Gebäude mit einem wunderschönen Salon im traditionellen marokkanischen Stil, mit Springbrunnen in der Mitte, verfügt über eine Stereoanlage mit zahlreichen Lautsprechern. Neben den sehr schönen, 12 verschieden eingerichteten Doppelzimmern und zwei Suiten (diese sind mit wertvollen Eisenholzmöbeln aus Essouaria bestückt) gibt es noch mehrere sehr schöne Aufenthaltszimmer, manche mit Kamin, und eine Dachterrasse mit Liegestühlen und Meeresblick. In dem hübschen Garten, soll ein Swimmingpool und eine Bar sowie ein Anbau entstehen. Von der Villa Quieta sind es nur wenige Meter bis zum Strand und ca. 10 Minuten zu Fuß zur Altstadt. Das Hotel versteht sich als privates Wohnhaus für wenige Gäste, die sich so wohl wie zu Hause fühlen sollen. Es eignet sich ideal für einen ruhigen, entspannenden (Familien-) Aufenthalt, bei dem man sich fühlt wie ein Gast der Familie (allerdings kein Travellerhotel sondern mehr für gesetzteres Publikum). Ebenso gut geeignet ist das Hotel auch für Surfer, die im Garten kostenlos ihre Ausrüstung warten und aufbewahren können. Kein Essen aber reichaltiges Frühstück auf Bestellung; Transfer vom Flughafen, Mietwagen und Exkursionen können organisiert werden. Nach dem Ausbau des Hotels (der bis Herbst 99 noch nicht begonnen wurde) soll es vier Sterne erhalten, das es unbedingt verdient.

DZ 580 DH, Suite 1100 DH; Kinder bis 12 Jahre frei; Frühstück 45 DH; Transfer zum Flughafen Agadir (und zurück) ca. 1200 DH; keine Kreditkarten.

Villa Maroc ***B

10, Rue Abdellah Ben Yacine,
Tel. 47 28 06, Fax 47 58 06,
e-mail: villa.maroc@casanet.net.ma.

Wunderschönes Hotel, in einem ehemaligen Stadthaus im traditionell-andalusischem Stil in der Medina (parken vor dem Haus nicht möglich, nur außerhalb am bewachten Parkplatz vor dem Hafen). Die Zimmer sind um den Innenhof mit Pflanzen und Vögeln auf verschiedenen Stockwerken verteilt, die Doppelzimmer sind etwas klein, die 4-Personen-Appartements bzw. Suiten sehr schön. Im Erdgeschoß befindet sich ein anscheinend nicht besonders ausgebautes und gepflegtes Ausweichzimmer, das man besser nicht nehmen sollte. Sehr schöne Dachterrasse; sehr gutes Essen (150 DH nur nach Reservierung, Kindermenu 75 DH). Frühstück vor dem Zimmer im Innenhof. Alles sehr geschmackvoll mit ausgesuchtem Interieur. Das Hotel ist inzwischen kein Geheimtip mehr, auch nicht geeignet für einen kurzen Zwischenstop für Rucksacktraveller, sondern eher für Leute mittleren Alters mit Gefühl für Ambiente gedacht. Reservierung ist sinnvoll, da meist ausgebucht. 555 DH/DZ mit Frühstück, 480 DH EZ mit Frühstück, 4-Personen-Appartement 915 – 1015 DH; zusätzlich müssen 6 DH Steuer pro Nacht und Person bezahlt werden. Ca. drei Häuser weiter, in der selben Gasse, werden ebenfalls Zimmer in einem traditionellen Haus vermietet.

Tafoukt ***A

Boulevard Mohammed V., Tel. 78 45 04, Fax 78 44 16; Mittelklassehotel direkt am Strand, ca. 10 MInuten von der Medina entfernt. DZ mit Bad und Frühstück inklusive Steuer ca. 390 DH, Garage. Während der Hauptsaison gibt es nur Halbpension. Sehr gutes Essen.

Hotel/Auberge/Camping Tangaro

Ca. 6 km südlich von Essaouira im Wald; sauberes, von Franzosen geführtes Hotel (s. S. 165); zum Strand ca. 30 Minuten. Schöner Innenhof, gemütliche Terrasse. Der Standard entspricht in etwa einem 2-3-Sterne-Hotel; es ist ein beliebter Travellertreffpunkt.

Club Hotel/Auberge Ounagha
Centre Ounagha, Commune Hade Adra, Tel. 124/129 (über die Post)
Al Jasira Hotel ***
18, Rue Mulay Ali Cherif, Quartier des Dunes, B.P. 1026; Tel. 47 59 56, 78 44 03, Fax: 47 60 74, 47 65 93.
e-mail: aljasira@iam.net.ma. Neu eröffnetes Hotel ca. 250 m vom Strand und 15 Minuten vom Stadtzentrum entfernt. Der Weg ist von Agadir kommend gut ausgeschildert. Am besten der Wegbeschreibung zur Villa Quieta (s. vorhergehende Seite) folgen, von dort die nächste Seitenstraße links, dann ca. 200 m weiter auf der rechten Seite. Im Moment gibt es 32 sehr saubere Zimmer und 7 kleine Suiten mit europäischem Komfort, Terrassenrestaurant und Café, Pool; ein Fitnessraum ist geplant. Sehr freundliches Personal. Preise inkl. Frühstück: 400 DH für DZ ohne Bad, 500 DH für DZ/Bad, 650 DH die Suite.
Hotel Riad Al Madina***
9, Rue Attarine, Tel. 47 59 07 /47 59 25, Fax 47 57 27, in der Nähe der Villa Maroc. Sehr schönes, 1997 wiedereröffnetes Hotel in einer ehemaligen Pascharesidenz mit ausgesprochen hübschen Zimmern. Im ehemaligen Hotel Pascha haben schon die Popgrößen Janice Joplin, Mick Jagger, Jimmy Hendrix und Leonard Cohen residiert. Es gibt im Hotel einen schönen Innenhof mit Springbrunnen. Preise: kleine Suite 600 DH, DZ mit Frühstück 490 DH, Frühstück 26 DH, sehr gutes Menü 150 DH.
Sahara Hotel **A
Av. Oqba Ibn Nafi, Tel. 47 22 92; mit zwei Sternen überbewertet, nicht besser als das *Mechouar,* aber um einiges teurer. Die billigeren Zimmer gehen auf den Innenhof hinaus und sind wohl stickig und dunkel (110 DH), die teureren Zimmer haben Fenster nach außen und kosten ca. 190 DH. Es gibt eine allgemein zugängliche Bierbar mit großzügigen Öffnungszeiten.
El Mechouar *A
Tel. 47 58 28. Das Haus ist nun im straßenseitigen Bereich fertig renoviert, im Inneren wird noch gearbeitet. Das saubere und angenehme Hotel hat freundliches Personal, und ein stilvolles Restaurant im Erdgeschoß, das leider nur mittelmäßige Qualität hat. DZ mit Bad 170 DH.

Privatunterkünfte/ Appartements/Häuser

Attar Kabir (s. auch bei Sehenswürdigkeiten, Galerie), Rue de Tetouan Nr. 4, Tel. 47 36 82, nahe dem Uhrenturm in der Medina. Vermietet große Zimmer in einem alten Bürgerhaus mit schönem Innenhof. DZ ca. 80 DH/Nacht, Küchenbenutzung inbegriffen. Das untere Stockwerk wird im Sommer immer wieder an Hochzeitsgesellschaften vermietet. Das heißt, es kann laut, aber auch interessant werden.
Eine **weitere Privatunterkunft** befindet sich in der Rue Douha 5, nahe des Bab Doukkala. Die Zimmer sind groß und sauber, die Küche kann mitbenutzt werden. Preis: 100 DH. Der Sohn des Hauses steht meistens am Parkplatz beim Hafen bzw. am Place Mulay al Hassan und wartet auf Kundschaft.
Jack Oswald (ein deutschsprachiger Schweizer) von Jacks Kiosk am Place Mulay al Hassan, vermietet sehr schöne, **Appartements** mit wunderschöner Aussicht aufs Meer. Jedes Appartement hat Wohnzimmer, Schlafzimmer, Küche und Badezimmer und ist sehr geschmackvoll im marokkanischen Stil eingerichtet.
Website: www.essaouira.com, e-mail Adresse: apartment@essaouira.com.
Dar al Qadi
79 Derb el Qadi, Azbest, Tel. und Fax (00212-4) 43 43 55. Ein traditionelles Stadthaus (Riad), das als Ganzes vermietet wird und sehr schön ausgestattet ist. Von dort aus werden aber auch Zimmer vermittelt.

Unklassifizierte Hotels

Hotel Cap Sim
Neues,sehr sauberes Hotel (eröffnet im April 99) mit netter Einrichtung und Panoramaterrasse. DZ 150 DH ohne Bad, mit Bad 250 DH. Tel./Fax. 78 58 34, 11, Rue Ibn Rochd, neben *Hotel des Remparts.*
Résidence El Mehdi
erst vor kurzem eröffnet. Sehr schön renoviertes und ausgestattetes Stadthaus. DZ

kosten 240 DH, 3-er Zimmer 350 DH, Frühstück 30 DH. Im Innenhof befinden sich ein Restaurant und eine Bar, ein 4-gängiges Menü kostet ca. 80 DH.

Ksar Essaouira
Ebenfalls ein Stadthaus mit schönem Ambiente, das Zimmer vermietet. Derb Charf, El Messaoudine, Ksour, Tel. 44 06 32, Fax 42 60 75.

Beaurivage
14, Pl. Mulay Hassan,Tel. 47 29 25. Für Rucksackreisende zu empfehlen. Das Personal ist freundlich und hilfsbereit. Die Etagenduschen sind recht sauber, aber heruntergekommen. DZ kosten mit Dusche 120 DH, ohne Dusche 80 DH.

Les Amis
24, Rue Adel Aziz el Fachtali,
Tel. 47 31 88, einfaches und sauberes Hotel in der Medina, schöne Dachterrasse, DZ 55 DH.

Argana
Tel. 47 29 75, einfaches Hotel nahe dem Busbahnhof am Bab Doukkala.

Tafraoute
7, Rue de Marrakech, Tel. 47 29 96.
DZ mit Dusche und Toilette ca. 150 DH. Sehr zentral gelegen.

Sherazade
1, Rue Yussuf el Fassi, Tel. 47 64 36. Ein DZ ohne Frühstück kostet 250 DH. Einfache, sehr saubere und typisch marokkanische Zimmer mit viel Charme. Sehr freundliches Personal. Basishotel für HG-Reisen-Programm: Marokko hautnah erleben, mit gemeinsamen Tajinekochen, Kameltouren, Ausflug zu Bauernmarkt etc. (S. a. Sonstiges).

Hotel des Remparts
18, Zankat Ibn Rochd, Tel. 47 31 66. Nettes und sauberes Hotel (geräumige Zimmer mit Bad/WC; die unteren Räume sind etwas feucht) mit schöner, hochgelegener Dachterrasse mit Meeresblick. DZ ca. 90 DH, sehr freundliche Leute. Im Erdgeschoß soll ein Restaurant eröffnet werden.

Agadir
Tel. 47 51 26, sehr einfaches, aber sauberes Hotel in einem schönen, alten Stadthaus (nach dem Tor und der Moschee in der ersten Seitengasse rechts, vom Hotel Mechouar kommend). DZ ca. 80 DH., auf dem Dach 60 DH, EZ 40 DH, warme Dusche 5 DH. Sehr hübsch, innen gelb und türkis gehalten, mit schönen marokkanischen Kacheln.

Smara
26, Rue Sqala, Tel. 47 26 55, an der Stadtmauer nahe dem Mulay-Hassan-Platz. Sehr sauber, Zimmer zum Teil mit Atlantikblick, sehr schöner Blick auch von der Dachterrasse, häufig stark besucht. DZ 90 DH (mit Gemeinschaftsduschen und Toiletten), Frühstück 10 DH. Heiße Dusche 2 DH.

Auberge Chez Kebir
km 8, Route d'Agadir; an der Straße nach Agadir zwischen km 8 und 9; 2-Bett- bis 6-Bettzimmer, sehr saubere Gemeinschaftsduschen, gutes Essen. DZ ca. 70 DH. Ummauertes, schönes Gelände, daneben sind ein Kramerladen und ein Metzger; ruhig.

Souiri
37, Rue Altarine, Tel. 47 53 39. Etagenduschen. Neu, sauber und empfehlenswert.

Chakib
Rue de Marrakech, schöne einfache Zimmer, EZ 40 DH, DZ 80 DH. Direkt vor der Haustüre liegt ein Hammam. Die besten Zimmer liegen in der letzten Etage.

Campingplatz

Camping Essaouira ist geschlossen. Wohnmobilbesitzer können am Hafenparkplatz übernachten. Die nächsten Campingplätze sind bei der *Auberge Tangaro* in Richtung Agadir oder in Sidi Kaouki.

Essen & Trinken

Restaurant Chalet de la Plage
Bd Muhammed V., direkt am Strand; wirkt mit der dunklen, an Old England errinnernden und im Schiffs-Ambiente gehaltenen Einrichtung sowie den schon etwas in die Jahre gekommenen Obern etwas nostalgisch verstaubt. Gutes Essen und Salate, Portionen nicht besonders üppig, sehr guter Service; Menü 85–120 DH. Achtung: Ins Restaurant geht der rechte Eingang!

Restaurant Mogador
Av. Muhammed V., sehr gut, mittlere Preislage; freundliche Bedienung.

Restaurant „Chez Sam“ im Hafen

Chez Sam
Ganz am Ende des Hafens; sehr gutes Restaurant mit Alkoholausschank, frischem Fisch, Muscheln, Langusten und auch Fleischgerichten; Drei-Gang-Menü mit Languste ca. 180 DH, Fischplatte für 2 Personen ca. 150 DH, normales Menü 80–120 DH, gegrillter Fisch mit Gemüse schon für 45 DH, Flasche Rotwein 70 DH; etwas hektische und gestreßt wirkende Ober; nicht zu verwechseln mit der Fast-Food-Kneipe!

Les Chandeliers
14 Rue Laalouj. Tel./Fax 47 64 50. Französische Besitzer. Liebevoll restauriertes Stadthaus gegenüber dem Museum; sehr gute französische und italienische Küche (Pizza). Es wird auch eine sehr schöne Suite und ein Zimmer vermietet. (DH 700 bzw. 500).

Dar Baba
2,Rue Marrakesch, Tel. 47 68 09. Sehr gutes italienisches Restaurant, hausgemachte Nudeln, Käse, Kuchen, Creme Caramel, typisch italienischen Cappuccino, Wein und Bier. Sehr schönes Ambiente.

Sam's McDonald
Am Place Moulay el Hassan; das Essen macht dem Namen alle Ehre... Der frisch gepreßte Orangensaft schmeckt allerdings sehr gut.

Restaurant El Minzah
3, Av. Oqba Ibn Nafia; gutes Restaurant, nicht Spitzenklasse, Menü für ca. 85 DH

Taros
Das stilvolle Restaurant einer bretonischen Familie bietet Salate mit Arganienöl, gutes Essen, Wein und viel Atmosphäre. Place Moulay Hassan, Tel. 47 64 07.

L´Auracarie
Hübsches, stilvolles, neu eröffnetes Restaurant rechterhand am Bd. Mohammed V. , (wo die Aurakarien wachsen) schräg gegenüber vom Surf-Club und Restaurant Chalet de la Plage.

The Big Maroc
Hübsches Restaurant mit guten, teilweise vegetarischen Gerichten. Menu 33 DH, an der Sqala de la Kasbah. Tel. 47 51 50.

Café Mostapha
Neues Musikcafé direkt am Place Moulay Hassan. Guter Kuchen und Kaffee.

Café de la Place
Place Moulay el Hassan; preiswert und gut; Fischtajine, Brochettes 35 DH, Menü 50 DH.
Al Khaïma
Place el Khaïma/Ecke Rue Laalouj (in der Medina); sehr gut, Essen ca. 85 DH
Ein guter **„Cassecroute"** (Imbiß) befindet sich in der Av. Oqba Ibn Nafia; Straßenverkauf mit riesigen Portionen, z. B. Baguette mit Eiern, Käse, Hackfleisch.
Café des Voyageurs
Es befindet sich direkt gegenüber dem Busbahnhof. Leckere Fischtajine für 15 DH.

Busverbindungen

Stadtbusse

2 DH p. P., die Linien 1 und 4 fahren auch am Strand entlang.

Fernverkehrsbusse

Busbahnhof CTM-NL und Privatbusse: Place Moulay al Hassan, ca. 1 km außerhalb der Medina in der Neustadt, an der Verlängerung des Bd Moulay Youssef.

CTM-NL-Busse: Tel. 78 47 64
- *Essaouira - Agadir:* 12.30 Uhr und 20.30 Uhr, ca. 37 DH. Die Busse nach *Agadir* fahren zum Teil recht ungünstig; wenn man einen Anschlußflug nach Deutschland bekommen will, dann ist es besser, ein Sammeltaxi zu nehmen. Es gibt aber Privatbus-Verbindungen, die mehrmals täglich in beide Richtungen fahren.
- *Essaouira - Casablanca:* 00.00 Uhr (Expressbus),ca. 100 DH; 10.30 Uhr, 75 DH.
- *Essaouira - Marrakech:* 17 Uhr, 30 DH. Man sollte möglichst den Bus einen Tag im voraus buchen. Ansonsten kann es vorkommen, daß kein Platz mehr zu erhalten ist, und man sechs Std. auf den nächsten Bus warten muß.
- *Essaouira - El Jadida:* 10.30 Uhr, ca. 54 DH.
- *Essaouira - Safi*: 10.30 Uhr, 15 Uhr, ca. 30 DH.
- *Essaouira - Tiznit:* 12.30 Uhr, 57 DH.

Privat-Busse:
SATAS: Tel. 78 57 84
Agadir 9.30 Uhr, 11.30 Uhr.
Pullman du Sud: Tel. 47 29 25
- *Essaouira - Marrakech* (Sept. 97) 6 Uhr, 7 Uhr, 8 Uhr, 9.30 Uhr, 30 DH und 5 DH pro Gepäckstück; Fahrtdauer ca. 3 - 4 Stunden.
- *Essaouira - Inezgane (Agadir),* ca. 40 DH, mehrmals täglich.
- *Essaouira - Agadir:* 9.30 und 11.30 Uhr, Fahrzeit bis Rue Jacoub Mansour 3 Std. 45 Min. Preis 40 DH + 10 DH pro Gepäckstück.

Private Busse fahren mehrmals täglich nach *Marrakech* und *Agadir,* eine Reservierung ist nicht möglich, die Abfahrtszeiten wechseln ständig.
Eine **neue Buslinie** verkehrt über **Razoua** (Auberge Chez Kebir) - Segelflughafen - **Sidi Kaouki.** Abfahrt ab Bab Doukkala und Chalet de la Plage.

ONCF-Busse - Supratours:
Tel. 47 35 66, am Place de Marrakech (an einem der Stadttore gelegen, außerhalb der Medina und nicht am Busbahnhof!) .
- *Essaouira - Marrakech*: 6.00 Uhr, ca. 3-4 Std. zum „Gare de Train" in Marrakesch; Man kann auch ein kombiniertes Bus-und Zugticket im Bürocontainer von Supratours kaufen.

Taxi

Petit-Taxis am Uhrturm, Sammeltaxis hinter dem Busbahnhof. Sammeltaxi nach Agadir 50-60 DH p. P. 3¼ Std. Fahrzeit; komplettes Taxi 500 DH. Sehr empfehlenswert ist Aziz el Kouchi (er spricht englisch). Tel. 78 56 68, Mobil: 01 20 70 45.

Post

In der Av. Lalla Aicha.

Banken

- **Banque Commercial du Maroc**
  Place Moulay El Hassan, Tel. 47 20 14.
- **Banque Marocaine du Commerce Exertieur**
  8, Rue El Hajjaji, Tel. 47 23 61

Internetcafé

Neben der Touristeninformation ONMT, über einer Téleboutique. Std. 40 DH.

Zeitungen/Bücher

Deutschsprachige Zeitungen und Bücher gibt's am *Kiosk Jack*, Place Mulay al Hassan, der einem deutschsprachigen Schweizer gehört. Es wird auch eine Teleboutique betrieben, von wo aus man telefonieren und Faxe senden kann. Die Faxnummer der Boutique ist 47 69 01, Tel. 47 55 38. Faxe, die dort ankommen, werden über einen Service an alle bekannten Adressen von Hotels, Restaurants usw. vermittelt. Jack vermietet auch sehr schöne, stilgerecht renovierte Appartements mit wunderschöner Aussicht aufs Meer (s. S. xxx)

.

Ausflüge

Wandert man den schönen, nicht immer sauberen Dünenstrand südwärts, so gelangt man nach **Diabat.** In dem kleinen Ort sind die Sultanspalast-Ruine von *Muhammed Ben Abdellah* und eine alte, beschädigte Brücke zu sehen. Diabat erlangte in den 70er Jahren einen gewissen Bekanntheitsgrad, nachdem sich hier der Rockstar *Jimi Hendrix* und Anhänger für einige Zeit niedergelassen hatten.

Vor der Küste kann man zwei Inseln **(Iles de Mogador)** besuchen, auf denen unter Juba II. Purpur hergestellt und nach Rom exportiert wurde. Die Inseln wurden jetzt als Naturreservat ausgeweisen (s. S. 108). Die Überfahrt kann man bei den Fischern im Hafen vereinbaren. Verlangt wird erst ein Preis von 170 DH bis 500 DH, mit Handeln kann man bei einem Aufenthalt von 90 Minuten auch einen Preis von 110 DH erzielen.

Zum Marabout und den Stränden von Sidi Kaouki vgl. S. 155.

Im Süden liegt ca. 58 km entfernt der *Djebel Amsittene* (905 m), auf den man hinaufwandern und dann die schöne Aussicht genießen kann. Auch eine schlechte Piste führt nach oben.

Fahrrad- und Kameltouren kann man am Kiosk Jack (Place Moulay al Hassan, s. bei Zeitungen links) zwischen 10 und 17 Uhr buchen.

Hispania Mototours und **HG-Reisen** Helen Gaudera führen vom Dezember bis April individuelle Reisen in der Umgebung durch. Auch Motorradtouren, Mountainbikeverleih, Kameltouren, Organisation von diversen Aktivitäten, Mietwagen etc. zu erreichen über Das Hotel Al Jasira (s. dort bzw. über das Mobiltel. 0034/ 629 26 29 24, e-mail: Hispania@2097.com

Feste/Veranstaltungen

Im Sommer findet in Essaouira ein **Festival** mit zahlreichen Musik- und Tanzgruppen statt.

Folgende **Moussems** (Mausims) werden in Essaouira gefeiert:

Moussem El Hamdouchia, im Juni
Moussem Derkaouia, Mitte September
Moussem Ghazia und **Moussem Aissaouia,** meist Anfang November.

SOUS & ANTI-ATLAS

ÜBERBLICK

Der **Sous,** die vom Hohen und Anti-Atlas eingeschlossene Ebene, ist eines der fruchtbarsten Gebiete des Landes. Durch die Flüsse des Hohen Atlas und Anti-Atlas, vor allem durch den Oued Sous, wird das Becken mit Wasser gespeist. Außerdem werden das Gebiet um Agadir und die gesamte Sous-Ebene von den Staudämmen *Tamzaourt* (Richtung Marrakesch) und *Youssef ben Tachfine* (Richtung Tiznit - Massa) versorgt. Durch ein groß angelegtes Bewässerungssystem sowohl oberhalb als auch unterhalb der Erde werden die Felder und Plantagen bewässert. Achten Sie einmal bei Ihren Fahrten durch dieses Gebiet auf die neben den Straßen verlaufenden Wasserleitungen aus Ton bzw. Zementsegmenten. Bis zum Jahr 2000 sollen in Marokko so viele Staudämme gebaut werden, daß der Wasservorrat für 15 Jahre gesichert ist.

Im Sous fallen **unter 300 mm Regen im Jahr.** Die Jahresdurchschnittstemperatur liegt bei 19,5°C. Regen fällt vorwiegend in den Monaten November/Dezember und Februar/März. Der Sommer ist heiß, wobei der „Cergui" (warmer Fallwind), welcher vom Anti-Atlas weht, die Temperatur noch erhöht auf ca. 30-35°C.

Vom 16.-18. Jahrhundert wurden im Sous Zuckerrohr und Baumwolle angebaut, es war die reichste Provinz Marokkos. Taroudannt war nach den Königsstädten die viertgrößte Stadt des Landes. Erst zu Beginn des 19. Jahrhunderts ging die Bedeutung des Sous zurück, als die Zuckerrohrausfuhr wegen der südamerikanischen Konkurrenz zurückging. Ihre Bedeutung als Landwirtschaftsgebiet hat die Sous-Ebene jedoch behalten und ist jetzt Anbaugebiet für Zitrusfrüchte, Bananen, Oliven, Artischocken, Tomaten und viele weitere Obst- und Gemüsesorten.

Der **Anti-Atlas** ist eines der ältesten Gebirge mit **Höhen um 2000 m** und vielen trockenen Flußtälern. Es fallen **unter 200 mm Regen im Jahr.** Nur am Küstenabhang findet sich eine artenreiche Vegetation mit Dattelpalmen, Oliven, Mandeln und Feigen. Der steile Nordhang ist vegetationsarm, der Südhang fast ohne Vegetation. In den Tälern herrscht Schaf- und Ziegenzucht vor.

Bewohnt werden der Sous und Anti-Atlas von den **Chleu- (Schlöh) Berbern,** die durch die Abgeschiedenheit ihres Lebensraums sowohl ihre Traditionen als auch ihre Sprache *(Tachelheit)* bewahren konnten. Sie leben meist in befestigten Dörfern, die im Gegensatz zu den Lehmbauten weiter nördlich und östlich aus Stein gebaut sind. Die Chleus unterhalten zahlreiche Gemeinschaftsspeicher, die anders als die Kasbahs nur selten ganzen Stämmen Unterkunft bieten. Die **Agadire** (Speicher) liegen in unwegsamem Gebiet, meist auf einer Bergkuppe, und sind nur durch einen Haupteingang zu betreten. Den Schlüssel zu den Speichern darf nur eine dazu bestimmte Person aufbewahren. Die oberen Stockwerke (bis zu sieben) erreicht man auf Trittstufen. Es fehlen auch die Ecktürme, so daß das Gebäude ziemlich wuchtig wirkt. In den Agadiren fanden früher die Ratsversammlungen statt. Manche großen Agadire hatten bis zu 300 Wohn-/Vorratsräume. Jetzt werden nur noch wenige Agadire regelmäßig benutzt, viele sind dem Verfall preisgegeben.

Über den gesamten Atlas sind zahlreiche Agadire verstreut. Man sieht sie meist von der Straße aus. Die meisten befinden sich zwischen *Ait Baha* und *Tafraoute*. Der größte ist der *Agadir Id Aissa* in der Nähe von *Tarkjijt* (s. S. 223).

Ausgangspunkt für Reisen in den Anti-Atlas sind Agadir, Tiznit oder Taroudannt. **Taroudannt** ist die **Hauptstadt das Sous.** Die Gegenden im südlichen Anti-Atlas, am südlichen Atlantik und in der marokkanischen Sahara sind noch sehr ursprünglich.

Die spärlichen Arbeitsmöglichkeiten und das entbehrungsreiche Leben im Anti-Atlas hatten eine Landflucht zur Folge, die manche Dörfer fast aussterben ließ. Arbeit schuf der Bau des **Fischereihafens in Tan-Tan** mit seinen Verarbeitungsbetrieben. Es sind sehr moderne und saubere Produktionsstätten. In *Tan-Tan Plage* entstand für die Beschäftigten ein kleiner neuer Ort. Auch in Tarfaya entstand ein neuer Hafen.

Entlang der Atlantikküste ist der Bau von neuen Häfen geplant, so daß sich in Abständen von ca. 200 km ein Hafen befindet. Auch in *Sidi Ifni* wurde mit dem Bau eines neuen Hafens begonnen.

Weiter südlich, im Übergang zur Westsahara und im Grenzgebiet zu Algerien, haben sich **starke Militärverbände** eingenistet, so daß hier oft die Hälfte der Bevölkerung aus Soldaten besteht. Diese sorgen für neue Kaufkraft; so konnten wir in allen südlichen Orten eine rege Bautätigkeit beobachten, und die Märkte sind gut gefüllt mit frischen Waren, die vom Norden über die einzige durchgehende Straße ab Agadir (Tiznit, Goulimine, Tan-Tan, Dakhla) zur Versorgung der Bevölkerung gebracht werden. Auch der Hafen von Agadir dient als Umschlagplatz für die Versorgung der Armee im Süden.

Von Agadir nach Tafraoute

ÜBERBLICK

- **158 km, S 509.**
- **281 km, Rundfahrt zurück über Tiznit über die S 7074, P 30.**

Für diese schöne und sehr lohnenswerte Strecke sollte man mindestens zwei, besser drei Tage einplanen. Insgesamt sind es bis zurück nach Agadir ca. 370 km, bis nach Tiznit 281 km.

Teerstraße; von Aït-Melloul Bus nach *Biougra* bzw. *Aït-Baha,* ab dort nur noch Sammeltaxis nach *Tafraoute;* die Strecke Tafraoute–Tiznit–Agadir (und umgekehrt) bedient ein Expreßbus.

ANFAHRTSBESCHREIBUNG

Agadir über die Schnellstraße zum Flughafen oder auf der Straße nach Inezgane (Av. Mohammed V. nach Süden) verlassen.

Ca. 12 km südlich (über Inezgane 10 km) ist **Aït Melloul** erreicht, ein ungemein expandierender und lebhafter Ort, sozusagen Vorort von Agadir und Wohnstadt vieler in Agadir arbeitender Marokkaner. Es gibt viele Geschäfte für den alltäglichen Bedarf und Restaurants; im Gegensatz zu Agadir ist der Ort geprägt von typisch marokkanischem Kleinstadtleben. Hier in Aït Melloul werden die schwarz-weißen Makhzenzelte, „tentes caïdales", hergestellt, außerdem gibt es zahlreiche Keramikfliesenhersteller.

Weiter in Richtung Tafraoute muß man an der Hauptkreuzung beim Kreisverkehr (0,8 km nach dem Zentrum) nach links abbiegen; Wegweisung beachten! Die Asphaltstraße führt geradeaus durch eine flache Steppenlandschaft mit Arganienbäumen und vielen Feigenkakteen, die als Feldumzäunung dienen. Die Gegend um Biougra wird zunehmend landwirtschaftlich genutzt.

Bei Km 32 erreicht man **Biougra**, ein nettes Dorf mit Arkadengängen vor den Geschäften und großemTaxistandplatz. In Biougra findet Mitte August ein schöner Moussem statt.

Hinter Biougra passiert man eine sandige Region mit kleinen Sanddünen. Selbst hier wird in unmittelbarer Nachbarschaft von Sanddünen in Gewächshäusern Gemüse angebaut. Weiter geht es durch hügelige Landschaft; auf den Arganienbäumen klettern Ziegen, die versuchen, bis zu den oberen Ästen vorzudringen, um die Früchte zu erhaschen. Aus dem nußartigen Samen im Kern der Arganienfrüchte wird sehr schmackhaftes Speiseöl gewonnen (vgl. S. 193).

Bei Km 48 passiert man den Ort *Imi-Mqourn* (mit Tankstelle), nach 6 km beginnt ein Serpentinen-Anstieg ins Bergland.

Bei Km 64 erreicht man **Ait-Baha** (Suq am Sonntag). **Übernachtung** im neuen und hübschen **Hotel al-Adrissa** ***. EZ mit Bad 100 DH, DZ mit Bad 150 DH. Tel. 08/25 44 61, Fax 08/25 44 65. Von hier ab windet sich eine schmale, ausgefranste Bergstraße im Tal des *Oued Ait Baha* entlang bis in eine Höhe von 1300 m durch Bergland mit Arganien, Mandelbäumen, Palmen und Kakteen. Landschaftlich eine sehr schöne Fahrt: schroffe Felsen und wildromantisches Bergland, kleine Dörfer und Agadire kleben auf den Bergspitzen.

Bei Km 72 passiert man den kleinen Ort **Had Ait M'Zal.**

Nach ca. 25 km, bei Km 97 nach Agadir, bietet sich ein schöner Ausblick auf eine rechts unten im Tal liegende alte Kasbah-Ruine. Es gibt hier Schlangen, Schildkröten, Erdhörnchen und Wildschweine. Kurz danach geht es etwas bergab ins Hochtal des *Oued Ait Baha;* 6 km weiter wird ein kleiner Ort passiert, bevor die Straße wieder bergab ins Tal führt. Es bietet sich ein herrlicher Blick auf den *Agadir Tislan* .

Bei ca. Km 109 zweigt eine Stichstraße zum *Douar Tiznit* ab. Auf einem Felsen zur Rechten erheben sich malerisch auf einem Tafelberg kreisförmig das Dorf und der **Agadir Tislan**, ein großer Getreidespeicher. Eine Piste zweigt dorthin ab (beim Brunnen den Hang hinauf). Oben können Sie nach dem Schlüsselbesitzer fragen, der den Agadir aufschließt und durch die Speicherburg führt. Hier ist das Gebiet der *Illalen,* einer Konföderation von 18 Stämmen, von denen jeder einen Speicher besitzt, in dem die Ernte und wichtige Familiengüter gelagert werden. Innerhalb der Speicher gibt es bis zu 300 Fächer, die wiederum verschlossen sind; der

Der Agadir Tislan

Schlüssel befindet sich im Besitz des Familienoberhauptes.

Am Kilometerstein zeigt rechts eine Straße zum *Souk Ida-Ouginif* ab (3 km; Markt am Donnerstag), geradeaus weiterfahren nach *Tafraoute* (58 km). Danach führt die Straße bergab durch hügelige Gegend mit Kornfeldern.

Bei Km 115 ist man in **Madao,** einer großen Siedlung im Tal des *Oued Ait Baha,* dicht mit Bäumen bewachsen, umgeben von Bergen. Zwei Café-Restaurants befinden sich im Ort.

2 km weiter erreicht man **Aguerd N'Zek,** danach führt die schmale Straße wieder bergauf nach **Sidi M'Zal,** einem größeren Dorf an der Straße. Hier wird Landwirtschaft betrieben – ohne Traktoren und Mähdrescher. Es ist sehr malerisch, im Frühsommer (Juni/Juli) beim Getreidedreschen zuzusehen. Die Esel werden über das geerntete Getreide getrieben, um die Spreu vom Weizen zu trennen. Der Ort ist auf der rechten Seite von langgezogenen Steinplattenbergen und Feigenkakteen gesäumt, vor dem Dorf stehen ein Marabut und eine hübsche alte Zawia.

Weiter windet sich die Straße bergan zur Paßhöhe *Tizi-n-Tarkatine.* Bei Km 136, auf 1600 m Höhe, zweigt eine Teerstraße (15 km) nach *Aït Abdallah* links ab, einem sehr hübsch gelegenen Anti-Atlas-Dorf. Von dort führt eine fast fertigasphaltierte Straße nach *Irherm* (Igherm) und zum Agadir Tasguent (s. Ausflüge Tafraoute s. S. 194). Rechts führt die Hauptstraße weiter nach *Tafraoute.* Nach 1 km: *Tizi Mliki*-Paßhöhe und riesiges Schild „Province da Tafraoute"; in Serpentinen und mit grandiosem Ausblick geht es ins Tal.

Bei Km 145,5 liegen der Ort **El Yali** und die **Zawia Sidi Abd el Jebar,** sehr malerisch im Tal unterhalb der Straße, umrahmt von den hohen, im Licht sich rötlich auftürmenden Granitbergen. Die Zawia ist rot bemalt mit weiß abgesetzten Fenstern, das Dach ist wie bei allen marokkanischen Heiligtümern und königlichen Gebäuden mit grünlasierten Ziegeln gedeckt. Daneben stehen Palmen und im Frühsommer unzählige blühende Blümchen. Ein Moussem zu Ehren des Heiligen findet im Oktober statt.

Viele weitere malerische Dörfer, eingebettet in eine grandiose Bergkulisse, säumen im *Ammelntal* den Weg.

Bei Km 151 passiert man den Abzweig nach **Oumesnat**. Diese mittlerweile geteerte Straße führt weiter nach *Had Tahala* (Einmündung in die Strecke Tiznit–Tafraoute). Eine Rundfahrt rentiert sich auf jeden Fall, vor allem nach Oumesnat, wegen der schönen roten zinnenbewehrten Häuser mit weißer Ornamentikbemalung, die an den Berghängen des **Djebel Lekst** (2359 m) kleben oder imposant auf Hügeln gebaut wurden. Es gibt inzwischen auch ein traditionelles Haus, das zur Besichtigung freigegeben wurde und als **Museum** dient. Der blinde (!) Wärter führt mit bewundernswerter Ausdauer durch das Gebäude.

Überall rings um Tafraoute entstehen neue, prunkvolle Häuser, die sich die *Ammeln*, die vorwiegend im Ausland oder im Norden arbeiten, von ihrem ersparten Geld bauen lassen. Die Fenster sind blau bemalt, bei den Moscheen gelb, große Kullerfelsen türmen sich zu gigantischen Felslandschaften, und Palmen säumen das Tal. 2 km vor Tafraoute gibt es wiederum eine Möglichkeit zum Abzweig ins Ammelntal. Nach 167 km schließlich ist Tafraoute erreicht.

TAFRAOUTE

Diese auf 1000 m Höhe prachtvoll gelegene Dattelpalmen-Oase ist umgeben von hohen, im Abendlicht rosafarben schimmernden Granitbergen und riesigen Felsen. Der Ort hat etwa **8000 Einwohner,** ist wild gewachsen und nicht mehr besonders schön. Interessant ist vor allem die Umgebung, etwa die traditonellen, rot bemalten Häuser, auf Felsen erbaut, mit Hauseingangs-Dekorationen *(Lokba),* von denen es in Tafraoute selbst kaum mehr welche gibt. Vor allem in Richtung **Adai** kann man solche Häuser noch bewundern.

Die Chleu-Bevölkerung ist Touristen gegenüber sehr freundlich, hier trifft man im Gegensatz zu anderen Orten keine bettelnden Kinder und selten aufdringliche Jugendliche (abgesehen von einigen Teppichhändlern, die aber meist nicht aus Tafraoute stammen). Die Bewohner gelten als geschickte Kaufleute mit langer Tradition. Sie arbeiten in jungen Jahren häufig in den Städten im Norden oder sammeln Berufserfahrung im Ausland.

Jede Familie hat ihren eigenen kleinen Oasengarten, in dem zahlreiche Obstbäume stehen, Gemüse und Gewürze angebaut werden.

Es gibt besonders viel Mandelbäume in der Umgebung, sie blühen Ende Februar. Zu diesem Zeitpunkt fand früher das bekannte **Mandelfest** statt, das aber angeblich nach *Tiznit* verlegt wurde; stattdessen wird jetzt zur selben Zeit eine Touristikwoche abgehalten.

In Tafraoute gibt es inzwischen alle Versorgungsmöglichkeiten, in kleinen Lebensmittelläden oder am **Markttag** (Mittwoch), eine Tankstelle, Post, zwei Apotheken, einen Arzt, mehrere Hotels, Cafés, Restaurants und natürlich auch Souvenirläden.

Im Ort selbst ist nicht viel zu sehen, aber die Gegend von Tafraoute zählt zu den landschaftlich schönsten in ganz Marokko! Man kann hier tagelang wandern, bergsteigen und die umliegenden Dörfer besuchen.

Nur wenige Kilometer von Tafraoute entfernt befinden sich eindrucksvolle **Felsformationen:** Man fährt die Straße, die beim *Hotel Les Amandiers* geradeaus führt, ca. 3 km weiter in Richtung Tazka und läuft bei einer Zisterne und einzelnen Häusern links den Berg in ca. 30 Minuten hoch. Einer dieser von Winderosion geschliffenen Felsen schaut aus wie ein spitznasiger Clown, ein anderer, der aber mittlerweile zerstört wurde, sah aus wie ein Totenkopf.

Es bedarf aber schon eines geschulten Auges und des richtigen Blickwinkels, um manche der Felsen als die beschriebenen Gebilde zu erkennen. Wenige Kilometer entfernt, wenn man der Piste bis Tazka weiter folgt, gibt es noch diverse in den Himmel ragende Zeigefinger und einen „Widderkopf", alles in herrlicher, einsamer Landschaft. „Entdeckt" hat diese Felsen der Lehrer *Ahmed Hamsa,* der aber nicht mehr in Tafraoute arbeitet. Jetzt kann ein Angestellter des Hotels Tanger, oder der über das Hotel Les Amandiers vermittelte Führer zu den Felsformationen führen.

Sous & Antiatlas

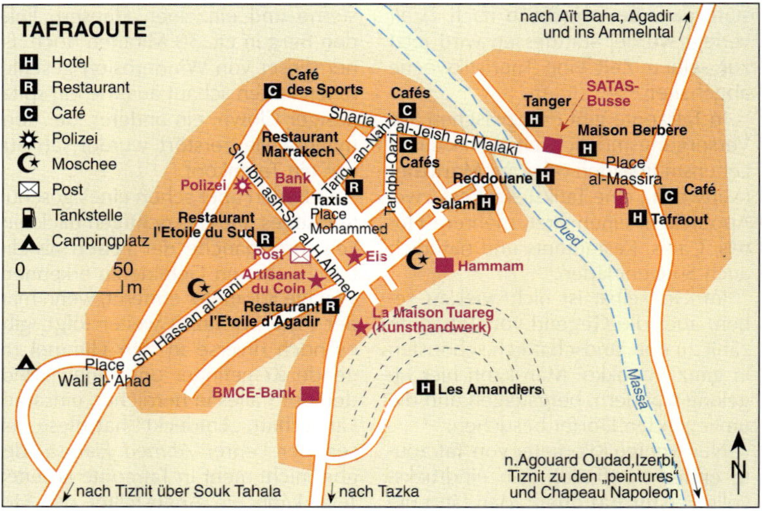

Es gibt in der Umgebung von Tafraoute prähistorische **Felsgravuren** (manche davon sind auch neu): Kamelgravuren an einem Felsüberhang (Abri) bei *Tagueza* im *Ammelntal*, außerdem mehrere Gravuren von Gazellen, Menschen und neue von Autos in *Tirmtmat*, einem Ort mit nur 20 Einwohnern und neuer Moschee, der etwas westlich vom Ammelntal zwischen *Ait Omar* und *Assamaka* liegt (Abzweig von der Teerstraße, die durchs Ammeltal führt, dann 2 km Piste bis zum Ort und zu Fuß 200–500 m). Eine weitere Gazellengravur sieht man auf einem Felsblock zwischen den Dörfern *Adai* und *Tazka*. Sie ist auf einem Fußweg 3,5 km von Tafraoute erreichbar.

Hervorzuheben sind noch die **bemalten Felsen** des belgischen Malers *Jean Vérame,* genannt „Les peintures“ (s. Ausflüge S. 192).

PRAKTISCHE INFOS

Klassifizierte Hotels

Les Amandiers******A**

Tel. 80 00 88, Fax 80 03 43; malerisch auf einer Anhöhe gelegen, im Kasbahstil mit mächtigen Mauern gebaut, hübscher Garten, Pool und schöne Terrasse, v. a. zum Sonnenuntergang. Anfang ’94 renoviert bieten die Zimmer nach wie vor nicht den bei dieser Klassifizierung zu erwartenden Standard. Das heiße Wasser und die Heizung funktionieren auch nicht immer, aber die Preise gingen gewaltig in die Höhe und sind reichlich überzogen: Ein DZ mit Bad kostet stolze 660 DH. Das Frühstück 80 DH im schönen Garten mit Pool (Poolbenützung kostet für Nicht-Hotelgäste 30 DH); Menü 120 DH, Kleiderwäsche 30 DH. Einziges Hotel mit Alkoholausschank.

Das Hotel vermittelt für Führungen in die Umgebung den zuverlässigen und gut englisch sprechenden Führer *Mohammed Ouakrim* oder, falls dieser nicht zur Verfügung steht, seinen sehr netten Bruder.

Blick vom Hotel Les Amandiers auf Tafraoute

Salama *B
Tel./Fax 80 00 26. Am Ortsanfang links von Aguard Oudad kommend. Sehr sauberes, nettes Hotel mit hübscher Dachterrasse; freundliches Personal (kleine DZ mit Du./WC 200 DH, ohne Dusche 147 DH mit Heizung). Ab hier können mit dem zuverlässigen Führer *Abdallah Ifiadene* Mountainbiketouren durchgeführt werden (150 DH/Tag plus Verpflegung).

Unklassifizierte Hotels

Tafraoute
Pl. Moulay Rachid, Tel. 80 00 60, 80 01 21, im Zentrum, DZ ca. 100 DH, Etagenduschen und WC, einfach und sauber.
Tanger
An der Bushaltestelle; EZ 40 DH, DZ ca. 50 DH; Dusche auf dem Flur, auf Wunsch warm, 7 DH; einfaches, sauberes Hotel mit freundlichem Personal, Terrasse, Betten o. k., gutes, preiswertes Essen (Cous-Cous mit Fleisch 14 DH,Tajine 25–36 DH). Treffpunkt für Einheimische und Rucksacktouristen.
Redduane
Sehr einfach, für Rucksackreisende mit Minimalansprüchen, aber sauber. Netter Chef. DZ 50 DH mit Waschbecken, warme Dusche auf dem Flur, EZ 35 DH. Die hier zu mietenden Fahrräder sind in schlechtem Zustand.
Agadir, DZ ca. 60 DH,
Salam, DZ für 60 DH, sauber, auch was die sanitären Einrichtungen angeht.

Camping

Etoile du Sud
Sauber; warme Duschen nur, wenn der Badeofen beheizt wird – das rentiert sich natürlich nicht, wenn wenige Touristen da sind. Staubig und wenig Schatten. Tarife: 8 DH/Erwachsener, 10 DH Wohnmobil, 7,50 Pkw, 6 DH Zelt; es gibt auch Bungalows zu mieten (sauber, 50 DH).

Essen & Trinken

Etoile du Sud
Folkloredarbietungen im Original-Hochzeitszelt im Garten, das als Gastraum mit

typisch marokkanischer Atmosphäre dient. Gutes Menü ca. 70 DH; inzwischen ist das Restaurant so stark von Touristengruppen (ganze Busladungen) frequentiert, daß Qualität und Service merklich nachgelassen haben. Ein Besuch lohnt sich, wenn gerade keine Gruppen da sind. Alkohol gibt es nur im Hotel *Les Amandiers.*

Restaurant Etoile d'Agadir

Am Place de La Marche Verte (gegenüber *Artisanat du Coin).* Beliebtes Restaurant der Einheimischen, sehr gute und preiswerte Tajine (35 DH), guter Service.

Restaurant Marrakesch

Leckere Tajines (auch vegetarisch - 20 DH), frischgepreßter Saft (4 DH), Omelettes (15 DH), Brochettes und Cous-Cous um die 20 DH.

Restaurant Mauritania

Tel. 80 00 38, Spezialiäten von Tafraoute, gut, freundlich, preiswert.

Im *Café de la Jeunesse* gibt es ein gutes Frühstück mit reichlich Butter für 10 DH.

Busverbindungen

CTM-Busse nach *Tiznit* und *Agadir* (Marrakesch, Casablanca) um 17 und 19 Uhr, 45 DH, Fahrzeit 5 - 6 Std. Um 9, 10 und 15 Uhr fahren private Busgesellschaften meist über Tiznit/Inezgane (Fahrzeit 6 Std.), 40 DH.

Der Bus nach Marrakesch hält eine Stunde in Inezgane; wer ohnehin in Agadir Zwischenstop machen will, sollte von dort mit dem Stadtbus Nr. 5 nach Agadir fahren. Die meisten Busse fahren über Tiznit (ca. 2 Std. länger), nur wenige über Aït Baha.

Der Bus von Tafraoute nach Agadir via Aït Baha fährt um 18.30 ab. Der Nachtbus fährt täglich um 18 Uhr und braucht über 4 Stunden nach Aït Baha, 40 DH.

Mittlerweile wurde die Strecke über *Oumesnat* nach Tanalte, bzw. *Had Tahala* bzw. Anezi ausgebaut, voraussichtlich werden auch Busse dann diese Strecke befahren.

Taxi/Sammeltaxi

Sehr empfehlenswert für Ausflugsfahrten in die Umgebung ist *Boukrian Saloh* (Grand Tax Nr.6). Er ist sehr liebenswürdig und kennt die Gegend hervorragend.

Einkaufen

Da der Ort für Agadirpauschaltouristen zum „Pflichtprogramm" zählt, gibt es natürlich auch einige Souvenirläden.

Freundlich und unaufdringlich wird man im Laden der Familie *El Najah,* **„Artisanat du Coin",** bedient, direkt am Hauptplatz (Place de la Marche Verte), in der Nähe der Post. Hier kann man hübschen Schmuck und Zubehör kaufen, auch Selbstgefertigtes von *Brahim el Najah.* Es werden Festpreise verlangt, die fair sind und unter den Preisen in den Großstädten liegen.

Wer Teppiche kaufen will, ist im **„Maison Berbère",** Route Agouard Oudad, Tel. 80 05 19 (bei der Tankstelle), gut aufgehoben. Der hier arbeitende *Omar* spricht gut Deutsch, stammt eigentlich aus der Gegend von *Merzouga* und hat sich seit einigen Jahren hier niedergelassen. Der Teppichladen ist gut sortiert, es gibt auch Fossilien und Sandrosen. Auch Touren werden angeboten. Ein Ausflug mit Übernachtung in der Schlucht kostet ca. 250 DH; es werden außerdem Fahrräder verliehen (30 DH pro Tag).

Gut beraten wird man ebenfalls im **„Maison Nomade Tuareg",** 44, Av. Mohammed V. Der als Tuareg verkleidete *Abdellah* kennt sich sehr gut mit Teppichen aus und erläutert ohne Kaufzwang oder Überredungstricks Traditionen und Muster. Besonders schön sind die Kelims, vor allem die Hochzeitsteppiche mit figürlichen Darstellungen. Die traditionellen Teppiche werden mit Naturfarben gefärbt, die aus Safran (gelb), Indigo (blau), Henna (rot), Kajal (schwarz) und Malachit (grün) gewonnen werden. Wer sich zum Kauf entschließt, kann sowohl in Dirham als auch mit Scheck oder in Devisen bezahlen, gelegentlich sogar auf Kredit einkaufen. Hier werden Fahrräder verliehen für 25 DH/ 5 Std. Abdoul führt auch zu den Gravuren und zu anderen interessanten Plätzen in der Umgebung.

Banken

Banque du Commerce und *Banque populaire* (am Freitag geschlossen).

Oumesnat im Ammelntal

Post

Am Place de la Marche Verte.

Feste/Veranstaltungen

Das berühmte Mandelfest im Februar wurde nach *Tiznit* verlegt, statt dessen findet eine Touristikwoche im Februar statt.
Moussem Sidi Ahmed ou Said
in Adai, Mitte August
In *Anameur* findet dreimal im Jahr, im Januar, März und Mai, ein Fest zu Ehren des *Marabut Chezelhamiz,* mit großem Essen im Freien, statt.

Ausflüge

Besonders interessant sind der **Douar Afella Adaï** und Umgebung. Hier sind die kasbahähnlichen, flachdachigen Häuser auf enormen Granitblöcken erbaut. Statt der vier Ecktürme hat man hier die Hausfront mit einer sogenannten Lokba versehen, einer Dekoration aus drei- und viereckigen Löchern, die man mit Schiefertafeln ausgefüllt und dazwischen mit Pferde- oder Maultierschwanzhaaren verstopft hat. Solche Dekorationen findet man nur hier und im Dorf **Aguard-Oudad**. Die Hauswände sind in Braun, Ocker, Grün, Rosa und blauen Pastellfarben gehalten, die Fenster- und Türrahmen weiß umrandet. Sehr schöne Campingplätze finden sich unter den hohen Dattelpalmen, besonders dann, wenn die Gerstenfelder darunter abgeerntet sind. Hier kann man zu gegebener Zeit auch die Drescharbeiten beobachten: Maulesel, Pferde und Esel - die Esel in der Mitte am Pfahl - werden im Kreis über das Korn auf die gemeinsame Dorftenne getrieben, wobei die Leute die Tiere mit ihrem Gesang anfeuern. Später dann, an einem windigen Tag, werfen die Männer das Stroh hoch, die schweren Körner fallen herunter, die Spreu wird vom Wind weggeweht. Auch hierbei wird die Arbeit mit Gesang unterstützt.

Zwischen den Dörfern **Adai** und Tazka gibt es Felsgravuren von einer Gazelle, ebenso wie bei *Imetkan* und im *Ammelntal* bei *Taguenza* sowie in *Tirmtmat* (s. S. 189).

Nicht versäumen sollte man, zum Dorf **Aguard Oudad** 2 km südlich von Tafraoute zu fahren (Tafraoute Anfang rechts). Dieses Dorf liegt am berühmten „chapeau Napoléon", dem „Napoleonshut", einem eigenartigen Felsen in der Form des berühmten Hutes, zu dessen Füßen das palmengesäumte Dorf liegt. Das Bild ist in allen Touristikprospekten zu finden.

Eine weitere Touristenattraktion, **„Les peintures"**, erreicht man über eine Piste 4 km südlich von Aguard Oudad. Der belgische Maler **Jean Vérame** bemalte hier die bis zu 30 m hohen Felsen in den Farben Blau, Rot, Schwarz, Violett ganzflächig oder in geometrischen Mustern. Im Einklang mit der Natur und den Farben des Himmels entstand so 1986 eine „Phantasmagorie" von 2 km Länge und 800 m Breite. 20 000 kg Farbe, nach altägyptischen Rezepten hergestellt, wurden in zwei Monaten vermalt, nachdem der Künstler bereits ähnliche Projekte in *Korsika,* den *Cevennen,* dem *Tibestigebirge* und auf dem *Sinai* verwirklicht hatte. Die Malereien, umgeben von einer Traumlandschaft, sind im Farbenspiel von Sonne und Schatten zu verschiedenen Tageszeiten wirklich eindrucksvoll. Da die Farben schon einem natürlichen Zersetzungsprozeß ausgeliefert sind, sollte nicht auch noch auf ihnen herumgeklettert werden. Zwischen den verschiedenen Blöcken kann nach Belieben gewandert und geklettert werden, die Gesamtansicht von oben ist ein besonderes Erlebnis.

Man erreicht die bemalten Felsen, wenn man vom Ort Aguard Oudad der Beschilderung „Les Peintures" folgt (4 km die Teerstraße in Richtung Tiznit fahren). Dann biegt man rechts bei einer weißen, kleinen, zinnengekrönten Einfahrt ab (Vorsicht: Von Tiznit kommend, sieht man die Beschilderung beim Abzweig nicht) und erreicht auf holpriger Piste (Pkw Vorsicht, Gefahr aufzusitzen) einen kleinen Parkplatz und muß von diesem ca. 10 Minuten bergab in einen Kessel wandern und erreicht dann die bemalten Felsen. Inzwischen ist es aber möglich, direkt - zumindest mit einem Geländerfahrzeug - bis zu den Felsen zu fahren.Eine Variante dazu (für PKW leichter) ist von Tafraoute in Richtung Ta-

Sous & Antiatlas

hala zu fahren. Bei einem weißen Schild aus Stein mit der Aufschrift "Douar Tarzought" links auf die Piste abbiegen. Diese führt über einen Bergrücken, bei den beiden Gabelungen hält man sich links und sieht nach 5 km die Felsen.

Man sollte es nicht versäumen, von Tafraoute aus einen Ausflug in das sehr schöne **Ammelntal** am Fuße des *Djebel Lekst* (2359 m) zu machen *(Oumesnat, Anameur)*. Dort gibt es auch ein Museum (s. S. 186). Es gibt im Ammelntal vier Berberstämme: *Afella Uassif, Aït Smaybun (Anameur), Aguns Uassif, Tahala* in neun Duars. Die Straße durch das Tal ist geteert und mündet bei **Had Tahala** in die Straße 7074. Mittlerweile gibt es auch eine **neue Straße,** die vom Ammelntal ausgehend (beschildert Aït Manoud, Aït Talb Agulz, Egordane, Anirgi, Aït Omzil, Tanalte) zum Ort **Tanalt** führt und von dort am Ende bei **Anezi** auf die Straße 7057 stößt. Diese neue Teerstraßenverbindung, von der man **prächtige Ausblicke** hat, ist noch nicht auf den Karten verzeichnet und führt auf kürzerem Wege (nicht über den Kerdous-Paß) nach Tiznit, eigent sich aber auch als Rundfahrt, wenn man von Tanalt über die Straße 7115 wieder in Richtung Kerdouspaß fährt und von dort auf die alte Strecke 7074, die von Tiznit nach Tafraout führt, einmündet.

Es lohnt sich ebenfalls, die Dörfer nordwestlich von *Taguenza* zu besuchen. Nach dem Ort zweigt rechts eine Teerstraße ab, die sich nach 3 km in zwei Pisten aufspaltet; die linke führt in zwei sehr schöne Dörfer.

Auch für Bergtouren eigent sich die Umgebung, sowohl der *Djabal Lekst*, mit 2359 m der höchste Berg der Region, ist ein lohenswertes Ziel, als auch der *Adrar Mqorn* (2344 m).

Sehr lohnenswert ist es, von *Tafraoute* mit dem Auto durch das **Mansour-Tal** bis zum Dorf *Issi Afella* zu fahren und von dort zu den Felszeichnungen von *Ukas* beim *Guelta Imtkan* im Tal des *Asif Issi.* Zurück geht es dann über *Tizerkim.* Insgesamt ist die Route als Rundfahrt 98 km lang und am Vormittag (ohne längeren Aufenthalt) zu schaffen (s. Karte). Belohnt wird man mit fantastischen, steil aufragenden Schluchten links und rechts der Strecke und wildromantischen Palmentälern und sehr ursprünglichen und alten Dörfern.

Von Ukas ist es möglich, mit Geländefahrzeug die sehr schöne, einsame Fahrt nach *Tamanart (Aït Herbil)* anzutreten und dort auf die Teerstraße Foum-Zguid–Tata zu treffen.

Die Strecke nach **Igherm** (96 km) ist bis Tiguermine geteert und läßt sich bis dorthin problemlos mit dem Auto fahren, danach geht es nur noch mit dem Geländewagen weiter oder über eine Pistenverbindung auf die Strecke nach Agadir. Das landschaftlich schönste Stück reicht bis 6 km hinter *Aït Abdallah,* abgesehen von dem kurzen, schönen Abschnitt zwischen Km 77 und 78,5, wo eine bizarre Berglandschaft und ein altes festungsartiges Dorf zu bewundern sind. Der Höhepunkt, nur wenige Kilometer abseits der Strecke ist der **Agadir Tasguent**.

Man fährt die Strecke nach Igherm, vorbei an Ait Abdallah (km 36,3) und biegt beim Dorf *Tiguermine* (km 62,5) nach links auf eine Piste zum *Agadir Tasguent* ab (auch für PKW geeignet, ca. ½ Std. Fahrzeit). Nach der Abzweigung von der Teerstraße am übernächsten Dorf bei der Gabelung wieder links fahren, bis der Speicher in Sicht ist. Oberhalb des Ortes liegt der gewaltige, imposante Agadir, der keine Ecktürme oder Zinnen, aber 200 Räume und sehr schön beschnitzte und bemalte Türen mit schönen Beschlägen hat. Die Räume, in denen das Hab und Gut der Dorfbewohner lagert, sind über enge Gänge, und die oberen Zellen nur über Trittstufen aus Steinen, die in die Mauern integriert wurden, erreichbar (s. a. Berberachitektur S. 85). Der ganze Agadir ist aus Schiefersteinen ohne Mörtel errichtet und hat sieben Stockwerke, die mit Arganienholz abgestützt sind, fünf Innenhöfe, Stallungen, eine Zisterne und eine Moschee, alles in einem Bau, falls im Kriegsfalle die Bevölkerung des Dorfes hier Zuflucht suchen müßte. Der größte Schatz ist jedoch eine schriftliche Aufzeichnung des Gewohnheitsrechtes der Berber („droit coutumier“) auf Holztafeln, das fast

1000 Jahre alt sein soll. Dieses Gewohnheitsrecht, das Regeln über die Schlichtung von Streitigkeiten und die Aburteilung von Vergehen vorsieht, wurde seit Jahrhunderten in mündlicher Form weitergegeben, angeblich von Frauen auf Schiefertafeln und dann erst später auf die Holztafeln eingeritzt. Sie gelten als Heiligtum und lagern in einem Turm, der mit 12 Schlössern verschlossen ist und der Tag und Nacht bewacht wird. Die 12 Schlüssel sind auf 12 vertrauenswürdige Schlüsselhalter verteilt. Auch wenn das Gewohnheitsrecht mittlerweile in Buchform veröffentlicht wurde, gelten diese Tafeln doch als Sensation, denn bis auf ganz wenige Ausnahmen (z.B. die Tuaregschrift Tifinagh) wird den Berbern keine eigene Schrift zugestanden.

Von Tafraoute nach Tiznit

Von Tafraoute schlängelt sich eine gute, kurvenreiche Asphaltstraße **nach Tiznit.**

Es gibt nach Tiznit noch eine weiter südlich verlaufende Strecke, die bei *Ida Oussemlal* wieder auf die Hauptroute führt. Die erstbeschriebene Hauptroute ist kürzer, die nachfolgende Variante die einsamere Strecke. In *Jemaa Ida Oussemlal* führen beide Routen wieder zusammen.

Eine neue **Alternativstrecke** führt über das Ammelntal nach **Tamlat** und **Anezi** und von dort auf kürzerem Weg nach Tiznit.

Zu den **Busverbindungen** nach bzw. von Tiznit s. Verkehrsverbindungen bei Tafraoute (S. 190) bzw. Tiznit.

Route 1:

Folgen Sie ab Tafraoute dem Wegweiser „Tiznit 107 km", bis nach ca. 3½ km das Dorf **Affela Adai** erreicht ist. Gleich am Eingang zum Dorf, zur Linken (in Richtung *Taska)*, sind an den Felsen zwei Felsgravuren von Gazellen zu finden (s.a. S. 192).

Ca. 9 km hinter Tafraoute geht es links 1 km zur *Source Vierge,* der Jungfrauenquelle, die aber mittlerweile als Brunnen gefaßt wurde. Die Asphaltstraße in Richtung **(Souk el Had) Tahala** (15 km von Tafraoute) windet sich durch Bergland mit Arganien und Mandelbaumbestand.

Ab dem Ort führt eine Straße hinüber ins Ammelntal und nach Oumesnat bzw. von dort wieder nach Tafraoute (s. S. 186); von dieser wiederum kann man ebenfalls auf die eingangs erwähnte neue Alternativstrecke über *Tamlalt* nach *Anezi* gelangen.

Über **Souk Tnine de Tarsouale** (Km 28,5), einen Ort in karger Gebirgslandschaft, zieht sich die Straße bergauf bis **Jemâa Ida Oussemlal** (bzw. *Tizourhane,* Km 41,1). In diesem großen Ort mit reger Bautätigkeit gibt es eine Tankstelle, eine neue Moschee und eine beschränkte Möglichkeit zum Einkaufen. Unterkunft und Erfrischung bietet das einfache **Hotel-Café-Restaurant La Victoire**.

Links zweigt die Straße nach *Foum-el-Hassane* (110 km) und zur obengenannten Variante (Asphaltstraße Tafraoute–Izerbi, 60 km) ab. Weiter geht es durch welliges Hügelland mit Kornfeldern im Sommer; hin und wieder dienen Windräder der Bewässerung. Im Frühjahr ist die ansonsten karge Hochebene von einem zarten grünen Flaum bewachsen und von blühenden Obstbäumen umgeben.

6 km hinter Jemaa Ida Oussemlal führt eine Teerstraße links nach *Ifrane de l'Antiatlas* (C 7076) bzw. *Ida-Oumarkt,* einer großen, schön ge-

legenen Oase am Fluß mit Dattelpalmenhainen und Obstgärten im Außenbereich. Dieser Ort war einmal **eine der größten** und einflußreichsten **jüdischen Siedlungen** in Südmarokko und wurde Klein-Jerusalem genannt. Die Ruinen der Mellah, die einmal 600 Menschen beherbergte, findet man ca. 2–3 km vor dem Ida Oumarkt links der Straße.

50,3 km hinter Tafraoute ist die Paßhöhe **Col de Kerdous** und 1 km weiter das *Hotel Kerdous,* auf 1200 m, erreicht. Von hier eröffnet sich eine herrliche Aussicht auf die bizarren Granitberge, die im Abendlicht rosa schimmern. Viele Streifenhörnchen flitzen die Berghänge hinunter.

Das **Hotel Kerdous,** Tel. 00212/08/60 03 12, Fax 86 80 35, ist das ehemalige *Bordj Tiffermit;* es wurde zu einem schönen Vier-Sterne-Hotel umgebaut und ist seit 1998 unter französischer Leitung. Wer sich mal was Gutes gönnen will, sollte hier absteigen. Jedes Zimmer ist in traditionellem Stil eingerichtet, jeweils anders gestaltet. Im schönen Speisesaal oder im Innenhof (mit Pool - nicht immer Wasser) wird hervorragendes Essen serviert. Preise: DZ ca. 540 DH, Halbpension 310 DH p. Person plus Steuer, Frühstück 45 DH. Menü zwischen 65 und 100 DH. Das Hotel bietet auch günstige Wochenendarrangements und zahlreiche Ausflugsfahrten sowie Flughafentransfer an. Siehe auch im Internet: *www.maroc.net/kerdous* Wer Ruhe und Abgeschiedenheit liebt, sollte hier einkehren und das Hotel als „Basis" für Ausflüge nach Tafraoute und in die Umgebung

Blick auf Agouard Oudad

nutzen. Rucksackreisende, die mit dem Bus anreisen, werden allerdings erst etwas mißtrauisch auf Bonität geprüft, bevor man bereit ist, ein Zimmer zu vergeben.

Auf der weiteren Strecke passiert man einen kleinen Ort mit schönen roten Häusern. Hier gibt es sehr viele Feigenkakteen (Opuntien), es wird Terrassenfeldbau betrieben.

Nach 66,6 km ist **Tirhmi,** ein größerer Ort, wo bemalte Töpfereiwaren verkauft werden, erreicht. Das Dorf liegt in schöner Landschaft, umgeben von dichten Palmenhainen und Kakteenhecken.

70 km hinter Tafraoute besteht die Möglichkeit, zum Marabut und Wallfahrtsort **Sidi-Ahmed-ou-Moussa** abzuzweigen. Hier liegen der gleichnamige *Idrissiden-Sherif,* der im Jahre 1563 verstorben ist, und seine vier Söhne begraben. Die Marabut-Sherifen beherrschten dieses Gebiet *(Tazeroualt)* bis 1882. Im August oder September findet ein fünftägiger Moussem statt. Der Bruderschaft (oder auch Sekte) entstammen viele Akrobaten. Die Strecke dorthin führt 10 km auf schlechter Straße durch eine landschaftlich sehr schöne Gegend, der Ort liegt hübsch an einem Fluß und ist noch sehr ursprünglich. Die Straße endet hier.

Die Straße nach Tiznit durchquert hügeliges, dünn bewachsenes Gebiet mit Dornbüschen und Kakteenpolstern. Nach 1 km kommt ein Ort mit Tankstelle, nach weiteren 2 km wieder eine Ortschaft. Weiter geht es auf einer schönen Strecke an einem Palmental entlang, bis bei Km 77,5 ein hübsches Dorf erreicht ist. Links am Hang klebt eine weiße Moschee. Die Kinder hier stürmen mit einem rasanten Tempo auf Touristen zu, um ihre Forderungen zu stellen.

Die weitere Route bis **Sidi Assaka** am *Oued Assaka,* einem schönen Palmenhain, führt durch hübsche Landschaft mit Feigenbäumen, Arganien und vielen Palmen in den Flußtälern. Auf schnurgerader und welliger Piste ist 114 km nach Tafraoute Tiznit erreicht.

Route 2:

Diese Variante führt von **Tafraoute** über **Izerbi** nach **Ida Oussemlal** und ist wesentlich schneller als die Hauptroute über den Kerdouspaß und Adai. Es gibt v.a. jetzt noch eine kürzere Variante, die Izerbi umgeht und im Dorf nach der Paßhöhe direkt nach *Souk Khèmis des Aït Oufka* geht.

Verlassen Sie Tafraoute in Richtung **Aguard Oudad**, das nach knappen 3 km ist erreicht ist (siehe Ausflüge Tafraoute). Die weitere Strecke ist von riesigen Felsbrocken gesäumt.

Ca. 19 km hinter Tafraoute stößt man auf den Ort **Tnine Tarzoual,** der eine schöne Moschee und viele Neubauten aufweisen kann. Die Beschilderung ist nur in arabisch. Nach einigen Kilometern wachsen wieder viele Arganienbäume (s.a. S. 214), auf denen mit Vorliebe die Ziegen klettern. Weiter geht es auf schmaler, kurviger Straße bis bei ca. **km 30,2** ein Abzweig (gute Piste) links nach **Ighil Ouman** führt.

Auf dieser Piste gelangt man durch schroffe Gebirgsgegend und 20 km weiter zu einem Marabut, danach in eine Palmenoase in einem Canyon, mit sehr schönen Häusern und einer Moschee, darüber liegt ein alter Ksar. Weiter führt die Piste entlang des Oued (Hochspannungsleitung) und mündet nach 30,4 km bei der Kreuzung vor den Felsgravuren von Ukas (siehe S. 194) in die Piste nach Tamanart ein.

Wer nicht abbiegt, fährt weiter geradeaus auf der Teerstraße in Richtung **Izerbi** das nach ca. 33,5 km erreicht ist. Dieser Ort imponiert durch ein bereits von weitem sichtbares, palastartiges Gebäude (das sich ein Minister gebaut hat) und andere eindrucksvolle neue Häuser; eine alte Kasbah gibt es auch.

Nach einem Straßenknick nach Westen sind eigenartige kammartige Felsspitzen zu sehen, die sich wie Bänder entlang der Straße ziehen. Durch karge, kahle Gegend führt die Straße

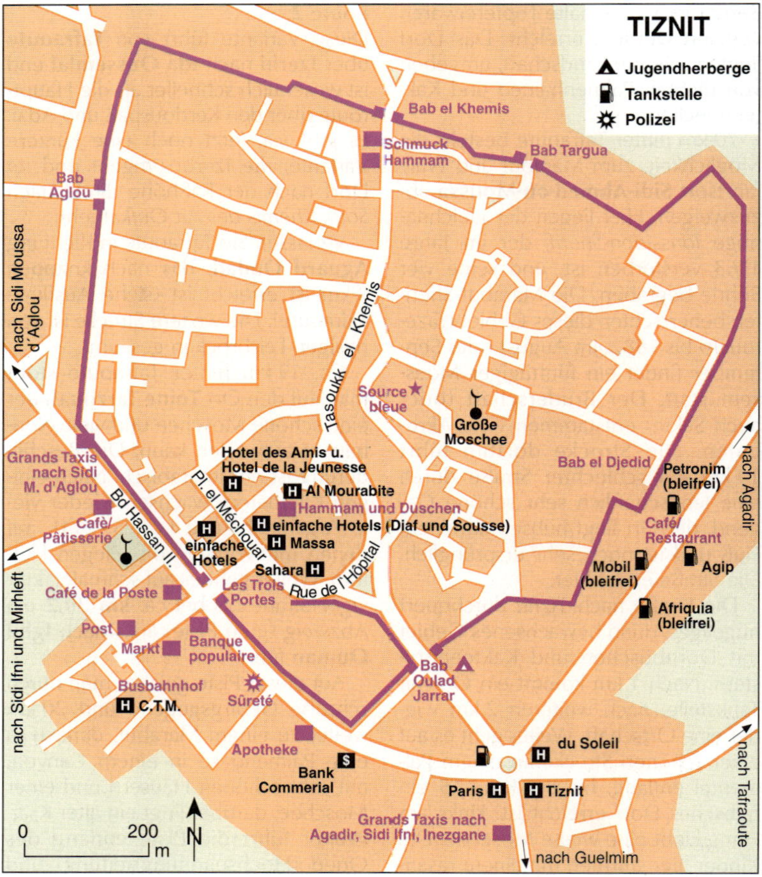

weiter in Richtung Ida Oussemlal. Bei **ca. km 38** führt ein Abzweig links nach **Amtoudi** und zu Speicherburg Id Aïssa (genauere Angaben sind willkommen), s. S. 222

50 Km hinter Tafraoute werden die Besiedelung und der Bewuchs dichter. Es gibt nun um die Orte viele Bäume und die Pumpen für die Brunnen, und für die Bewässerung der Gärten und Felder werden Windrädern zum Laufen gebracht.

Bei km 59,5 ist Ida Oussemlal erreicht, wo die Straße in die vorher beschriebene Hauptstrecke einmündet. (Weiterführung s. S. 195). Im Ort gibt es eine Tankstelle.

TIZNIT

ÜBERBLICK

Die Wüstenstadt hat heute ca. **43 000 Einwohner**. Sie liegt in einer von Kakteen und Euphorbien bewachsenen Ebene und ist von einer 6 km langen Mauer umgeben, die sechs Tore aufweist. Die Altstadt hat ihren malerischen Charakter durch die vielen Neubauten eingebüßt. Rings um Tiznit wird ziemlich unkontrolliert gebaut, so daß die Stadt kaum ein richtiges „Gesicht" hat. Es gibt ein neues, modernes Zentrum um *Bd Hassan II.*, *Bd Mohammed V.* (in Richtung *Moussa d'Aglou)* und *Rue Yacoub el Mansour* und ein altes um den *Place Mechouar* in der Medina.

Die **Beschilderung in Tiznit** ist etwas **verwirrend.** Das Schild, welches zur Medina weist, führt auf die Rückseite der Medina, welche völlig uninteressant ist. Besser ist es, den Schildern *„Centre ville"* zu folgen, man kommt so direkt zum Haupttor *Bab Aït Jerrar* und in die Medina zum *Place Mechouar,* wo die Privatbuslinien und Taxis halten, und dahinter zu den Suqs, wo sich auch die Schmuckgeschäfte befinden. Markttag ist am Donnerstag. Tiznit ist vor allem wegen seines kunstvoll gefertigten Silberschmucks und seiner ziselierten Waffen sowie Kupferarbeiten bekannt.

GESCHICHTE

Die Stadt wurde 1882 von **Sultan Mulay Hassan** gegründet, wenn auch Legenden behaupten, daß **Lalla Fatima Tiznit** hier vor 1500 Jahren bereits eine Siedlung gegründet haben soll.

Tiznit wurde im Ende des 19. Jh. zum Handelszentrum und Ausgangspunkt vieler Karawanen in den Süden. 1912 ging die Stadt in die Geschichte ein, als sich der Rebell und Thronanwärter **El Hiba** dort zum Sultan ausrufen ließ. 1917 wurde der Ort von den französischen Truppen unterworfen. Die Franzosen unterhielten bis 1956 hier eine Garnison, und auch heute noch ist er ein wichtiger militärischer Stützpunkt.

SEHENSWERTES

Interessant ist die **Moschee,** die mit ihren vorstehenden Querstangen im Minarett stark an die Moscheen im Sahel (v. a. Agadez im Niger) erinnert.

Tiznit ist v.a. bekannt wegen seines Silberschmuckes. Er wird nach Gewicht verkauft, zwischen 8 und 15 DH pro Gramm, je nach Verarbeitung. In Tiznit hatte ich den Eindruck, daß auf dem Suq noch höhere Preise gehandelt werden als anderswo im

Land; man muß jedenfalls „brutal" feilschen, um einen halbwegs vernünftigen Preis zu erzielen. Wir erstanden einen Gürtel zu 70% des Anfangspreises und zahlten dann immer noch das Doppelte von dem, was der Gürtel in Agadir im Kaufhaus Uniprix gekostet hätte...

PRAKTISCHE INFOS

Tel. Vorwahl 08
PLZ 85 000

Klassifizierte Hotels

Tiznit ***A
Tel. 86 24 11, 86 21 19; Av. Hassan II. (am Kreisverkehr der Ausfallstraßen nach Agadir und Tafraoute bei der Tankstelle); schönes Hotel mit reizvollem Innenhof (Folkloreveranstaltungen) und Pool.
Das Hotel verfügt über großzügige, traditionell eingerichtete Familienzimmer (4 Personen, 530 DH) mit Blick auf den Innenhof und ebenso schöne Zimmer (DZ 306 DH), diejenigen nach vorne zur Straße sind etwas laut; Frühstück extra, gutes Menü für ca. 75 DH).

De Paris B**
Tel. 86 28 65, Av. Hassan II. (gegenüber dem Hotel Tiznit am Kreisverkehr), angenehm und sauber, freundliches Personal, gutes Restaurant; Menü ca. 70 DH, Tajine, Steak und Fischgerichte zwischen 38 und 43 DH, DZ mit Bad und WC 165 DH; das Frühstück kostet 17 DH.

Unklassifizierte Hotels

Chems (Hotel du Soleil)
Route de Tafraoute, gegenüber dem Hotel Tiznit. Wenn man von der Innenstadt kommt am Kreisverkehr hinter der Stadt links abbiegen und dann gleich rechts, wo die Straße nach Agadir abbiegt. Tel. 60 02 88. Neues und sauberes Hotel (eröffnet 2'99). Nettes Personal, DZ 80 DH, EZ 65 DH ohne Dusche/WC.
Excelsior, DZ mit Dusche 148 DH
Salam, DZ ohne Dusche 100 DH
Layone, DZ mit Dusche 160 DH;
alle drei nahe beim Busbahnhof.

CTM
Tel. 86 22 11, am CTM-Busbahnhof, DZ mit Etagendusche ca. 55 DH , sauber

Des Amis
Place Mechouar, einfach, sauber, DZ ca. 60 DH, EZ ca. 40 DH, kleine Terrasse und bewachter Parkplatz

Hotel/Restaurant Atlas
Direkt am Busparkplatz, DZ ca. 50 DH. Sehr groß, aber nicht sauber (die WC´s werden von den Passagieren des Busbahnhofs mitbenutzt), freundliche Bedienung, gutes Essen, Café im Erdgeschoß.

Des Touristes
Rechts hinter dem Place Mechouar, sauber, freundlich, warme Etagendusche, DZ 75–80 DH.

Camping

In Tiznit gibt es nur noch einen städtischen Campingplatz, den *Camping International.* Allerdings werden dort Rucksackreisende nach Leserangaben (zumindest in der Hochsaison, wenn genügend Wohnmobilurlauber da sind) ungern gesehen und dementsprechend behandelt. Der Rezeptionist ignorierte die Bemühungen einer Gruppe von Fahrradreisenden, sich anzumelden, und als diese dann auf eigene Faust mit dem Aufbau begannen, drohte er mit Rausschmiß. Erst mit Hilfe der Polizei wurde eine halbwegs angemessene Behandlung erreicht.

Busverbindungen

Der **CTM-LN Busbahnhof** befindet sich am Ende der Hauptstraße links vom Haupteingangstor zur Medina, Rue Yaqub el Mansur, Tel. 86 23 29.

- *Tiznit - Paris:*
  1 x wöchentlich, ca. 1500 DH
- *Tiznit - Tanger via Casablanca:*
  20.30 Uhr, 150 DH
- *Tiznit - Essaouira* (über Agadir-Inezgane; 6 Std. Fahrt) 5 Uhr ca. 45 DH
- *Tiznit - Guelmim:*
  6.30 Uhr, ca. 120 DH;
- *Tiznit - Tafraoute:* 6.30 Uhr (3,5 Std. Fahrzeit) 38 DH, der SATAS-Bus (privat) fährt um 15 Uhr.

Mit Moumtaz-Komfortbus, alle über *Agadir.*

Es fahren außerdem **Privatbusse** ab Place Mechouar (durchs Haupttor wenige Meter) für den Nahverkehr nach *Agadir, Tafraoute, Mirhleft, Sidi Ifni*, etc. zu unregelmäßigen Zeiten.

Taxi/Sammeltaxi

Sammeltaxi (halten ebenfalls am Place Mechouar) in alle Richtungen; nach Mirhleft 15 DH, Agadir 23 DH.

Rund ums Auto

Autovermietung

Tiznit Car Location

Av. Hassan II., Tel. 84 29 98

Tanken

Eine Tankstelle mit bleifreiem Benzin gibt es an der Straße nach Tafraoute (Somepi), außerdem zwei Tankstellen (u.a. Afriquia) an der Straße nach Agadir.

Post

Das Hauptpostamt befindet sich vor dem Haupttor *Bab Aït Jerrar* links (von *Tafraoute* kommend).

Einkaufen

Der *Marché Municipale* (Obst, Gemüse, Fleisch und Frischwaren) liegt an der Hauptstraße Hassan II. links (von Tafraoute kommend).

Banken

Banque populaire und Banque commerciale am Bd. Hassan II.

Feste/Veranstaltungen

- *Moussem Sidi Abdellah ou Said*
  An der Straße nach *Massa (Resmouka)*, 1. Woche im Juni
- *Moussem Cheikh Maa El Ayine*
  In *Souk Khemis de Tiznit*, Ende August
- *Moussem Sidi Ali Oumoussa*
  Region Tiznit, Ende August
- *Moussem Sidi Moussa d'Aglou*
  im gleichnamigen Ort im September
- Im August, September und Mouloud zahlreiche weitere *Moussems* (siehe auch S. 76).

Ausflüge

In Tiznit zweigt eine breite Straße nach links zum **Strand Sidi Moussa d' Aglou** (Beschilderung „Aglou Plage 17 km“) ab. Dieser Strand beim gleichnamigen großen Fischerort wird bevorzugt von der Tizniter Bevölkerung aufgesucht, aber auch europäische Aussteiger haben sich hier niedergelassen.

Es gibt einen heruntergekommenen, ummauerten Campingplatz (2 DH pro Person, 5 DH/Auto) ohne sonstige Einrichtungen und das einfache *Motel Aglou.* Einen örtlichen Moussem gibt es im September (s. links).

Wenn man vor dem Campingplatz rechts in die Piste einbiegt (in Richtung Norden) erreicht man nach ca. 2 km in den Fels der Ufersteilküste gehauene Grottenwohnungen (Troglodytenhäuser), wo Fischer leben. Ihre Boote sind ebenso in den Höhlen geparkt. Die Fischer sind sehr freundlich; man kann Ihnen in Ruhe beim Einholen des Fangs zusehen.

Von Fischern genutzte Höhlen

Nach **Mirhleft** (schöne Badebuchten) und **Sidi Ifni** (ehemalige spanische Enklave) siehe S. 234.

Es besteht die Möglichkeit, von **Moussa d'Aglou in Richtung Süden** auf einer Piste nach Sidi Ifni zu fahren. Mit Vorsicht geht das auch im Pkw. Man fährt in Aglou (gegenüber dem Campingplatz) auf einer ausgefransten Teerstraße in Richtung Hafen, passiert erst ein Neubauviertel und dann auf den nächsten Kilometern wenige Ansiedlungen. Nach 8,2 km geht rechts eine Piste zu einem Sandstrand mit großen Dünen (zwei Häuser).

Nach 2,8 km führt von einem Dorf wieder eine kleine Piste zu einem schönen Dünenstrand. Die Piste geht zwischen Strand und hügeligem Küstenvorgebirge durch sehr trockene Gegend, ab und zu steht eine Palme in einem Trockenoued. Nach weiteren 9 km führt wieder ein Abzweig rechts zu einem Dünenstrand, der sich gut zum Übernachten eignet.

Achtung: Wer mit seinem Geländefahrzeug direkt über die Dünen zum Strand fährt, sollte auf die Melonenfelder achten, die Bewohner an der feuchten Dünenseite angelegt haben. Bis auf Strandgutsucher und die Feldbesitzer, die einmal am Tag nach ihren Melonen schauen, ist der Strand leer, ohne Hütten oder Fischer.

Nach 2,1 km ist der Ort *Sidi Bou Ifdail* erreicht. Ca. 3 km danach führt die Piste auf einem Plateau entlang, dem nette, kleine Sandbuchten vorgelagert sind. Diese sind aber nicht mit dem Fahrzeug zu erreichen. Nach 2 km fährt man an einem Friedhof vorbei und erreicht 0,2 km später die Teerstraße (Wegweiser „Jelma") nach **Mirhleft.** Der Ort ist nach 8,9 km erreicht.

Am Ufer des Oued Massa

Von Tiznit über den Massa-NP. nach Agadir

88 km, plus 28 km Abstecher

Hinter Tiznit führt die Straße durch eine langweilige, öde Gegend, die gelegentlich durch Eukalyptusaufforstungen und Palmen unterbrochen wird. Lediglich 25,4 km hinter Tiznit wird die Landschaft beim *Oued Massa* etwas hügeliger.

36 km nach Tiznit zweigt rechts eine Teerstraße zum *Yussuf-ibn-Tashfine-Stausee* ab, der das Wasser des *Oued Moussa* sammelt. Der Stausee liegt hübsch eingebettet zwischen kahlen Steinbergen. Die Staumauer wird vom Militär bewacht, das nach dem Woher und Wohin fragt. Baden und Campen ist am See nicht möglich.

Bei Km 37 zweigt links bei einem Café-Restaurant eine Straße nach *Massa* (gegenüber der Petrom-Tankstelle) und zum Nationalpark *Souss-Massa* und *Tassila* ab, die auch nach *Sidi Ouassai* oder nach *Sidi R'bat,* an die Mündung des *Oued Massa* in den

Atlantik, und zu dem **Nationalpark Souss Massa** führt. Insgesamt sind es 15 kmbis zum Parkeingang.

Zunächst erreicht man nach 5 km den Ort **Massa** (Café-Restaurant Sheherazade). Dort geht es rechts weiter nach **Tassila,** wo für Agadirtouristen Berberabende mit Tanzvorführungen veranstaltet werden. Am Ortsende an einer Kreuzung biegen Sie links ab (Beschilderung *Plage Sidi R´bat).* Nach 2 km endet die Teerstraße und ein Piste führt weitere 2 km bis zum Parkanfang (Sperre) und zu einem kleinen Parkplatz. Rechterhand liegt das Dorf Sidi R´bat. Der Ort wurde nach dem Marabut (Heiligen) *Sidi R´bat* benannt, dessen Grabmal (Qubba) beim Ort besichtigt werden kann. Zu Ehren des Ortsheiligen wird jährlich zu wechselnden Zeiten ein Moussem veranstaltet.

Beim Parkplatz beginnt der **Nationalpark Massa** (Schild mit Hinweisen, wild campen verboten).

Ab hier führt ein breiter Fußweg (die ehemalige Piste) 2–3 km entlang des sandigen Hochufers des Oued Massa bis zur Küste. Am Ufer wachsen im Frühjahr zahlreiche Blümchen. Im Fluß und am Ufer, das auf der anderen Seite von Dünen begrenzt ist, kann man gut Wasservögel wie Flamingos, Reiher und Pelikane beobachten. Besonders lohnenswert ist dies im Herbst, wenn die Vögel auf ihrem Zug gen Süden hier Halt machen. Auch alles mögliche Kleingetier wie Streifenhörnchen oder Schildkröten sind hier zu finden. 1996 wurden Strauße aus dem Tschad ebenso wie *Dorcas-* und *Mhorr-Gazellen* sowie *Adax-Antilopen* ausgesetzt, diese bekommt man allerdings entlang des v. a. an Wochenenden viel besuchten

Kleine Moschee im Massatal

Weges nicht zu sehen. Ein Touristenzentrum und Museum werden beim Eingang errichtet, waren aber bis zum Redaktionsschluß des Buches (Mitte 1999) noch nicht fertig.

Am Strand kann man jedoch endlose Spaziergänge unternehmen, fernab von Trubel und Hektik.

In *Sidi Ouassai,* auf der anderen Seite der Massamündung, gibt es **Salinen.**

Auf der Rückfahrt sollte man evtl. einen Besuch rund um Tassila oder Massa, das man bereits bei der Anfahrt gequert hat, einplanen.

Das fruchtbare **Tal des Oued Massa,** an dessen Ufern Getreide, Gemüse und Obst angebaut werden, ist von sandigen, auf der gegenüberliegenden Seite hochaufragenden Ufern begrenzt. Entlang dieses Steilabfalls liegen hübsche und ursprüngliche Orte mit weiß gekalkten Moscheen und Umzäunungen aus Feigenkakteen. Die Piste auf der anderen Flußseite ist sehr schlecht, teilweise sandig und mit Pkw nur mühsam zu befahren. Einige Kilometer entlang des Ufers kann man dann das Oued auf einer Piste durch die Oasengärten und den Fluß queren und erreicht wieder die Teerstraße einige Kilometer vor Massa.

Zurück auf der Hauptstraße, 44 km entfernt von Tiznit, liegt der kleine Weiler **Had Aït Belfa** *(Moussem Sidi M'Hamed Regragui* in der zweiten Maihälfte).

Des weiteren durchquert man die Orte *Arbya Aït Boutayeb* und *Tin Mansour.*

60 km hinter Tiznit biegt nach links eine Straße zum Meer nach **Tifnite** ab. In diesem kleinen Fischerdorf, das bis jetzt nicht viel zu bieten hat, außer einem verschmutzten Strand, soll ein Touristikzentrum entstehen. Wann, steht aber noch in den Sternen. Rechts zweigt eine Asphaltstraße von der Hauptstraße nach **Biougra** ab. Dort finden im Oktober die *Moussems Sidi Amzal* und *Sidi Messaoud* statt.

Die breite und stark befahrene Straße P 41 führt nun durch dichtbesiedeltes Gebiet mit zahlreichen Gewächshäusern. Viele neue Tankstellen mit Rasthauscharakter säumen die Straße (auch bleifreies Benzin).

Bei Km 65,5 gibt es eine Afriquia-Tankstelle mit bleifreiem Benzin, danach einen Weiler mit zahlreichen Cafés und Restaurants, und etwas östlich der Straße (4 km) liegt der Ort *Sidi Bibi.* Samstags findet dort ein recht netter Markt statt. Im August wird hier drei Tage der *Moussem Sidi Bibi* veranstaltet, ein riesiger Markt mit vielen Zelten zur Übernachtung, Kinderkarussell und Fantasia, zu dem alles, was Füße, Esel oder Lkw hat, anreist.

Die Straße zum Flughafen *Agadir al Massira (Aït Melloul)* zweigt bei Km 75,3 rechts ab, und 2 km weiter ist die Kleinstadt **Aït Melloul** (Zentrum, s. S. 183) und 6 km weiter Inezgane erreicht (Busbahnhof der Überlandbusse); s. Agadir S. 150.

Nach dem Vorort *Ben Segao* (s. Agadir) ist Agadir nach ca. 88 km (plus ca. 28 km Abstecher) erreicht.

Von Agadir nach Taroudannt

ÜBERBLICK

➠ P 32, 81 km

Mehrmals täglich fährt ein Bus von Inezgane (Agadir) nach Taroudannt, außerdem wird dieses Ausflugsziel auch von den Veranstaltern und Reisebüros angeboten. Ein Tag zur Besichtigung inklusive An- und Rückfahrt reicht. Eine breite, gut ausgebaute und verkehrsreiche Hauptverbindungsstrecke entlang vieler Orte verbindet die beiden Städte. In der gesamten Sous-Ebene kann man riesige Zeltplantagen sehen, welche erst in den letzten zehn Jahren entstanden sind. In erster Linie werden darin Bananen, Tomaten und Paprika angebaut. Möchten Sie einmal eine Orangen- oder Bananenplantage besichtigen, dann halten Sie auf der Fahrt nach Taroudannt. Links und rechts der Straße gibt es viele davon, und wir hatten bis jetzt auch immer Glück und wurden eingelassen (ein Bananenzelt umfaßt zwölf Hektar Fläche).

TAROUDANNT

Die Hauptstadt des Sous **(ca. 57 500 Einwohner)** ist wichtiges landwirtschaftliches Zentrum und liegt inmitten von Olivenhainen, Obst- und Weingärten.

GESCHICHTE

Die Stadt ist **berberischen Ursprungs** und wurde 1030 von den *Almoraviden* besetzt. Anfang des 14. Jahrhunderts wurde sie von den *Meriniden* zerstört, gewann aber bald wieder ihre Bedeutung als wichtigste Stadt des Sous zurück. Sie war Operationsbasis für die Angriffe gegen Agadir, das bis 1541 von den Portugiesen besetzt war. Die **Saadier** bauten die Stadt aus und machten sie zwischen 1520 und 1540 unter *Mohammed ash-Shaykh* zu ihrer **Hauptstadt,** bevor sie diese nach Marrakesch verlegten.

Taroudannt erlebte seine Blütezeit unter *Ahmad al-Mansur* (1576–1603) als **wichtiges Handelszentrum für Karawanen** nach dem *Sudan* (Regionen südlich der Sahara). Es wurden Gold und Silber und vor allem Sklaven gehandelt. Die Region wurde mit Hilfe der Sklavenarbeit zum landwirtschaftlichen Zentrum des damaligen Marokko. Hauptsächlich Zuckerrohr, Baumwolle, Indigo und Früchte zum Export wurden angebaut. Die Abschaffung des Sklavenhandels, der Niedergang des Zuckerhandels und die Schließung des Hauptausfuhrhafens Agadir im Jahre 1765 durch den Sultan *Mulay ar-Rashid* ließen Taroudannt an Bedeutung verlieren.

Im 20. Jahrhundert wurde die Stadt **Sitz des Rebellen El Hiba,** der gegen die Franzosen kämpfte und 1912 auch Marrakesch eroberte. 1913 erfolgte der Gegenschlag der Stämme der *Glaoui, Goundafa* und *Mtougui* aus dem Hohen Atlas, die Taroudannt einnahmen. 1917 wurde die Stadt von den Franzosen besetzt.

Der Aufstieg Agadirs hat der Stadt viel von ihrer früheren Bedeutung genommen. Sie ist jedoch nach wie vor wichtiger Handelsort für landwirschaftliche Produkte.

BESICHTIGUNG

Taroudannt ist fast vollständig von einer ca. 8 m hohen, zinnenbewehrten, mächtigen **Lehmmauer** aus dem 18. Jahrhundert umgeben, die man bereits gut bei der Einfahrt in die Altstadt bewundern kann.

Taroudannt ist aufgrund alter Traditionen für gute handwerkliche Arbeiten bekannt. Traditionelle Waren in den **Suqs** von Taroudannt sind Waffen, Schmuck und ziselierte Kupferarbeiten, die in guter Qualität rar geworden sind und ihren Preis haben. Taroudannts Suqs zählen zu den schönsten und lebendigsten des Landes, aber auch zu den anstrengendsten! Auch der **Markt** (nach offiziellem Marktkalender am Donnerstag und Samstag, laut Leserzuschrift am Sonntag), zu dem die Bevölkerung aus dem ganzen Sousgebiet zusammentrifft, ist sehr interessant und malerisch.

Trotz berberischen Ursprungs ist Taroudannt im Gegensatz zu seiner Umgebung stark **arabisch geprägt.** Nur in wenigen Städten Marokkos sieht man so viele verschleierte Frauen, Indiz für einen hohen arabischen und konservativ-islamisch beeinflußten Be-

AFRIKAFORSCHER GERHARD ROHLFS ÜBER TAROUDANNT

„...Die Stadt ist ein einziger grosser Garten, nur nach dem Centrum drängen sich die Häuser, welche meist nur aus einem Erdgeschoß bestehen, mehr zusammen und hier befinden sich auch die Buden und Gewölbe, wo man arbeitet und verkauft, hier sind auch die Funduks. Moscheen gibt es eine grosse Anzahl, grössere jedoch, die ein Minaret haben, nur fünf...

Einen eigentlichen besonderen Handelszweig hat die Stadt nicht, man lobt die Lederarbeiten und Färbereien. Hauptgewerk ist die Kupferschlägerei, indess beschränkt sich das bloss auf Kessel, auf kleine Geschirre und Sachen, wie sie von den Eingeborenen hergestellt werden können. Aber wie ausgedehnt diese Manufactur ist, geht am besten daraus hervor, wenn ich anführe, dass diese kupfernen Geschirre bis Kuka, Kano und Timbuktu ausgeführt werden. Und wie ergiebig müssen erst die Kupferminen in der Nähe von Tarudant sein, wenn man bedenkt, auf wie primitive Art die Eingeborenen dort eine solche Mine ausbeuten. Nach der Aussage der Eingeborenen soll nicht nur dies Metall, sondern auch Gold, Silber, Eisen und Magneteisenstein in grossen Mengen vorkommen. Alle übrigen Landesproducte sind wie in Agadir und im ganzen Sus-Lande sehr billig. Das Pfund Fleisch wird mit 2 Mosonen bezahlt, für eine Mosona erhält man 6 – 10 Eier und im Frühjahr noch mehrere.

Bei der Beschreibung von Tarudant kann ich nicht unerwähnt lassen, dass die einst so berühmten Zuckerplantagen heute nicht mehr existieren...

Als im 16. Jahrhundert die Dynastie der Schürfa Marokko neu umgestaltete, suchten sie vor allen Dingen sich in Tarudant festzusetzen. Es wurde Zucker um Tarudant gepflanzt und um einen Ausgangshafen für das Produkt zu gewinnen, unternahm der Scherif Mohammend die Belagerung von Santa Croce, damals den Portugiesen gehörend. 1536 war dieser Hafen in den Händen der Gläubigen. Ein Slami oder übergetretener Jude hatte unter der Zeit Mühlen in Tarudant errichtet und von dem Augenblick an war der Handel mit Zucker... der ergiebigste von allen marokkanischen Handelszweigen.

Auch christliche Sklaven wurden nun zur Fabrikation von Zucker verwandt, und nicht nur aus Marokko oder aus den Sudanländern kamen Leute nach Tarudant, um Zucker zu kaufen, auch Europäer stellten sich ein, sobald sie erfuhren, dass man sie gut behandle. Der Ertrag ergab für den Sultan jährlich 7500 Metkal, eine für damalige Zeit große Summe.

In welcher Zeit der Verfall des Zuckerbaues vor sich ging, habe ich nicht ergründen können, vielleicht wurden bei einer der so häufig in Marokko stattfindenden Revolten die Zuckergärten zerstört und nachdem nicht wieder angebaut. Aber die Erinnerung vom einstigen Zuckerreichthum in der Provinz existiert in Marokko heute noch." (Bericht aus dem Jahr 1861) völkerungsanteil, da Berberfrauen normalerweise selten verschleiert gehen. **Alleinreisende Frauen** haben es in Taroudannt nicht gerade leicht, die Anmache ist hier wesentlich stärker als in anderen Orten. Ein dezentes Auftreten ist deshalb unbedingt angesagt.

Ein Bummel durch Taroudannts Altstadt, die fast vollständig innerhalb der Stadtmauern liegt, in Richtung des Stadtzentrums sollten Sie nicht versäumen. Das Herz der Medina sind die belebten Plätze **Assaragh** bzw. umbenannt **El Alouine** und **Tamoklate,** mit hübschen Cafés und den nahegelegenen Suqs. Hier können Sie ein Stück unverfälschtes Marokko kennenlernen.

Am Place Assaragh

PRAKTISCHE INFOS

Tel. Vorwahl: 08
PLZ: 83 000

Klassifizierte Hotels

Hotel Gazelle d'Or *****
Tel. 85 20 39, eines der exklusivsten und schönsten Hotels Marokkos; ehemals Wohnsitz des französischen Barons *Pellenc* auf einem ca. 10 ha großen Grundstück. Es diente als Drehort von „Ali Baba und die vierzig Räuber". Sehr aufmerksamer, höflicher und freundlicher Service, täglich frische Blumen, Frühstück wird auf der Zimmerterasse serviert. DZ ca. 2500-3000 DH, HP 3450 - 9000 DH.

Melia Palais Salam**A**
In der Kasbah am Rande der Stadmauer, Tel. 85 23 12, 85 21 30, ebenfalls sehr schöne und gepflegte Zimmer mit versetzten Etagen (Salon unterhalb und Schlafbereich oberhalb). Innerhalb der alten Kasbah und angrenzend an die Stadtmauern, mit riesigem Palmengarten, hat das Hotel eine einmalige Lage. DZ ca. 600 DH, EZ 480 DH. Es gibt ein gutes Restaurant in einem subtropischem Garten.

SaadienB**
Bordj Oumansour (in der Medina), Tel. 85 24 73, für die Klassifizierung sehr gutes Hotel, DZ mit Bad ca. 220 DH, EZ 165 DH, Frühstück 17 DH, kein Alkohol; hübsche Dachterrasse, freundlicher Service, Pool (30 DH für Nicht-Hotelgäste) und bewachter Parkplatz (10 DH). Verlangen Sie die Zimmer mit Balkon nach hinten, die Zimmer zur Straße sind laut, einige wenige haben kein Fenster und sind deshalb recht stickig; dem Hotel ist eine vorzügliche Pâtisserie angeschlossen.

Tiout*
Bd Prince Héritier Ecke Rue Masgib el Kebir, Tel. 85 03 41. DZ mit Bad 150 DH, Frühstück im Café nebenan, sehr sauber, sehr freundlich, bewachter Parkplatz im Innenhof.

Unklassifizierte Hotels

Taroudannt *A
Place Assaragh (Alaouine), Tel. 85 15 53, DZ m. WC/Dusche 100 DH, Suite für 3

Sous & Antiatlas

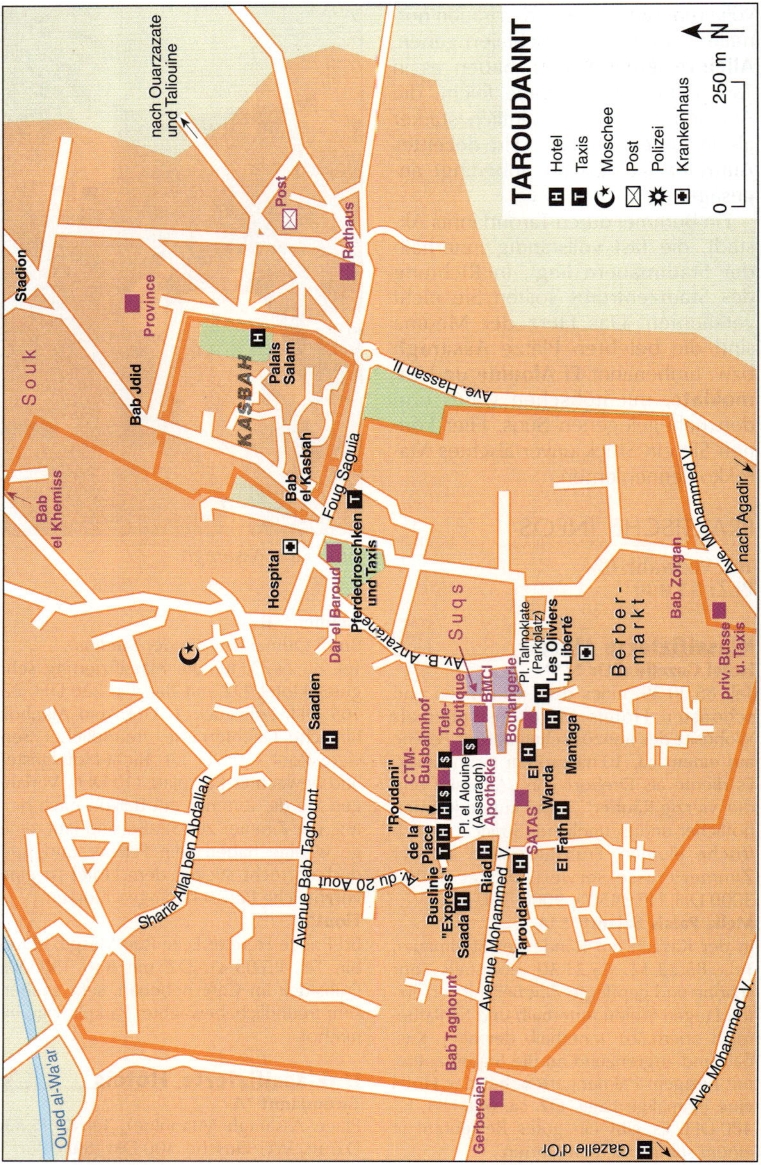
TAROUDANNT
Hotel
Taxis
Moschee
Post
Polizei
Krankenhaus
0
250 m
N
nach Ouarzazate und Taliouine
Stadion
Post
Rathaus
Province
Souk
Bab Jdid
KASBAH
Palais Salam
Ave. Hassan II
Bab el Kasbah
Foug Saguia
Bab el Khemiss
Hospital
Dar el Baroud
Pferdedroschken und Taxis
Av. B. Anzarane
Suqs
Pl. Talmoklate (Parkplatz)
Les Oliviers u. Liberté
Berbermarkt
Bab Zorgan
Ave. Mohammed V.
nach Agadir
priv. Busse u. Taxis
Saadien
BMCI
Teleboutique
Boulangerie
CTM-Busbahnhof
"Roudani"
de la Place
Pl. el Alouine (Assaragh)
Apotheke
El Warda
Mantaga
El Fath
SATAS
Taroudannt
Riad
Buslinie "Express"
Saada
Av. du 20 Aout
Avenue Bab Taghount
Sharia Allal ben Abdallah
Avenue Mohammed V.
Bab Taghount
Gerbereien
Oued al-Wa'ar
Gazelle d'Or
Ave. Mohammed V.

Personen 180 DH, jede weitere Person 30 DH. EZ ohne WC 95 DH. Einfaches aber schönes, nostalgisch-verstaubtes Hotel mit Palmengarten im Innenhof, Hotelbar mit Alkoholausschank (auch für Einheimische, abends recht laut, manche Leser sprechen von Spelunke, d.h. wer es ruhig und gediegen mag und eine Touristenenklave sucht, ist hier falsch). Gtues Essen aber für das gebotene zu teuer. (ca. 70 DH, Bier 13,50 DH), .

El Warda
Place Talmoklate, gegenüber dem Hotel Mantaga, über einem Café, in dem sich sehr viele Jugendliche treffen, um Videofilme zu schauen. Einfaches, sehr sauberes Hotel , DZ mit Dusche 75 DH, ohne Dusche 55 DH, EZ 40 DH.

Mentaga
sehr einfaches, mäßig sauberes Hotel; DZ ca. 40 DH, Dusche 5 DH extra, Dreibettzimmer 60 DH, Vierbettzimmer 80 DH.

La Place
Tel. 85 26 83, Place Assaragh. EZ 30 DH, Fenster nach außen, Dusche auf dem Flur.

Roudani
Place el Alouine, Tel. 85 22 19; DZ mit WC und Dusche ca. 70 DH, ohne ca. 50 DH; herrliche alte Außenfassade und schöner Ausblick auf den Platz; gutes und preiswertes Essen.

Issafene
34 Avenue Mohamed V; sauberes, einfaches Hotel mit herrlichem Blick auf den Platz; DZ ca. 55 DH; gut geeignet für junge Leute mit bescheidener Brieftasche. Nach *Abdelwahd El-Fatmi* fragen.

El Fath
Tel. 85 23 60. Place Assaragh, gegenüber von Hotel Taroudannt. DZ 35 DH, keine EZ.

Souss
EZ 20 DH ohne Bad.

Hotel/Restaurant Oliviers
Bd. Prince Héritier, Tel. 85 20 21.

Weitere einfache Hotels gibt es um den Place Assaragh bzw. el Alouine herum.

Frühstücken kann man gut in den Cafés am El Alouine (Place Assaragh) für ca. 15 DH.

Mit dem Wohnmobil kann man gegenüber der *Sureté National* über Nacht einen Standplatz finden, da es keinen Campingplatz gibt.

Essen & Trinken

Chez Nada
Foug Saguia, Tel. 85 17 26. Ca. 100 m vom Hospital in Richtung Innenstadt. Marokkanische und internationale Spezialitäten. Sehr geschmackvoll, sehr freundliches Personal, sehr gutes Essen (Menü 75 DH) auch auf der Dachterrasse.

Busverbindungen

Büro CTM: 19, Rue el Akouas, Tel. 85 23 73. CTM-Busse fahren ab Place Assaragh (bzw. El Alouine), Privatbusse fahren jetzt ab dem neuen Busbahnhof beim Bab Zorgan, außerhalb der Stadtmauern. Büro SATAS: Tel. 85 21 02.

- *nach Agadir* (20 DH), mehrmals tägl.
- *nach Marrakesch* (CTM-Bus), Abfahrt 21 Uhr, Ankunft Marrakesch 2 Uhr, 85 DH)
- nach Ouarzazate: Mittags fährt ein CTM-Bus über Taliouine, ca. 85 DH, ca. 5 Std. Fahrzeit
- nach Casablanca (CTM-LN Expreß-Bus) um 21 Uhr, 140 DH (über Agadir, Safi etc.)
- nach Tata von der Linie SATAS. Abfahrt täglich um ca. 8 Uhr, Fahrtdauer 5 Std., Preis ca. 55 DH. Über Taliouine, ca. 85 DH

Taxi/Sammeltaxi

Sammeltaxis in alle Richtungen ab Place Assaragh. Ein Sammeltaxi nach *Inezgane* (Agadir) kostet ca. 17 DH, eines von Taroudannt nach Marrakesch über den Tizi-n-Test ca. 1000 DH.

Sonstiges

Es gibt mehrere **Apotheken** und **Banken** im Ort, die unschwer zu finden sind (v.a. auch am Place Assaragh).

Ein paar Häuser vom Hotel Saadien entfernt, liegt das **Maison de Miel,** wo man eine große Auswahl an Honig bekommt (Orangenblüten-, Thymian-, Eukalyptus).

Inezgane Voyage
194, Place Tamoklate, Tel. 85 26 20. Vermittlung von Schiff, Bus, Royal Air Maroc.

Feste/Veranstaltungen

Zahlreiche Moussems finden in den Dörfern der Umgebung zwischen Juli und Oktober statt. Vor allem im August und September zur Erntezeit häufen sich die Moussems.
Moussem Rkeb Moulay Brahim in Taroudannt am 2. Tag von Aid Mouloud.
Weitere drei Moussems in *Ouled Teima* während des Mouloud.
Im April findet eine Handwerksmesse mit einer ausführlichen Kunsthandwerksausstellung statt.

Ausflüge

Zur Oase Tiout

Fahren Sie die P 32 in Richtung Ouarzazate und biegen Sie nach 8 km beim Ort Aït Yazza rechts zur Ruine der Kasbah Freya ab. Weiter führt die kleine Straße begab in das weite, grüne Soustal und überquert den Fluß, der bei Agadir in den Atlantik mündet, auf einer Brücke. Zahlreiche Arganienbäume, aus dessen Früchte ein schmackhaftes Öl gewonnen wird (s. Kastentext rechts), wachsen hier. Nach ca. 10 km ist die **Ruine der Kasbah Freya** erreicht. Nach weiteren 4 km, bei km 14 (von Taroudannt aus) stößt man auf die Straße S 7027. Rechts geht es nach Agadir, in Richtung Ouarzazate links, und nach Igherm und auch zur Oase Tiout fahren Sie **geradeaus weiter** auf 1 ½ spuriger Straße. Bei km 24,4 zweigt links eine kleine Straße (5 km) zur Kasbah Tiout ab.
Die hübsche Palmenoase wird überragt von einer mächtigen Kasbah, die zu einem schönen marokkanischen Restaurant-Hotel (*A) ausgebaut wurde und auch von Touristenbussen angefahren wird. Von hier hat man einen herrlichen Ausblick auf das kleine Dorf, das allerdings durch die Entdeckung als Touristenziel viel von seinem Charme eingebüßt hat.

Fortsetzung auf Seite 218

Blick von der Kasbah auf das Marabut in der Oase Tiout

DER ARGANBAUM

von Brigitte Hanemann

Der Arganbaum ist eine nur in Südmarokko vorkommende Baumart. Es handelt sich wohl um das einzige Tertiärrelikt Europas und Nordafrikas, das die klimatischen Veränderungen bis ins heutige Quartär überlebt hat und noch von beachtlicher wirtschaftlicher und sozialer Bedeutung ist.

Die heutigen Arganienbestände sind jedoch großflächig in sehr schlechtem Zustand, und eine natürliche Fortpflanzung dieser an die Trockenheit hervorragend angepaßten Art durch Aussamen ist kaum mehr zu beobachten. Gleichzeitig kann man einen generellen Rückgang dieser Baumart feststellen.

Auf Anfrage der marokkanischen Regierung wird nun im Rahmen eines Projektes der Gesellschaft für technische Zusammenarbeit (GTZ) eine Methodologie zum Schutz der Arganbäume unter gleichzeitiger nachhaltiger Nutzung erarbeitet, Ziel ist die Schaffung eines Biosphärenreservates.

Botanische Charakteristika der Arganie

Der Arganbaum (argania spinosa (L.) Skeels) ist im Deutschen auch unter dem Namen Eisenholzbaum bekannt. Es handelt sich dabei um einen immergrünen Baum, der eine Höhe von bis zu 10 m erreichen kann. Meist wird er 5–6 m hoch und seine dichte, breitkugelige Krone bis zu 10 m breit. Der Stamm hat eine rauhe, rissige Rinde, die Zweige sind dornig. Die Blätter erreichen 2–4 cm Länge und 1 cm Breite. Die unscheinbaren gelblichgrünen Blüten erblühen im April in den Achseln der Blätter. Die Frucht ist etwa oliven- bis taubeneigroß, gelb und reift im September heran, der harte Stein enthält ein bis drei Samen und ist von einer fleischigen Schale umgeben. Die natürliche Fortpflanzung erfolgt durch Aussamen (heute kaum mehr zu beobachten) oder durch Schößlinge aus dem Wurzelstock. Die Altersbestimmung ist bei den Arganien äußerst schwierig, da aufgrund der Holzdichte, es handelt sich ja um einen Eisenholzbaum, keine Jahresringe vorhanden sind. Man geht davon aus, daß die Bäume maximal 250 Jahre alt werden können.

Die besonders gute Anpassung der Arganie an die extremen klimatischen Verhältinisse hat ein Überleben des Baumes bis in die heutige Zeit ermöglicht. Die Arganie ist gleichzeitig Flach- und Tiefwurzler (die Wurzeln können bis zu 50 m in die Tiefe reichen). So kann sie sich sowohl das Oberflächenwasser als auch tieferliegende Grundwasserschichten erschließen. Der Arganbaum ist nicht frostresistent, verträgt aber durchaus Temperaturen von bis zu 50°C. Verlängerte Trockenheitsperioden kann der Baum dank seiner speziellen Überlebensstrategie überstehen, indem er seine Blätter abwirft und so den nächsten Niederschlag oder eine Erhö-

hung der Luftfeuchte, sogar mehrere Jahre hindurch, in einem latenten Ruhestadium abwartet.

Verbreitungsgebiet

Das Verbreitungsgebiet des Arganbaumes, die sogenannte Arganeraie, ist klimatisch bestimmt. Man findet den trockenheits- und wärmeliebenden Baum ausschließlich in Südwestmarokko auf einem Areal von etwa 700 000 Hektar. Die Arganeraie erstreckt sich von Safi im Norden bis zum Draâtal im Süden, von der Atlantikküste im Westen bis zum Westabfall des Jebel Siroua. Es umfaßt also die südlichen Abhänge des westlichen Teils des Hohen Atlas mit seinen z. T. tief eingeschnittenen Tälern, die nördlichen Abhänge des westlichen Anti-Atlas und die dazwischenliegenden weiten Abflussbecken der Flüsse Souss und Massa.

Klima

Im Verbreitungsgebiet der Arganie herrscht ozeanisch geprägtes, mediterran-arides Klima. Es ist gekennzeichnet durch starke Luftfeuchtigkeit und starken Tau, häufigen und dauerhaften Nebel und Wind. Das mediterranaride Klima des Verbreitungsgebietes ist gekennzeichnet durch folgende Werte: die Niederschläge liegen zwischen 120 und 400 mm pro Jahr, die Temperaturen liegen zwischen 3,8 und 50°C. Der Arganbaum wächst in Höhenlagen zwischen 0 und 700 m.

Boden

Der Arganbaum wächst auf allen Bodentypen, auf Silizium-, Kalk-, Lehm-, Sand-, Kies-, Alluvionsböden, Kalkkrustenböden, etc. Der einzige Boden, der von den Arganien gemieden wird, ist bewegter Sand. Sobald die Wanderdünen jedoch gefestigt sind, entwickeln sich die Arganien recht gut.

Der Arganbaum erfüllt eine Reihe von wichtigen Funktionen im geoökologischen System: Er ist zum einen ein wichtiger Bodenverbesserer, was man daran erkennen kann, daß im Schattenbereich der Arganbäume die Vegetation meist dichter ist als außerhalb. Durch seine flachen und tiefen Wurzeln schützt er den Boden vor Erosion, da er die Erde gut zusammenhält. So traten z. B. im Winter 1995/96 die größten Erosionsschäden vor allem in den Gebieten auf, in denen die Arganeraie abgeholzt worden war. Nicht zuletzt ist der Arganbaum ein wichtiger Schutz vor Desertifikation vor allem in den wüstennahen Gebieten.

Die flächenmäßige Bedeutung der Arganien läßt sich an folgenden Zahlen für Marokko festmachen: Nach den Steineichenwäldern, die 29,2% der Gesamtwaldfläche Marokkos bedecken und den Thujawäldern mit 18,8% liegen die Arganienbestände mit 15,1% an dritter Stelle, die Korkeichenwälder folgen mit 7,8% und die Zedernwälder mit 2,5%.

Nutzung

Die Nutzung des Arganbaumes ist eng verbunden mit der bodenrechtlichen Situation. Die marokkanische Regierung erkannte schon Anfang dieses Jahrhunderts die wirtschaftliche und ökologische Bedeutung der Arganienwälder, die stark im Rückgang begriffen waren. Sie erließ 1925 und 1938 Gesetze zu deren Schutz, die das Gewohnheitsrecht der Berberstämme bezüglich der Nutzung regeln sollten. Die Wälder gelangten so in staatlichen Besitz, gleichzeitig gewährte der Staat der ansässigen Bevölkerung folgende Nutzungsrechte: Weiderecht für die Tierherden; Ernterecht für die Arganfrüchte; landwirtschaftliches Nutzungsrecht für die Böden; Holzsammeln; Entnahme von Ästen für den Bau von Umzäunungen; Entnahme von Brennholz, Bauholz und zur Holzkohleherstellung; Entnahme von Erde, Sand, Steinen, Kalk und Gips; „droit de se clore": Recht, ein Stück Land für eine bestimmte Zeit (bis zur Reife des darunter angebauten Getreides) aus der allgemeinen Nutzung auszuschließen.

Für ein und dieselbe Fläche kann Nutzungsrecht und Besitzrecht unterschiedlichen Personen bzw. dem Staat zugeschrieben sein; darüberhinaus können sowohl Nutzungsrecht als auch Besitzrecht kollektiv oder individuell sein.

Daneben gibt es aber auch durch das Gewohnheitsrecht (orf) festgelegte Privatflächen (melk), welche eingezäunt werden dürfen. Flächen, auf denen nur ein Nutzungsrecht besteht, dürfen dagegen nicht eingezäunt werden, da sie nach der Ernte wieder der Gemeinschaft zufallen.

Darüberhinaus gilt bei der Vererbung das islamische Recht. Die Realteilung sieht vor, daß die Töchter die Hälfte des Anteils der Söhne erhalten. Boden und Bäume können getrennt voneinander vererbt werden.

Des weiteren gibt es keine Parzellierung, sondern oft existieren auch Konfliktgebiete zwischen verschiedenen Stämmen. Das ist etwa der Fall, wenn die finage (entspricht wohl in etwa der Gemarkung) von verschiedenen Dörfern (douar) nicht eindeutig festgelegt ist.

Der oft zu beobachtende sehr unterschiedliche Zustand von direkt nebeneinanderstehenden Bäumen läßt sich wohl am ehesten durch die unterschiedlichen Nutzungsrechte erklären: Die unter kollektivem Nutzungsrecht stehenden Bäume sind sehr degradiert, Privatbesitz dagegen ist gut gepflegt.

Von der ansässigen Bevölkerung wird der Arganbaum in vielfältiger Weise genutzt.

Von den Frauen wird in einem aufwendigen Verfahren in Handarbeit **Arganöl** *aus den Arganfrüchten gewonnen: Im September werden die Arganfrüchte aufgesammelt. Alle Familienmitglieder sind daran beteiligt, wobei die Männer den Transport der gefüllten Säcke mit dem Muli ins Dorf übernehmen, während Frauen und Kinder die Früchte Stück für Stück unter den Bäumen aufsammeln. Die folgenden Arbeitsgänge sind nun reine Frauensache: Das Fruchtfleisch wird mit einem Stein abgeschlagen. Dann werden die Kerne mit einem Stein geknackt und die ein bis drei Samen entnommen. Die Samen werden nun über dem Feuer geröstet, gemahlen und dann unter Zugabe von Wasser so lange geknetet, bis das Öl austritt. Für die Herstellung von 1 l Arganöl arbeitet eine Frau zehn Stunden. Das ist auch der Grund, weshalb die Arganölproduktion zurückgeht: Die jungen Frauen sind nicht mehr bereit, diese schwere Arbeit zu verrichten. Arganöl ist sehr hochwertig und hat einen charakteristischen nussigen Geschmack. Es ist 5-10x so teuer wie normales Öl, und wird deshalb hauptsächlich zum Eigenverbrauch, aber auch zum Verkauf hergestellt. Die mangelnde Wettbewerbsfähigkeit im Vergleich zu subventionierten Speiseölen ist ein weiterer Grund für den Rückgang der Produktion. Darüberhinaus ist die Vermarktung des Arganöls für die Frauen sehr schwierig: nachdem Frauen nicht auf den Markt (souk) gehen, sind sie oft auf einen Zwischenhändler angewiesen, oder können ihr Produkt überhaupt nicht kommerzialisieren. Dabei stellt das Arganöl häufig ihre einzige Einnahmequelle dar. Das Arganöl findet nicht nur in der Küche Verwendung, sondern auch für die Haar- und Babypflege. Kaltgepreßtes Arganöl wird auch in der Kosmetikindustrie verwendet.*

Die Arganeraie wird als **Waldweide** *für Ziegen-, Schaf- und / oder Kamelherden genutzt. Die Tiere fressen die unter den Bäumen wachsende Vegetation, bei Fortschreiten des Sommers wird die Arganie als Zusatzfutter genutzt, vor allem die Ziegen erklettern die Bäume und fressen Früch-*

te, Blätter und die jungen Zweige. Weiterhin wird an die Tiere der bei der Ölgewinnung anfallende Preßrückstand als Ölkuchen verfüttert. Ein Teil des Fruchtfleisches wird getrocknet und als Futtervorrat angelegt. Es stimmt allerdings nicht, daß, wie man oftmals lesen kann, die Argansamen nur keimen können, wenn sie einmal den Verdauungstrakt einer Ziege passiert haben.

Unter den Arganbäumen wird der Boden teilweise **landwirtschaftlich genutzt.** Angebaut wird in der Regel Gerste, wobei die jeweilige Fläche bis zur Ernte aus der allgemeinen Weidenutzung genommen wird.

Das **Arganholz** wird von der Bevölkerung in vielfältiger Weise genutzt: Sie verwendet es als Brenn- und Bauholz, zum Bau von Umzäunungen und zur Holzkohlegewinnung. Auch die Nußschalen werden genutzt und dienen als Brennmaterial.

Die Bevölkerung entnimmt aus dem Boden der Arganeraie Sand, Steine, Erde, Kalk und Gips als **Baumaterial.**

Forstwirtschaft

Der marokkanischen Forstverwaltung (Direction des Eaux et Forêts) obliegt die forstwirtschaftliche Betreuung der Arganeraie. Aufgrund der beschriebenen intensiven Nutzung der Arganeraie können die Samen nicht auskeimen. Es ist deshalb eine gängige Verjüngungspraxis, die Bäume auf riesigen Flächen bis auf einen Baumstumpf abzuschneiden. Diese Flächen werden dann für einige Jahre aus der Nutzung genommen. In der Zeit treiben die Wurzelstöcke buschig aus. Die besten Triebe werden selektiert oder das buschige Wachstum belassen. So kann man sich auch das strauchartige Aussehen des Arganbaumes erklären, das wohl auf diese Verjüngungstechnik zurückzuführen ist.

Gefährdung

Heute kann man einen Rückgang der Arganeraie beobachten, die Größe des Verbreitungsgebietes und auch die Bewuchsdichte nehmen ab. In weniger als einem halben Jahrhundert hat die Bestandsdichte von 100 Bäumen pro Hektar auf dreißig Bäume pro Hektar abgenommen. Daran kann man feststellen, daß die Gesetzgebung an die heutigen Verhältnisse nicht mehr angepaßt ist. Nach einer Studie des Institut Agronomique et Vétérinaire HASSAN II in Agadir kann man davon ausgehen, daß die Arganienbestände mit einer Geschwindigkeit von 0,5 Arganien pro Hektar und Jahr abnehmen. Bei einem Fortdauern dieses Trends wird in sechzig Jahren zwischen Aoulouz und Agadir kein einziger Arganbaum mehr stehen. Abgesehen von der flächenmäßigen Verringerung der Arganbestände schreitet auch die Degradation der derzeitigen Bestände fort.

Die grundlegenden Faktoren für die gegenwärtige Bedrohung der Arganien liegen wohl in der Bevölkerungszunahme, der daraus folgenden Zu-

nahme der Tierzahlen und der Ausweitung der landwirtschaftlichen Nutzflächen sowie im Aufkommen von finanziell wesentlich rentableren Intensivkulturen.

Rodung oder übermäßige Holzentnahme

Zur Ackerlandgewinnung werden heute sowohl illegal als auch legal große Flächen gerodet. Beispielsweise fiel ein großer Teil eines der wichtigsten zusammenhängenden Arganwaldgebiete, des Forêt de Ademine dem Bau des neuen Flughafen von Agadir zum Opfer. Im gesamten Souss-Massa-Becken sind wie in allen Ebenen die wesentlich rentableren Intensivkulturen auf dem Vormarsch und verdrängen so die Arganeraie. Der zunehmende Bevölkerungsdruck führt auch in immer abgelegeneren Gebieten die Bevölkerung dazu, zum Teil illegal ihre Getreideanbauflächen zulasten der Arganbäume zu erweitern.

In manchen Regionen ist auch eine übermäßige Holzentnahme festzustellen: So werden die traditionellen Badeeinrichtungen (hammam) beispielsweise immer noch mit Holz beheizt. Alleine in Marrakesch gibt es etwa 250 hammams, den enormen Holzverbrauch kann man sich lebhaft vorstellen.

Überweidung

Allgemein ist ein Wandel in der Nutzung der Arganbäume festzustellen: Die früher vorherrschende Funktion als Fruchtbaum weicht immer mehr der Weidenutzung.In vielen Gebieten leiden vor allem die Bestände mit kollektivem Beweidungsrecht unter dem zunehmenden Beweidungsdruck. Gerade in trockenen Jahren stehen vielerorts die Arganbäume als einzige Futterquelle zur Verfügung. Überhöhte Viehbestände sind ebenfalls als Ursache zu sehen. Die Ziegen erklettern die Kronen der Bäume und fressen von oben die Blätter, Zweige und Früchte ab. Dieser Verbiß führt bei dauerhaftem Einwirken zu irreversiblen Schäden. So gaukelt das malerische Bild der Ziegen im Arganbaum eine falsche Idylle vor.

Dazu kommt die Nomadenproblematik, die sich erst seit der Annektion der Westsahara bemerkbar macht. 1975 gewährte König Hassan II den Nomaden der Westsahara freies Umherziehen im gesamten Staatsgebiet. Davon machen diese auch Gebrauch. Sie sind modern ausgestattet mit Lkws und fahren mit riesigen Herden vom Süden herauf, weiden alles ab und so schnell wie sie gekommen sind, ziehen sie auch wieder weiter. Dabei handelt es sich im Souss um Herden mit über 70 000 Stück Vieh. Die lokale Bevölkerung ist darüber natürlich nicht sehr erfreut.

Überalterung der Bestände

Aufgrund der intensiven Beweidung, der Nutzung der Früchte und der landwirtschaftlichen Nutzung der Arganeraie ist seit dem Anfang dieses

Jahrhunderts eine natürliche Waldverjüngung nicht mehr möglich. Mittlerweile kann man von einer starken Überalterung der derzeitigen Bestände sprechen. Man kann davon ausgehen, daß die Wurzelstöcke nur eine begrenzte Lebensdauer haben, und wenn diese einmal überschritten ist, so ist ein neuerliches Austreiben der Schößlinge und damit eine Waldverjüngung nicht mehr möglich.

Das Projekt „Conservation et Développement de l'Arganeraie"

Die Bedrohung des einzigartigen und für den Südwesten Marokkos wichtigen Ökosystems Arganeraie ist auch der marokkanischen Regierung nicht verborgen geblieben. In Zusammenarbeit mit der Bundesregierung rief sie nach einigen Vorstudien 1995 das Entwicklungsprojekt der GTZ „Conservation et Développement de l'Arganeraie" ins Leben. Eingebettet in den Rahmen eines Biosphärenreservates sollen sowohl der Schutz der Bäume als auch deren dauerhafte und nachhaltige Nutzung ermöglicht werden. Verschiedene Forschungsprojekte wurden in Auftrag gegeben, um unter anderem die Fortpflanzung auf andere Art und Weise zu erproben, die Produktionsleistung zu erhöhen, die Haltbarkeit des Arganöls zu verbessern, seine Absatzwege zu erforschen und die Herstellung zu vereinfachen, die genetische Verschiedenartigkeit des Baumes zu erforschen und zu Zuchtzwecken einzusetzen. Mit der Bevölkerung werden andere wirtschaftliche Einnahmequellen gesucht und verwirklicht. Damit sollen die anhaltende Landflucht und die Arbeitsmigration eingedämmt werden. Auf eine gleichberechtigte Einbindung der Frauen wird dabei geachtet. Nicht zuletzt muß ein solches Projekt einhergehen mit einer Reform der Besitz- und Nutzungsrechte. Derzeit werden in ausgewählten Testregionen in partizipativer Weise mit der Bevölkerung Vorgehensweisen erarbeitet, die dann auf das zukünftige Biosphärenreservat Arganeraie anwendbar sind.

So kann man hoffen, daß die Arganeraie im Bewußtsein der Bevölkerung wieder den Stellenwert einnehmen wird, den sie bei der ursprünglichen Berberbevölkerung vor dem Eindringen arabischer Holzhändler innehatte. Diese nutzten die Arganbäume noch im Sinne der Nachhaltigkeit, ohne den Begriff überhaupt zu kennen.

Taroudannt - Tata - Bou Izakarn

ÜBERBLICK

456 km, P 32, S 7025, S 7085, P 30
Ab Taroudannt durchgehend Asphalt; ein Bus verkehrt nach *Tata,* von dort fahren auch nach *Akka* und *Bou Izakarne* regionale Buslinien- und Sammeltaxis. Zwei Tage sollten für diese Fahrt eingeplant werden.

Diese landschaftlich schöne Strekke ist nicht spektakulär, es bieten sich aber immer wieder schöne Ausblicke auf typische Anti-Atlas-Dörfer. Ab Tata bekommt die Landschaft wirklichen Wüstencharakter. Kahle, bizarr gefaltete Berge, durchzogen von palmenbestandenen Wadis, wechseln sich ab mit flachen, fast vegetationslosen Sand- und Steinebenen. Wer Zeit hat, sollte diese Strecke durchaus fahren; wenn die Zeit eher knapp bemessen ist, sollten andere Ziele vorgezogen werden.

Ab Taroudannt besteht die Möglichkeit, 5½ km zurück in Richtung Agadir zu fahren und dann links auf die Straße 7027 in Richtung Ouarzazate abzuzweigen oder 8 km bis *Aït Yazza* weiterzufahren und danach rechts zur Ruine der *Kasbah Freya* abzubiegen. Bergab geht es in das weite, grüne Tal des *Oued Sous* (Brükke), das sich vom Osten her bis zum Atlantik hin erstreckt. Es ist gesprenkelt mit Tausenden von Arganienbäumen.

Etwa bei Km 10 ist die Ruine der Kasbah Freya erreicht. Bei Km 14 stößt man auf die S 7027. Rechts geht es in Richtung Agadir, in Richtung *Ouarzazate* links, geradeaus nach *Igherm* auf 1½-spuriger Straße.

24,4 km hinter Taroudannt zweigt links eine kleine Straße zur Kasbah **Tiout** (5 km) ab, ein beliebtes Ausflugsziel der Veranstalter (s. S. 210).

Die Straße schlängelt sich bergauf durch die bizarre Berglandschaft des Anti-Atlas bis zur **Paßhöhe (Km 48,4).** Für diese Region typische Dörfer erstrecken sich auf Hügelkuppen zwischen Arganienbäumen. Immer wieder bieten sich schöne Ausblicke auf den Hohen Atlas im Norden.

Nach 55 km ist der kleine Ort *Tnine Ida ou Finesse* erreicht. Es gibt eine Bäckerei, Markt ist am Montag. Auf den nächsten Kilometern passiert man zwei Cafés; nach weiteren 16 km ist der kleine Ort **Had Oualkafi** erreicht. Hier endet das Arganiengebiet. Es wachsen kaum mehr Bäume. Die Straße führt nach Igherm in vielen Windungen bergauf und -ab durch eine schroffe Gebirgsgegend mit spärlichem Bewuchs. Zwei Paßhöhen sind noch zu überwinden. Erst ca. 15 km vor Igherm sind immer wieder Opuntien (Feigenkakteen) und Mandelbaumanpflanzungen zu sehen.

Kurz vor Igherm (Km 93), bei einigen Häusern und einer rosa Moschee, zweigt rechts die Piste nach Tafraoute ab. Nach ca. 800 m ist **Igherm** (1800 m), ein großer Ort mit Militärgarnison, erreicht. Der Markt am Freitag (rechts der Hauptstraße) ist gut bestückt, und es besteht die Möglichkeit, die Vorräte aufzufrischen. Kleines, sehr schlechtes Hotel.

In Igherm ist die Teerstraße in Richtung *Souk Khemis-d'Issafen–Tata* zu wählen. 117 km hinter Taroudannt liegt links der Straße ein Dorf mit zer-

Reste von Aufbewahrungsfächern in einem Gemeinschaftsspeicher

fallener Speicherburg, rechts ein grünes Flußtal; weitere Ansiedlungen sind im Tal, umrahmt von schwarzen Schichtstufenbergen. 3 km weiter ist eine mächtige Speicherburg rechts der Strecke zu sehen. Ab und zu werden kleine Orte passiert. Entlang eines palmengesäumten Flußtales ziehen sich schräg gefaltete Schichtstufenberge.

Bei Km 180 trifft man auf den Ort **Imitek,** der eine schöne Speicherburg vorweisen kann. Die Straße führt nun durch zerklüftetes, schroffes Bergland, ohne große Steigungen, kaum Bewuchs.

Ungefähr bei **Km 212** ist die Einmündung zur Teerstraße *Tata–Akka* erreicht; rechts liegt eine Tankstelle, die Straße geht weiter nach Akka, links liegt *Tata,* das nach 4,7 km bei Gesamt-Km 216 erreicht ist.

TATA

Die **schöne Wüstenoase** liegt auf 950 m Höhe, umgeben von einem großen Palmenhain. Tata ist die größte der *Bani-Oasen* am Bergzug *Djebel Bani,* der südlich von Tata und *Zagora* verläuft. Die Oase (mit Militärstützpunkt) expandiert stark.

Gekachelte braun-weiße Arkadengänge verschönern die Häuserfronten der Hauptstraße. Die Männer tragen die blauschwarzen Kleider der südlichen Wüstenbewohner. Meist sind es aber *Chleuberber,* die sich wie die Tuareg „die blauen Männer" nennen – wegen des Indigofarbstoffs der Kleidung, der auf die Haut abfärbt. Ein bedeutender Teil der Bevölkerung Tatas ist negroid, stammt also von Sklaven *(Haratin)* ab.

Der Ort weist keinerlei Sehenswürdigkeiten auf; er strahlt das Flair einer typischen Wüstendurchgangsoase aus. Ein Bummel durch die Oasengärten abseits des Zentrums lohnt sich. Schön zum Picknicken oder Campen ist es etwas außerhalb in Richtung *Akka* bei einem Felsabbruch und Palmenhain.

PRAKTISCHE INFOS

Tel. Vorwahl 08
PLZ: 84 000

Klassifizierte Hotels

Tata, Relais de Sables*A**
Av. des F.A.R., Tel. 80 23 01/02, Fax 80 23 00; schönes, neues Hotel im Kasbahstil, Pool, Air Condition, ca. 250 DH HP/Person; Manager ist *Rabi Hachem,* der sich sehr um seine Gäste kümmert und auch Jeeptouren und Ausflüge organisiert.

De la RenaissanceB**
Doppelzimmer 144 DH, EZ 120 DH, Suite 360 DH, Frühstück 20 DH, Menü 79 DH im älteren Gebäude; das Hotel verfügt über zwei Gebäude, wobei das neuere die schöneren und teureren Zimmer hat. Hier ist man beim 75 jährigen Besitzer, der neun Kinder aus vier Ehen hat, bestens aufgehoben. Gutes Essen und viel Ruhe.

Unklassifizierte Hotels

Essalam
im Zentrum an der Hauptstraße, einfach aber sauber und freundlich, Etagendusche. DZ 40 DH.
Ein preiswertes Hotel befindet sich beim Busbahnhof, in dem auch die Busfahrer schlafen; ca. 55 DH für drei Personen.

Camping

Camping Municipale von Akka kommend in Richtung Zentrum fahren, immer geradeaus halten und kurz vor dem Ortsausgang auf der linken Seite. Für Autos schattige, sehr einfache Stellplätze. Zelten kann man neben einem großen Schwimmbecken (meist ohne Wasser). Mitte 1997 waren das Gelände und die sanitären Anlagen voller Bauschutt und das Schwimmbecken nicht mehr vorhanden. Ob das auf eine Renovierung schließen läßt, ist zweifelhaft, da ein Teil des Geländes immer wieder mal als städtischer Bauhof genutzt wurde. In trockenen Jahren gibt es nur Wasser aus Tankwagen. 20 DH pro Person, Zelt, Auto.

Verkehrsverbindungen

- Von Tata nach Bou Izakarne und nach Igherm verkehren Busse vor allem von der Privatlinie SATAS. (Abfahrt 3 und 6 Uhr morgens, Fahrzeit 8 Std., Preis ca. 45 DH).
- Nach Gouelmim (Ag. Transport Tatta) um 14 Uhr, 5 Std. Fahrzeit, 50 DH/ Person.

Sonstiges

Es gibt zahlreiche Läden, eine Bank, eine Buchhandlung, eine Pâtisserie, diverse Cafés/Restaurants und Tankstellen.
Der **Markt** liegt kurz vor dem Ortsende rechts; dort bei etwas verlotterten Häusern und Neubauten links abbiegen, dann stoßen Sie auf die Markthalle.
Souvenirs (Teppiche, Schmuck, Fossilien, etc.) gibt es in reichlicher Auswahl im *Maison Tuareg,* 16, Av. des F.A.R.

Um **nach Bou Izakarne über Akka** zu gelangen **(240,6 km, P 30;** Asphaltstraße, gute Busverbindung), muß man zunächst zurück bis zu dem auf Seite 201 genannten Abzweig bei Km 4,7, wo es rechts nach Taroudannt und Agadir (über Igherm) geht. Richtung Bou Izakarne führt die Straße geradeaus bzw. links weiter.

Nach 12 km endet der Palmenhain von Tata. 3 km weiter erstreckt sich ein kleiner Palmenhain entlang einer schwarzen Felswand, die von hellem Sand umrahmt ist; hier bietet sich ein ruhiger Picknickplatz. Danach führt die Teerstraße weiter durch öde Wüstengegend.

Etwa bei Km 54 zweigt links (C 7088) eine Piste nach *Oum el Aleg.* (ca. 1 km) ab. Durchfährt man den Ort, findet man am zweiten Bergrükken nach dem Dorf **Felsgravuren** („gravures rupestres"); evtl. im Ort nach einem Führer fragen.

Nach 63 km ist **Akka** erreicht, ein neuer Ort mit viel Militärpräsenz. Der Campingplatz an der Hauptstraße existiert nur noch theoretisch, die sanitären Anlagen sind zerstört oder demontiert, es gibt kein Wasser, das kleine (namenlose) Hotel ist sehr schmutzig.

Touzounine, ein alter Ort mit großem Palmenhain, kommt nach 81 km. Auf der weiteren Strecke liegen immer wieder kleine Orte und Palmenhaine. Schräg geschichtete Berge ziehen sich links und rechts der Straße, die Häuser „kleben" am Hang.

Nach 104 km passiert man die kleine Oase *Aït Oua-belli* und nach weiteren 2 km das Marabut und Dorf *Tisgui El Haratine.* Weiter geht es durch karge Hügellandschaft, Hammada (Steinwüste) und graubraune Berge. Die Bergkämme verlaufen wie Bänder links und rechts der Straße. Auf dem letzten Stück vor *Foum el Hassane (Foum el Hism)* wächst wieder etwas Dorngestrüpp, der Bodenbewuchs nimmt zu.

Bei Km 143,1 geht ein Abzweig links nach Foum-el-Hassane *(Foum el Hism),* 5 km.

Auf der weiteren Strecke liegen kleine Oasen, bis Km 180 wird die Landschaft wieder gebirgiger.

Bei Km 158,6 zweigt rechts eine Piste nach *Aguerd* und *Tamanart* (schöne Speicherburgen) und *Imouzlag* (Marabut) und weiter nach *Tafraoute* ab (sehr schöne Strecke, nur mit Geländewagen).

In Richtung Aguerd soll es auch Felsgravuren geben, erkundigen Sie sich evtl. in Aguerd. Auf jeden Fall gibt es Gravuren in *Ukas,* etwas nördlich von Aguerd, in Richtung Tafraoute (s. S. 194).

Bei Km 190,9 zweigt rechts (beschildert) eine Straße (breite Piste) nach **Tnine Wadai** *(Tuine-d'Adai)* und **Amtoudi,** 26 km, und zur *Source Thermale* (Thermalquelle) *Lalla Melaka,* 8 km, ab. Nach 9½ km führt rechts ein Abzweig nach *Tainzirt* und ebenfalls nach *Amtoudi* (Speicherburg *Id Aissa,* s. S.222).

Tarhjijt *(Taghjeht),* eine große Palmenoase mit einfachem Hotel/Restaurant, ist nach 205,5 km erreicht. Das Gebirge reicht wieder bis zur Straße und wird höher. Bergauf geht es dann bis zu einer Paßhöhe bei Km 211,1.

227 km hinter Tata ist der große Ort **Timoulaye** erreicht. Es gibt viele Geschäfte mit guter Obstauswahl.

Bou Izakarne, ein großer Ort ohne Attraktionen, folgt nach 240,6 km (Wegkreuzung: links *Guelmim,* rechts *Tiznit).* Übernachtung evtl. im *Hotel Anti-Atlas*****B**, Route de Guelmime, Tel. 87 41 34; trotz Klassifizierung macht es einen schlechten Eindruck.

Busse fahren nach *Laâyoune* (4x täglich); mehrmals täglich nach Guelmim, Tiznit, Agadir.

Von Bou Izakarne nach Amtoudi

ÜBERBLICK

Piste, ca. 77 km
Zu der Speicherburg *Id Aissa* führt eine gute Piste; öffentliche Verkehrsmittel gibt es nicht, Taxi oder Pickup-Mitfahrgelegenheit ab den größeren Orten entlang der Hauptstraße (Timoulaye bzw. Bou Izakarne). Ein Ausflug nach Amtoudi kann auch von Agadir aus gebucht werden. Weiter nach Izerbi sollte möglichst nur mit „hochbeinigem" Fahrzeug, besser noch mit Allrad gefahren werden.

ANFAHRTSBESCHREIBUNG

Folgen Sie der Straße nach Tata (s. vorhergehende Beschreibung), wird 35 km hinter Bou Izakarne **Tarhjijt** durchquert. Die Piste 5 km hinter Tarhjijt nach *Id Aissa* ist für Pkws nur schwer passierbar. Die bessere, für Pkws problemlose und hier beschriebene Route zweigt erst ca. 15 km hinter Tarhjijt links von der Hauptstraße ab (ca. Km 50); Wegweiser: *Amtoudi* (26 km), *Lalla Melaka* (8 km), geradeaus führt die Teerstraße nach *Akka* (siehe vorhergehende Route).

Geradeaus weiter in nördlicher Richtung auf solider Piste (gute Beschilderung), bis bei Km 56,3 eine Oase erreicht ist. Diese bleibt links der Piste, und erst vor einem Marabout am Ortsende führt die Piste mit der von Tarhjijt kommenden zusammen. Auf nun sehr breiter Piste ist nach 2½ km (ca. Km 59) **Tnine-d'Adai (Wadai)** erreicht. Von hier führt links ein Abzweig zur gefaßten (nicht lohnenswerten) Quelle *Lalla Melouka* (ca. 10 km) und zum hübschen Ort **Timoulaye** (12 km), wo ebenfalls auf einem Hügel ein Agadir thront. Nach Amtoudi geht unsere Route geradeaus weiter, der Ort bleibt links liegen. Danach führt die Piste in einer langezogenen Rechtskurve am Fuß des Berges vorbei Richtung Nordosten und dann geradeaus auf mäßiger Piste durch Steppenlandschaft.

Nach 72,3 km führt rechts bei einem Kegelberg (nicht beschildert) ein Pistenabzweig (nur für Geländewagen) nach *Izerbi* und Tafraoute. Wer über ein geeignetes Fahrzeug verfügt, kann dadurch die beiden Orte auf wesentlich kürzerer Strecke verbinden. Wüstenerfahrung und geeignete Ausrüstung sind Voraussetzung!

Die Oase Amtoudi und die Speicherburg Id Aissa – das Bauwerk ist schon zwei Kilometer im voraus zu sehen – sind nach 76,6 km erreicht.

AMTOUDI

In dem Dorf liegt der interessante **Agadir Id-Aissa** auf einem hohem Felsen, angeblich die älteste und besterhaltene Speicherburg Marokkos. Zum Agadir Id-Aissa kann man etwa in einer halben Stunde aufsteigen (Besichtigung möglich, ca. 10 DH für den Torwächter, ca. 30 DH für den Führer, den man eigentlich nicht braucht; aber es gelingt schwerlich, einen der cleveren Jungs abzuschütteln, die sich als Führer verdingen wollen).

Ins Dorf Amtoudi kommen zur Hochsaison im Winter täglich mehrere Busse voller Touristen (vormittags gegen 10/11 Uhr), welche auf Eseln

Speicherburg Id Aissa

zum Agadir gebracht werden; im Sommer ist man ganz allein. Trotz des Massentourismus haben das Dorf und die Gegend ihren Charme behalten. Immer noch sind die **Menschen freundlich und hilfsbereit;** geschickt haben sie es verstanden, vom Tourismus zu profitieren, ohne ihr Dorf und die Gemeinschaft zu zerstören. Die Kinder betteln allerdings ähnlich wie in anderen Orten, und bei den Wanderungen durch die schöne Oase wird man von einem Troß kleiner Plagegeister begleitet, mit denen man sich zwar freundlich unterhalten kann, aber deren Bitten nach „cadeau" oder „argent" man keinesfalls nachgeben sollte. Die Mädchen haben sich aufs Händchenhalten spezialisiert und erhoffen sich dadurch das Wohlwollen der Touristen erkaufen zu können – meistens haben sie auch Erfolg.

Es stehen keine Hotelklötze im Dorf. Die meisten Touristen werden nachmittags zurück nach Agadir gebracht, dann liegen Ort und Speicher friedlich im Abendlicht, als wenn der ganze Trubel Spuk gewesen wäre. Das Restaurant, gleich rechterhand nach der Einfahrt ins Wadi, stellt eine Mischung aus Campingplatz und Jugendherberge dar (mit einfachem Hofrestaurant und Schlafgelegenheit in einem großen Zimmer auf Polstern, ca. 35 DH pro Person). Toiletten und Duschen sind vorhanden, aber häufig nicht besonders sauber. Im Hof befindet sich ein Waschbecken, in dem Camper ihre Vorräte auffüllen können. Campen kann man gegenüber im Flußbett (nicht umzäuntes Gelände, sehr dreckig) zwischen den Palmen oder im Hof (20 DH); für 50 DH gibt es Tajine im Restaurant, auch Softdrinks, das Frühstück kostet 20 DH, Tee 5 DH, die Übernachtung im Zimmer 40 DH. Der Patron ist recht freundlich; der Führer des Ortes, sowohl für den Speicher, als auch zu den Quellen, hängt meistens beim Restaurant herum und ist ebenfalls in Ordnung, vor allem hält er einem die lästigen Kinder vom Leib.

Auf der anderen Seite des Oueds gibt es ein Café mit Übernachtungsmöglichkeit, das einen ordentlichen Eindruck macht, aber im Januar 99 geschlossen war (wahrscheinlich saisonbedingt).

Man kann im Ort Esel bzw. Muli mieten (ca. 40 DH), um auf die Speicherburg zu reiten oder zu den 4 km entfernten **Gueltas** (Wasserbecken im Fels) und Quellen (am Ende der Schlucht), wo man herrlich baden kann. Ein großer Felsencanyon mit Palmenoase zieht sich rechts vom Ort nach Westen, Bewässerungskanäle plätschern entlang der Schlucht durch Palmengärten mit Feldern, Feigen- und Obstbäumen. Der *Duar Aglaoui* mit Ziehbrunnen liegt in der Schlucht (ca. 10 Min.), oben am Schluchtrand thront der **Agadir Aglaoui** wie ein Adlerhorst. Am Ende der Schlucht (zu Fuß ca. 30- 45 Min.) trifft man auf zahlreiche Gueltas, zwischen großen Steinen wächst Schilf, Oleander blüht im Frühsommer, und Frösche quaken - eine landschaftlich sehr schöne Gegend! Man kann hier auch baden; Frauen sollten dabei möglichst halbwegs angezogen bleiben und keinesfalls im Bikini „auftreten"!

Zwischen Gouelmim und Fort Bou Jerif

Von Tiznit nach Guelmim

ÜBERBLICK

➠ **105,5 km, P 30 + P 8**
Bis Guelmim besteht eine gute Busverbindung (s.Tiznit oder Guelmim prakt. tips). Ein gute Straße führt durch eine langweilige Gegend, mit spärlichem Bewuchs (verschiedene Sukkulenten, Euphorbien und Dornengewächse). Es gibt viele militärische Anlagen mit Sendern und Radarstationen. Die Fahrt nach Guelmim rentiert sich kaum, trotz des Kamelmarkts. Die Landschaft rings um Guelmim ist trocken, flach und öde. Wer Zeit mitbringt, kann in Fort Bou Jerif, in der Wüste, nahe des Meeres, in aller Ruhe ausspannen; s. S. 229.

ANFAHRTSBESCHREIBUNG

Ab Tiznit durchfährt man viele Neubauviertel, (viele neu gebaute Tankstellen mit Raststättencharakter) und 14 km darauf das Dorf *Souk el Had del Reggada Talait.* Dann folgt eine mit Arganienbäumen bewachsene Ebene, begrenzt von meist kahlen, braunen Berghängen. Weiter führt die Straße durch steinige Gebirgsgegend, der Baumbewuchs nimmt zu, bis nach einigen Kilometern der Paß *(Tizi) Mighert* (1057 m) erreicht ist. Davor steht ein schöner Marabut.Vom Süden kommend hat man ab dem Paß auf der Bergabfahrt bei klarer Luft, einen herrlichen Ausblick.

Nach 42 km passiert man das Dorf **Tleta Akhssass** mit rosa Häusern, Café-Restaurants und vielen Geschäften. Nach einigen Kilometern kommt man zum Paß *(Col)-Agni Uheru,* bei Km 65 ist ein Gendarmerieposten und bei km 67 **Bou Izakarne** erreicht.

75½ km hinter Tiznit liegt der Ort **Tagant.** Es gibt eine Tankstelle, viele Geschäfte und eine Pâtisserie. Angepflanzte Eukalyptushaine säumen die Straße. Von hier an wird inzwischen wesentlich mehr Land kultiviert als noch vor wenigen Jahren. Nach 105,5 km ist Guelmim erreicht.

GUELMIM

Guelmim ist eine stark **expandierende Militärstadt**, die in den letzten Jahren etwas an Reiz gewonnen hat, da das Umland nach und nach begrünt wurde. Sie liegt am Fuße eines ca. 10 km langen Hügelzuges mit der großen, weißen arabischen Aufschrift: „Allah, das Volk und der König". Aufschriften wie diese hat man an vielen markanten Bergen in der Nähe von großen Orten angebracht.

Die Stadt wurde in den letzten Jahren ausgebaut, viele neue Häuser, Geschäfte und Kasernen kamen hinzu. Der Suq und **Kamelmarkt** für die Touristen findet am Samstag an der Straße nach Tan-Tan statt. Er hat aber seine Bedeutung für die Bevölkerung verloren, da durch die geschlossenen Grenzen im Süden der Nomadismus stark abgenommen hat, keine Karawanen mehr verkehren und die Menschen sich mehr und mehr in den Orten niederlassen. So hat der Kamelmarkt seinen hohen wirtschaftlichen Stellenwert für die marokkanische Sahara eingebüßt. Die Kamele dienen jetzt lediglich der Touristenbeförderung, sei es für einen kurzen Ausritt oder auch eine längere Tour. Die

„Guedra", der berühmte Knietanz der Region, ist meist nur noch im Rahmen von Hotelveranstaltungen zu bewundern. Lohnenswert sind Ausflüge zur Atlantikküste, vor allem in Richtung Süden zur Mündung des Drâa.

PRAKTISCHE INFOS

Tel. Vorwahl 08
PLZ: 81 000

Touristeninformation

ONMT
17, Rue Lahbab, Tel. 87 29 11, Fax 87 31 85

Klassifizierte Hotels

Salam*B
Route de Tan-Tan, Tel. 87 20 57, sauber, DZ ca. 150 DH

Unklassifizierte Hotels

Tinhir, im Zentrum von Norden kommend links der Hauptstraße. Sehr sauber, DZ 70 DH

Oued Eddahab, Pl. Bir Anzarane, Tel. 87 28 07
Weitere einfache Hotels: **La Jeunesse, Tighmert**

Camping

In *Abeinou* befindet sich ein kleiner, einfacher Campingplatz und eine Auberge, freundlicher Besitzer, aber recht heruntergekommen; besser in *Fort Bou Djerif* (s. S. 225).

Busverbindungen

Busbahnhof: Route de Tan-Tan, an der Hauptstraße links (von *Bouizakarn* kommend).

O.N.C.F.- und CTM-LN-Busse

- *Guelmim – Agadir:* 3.15 Uhr, 3 Uhr, 3.55 Uhr, 6.50 Uhr
- *Guelmim – Laâyoune – Dakhla* (über Tan-Tan): 23.15 Uhr, 6.30 Uhr, ca. 250 DH. 15 Std. Fahrzeit
- *Guelmim – Casablanca* (Moumtaz-Komfortbus) um 20 Uhr für ca. 180 DH

Privatlinienbusse (SATAS)

Tel. 87 22 13

- *Guelmim – Sidi Ifni:* ca. ab 14 Uhr
- *Guelmim – Dakhla*, 13 Uhr, 250 DH, nach Laâyoune 130 DH
  Sté d´Exploitation de Lignes de Transport, Tel. 87 20 71

Taxi/Sammeltaxi

Sammeltaxis nach *Bouizakarn* (30 DH) und *Tan-Tan* (ca. 50 DH).

Sonstiges

Ein offizieller Führer für die Umgebung ist beim *Hotel Salam* zu bekommen; er heißt *Brahim Aybich*

Ausflüge

Bis **Abeinou** sind es 13 km; nach 4 km auf der Straße nach *Sidi Ifni* geht es rechts ab. Hier gelangt man zu 40°C heißen Schwefelquellen mit Schwimmbecken (nicht besonders sauber); das Männerbad findet man beim Hotel, das Frauenbad etwas ent-

KAFFEEFAHRT ZUR OASE – EINKAUFEN IN MAROKKO

von Arno Frank Eser

Daß das Einkaufen in Marokko eine ganz besondere Angelegenheit ist, hatten wir schon im Reiseführer gelesen. Und daß man handeln und sogar feilschen muß, war uns auch klar. Weil man sonst nämlich nichts weiter ist als ein dummer Tourist, der nach Strich und Faden ausgenommen wird. Und was ein „falscher Führer" ist, wußten wir auch schon. Nämlich einer jener Bösewichte, die vorgeben, Sehenswürdigkeiten parat zu haben und statt dessen nur den Laden des Cousins oder Schwagers ansteuern, um dort gegen Prozente als Verkaufsvermittler tätig zu werden. „So was passiert uns bestimmt nicht!", beschloß meine Frau. Womit sie recht behalten sollte. Uns passierte nämlich etwas ganz anderes.

Niemand kann behaupten, daß wir Pauschaltouristen sind. Ganz bestimmt nicht. Wir „wagen" uns auch aus unserer wunderschönen Touristenzentrale in Agadir heraus und erkunden Marokko auf eigene Faust. Mit einem Leihwagen und dem Mut der Entschlossenen starten wir in Richtung Süden. Unser erster Stopp heißt Tiznit, ein romantisches Berber-Städtchen. „Hallo, herzlich willkommen in Tiznit", ruft uns ein junger Mann in ziemlich gutem Englisch entgegen, kaum daß wir den Wagen abgestellt haben. Meine Frau und ich zwinkern uns wissend zu: Das ist einer von jenen, vor denen unser Büchlein gewarnt hat!

Aber wie dieser Bengel grinst! Und wie er sich freut! „Habt ihr ein Glück", jubelt er überschwenglich, „kaum zu glauben!" Wir jubeln innerlich mit, denn man will ja nicht unhöflich sein. Gerade heute sei eine Karawane in Tiznit, und wenn wir wollen, wir Glückspilze, zeigt er sie uns. Gegen ein kleines Trinkgeld natürlich, aber das werden wir wohl verschmerzen können. Können wir? Meine Frau nickt, und wir machen uns gemeinsam auf den Weg.

Mohammed Sunnyboy zeigt uns zwar keine Karawane, aber immerhin den Platz, an dem sie normalerweise ist - wenn sie da ist. „You can take pictures", fordert er mich auf und deutet auf unsere Kamera. Höflich photographiere ich Palmen und einen leeren Platz. So, und jetzt besuchen wir den Karawanenführer und fragen ihn, ob Europäer ausnahmsweise mal eine Karawane aus der Sahara besichtigen dürfen. Mohammed Sunnyboy weiß, Allah sei Dank, wo dieser Karawanenhäuptling sein Quartier aufgeschlagen hat. Die Sache ist nämlich die: Vier Jahre lang hat es in der Wüste nicht mehr geregnet, und deswegen müssen die Sahara-Stämme Karawanen auf den Weg schicken, um ihre Kostbarkeiten gegen Nahrungsmittel umzutauschen. Dusel für uns. Denn nur aufgrund dieses Umstandes kommen wir überhaupt in den Genuß, jemals im Leben eine Karawane zu sehen.

Sous & Antiatlas

Der Karawanenführer ist ein sehr höflicher Mann, Bussi rechts, Bussi links, Allah ist unser Gott, und er hat uns nur durch die Sprache getrennt. Sonst sind wir natürlich alle Brüder und Schwestern. Wenn wir irgend etwas über das Leben in der Wüste wissen wollen, brauchen wir nur zu fragen. Bloß keine falsche Scheu! Und einen Tee kriegen wir auch. Ganz schön exotisch, so eine Reise auf eigene Faust durch Marokko.

Ja, ja, es stimmt, daß es sechs Jahre lang in der Wüste nicht geregnet hat und daß er die Kostbarkeiten dabei hat, die ihm die Wüstensöhne und -töchter mitgegeben haben, um sie gegen Lebensmittel zu tauschen. Ob wir sie mal sehen wollen, die Schmuckstücke? Keine Angst, verkaufen will er uns nichts, denn Weizen oder Mehl haben wir wohl kaum dabei. Denn, Entschuldigung, das ist doch klar: Geld kann man in der Wüste nicht gebrauchen, da es weder eß- noch trinkbar ist. Leuchtet ein, oder? Wir können also ungefährdet alles anschauen und begutachten, wo wir doch weder Weizen noch Mehl dabei haben...

Schön ist es, das Holzkasterl made in Sahara. Das Silberarmband ist auch nicht von Pappe. Leg's halt mal in die Holzschale, das ist so Brauch bei uns – und dann kannst du, rein rhetorisch natürlich, den Tauschpreis erfahren. Nur so. Zum Schauen, wie die Kurse so stehen bei uns. Ein schönes Armband hast du dir ausgesucht, du hast Geschmack, mein Freund, du bist ein echter Kenner. Für 750 Kilo Mehl könntest du es eintauschen. Schade, daß du nur Geld dabei hast.

Allah ist groß, und Mohammed Sunnyboy erklärt sich bereit, nächste Woche unser schönes Geld auf dem Markt in Mehl umzutauschen. Die Idee ist genial, der Preis Verhandlungssache. Für umgerechnet 50 DM werde ich Besitzer eines Silberarmbands, das vielleicht die Hälfte wert ist. Aber was ist das alles gegen eine Freundschaft in einem fremden Land! Auch wenn man keine Karawane zu Gesicht bekommt...

Tags darauf sind wir in Guelmim, direkt am Rand der Sahara. Und wieder werden wir vom Glück verfolgt. Zumindest wenn wir dem jungen Mann trauen, der sich uns einfach so angeschlossen hat. Wir erzählen ihm, was wir erst gestern erlebt haben. Und daß uns der Sinn nicht nach Wiederholung steht. Er sei kein Fremdenführer und schon gar kein falscher, erklärt Mustafa Sunnyboy. Er will uns nur die Karawane zeigen, die gerade zu Gast in Guelmim ist. Und anschauen kostet ja nichts.

Der Karawanenführer ist ein sehr höflicher Mann. Bussi rechts, Bussi links, Allah ist unser aller Gott, und er hat uns nur durch die Sprache getrennt, usw. usf. und in der Wüste hat es neun Jahre nicht geregnet, und die Stämme der Sahara haben ihn beauftragt, Weizen und Mehl einzutauschen. Ja, und wenn wir weder das eine noch das andere parat haben, dann nimmt er auch Traveller-Schecks. Ach, wer hätte das gedacht! Doch wir haben dazugelernt und verzichten dankend. Unser Bedarf an Kaffeefahrten in die Oasen ist gedeckt.

fernt. Nach 19 Uhr können Touristen beiderlei Geschlechts auch im Männerbad baden (doppelter Eintritt). Das Bad ist sehr einfach und ohne Duschen, aber wohltuend, der Eintritt beträgt 10 DH. Der Campingplatz ist einfach, daneben befindet sich eine Auberge, DZ ca. 400 DH.
Ausflüge bieten sich auch zum **Plage Blanche,** einem wunderbaren Dünenstrand im Südwesten Guelmims und nach **Fort Bou Jerif** (s. unten) sowie in Richtung **Süden** zur Mündung des Oued Drâa an **(s.S.236).**

Feste/Veranstaltungen

Moussem Sidi M'Hamed Ben Amar in Asrir im Mai
Moussem Zawia Tagant
in Tagant bei Bouizakarn am ersten Dienstag im Mai
Moussem Sidi Omar ou Omrane
in Ksabi, Cercle Guelmim, Anfang Juni
Moussem Sidi El Ghazi
im Zentrum von Guelmim am 1. Juli

Guelmim - Fort Bou Jerif/Plage Blanche

ÜBERBLICK

➠ **32 km Asphaltstraße, bis Fort Bou Djerif 40 km, ca. 65 km bis Plage blanche je nach Route.**

Früher führten die Routen auf der selben Strecke über Fort Bou Jerif zum Plage Blanche, jetzt erreicht man Fort Bou Jerif einfacher auf einer etwas längeren, aber landschaftlich wesentlich reizvolleren und weitestgehend geteerten Strecke. Zum Plage Blanche kann man auf der alten Piste oder über den Umweg über Fort Bou Jerif fahren.
Mit Tax ab Guelmim Zentrum (kein Sammeltaxi, diese nur bis Laksabi).

ANFAHRTSBESCHREIBUNG

Im Zentrum von Guelmim aus Richtung Tiznit kommend halbrechts (Richtung Nordwesten) und Sidi Ifni abbiegen, vorbei am Oasis Mini Market und 2 km nach dem Zentrum der Beschilderung nach *Laksabi, Plage Blanche* und *Camping Maroc Aventure* (Fort Bou Jerif) folgen (links), geradeaus führt die Straße weiter nach *Sidi Ifni* (s. S. 234).

12 km hinter Guelmim ist eine beschilderte Gabelung erreicht. Links geht es nach *Laksabi* und zum *Fort Bou Jerif* (Campingplatz), rechts weiter zum Plage Blanche.

3 km (km 15) nach diesem Abzweig rechts in Richtung Bou Jerif abbiegen (beschildert, GPS-Daten N 29°00,052 W 10°11,616).

5 km weiter (km 20) durchfährt man **Tiseguenane**, ein größeres Dorf mit schöner neuer Moschee mit silberner Kuppel.

Danach führt die Straße entlang einem dicht besiedelten, landschaftlich sehr reizvollen, grünen Flußtal, das sich durch kleine Berge hindurchschlängelt. Ein weiteres, ebenso schönes Flußtal passiert man bei km 29. Nach weiteren 3 km (km 32) ist die Teerstraße zu Ende (GPS N 29°4,689 W 10°17,019) und bei einer Pistengabelung 4 km weiter (km 36, GPS N 29°05,430 W 10°17,969) geht es links weiter nach Fort Bou Jerif. Die Piste führt nun aus dem Tal heraus bergauf auf einsame Hügellandschaft und erreicht bei Gesamt-km 40 (GPS N 29°04,940 W 10°19,853) den **Campingplatz bzw. das Motel Bou Jerif.**

Hier haben das französische Ehepaar *Evy* und *Guy Dreumont* einen

Camping Fort Bou Jerif

Stützpunkt für Off-Roader, Naturfreunde und Wüstenfans in der Nähe eines alten französischen Forts errichtet: B.P. 504, 81 00 Guelmim, Fax 08/ 87 30 39. Die Basis umfaßt einen Campingplatz, ein Restaurant und sechs schöne Zimmer (150 DH) im fortähnlichen Gebäude, das ein bißchen an Disneyland erinnert. Die Anlage wird hervorragend geführt, die Sanitäranlagen sind bestens (pro Person ca. 25 DH incl. Auto, Übernachtung im Nomadenzelt; nur mit Schlafsack genausoviel). Es gibt zwei Restaurants, eines für Gruppen (mit traditionellen marokkanischen Holzmöbeln und Wandmalerei) und ein weiteres mit großem Rundblick in den Garten. Das Essen ist hervorragend (Menü 140 DH, aber auch Gerichte für 90 DH und eine kleine Karte mit preiswerteren Gerichten; Anmeldung zum Essen bis 18 Uhr. Frühstück 40 DH). Der Platz ist auch zur Informationsbörse für Saharadurchquerer nach Mauretanien geworden. Zahlreiche wertvolle Tips stehen im Gästebuch der Dreumonts.

Ungefähr zehn Minuten zu Fuß (1,1 km) vom Platz entfernt thront über dem Tal des *Oued Assaka* das **Fort Bou Jerif.** Der Ausblick auf das Oued, in dem sich bei ausreichendem Niederschlag eine Art Badebecken bildet, ist herrlich. Ca. 15 km von hier mündet das Oued bei einer sandigen Bucht ins Meer. Mit Geländewagen kann man direkt auf sehr schlechter Piste zur Mündung *Foum Oued Assaka* fahren, von dort ist es ebenfalls möglich, weiter entlang der Küste über den Plage Blanche bis nach *Tan-Tan* zu fahren. Guy erklärt gerne den Weg, auch zu dem nahegelegenen

Marabut Sidi Yannou

herrlichen Canyon (nahe der Teerstraße in Richtung Guelmim), mit dem weißen **Marabut Sidi Yannou,** auf einem Felsen mittendrin (sehr lohnend). Das ganze Gebiet eignet sich hervorragend zu Ausflügen, vor allem für Leute mit Geländewagen.

Weiter auf der Route in Richtung Plage Blanche (s. km 12) erreicht man bei Km 39,2 einen Abzweig, der links nach *Rhas el Bharb* (rechterhand stehen Häuser) führt, geradeaus geht es weiter.

Überall wachsen Euphorbienpolster, die Ansiedlungen sind von Feigenkakteen umzäunt. Bei der Gabelung (Km 50,9) geradeaus weiterfahren, nach 6 km geht es durch ein Tal bergab in eine Ebene, bis bei Km 59,1 rechts eine Piste abzweigt; links weiter. Bei einer weiteren Gabelung (Km 62,1) geht es rechts ab. 350 m weiter den Linkksabzweig ignorieren und geradeaus weiter bis zu einer weiteren Gabelung bei Km 62,8 links halten; nach 500 m bei einer Pistenkreuzung geradeaus weiterfahren.

2½ km weiter (Km 65,3) ist der **Plage Blanche** bzw. die winzige Feriensiedlung **Bou Issafen** erreicht. Das Café-Restaurant *La Plage Blanche* und ein paar Ferienbungalows sind inzwischen verfallen. Unterhalb des Steilabbruchs liegt der herrliche weiße Strand (Plage blanche!); hier mündet der *Oued Issafen* ins Meer. Auf der anderen Seite der Flußmündung sind einige Fischerhütten. Der Strand ist wunderschön, leider aber zieht sich im Flutbereich 50 km gen Süden ein gleichmäßiges Abfallband hin: spanische Öl- und Weinflaschen von den Kanarischen Inseln, Kisten, marokkanische Milchtüten, etc. Dies trübt das

Sous & Antiatlas

Vergnügen ein wenig. Wenn man aber in den Dünen campt, merkt man von dem Abfall nicht viel.

An dieser Stelle der Küste fließt der kalte **Kanarenstrom** vorbei, so daß sich oft ein Nebelband von ca. 40 km Breite die Küste entlangzieht und es auch zum Baden oft zu kalt ist.

Mit einem Geländefahrzeug kann man an der Küste weiter bis *Aoreora* (Fort an der nächsten Flußmündung) fahren. Ein Weiterkommen ab hier ist schwierig, da es keine präparierte Ausfahrt aus dem Fluß gibt und kurz nach *Aoreora* die Steilküste anfängt. Der Strand ist, von einzelnen Fischern abgesehen, menschenleer.

Küste bei Mirleft

Tiznit - Ifni - Guelmim

ÜBERBLICK

130 km, Straße 7064, Asphalt
Busverbindung ab Guelmim bzw. Tiznit. Auch Sammeltaxiverkehr.
Landschaftlich lohnende Strecke, die an wildromatischen Steilküstenabschnitten mit kleinen Sandbuchten vorbeiführt. *Sidi Ifni* ist interessant wegen seiner 50er Jahre-Atmosphäre. Der Kontrast zu Agadir könnte schärfer nicht sein: Dort Hochglanzstyling und Touristenrummel, in Ifni eine nostalgisch-verstaubte Atmosphäre am Ende der Welt, mit wenigen „verirrten" Touristen. Es existiert keine große touristische Infrastruktur, kleine Hotels und Restaurants sind vorhanden.

ANFAHRTSBESCHREIBUNG

Ab Tiznit die Straße in Richtung Ifni (südwestlich der Stadtmauer) wählen; nach 3 km zweigt eine Straße nach *Aglou Plage* (Ansammlung von Ferienhütten, unsauberer Strand) ab, geradeaus geht es weiter.

Bei Km 24,5 ist **Arbaa-Sahel** erreicht, ein netter Ort in einem Palmenhain mit hübsch bemaltem Moscheeturm. Ab hier ist die Gegend wieder etwas fruchtbarer, Feigenkakteen dienen als Umzäunungen für die Anwesen und Palmen; Feigenbäume, vereinzelt Arganien wachsen vor allem entlang der Oueds.

Nach 35,5 km zweigt zu einem kleinen Ort mit Kiesstrand eine Piste ab. Hier erreicht man das Meer. Bis *Ifni* fährt man entlang einer Steilküste mit

Die Felstore von Legzira

hübschen Sandbuchten, die an den Einmündungen von Oueds oder in der Nähe von Siedlungen liegen. Die netten Sandbuchten sind vor allem im Sommer stark frequentiert.

Bei Km 42 folgt **Mirleft,** ein kleines Fischerdorf an einem palmenbewachsenen Oued, das nur im Sommer zum Leben erwacht. Auf einem Berg liegt ein verlassenes Militär-Fort, und um den Ort findet man hübsche Sandstrände. Es gibt inzwischen kleine Hotels und eine Pension am Strand, die aber im Sommer häufig ausgebucht ist. Sie ist hübsch, aber auch relativ teuer. DZ (Etagendusche) kostet 200 DH, Diner 130 DH/p.P. , Frühstück 50 DH p.P. Im einfachen *Hotel Mirleft* kosten die DZ 60 DH. Als ein sehr nettes Restaurant wird *Sandwich Playa* empfohlen. Familienbetrieb mit Einbindung der Touristen, Essen für abends muß mittags vorbestellt werden, leckere Tajine (2 Pers.) für 25 - 30 DH.

Der eigentliche Strand von Mirleft liegt 1½ km entfernt in einer kleinen Sandbucht, wo im Sommer viele marokkanische Familien campen. An windigen Tagen brechen hier starke Wellen herein, so daß das Baden nicht ganz ungefährlich ist.

Wenn man vor Mirleft beim Oued nach rechts auf eine Piste (Beginn der Piste ziemlich schlecht) abzweigt (Beschilderung „Jelma"), kann man auf einer Piste nach *Moussa d'Aglou* gelangen. Entlang der Küste gibt es einige herrliche Sanddünenstrände.

Die Strecke führt weiter entlang einer wild zerklüfteten Steilküste mit schönen Ausblicken aufs Meer. Nach 44,6 km ist eine reizende Bucht mit Sandstrand, Felsinseln und Felstor erreicht, die sich im Sommer reger Beliebtheit erfreut.

Nach 63 km führt rechts ein nicht markierter Abzweig zum Meer. Orientierungspunkt ist eine markante Felsnadel im Meer. Nach 300 m Piste Abzweig links in eine kleine Schlucht. Nach knapp einem Kilometer gelangt man zur Bucht **Legzira** mit gleichnamigem Café/Herberge (Übernachtung 80 DH pro Zimmer). Es gibt ca. zehn sehr saubere Zimmer mit Betten. Duschen sind vorhanden (5 DH). Am etwa drei Kilometer langen Strand trifft man auf zwei gewaltige, von Wind und Wellen geformte Felstore, ein drittes entsteht ganz am Ende wieder. Oberhalb der Bucht mit ihren Fischerhütten gibt es schöne Standplätze für Wohnmobile.

Bei Km 73,3 erreicht man die Kreuzung nach Tiznit und Guelmim (links), geradeaus geht es weiter nach **Ifni,** das nach 400 m erreicht ist.

SIDI IFNI

Die ehemalige **Garnisonsstadt** hat ca. 20 000 Einwohner und wurde 1445 von den Spaniern gegründet. Die Festung wurde Anfang des 16. Jahrhunderts zerstört, das Gebiet nach dem spanisch-marokkanischen Krieg 1860 an Spanien abgetreten. 1957 fand ein Aufstand der marokkanischen Bevölkerung gegen die Spanier statt. Weitere Angriffe von marokkanischer Seite folgten. 1969 wurde das Gebiet an Marokko zurückgegeben. Für das Militär ist Sidi Ifni mittlerweile auch nicht mehr von Bedeutung, die Kasernen und der Flughafen sind verlassen und jetzt vermittelt die Stadt einen etwas verschlafenen Eindruck und hat den **Flair einer alten Piratenstadt.** Der Hauptplatz, im spanischen Stil erbaut, ist recht reizvoll, ansonsten bietet die Stadt wenig. Der Sandstrand ist ansprechend, aber verschmutzt. Der Blick auf die Stadt ist, von Tiznit kommend, malerisch. Die (laut Tourismusprospekt) berühmten Dünenstrände von Ifni sind von hier aus nicht zu sehen. Wahrscheinlich handelt es sich um die weiter nördlich gelegenen Strände in Richtung *Mirleft* und *Moussa d'Aglou* oder um den *Plage Blanche,* 50 km südlich.

PRAKTISCHE INFOS

Klassifizierte Hotels

BellevueB**
9, Pl. Hassan II. (DZ 160 DH, Frühstück 25 DH, Bier 12 DH), im kolonialspanischen Stil, gegenüber dem Rathaus. Die schönsten Zimmer liegen oben mit Blick zum Meer, Etagentoiletten und Dusche (5 DH), EZ 60 DH. Freundlich; unterschiedliche Aussagen zur Sauberkeit der Zimmer, gutes Essen (Menu 90 DH, sehr gute Fischtajine). Schöne Terrasse über dem Meer.

Aït Bamrane*A
am Strand; sehr heruntergekommen, DZ 127 DH, 3er-Zimmer 168 DH, Frühstück 19 DH, schlechte Sanitäranlagen, mit Bar.

Suerte Loca*A
gegenüber der Gendarmerie (von *Guelmim* kommend am „Round About" mit der Tankstelle links in die Hauptstraße, dann wieder rechts, nur wenige Meter von der Treppe zum Strand); angenehmes, sauberes Travellerhotel, aber schon etwas abgewrackt. Die freundlichen Manager sprechen englisch, franz., spanisch (DZ mirt Bad 145 DH).

Unklassifizierte Hotels

Ifni, am Kino, einfach, DZ 60 DH, EZ 30 DH (warme Dusche extra).

Camping

Einfacher ummauerter Platz (pro Person 5 DH, Auto 2 DH) ohne Schatten.

Essen & Trinken

Du Chef
Gegenüber vom Hotel Ifrane, reichhaltiges, preiswertes Essen.

Sonstiges

Es gibt einen *Marché Municipale* (mit öffentlicher Toilette), ein Postamt, eine Bank (*Banque Populaire*, man kann hier TravellerCheques eintauschen) sowie eine Tankstelle.

Hinter Sidi Ifni führt eine gute, schmale Teerstraße durch kleine Orte und bergiges Küstenland nach Guelmim.

Wieder an der Kreuzung vor Ifni erreicht man 95 km hinter Tiznit den kleinen, neugebauten Ort **Mesti.** Weiter führt die Straße durch bergiges Buschland. Bei Km 122,5 zweigt links eine Teerstraße zu den *Thermalquel-*

len von Abeinou ab, s. S. 226); geradeaus weiter. Bei Km 126,6 zweigt rechts die Straße zum Plage Blanche ab (beschildert „Plage blanche, Laksabi, Fort Bou Jerif", s. S. 229).

Bei Km 129,6 schließlich ist Guelmim (s. S. 225) erreicht.

Gouelmim - Tan-Tan - Tarfaya - Laâyoune

447 km, P 41

Gute Asphaltstraße, die als Versorgungsstrecke für die marokkanischen Truppen in Richtung Westsahara gebaut wurde. Die Strecke ist bis Dakhla frei befahrbar, lediglich mehrere Kontrollpunkte vor und nach den Orten sind zu passieren, wo Sie einschließlich des Namens Ihrer Großmutter so ziemlich alles angeben müssen, was überhaupt angegeben werden kann. Günstig ist es, diese Daten schon alle vorbereitet zu haben. Die Beamten sind ausnehmend höflich, entschuldigen sich sogar oft für die Belästigung. Bis Laâyoune wird man bei den Checkpoints meist durchgewunken, ab und zu wird der Paß kontrolliert.

Gute Busverbindung (s. Gouelmim). Die gute Straße führt vorwiegend an einer Steilküste entlang. Höhepunkte auf dieser Strecke sind die Mündungsgebiete der Flüsse mit ihrem Vogelreichtum, das Naturschutzgebiet um das Sebkha Naila (Reserve Naturelle Naila) und die Salzsenken (Sebkhas) vor Laayoune wo man auch Salzabbau beobachten kann. Es gibt viele Kilometer, die sich über öde, flache und langweilige Gegenden hinziehen und vor allem Radfahrer angesichts des Windes und der Eintönigkeit verzweifeln lassen.

Die Küstenlandschaft bis *Tarfaya* ist eine flache Steppe, gesprenkelt mit niedrigen Büscheln hartholziger Steppenpflanzen, Sukkulenten und den grauen, stacheligen Polstern von Euphorbia, hin und wieder ziehen kleine Sanddünen über die Straße. In wenigen Regionen wird Getreide angebaut, auf den restlichen karg bewachsenen Flächen weiden Schafe, Ziegen und Kamele. Die bereits wüstenartige Landschaft wird durch breite, canyonartige Quertäler verschiedener Oueds unterbrochen. Von diesen führen nur die *Oueds Drâa* und *Chebeika* gelegentlich Wasser. In den Mündungsgebieten findet man sehr häufig Flamingos und alle Arten von Wasservögeln, aber auch für Wohnmobilisten traumhaft schöne Übernachtungsplätze.

Von Guelmim aus führt die Straße ohne große Steigungen weitgehend über flache Landschaft, die Berge sind etwas weiter weg, bis man bei km 68 auf einen kleinen Weiler und 2 km danach auf eine Tankstelle und darauffolgend den Ort **Ras Oumlil** (Café, Restaurants) trifft.

Hier beginnen karge, braune, im Winter vegetationslose Berge, und die Straße schlängelt sich über 16 km bergauf zu einer Paßhöhe. In umgekehrter Richtung hat man bei klarer Luft fantastische Ausblicke auf die Ebene in Richtung Gouelmim.

Bei km 108 ist das Oued Drâa erreicht. Beginn der Provinz Tan-Tan.

Wenn man kurz vor der Brücke auf eine Piste in Richtung Meer abzweigt, erreicht man ein malerisches Militärfort mitten im Oued und einige Kilometer darauf die **Mündung**

des Oued Drâa. Der dortige Gendarmerieposten winkt i. d. R. durch.

Ein **Torbogen** mit zwei großen, steinernen Kamelen begrüßt den Reisenden bei der Stadteinfaht nach Tan-Tan; bei km 128 ist der Ort erreicht.

TAN-TAN

Die Stadt hat ca. 50 000 Einwohner, ist Gouverneurssitz und wichtiger Militärstützpunkt. Der Hafen von Tan-Tan wurde mit großem Aufwand zum Hochseehafen ausgebaut, denn die Küste hier ist sehr fischreich. Durch den Bevölkerungszuwachs infolge des Hafenausbaus wurden viele Neubauviertel rings um die Stadt errichtet. Sie ist ganz in Weiß gehalten, und die Bögen der Arkadengänge in der Hauptstraße sind blau verziert. Es gibt keine Sehenswürdigkeiten, aber der Ort dient als Versorgungszentrum für den Süden, angefangen von Elektrogeräten bis zu einer guten Lebensmittelauswahl gibt es hier alles zu kaufen. Ein großes Geschäftsviertel (Beschilderung *Suq Hebodmaire)* liegt links von der Durchgangsstraße.

PRAKTISCHE INFOS

Tel.Vorwahl: 08
PLZ 82 000

Klassifizierte Hotels

Hotel-Restaurant Etoile du Sahara*
17, Rue el Fida, Tel. 87 70 85.
Amgala*
Tel. 87 73 08, Centre Ville. Kleines, sauberes Hotel.

Unklassifizierte Hotels

Royale, Centre Ville, Tel. 87 71 86
Tiznit, am Anfang von Tan-Tan an der Hauptstraße rechts.

Ferner die einfachen Hotels im Zentrum: **Hotel-Restaurant Zenoussi, Hotel Jamal, Hotel Bianzaram, Hotel-Café Sherazade und Hotel-Restaurant Sahara**.

Busverbindungen

Der CTM-LN Busbahnhof liegt an der Hauptstraße.

CTM-LN/ONCF Verbindungen

- *Tan-Tan – Laâyoune (Dakhla):* 1.25 Uhr, 1.50 Uhr, 9.05 Uhr
- *Tan-Tan – Marrakech* (über Agadir): 22.00 Uhr, 22.30 Uhr, 1.40 Uhr, 3.00 Uhr, 150 DH

Taxi/Sammeltaxi

Petit Taxis: Abfahrt am Hauptplatz *El Amir Mulay Abdallah*
Sammeltaxis fahren etwas nördlich davon beim *Hotel Rex* ab. Viele Taxis, Landrover-Taxis zur Weiterfahrt in den Süden, (ca. 80 DH bis *Laâyoune).*

Feste/Veranstaltungen

Großer Moussem 2 km von Tan-Tan beim Marabut *Sidi Mohammed Laghdaf* im Juni.

Ab Tan-Tan führt eine gute Straße nach *Tan-Tan-Plage*. Die Strecke *Tan-Tan-Plage – Tarfaya* wurde zur Besetzung der Westsahara 1975 in Windeseile ausgebaut.

4 km hinter Tan-Tan (Gesamt-km 132) zweigt links eine Straße zum Flughafen und 1 km weiter nach *Es-Semara (Smara)* in der Westsahara ab.

Bei einer Tankstelle (km 150) führt die Straße geradeaus nach **El Ouatia** (ehemals Tan-Tan-Plage) und links weiter nach *Tarfaya* und *Laâyoune*.

El Ouatia bzw. früher Tan-Tan Plage ist ein kleiner, aufstrebender Ort mit vielen Neubauten und Sommerfrische für die Bewohner von Tan-Tan. Der Fischereihafen wurde in den vergangenen Jahren stark vergrößert.

Seit 1998 ist der Ort Sitz des nationalen Meeresforschungsinstituts.

Hinter El Ouatia, in Richtung Tarfaya, führt die Straße die ersten 15 km nahe des Kiesstrandes, der von kleinen Felsriffen unterbrochen ist, entlang. Dann folgt Steilküste, an der sich meterhohe Wellen brechen. Eine flache , fast vegetationslose Wüstenlandschaft, die lediglich in den Wadis dünn bewachsen ist, zieht sich ins Landesinnere.

Viele Fischer mit 5 m langen Angelruten stehen am Steilabbruch und versuchen ihr Glück. Hier kann man günstig frische Fische kaufen.

Bei km 174 findet man eine Kormoran-Nistkolonie unter den Küstenfelsen, und bei km 180 mündet das **Oued Chebeika** ins Meer. Dünen säumen die Mündungslagune, und häufig kann man hier Flamingos beobachten.

Kurz darauf trifft man auf einen **Checkpoint**. Paßkontrolle.

Die Mündung des **Oued Ma Fatma**, ist bei km 209 erreicht. Hier sieht man ebenso häufig Flamingos, wie auch an der Mündung des **Oued El Ouaar** (km 218 – Brücke). Eine schöne Sandbucht wird von schwarzen, ausgewaschenen Felsterrassen mit Höhlen und Muschelbänken begrenzt (s. Foto). Im Schwemmbereich gibt es leider viel Müll, davor ist es aber bei Ebbe sehr schön.

Kurz darauf trifft man auf drei Tankstellen links der Straße. Ab hier kann man wesentlich **preiswert**er (zoll- und steuerfrei) **tanken** als im Norden. Das gesamte Gebiet der Westsahara ist zoll- und steuerfreies Gebiet!

An der Mündung des Oued El Ouaar

Bei km 238 trifft man auf die *Station de la Marine*. Nebenan findet man ein großes **Loch mit Meereseinbruch** rechts der Straße.

1 km weiter (Gesamt-km 239) ist der Ort **Akhfennir** erreicht. Einfache Häuser, Wellblechhütten und viele Cafés säumen die Straße. Es gibt auch eine Tankstelle. Die Steilküste hört auf. Danach folgt ein schöner Sandstrand und bald darauf ziehen sich immer wieder kleine Sanddünen entlang der Straße.

Bei km 261 steht rechts ein gemauerter Wegweiser, der auf einen Abzweig in das **Naturschutzgebiet Reserve Naila – Sebkha Naila** hinweist. 1 km weiter trifft man auf ein kleines Steinhaus, die Informationsstelle für das Naturreservat (nicht immer geöffnet). Dieses traumhaft schöne Naturschutzgebiet um den Salzsee und an einer großen, tiefblauen, von gelben Sanddünen und Schilf gesäumten Lagune, ist vor allem im Spätherbst und Winter interessant, wenn sich durch die klare Luft fantastische Kontraste bieten. Die fischreiche Lagune ist belebt von vielen Vogelarten, vor allem stehen dort große Gruppen von rosafarbenen Flamingos. 3 km weiter entlang der Hauptstraße hat man einen sehr schönen Blick auf das Sebkha, die Lagune, die Dünen und die Flamingos (s. Foto).

Die Straße führt nun ca. 1 km vom Meer entfernt weiter in Richtung Süden. Immer wieder überziehen Wanderdünen die Asphaltstraße.

Das große **Sebkha Debira** bzw. Tamzra (km 278) liegt rechterhand der Straße. An der Küste liegt das

Das Sebkha und Reserve Naturelle Naila

Marabut des **Sidi Lemsid** *(Sidi El Msid)*. Die Sebkha Debira ist von einer Kette gelber Sanddünen eingerahmt und erstreckt sich von Westen nach Osten in einer Länge von 25 km. An seiner Mündungslagune stehen die Reste eines viereckigen kleinen Forts, das seinerzeit die Einfahrt zum „Puerto Cansado" beschützte. Das ganze Küstenplateau ist übersät mit Muschelschalen, darunter fand man früher auch allerhand prähistorische Artefakte wie Pfeilspitzen, kleine Steinbeile, auch eine Menge Straußeneierschalen, manche mit Ornamentik versehen, sowie kleine Ringe aus diesem Material, welche einst die Frauen als Halskettenschmuck getragen haben mögen. Auch Skelettstücke von Walfischen wurden an dieser Küste gefunden. Ein Abstecher lohnt sich sowohl landschaftlich und auch wegen des traditionellen Salzabbaus

Bei km 310 führt die Straße wieder am Meer entlang, daruner liegt die Steilküste mit Sandstrand.

16 km weiter sieht man ein gestrandetes Schiff, und bei km 331 endet die Steilküste. Jetzt ist es leichter, ans Meer zu kommen, denn ein breiter Sandstrand zieht sich bis Tarfaya. Nach wiederum 12 km und die darauffolgenden Kilometer trifft man auf viele gestrandete Schiffe. Angeblich soll es jetzt häufiger zu Havarien kommen, da der Leuchtturm von *Cap Juby* nicht mehr funktioniert.

Ein Abzweig (bei einer Tankstelle) führt bei km 344 links nach *Laâyoune*, rechts nach *Tarfaya*. Über den Abzweig erreicht man nach 3 km den kleinen Ort. Zurück zur Straße nach Süden in Richtung Laayoun sind es 11 km.

TARFAYA

Viele Kasernen deuten auf die Wichtigkeit als militärischer Stützpunkt hin. Bereits unter den Franzosen war Tarfaya, damals wegen des vorgelagerten Kaps **Cap Juby** genannt, ein wichtiger Posten. Es gab einen Leuchtturm, der die Schiffe vor den Klippen der Steilküste warnt und die Postfliegerstation des französischen Militärs, von der aus Briefe in die westafrikanischen Kolonien geflogen wurden. Der berühmte Schriftsteller **Antoine de Saint Exupéry** war hier als Postkurierflieger stationiert. Einige seiner wichtigen Bücher wie „Wind, Sand und Sterne", „Der kleine Prinz" oder „Stadt in der Wüste" entstanden hier. Nach den schönen Beschreibungen des bekannten Schriftstellers erwartet man sich hier mehr als diesen kleinen Ort am Ende der Welt. Man kann jedoch noch die Kolonialfassade der französische Kaserne, in der jetzt marokkanisches Militär untergebracht ist, bewundern sowie ein kleines Denkmal, das an den berühmten Flieger erinnern soll - ein Metallflugzeug aus Rohren zusammengeschweißt am Strand gegenüber der ehemaligen französischen Kaserne. Von hier hat man einen sehr schönen Ausblick auf den weiten Sandstrand und einen kleinen, alten Festungsturm, der mitten im Wasser steht.

Das Trinkwasser ist leicht salzhaltig und schlecht, es gibt viele Geschäfte und zum Einkehren eignen sich die **Café-Restaurants Atlas** oder **Essalam** an der Hauptstraße. **Übernachtung** in einem kleinen, heruntergekommenen Hotel im Ortszentrum (DZ 100 DH).

Blick von der Quelle auf das Sebkha Oum D´ba

An der Straße nach Laayoun liegt ein hübscher, neu ausgebauten Fischerhafen.

375 km hinter Gouelmim (30 km von Tarfaya) ist das **Sebkha Tah** links zu sehen, das man besser nicht durchfahren sollte, da hier in der Nähe die ehemalige Grenze verlief und Minengefahr besteht. Man hat aber von hier einen schönen Ausblick in den Salzsee und seine zerklüfteten Steilwände. Das Sebhka liegt unter dem Meeresspiegel und ist mit -15 m der tiefeste Punkt Marokkos. Rechts der Straße liegt ein kleines Dünengebiet der **Erg Ladam.**

6 km weiter (km 381) gibt es eine kleine **Tankstelle** und das **Café Tah.** Hier an der ehemaligen Grenze Maroko-Spanisch Sahara ist ein kleiner Ort neu entstanden, und die Reste des spanischen Grenzgebäudes von **Tah,** zwei Kuppelgebäude, sind noch zu sehen. An der Straße stehen kleine Steinpyramiden mit arabischer Beschriftung und Jahreszahlen, dekoriert von einem Fahnenstangenwald und Denkmal zur Erinnerung an den „Grünen Marsch". Hier beginnt das eigentliche Gebiet der Westsahara.

Das **Sebkha Oum D´ba** ist bei Km 389 rechterhand zu sehen. Ein Abstecher lohnt sich: Etwa 500 m, nachdem man von der Straße aus in das Sebkha schauen kann, geht rechts eine Piste ab. Unterhalb steht eine verfallene Hütte mit einem Schrott-Lkw. Von dort führt nach links eine kleine Piste zu einer Quelle, die einen Teich mit galsklarem Wasser bildet und von wo man einen schönen Blick auf die Salzkruste des Sebkhas hat. Dieser echte Salzsee ist von gigantischen Steilwänden umgeben, und man kann auf einer Piste über die weißglitzernde Ebene hinausfahren bis zur Mitte, wo Salz abgebaut wird - aber besser nur, wenn es trokken ist. Danach sollte man das Auto waschen lassen, denn das agressive Salz ist als Wagenpflege natürlich nicht geeignet.

Zurück auf der Hauptstraße trifft man bei Km 403 auf eine **Tankstelle** und einen **Checkpoint;** ein **Abzweig** führt links nach **Daoura**. Der Ort wurde neu aufgebaut, er bestand früher (in spanischen Zeiten) nur aus Wellblechhütten.

Aïn Tissegrad, ein Ort, der nur aus zwei Häusern besteht, ist bei km 435 erricht. 10 km weiter, bei km 445 (Tankstelle), gibt es einen weiteren **Checkpoint**. Nagelketten sind auf der Straße ausgelegt, alle Personalien werden geprüft. Bei der Tankstelle führt links ein **Abzweig nach Cheira** (Ed Chera), geradeaus weiterfahren nach Laâyoune.

Die ersten Gebäude von **Laâyoune** sind bei Km 447 erreicht, rechts steht ein Pseudoschlößchen, das aber eine Kaserne ist. Abermals Kontrollen. Von hier hat man einen schönen Blick auf die Stadt. Über die Brücke am *Oued Seguiat al Hamra* erreicht man die Innenstadt von Laâyoune.

LAÂYOUNE

Die Stadt hat ca. 130 000 Einwohner (1960 nur 5700 Einwohner) und liegt in der Senke des *Oued Seguiat al Hamra,* kurz vor dessen Mündung ins Meer. Die Stadt sowie das gesamte Gebiet der Westsahara sind steuerfrei sowie Zollfreigebiet. Laâyoune wächst unaufhörlich, zahlreiche neue Viertel entstehen. Allerdings sind ein großer Teil der zugezogenen Bevölkerung marokkanische Soldaten und Händler.

Der Hafen wurde als Hochseehafen ausgebaut, um die ausgebeuteten Rohstoffe gleich unmittelbar verschiffen zu können. Treibstoff ist hier sehr billig. Laâyoune ist wichtiger Militärstützpunkt und Hauptstadt der „Provinz Sahara". Auch jede Menge *UN*- bzw. *Minurso*-Mitarbeiter tummeln sich hier, die zur Überwachung des Westsaharareferendums in die Stadt gerufen wurden.

Die Stadt verfügt über keine Sehenswürdigkeiten. Interessant sind vielleicht der **Colline des Oiseaux**, ein schön angelegter Park mit exotischen Vögeln, und das **Centre Artisanal**, das staatliche Kunsthandwerkszentrum.

Der Innenstadt wurde ein neues Gesicht verpaßt, mit viel Aufwand wurde ein modernes Zentrum errichtet, das sehr sauber gehalten wird.

PRAKTISCHE INFOS

Tel. Vorwahl: 08
PLZ 70 000

Touristeninformation

ONMT

Av. de l'Islam. B.P. 471, gegenüber dem Hotel Parador, ein gelbes Häuschen mit grünem Zaun. Tel. 89 16 94, Fax 89 16 95

Klassifizierte Hotels

Al Massira*****

Tel. 89 42 25. 12, Av. de la Mecque/Oqba ibn Nafi, mit Schwimmbecken, ca. 800 DH.

Parador Sahara*****

Rue Oqba ibn Nafi, Tel. 89 45 00, mit Schwimmbecken

Nagjir****

Place (Sahat) Dcheira, Tel. 89 39 11; mit Disko und Pool. DZ 480 DH. Schöne Lob-

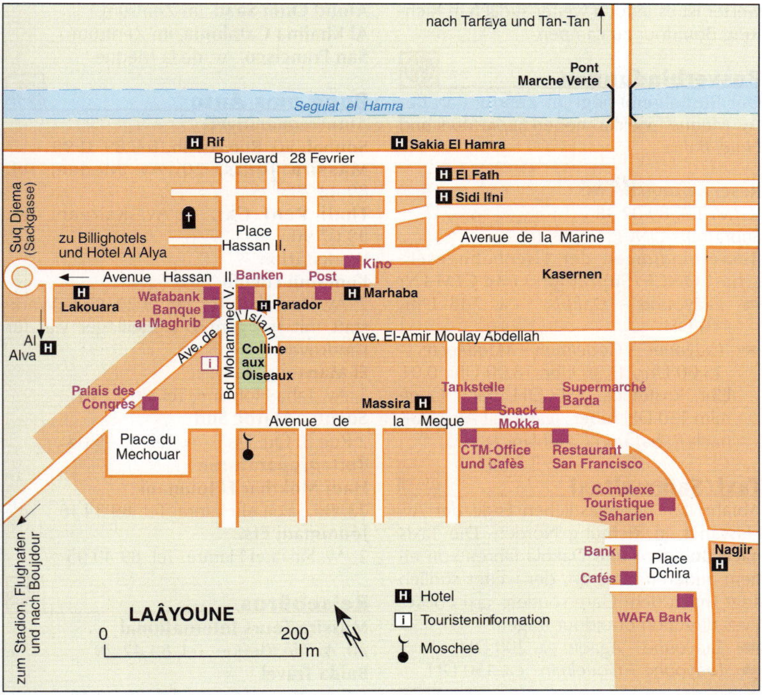

by, Zimmertrakt entspricht nicht so recht Vier-Sterne-Standard. Große Zimmer, sehr kleine Toilettenräume, Teppichböden im Flur und Zimmer schon recht verschlissen. Viele UNO-Beauftragte sind im Hotel untergebracht. Günstiger Ausgangspunkt in die Hauptgeschäftsstraße Av. de la Meque, (Viele Geschäfte, z.B. Supermarché Barda) außerdem liegt am Platz Dcheira eine Wafa-Bank und die Royal Air Maroc.

Le Champignon
Laâyoune Plage. Tel. 89 21 15, Fax 89 27 91. Etwas verkitschter Tourismuskomplex mit Bungalows in Pilzform (2–6 Personen), Freibad, Restaurant, Kiosk, Bar. Vorsaison 250 DH/DZ, Hauptsaison 500 DH. Dort ist im Sommer ziemlich was los, man glaubt sich in Spanien, Diskomusik am Pool. Im Winter ist wenig los.

El Alya***
Tel. 89 19 55, 1, R. Kadi El Ghalaoui

Lakouara**
Av. Hassan II., Tel. 89 33 78/79, DZ ca. 220 DH

Residencia**
Rue Prince Mulay Abdellah, Tel. 89 38 29

Atlas*
186, Av. Md S. Baida, Tel. 89 47 97

Unklassifizierte Hotels

Hotel Sidi Ifni, El Fath, La Libelle, Farah, Inezgane, Liberté, arab. **Hurruiya** (DZ ca. 60–100 DH), alle beim *Suq Djemal.*

Camping

Der ehemalige **Campingplatz** existiert nicht mehr; Campen ist aber am Strand bei **Laâyoune Plage** möglich. Empfehlenswerter ist es jedoch weiter südlich in Richtung Boujdour zu *campen*.

Busverbindungen

Der Busbahnhof liegt im Zentrum an der Av. Meque (Mekka) neben *Supratours* und *Hotel Bahia*.

Reservierungsbüros:
CTM, Tel. 89 02 48
Supratours-ONCF, Tel. 89 07 72
Busverbindungen der Eisenbahngesellschaft ONCF (Supratours) und CTM-LN:

- *Laâyoune - Dakhla:* ca. 7.15 Uhr, 140 DH
- *Laâyoune - Gouelmim - Marrakech:* 15.00 Uhr, 17.30 Uhr, 18.00 Uhr, 0.01 Uhr; kostet ca. 250 DH, nach Guelmim 130 DH (über *Agadir* mit Anschluß nach *Rabat* und *Casablanca)*.

Taxi/Sammeltaxi

Abfahrt am nordwestlichen Ende der Av. Hassan II. in Richtung Norden. Die Taxis nach Boujdour und Dakhla fahren von einem anderen Platz ab, der weiter südlich liegt (nach dem Garé routière taxi collectives direction Boujdour fragen.

- *Laâyoune - Agadir:* ca. 200 DH.
- *Laâyoune - Gouelmin:* ca. 150 DH.

Flugverbindungen

Royal Air Maroc
7, Place Bir Anzarane, Tel. 89 40 71
Der Flughafen Hassan I. liegt 1 km außerhalb, Tel. 89 33 46/47
Inlandsflüge:
Nach *Casablanca* 6x wö., von dort weiter in diverse Städte.

Essen & Trinken

Café-Restaurant Amal, Pl. Cheira
Le Mareika, 78, Av. Hassan II.
Le Poisonnier, 183, Av. Meque (Mekka)
Afoud Oum Saad, im Zentrum
Al Khaima Catalonia, im Zentrum
San Francisco, Av. de la Meque

Rund ums Auto

Autovermietungen
Soubal, 40, Rue Asilah, Tel. 89 31 99
Massira Tours, 20, Av. Meque, Tel. 89 42 29
Thali Rent Car, 1, Av. Kairuan, Tel. 99 07 90
Werkstätten
Kentaoui Lhebib
2, Av. Hassan II. Tel. 89 35 29. Gute Werkstatt mit riesigem Ersatzteillager v.a. für Landrover.
El Mansouri A.,
1, Av. Taha Houcine. Tel. 89 22 01
Socotec Maroc Sud
2 Rue 8, Qu. Essalam, Tel. 89 19 04
Reifenreparaturen
Hadj Mokthar El Joumani
23, Bd Sakia el Hamra, Tel. 89 34 16
Joummani Ets.
2, Av. Sakia el Hamra, Tel. 89 49 95

Reisebüros

Massira Tours International
20, Av. de Meque, Tel. 89 42 29
Baida Travel
52, Av. de La Meque, Tel. 89 09 48
Bureau de Tourisme du Sahara (BTS)
Av. Chaid Bouchraya, Tel. 89 07 72
Comanav
7, Av. Hassan II., Tel. 89 41 06 (Fähren über das Mittelmeer)

Sonstiges

Es gibt in Laâyoune eine **Eisfabrik,** wo man evtl. Stangeneis (für Saharafahrer mit Kühlbox interessant) bekommen kann:
Gaze Conserverie de Laâyoune
im Hafen, (Gasflaschen füllen bzw.neue kaufen), Tel. 89 42 84

Marrakesch & Hoher Atlas

MARRAKESCH

VON MARRRAKESCH
ZU DEN OUZOUD-WASSERFÄLLEN,
IMI-N-IFRI
UND ZUM STAUSEE BIN EL-OUIDANE

VON MARRAKESCH INS OURIKATAL
UND NACH OUKAIMEDEN

VON MARRAKESCH NACH TAROUDANNT
(Bergsteigen im Toubkal-Gebiet)

VON MARRAKESCH NACH OUARZAZATE
(Telouét und Aït Benhaddou)

VON OUARZAZATE NACH TALIOUINE UND
TAROUDANNT

MARRAKESCH & UMGEBUNG

EINFÜHRUNG

Marrakesch, die zweitälteste Königsstadt, liegt zwischen den fruchtbaren Ebenen von *Beni-Mellal* und dem Hohen Atlas, dessen 4000 m hohe Gipfel nur 50 km von der Stadt entfernt am Horizont auftauchen. Vom Atlantik ist Marrakesch nur knappe 200 km entfernt. Das **Klima** um Marrakesch ist geprägt vom Hohen Atlas. Auch wenn es in der Stadt im Sommer durchaus Temperaturen um die 40°C, im Winter um die 24°C haben kann, weht doch selbst im Juni in den Abendstunden noch ein kühler Wind vom Hohen Atlas her. Im Hochgebirge liegt von Ende Dezember bis Ende März meist eine dicke Schneedecke, manche Pässe sind kurzzeitig gesperrt, Pistenfahrten müssen im Winter gänzlich unterbleiben.

Der **Hohe Atlas** ist das **höchste Gebirge in Nordafrika.** Seine Nordseite ist dicht bewachsen und von zahlreichen reißenden Bergflüssen durchzogen. Diese Region ist den Alpen oder dem französischen Zentralmassiv wesentlich ähnlicher als die Atlassüdseite. Statt Fichten, Tannen und Buchen gedeihen hier Eichen, Thujen, Wacholder, aber auch Zedern, und die sprudelnden Bäche unterscheiden sich nur wenig von unseren Gebirgsflüssen.

Vielleicht kann sich der ein oder andere zu einer mehrtägigen Wanderung entschließen, die man von *Asni, Imlil, Ouirgane, Oukaïmeden* oder *Setti Fatma* aus ab Mitte April unternehmen kann. Zu Fuß oder auch mit einem Pferd den Atlas zu durchqueren, käme der Lebensart der Menschen hier wesentlich näher.

Es besteht auch die Möglichkeit, Ski-, Wildwasser-, Trekking-, Mountainbike- oder Geländewagentouren von Marrakesch aus in einem spezialisierten Reisebüro zu buchen; siehe hierzu bei den „Praktischen Informationen“ zu Marrakesch auf S. 288.

Erst auf der trockeneren Atlassüdseite oder in den Ebenen um Marrakesch begegnen uns Palmen; auf den Höhen der schneereichen Nordseite des Hohen Atlas können Palmen nicht gedeihen, auch wenn sie durchaus ein wenig Frost vertragen.

Die mächtigen Kasbahs der Berberfürsten und Paschas sind ebenfalls erst auf dem Weg in den Süden zu sehen.

Ausgangspunkt für eine „Eroberung“ des Südens sind in der Regel Marrakesch oder die neue Touristenstadt **Ouarzazate.** Insgesamt sind der Hohe Atlas und der Süden sicherlich die Gegenden Marokkos, in denen man auf verhältnismäßig kurzen Entfernungen die meisten Kontraste erlebt.

MARRAKESCH

Marrakesch, die **„Perle des Südens"**, ist für mich neben Fès die schönste Stadt Marokkos. Sie spiegelt die ganze Vielfalt des orientalischen Lebens wider, auch in seiner ganzen Gegensätzlichkeit.

Im Norden der Stadt, angrenzend an die Palmeraie, liegen die Viertel der Wohlhabenden, im Westen, im Viertel *Hivernage,* befindet sich das Hotelviertel, und in der Medina findet man neben prachtvollen Palästen und Ruinen aus glanzvollen Zeiten enge, verwinkelte Gassen mit Häusern, in denen sich Großfamilien den spärlichen Wohnraum teilen. Elendsviertel mit halbzerfallenen Lehmbauten befinden sich außerhalb der Stadtmauern im Osten, die Viertel der Mittelschicht mit neugebauten Mietshäusern sind im Südosten und in *Gueliz,* der Neustadt.

In Marrakesch ist die „Welt versammelt": reiche, elegant gekleidete Marokkaner, junge Mädchen in Mini-Rock, Jeans oder Kaftan, Bettler, Gaukler, selbsternannte Führer, Marktschreier, Handwerker, Wasserverkäufer und Nomaden aus der Wüste neben kamerabehängten Touristengruppen. In der Hitze der Innenstadt pulsiert das Leben, um die Stadt breiten sich prachtvolle Landschaften aus. Trotz mörderischen Verkehrs, Dieselgeruchs und Mopedknatterns, wiehernden Pferden und Eseln findet man Ruhe und Stille in den oft sehr großzügig angelegten Hotelgärten oder im *Jardin Majorelle,* wo man sich nach der Besichtigung der herrlichen Kunstwerke vergangener Zeiten ausruhen kann.

Marrakesch ist neben Agadir die von Touristen meistbesuchte Stadt. Das hat ihr leider auch einen besonderen Stempel aufgedrückt. So finden sich hier viele Bettler, Geschäftemacher und Schlepper Kein Foto auf dem Djemâa el Fna-Platz ist mehr umsonst. Jeder wittert die Chance, an den Fremden zu verdienen. Seien Sie in Marrakesch auf der Hut, nicht daß Sie auf irgendeinen Trickbetrüger hereinfallen oder Opfer eines Taschendiebstahls werden. Von illegalen Führern bleibt man dank rigoroser Maßnahmen der Polizei fast verschont, mittlerweile kann man - mit Ausnahme des Djemâa el Fna-Platzes - in Marrakesch fast ungestört bummeln.

GESCHICHTE

Marrakesch wurde von alten arabischen Chronisten *Mraksch,* d. h. „die Stadt", genannt. Dieser Name wurde von den Europäern nach und nach abgewandelt in *Morocos* (portug.) oder *Marruecos* (span.) und für das ganze Land verwendet, so daß man mit Recht sagen kann: Marokko hat seinen Namen von Marrakesch.

Früher war Marrakesch lediglich ein **Karawanenlagerplatz.** Erst *Abu Bakr,* der Anführer der Almoraviden, erkannte diesen Platz als vorzügliches Lager für seine Truppen. Sein Vetter **Yussuf Ibn Tashfin** baute die erste Moschee und Häuser (1062) und pflanzte die riesigen Dattelpalmenhaine, die *Palmeraie,* die man jetzt noch im Nordosten der Stadt bewundern kann. Zur Bewässerung der Gärten ließ er unterirdische Wasserkanäle anlegen („Foggaras" bzw. in Marokko „Khettaras", s. a. S. 344). Von Marrakesch aus brach Yussuf Ibn Tashfin auf, das ganze Land zu erobern. Dabei stieß er bis nach Andalusien vor. Marrakesch wurde zur Hauptstadt des Reiches.

Nach und nach wurde die Stadt von den **Almoraviden** unter dem Sohn Ibn Tashfins, *Ali Ibn Yussuf* (1106–1143), ausgebaut. Auch das Bewässerungssystem wurde wesentlich erweitert, so daß die Gärten der Stadt die zunehmende Bevölkerung ernähren konnten. Die 9 km lange und zwischen 6 und 9 m hohe Stadtmauer, in dieser Zeit gebaut, blieb als einziges Bauwerk dieser Epoche erhalten. Marrakesch wurde zum Handelszentrum; der Aufschwung der Stadt lockte auch Künstler und Gelehrte an. Die Regentschaft Ali Ibn Yusuffs war die Blütezeit der Stadt, aber durch den vermeintlichen Sittenverfall und die weniger streng eingehaltenen islamischen Lebensregeln gruppierten sich islamische Erneuerer unter **Ibn Tumart,** der den Koran in Kairo und Damaskus studiert hatte. Er ließ sich 1125 in *Tin Mal* nieder, predigte den Islam und nannte sich „Mahdi" – „der von Gott Gesandte". Seine Anhänger nannten sich „El Muwahidun", „die Bekenner der göttlichen Einheit". Daraus entstand der Begriff **Almohaden,** die unter *Abd al Mu'min* 1147 Marrakesch eroberten und mordend und brandschatzend durch die Stadt zogen. Alle Bauwerke der Stadt bis auf die Stadtmauer wurden zerstört, die Almoravidenherrscher ermordet. Abd al Mu'min ließ die Stadt aber wieder neu errichten und zog in den wiederaufgebauten Palast von Ali Ibn Yussuf. Unter seiner Regentschaft wurde die *Kutubiya-Moschee* erbaut. Unter den Nach-

Die Stadtmauer von Marrakesch

folgern *Abu Yakub Yussuf* und *Abu Yussuf Yaqub al Mansur* (1184–1199) – letzterer Sohn einer schwarzen Sklavin, deshalb auch schwarzer Sultan genannt – erblühte Marrakesch wieder zur Kulturstadt. *Al Mansur (der Siegreiche)* stellte die Kutubiya-Moschee fertig, ließ neue Suqs in deren Nähe anlegen sowie Krankenhäuser, eine Pferderennbahn und eine Kasbah mit zwölf Palästen errichten. Kunst- und Kulturschaffen erreichten ihren Höhepunkt. Nach dem Tod Al Mansurs leiteten zahlreiche Zwistigkeiten um die Thronfolge und Aufstände umliegender Berbervölker den Niedergang der Almohaden ein. Aus der Zeit der Almohaden existieren ebenfalls nur Ruinenreste, da nachfolgende Sultane die Eigenart hatten, die Paläste ihrer Vorgänger zu zerstören und eigene zu bauen. Zu den eindrucksvollsten Almohadenbauten zählen die Stadttore und das berühmte Minarett der Kutubiya-Moschee.

Die nächste Dynastie der **Meriniden** blieb nur kurz in der Stadt und wählte Fès zu ihrer Hauptstadt. Erst **1524,** als die **Saaditen** unter *Ahmad al-Aradj* und *Muhammad ash-Shaykh* an die Macht kamen, kehrte der königliche Hof nach Marrakesch zurück. Die stark zerstörte Stadt wurde wieder aufgebaut und unter *Ahmad al Mansur* (1576–1602) erneut mit Prachtbauten versehen. Er erhielt den Beinnamen „ad-Dahabi" – „der Vergoldete", da er durch die Eroberung von Timbuktu zahlreiche Goldschätze in Marrakesch anhäufen konnte. Aus dieser Zeit sind noch zahlreiche Bauten erhalten. Am schönsten und kunstvollsten sind die *Saadier-Gräber,* deren Haupteingang der Alawidensultan **Mulay Ismail** zumauern ließ und der erst 1917 wieder entdeckt wurde. Der riesige Königspalast *Dar el Badi,* den Sultan Ahmad al-Mansur ad-Dahabi erbauen ließ, wurde von Mulay Ismail zerstört und abgetragen. Die Steine verwendete er für den Bau seines Palastes in Meknès. Aus der Alawidenzeit stammt lediglich der *Bahia-Palast*, der einen hervorragenden Eindruck von dem luxuriösen Leben der damaligen Herrscher vermittelt.

Ende des 19. Jahrhunderts verloren die Alawidenherrscher immer mehr an Einfluß, örtliche Paschas und mächtige Berberfürsten gewannen an Macht, unter anderem die Paschas von Marrakesch. Der Pascha **Madani al-Glawi** (al Glaoui) unterstützte **Mulay Abd al-Hafizh,** den Bruder des amtierenden Sultans, im Kampf um den Thron und wurde, als dieser die Sultanswürde erlangte, mit zahlreichen Machtbefugnissen ausgestattet. Als Abd al-Hafizh unter den Franzosen 1912 zurücktrat, eroberte der Rebell *al-Hiba* die Stadt. Die Franzosen verbündeten sich mit **Thami al-Glawi,** dem jüngeren Bruder *Madani al-Glawis,* und vertrieben nur zwei Monate nach dem Einmarsch al-Hibas im August 1912 diesen aus der Stadt. Thami al-Glawi wurde zum neuen Pascha ausgerufen und arbeitete nach dem Einmarsch der Franzosen mit diesen zusammen. Er verschaffte sich durch diese Verbindung zahlreiche Vorteile. Mit Hilfe der Franzosen konnte er die aufständischen Berberstämme rings um seinen Einflußbereich niederhalten und wurde bald einer der reichsten und einflußreichsten Männer ganz Marokkos. Mit der Unabhängigkeitsbewegung konnte er sich nicht abfinden, da er den Einfluß seiner Sippe und seines Reiches schwinden sah. Als *König Muhammad V.* 1956 den Thron bestieg, war es aus mit seiner Macht. Drei Jahre später starb der einst mächtige und gehaßte Pascha, sein Vermögen wurde vom Staat beschlagnahmt. Zahlreiche Bauten zeugen noch von der Macht des Paschas. Am eindrucksvollsten ist das *Dar Glawi* (Glaoui) in *Telouèt,* dem Stammsitz der Glawi-Sippe.

SEHENSWÜRDIGKEITEN

★DJEMAA EL FNA-PLATZ

Zweifellos die größte Attraktion ist der Platz **Djemâa el Fna,** der „Platz der Geköpften". Angeblich wurden hier früher die Köpfe der Hingerichteten auf Stangen gespießt aufgestellt, bis nur noch die kahlen Schädel übrigblieben.

Am späten Nachmittag wird dieser Platz von den Darbietungen der Akrobaten, Tänzer, Schlangenbeschwörer, Märchenerzähler und Musikanten beherrscht.

Durch das Gewirr von Menschen tönt das Glockengeläut der **Wasserverkäufer,** die das Bild des Platzes prägen. Man muß schon besonders geschickt sein, will man ein Foto dieser malerisch gekleideten Gestalten „schießen", ohne dafür bezahlen zu müssen: Es drängt sich manchmal der Eindruck auf, die Wasserverkäufer hätten auch hinten noch Augen, denn ihr Geschäft machen sie nicht mehr mit dem Verkauf des Wassers, sondern mit den Honoraren von fotografierenden Touristen. Grundsätzlich gilt für den Djemâa el Fna-Platz, daß alle Akrobaten, Händler und Märchenerzähler es geschickt verstanden haben, das Fotografierbedürfnis der Touristen in bare Münze umzusetzen.

Die Darbietungen sind allerdings keineswegs nur für Touristen gedacht. Es ist Tradition, daß auf diesem Platz solche Vorführungen stattfinden, und dies schon lange, bevor der Tourismus über Marokko hereingebrochen ist. Gerade die **Märchenerzähler** und Theatergruppen werden von vielen Menschen umlagert – die Geschichten sind einerseits ein Ausgleich zur mangelnden Information der Medien (auch können nur wenige der älteren Erwachsenen schreiben und lesen), andererseits ermöglichen die Märchen den einfachen Bauern und Nomaden eine Flucht aus dem beschwerlichen Alltag. Als Tourist ohne Arabischkenntnisse ist man zumindest fasziniert von der Mimik und Ausdruckskraft der Erzähler und der Andacht der Zuhörer.

Abends weichen die Märchenerzähler, Schlangenbeschwörer und Akrobaten Ständen, an denen Orangensaft, Joghurt, türkischer Honig und Erfrischungsgetränke verkauft werden; **Garküchen** postieren sich, Tische und Bänke werden aufgestellt. In großen Töpfen und Tajinegefäßen brodeln traditionelle marokkanische Gerichte auf Holzkohlefeuer. Bald duftet es aus vielen Richtungen nach *Shish-Kebab* (Brochettes), scharfen Soßen und Zuckergebäck. Wer sich nicht scheut, einheimische Speisen wenigstens einmal zu probieren, kommt hier voll auf seine Kosten.

Touristen werden am Djemâa el Fna häufig zu **Glücksspiele**n aufgefordert. Selbst wenn es noch so harmlos aussieht – Betrug ist garantiert. Lassen Sie sich am besten erst gar nicht darauf ein!

Anläßlich des GATT-Gipfels in Marrakesch wurde der Djemâa el Fna-

DJEMAA EL FNA – PLATZ DER GEKÖPFTEN

von Franz Riegel

Die Sonnenstrahlen erreichen die ersten Stuhlreihen. Ich sitze auf der Terrasse des Café France bei Milchkaffee und Croissant. Magere Maultiere traben vorbei. Sie sind vor Karren gespannt und ziehen Wagen voller Wollbündel in die Suqs.

Der Schlangenbeschwörer kommt über den leeren Platz. Ich erkenne ihn an der grauen Djellabah und an der Art, wie er seinen Turban gewikkelt hat. Er zählt dem Aufseher einige Dirham in die Hand und breitet an seinem Stammplatz den Teppich aus. Es ist ein kleiner, verblichener Teppich, etwa so groß wie ein Gebetsteppich, darauf legt der Schlangenbeschwörer seine Gerätschaften aus: einen wassergefüllten Blecheimer, in den er die Schlangen steckt, wenn sie zu lebendig werden, ein Tamburin und eine Flöte. Die beiden Kobras sind in einen Leinenbeutel eingesperrt.

Schlangenbeschwörer

Muhammad schiebt seinen zweirädrigen Karren vor sich her. Er hat Orangen geladen. An seinem Standplatz angekommen, spannt er das Sonnendach auf, schraubt die Saftpresse an die Wagenwand und beginnt, die Orangen zu einer Pyramide aufzuschichten.

Neben der Schießbude sitzen einige Männer, trinken Pfefferminztee und rauchen Kif. Der Schlangenbeschwörer geht hinüber und setzt sich zu ihnen. Er langt in die Kapuze seiner Djellabah und zieht auch ein Kif-Pfeifchen hervor. Die ersten Touristen schlendern über den Platz. Eine Flöte trillert, der Wasserverkäufer klingelt mit seinem Glöckchen und rückt sich den Fransenhut zurecht. „Machen Sie ein Foto! Nur fünf Dirham!", bettelt er. Und wehe, einer der Touristen hebt die Kamera und will nicht zahlen! Der Schlangenbeschwörer sitzt auf seinem Teppich und trinkt Tee. Schon halb zehn Uhr und immer noch kein Betrieb auf dem Djemâa. Zwei dunkelhäutige, ehemalige Haratin in der Tracht der „Blauen Männer" eilen zum Suq. Sie tragen weite, indigofarbene Gewänder und gelbe Pantoffel.

Der Schlangenbeschwörer stellt das Tablett zur Seite, spannt seinen Sonnenschirm auf und nimmt die Flöte in die Hand. Der Djemâa al Fna ist aufgewacht!

Um einen halbnackten Mischling hat sich ein Kreis gebildet. Im Gesicht des Gauklers hängen zwei Skorpione, um seinen Hals winden sich Schlangen. Mit den Zähnen hat er einen Dornschwanz gepackt. Er stampft im Kreis, Speichel rinnt ihm aus dem Mundwinkel. Er tanzt um eine Eidechse, der er zuvor den Schwanz abgeschnitten hat. Daneben windet sich eine Baumschlange, deren Kiefer und Schwanz mit einer Nadel zusammengesteckt sind. In der Mitte des Kreises hockt eine Frau, die einen Buben im Arm hält. Der steht manchmal auf, stolpert auf einen der Zuschauer zu und erhält eine Münze. Der Gaukler grunzt, und wenn ihm der Junge zu nahe kommt, stößt ihn der Vater mit einem Fußtritt zurück. Dem Jungen wird eine der Schlangen um den Hals gelegt. Die kleine Hand, die er dem Publikum entgegenstreckt, ist zerstochen und geschwollen. Mit der anderen Hand streichelt er den Kopf der Natter und lächelt. Plötzlich schreit er auf: Eine Echse hat sich in seinem Arm verbissen. Der Vater löst sie ab, und der Junge versteckt sich im Schoß seiner Mutter. Er schluchzt, und schläft über seiner Traurigkeit ein. Die Show geht weiter.

Im Verborgenen wird ein anderes Spiel gespielt: Der Spieler legt ein Stück Schnur zu einem verdrehten Achter aus und setzt einen Geldbetrag. Der Mitspieler setzt den gleichen Betrag dagegen. Er muß seinen Finger in eine der Schlingen halten und gewinnt den Einsatz, wenn die Schnur beim Wegziehen an seinem Finger hängen bleibt. Ich sehe zweien zu, die spielen. Der Spieler trägt einen speckigen, zerrissenen Anzug und Gummistiefel. Mit einer schnellen Bewegung hat er aus der Schnur einen doppelten Achter gelegt. Zweimal einhundert Dirham liegen neben der Schlinge, viel Geld, mehr, als ein Bauer im Monat verdient. Und wie ein Bauer sieht der

Mitspieler aus, der jetzt raten muß, welche der beiden Schlingen die echte ist. Er sticht mit dem Finger in die rechte Schlinge, und es ist ganz offensichtlich, daß er gewinnen wird. Der Spieler zieht an der Schnur, und tatsächlich, sie bleibt am Finger des Bauern hängen. Er streicht das Geld ein. Wieder legt der Spieler die Schlinge zum Achter. Und wieder tippt der Bauer in die richtige Schlinge. Er wird die zweihundert Dirham so offensichtlich gewinnen, daß ein Raunen durch die Zuschauer geht. Ist der Mann mit der Schnur nicht ganz richtig im Kopf? Oder ist da ein Trick dabei, oder eine List? Der Spieler zieht an der Schlinge, sie bleibt am Zeigefinger des Bauern hängen. Er schiebt die zwei Hundert-Dirham-Scheine ein und ist schon in der Menge verschwunden.

„Willst Du spielen?" Der Mann mit der Schnur zupft mich am Ärmel. „Nur zum Spaß!", drängt er, weil ich zögere. „Nur probieren!" Er legt die Schnur, und wieder ist ganz deutlich zu sehen, welche der Schlingen halten wird. Ich tippe hinein, der Spieler zieht, die Schnur bleibt am Finger hängen. Ich habe gewonnen. Der Mann mit der Schnur legt griesgrämig zwei weitere Scheine dazu und legt die Schnur von neuem. Die Schlinge ist so eindeutig zu erkennen... Auf dem Boden liegen vierhundert Dirham, eine Menge Geld! Davon könnte ich eine Woche leben. Ich bin sicher, daß ich das System durchschaut habe. Noch einmal folge ich den Windungen der Schnur, nein, ich irre mich nicht. Ich tippe in die richtige Schlinge und grinse schadenfroh. Um uns hat sich ein enger Kreis gebildet, die Zuschauer murmeln beifällig. Der Mann zieht an, die Schnur gleitet an meinem Finger vorbei. Das verstehe ich nicht. Habe ich einen Augenblick lang nicht aufgepaßt? Der Knoten ist genauso fest wie vorher. Ich lange in meinen Beutel und lege einen weiteren Schein auf den Tisch. Wieder erkenne ich die „richtige" Schlinge eindeutig, und wieder gleitet sie an meinem Finger vorbei. Einen dritten Schein verliere ich noch, dann bin ich von dem Spiel mit der Schnur geheilt.

Als ich Muhammad, dem Teppichhändler, von meinem Spiel mit der Schnur erzähle, lacht er mich aus. „Es ist ein Kunststück", sagt er, „es gibt verschiedene Arten, die Schnur zu legen, und wer es versteht, kann die Schlingen so kunstvoll legen, daß keine einzige Schlinge hält". Einer seiner Freunde könne mir den Trick mit der Schnur sicherlich beibringen, für ein kleines Entgelt selbstverständlich. So kaufe ich diesmal keinen Teppich bei Mohammed. Ich gebe das Geld Mohammeds Freund, der mir dafür das Spiel mit der Schnur beibringt.

MARRAKECH
Hotel
Museum
Jugendherberge
Restaurant
Touristeninfo
Campingplatz
Moschee
Krankenhaus
0
500
m
N
Casablanca, Golf Hotel Palmeraie
nach Safi, Jadida
CITÉ UNIVERSITAIRE
Semiramis Universität
Sahara
Tafilalt
Tichka
Amine
Tropicana
siehe Detailplan Marrakech-Gueliz
Boulevard de Safi
Jardin Majorelle
Europäischer Friedhof
Djabal Gueliz
Avenue
Mc Donalds
GUELIZ
Yacoub
Av. Mohammed V.
Rue Ibn Aicha
Rue Ibn Tumart
Avenue
Groß
Zerktouni
Pl. Abdelmoumen
Bd M. Ben Ali
Moh. Abdekrim el Khattabi
Avenue de France
Marché Municipal
O.N.M.T.
Syndicat d'Initiative
Bd el Mansour Eddahabi
Av. Mohammed V.
Schwimmbad
Rue el Mouqaouama
Av. Mulay Rachid
Hauptpost
Place du 16 Novembre
Avenue Hassan
Avenue Hassan II.
Bahnhof
Pl. Hailé Sélassié
Rue el Quadi Ayad
Av. Yacub el Marini
Jnane el Hartsi
Place de la Liberté
Avenue Hassan II.
Avenue du
Rue Ibn el Quadi
HIVERNAGE
Avenue Mulay el Hassan
nach Essaouira und Agadir, P10
Rue Mohammed el Hansali
Avenue de France
Président Kennedy
Rue el Quadissa
Station Experimentale de la Menara
Casino
Avenue de la Ménara
Menara-Gärten
Pavillon
zum Flughafen

CITÉ
MOHAMMEDIA
Province
Le Tikida
Route Nr. P24
nach Meknès und Fès
Mansour
Suq el Khemis
Route des Remparts
Bab Kechich
Oued Issil
Derb Kaa el Mechr
Moschee Sidi Bel Abbes
Bab el Khemis
Zawia Sidi Ben Slimane
Rue de Bab Taghzout
Rue Assouel
Rue de Bab Khemis
Rue el Gza
MEDINA
s. Detailplan Suqs
Bab Doukkala
Bab Debbarh
Gerber-viertel
Moschee Doukkala
Rue el Giaoui
Fontaine Echrouf ou Chouf
Ben Yussef
Medersa Ben Yussef
Rue de Bab Debbarh
Rue Al Madina
Rue Dar el Glaoui
Dar el Glaoui
Bab
Rue Issebtiyne
Rue el Yamani
Moschee Mouassin
Pl. Ben Salah
Rathaus
R. Fatima Zohra
Handwerks-zentrum
Rue Sidi el Yamani
Place Sidi Youb
Rue de Bab Ailen
Bab Ailen
Mohammed V
Art & Decor (Lampen, Fliesen, Tische)
Pl. Djemaa el Fna
Rue Bab Ahmad
Rue el Mouahidine
R. Riad Zitoun el Kedim
R. Riad Zitoune el Jedid
Volkskunst-museum Dar Sidi Said
Kutubiya-Moschee
Stadt-busse
R. Hammam Ftouaki
Bab el Djedid
Pl. Yussef Ibn Tashfin
A. Hammam Fetouaki
Bert Flint Museum
Palais de la Bahia
Bab Rhemat
Grabmal des Y.I.Tashfin
Krankenhaus Avenzoar
R. Essaadiyne
Mellah
Kasbah-Moschee
Palais el Badi
Bab Agnaou
Bab Er Robb
Rue de la Kasbah
Saadier-gräber
Jnane el Afia
Route des Remparts
nach Ouarzazate, P 31
Königs-palast
Bab Ahmar
Amizmiz Taroudannt
n. Ourika und Oukaimeden
siehe Detailplan Südliche Medina

Marrakesch

Platz komplett mit einer Teerdecke überzogen, mit der Konsequenz, daß es zwar weniger staubig, aber auch zur Mittagszeit unerträglich heiß ist.

Das ganze Schauspiel auf dem Djemâa el Fna kann man von den Dachterrassen mehrerer Restaurants (z. B. *Café Argana, Café de Paris, Café Glacier, Café de France)* gut beobachten. Meist muß man etwas konsumieren, aber auch derjenige, der nur fotografieren will und nichts verzehrt, muß zahlen.

★DIE SUQVIERTEL

Die Suqs von Marrakesch sind die größten des Landes, und die Orientierung ist leichter als in Fès. Sie starten an der Nordseite des Place Djemâa el Fna (gegenüber der Post) oder ungestörter im Nordosten beim *Bab Debbarh*. Ziemlich unbehelligt kann man zur Mittagszeit zwischen 13 und 14.30 Uhr oder am Freitag Vormittag bummeln, aber dann ist im Suq auch am wenigsten los: Entweder wird Siesta gehalten, oder, wie am Freitag, viele Geschäfte haben wegen des traditonellen Moscheebesuches geschlossen.

Vom Djemâa el Fna-Platz aus erreicht man als erstes die **Töpfersuqs.** Von dort gelangt man durch das Haupttor des Marktes auf die *Rue Suq Smarine* **(Textilsuqs),** die sich nach dem *Place Rahba Kedima* (der rechterhand liegt) in die *Rue Suq Attarine* und in die *Rue Suq el Kebir* V-förmig aufspaltet. Linkerhand der Rue Suq Attarine liegen die **Suqs der Kupfer-**

Auf dem Djemâa (Djamâa) el Fna am Abend

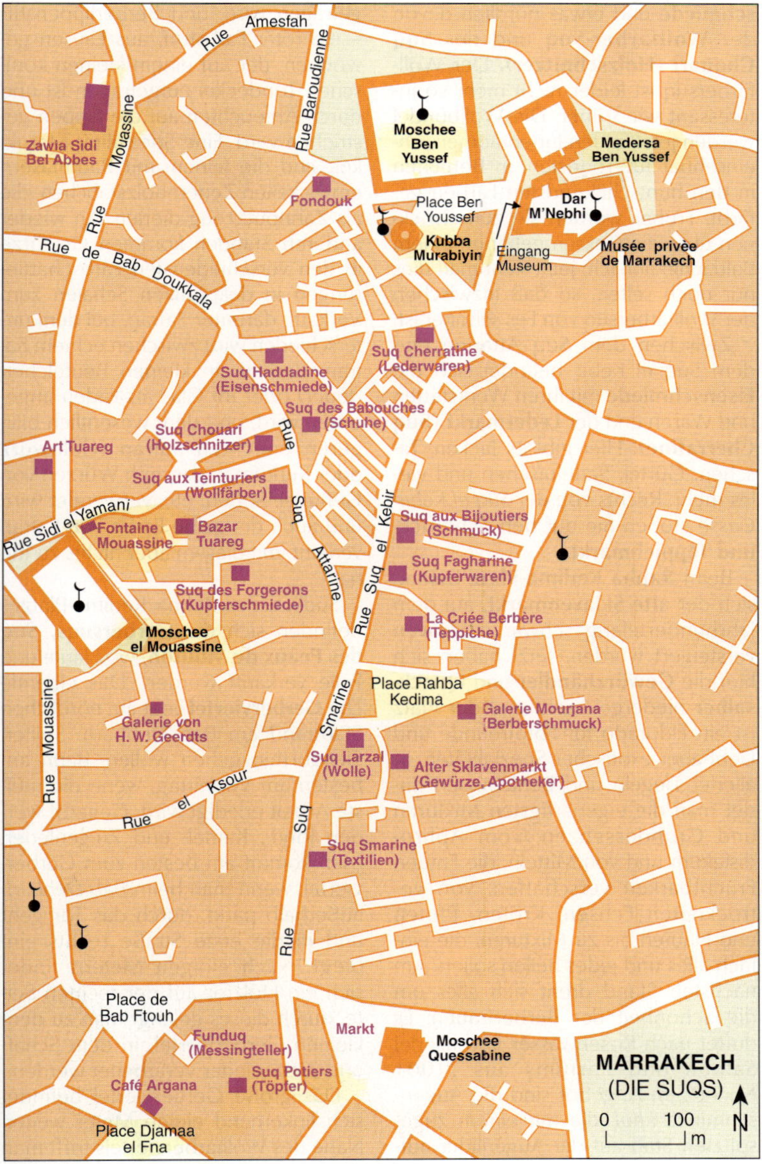
Rue Amesfah
Rue Baroudienne
Moschee Ben Yussef
Medersa Ben Yussef
Zawia Sidi Bel Abbes
Rue Mouassine
Fondouk
Place Ben Youssef
Dar M'Nebhi
Kubba Murabiyin
Eingang Museum
Musée privée de Marrakech
Rue de Bab Doukkala
Suq Cherratine (Lederwaren)
Suq Haddadine (Eisenschmiede)
Suq des Babouches (Schuhe)
Suq Chouari (Holzschnitzer)
Art Tuareg
Rue
Suq aux Teinturiers (Wollfärber)
Suq Attarine
Rue Suq el Kebir
Suq aux Bijoutiers (Schmuck)
Rue Sidi el Yamani
Fontaine Mouassine
Bazar Tuareg
Suq Fagharine (Kupferwaren)
Suq des Forgerons (Kupferschmiede)
La Criée Berbère (Teppiche)
Moschee el Mouassine
Place Rahba Kedima
Rue Smarine
Galerie Mourjana (Berberschmuck)
Galerie von H. W. Geerdts
Rue Mouassine
Suq Larzal (Wolle)
Alter Sklavenmarkt (Gewürze, Apotheker)
Rue el Ksour
Suq Smarine (Textilien)
Rue Suq
Place de Bab Ftouh
Funduq (Messingteller)
Markt
Moschee Quessabine
Suq Potiers (Töpfer)
Café Argana
Place Djamaa el Fna
MARRAKECH
(DIE SUQS)
0
100
m
N

Marrakesch

schmiede und etwas nördlich davon der **Wollfärber-Suq** und der **Suq Chouari (Holzschnitzer).** Der Wollfärbersuq ist leider nicht mehr so interessant wie früher. Die Wollbündel werden jetzt in den Innenräumen, uneinsehbar für Touristen, in Bottichen in den buntschillerndsten Farben gefärbt. Früher wurden sie zum Trocknen über die Gassen gehängt, einem Baldachin ähnlich; jetzt sieht man dies nur noch selten, so daß inzwischen der Wollfärbersuq von Fès schöner ist.

Zwischen dem Suq Attarine und dem Suq el Kebir befindet sich die **Eisenschmiede** mit ihren Werkstätten und Waren und der **Ledermarkt (Suq Cherratine).** Hier gibt es Jacken, Taschen, Gürtel, Satteltaschen und vieles mehr. Rechts von der *Suq el Kebir-Gasse* stoßen Sie auf den **Schmuck- und Teppichmarkt.**

Beim **Rahba Kedima-Platz** befand sich der **alte Sklavenmarkt,** auf dem jahrhundertelang schwarze Sklaven versteigert wurden. Jetzt haben sich hier die **Gewürzhändler** und **Quacksalber** niedergelassen, und der Platz ist ein Eldorado für Fotofreunde und Liebhaber exotischer Spezialitäten. In allerlei Tiegeln und Behältnissen findet man die eigenartigsten Mixturen und Grundessenzen: vom Aphrodisiakum und von Mitteln, die Frauen Fruchtbarkeit verschaffen, von getrockneten Echsen, Kröten, Pfoten und Häuten bis zu Mixturen, die einfach alles und jedes heilen sollen. Am nächsten Stand dreht sich alles um die Schönheit der Berberfrauen: Es duftet nach Rosenwasser und allerlei Salben und Parfüms aus „1001 Nacht", im Angebot sind die Augenschminke *khol,* die mit einem zugespitzten Stab auf die Augenlider aufgetragen wird, und Berberlippenstift – ein roter Farbstoff, aus Läusen gewonnen, der auf einem kleinen konischen Tondeckel aufgetragen ist und durch Anfeuchten auf die Lippen gestrichen wird. Eine Spezialität Marokkos sind die feinen, mit Baumfasern umwickelten Zedernholzstäbchen, die als Zahnputzzeug dienen. An wieder anderen Ständen kommen Gewürze in den verschiedensten Farbschattierungen in dekorativen Schalen zum Verkauf, darunter Safran, bei dem unterschieden wird zwischen echtem Safran, der nur in kleinen Beutelchen (teuer) oder im Glas als Fäden angeboten wird, und dem wesentlich billigeren unechten Safran (Gelbwurz oder Kurkuma), das zum Würzen von Geflügel, Soßen, etc. verwendet wird und auch die gelbe Farbe von Safran verleiht, mit diesem aber nichts zu tun hat.

Südlich des Rahba Kedima-Platzes befinden sich die **Gerbersuqs, Suq des Peaux de Mouton,** wo Häute und Felle verkauft werden. Das eigentliche **Gerberviertel** liegt am nördlichen Stadtrand am Bab Debbarh. Sollten Sie dorthin gehen wollen, dann am besten am Vormittag, wenn die meiste Arbeit erledigt wird. Gegerbt werden Rind-, Kamel- und Ziegenleder. Man kommt am besten zum Gerberviertel, wenn man beim *Bab Debbarh* außerhalb parkt, durch das Tor geht und in die erste Straße rechts einbiegt. Nach einigen Metern findet sich ein Holztor auf der rechten Seite, durch dieses gelangt man zu dem kleinen Gerberviertel, in dem Schaf- und Ziegenleder verarbeitet werden.

Das große Gerberviertel befindet sich linkerhand einige Meter weiter. Nahe des Wollfärberviertels trifft man

Marokkanische Schönheitsutensilien

auf die **Fontaine el Mouassine,** einen reichverzierten Brunnen aus dem 16. Jahrhundert. Daneben steht die Ende des 16. Jahrhunderts erbaute Moschee **El Mouassine,** die vom Saaditensultan *Mulay Abdallah* errichtet wurde.

Südöstlich der Moschee in Richtung Kupferschmiedsuq, im Viertel Mouassin, 53, Derb el Hammam, liegt das Haus und die **Galerie** des deutschen Malers und Schriftstellers **Hans Werner Geerdts,** der seit Jahrzehnten in Marrakesch wohnt und dessen Galerie nach Voranmeldung besucht werden kann. Tel. 39 04 44 (s. a. unter Sonstiges S. 287.

Im Norden der Suqs erreicht man die **Fontaine Echroub-ou-Chouf,** einen Brunnen mit herrlich geschnitzter Fassade, Kufi-Ornamenten und einem Stalaktiten-Vordach.

Von hier kommt man zur **Moschee des Ibn Yussuf** und zur gleichnamigen Medersa. Die Koranschule stammt aus dem 14. Jahrhundert (Almohadenzeit), wurde zur Saadierzeit renoviert und war ehemals die größte Koranschule des Maghreb. Die Medersa Ben Yussuf kann besichtigt werden: täglich außer Freitag vormittag von 8–12 Uhr und von 14.30–18 Uhr; Eintritt 10 DH. Besonders erwähnenswert ist der Reinigungsbrunnen mit seinen Verzierungen, die neben Ornamenten figürliche Darstellungen, hier Tiere, aufweisen, was bei islamischen Bauwerken sonst unüblich ist. Die Medersa ist eines der ältesten Gebäude in Marrakesch. Die sehr schön geschnitzte Holztäfelung der inneren Portale ist aus Zedernholz gefertigt. Eine wundervolle Stuckdekoration und schöne Mo-

saiktäfelung sind zu bewundern. Der Fußboden des großen Patio mit dem viereckigen Wasserbecken ist mit Carrara-Marmor gedeckt; der Marmor übrigens wurde im Gewichtsverhältnis 1:1 (!) gegen Zucker eingetauscht. Die Medersa war eine islamische Hochschule für Theologie und Jura. Die Studenten kamen aus allen Gegenden Marokkos und lebten hier für die Zeit ihres Studiums zwischen dem 14. und dem 27. Lebensjahr zwölf Jahre im Internat. Das Alumnat im oberen Stock beherbergt 133 kleine Zimmer, in denen je zwei bis drei Studenten wohnten. Sie hatten Zimmer und Essen auf Kosten der Regierung frei, kochten ihr Essen aber selbst. Später wurden sie Richter und Sekretäre im Staatsdienst oder Mullahs. Jetzt sind auch diese Studenten in der normalen Hochschule untergebracht, die Medersa ist ausschließlich nationales Museum.

Direkt an die Medersa, am Place Ben Youssef, grenzt das **Musée privé de Marrakech**, Tel. 36 09 11. Das Museum – eine Stiftung der privaten Fondation FOB – ist im Palast Dar M`Nebhi aus dem 19. Jahrhundert untergebracht. Eintritt 20 DH, sehr lohnenswert! Dort sind zahlreiche traditionelle Gegenstände (Kleider, Schmuck etc.) aus dem berberisch-islamischen Kulturkreis, Gemälde und auch moderne Kunst untergebracht.

Südlich der Ben Yussuf-Moschee befindet sich am Ende einer abgesperrten Sackgasse die **Qubba (Marabut) Murabijin** (bzw**. Barudiyyn).** Sie wurde um 1100 errichtet und ist eines der wenigen erhaltenen Bauwerke aus der Almohadenzeit (mit Stuckdekorationen und einem Rippengerüst). Sie kann, sofern der Torwächter aufschließt, besichtigt werden (Eintritt 10 DH).

Von der Moschee Ben Youssef gelangt man über die *Rue Assouel* zum **Bab el Khemis,** einem Stadttor aus der Almoravidenzeit.

Bummelt man von hier wieder gen Westen, so erreicht man die Grabstätten zweier Heiliger, der Sekten- bzw. Ordensgründer *Sidi Bel Abbes* (†1204 oder 1205) und *Sidi Ben Sliman* (†1465). Die **Zawia des Sidi Bel Abbes** wurde Anfang des 17. Jahrhunderts errichtet und gilt als Wallfahrtsort, vor allem für Blinde. Sidi Bel Abbes konnte schon mit sechs Jahren den Koran auswendig rezitieren und kam mit 16 nach Marrakesch; er predigte auf den Straßen und setzte sich vor allem für die Armen und Gesetzlosen ein und prangerte den Geiz der Reichen an.

Die Zawia und das Mausoleum des **Sidi Ben Slimane** stammen aus dem 16. Jahrhundert und wurden unter den Saadiern errichtet. *Sidi Ben Slimane el Jazouli* (bzw. *Suleiman)* gilt als einer der größten Mystiker Marokkos und wurde Ende des 14. Jahrhunderts im Sous geboren und war cherifischer Abstammung. Er predigte für einen streng islamisch orientierten Gottesstaat und überwarf sich sowohl deswegen als auch wegen seiner großen Popularität unter der Bevölkerung mit der merinidischen Regierung; angeblich wurde er 1465 ermordet. Eigentlich verehrt Marrakesch sieben Heilige: neben den vorher genannten auch *Kadi Ayyad, Abd Rahman as Suhaili, Yussuf ibn Ali as-Sanhadji, Abd al-Aziz at-Tabba* und *Mulay al-Qasur*. Deren Grabstätten liegen im Süden außerhalb der Stadtmauer. Die Gräber wurden zur Pilgerstätte und an sieben Tagen hintereinander in einer bestimmten gleichbleibenden Reihenfolge besucht. Der **Sieben-Heiligen-Kult** ist in Marokko stark und in Marrakesch am weitesten verbreitet. Er ist berberischen Ursprungs und wurde unter Mulay Ismail auch in die arabische Bevölkerung integriert. Für die marokkanische Bevölkerung ist Marrakesch die „Stadt der sieben Heiligen", auch wenn es die Verehrung von speziell sieben (einer Glückszahl) Heiligen anderweitig auch gibt. Die sieben Heiligen wurden in Marrakesch zu manchen Zeiten fast göttergleich verehrt, was Islamisten der strengen wahabitischen Linie ein Dorn im Auge war, galt ihr doch der Heiligenkult als heidnisch. Es gab sogar eine Begrüßung, die die Besucher von Marrakesch im Namen der sieben Heiligen willkommen hieß.

Der **Dar Glawi (Glaoui),** der Palast des franzosenfreundlichen, prunksüchtigen und unbeliebten Paschas *El Glawi* (s. a. S. 249), befindet sich im Osten der Suqs und kann nicht besichtigt werden.

★DIE SÜDLICHE MEDINA

Das Minarett der **Kutubiya-Moschee** ist ein Wahrzeichen von Marrakesch und zeichnet sich schon von weitem deutlich ab. Es ist das bedeutendste Bauwerk der Stadt und liegt im Westen des Djemâa-el-Fna. Die Moschee wurde 1158 erbaut und ist mit 60 m Breite und 90 m Länge eine der größten erhaltenen Moscheen im Maghreb. 25 000 Gläubige finden in ihr Platz. Das berühmte **Minarett** der **Kutubiya**, das einzige fertiggestellte der Almohadenzeit, wurde erst Ende des 12. Jahrhunderts erbaut. Zusammen mit dem Hassanturm in *Rabat* und der Giralda in *Sevilla,* die der Kutubiya als Modell dienten, ist das Minarett bis heute Vorbild marokkanischer Architektur. Seinen Namen hat es von den *Kutubiyin,* den Buchhändlersuqs, die sich früher um das Gebäude gruppierten. Das Minarett mißt 12,8 m in der Seitenlänge, ist 69 m hoch (bis zur Terrasse) und 77 m zusammen mit den goldenen Kugeln, welche die Turmkuppel krönen. Außen ist der Turm mit herrlichem Dekor und emaillierten Ornamentflächen verziert.

Das Gebäude der Moschee ist aus Hausteinen und Ziegeln in T-Form mit einem Quer- und 17 Langschiffen errichtet und außen mit ziselierten Ornamentgipsplatten verziert. Mit ihren Hufeisenbögen, Pflanzenornamentkapitellen und dem Gewölbedekor ist

Die Kutubiya-Moschee mit der Qubba von Lalla Zohra Bint al-Kush

Marrakesch

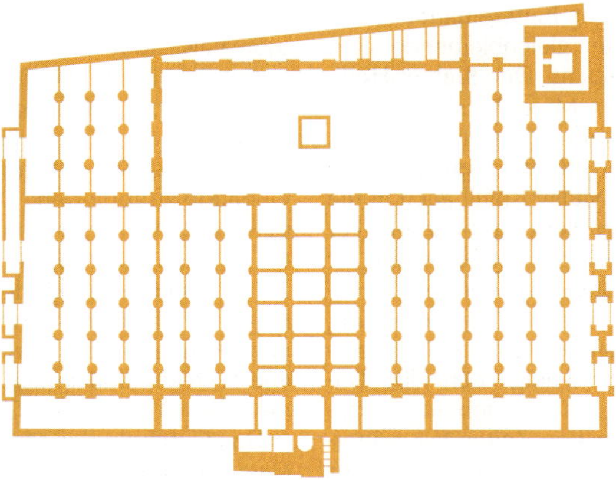

Grundriß der Kutubiya-Moschee

die Moschee eine der schönsten des nordafrikanischen Raumes. Sie wird zur Zeit renoviert und ist deshalb, für Fotofreunde ungünstig, mit einem Gerüst verunstaltet. Sie kann auch leider, wie fast alle Moscheen Marokkos, nicht besichtigt werden.
Am Fuße des Turmes befinden sich die Reste einer **Qubba** (Marabut), einer als heilig verehrten Frau, genannt *Lalla Zohra Bint al-Kush,* Tochter eines Negerfürsten aus dem 17. Jahrhundert. Sie ist für viele Frauen aus Marrakesch Vorbild, und oft werden ihr zu Ehren Kinder geweiht.

Südlich des Place Djemâa el Fna gelangt man von dort über die **Rue Bab Agnaou** zum *Bab Agnaou* und zum benachbarten **Bab er Robb** aus dem 12. Jahrhundert. Ähnlich wie am Djemâa el Fna-Platz wurden auch hier die Köpfe der Hingerichteten aufgespießt. Von der Kutubiya-Moschee läuft man am besten über die *Rue Ibn Chaldoun* zum *Place Youssef Ben Tachfine,* wo die Stadtbusse halten, und weiter die Mauer entlang bis zum Bab Agnaou.

Durch dieses gelangt man in das **Kasbah-Viertel,** die alte Almohadenstadt. Die **Kasbah-Moschee** wurde Ende des 12. Jahrhunderts errichtet.

Südlich davon liegen die **Saadier-Gräber,** eines der schönsten Bauwerke der Stadt. Ein kaum auffallendes Tor an der Mauer rechts der Moschee führt in das Innere. Die Grabstätten wurden Ende des 16. Jahrhunderts angelegt und unter Moulay Ismail zugemauert. Erst 1917 entdeckte man den Eingang wieder. Die Gräber sind mit herrlichen Ornamenten in Zedernholz geschnitzt und mit prachtvollen Fliesen, Stalaktitenschmuck und herrlichen Mosaiken verziert. Der Marmor für Boden und Gräber wurde eigens aus Carrara herbeigeschafft und in Zucker bezahlt. Die Besichtigung ist täglich von 9–12 und 14–18 Uhr möglich (außer Freitag) und sollte nicht versäumt werden; sie kostet inzwischen wie bei allen Museen und historischen Bauten 10 DH, die Führer und Torwächter erwarten ein Trinkgeld.

Von der Kasbah-Moschee geht man wieder zum Bab Agnaou und wählt von dort die Straße, die geradeaus direkt nach Osten führt, um zum *Place des Ferblantiers* zu gelangen.

Südlich des **Place des Ferblantiers** befinden sich die Ruinen des **El-Badi-Palastes.** Mit dem Bau des einstmals prächtigsten Palastes des Maghreb wurde von dem Saadier-Sultan *Ahmad al-Mansur* 1578 auf einem 18 Hektar großen Gelände begonnen, doch nach dem Tod des Sultans im Jahr 1603 wurde der Palast nicht mehr fertiggestellt. Der reich mit Marmor, Stuck und Holzschnitzereien versehene Palast diente *Mulay Ismail* ab 1695 als Steinbruch. Teile des Palastes wurden abgetragen und für die Paläste in Meknès verwendet. Die noch vorhandenen Grundmauern lassen zwar die einstigen Dimensionen, aber kaum mehr die Pracht erahnen. Im Innenhof, dessen Vorbild der Löwenhof von Granada war, ist ein riesiges Wasserbecken zu bewundern. Überall auf den Mauerresten rings um den Hof nisten Störche. Wir haben einmal zwanzig Storchenpaare gezählt! Unter dem Innenhof liegen die ausgedehnten Gefängnisse, von denen oben gerade noch Lichtluken zu sehen sind. In den finsteren Gewölben ist zu sehen, wo

Die Medersa Ben Youssef (s.S. 260)

Storchennester auf den Mauern des El-Badi- Palastes

die Gefangenen angekettet waren, deren Leiden aber entzieht sich der Vorstellung. Im El-Badi-Palast wurde in der Vergangenheit im Juni das Folklorefestival abgehalten, wo eingebunden in die Geschichte des Landes die verschiedenen Volksgruppen ihre Tänze und Lieder vorgeführt wurden. Ob das Folklorefestival wieder zum Leben erweckt wird ist fraglich.

An den El-Badi-Palast schließt sich der **Königspalast Dar el Makhzen** an, der auch jetzt vom König bei Aufenthalten in Marrakesch noch benutzt wird. Eine Besichtigung ist nicht möglich. Von der Terrasse des El-Badi-Palastes (links neben dem Eingang) kann man aber zumindest dann, wenn die Familie nicht anwesend ist, in das Areal des Königspalastes hineinsehen.

Zwischen dem El-Badi-Palast und dem *Palais de la Bahia* liegt die **Mellah,** die im 16. Jahrhundert gegründet wurde und bis ins 20. Jahrhundert die größte Mellah Marokkos war. Hier gibt es auch einige Messing- und Silberschmiede, die hübsche Gefäße, Lampen und Schmuck fertigen. Lohnenswert ist ein Besuch der Synagoge und des jüdischen Friedhofs (kein Eintritt, aber ein Obulus für die Armenkasse).

Das **Palais de la Bahia** liegt an der *Rue Riad Zitoun el Jedid,* Ecke *Rue Bab Rhemat* und nahe dem Place des Ferblantiers, ca. 100 m von der Straße zurückversetzt. Das Palais wurde um 1900 vom Großwesir *Si Musa* erbaut. Die Bauzeit betrug sieben Jahre, das Ergebnis war ein prunkvoller Palast in orientalisch-andalusischem Stil, mit prachtvollen Holzschnitzereien und Stuckverzierungen ausgestattet, in dem nach den Wesiren die französische Protektoratsverwaltung residierte. Der Palast ist von 8.30–11.45 und von 14.30– 17.45 Uhr geöffnet, Eintritt 10 DH; man kann sich bei einer Besichtigung ein gutes Bild über den Prunk und die Ausstattung (incl. Harem) orientalischer Fürstenhäuser um die Jahrhundertwende machen.

Rechts an der kleinen Straße, die vom Palais de la Bahia zum *Dar-Si-Said-Museum* führt, liegt das kleine **Volkskunstmuseum von Bert Flint,** einem Holländer. Das *Dar Tiskiwin 8* ist in der Rue Bahia, Tel. 44 33 35, in einem wunderschönen maurischen Stadthaus untergebracht und stellt eine hervorragende Sammlung marokkanischen Kunsthandwerks (Töpferei, Schmuck, Kupfer- und Messingarbeiten, Stickereien, Hausrat, Teppiche) aus und ist auf jeden Fall einen Besuch wert.

Im Palais Bahia

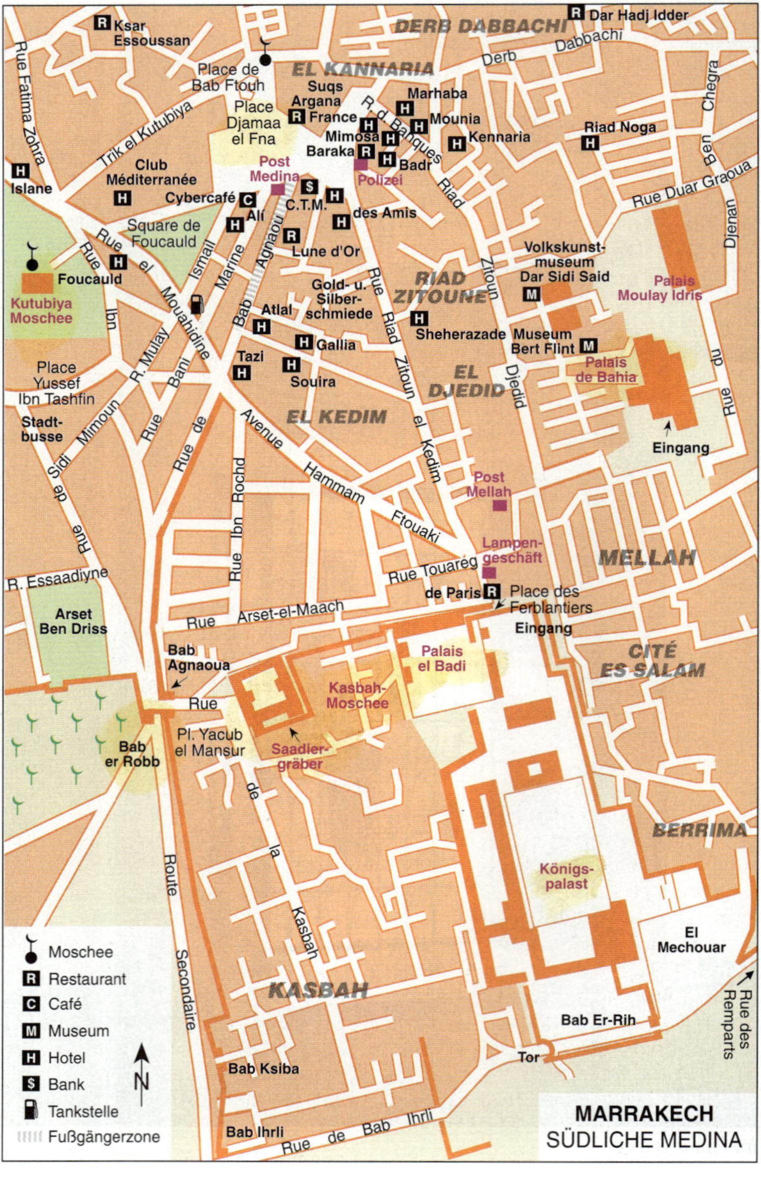

DERB DABBACHI
Dar Hadj Idder
Derb Dabbachi
Ksar Essoussan
Place de Bab Ftouh
EL KANNARIA
Suqs Argana
France
Marhaba
Mounia
Kennaria
Riad Noga
Chegra
Ben
Rue Fatima Zohra
Trik el Kutubiya
Place Djamaa el Fna
Mimosa
Baraka
Badr
R. d. Banques
Riad
Post Medina
Polizei
Islane
Club Méditerranée
Cybercafé
C.T.M.
des Amis
Rue Duar Graoua
Djenan
Ali
Square de Foucauld
Ismail
Marine
Bab Agnaou
Lune d'Or
Volkskunst-museum Dar Sidi Said
Foucauld
Rue el Mouahidine
Kutubiya Moschee
Ibn
Gold- u. Silber-schmiede
Rue Riad Zitoun el Kedim
RIAD ZITOUNE
Zitoun
Palais Moulay Idris
Atlal
Sheherazade
Museum Bert Flint
R. Mulay
Bani
Gallia
Tazi
Souira
EL DJEDID
Djedid
Palais de Bahia
Rue du
Place Yussef Ibn Tashfin
Stadt-busse
Mimoun
Rue
EL KEDIM
Avenue Hammam Ftouaki
Eingang
Rue de Sidi
Rue de
Rue Ibn Rochd
Post Mellah
Lampen-geschäft
MELLAH
Rue Touareg
R. Essaadiyne
de Paris
Place des Ferblantiers
Arset Ben Driss
Rue Arset-el-Maach
Eingang
Bab Agnaoua
Palais el Badi
CITÉ ES SALAM
Kasbah-Moschee
Rue
Bab er Robb
Pl. Yacub el Mansur
Saadier-gräber
de la Kasbah
BERRIMA
Route Secondaire
Königs-palast
El Mechouar
Moschee
Restaurant
Café
Museum
Hotel
Bank
Tankstelle
Fußgängerzone
N
KASBAH
Rue des Remparts
Bab Er-Rih
Tor
Bab Ksiba
Bab Ihrli
Rue de Bab Ihrli
MARRAKECH
SÜDLICHE MEDINA

Nahe des Palais Bahia liegt das **Dar-Si-Said-Museum.** Das Volkskunstmuseum wurde in einem Palast aus dem 19. Jahrhundert untergebracht, der von seiner Anlage her ebenso sehenswert ist wie der Bahia-Palast und außerdem die umfangreichste Sammlung berberischen Kunsthandwerks in Marokko beherbergt. Man erreicht das Museum vom Palais de Bahia kommend über die Rue Riad Zitoune el Jedid rechts, oder, wenn man, vom Djemâa el Fna kommend, in die erste größere Gasse links abbiegt.

★DIE GÄRTEN

Sollten Sie von der Stadtbesichtigung erschöpft sein, lohnt sich ein Besuch der **Aguedal-ba-Ahmad-Gärten** hinter dem Dar-Si-Said-Museum. Schöne Grünanlagen gruppieren sich rings um ein Wasserbecken. Die **Aguedal-Gärten** im Süden der Stadt außerhalb der Stadtmauern sind **reine Olivengärten.**

Ähnlich sind die **Menaragärten reine Obstplantagen**, die im 19. Jahrhundert mit Wasserbecken und Palais angelegt wurden. Letztere sind beliebte Prospekt- und Fotomotive. Eine 150 km² große **Palmeraie** (Dattelpalmenkultur) befindet sich ebenfalls im Norden der Stadt, diese muß aber zusehends neuen Hotel- und Villenvierteln weichen.

In den Gärten und Palmenhainen treffen sich junge Leute und Familien zum Mittagspicknick, auch Studenten packen ihre Bücher aus und lernen im Freien, denn die Wohnungen zuhause sind meist zu eng, um in Ruhe arbeiten zu können.

Der schönste Garten ist der **Jardin Majorelle** an der *Av. Yaqub el Mansur*, in der Neustadt, mehr oder weniger gegenüber des Großmarkts. Er wurde von dem französischen Maler *Majorelle* (1859–1926) angelegt und irgendwann in den letzten Jahren von *Pierre Bergé & Yves Saint-Laurent* gekauft. Sie errichteten im ehemaligen Atelier des Malers ein kleines Museum *(Museé Art Islamique)*, wo auch Werke von Majorelle ausgestellt sind. Der Garten ist mit vielen tropischen Pflanzen, u. a. Riesenkakteen, und Bäumen bepflanzt, die mit Täfelchen versehen sind, auf denen die lateinische Bezeichnung und das Ursprungsgebiet stehen. Die Gebäude sind knallblau gestrichen, die Fenster gelb-weiß umrahmt, lila Bougainvilléen zieren das Gelände - ein Augenschmaus. Zudem ist es schattig und erholsam in dem mit Goldfischteichen versehenen Park; Eintritt 15 DH, geöffnet von 8–12 Uhr (Mu-

Im Jardin Majorelle

nach Meknès und Fès
nach El Jadida
Le Tikida
Route Nr. P24
Avenue el Jadida
Moschee Bab Doukkala
Bab Doukkala
Busbahnhof
Pl. Mourabiten (Pl. Doukkala)
Großmarkt
Jardin Majorelle
Mansour
el
Boulevard de Safi
Avenue Hassan II.
Apotheke
Disco Le Diamant Noir
Le Marrakech
Al-Fassia
Pizza Hut
Avenue Yacub el Ma
Ibn Batouta
nach Safi
Yacoub
Av.
Kenza
Rue Ibn Tumart
GUELIZ
Toulousain
Le Catanzaro
Le Fouquet's
Place du 16 Novembre
Pacha
Marché Municipal
Royal Air Maroc
Hauptpost
Europäischer Friedhof
Les Palmiers
Dragon d'Or
Franco-Belge
Voyageurs
ICO-Agence
Nassim
Eddahabi
La Paix
Hassan II.
Ayad
Qadi
el
Alkohol-laden
Avenue
Rue Ibn Aicha
Av. Moh. V.
Semiramis Universität
Tichka Salam
Tropicana
Sahara
Tafilalt
Al Bahja
El Hazara
Ambassadeurs
Oasis
Le Petit Poucet
Schweine-metzger
Chez Jack'line
Pl. Abd. Ben Ali
Al Jawda
Mansur
La Taverne
Bagatelle
Av. Mulay Rachid
O.N.M.T.
Cybercafé
Bd el
Abd el Krim
Tachfin
Bd M. Zerktouni
Amalay
Oudaya
La Trattoria
el Khattabi
C.T.M.
Moh. Abd.
Av. Mohammed V.
Av.
Mc Donalds
Avenue de France
Ibis
Pl. Hailé Sélassié
Casa-blanca

Marrakech Neustadt
Kirche
Hotel
Jugendherberge
Restaurant
Bank
Museum
Tourist-Information
Post
Moschee
Tankstelle
Krankenhaus
Campingplatz
Route Nr. 513 n. Oukaimeden
zum Flughafen
0
500 m
Rathaus
Av. Mohammed V.
Arset Mulay Abdeslam
R. Abou el Abbes Sebti
Bab Makhzen
Bab el Djedid
Mamounia
Krankenhaus Avenzoar
Boulevard el Yarmouk
El Kutubia
Imilchil
HIVERNAGE
Rue el Quadissa
Imperial Borj
Essaadi
Casino
Kenzi Farah
Farah Safir
El Andalous
N'Fis
Ménara
Avenue de la Ménara
Sheraton
Avenue Moulay el Hassan
Avenue du Président Kennedy
Avenue de France
Les Idrissides
Mansour Eddabbi
Atlas Asni
Rue Mohammed el Hansali
Rue Ibn el Qadi
Station Experimentale de la Menara

Im Jardin Majorelle

seum nur bis 11.30 Uhr, im August wegen Urlaub geschlossen) und von 15–19 Uhr im Sommer, im Winter schließt der Garten um 17 Uhr.

Alle Gärten kann man gut mit dem Auto erreichen, die Menara- und Agdalgärten auch romantisch mit der Pferdedroschke auf einer Stadtrundfahrt. Die Stunde kostet allerdings inzwischen um die 70 DH.

★DIE NEUSTADT – GUELIZ

Die Neustadt – genannt *Gueliz* – außerhalb der rosafarbenen Stadtmauern der Medina wurde während der Protektoratszeit errichtet und ist vor allem zum **Einkaufen** interessant. Hier befinden sich moderne Geschäfte, von der Boutique bis zum Supermarkt, und eine Markthalle *(Marché Municipale)* mit frischem Obst und Gemüse. Die meisten Geschäfte findet man in der Avenue Mohammed V. Sämtliche Verwaltungsgebäude, Reiseagenturen und Flugbüros sind in der Neustadt angesiedelt. Hier kann man, im Gegensatz zur Ärmlichkeit der Altstadtgassen, einen Hauch von Luxus spüren.

An der Ausfallstraße nach Casablanca gibt es eine Kunsthandwerkskooperative und ein Töpferzentrum, in dem man günstig einkaufen kann: *Cooperative Artisanale Al Qods,* Av. Allal el Fassi, Tel. 43 48 06. Sowohl in der Neustadt als auch in der Altstadt gibt es sehr schöne Geschäfte mit marokkanischem Kunsthandwerk und Schmuckläden (sh. dazu unter Praktische Tips – Einkaufen).

Angrenzend an die nördlichen Viertel mit der Universität liegt die **Palmeraie** bzw. das, was von den unter den Almohaden angelegten Palmenhainen noch übrig ist, denn die Stadt dehnt sich zusehends auch in diese Richtung aus. In der Palmeraie liegen einige neue und exklusive Hotels wie das *Tikida* und das *Palmeraie* mit einem schönen Golfplatz, einige Clubhotels wie *Valtur* und *Club Sangho,* das Reit- und Pologelände und ein Kartclub ebenso wie die Veranstaltungsorte der *Diner Spectacle* (s. u.).

Wer tatsächlich etwas marokkanischen Alltag „mitbekommen" will, sollte als Kontrastprogramm zu den reichen Vierteln im Norden die Viertel im Osten der Stadt, angrenzend an die *Route des Remparts,* besuchen. Hier befinden sich quirlige Märkte, Straßenhändler preisen ihre Waren an, und an Töpferständen und in kleinen Geschäften kaufen die Einheimischen ein. Die hektische Betriebsamkeit, der Verkehr und der Müll im Flußbett neben den Bretterbuden und neuen Mietshäusern hat zwar für uns eher Folklorecharakter, spiegelt aber doch die meist schwierigen Lebensumstände in den wuchernden Außenbezirken der Städte wider.

Drei Tage sollten Sie für eine Besichtigung von Marrakesch auf jeden Fall einplanen, auch wenn in den Sommermonaten die Hitze in der Stadt zur Flucht rät.

★DINER-VERANSTALTUNGEN

Die sogenannten „Diner spectacle" (Folklore mit Essen) werden in extra für Touristen errichteten Kasbahkomplexen oder Zelten in der Palmeraie, nördlich von Marrakesch (in Richtung Casablanca) veranstaltet.

Das Chez Ali, wo in erster Linie *Fantasia* (Reiterspiele) und Folkloretänze vorgeführt werden, hat mir besser gefallen als das Oasis. Dort ist die Show á la „1001 Nacht" etwas zu kitschig geraten. Der Spaß ist nirgendwo billig, so um die 350–400 DH pro Person müssen einkalkuliert werden. **Buchen** kann man über Reisebüros, oder direkt bei:

★**Chez Ali**
Circuit Jaffaria, Palmeraie,
Tel. 30 77 30, Büro: Rue Ibn Aïcha,
Tel. 44 81 87, Fax 30 93 82

★**L´Oasis**
Route de Casablanca, B.P. 586,
Tel. 43 06 68

★**Kasbah Tassarouth**
Route de Casablanca, Tel. 44 50 14

PRAKTISCHE INFOS

Tel. Vorwahl: 04
PLZ: 40 000

Touristeninformation

O.N.M.T.
Place Abdelmoumen Ben Ali,
Tel. 43 61 31
Fax 43 60 57; bessere Beratung als im Syndicat-Büro

Syndicat d'Initiative de Tourisme
176, Bd Mohammed V., Tel. 43 20 97

Klassifizierte Hotels

Fast alle Hotels verfügen über eigene, bewachte Parkplätze, außer einige Hotels direkt an der Av. Mohammed V. (hier gibt es aber bewachte, öffentliche Parkplätze).

Mamounia***L**
Av. Bab Djedid, am Rande der Medina, Tel. 44 89 81, Fax 44 46 60, 44 49 10; das Luxus- und Traumhotel Marokkos schlechthin! Kulisse zahlreicher Filme und Absteige von Prominenten; wer sich den Luxus leisten will/kann, zahlt zwischen 2000 und 4500 DH/DZ. Wer nur einen Kaffee dort schlürfen, oder sich nur umschauen will, sollte angemessen gekleidet sein, denn mit kurzen Hosen wird man nicht eingelassen.

Palmeraie Golf Palace***
B.P. 1488, Tel. 30 10 10, 30 20 20
Fax 30 20 20; sehr schönes, neues und luxuriöses Hotel in der Palmeraie im Norden der Stadt, mit eigenem Golfplatz; DZ 1200–1990 DH

Es-Saâdi *****
Av. Quadissia, (beim Fluhafen), B.P. 523, Tel. 44 88 11, Fax 44 76 44/85. Schönes Hotel mit allem Komfort, Tennis, Sauna, Pool. DZ 1000 DH

Kenzi Semiramis *****
Route de Casablanca, Semlalia, im Norden in der Palmeraie. Tel. 43 13 77 und 43 22 80, Fax 43 94 97. Neues Hotel mit allem Komfort, Pool, Golf, Tennis, Wintersport.

Farah Safir *****
Avenue Kennedy, Tel. 44 74 00,
44 81 26, Fax 44 87 30. Mit Pool, Fitness, Sportcenter.

Imperial Borj *****
Av. Echouhada, Tel. 44 73 22,
Fax 44 62 06. DZ 1100 DH

Mansur Eddahbi *****
101, Av. de France, Ecke Rue Marrakesch, neben dem Messe- und Konferenzzentrum, Tel. 44 82 22, 44 90 78, Fax 44 90 82; DZ 900 DH; sehr schönes Hotel mit Garten und Pool, gutes Mittagsbüffet, Nightclub. Zimmer 650 - 1200 DH

Sheraton Marrakech***
B.P. 528, Av. de la Ménara, in Richtung Flughafen. Tel. 44 89 98, Fax 44 78 43. Luxushotel mit schönem Pool, Tennis, Golf, Konferenzzentrum. DZ 1275 DH

Taj Mahal Palmeraie***
Neues, komfortables Hotel in der Palmeraie, Tel. 43 19 59, Fax 43 66 85. DZ ca. 1200 DH

Le Tikida**A**
Palmeraie de Marrakesch, in der Rte Beni-Mellal, Tel. 32 95 95, Fax 32 95 99; sehr schönes, neues Hotel mit allem Luxus, Pool, Solarium. DZ kostet ca. 1200 DH

Atlas Asni ****A
Av. de France, Tel. 44 70 51,
Fax 43 33 08; Hochhauskomplex ohne Atmosphäre

Nassim**A**
115, Bd Mohammed V., Tel. 44 64 09, Fax 43 67 10; sehr schönes, etwas steriles Hotel mit Marmorbädern, zentral in der Neustadt gelegen; DZ ca. 900 DH

Tichka Salam**A**
Route de Casablanca, Tel. 44 87 10, Fax 44 86 91. DZ ca. 850 DH

Le Tafilalet ****A
Av. Abdelkrim El Khattabi,
Tel. 44 98 18, Fax 44 75 32

Siaha Safir ****A
Av. Kennedy, Tel. 44 89 52. Schöne Bungalows im Garten mit eigener Terasse für ca. 4 – 5 Personen. DZ 630 DH, Bungalow 1000 DH, Pool.

Tropican Pacadien**A**
Lotissement Semlalia, Tel. 44 74 50, Fax 44 74 58. Sauna, Pool. DZ 500 DH, Suite 800 DH

Les Idrissides**A**
Av. de France, Tel. 44 87 77 und
44 89 89, Fax 44 67 23

Kenza**A**
Av. Yaqub El Mansur, Tel. 44 83 30

El Andalous**A**
Av. Mohammed V, Tel. 44 82 26,
Fax 44 72 34. Komfortables Hotel, DZ 750 DH, Frühstück 50 DH, Menü 150 - 180 DH. Pool, TV.

Le Marrakesch**A**
Place de la Liberté (Pl. El Hourria), B.P. 761, Tel. 43 43 51, Fax 43 49 80. Sehr zentral gelegen am Beginn der Av. Mohammed V. bei der Stadtmauer. DZ 618 DH, EZ 500 DH. Frühstück für 55 DH, Essen ca. 160 DH. Sehr schönes Hotel mit Pool im Innenhof, Nightclub, Sauna.

Issil**
Circuit de la Palmeraie, Tel. 30 91 92/93, Fax 30 43 76.

Agdal ***
1, Bd Med Zerktouni, Tel. 43 70 99, 43 71 18, Fax 43 12 39. Air-condition, Pool und Parkplatz. DZ 280 DH

Les Almoravides**B**
Arset Djenan Lakhdar, Tel. 44 51 42, Fax 44 31 33

Menara**
Av. des Remparts (westl. Umgehung), Tel. 43 64 78, Fax 44 73 86. Angenehmes und freundliches Hotel mit Air-cond., TV, Pool. DZ 274 - 330DH. Ein guter Stadtführer namens Jaffa wird von dort vermittelt.

Im Marché Municipal

Chems**B**
Av. Houmane El Fetouaki, B.P. 594, Tel. 44 48 13/15, Fax 44 05 47. DZ 524 DH, Pool, Tennis.

Sahara-Inn**B**
Route de Casablanca, Tel. 43 83 33/37, Fax. 43 46 10

N´Fis**B**
Av. de France, Tel. 44 87 72, Fax. 44 74 46. Sehr schön, DZ mit Frühstück 540 DH.

Amine*A**
Quartier Semlalia, an der Straße nach Casablanca. Tel. 44 63 76 und 43 81 44

Amalay*A**
87, Bd Mohammed V., Tel. 43 13 67, Fax 43 15 54, DZ 358 DH.

Résidence Le Grand Sud ***A
Tel. 43 52 50, Fax 43 52 51. Bd El Mansur Eddahbi, nahe Av. Moh. Zerktouni; schönes Hotel mit Schwimmbad, DZ 380 DH.

Le Grand Imilchil ***A
Av. Echouhada Hivernage, DZ 319 DH, EZ 264 DH. Tel. 44 76 53, Fax 44 61 65

IBIS (ex.Moussafir)*A**
Av. Hassan II., Place de la Gare, Tel. 43 59 29, Fax 43 59 36 (am Bahnhof); schönes Mittelklassehotel mit Pool, freundlichem Service und schöner Einrichtung, 426 DH/DZ, Zimmer nach vorne etwas laut.

Nouzah*A**
Route de Targa, Tel. 43 55 10/11/12, Fax 44 83 80. Angenehmes, neueres Mittelklassehotel, DZ ca. 400 DH

Oudaya*A**
147, Rue Mohammed El Baqual, Nähe Zentrum. Tel. 44 85 12, Fax 43 54 00. Pool, Air-condition, behinderten- und kinderfreundlich. Sat-TV. DZ 375 DH

Myriem ***A
Tel. 43 70 62, Fax 43 70 66. 154, Rue Mohammed El Beqal, Neues, schönes Hotel nahe der Touristeninformation (Wegweiser von dort, Häuserblock zwischen Mly. al Rachid und Av. Hassan II.); mit Pool, Sauna, Air-condition; DZ 375 DH; sehr freundlich, Kreditkarten werden akzeptiert. Frühstück 40 DH, Aufpassen daß das Frühstück nicht berechnet wird, falls man keines gebucht hat.

Tachfine*A**
Ecke Av. Zerktouni und R. Mohammed El Bequal, Tel. 44 71 88, Fax 43 78 62; DZ 250 - 380 DH, schönes Hotel, linkerhand in einer Seitenstraße der Avenue Mohammed V. (von der Innenstadt kommend); schöner Blick vom Balkon, aber angeblich laut und unfreundlich

Boustane* B**
68, Bd Zerktouni, Tel. 44 68 10/12, Fax. 44 68 13

Harti * B**
30, Rue Kadi Ayad, Tel. 44 80 00, Fax 44 93 29. Ordentliches Hotel, arbeitet aber mit Schleppern zusammen

Al Kabir***
Tel. 43 41 50/70, Fax 44 80 20, Bd Zerktouni

Hasna***
247, Bd. Mohammed V., Tel. 44 99 72/73/74, Fax 44 99 94. Zentral gelegen, aber laut und nicht sehr freundlich. DZ ohne Frühstück kostet 392 DH.

Yasmine***
Av. Yarmouk, Ecke Rue Doukkala. Tel. 44 62 00, Fax. 44 73 86, zentral gelegen, freundlich. Bäder sauber, aber stark abgenutzt, Pool, DZ 232 DH

Le Pacha**
33, Rue de la Liberté, Tel. 43 13 26/27, Fax 43 13 26. DZ 305 DH, mit Dusche, angenehme, saubere Zimmer

Chama**
25, Rue Moulay Ali, Tel. 43 14 65, Fax. 43 53 86

Ibn Batouta**
Tel. 43 81 59-60, Fax 43 41 45. Avenue Yacoub El Marini, DZ 240 DH, Suite 600 DH

Les Ambassadeurs**
2, Av. Mohammed V., Tel. 44 71 59, Fax 44 92 74

Islane A**
279, Av. Mohammed V., Tel. 44 00 81, Fax 44 00 85. Angenehmes, mittlerweile schon etwas verwohntes, aber ideal gelegenes Hotel mit freundlichem Personal und bewachtem Parkplatz; angeschlossenes preisgünstiges Restaurant mit Pizzeria in einem schönem Dachgarten mit Blick auf die Kutubiya; DZ mit Frühstück 270 DH, ohne 217 DH, EZ 185 DH, dazu

Restaurant - Pizzeria des Hotels Islane

kommen jeweils 5 DH Tax. Parken 5 DH, nach Zimmer zum Hof fragen, diese haben Fenster.

Redouane A**
Avenue Allal El Fassi, an der Straße nach Casablanca; schöne Dachterrasse, Tel. 30 76 77, Fax 30 11 36

De Foucauld **B
Tel. 44 54 99, Av. El Mouahidine (gleich beim Djemâa el Fna), DZ 232 DH (mit Frühstück, ohne 190 DH), Klimanlage, alle Zimmer im April 1999 renoviert, sauber und hübsch. Zimmer nach vorne etwas laut. Die Kacheloptik der Gemeinschaftsräume wirkt etwas ungemütlich. Auf der Dachterrasse kann man abends im Sommer am großen Selbstbedienungsbüffet mit mehrmaligem Nachfassen teilnehmen (ca. 140 DH). Bewachtes Parken am Eingang möglich; Kreditkarten. Eine Wechselstube, die auch am Wochenende offen hat, befindet sich direkt neben dem Hotel.

GalliaB**
Tel. 44 59 13, Fax 44 48 53. 30, Rue la Recette (in der Medina). Das Hotel gehört der Französin Madame Galland und hat sehr viel Atmosphäre. Es gibt in dem alten Stadthaus mit zwei Innenhöfen und herrlicher Dachterrasse 20 schöne Zimmer 203 DH (ohne Bad) 270 DH (mit Bad), Frühstück 25 DH

Grand Hôtel Tazi **B
Ecke Rue El Mouhahidine/Rue Bab Agnaou, Tel. 44 27 87, sauberes Hotel, mäßiger Service, ziemlich laut, wenn die Zimmer nach vorne gehen; DZ mit Bad und Frühstück ca. 295 DH; zu teures und mäßiges Essen (ca. 90 DH), Garage 10 DH; viele lästige Schlepper im Hotel

Al Mouatmid *A
94, Av. Mohammed V., nicht weit von der Hauptpost; Tel. 44 88 55, Fax. 44 68 13; DZ ca. 200 DH, freundliche Zimmer

Oasis et Negociant *A
50, Av. Mohammed V., Tel. 44 71 79; DZ 190 DH; kleines, einfaches, sauberes Hotel mit Restaurant; beim Regent Kino

Unklassifizierte Hotels

Die einfachen Hotels liegen in den Seitenstraßen südlich des Djemâa el Fna, z. B. in der Rue de *Bab Agnaou,* in der *Av. Houmane el Fetouaki,* in der *Rue Riad Zitoun Khedim* und in der Neustadt beim Busbahnhof.

Leserempfehlungen:

Hotel/Café du France
Tel. 44 23 19, am Platz Djemâa el Fna; die Zimmer haben oft eigene Duschen, es ist aber laut und nicht immer ganz ordentlich; von der Dachterrasse hat man einen besonders schönen Blick auf den Platz. DZ um 75 DH

Marhaba
Tel. 44 23 22. Das Hotel befindet sich in einer Seitenstraße neben dem *Hotel du France.* Empfehlenswert, freundliches Personal, DZ 70 DH; die Zimmer, die nach vorne gehen, sind sehr laut.

Mimosa
Gegenüber von Marhaba. Hübsches, neues Hotel. Tel. 42 63 85, DZ 70, EZ 40 DH

Arset el-Bilk
Rue Mulay Ismail (nahe Djemâa el Fna). DZ mit Frühstück 120 DH; 1998 eröffnetes, sehr sauberes Hotel, warme Duschen. Tel. 42 64 48

Afriquiya
hinter dem ehemaligen CTM-Busbahnhof, schönes, sehr sauberes Hotel mit großem Innenhof, auf welchem drei große Orangenbäume wachsen (im Frühjahr betörender Duft!), netter Besitzer, EZ 40 DH, DZ 70 DH, mit Bad 120 DH

Toulousain
Tel. 44 24 03, in der Neustadt; ebenfalls preiswert, ruhig und angenehm; 165 DH/DZ inklusive Frühstück für 2 Personen, mäßig saubere Badezimmer. Warmes Wasser im Zimmer

C.T.M.
Djemâa el Fna, Tel. 44 23 25. Mit Dachterrasse, nicht besonders saubere Zimmer mit und ohne Bad. DZ mit Bad/WC und Frühstück 127 DH, ohne Frühstück 95 DH, ohne Bad/WC (mit Waschbecken) 68 DH, ohne WC (mit Bad) 78 DH. Frühstück (auf der Dachterrasse) 16 DH, Parken im Innenhof ca. 15 DH. Die Zimmer im hinteren Anbau sind etwas ruhiger (vom Platz abgewandt).

Provence
16, Derb Sidi Bouloukat, nahe Djemâa el Fna, Tel. 42 66 21, einfach, warme Duschen 5 DH, DZ 100 DH

Essaouira
3, Rue Riad Zitoune, Tel. 44 38 05. In einer Seitengasse südlich vom Djemâa el Fna; hohe Dachterrasse, von der man einen herrlichen Blick auf die Stadt und die Berge hat; einfaches, hübsches, gut besuchtes Travellerhotel; DZ 80 – 130 DH. Dusche extra. Für 50 DH kann man auch auf der Dachterrasse übernachten (warme Dusche 5 DH, kalt 3 DH). Die Unterstellung von Gepäck ist ebenfalls möglich (ca. 20 DH pro Tag).

Eddakhla
43, Rue Sidi Bouloukate, vom Djemâa el Fna-Platz rechts an der ehemaligen CTM-Garage vorbei und geradeaus, dann links und den Schildern folgen. Tel. 44 23 59; der Chef *Mohammed Ankab* spricht passabel Englisch und ist recht hilfreich; sauber, Etagenduschen, DZ 80 DH

Souihala
51, Boutouil Doukkala, vom Busbahnhof links, am *Hotel Bab Doukkala* 30 m nach links; Tel. 42 66 85. Zimmer sehr sauber, mit Waschbecken, netter Manager; DZ 120 DH, warme Duschen, schöne Dachterrasse

Bab Doukkala
Direkt beim gleichnamigen Tor und Busbahnhof; mäßig saubere Zimmer, Etagenduschen und -Toiletten; DZ 60 DH, EZ 35 DH

Hotel/Restaurant Ali
Rue Mulay Ismail (nahe Djeamâa el Fna), Tel. 44 49 79, Fax 44 05 22, laut und nicht klimatisiert, aber sauber. Zimmer sehr klein, bewachter Parkplatz, DZ 120 DH mit Frühstück, auf der Dachterrasse oder im Schlafsaal 30 DH, internat. Low-budget-Travellerpublikum. Sehr freundliche Besitzerin, die sich um alles kümmert. Gutes Büffet für 60 DH, man kann essen soviel man will. Hier treffen sich regelmäßig die marokkanischen Bergführer mit dem Präsidenten der marrokkanischen Bergführervereinigung M. Sliemen. Offizielle Bergführer werden von dort vermittelt, auch Leihwagen. Empfohlen wird der hier anzutreffende *Sliman Baadoud,* Tel. 36 01 49.

Chellah
Tel. 44 29 77. Nahe dem Djamaa-el-Fna Platz. Von dort kommend in der Rue Zitoune Kedim gegenüber einem kleinen Schuhladen in die 3. Quergasse rechts einbiegen, dann noch 100 m. Gemütliches Hotel, schöner Innenhof mit Zitronenbäumchen. Saubere, etwas dunkle Zimmer (80 DH/DZ), warme Dusche 10 DH.

Badr
Nahe des Djemâa el Fna; sauber, mit schön verziertem Innenhof, einfache Zimmer ohne Bad; DZ 60 DH

Mounir
57, Rue Kennaria Dabachi, hinter dem Djemâa el Fna; Tel. 44 43 56; einfach, sauber und freundlich; DZ 70 DH

Ferienclubs/Clubhotels

Luxus

Pameraie Golf (s. a. „Hotels")
La Palmeraie, Tel. 30 20 20,
Fax 30 20 20, 30 50 50

1. Kategorie

Palmariva
Km 6, Route de Fès, Tel. 32 91 68/67, Fax 32 90 85

Club Valtur
Route de Casablanca, Tel. 30 32 02, Fax 30 67 23, BP 157

Club Sangho
B.P. 1567, Palmeraie, Route de Casablanca, Tel. 30 48 53, Fax 30 91 26

Hotel PLM Club N´Fis
Av. de France, Tel. 44 87 72 (s. Hotels)

2. Kategorie

Issil
Circuit de la Palmeraie
Tel. 30 91 92, Fax 43 43 76

3. Kategorie

Club Mediterranée
Tel. 44 40 16. In einer Seitenstraße beim Djemâa el Fna; nur mit Vorausbuchung

Dachterrasse im Riad Noga

Stadthäuser/ Appartements

Stadthäuser in der Medina

Riad Noga

78, Derb Jdid Douar Graoua, in der südlichen Medina, nahe des Dar Si Said-Museums. Tel. (0212-4) 44 33 86, Fax 44 19 41. Anspruchsvoll renoviertes Stadthaus (deutsch/englische Besitzer), mit traditionellem Innenhof, zwei DZ (eines klimatisiert) mit Bad; große Dachterrasse, schöner Innenhof, alles im traditionellen marokkanischen Stil. Eine lokale Haushälterin mit vorzüglichen Kochkenntnissen kocht nach Bedarf für die Gäste. Fünf Minuten vom Djemâa-el-Fna entfernt ist dieses luxuriöse, aber auch teure Haus eine Oase für anspruchsvolle Urlauber, die das Individuelle lieben. Ab Ende 1999 zusätzlich fünf klimatisiserte Doppelzimmer, beheiztes Schwimmbad, SAT-TV. Preise auf Anfrage (ca. 200-250 DM/DZ) unter obengenannter Telnr. bzw. unter der e-mail-Adresse: riadnoga@cybernet.net.ma oder in Europa unter Riad Noga 52, route du Brabant, F-8310 Cornimont, Teln. (033-3) 29 24 08 92, Fax 29 24 02 33, e-mail: noackspaeth.furnonroberts@wanadoo.fr. Im Internet: www.holiday-rentals.co.uk/riadnoga, www.fewo-direkt.de/marokko/marrakesch/ferienhaus-riad-noga.html, oder www.FOCS.be/Noga

La Maison Arabe

1, Derb Assehb, in der Medina bei der Moschee Bab Doukkala, Tel. 39 12 33, Fax 44 37 15. Ebenfalls ein exquisit hergerichtetes, herrschaftliches Medinahaus der Luxuskategorie. Preise auf Anfrage.

Dar Moha Almadina

81, Rue Dar el Bacha, Tel. 44 55 60, Fax 44 49 98. Das sehr schöne Haus wurde im 19. Jh. für den Sekretär des Paschas gebaut und 1998 vollkommen neu renoviert. Es verfügt über 3 Doppelzimmer und eine Mini-Suite, drei Salons und einen wunderschönen Garten mit Swimming-Pool. DZ 1200 DH bzw. ca. 600 DH pro Person.

Dar Jasmin

6, Derb Ahmar, Ksour. Tel. 44 36 73

Riad Al Malika
29, Derb el Bala, Bab Doukkala, Tel. 39 07 68, Fax 43 51 11. Im Haus gibt es fünf luxuriöse Appartments.

Sherazade
Derb Djemâa 3, Riad Zitoun El Kedim (ca. fünf Minuten vom Djemaa el Fna), Tel./Fax 42 93 05, Kontakt in BRD: Hr. Khan Tel./Fax 0621-77 16 13; vom Djemâa el Fna aus in die Rue Riad Zitoune El Kedim (nahe Post) gehen, dann in die 3. Straße auf der linken Seite einbiegen (Derb Djema). 1997 von einem deutsch/marokkanischen Paar (Sabina u. Ahmed Benchaira) eröffnet. Sehr nettes, sauberes und geschmackvoll eingerichtetes Hotel im marokkanischen Stil in einem ehemaligen Funduq, mit 15 Zimmern. Das alte Stadthaus mit schönen Kacheln, Innenhof und Dachterrasse liegt sehr zentral. Ein Menu im kleinen Restaurant kostet 70 - 90 DH, Frühstück 25 DH. DZ mit Bad 180 - 400 DH, DZ ohne Bad 170 DH, EZ 150 - 350 DH (mit Bad; ohne Bad 110 DH). Es werden auch Tagesausflüge organisiert und Führer sowie Leihwagen vermittelt.

Souira und Atlal
Souira: Tel. 42 67 57, Atlal: 42 78 98. Beides ehemalige Stadthäuser reicher Marokkaner, in denen jetzt kleine Privathotels untergebracht sind. Einfache aber saubere Zimmer, sehr freundliche Vermieter. Folgendermaßen zu erreichen: Ab Djmaa el Fna die Fußgängerstraße Richtung Süden, zweite Gasse links gegenüber dem Kino. Beide im typisch maurischen Stil mit schönem Innenhof und Brunnen, schönen Stuckornamenten, Fliesen und vielen Pflanzen. DZ 80 - 100 DH (je nach Saison), EZ 50 DH, Frühstück 25 DH. Heiße Etagenduschen (10 DH) und Toiletten.
Das Atlal hat keine Dachterrasse und soll nur relativ sauber sein.

Ksar Essousan
Ein Stadthaus in der nördlichen Medina, s. auch Restaurants S.xxx.

Wer ein bißchen findig ist, fragt in der Medina Restaurant- und Ladenbesitzer nach Privatzimmern in Stadthäusern bzw. nach Stadthäusern, die zu Hotels umgestaltet wurden. Einige erreichen durchaus das Niveau einer gepflegten Privatpension oder eines gut klassifizierten Hotels; nicht immer allerdings sind die sanitären Anlagen im Zimmer. Dafür ist die Atmosphäre unvergleichlich.

Stadthausvermittlung

Weitere Zimmer in alten Medinahäusern werden in der Medina, 2, Derb Tizougarine, nahe Bab Doukkala, Tel. 42 91 33, Fax 44 37 15 vermittelt.
In der Schweiz kann man bei *GAEA-Tours*, CH-8064 Zürich, Tel. 01-2 98 30, 40 Stadthäuser in Marrakesch buchen.
Für Deutschland und GB sh. auch Internetadressen bei Riad Noga, auf der vorhergehenden Seite.

Appartements/Ferienwohnungen

Meist sind diese mit Küche sowie Wohn- und Schlafraum für 4-5 Personen ausgestattet; Preise für das komplette Appartement liegen um die 500-650 DH/Tag, billiger ist es bei Langzeitmieten ab 14 Tagen.
Des weiteren bekommt man Appartements in den „Résidences Touristiques":

1. Kategorie

Résidence Le Grand Sud
Avenue Mansour Eddahabi, Ecke Mohammed El Bequal, Tel. 43 52 50, Fax 43 52 51

2. Kategorie

Résidence El Bahja
Ecke Ibn Aicha & Rue Mohammed El Bequal, Tel. 44 81 19, 43 10 22, Fax 43 87 20

3. Kategorie

Résidence Zahia
Route de Casablanca, Tel. 44 62 44, Fax 43 00 28

Résidence El Hamra
Av. Mohammed V., Tel. 44 82 85 und 44 84 23

Jugendherberge

in der Rue el Jahid, Tel. 43 28 31, in einer Parallelstraße zum Boulevard al Hansali. Die Jugendherberge wurde 1998 komplett neu renoviert, der Herbergsvater soll aber recht geschäftstüchtig und nicht immer ganz angenehm sein.

Campingplatz

Camping Ferdaous

Tel. 31 31 67, Fax 43 65 84. Er liegt13 Kilometer außerhalb an der Straße Richtung Casablanca (Route de Casa) auf der linken Seite (rosa Gebäude. Achtung: leicht übersehbares Hinweisschild). Der große, ganz neue Campingplatz ist in mit Bäumen und Büschen umzäunte Bereiche geteilt. Die schönen, sauberen sanitären Anlagen (heiße Duschen) waren im April 1999 noch nicht alle fertiggestellt, ebenso wie der riesige Pool, die geplanten Bungalows, der Shop, die Rezeption und diverses mehr. Nach der Fertigstellung verspricht der Platz jedoch sehr schön zu werden. Der freundliche Besitzer *Belkeziz Abdelgham* spricht Deutsch. Preise: pro Person 13 DH (Kind 8 DH), Auto 11 DH, Caravan 17 DH, Zelt 12 DH, Motorrad 8 DH.

Essen & Trinken

Restaurants

Die nachfolgend aufgeführten Lokale gehören der teueren bis mittleren Preisklasse an, ein Menü kostet zwischen 90 und 300 DH.

Marokkanische Küche:

Safran et Canelle

40, Av. Hassan II, Tel. 43 59 69, Fax 43 42 74. Sehr schönes, sehr gutes Restaurant mit außergewöhnlichen marokkanischen Gerichten, die von der üblichen Restaurantkost abweichen..

Al Baraka

Place Djemâa el Fna, Tel. 44 23 21, altes Stadthaus, großer Innenhof, hübsche Einrichtung, Musik.

Al Fassia

232, Av. Mohammed V., Tel. 38 15 85. Sehr gutes Essen. Erst ab 19 Uhr geöffnet.

Dar Mounia

Rue Khalifa Othmane, im Hivernage-Viertel, Tel. 43 12 41, sehr exklusiv mit Palastatmosphäre.

Kasbah Restaurant La Rotonda

Tel. 44 00 98; Derb Lamnahba (Medina); exkl. marokkanische und italienische Küche, Panorama-Terrasse

Dar El Hadj Idder

14, Derb el Hajra - Derb Dabachi (östlich des Djemaa el Fan, ca. 10 Minuten, Tel. 44 58 75. Ein sehr schönes Palastrestaurant im typischen, traditionellen, marokkanischem Stil.

Palais Yacout

Derb Sidi Ali Tair (beom Bab Doukhala), Tel. 31 01 58. Palast der gehobenen Klasse mitten in der Medina,mit einem herrlichen Blick von der Dachterrasse über die Dächer von Marrakesch.Sehr gutes Essen, hervorragender Bauchtanz. Menü 500 DH.

Dar es Salaam

170, Riad Zitoune Kedim, Tel. 44 32 73. Ebenfalls ein stilvolles Palastrestaurant.

Le Riad

Rue Arset el Maach, Medina, nahe des El Badi-Palastes, Tel. 44 58 19

El Bahia

Rue El Bahia, Tel. 44 13 51, zwischen El-Badi-Palast und Palais El Bahia

El Borj Bladi

Route de Casablanca, Tel. 44 76 46; auch Folklore-Veranstaltungen

La Chaouia

beim Flughafen, Folklore-Veranstaltungen

Dar Fez

8, Rue Boussouni el Gza, Riad Laarous, Tel. 38 22 13; sehr schönes, stilvolles Restaurant mit Essen im begrünten Innenhof (in der Medina). Gehobene Preisklasse.

Touizra

Tel. 44 10 28, direkt beim Bab Agnaou, links hinter der Mauer, mit typisch marokkanischer Atmosphäre

Douirya

14, Derb Jdiday Salam, Tel. 44 30 30, zwischen El Badi Palast und Palais de Bahia. Schöne Atmosphäre, aber zu teuer (Menu 330 DH, Flasche Wein 400 DH).

Dar Fez

Tel. 31 01 50, 8, rue Boussouni el Gza,riad Laarous. Ein stilvolles Restaurant mit fantastischem Garten in der Medina.

Ksar el Hamra

24, Rue Goundafa Riad Zitoune,
Tel. 44 26 09

Palais Gharnata

5-6, Derb el Arset Riad Zitoune Djedid (Medina), Tel. 38 96 15

Le Marrakesch
52, Rue de Banques, Djemâa el Fna,
Tel. 44 33 77

Riad Diffa
1, Rue Jebel Akhdar, in der Medina,
Tel. 42 68 98; traumhaft schönes und gutes Palastrestaurant (Atmosphäre wie 1001 Nacht), verschiedene Musikgruppen, Menü 400–500 DH.

Stylia
34, Rue Ksar Medina, Tel. 44 35 87. Ebenfalls ein fantastisches Palastrestaurant der gehobenen Kategorie.

Palais Charamane
6, Rue Sidi Bouchouka, Arset Lamaache, Tel. 42 74 17. In einem sehr schönen Palast, gehobenere Preisklasse.

Dar Baroud
Av. Mohammed V., Tel. 42 60 09

Ksar Essaoussan
3, Derb Chorfa el Messaoudyenne, in der Medina, Tel. 44 06 32; links geht es am **Café Argana** vorbei in die Medina, dann geradeaus über den Place Bab Ftouh und vor dem Teppichhaus **Chichoua** nach links bis zu einem Haus mit bunter Tür (linke Seite); kurz danach rechts (Schild „Le Ksar"). In einem alten Stadthaus mit schönem Innenhof untergebracht, kann man stilvoll und mit Musikuntermalung speisen; es werden auch vier Zimmer vermietet (ca. 400 DH/DZ).

Am Place des Ferblantiers

Sonstige und internationale Restaurants:

La Villa Tivoli
Km 3, Route de Casablanca,
Tel. 31 35 28. Französische Küche und Grillgerichte; sehr geschmack- und stilvolles Restaurant mit Bewirtung in schönem Garten und Kaminzimmer

Sun Set Boulevard
Route de Casablanca, Tel. 43 26 46

Bagatelle
101, Rue de Yougoslavie, Tel. 43 02 74

A Rive Gauche 1930
Bd Yacoub El Mansour, Tel. 43 02 97

Le Swing
5, Rue Sourya, Gueliz (hinter dem Marché Central), Tel. 44 64 20; mit Billardsalon

Le Pavillion
Französische Küche, 29, Rue Ibn Hanbal, Tel. 43 26 07

La Taverne
23, Bd Mohammed Zerktouni,
Tel. 44 61 26; sehr schönes Lokal mit Garten nahe an der Av. Mohammed V., Menü mit 4 Gängen, ca. 75 DH

Catanzaro
Gueliz, Rue Tarik Ibn Zayad,
Tel. 43 37 31 Spitzenpizzeria, gepflegtes Erscheinen erwünscht

Rôtisserie de la Paix
68, Rue Yougoslavie, Tel. 43 31 18. Restaurant in sehr schönem Garten!

Le Regent
Av. Mohammed V., Tel. 44 87 49

Café Restaurant Tiphany
56, Rue Abdelkrim El Khettabi,
Tel. 44 67 01; gut und preisgünstig

Les Ambassadeurs
6, Bd Mohammed V., Tel. 43 40 15

Boule de Neige
32, Rue Yougoslavie (gleich rechts an der Mohammed V.), Tel. 44 60 44; mit hervorragender Pâtisserie und Eissalon.

Le Balcon
32, Rue Yougoslavie, über Boule de Neige; schöner Dachgarten, marokkanisches Essen und Pizza (ca. 35 DH)
Le Jacaranda
32, Bd Mohammed Zerktouni,
Tel. 44 72 15; Dienstag und Mitwoch geschlossen
La Trattoria
179, Rue Mohammed El Bequal,
Tel. 43 26 41
Du petit Poucet
56, Av. Mohammed V., Tel. 44 82 38
Le Samor
Rue Mohammed El Bequal,
Tel. 43 47 85
Kim Son
5, Rue Ibn Toumert, Tel. 43 01 59
Dragon d´Or
Avenue Mohammed Zerktouni,
Tel. 43 33 41; vietnamesisches Restaurant
Chez Jack'Line
63, Av. Mohammed V., Tel. 44 75 47; Menü ca. 80 DH; italienische, französische, marokkanische Spezialitäten

Dies sind Lokale der teueren bis mittleren Preisklasse, Menü zwischen 250 (in Stadtpalästen und großen Hotels) und 70 DH.

Preiswerte Lokale, Cafés und Eisdielen:

Alkohol gibt es in den Altstadtlokalen, außer in den lizensierten Edelrestaurants, nicht!

Am preiswertesten ißt man direkt am Djemâa el Fna ab 17 Uhr, wo man direkt aus dem Kochtopf der **Garküchen** sein Essen bestellt (Cous-Cous, Tajine ca. 15 DH, Brochettes pro Spieß 2 DH, Auberginen 3 DH, Orangensaft 2-4 DH, Harira 2 DH, 1kg Datteln 16-25 DH, Zuckerringe 1 DH, Fisch mit Tomatensoße, Auberginen, Pommes, Brot ca. 13 DH).

Günstig sind auch das **Café du France**, bzw. **Snack Hippy**, ebenfalls empfehlenswert (gutes Essen) ist das **Café Toubkal,** alle am Djemaa el Fna-Platz.

Gegenüber dem C.T.M-Hotel (Nähe Djemaa el Fna-Platz) liegt das sehr preiswerte und recht gute Restaurant **Nhaza.** Der Besitzer ist ein Original und die Bedienung sehr freundlich.

Im nördlichen Bereich des Djemaa el Fna am Place Bab Ftouh, gegenüber der Moschee, kann man bei **Chez Chegrouni** für 3 DH eine sehr gute Harira essen.

Das **Café Argana** ist gut gepflegt, aber, auch wegen seiner guten Aussicht auf den Platz, das teuerste: Kaffee 6,5 DH, Tee 8 DH (Kännchen), Plätzchen (6 Stück) 25 DH. Allerdings sind die Lokale dort von Touristen überlaufen, und das Essen ist nicht besonders. Besser ist es, in einem der Einheimischen-Lokale in der Parallelstraße zur **Rue Bab Agnaou** zu essen **(Rue Bani Marine)**.

Café Dalas, 85, Rue Bab Agnaou. Sehr nettes Café und günstige Preise.

Am Place des Ferblantiers, gegenüber dem Eingang zum El Badi-Palast liegt das **Dachterrassenrestaurant „de Paris".** Hier hat man einen fantastischen Blick auf den El Badi-Palast mit seinen vielen Storchennestern und kann zu dem gut und preiswert essen.

Ein gutes amerikanisches Frühstück für 45 DH, oder ein französisches Frühstück für 7-20 DH bekommt man im Eissalon bzw. **Pâtisserie Boule de Neige**, 35, Rue Yougoslavie, Ecke Place Abdelmoumen (an der Mohammed V. von der Stadtmitte kommend rechts, Gebäude ganz in lila).

Hier an der Av. Mohammed V. und am Place Abdelmoumen gibt es viele recht nette und gepflegte Cafés im Stil französischer Straßencafés. Einen sehr schönen Blick hat man vom 6. Stock des Cafés **Renaissance** am Place Abdelmoumen von oben (Getränk und Aufzug 10 DH).

Das Restaurant **Sindibad**, Av. Mohammed V., hat gute und preiswerte Tajine (35 DH).

Links vom Hotel Souihala (s. Hotels) gibt es ein kleines Restaurant mit 10 Sitzplätzen, wo man sehr preisgünstig essen kann.

Glacier Farah, Bd Mohammed Zerktouni, schöne Eisdiele.

Frühstück gibt es auch günstig in der sauberen Bäckerei zwischen Grand Hotel Tazi und Torbogen.

In prachtvoller Atmosphäre im marokkanischem Stadthaus, mit Innenhof und ma-

rokkanischem Gebäck, kann man im Teesalon **Dar Mimoun**, Riad Zidoun Kedim, Derb Ibn Amrane Nr. 1, Tel. 44 33 48 seinen Nachmittagstee genießen.
S. a. **Restaurant/Hotel Ali** bei unklassifzierten Hotels. Schöne Eisdiele.

Nachtleben

Discos/Bars

Hotel Atlas Asni, Av. de France
Hotel Sofitel, Av. President Kennedy
Hotel N'Fis, Av. de France
Le Paradise im Hotel Pullman, die No. 1 in Marrakesch! Av. de France
Stars House, Place de la Liberté
Regins, Hotel Mamounia
Diamant Noir, Av. Mohammed V.
Jardin d´Eau, s. Restaurants
Pub Le Casablanca
Rue Yacoub el Mansour; mit schönem Garten
Parc Hotel es Saadi
Tel. 44 88 11; Casino und Folkloreshows
Akrobatik
Siehe auch unter Diner-Veranstaltungen auf S. 271; zu Moussems und Folklore vgl. S. 288

Spielcasinos

Grand Casino de la Mamounia
im Mamounia Hotel, Tel. 44 45 70
Parc Hotel es Saadi, Tel. 44 88 11 und 44 69 60

Kinos

Colise, Bd Mohammed Zerktouni
Mabrouka, Rue Bab Agnaou
Marhaba, 144, Bab Taghzout
Mauritania, 271, Rue de la Kasbah
Regent, Bd Mohammed V.
Cine-Théatre El Massira
El Hillal, 53, Bab Ghmat Sidi Yussuf Ibn Ali

Internet-Cafés

Cyberland, 61, Rue Yougoslavie paassage Ghandouri 46, Tel. 43 69 77. Von 10.00 bis 22.00 Uhr geöffnet, 20 DH/Std.
Ali, im gleichnamigen Hotel, Rue Moulay Ismail, 20 DH /Std.

Notfall

Polizei:

Tel. 19, Place Djemâa el Fna
Ambulanz: Tel. 15
Feuerwehr:
Tel. 16, Rue Khalil Ben El Oualid

Krankentransport (privat):

Tel. 44 58 21, Rue Fatima Zohra

Tel. 44 54 27; Place Djemâa el Fna

Apotheken:

Pharmacie Central
166, Av. Mohammed V., Tel. 43 01 58
Pharmacie de Paris
120, Av. Mohammed V., Tel. 44 76 63
Pharmacie de la Menara
Place Djemâa el Fna
Pharmacie Bab Ftouh, 46, Bab Ftouh

Nachtapotheke:

Pharmacie de Nuit
Rue Khalid Ibn Oualid, Tel. 43 04 15

Krankenhäuser:

Clinique Asni
Bd. Mohammed V., Tel. 43 52 71
Yasmina
Rue Ibn Toumert, Tel. 43 33 23
Polyclinique ibn Ruchd
Rue Sebou, Tel 43 30 79, 43 40 58
Kinderklinik Arsel el Bacha
Gueliz, Tel. 43 87 18
Zahnarzt Dr. El-Qabli
213, Av. Muhammad V. Tel. 44 86 64

Busverbindungen

Stadtbusse

Linien 1 bis 11, wobei alle Linien bis auf die Nr. 6 und 9 über die Neustadt (Av. Mohammed V.) fahren.
Die Nr. 10 fährt zum Bab Doukhala (Altstadt und Gerber-Viertel) und die Nr. 11 in die **Av. de la Menara**; Stadtbustarife ca. 2,50 DH.
Die Linien Nr. 3 und 8 fahren vom Bahnhof (von der Jugendherberge 5 Min.) ins Zentrum.

Fernverkehrsbusse

Busbahnhof (Privat- und C.T.M-Busse) beim **Bab Doukkala, Place el Mourabiten** ganz modern angelegt; Tel. 43 08 31, Verkaufsbüro: 44 65 69

Auch kutschieren macht müde

Bahnbusse (ONCF) – Supratours

Richtung **Essaouira – Agadir – Laâyoune – Dakhla**: 8.30 Uhr und 13 Uhr (jeweils nur bis Agadir), 15.50 Uhr und 18.30 Uhr (nur bis Essaouira), 22 Uhr (bis Laâyoune); Fahrzeit nach Agadir 3,5 Std., nach Laâyoune ca. 24 Std.

Preise: nach Essaouira 45 DH, Agadir 70 DH, Laâyoune 290 DH.

Richtung **Casablanca** um 1.30, 6.30, 9.00, 11.45, 14.00, 19.00 und 20.30 Uhr. Fahrzeit ca. 3,5 Std. Mit dem Bahnbus (Supratours) um 1.30 Uhr, Fahrzeit 4 Std.

CTM-Verbindungen (Schalter 10)

- *Marrakesch – Casablanca:* (Moumtaz-Expreß und Komfortbus): 7 Uhr, 12.15, 13 und 15 Uhr; 69 DH
- *Marrakesch – Fès:* 7 Uhr, 21 Uhr; 118 DH
- *Marrakesch – Laâyoune:* 17 Uhr und 19 Uhr; 250 DH
- *Marrakesch – Ouarzazate:* 5 Uhr, 7.30 Uhr, 12.30 Uhr, 17 Uhr; 51 DH (Moumtaz-Komfortbus)
- *Marrakesch – Errachidia:* 5 Uhr; 110,50 DH
- *Marrakesch – Zagora – M'Hamid:* 7.30 Uhr; 96,50 DH, 9 Std.Fahrzeit
- *Marrakesch – Agadir:* 8 Uhr, 14.30 Uhr, 19 Uhr, 70 DH (Moumtaz), 4,5 Std. Fahrzeit
- *Marrakesch – Paris:* täglich außer Freitag und Sonntag, ca. 1200 DH

Eisenbahn

Bahnhof in der **Av. de la Marche Verte** (Verlängerung der Av. Hassan II.)
Tel. 44 77 68 und 44 79 47, im Westen der Neustadt. Zu Fuß mit Gepäck ist es sehr mühsam bis zur Medina, dehalb ist es besser, ein Taxi zu nehmen; zur Jugendherberge und zum Campingplatz sind es allerdings nur ca. 10 Min.!

Abfahrtszeiten / Preise:

- ***Casablanca – Rabat (– Tanger)*** 1.30 Uhr, 6.30 Uhr, 16 Uhr, 19 Uhr (nur bis Rabat, in Casablanca umsteigen);

Marrakesch

9 Uhr, 11.45 Uhr, 14 Uhr, 20.30 Uhr (Anschluß nach Tanger, in Sidi Kacem umsteigen), Fahrzeit nach Casa 2,5 bis 4 Std., nach Tanger ca. 10 Std. **Preise:** Nach Tanger 1. Klasse 256 DH, 2. Klasse 186 DH; nach Rabat 1. Klasse 137 DH, 2.Klasse 99 DH, nach Casablanca 1. Klasse 100 DH, 2. Klasse 75 DH.

Casablanca – Rabat – Fès: 1.30 Uhr, 6.30 Uhr, 19 Uhr (umsteigen in Casa), 9 Uhr, 11.45 Uhr, 14 Uhr, 16 Uhr, Fahrzeit ca. 8 Std. (ohne umsteigen). **Preise:** nach Fès 1. Kl. 232 DH, 2. Kl. 168 DH.

Flugverbindungen

Flughafen Marrakesch-Menara, 6 km südwestlich; Tel. 44 78 62
Flugtaxi Air Star
33, Rue Loubnane Guéliz,
Tel. 43 55 02
Flugbüro Royal Air Maroc
197, Av. Mohammed V., Tel. 44 64 44
Aero Club Royal, BP 591, Tel. 44 77 64
Helicopter Heli Service, Av. Allal el Fassi, Tel. 30 06 58

Inlandsflüge über Casablanca (Preise oneway) gehen nach:

- **Agadir**, täglich, ca. 500 DH
- **Fès**, 6x wöchentlich, ca. 700 DH
- **Casablanca,** mehrmals tägl., ca. 500 DH
- **Oujda**, 5x wöchentlich, ca. 1000 DH
- **Tanger**, 6x wöchentlich, ca. 1200 DH

Auslandsflüge (über Casablanca) gehen nach

- **Paris**, mehrmals täglich
- **Amsterdam**, 4x wöchentlich
- **Frankfurt**, 5x wöchentlich
- **Genf**, 3x wöchentlich
- **Wien**, 2x wöchentlich
- **Zürich**, 2x wöchentlich
- **München** (nur selten Charterflüge)

Taxis

Petit Taxi/Grand Taxi

Petit Taxi in der Stadt ca. 10, maximal 15 DH, nachts das Doppelte; vom Flughafen zur Innenstadt (Grand Taxis) ca. 50 DH.

Sammeltaxi (taxi collective)

Nach **Ouarzazate** ca. 65 DH (wenn man nach **Aït Benhaddou** oder **Telouèt** will, ist es möglich, sich an der Kreuzung zu den jeweiligen Orten absetzen zu lassen und von dort weiterzutrampen; dies geht mit den Bussen entsprechend); nach *Asni* 15 DH, nach **Setti-Fatma (Ourika-Tal)** ca. 18 DH; bei der Rückreise sollte man nicht das letzte Taxi erwischen, denn dann steigt der Preis.
Hassan Ed Hadmo und sein **Grand Taxi** (Nr. 732) steht auf Abruf für Fahrten unter der HandyNr. 01166975 bereit.
Lhouceine Baibrou (Taxi Nr422), 9 Derb Chmaa Hay Essalam, fährt sehr günstig Fernstrecken (Agadir nur ca. 750 DH)
Die Taxibeschwerdestelle ist unter Tel. 30 86 30 erreichbar.

Pferdedroschken

Mit den allgegenwärtigen Pferdedroschken (caleche) kann man sich in Marrakesch zu allen Sehenswürdigkeiten fahren lassen. Eine Stunde kostet ca. 60 DH pro Kutsche, manchmal werden horrende Preise verlangt. Dann ist Handeln angesagt!

Rund ums Auto

Parken

Im Gegensatz zu anderen marokkanischen Städten kann man in der Medina fast direkt **beim Djemâa el Fna-Platz** gut parken. In den großen Straßen um die Kutubiya sind zahlreiche bewachte Parkplätze, auch einen **Fahrradparkplatz** gibt es am Djemâa el Fna (5 DH Gebühr für ca. 4 Std.). Beim C.T.M.-Hotel befinden sich **bewachte Park- und Garagenplätze** (auch für „non-residents") für ca. 15 DH (24 Std.).
In der Av. Mohammed V. kann man sowohl am Mittelstreifen als auch auf beiden Seiten bewacht parken (ca. 5 DH).
Auch gegenüber der **Kutubiya-Moschee** gibt es einen bewachten Parkplatz, der Parkwärter läßt sich seine Dienste jedoch teuer bezahlen und scheint nicht immer ganz nüchtern zu sein.
Die Saadier-Gräber sind sehr gut mit dem Auto erreichbar, da man beim *Bab er Robb* problemlos parken kann. **Zu den Gärten**

Menara und Aguedal kann man sowohl problemlos mit dem Auto (bewachte Parkplätze) als auch bequem, aber teuer (ca. 70 DH) mit der Kutsche fahren.

Autovermietungen

- **Avis**
  137, Av. Mohammed V., Tel. 43 37 27
- **Allways** *Car* Tel. 43 09 38, Complexe Kawkab (Nähe Av. France), arbeitet mit CadyLoc aus Tanger zusammen.
- **Budget**
  Bd Zerktouni, Tel. 43 11 80, Fax 44 07 20, sowie im Hotel Mamounia und am Flughafen. Fiat Uno 1 Woche mit 2100 freien km 1680 DH und 2,50 DH pro zusätzlichen km, inkl. Steuer, plus Versicherung.
- **Dounia Jad**
  21, Rue Tarik Benziad Appt. 12, Tel. 44 73 78, Fax 44 97 05 und am Flughafen. Fiat Uno 1 Woche 2600 DH inkl. Steuer und Versicherung, Geländewagen 7700 DH/ Woche.
- **First Car**
  234 Bd Mohammed V., Residence Zaher, Tel. 43 87 64, Fax 43 87 40 und am Flughafen. Renommierte und gute Autovermieterkette, 1 Woche Fiat Uno 3360 DH inkl. Versicherung plus Steuer (TVA) 20%.
- **Foussha Cars**
  Tel. 44 56 21, Rue Bab Angnaou, App.4. 214 DH/Tag, 2.14 DH pro km. Fiat Uno 3 Tage 1652 DH, 7 Tage 2892 DH (ohne km-Limit) plus Versicherung 4500 DH und 75 DH Steuern.
  Khouloud Car
  67, Bd. Al-Mansur Eddahbi, Tel/Fax. 43 59 99. Zuverlässiger günstiger Vermieter mit Zweigstelle in Quarzazate. Fiat Uno (neu)/Tag 400 DH, 1 Woche 2100 DH in der Hauptsaison.
- **France Car/Eurorent**
  (arbeitet mit Sixt Eurorent zusammen) 9, Rue Mansour Eddahbi, Tel. 43 18 08, Fax 43 48 08. Zuverlässige Agentur, eine Woche Fiat Uno 2464 DH, Peugeot 205 280 DH, inkl. Steuer und Versicherung, auch von Deutschland aus über Sixt buchbar.
- **Europcar Interrent**
  63, Bd Zerktouni, Tel. 43 16 14, Fax 43 27 69 und am Flughafen Menara. Große Auswahl an Geländefahrzeugen wie Mitsubishi Pajero, Nissan und Landrover. Kleinste Fahrzeuggruppe A (Fiat Uno) bei Buchung in Deutschland DM 533 pro Woche, Wochenendpauschale 191 DM für 72 Std. am Wochenende.
- **Hertz**
  154, Av. Mohammed V.
  Tel. 43 99 84 und 43 13 94; Flughafen: Tel. 43 16 35
- **Tourist Cars**
  64, Bd Mohammed Zerktouni,
  Tel. 44 84 57, und am Flughafen
- **Sud Voyage**
  Galerie Hotel Tichka, Tel. 44 93 12
- **Concorde Car Location de Voiture**
  154, Av. Mohammed V. Tel. 43 99 73
- **Visa Car**
  Bd. Zerktouni, Tel. 43 21 98, Fax 43 21 98. R 4 350 DH/Tag, Fiat Uno 450 DH/ Tag, 4x4 1200 DH/Tag (alle Tarife unbegrenzte Km).
- **Yousstrans**
  8, Av. Hassan II, Tel. 49 27 17 (auch Allradfahrzeuge)

Werkstätten

Renault-Werkstätten
in der Av. Mohammed V. und:

- **Nouvelle Compagnie Royal Automobiles**
  Route de Casablanca, Tel. 43 30 89
- **Du Gueliz**
  55–61, Av. Mohammed V.,
  Tel. 44 83 23
- **Garage Tazi**, Place Okba Ibn Nafi

- **Citroën-Werkstatt**, in der Rue Tarik Ben Ziad

Weitere Werkstätten:

- **Auto Hall**
  (Fiat, Ford, Talbot, Mitsubishi)
  5, Rue de Yougoslavie, Tel. 44 84 23
- **SIMG**
  (Mercedes); Rue Abdellah Ben Yassine, Quartier Industriel,
  Tel. 34 59 12 und 34 59 13

- **Garage de l'Ourika**
  (BMW, Fiat, Citroën, Honda, Toyota); 66, Av. Mohammed V.,
  Tel. 44 82 66
- **Garage Camping**
  El Harrouni Hassan
  43, Rue Yougoslawie, Tel. 30 98 47.
- **Inter-Auto**
  44-46, Av. l´Iraq, Q. Industriell, Tel. 43 07 36
- **Centre Européen de l` Automobile**, 18, Bd Mulay Rachid, Tel. 43 45 27

Automobilclub

Der **Royal Automobile Club** befindet sich in der Rue Oued el Makhazine, Tel. 43 14 90.

Sport

Schwimmen

Viele Hotels haben einen Swimming-pool. Beim **Es-Saadi-Hotel** gibt es ein Schwimmbad mit Snackbar, in der auch Nicht-Hotelgäste einen Imbiß bekommen.
Das öffentliche Schwimmbad (Piscine Municipale) ist in der Rue des Remparts.

Skilaufen & Bergsteigen

Auskunft geben:

- **Centre National**
  de Ski et d'Alpinisme
  Av. Mohammed V., Tel. 43 40 26 und 45 91 01
- **Club Alpin Francaise**
  B.P. 6178, Casablanca, Tel. 02/27 00 90
- **Fédération Royale Marocaine**
  de Ski et Montagne
  Parc de la Ligue Arabe,
  B.P. 15899, Casablanca, Tel. 02/ 20 37 98; hier können auch Skihütten reserviert werden.

Jagen & Angeln

Jagd- und Angelerlaubnis beim Wasser- und Forstamt: **Délégation des Eaux et Fôrets**, R. El Abbas Assabti, Tel. 44 21 43/ 44 39 90.

Tennis

Royal Club de Tennis
Rue Oued el Makhazine, Tel. 43 19 02

Reiten

Royal Club Equestre (Reitclub)
Straße nach Asni, Km 4; Tel. 38 18 49
Ranch de la Palmeraie
Circuit de la Palmeraie, Im Norden der Stadt. Tel. 31 10 10
Hotel Club Sport Roserai Ourigane
60 Km entfernt an der Straße nach Asni-Taroudannt, BP 769 Marrakesch, Tel. 43 91 30. Schönes Hotel mit Reitanlage in schöner Lage im Hohen Atlas.

Golf

Royal Golf Club (18)
an der Straße nach Ouarzazate, B.P. 634, Tel. 40 47 05
Golf d´Amelkis
km 12, Route de Ourzazate, Tel. 40 30 46

Fliegen

Der **Aero Club Royal** ist am Aéroport Marrakesch; Tel. 44 77 64. Außerdem gibt es noch den **CLub Para Toubkal** am Airport.

Einkaufen

Zeitungen

In den großen Hotels, z. B. **Menara** und **Mamounia** und an den Zeitungsständen in der Neustadt, Bd Mohammed V., kann man **deutsche Zeitungen** und Illustrierte kaufen.

Schmuck/Traditionelles Handwerk

Souvenirs am besten in der Medina in den Suqs. Schönen, alten **Silberschmuck** und andere Antiquitäten, sehr schöne Keramik gibt es in diversen Antiquitätenläden in der Neu- und Altstadt.
Empfehlenswert für alten und echten Schmuck sind **Al Yed Gallery, Ouzid Mustapha**, 66, Rue El Mouarrine und **Tresor**

du Sud, Benhatom Erraid, 49, Rue el Mouarrine sowie die **Galerie White Camel**, 21,Hormat Cheikh, Tel. 44 39 10 von *Kait Abdellak Ahwed*. Ebenso kann man Schmuck (z.B. Ringe und Amulette für 550 DH) erwerben in der **Bijouterie Ennasr** von *Snoubi Mohammed*, Riad Zitoun Kédim Nr. 37. Tel.: 44 46 53 und im **Maison Touareg** von *Mohamed El Barmaqui*, Riad Zitoune Jdid Medina Nr. 164, Tel.: 42 72 71, der auch Gravuren ausführt.
Schönen Tuareg- und Berberschmuck sowie Mauren-Artikel verkaufen **Bazar Touareg**, 25/6, Rue Rahba El Kadima, Tel.: 44 51 43, **Galerie Mouriana**, Lamassine Fhal chiadmi Nr. 33 /2, Tel.: 43 45 46 und der sehr freundliche Laden **Art Touareg**, 21 Suq des teinturiers, Tel.: 44 32 74.
Caverne Ali Baba, *Fhal Chidmi*, 17 Al Mouassine (vom Place Bab Ftouh, rechterhand eine der großen Gassen in der Altstadt) hat eine hübsche Auswahl (Schmuck, Keramik u.a.), reelle Preise, und die Verkäufer sind unaufdringlich.
Eisenstühle und Töpferwaren kann man im **L´Atelier de Jade** bei Janice Guilbaud kaufen. B.P. 2263, Tel.: 24 24 83 oder 44 91 31. *Ali Bouelaidi* ist ein Schmied, der nach traditionellen Methoden arbeitet. Zu finden ist er im Suq al Haddadine 12, Tel.: 39 08 52. *Younes Cherkaoui Jaouad* stellt **Lampen, Tische und Töpferwaren** her sowie Zellaghes-Tadlakt-Tische und Eisenstühle. 274, Suq Alkebir, Tel.: 24 35 06, e-mail: Younessan@hotmail.com.
Die gleichen Artikel findet man bei **Art & Décor**, 50, Rue Sidi El Yamani Mouassine, am Rand der Medina. Tel./Fax: 44 08 72.

Kleidung

Wer sich **Lederkleidung** maßschneidern lassen will, ist bei **Hassan Kheiraoui**, 4, Suq Harrarine Jdida (Medina), Tel. 44 09 29 gut bedient (gute Qualität).
Kleider, Optiker, Waren des europäischen Bedarfs findet man in der Neustadt.

Supermärkte/Lebensmittel

Achkid Service, 32, Rue Mauritania.
Supermarché Menara, Rue Rif, Ecke Abu Bakr Seddik.
Supermarché Al Qods, 51, Rue Palestine.
Galerie Liberté, 17,Rue de la Liberté.
Frischen Honig gibt es im Honigladen von **Hadj Abid Miels**, der sowohl einen Laden in der Medina, 1ère Boutique, 97, Derb Dabachi, als auch in der Neustadt, 2ème Boutique, 21, Rue Tariq Bnou Ziyad, betreibt.
Gewürze gibt es am alten Sklavenmarkt (siehe Sehenswürdigkeiten) und **Marché Central**, Av. Mohammed V. (zwischen Hauptpost und Place Abdelmoumen).
Frischwaren wie Brot, Butter, Yoghurt, Fleisch, Gemüse und Obst am **Marché Central**, Av. Mohammed V.
Einen **Schweinemetzger**, die **Charcuterie Marrakech (Chardema)** gibt es in 51 bis, Zone 1, Quartier Azli, Tel. 34 68 50.
Alkohol bei Somardis, 105, Av. Mohammed el Beqal, Tel. 44 92 74.

Banken/Wechselstellen

- **Banque Al Maghrib, Banque du Maroc**, beide am Place Djemâa el Fna
- **B.M.C.E.**
  114, Av. Mohammed V. und Rue Moulay Ismail
- **B.M.C.I.**
  35, Bd Zerktouni, Rue Moulay Ismail
- **A.B.M. Bank**
  55, Boulevard Zerktouni
- **B.C.M**
  Ecke Bd Zerktouni/Rue Ibn Aicha
- **Banque Populaire**
  Av. Mohammed V., Av. Abdelkrim Khattabi.
- **S.G.M.B.**, 59, Rue Yougoslavie
- **Wafabank**, 213, Bd Mohammed V.

Post

Place du 16. Novembre, Av. Mohammed V. (Hauptpost), und am **Djemâa el Fna**. Postlagernde Sendungen sind beim Hauptpostamt abzuholen.

Sonstiges

Kunst

Wer sich gerne mit Malerei beschäftigt, dem sei ein Besuch bei dem Maler und Schriftsteller Hans Werner Geerdts in der Medina empfohlen. Herr Geerdts lebt seit

Jahrzehnten in Marrakesch und schreibt Kurzgeschichten, Essays, Prosa über das Leben in der Medina und malt mit Aquarell-, Öl- und Acrylfarbe. Er hat zu seinem Privathaus ein weiteres dazugekauft und eine Privatgalerie eröffnet, wo man gegen telefonische Vorankündigung vorbeischauen kann: Tel. 39 04 44.
Eine weitere Galerie befindet sich auch in der Medina. Adresse: Ets, Bouchaib Benzaiter, Bassi, Kasbah 38/853.

Fahrradverleih

Am **Cinema Mabrouka**, Rue Bab Agnaou, in einer kleinen Gasse gegenüber; 50–60 DH pro Tag.

Reisebüros

- **Atlas Tours**
  40, Av. Mansour Dahbi,
  Tel. 43 38 58, Fax 43 59 77
- **Holidays Services**
  Bd Abdelkrim Khatabi,
  Tel. 43 38 83, Fax 44 94 06
- **Sabarer Tours**
  182, Bd Abdelkrim El Khatabi,
  Tel. 43 00 62
- **Atlas Voyages**
  131, Bd Mohammed V.,
  Tel. 43 28 67
- **Comanav Voyages**
  149, Bd Mohammed V.,
  Tel. 43 76 43. Beim Ticketkauf werden keine Karten akzeptiert. (Fähren nach Frankreich)
- **Algeriatours**
  Villa Ourida, Quartier Saadia,
  Tel. 43 47 93 (Trekking- und Skitouren, Mountainbiking)
- **Atlas Sahara Trek**
  72, Rue de la Liberté, Tel. 30 51 06, Fax 42 30 52 (Trekking-, Ski- und Kameltouren, Wildwasserfahrten, Mountainbiking)
- **Loisirs et Voyages**
  37, Bd. El Mansour, Eddhabi,
  Tel. 30 50 00
  (auch Trekking- und Kameltouren)
- **Sport Travel**
  154, Bd Mohammed V, Tel. 43 99 68, Fax 43 99 69 (Trekking-, Ski- und Pferdetouren, Wildwasserfahrten, Mountainbiking)
- **Tourisport**
  213, Av. Mohammed V.,
  Tel. 44 81 93 (Trekking-, Ski- und Pferdetouren, Wildwasserfahrten, Mountainbiking)
- **Unitours Maroc**
  127, Av Mohammed V.,
  Tel. 44 64 57 (Trekking-, Ski- und Kameltouren, Wildwasserfahrten)
- **Phebus Voyages**
  2, Rue Ibn Acha, Tel. 44 92 05
- **Wagons Lits Tourisme**
  122, Av. Mohammed V., Tel. 43 16 87
  Beduino Caravanserail
  Ain Itti Jnanate BP 2270, Tel 32 91 02, Fax 33 04 87 (Mountainbike-Touren, Kameltrekking, Ski- und Bivak-Expeditionen).
- **Soumia Voyages**
  26–44, Rue Immam Chafai, Complexe Kawkab, Tel. 43 93 48

Feste/Veranstaltungen

- **Folklorefestival**
  Anfang Juni für 15 Tage, jeden Abend das gleiche Programm; das Festival findet jährlich auf dem Ruinengelände des Badi-Palastes statt.
- **Moussem Sidi Amer**
  in Aït Ouirir im September
- **Moussem Sidi Abd el Ben Youssine**
  in Tameslout am 18 Rabia I
- **Moussem Moulay Ben Ouafi**
  ebenfalls in Tameslout, Cercle Tahannant am 15 Rabia II
- **Moussem Moulay-Brahim**
  in der Nähe von Asni; zehn Tage nach Mouloud
- **Moussem Setti Fatma**
  im Ourika-Tal im August

Genaue Termine der Moussems können Sie im Touristenbüro erfragen!

Ausflüge

Organisierte Ausflüge

Hotels und Reisebüros bieten eine breite Palette an Ausflügen an: **Tagesfahrten** ins

Der Pavillon in den Menaragärten

Ourika-Tal (für ca. 300 DH; s. S. 302), nach **Asni** und **Aghbalou** (für ca. 750 DH), nach **Asni** und **Ouirgane** (für ca. 185 DH), nach **Ouarzazate** (für ca. 500 DH), nach **Essaouira** (für ca. 280 DH); **Zweitagesfahrten** nach **Zagora** für ca. 1750 DH (Preise von Holiday-Tours).

TUI bietet auch **Halbtagesausflüge** an: **Suq-Besuch** mit Besichtigung der **Mederse Ben Yussuf** (110 DH), Die **Monumente Marrakeschs** 120 DH, **Kutschfahrt** entlang der Stadtmauer mit **Besuch des Jardin Majorelle, des Menara-Gartens,** und des **Agdal-Gartens** 195 DH.

Fantasiaabend (Fantasia und Mechoui-Abendessen), **Marrokkanischer Abend** (Abendessen mit Foklore und Tanz) oder **Berberabend** (in der Palemeraie mit Vorführungen und Abendessen im Zelt) je 350 DH.

Ausflüge auf eigene Faust

(mit Mietwagen, Sammeltaxi oder öffentlichen Verkehrsmitteln)

Halbtagesausflüge zum Stausee des **Oued N'Fiss - Lalla Takerkoust** 20 km südlich an der Straße 507; mit Bademöglichkeit; siehe nachfolgende Route.

Als Tagesausflug bietet sich die Weiterfahrt nach **Ouirgane** und **Tameslout** an, einem religiösen Zentrum in der **Haouz-Ebene**. Hier liegt die Zawia des **Sidi Ahmed Ben Laaroussi**, dem Mann, der viele Wunder bewirkte und angeblich in 366 Wissenschaften bewandert war. Die Zawia ist leider nicht zu besichtigen, dafür die Reste einer alten Kasbah. Anfahrt: 19 km von Marrakesch in Richtung **Taroudannt**, nach 5 km in Richtung **Amizmiz** abbiegen und bei Km 15 wieder rechts. Ein wichtiger Moussem findet am **Aid el Fitr** statt.

Tagesausflüge können unternommen werden ins **Ourika-Tal** und nach **Oukaïmeden** (Skigebiet und schönes Wandergebiet; s. S. 304); nach **Asni, Ouirgane** und nach **Tin Mal** zur Gründermoschee der Almohaden (s. S. 315).

Zweitagesausflüge bieten sich an nach **Telouèt,** zu der Kasbah des Paschas El Glaoui, und nach **Aït Benhaddou,** zu dem von der Unesco geschützen Ksar. Beide liegen auf der Strecke in Richtung **Tizi-N-Tichka** und Ouarzazate (s. S. 319).

Nach **Demnate - Pont Naturel Imi-n-Ifri** und zu den **Saurierabdrücken** s. S. 301, zu den **Ouzoud-Wasserfällen** s. S. 296.

Dreitagesausflüge: Bergsteigen im **Jebel Toubkal-Nationalpark**, mit Anfahrt über Asni und **Imlil**, ab dort zum **Djebel Toubkal** (s. S. 309).

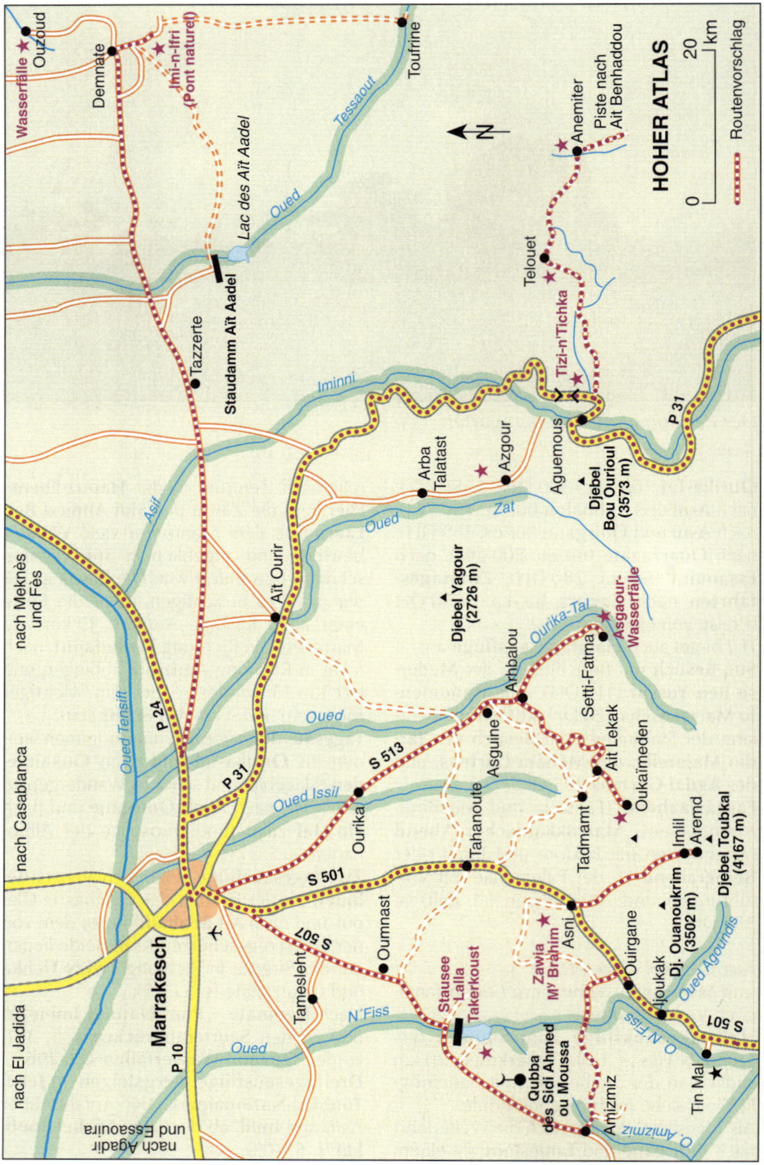
HOHER ATLAS
0
20
km
Routenvorschlag
Marrakesch
Demnate
Ouzoud
Wasserfälle
Imi-n-Ifri (Pont naturel)
Toufrine
Tessaout
Oued
Lac des Aït Aadel
Staudamm Aït Aadel
Tazzerte
Iminni
Asif
Aït Ourir
Oued
Zat
Arba Talatast
Azgour
Aguemous
Djebel Bou Ourioul (3573 m)
Tizi-n'Tichka
Telouet
Anemiter
Piste nach Aït Benhaddou
P 31
P 24
nach Meknès und Fès
nach Casablanca
Oued Tensift
Djebel Yagour (2726 m)
Asgaour-Wasserfälle
Ourika-Tal
Setti-Fatma
Arhbalou
Asguine
Aït Lekak
Oukaïmeden
Oued
S 513
Oued Issil
Ourika
Tahanoute
Tadmamt
Imlil
Aremd
Djebel Toubkal (4167 m)
Dj. Ouanoukrim (3502 m)
S 501
S 507
Oumnast
Tamesleht
Asni
Zawia M^y Brahim
Ouirgane
Ijoukak
Oued Agoundis
O. N'Fiss
Tin Mal
Stausee Lalla Takerkoust
N'Fiss
Oued
Qubba des Sidi Ahmed ou Moussa
Amizmiz
O. Amizmiz
nach El Jadida
P 10
nach Agadir und Essaouira

HOHER ATLAS

Ouzoud-Wasserfälle -Stausee Bin-El-Ouidane

ÜBERBLICK

195 km bis zu den Ouzoud-Wasserfällen, 257 km bis Bin-el-Ouidane; P 24, S 1811 (schmal), S 508

Gute Busverbindungen bestehen mehrmals täglich zwischen Marrakesch und **Beni-Mellal** (314 km); auf dem Weg liegen die Ouzoud-Wasserfälle. Die hier beschriebene Route zu den Ouzoud-Wasserfällen (195 km) führt nach **Aït Attab** und in die Abid-Schlucht, wo die Wasserfälle liegen. Die Straße in die Abid-Schlucht wurde im Sommer 1995 zum Asphaltieren vorbereitet und dürfte jetzt durchgehend fertig sein. Die im ersten Drittel langweilige Strecke führt dann durch Wälder, wo sich in Schluchten Wasserfälle ergießen, und zum Bin-el-Ouidane-Stausee (wenn man von dort über Azilal nach Beni-Mellal weiterfährt).

Der Ausflug (ohne Abidschlucht) ist ab Marrakesch in Reisebüros zu buchen, wird aber eher selten angeboten. Es ist kein Problem, die Tour in zwei bis drei Tagen mit dem Mietwagen zu fahren oder mit öffentlichen Verkehrsmitteln. Individualreisende können aus dem Bus nach Beni Mellal an der Kreuzung nach Aït Attab aussteigen und mit einem Sammeltaxi oder kleinem Taxi (20 DH bis zu den Wasserfällen) weiterkommen. Von den Wasserfällen geht es mit Taxi oder per Autostopp bis zur Kreuzung nach Azilal – Marrakesch; ab da Buszusteigemöglichkeit.

ANFAHRTSBESCHREIBUNG

Fahren Sie los in Marrakesch-Nord bei der Kreuzung in Richtung Ouarzazate. Links liegt das *Hotel Tikida.*

Bei Km 5,2 geht es geradeaus nach Fès und Beni-Mellal, rechts nach Ouarzazate.

Nach 11½ km liegt an der Straße das sehr gepflegte **Hotel Sidi Mansour,** mit schöner Gartenanlage und Pool. Weiter geht es durch dicht besiedeltes Landwirtschaftsgebiet (Oliven und Zitrusfrüchte).

Nach 51 km ist der große Ort **Tamelelt** erreicht; Cafés, Restaurants und Geschäfte können in Anspruch genommen werden.

Bei Km 54,7 besteht rechts die Möglichkeit, nach **Demnate** und **Azilal** und auch auf direktem Weg zu den Ouzoud-Wasserfällen zu gelangen, falls Sie nicht über die El Abidschlucht fahren wollen.

Im weiteren Streckenverlauf kommt man durch dünn besiedelte Gegend; bei Km 67 liegt linkerhand ein Gebirgszug mit einem eigenartig aus dem Boden herausragenden Felsen. Danach folgen große Landgüter *(domaines).* Die Kleinstadt **El Kelaa des Sraghna** ist nach ca. 82 km erreicht. Übernachtung ist im *Hotel Zaouia***** (am Stadtanfang links) oder im kleinen Hotel Tessaout (rechts im Zenrum) möglich .

Fahren Sie bei der Kreuzung (Km 82,5) rechts nach Beni-Mellal; links geht's nach Casablanca. 6 km weiter ist der **Canal Tassaout**, ein breiter Bewässerungskanal, der die Ebene zwischen Beni-Mellal und Marrakesch bewässert, zu sehen.

Bei **Km 122,4** führt rechts wieder ein Abzweig nach Azilal, geradeaus geht es weiter nach Beni-Mellal und Fès; Beginn des Mittleren Atlas.

Der Ort **Sidi Ben Taya** bzw. **Pont d´Jmahene** ist nach ca. 124 km erreicht. In dem Landwirtschaftsgebiet werden vorwiegend Oliven, Kartoffeln und Weizen angebaut.

Bei Km 146,6 (immer ab Kreuzung Marrakesch-Nord gerechnet) liegt der kleine Ort **Khemis des Ouad Ayad.** Hier muß man rechts nach **Aït Attab** (25 km) einbiegen. Tee- und Imbißbuden stehen an der Kreuzung.

Kurz danach folgt eine V-Gabelung; rechts geht's lang, bergauf am Steinbruch vorbei. Euphorbienpolster (normalerweise sonst nur für die Küstenregionen im Süden typisch) und Gehöfte mit Ölbäumen sind zu sehen.

Nach 158 km wird eine kleine Paßhöhe (980 m) passiert, dann geht es bergab – der Bewuchs ist wesentlich dichter. Ab und zu sieht man Bauerngehöfte und die typisch rote Erde dieser Region. Der große Taleinschnitt des **Oued El Abid** liegt vor uns.

Der ärmliche Ort **Aït Attab** folgt bei Km 168,8. Es finden sich eine Tankstelle und eine gut bestückte „Crémerie", die Gebäck, Milch und Yoghurt verkauft. Im Ort geht es geradeaus weiter. Die Straße windet sich bergauf ins Tal des Oued El Abid und folgt dann diesem nach Süden.

Über eine brüchige Stahlbrücke geht es bei Km 177 über den **Oued Abid** (550 m). Die Straße schlängelt sich in vielen Serpentinen durch Thujen, Wacholder, Pinien- und Eichenwald bergauf am Canyonrand entlang; die Sicht auf die Oued-Abid-Schlucht und **Aït Attab** muß man erlebt haben. Die landschaftlich sehr schöne Strecke führt durch kaum besiedeltes Gebiet und trifft bei **Km 193,4** auf ein Forsthaus; 1 km weiter spannt sich eine Stahlbrücke über den Fluß.

Kurz danach (Km 194,6) ist **Ouzoud** erreicht. Der Parkplatz vor den Ouzoud-Wasserfällen und der Ort Ouzoud liegen rechts. Zurück: beschildert nach Aït Attab 26 km, links nach Azilal.

OUZOUD

Das kleine Dorf Ouzoud ist wegen der **höchsten und schönsten Wasserfälle Marokkos** bekannt geworden. Die Wasserfälle, die in mehreren Etagen über rote Felsen nach unten fallen und deren Ufer von Feigenbäumen und urwaldartigen Lianen bewachsen sind, haben sich zum Sommertreffpunkt campender Marokkaner und zahlreicher Touristen entwickelt. Das hat leider dazu geführt, daß im Sommer am Fluß ein Zelt und ein Getränkestand neben dem anderen stehen, überall Müll herumliegt und das einstmals klare Wasser vom aufgewühlten Schlamm dreckig braun dahinfließt. Ruhig und zum Baden einladend ist es nur noch, wenn man ein ganzes Stück weit nach unten läuft, bis der Trubel aufhört, oder man die Monate Juli und August meidet.

Sanitäre Anlagen gibt es keine, außer im einfachen Hotel. Die Folge: Jeder schlägt sich in die Büsche... Hier wäre ein Eingreifen der Naturschutzbehörden dringend erforderlich: Die

Wasserfälle müßten unter Naturschutz gestellt, Campen entlang der Ufer verboten und sanitäre Einrichtungen gebaut werden! Ob aber und wann etwas passiert, weiß nur der Allmächtige allein... Ein Unfall Anfang Juni 1996 bei dem infolge starker Regenfälle zahlreiche Zelte und sogar ein Wohnmobil vom Campingplatz in die Tiefe gerissen wurden und vier Franzosen ums Leben kamen, bewirkte zumindest, daß in Flußnähe und auch am Campingplatz nur noch eingeschränkt gecampt werden darf.

Parken kann man vor dem Hotel (Parkwächter). Am Haus führt links ein Fußweg zu den Wasserfällen (ca. 10 Min.) vorbei. Rechts daran vorbei kann man an die Oberkante der Wasserfälle gelangen und auf einem steilen Weg auf der rechten Seite der Wasserfälle nach unten gelangen. Unten kann man mit einer kleinen Fähre den Fluß überqueren und auf dem normalen Weg über die Treppen wieder nach oben gelangen (ca.1 Std.).

In der Ortschaft bieten sich gelegentlich **Führer** an, die Sie allerdings nicht brauchen, zumindest nicht bis zu den Wasserfällen - vielleicht aber für eventuelle „Geheimtips" oder Ausflugsmöglichkeiten zu den Grotten.

Nehmen Sie **Badesachen** mit, denn am Fuße der Wasserfälle kann man in der Vor- und Nachsaison (im Winter natürlich nicht) herrlich baden. Der Weg zu den Wasserfällen führt durch eine wunderschöne, dichtbewachsene Landschaft: Kakteen, zahlreiche Feigenbäume, Oleander und vieles mehr. Wer weiter in die Abid-Schlucht wandert, kann mit viel Glück auch Makakkenaffen zu Gesicht bekommen. Wer fotografieren will, hat am frühen Nachmittag das beste Licht, morgens und abends liegen die Wasserfälle im Schatten.

Hotel

Es Salam Hotel

Übernachtung in einfachen Zimmern oder im Innenhof für ca. 30 DH/Person. Es gibt keine Duschen. Im netten Innenhof kann man luft - bzw. wassergekühlte Softdrinks schlürfen. Die Führer versuchen sich auch hier aufzudrängen, werden aber vom Ober verscheucht.

Außerdem gibt es noch das kleine **Hotel Le vieux Moulin.**

Camping

Gegenüber vom Hotel liegt ein einfacher **Campingplatz,** der von *Thami Abbassi* betrieben wird. Es sind einfache, saubere Toiletten vorhanden, nicht aber Duschen. Die Gebühren sind niedrig: 7 DH pro Person, 7 DH pro Auto.

Bei Regen achtet Thami Abassi sehr darauf, daß niemand am Fluß steht, es muß sogar häufig auf das Gelände außerhalb

Die Ouzoud-Wasserfälle

Hoher Atlas

ausgewichen werden, da es 1996 vier Tote gab, weil es mehrere Zelte und auch ein Wohnmobil in den Fluß riß.
Bergab entlang des Wasserfalls gibt es zahlreiche (wie gesagt: nicht ungefährliche) Campingmöglichkeiten bei kleinen Cafés, wo allerdings nur Leute mit Zelt übernachten können; eine Zufahrtsmöglichkeit besteht nicht. Wild campen kannman auch in der Al Abid-Schlucht in Richtung Aït Attab.

Taxi/Sammeltaxi

Die Leute vom Campingplatz sind bei der Taxibeschaffung behilflich. Ouzoud wird von **Sammeltaxis** angefahren (bis Marrakesch ca. 60 DH, bis Azilal ca. 12 DH); ab der Kreuzung Marrakesch - Azilal (s. u.) hält um 7.30 und 14.30 Uhr ein Bus nach Marrakesch.

---

17 km hinter Ouzoud (Gesamt-Km 211) zweigt die Straße in die S 508 ein.
Links geht es nach Azilal, zum *Bin-el-Ouidane-Stausee* und nach *Beni Mellal,* rechts nach *Demnate* (s. S. 298) und *Marrakesch*. An der Kreuzung liegt das **Hotel Restaurant Azilal** mit Bar-Piscine.

Links weiter fährt man an einem Oliven- und Obstanbaugebiet entlang, danach geht es bergauf durch eine steinige Gegend mit Macchia, kleinen Steineichen und Wacholderbäumen.

Danach folgt ein weitgehend landwirtschaftlich genutztes Gebiet, in dem kaum noch Bäume stehen. Die steinige Erde wird mit Weizen, Mandel- und Olivenbäumen bepflanzt, dazwischen liegen einige wenige Häuser. Ab und zu werden entlang der Straße auch Eukalyptusbäume angepflanzt.

Bei Km 231 ist Azilal erreicht.

AZILAL

Der Provinzort ist **Ausgangspunkt** nach *Aït Mohammed* und **zu Trekkingtouren in den Hohen Atlas:** auf den *Djebel Azourki,* 3690 m; zum *Lac d'Izourar;* nach *Aït Buguemezz,* zur Steinkathedrale („Cathédrale des Roches"); zum *Irhil M'Goun* (4071 m) und ins *M'Goun-Tal* weiter bis *Kelaa M'gouna* zur Straße der Kasbahs.

Aït Mohammed und das südliche *El Had* sind das Zentrum der marokkanischen Bergsteigerschulen.

Azilal ist in den letzten Jahren enorm gewachsen. Es gibt viele neue Verwaltungsgebäude und einen kleinen Park.

Die Berberfrauen tragen in der Gegend von Azilal sehr schöne bunte, mit Pailletten verzierte Umhängetücher, die man auf dem **Suq am Mittwoch** kaufen kann.

PRAKTISCHE INFOS

Tel. Vorwahl von Azilal: 03
PLZ: 22000

Touristeninformation

O.N.M.T.
Av. Mohammed V., Tel. 45 83 34

Klassifizierte Hotels

Hotel/Restaurant Tanout **A
Quartier Tanout, Tel. 45 87 78 und 48 82 81, an der Straße von Beni-Mellal kommend; düstere Zimmer im Souterrain, DZ ca. 150 DH; von der Klassifizierung her überbewertet.

Unklassifizierte Hotels

Oulad
Im Zentrum; einfaches Hotel, ca. 55 DH/ Zimmer

Ouzoud
An der Hauptstraße nach Marrakesch; einfach und sauber; pro Person ca. 35 DH
Dadès
an der Hauptstraße aus Tannant kommend rechts, DZ ohne Frühstück 60 DH. Warme Etagendusche für 5 DH/p.P. extra.
El-Quakhni Said
in Imelghas, kurz hinter Azilal in Richtung Ait Buguemezz, sauber, gemütlich, einfach. p.P 30 DH, hier in der Nähe weitere Auberges.

Essen & Trinken

An der Straße nach Ouzoud liegt das nette **Café Tissir** mit dem Bergführerbüro (s. u.).

Busverbindungen

- CTM-Bus **nach Beni-Mellal um 7 Uhr**
- Privatbusse **4x täglich**
- Busse nach Marrakesch **fahren frühmorgens und am frühenNachmittag, ca. 50 DH, 3-4 Std. Fahrzeit.**

Taxi/Sammeltaxi

Die Sammeltaxis zu den Ouzoud-Wasserfällen fahren auf dem Suq von einer Anhöhe ab - wenn man von Marrakesch kommt, auf der linken Seite der Hauptstraße, man sieht es schon von weitem - und nicht am normalen Taxi-/Busabfahrtsplatz. Es gibt einen Koordinator, der die Abfahrten organisiert; ca. 15 DH p. P.
Ein Sammeltaxi nach Marrakesch kostet ca. 65 DH pro Person, nach Beni-Mellal ca. 35 DH und nach Aït Mohammed ca. 15 DH.

Einkaufen

Die meisten Geschäfte befinden sich an der Einfahrtsstraße von Beni-Mellal kommend.

Sport

Trekking/Skifahren/Kayak

Azilal ist das **Bergsteigerzentrum Marokkos,** es gibt hier viele qualifizierte Führer, sowohl für Berg- oder Ski- als auch für Kayak- und Riverrafting-Touren. Führer kann man sich engagieren oder reservieren lassen im **Bureau des guides et accompagnateurs**, das im Café Tissir, Av. Mohammed V., Tel. 03/45 86 75 (Dienstag bis Sonntag), untergebracht ist.
Über die sehr gute Agentur **Azourki Randonnées**, Boulevard Mohammed V., Tel. 45 83 32, kann eine komplette Trekkingtour gebucht werden.

Feste/Veranstaltungen

Moussem Sidi Hmad ou Ameur
Im Douar Aganane, Caidat Aït M'Hamed (Aït Mohammed); in der 1. Maiwoche.

Hinter Azilal führt die Straße in Richtung des Stausees Bin-el-Ouidane durch sehr steinige Gegend. Bei Km 257 (26 km nach Azilal) ist die Kaserne **Bin-el-Ouidane** und danach die Staumauer erreicht. Fotografieren ist verboten! Die **Straßengabelung** in Bin-el-Ouidane führt links nach *Afourér,* rechts entlang des Stausees nach *Ouaouizarth.*

★ STAUSEE BIN-EL-OUIDANE

Der Stausee Bin-el-Ouidane, der 1955 fertiggestellt wurde, schließt die Schluchten des *Oued el Abid* ab, der zwischen der Hauptkette des *Mittleren Atlas* und dem parallelen Vorgebirge zum *Hohen Atlas*, dem *Dir,* verläuft. Der See liegt auf 1200 m Höhe zwischen Bergen und Wäldern. Die Ufer sind von Kakteen bewachsen, die im Frühjahr herrlich blühen. Auch Affenherden soll es beim Stausee geben.

Es befinden sich einige Ansiedlungen nahe des Sees, die Umgegend lädt zum **Wandern** ein. Das Wasser des Stausees dient zur Bewässerung der Ländereien und Obstplantagen um das Gebiet von Beni-Mellal.

Am Bin el Ouidane Stausee

Der See war bis vor kurzem der größte des Landes. Mit dem Ausbau des Stausees *Idriss I.* bei Fès und dem Staudammprojekt von *Mjara,* das inzwischen fertiggestellt ist, kann der Bin-el-Ouidane-Stausee nur noch den Titel des ältesten Stausees des Landes für sich beanspruchen. Die Staumauer wird vom Militär bewacht – **hier ist fotografieren verboten!** Das Verbot wird damit begründet, daß solche Objekte für das Land von immenser Bedeutung und der Stolz der ganzen Nation seien – und somit auch in Gefahr, Ziel eines Anschlags zu werden.

Wer noch ein wenig mehr vom See sehen oder baden will, fährt rechts in Richtung *Ouaouizarth* längs des Stausees. Um den See gibt es einige **schöne Lagunen,** zu denen man mit halbwegs geländegängigen Fahrzeugen kommt; am Seeufer läßt sich **campen.** Die Seeufer sind allerdings leicht verschlammt; vielleicht sollte man die Hügel etwas oberhalb, wo es sogar einige nette Pinienwäldchen gibt, zur Übernachtung im Zelt vorziehen. Ab und zu kommen Bewohner der näheren Umgebung und wollen ihre Wunden verarzten lassen oder ein Pläuschchen halten.

Nach 15 km erscheint rechterhand **Ouaouizarth** in schöner Lage etwas oberhalb des Stausees. Im Ort gibt es diverse Geschäfte, das einfache *Hotel-Restaurant Atlas* und eine Tankstelle. Ab hier kann man ebenfalls auf landschaftlich schöner Strecke nach Beni-Mellal fahren.

Von der Staumauer weiter in Richtung Afourer trifft man ungefähr bei Km 260 (ohne die 15 km entlang des Sees) auf einen Abzweig zum *Hotel*

*Auberge du Lac****A.** Das neben diversen Villen gelegene kleine **Hotel** mit 32 Zimmern und angeschlossenem Campingplatz liegt leider nicht am See, sondern einen halben Kilometer von der Staumauer entfernt, nahe am Fluß unterhalb des Sees. Da der Fluß direkt von der Staumauer in Richtung Tal fließt, ist er verhältnismäßig reißend und ziemlich kalt. Baden ist hier verboten, dafür kann man (mit Erlaubnis) angeln. Das Hotel gehört einem Franzosen, das DZ kostet 166 DH/ Tag.

Das **Campinggelände** liegt direkt am Fluß, ist ziemlich schattig und mittlerweile reichlich heruntergekommen. In der Nähe des Hotels liegen der Segelclub und ein sehr schönes Schwimmbad der Elektrizitätsgesellschaft - das deren Mitarbeitern vorbehalten ist...

In Serpentinen geht es bergab; herrliche Ausblicke öffnen sich auf die grüne, dicht bewaldete Landschaft entlang des El Abid-Flusses und die große Ebene von Beni-Mellal.

Bei Km 287,5 (27½ km vom Hotel entfernt) ist der große Ort **Afourer** erreicht. Unterkunft im **Hotel Chems Tazerkount,** Tel. 44 01 01, 44 02 01, Fax 44 00 94. Dieses schöne Vier-Sterne-Hotel mit Pool, Hammam und Fitneßcenter gehört der Österreicherin *Ilse Reddad,* die hier eine Schönheitsfarm betreibt. Buchen kann man einen Aufenthalt, der auch mit Ausflügen ins Hinterland verbunden ist, schon in Deutschland. Es ist freilich ebenso möglich - freie Zimmer im Hotel vorausgesetzt -, sich vor Ort einzumieten. Vom Hotel aus werden Ausflüge nach Fès und Marrakesch, ferner Rafting- und Trekkingtouren organisiert.

Für weniger Finanzkräftige steht eine einfache **Jugendherberge** *(Maison des Jeunes)* zur Verfügung.

Die Straße führt bergab in die Ebene von Beni-Mellal; das Panorama aus Feldern und Obstplantagen im Tal ist toll.

Nach ca. 295 km ist die Hauptstraße Marrakesch - Beni Mellal erreicht, rechts entlang sind es noch 19 km bis Beni-Mellal, das als Zucker- und Obstanbauzentrum nicht besonders sehenswert ist. Nach links besteht die Möglichkeit, nach Marrakesch (280 km) zurückzufahren, wobei sich auch der Weg ab Bin-el-Ouidane zurück bis zur Kreuzung nach Ouzoud und über Demnate und Imi-n-Ifri anbietet.

Von Azilal nach Demnate und Imi-n-Ifri

ÜBERBLICK

Busse fahren von Beni-Mellal oder Marrakesch nach *Azilal* bzw. *Demnate,* Sammeltaxis nach *Ouzoud und Imi-n-Ifri.* Der Ausflug kann gut mit den Ouzoud-Wasserfällen kombiniert werden, allerdings sollte dann überlegt werden, ob man noch die zusätzlichen Kilometer bis zum Bin-el-Ouidane-Stausee fährt. Kilometrierung und Beschreibung nachstehender Route beginnen ab der Kreuzung zu den Ouzoud-Wasserfällen.

ANFAHRTSBESCHREIBUNG

Fahren Sie von Azilal kommend an der Kreuzung zu den Ouzoud-Wasserfällen (s. S. 292) geradeaus bzw.

Gebirgsidylle südlich Imi-n-Ifri

von den Wasserfällen kommend nach links in Richtung *Tanannt* und *Marrakesch*. Hier kann man auch in den Bus nach Marrakesch zusteigen bzw. von Azilal kommend aussteigen und die 16 km zu den Wasserfällen trampen oder mit dem Sammeltaxi zurücklegen.

Die gute Straße führt nach 23 km zur kleinen Ortschaft **Tanannt,** halblinks bzw. geradeaus geht es weiter nach Demnate und zur Naturbrücke von Imi-n-Ifri, rechts nach *Bzou* und zur P 24.

Zweigen Sie bei Km 40 links nach Demnate ab, geradeaus geht es nach Temalelt und Marrakesch.

Nach 45 km zum *Cercle de Demnate* rechts, geradeaus weiter, nach ca. 500 m links nach *Imi-n-Ifri,* rechts *Cercle de Demnate,* geradeaus *Zaouia Taglaout*.

50 km hinter der Kreuzung nach Ouzoud ist der hübsch zwischen Bergen, Ölbäumen, Pinien, Palmen und Mandarinenbäumen gelegene Ort Demnate erreicht.

DEMNATE

Sehenswert sind die alte Stadtmauer und der schöne Sonntagsmarkt. Zahlreiche Geschäfte, Cafés und zwei einfache Hotels entlang der Hauptstraße sorgen für Verpflegung und Unterkunft.
Ein sehr einfaches **Hotel** liegt direkt rechts vor dem Tor; 3er-Zimmer ca. 60 DH. Das ebenfalls sehr einfache *Hotel D´Olives* verlangt den gleichen Preis.

Von Demnate bestehen **Busverbindungen** nach Marrakesch und Azilal bzw. Beni-Mellal.

Ende September wird in Demnate der *Moussem Sidi Ali Ben Hamdouch* gefeiert.

★ IMI-N-IFRI

Von Demnate fahren Sie 1 km zurück zur Kreuzung und dann links nach Imi-n-Ifri. Am Haus der Forst- und Wasserverwaltung *(Eux et Fôret)* vorbei und durch Pinienwälder bergauf, ist nach 6 km bei Gesamt-Km 56 Imi-n-Ifri erreicht.

Hier befindet sich eine Naturbrükke, „Pont Naturel" - der *Oued Lakhdar* hat sie geschaffen, als er sich unter der Erde und dem Stein durchgrub. Man kann von der Brücke zum Fluß in 15 bis 20 Min. hinuntersteigen und unter der Brücke hindurch auf der anderen Seite mit etwas Kletterei nach oben gelangen (ca. 45 Minuten). An den Steilhängen zur Brükke nisten in zahlreichen kleinen Höhlen und Nischen unzählige Vögel, im Fluß gibt es Wasserschildkröten.

An diesem Ort findet jedes Jahr am 15. Tag nach dem *Aid el Kebir* ein Moussem statt.

Die Brücke von Imi-n-Ifri ist Ausgangspunkt für zahlreiche Ausflüge und Wanderungen. Unter anderem kann man von hier zu Dinosaurierspuren (siehe nebenstehend) und Felszeichnungen vordringen. Eine sehr schlechte, aber sehr reizvolle Piste geht weiter ins *Tessaout-Tal,* das bereits im Hohen Atlas liegt, und führt bis kurz vor Ouarzazate (diese Tour bietet sich auch als Trekkingtour über mehrere Tage an).

★DINOSAURIERABDRÜCKE

Gegenüber dem *Hotel/Restaurant Pont Naturel* zweigt eine kleine Teerstraße nach links von der Hauptstraße ab; beachten Sie nicht die Piste, die dann nach 30 m wiederum nach links wegführt und fahren Sie geradeaus bzw. halbrechts weiter. Dicke Euphorbienpolster sind linkerhand am Berghang zu sehen. Die ehemals steinige und holprige Piste ist mittlerweile bis km 4 geteert und auch mit Pkw bis zu den Abdrücken befahrbar.

Nach 4 km fährt man über einen kleinen Paß und dann bergab in einen Talkessel, von dem sich ein herrlicher Blick auf den Hohen Atlas und einige Dörfer bietet.

Bei Km 6 zweigt eine Piste rechts ab, geradeaus weiter; 1 km später führt die Piste bei einem Steinabbruch (flache, rotbraune, schräge Platten) nach unten. Kurz vor zwei Dörfern auf einem Hügel befinden sich die Saurierabdrücke auf den roten Steinplatten links von der Straße neben einem Weizenfeld (ziemlich genau Km 7). Im Zweifelsfall fragen Sie die Dorfkinder, von denen man dann schier „aufgefressen" wird...

Die Dörfer werden von Lkws angefahren, die evtl. Tramper mitnehmen.

Nach 17 km Rückfahrt (über die Rundfahrtstrecke *Cercle de Demnate)* kommt man wieder zurück auf die Hauptstraße S 6206 Tanannt – Marrakesch (103 km); links weiter.

Die Straße durchquert ein Landwirtschaftsgebiet mit Orangenplantagen, Kornfeldern und Ölbaumhainen. Bei Km 146 ist die P 24 erreicht. Dann sind es noch 33 km bis Marrakesch.

Die Dinosaurierabdrücke

Von Marrakesch nach Amizmiz und Ouirgane

ÜBERBLICK

86 km, S 507 und S 6038
Meist gute Asphaltstraße; ab Amizmiz 10 km auf guter Piste über eine Furt durch den Oued N´Fiss; dies ist – je nach Wasserstand – die einzige schwierige Hürde für Pkws. Bis Amizmiz oder Asni verkehren Busse ab Marrakesch.

ANFAHRTSBESCHREIBUNG

Man verläßt Marrakesch auf der Straße in Richtung Ouirgane und Asni und fährt nach 5 km geradeaus weiter; die Straße nach *Asni (Tizi-n-Test)* bleibt links. An der Kreuzung liegt das schöne **Restaurant Ksar Rifia.**
Bei Km 32 führt eine neue Brücke über den *Oued N'Fiss.* Flußabwärts liegt der 7 km lange **Stausee Lalla Takerkoust,** der in erster Linie der Bewässerung der *Haouz-Ebene* dient. Eine Piste zweigt zum Stausee links von der Straße ab. Dort liegt das nette **Café Takerkoust,** mit einem hübsch angelegten Vorplatz und Blick auf den Stausee und den Hohen Atlas. Trotz der Schilder „Baden verboten“ kommen am Wochenende zahlreiche Badegäste. Angeblich gilt das Badeverbot auch nur für Nichtschwimmer... Einige Bereiche um den See wurden mit Pinien aufgeforstet, und es finden sich nette Picknick-, Camping- und Badeplätze in der Nähe des Seeufers.

Weiter entlang der Straße nach Amizmiz liegt bei Km 49 linkerhand der Straße die **Zawia des Sidi Ahmed ou Moussa,** des Begründers der gleichnamigen Sekte, die vom 16. bis 19. Jahrhundert im gesamten Sous großen Einfluß hatte. Viele bekannte Akrobaten sind aus dieser Sekte hervorgegangen, selbst im europäischen Zirkus treten sie auf. Anhand ihrer roten Kleider kann man sie bei ihren Auftritten auf den Marktplätzen Marokkos gut erkennen.

Bei Km 54 ist **Amizmiz** erreicht, ein reichlich schmutziger 3000-Einwohner-Ort auf etwa 1000 m Höhe, der durch den Fluß in zwei Teile getrennt wird. Dienstags ist Suq, hier werden hübsche Tongefäße verkauft.

In Amizmiz fährt man links (Richtung Osten) in den anderen Ortsteil und folgt dem Wegweiser „Ouirgane“. Die gute Piste führt durch eine kahle Hügellandschaft, die teilweise mit Eukalyptus aufgeforstet wurde.

Nach ca. 62 km trifft man auf das Dorf *Aouzzèr,* und bei Km 63 ist der **Oued N´Fiss** erreicht, der über eine Furt durchquert werden muß. Danach beginnt die Asphaltstraße, die kurz bergauf an einem Ort vorbei und dann bergab durch ein schönes Bergland mit Aussicht auf das Oued-N'Fiss-Tal führt. Auf den Berghängen wachsen Ginster, Salbei, Lavendel, Absinth, Thujen und Wacholder, die im Frühjahr herrlich blühen. Die Bäche in den Tälern sind von rosablühenden Oleanderbüschen, Walnuß-, Mandel-, Ölbäumen und Feigen gesäumt – eine landschaftlich großartige Strecke! Die Teerstraße ist infolge von Erdrutschen schon reichlich beschädigt. Weiter geht es bergab, an einer Saline rechterhand vorbei, durch Olivenhaine und Felder. Bei **Km 86,2 ist Ouirgane erreicht.**

Im Oued N´Fiss-Tal

Von Marrakesch ins Ourika-Tal und Oukaïmeden

ÜBERBLICK

➠ **79 km, S 513**

Sammeltaxis bis *Setti-Fatma* oder *Oukaïmeden;* auch fährt ein Bus ab Marrakesch bis *Arhbalou,* eine Weiterfahrt ist dann mit dem Taxi möglich. In kleiner Gruppe (4–5 Personen) bietet es sich an, ein Grand Taxi komplett zu mieten, das dann insgesamt für die Strecke nicht mehr als 450–500 DH kosten dürfte; eine Tagesmiete kostet etwa das Doppelte. Man kann den Ausflug auch über ein Reisebüro in Marrakesch buchen.

Im Ourika-Tal wachsen zahlreiche Früchte wie Kirschen, Pfirsiche, Feigen, Erdbeeren und Walnüsse. Viele rauschende Flüßchen fließen im Tal, Chalets, Restaurants und Hotels laden zum Verweilen ein. Fährt man bis nach Setti Fatma, finden sich am Ende des Ourika-Tales (ca. 30 Min. Fußmarsch) schöne Wasserfälle. Von dort kann man in das hier sehr grüne Bergland Ausflüge unternehmen. Es ist möglich, für eine mehrtägige Tour Packmulis zu mieten und ins *Djebel-Yagour-Plateau* aufzubrechen, wo es interessante Felsgravuren gibt. Eine Beschreibung dazu findet man in der Broschüre: *Gravure rupreste dans le Haut Atlas,* das über das Tourismusministerium oder in Buchhandlungen in Marrakesch erhältlich ist.

Das Ourika-Tal wurde im **August 1995** durch **Unwetter,** die über 1000 Menschenleben forderten, stark verwüstet. An der ganzen Strecke sind Warnschilder angebracht, wegen Überschwemmungsgefahr nicht zu parken.

ANFAHRTSBESCHREIBUNG

Ab Marrakesch geht es auf guter Teerstraße, mit herrlichem Blick auf den im Frühjahr verschneiten Atlas, entlang der Stadtmauer in Richtung Süden (Richtung Asni, Ourikatal).

Bei Km 25 ist der Abzweig rechts nach **Tahanaoute** zu ignorieren, ½ km weiter geht es links nach **Aït Ourika** bzw. **Dar-Caïd-Ouriki**. Die Straße führt nun bergauf, am herrlich grünen Ourika-Tal entlang; viele Obstbäume wachsen hier, im Frühjahr eine Augenweide.

Die Straße führt weiter bergauf, von roten Bergen begrenzt.

Bei Km 35 ist **Asguine,** ein kleiner Ort mit Läden und dem gepflegten und hübschen **Hotel Ourika***** (DZ 327 DH, Frühstück 35 DH) erreicht. Linkerhand der Straße gibt es einen kleinen Campingplatz, der in einem wunderschönen Garten liegt. 2 km danach, auf der linken Straßenseite, liegt die neugebaute **Residence Nouzha** mit Pool. Tel./Fax 04/319142. Schöne Zimmer für 150 - 200 DH, schöne Terrasse mit herrlichem Blick, gutes Essen (60DH).

37 km hinter Marrakesch führt die Straße links nach Ourika und weiter entlang des Ourika-Tales, rechts geht es nach **Oukaïmeden** (s. spätere Beschreibung); links weiter. Bei Km 38 ist **Arhbalou** erreicht; geradeaus ins **Ourika-Tal** (24 km). Übernachtung im **Hotel Arhbalou****.

42 km hinter Marrakesch liegt das **Hotel Le Lion de l'Ourika,** kein Hotel im eigentlichen Sinne, sondern ein Palast-Restaurant, sehr luxuriös und

Hochwasser im Ourikatal

teuer in stilechter Atmosphäre; gute Menüs für 200 DH.

1 km weiter folgt die schön gelegene, hübsche **Auberge Ramuntcho****, die sich als Übernachtungsquartier empfiehlt.

Weiter geht es entlang des Flußtals durch schöne Gegend, bis bei Km 50 **Imi-n-Taddart** mit dem *Restaurant Oulmes* auftaucht.

Km 52 markiert den Anfang des kleinen Ortes **Setti Fatma** beim einfachen **Café-Auberge Tafoukt.**

Bei Hochwasser, wenn Teile der Straße überschwemmt sind, muß man das Auto häufig hier stehen lassen. Entlang der Straße reihen sich einige einfache Cafés und Restaurants. **Übernachtung** im **Hotel Café Atlas,** sehr einfach, mäßig sauber, DZ 35 DH.

Es bestehen sehr schöne Wandermöglichkeiten und die eingangs erwähnte Gelegenheit, zu den Wasserfällen zu wandern; zahlreiche Führer bieten sich dafür an.

Der erste Wasserfall kann problemlos ohne Führung gefunden werden: Nach den Restaurants geht man rechterhand, vor dem eigentlichen Ort Setti Fatma, links über einen kleinen Holzsteg, an einem kleinen Café vorbei, und dann immer bergauf dem Bachlauf nach. In etwa einer halben Stunde, durch ein sehr grünes Tal mit Nußbäumen und großen Felsen bergauf wandernd, gelangt man zu den Wasserfällen bzw. zu einem kleinen Café unterhalb. Trotz der vielen Touristen ist der Weg schön, die Bevölkerung ist erfreulich zurückhaltend. Wer noch die nötige Puste und gutes Schuhwerk hat, kann noch weiter in die Berge wandern.

Zurück, bis 1 km hinter Arhbalou, ist es ab der Kreuzung möglich, weiter nach Oukaïmeden zu fahren.

OUKAÏMEDEN

Die Straße führt 29 km in steilen Serpentinen durch Buschwald und schroffe Berglandschaft nach Oukaïmeden in 2650 m Höhe. Am Ortsanfang liegt ein kleiner Stausee. Hier fühlt man sich gleichsam ins schottische Hochland versetzt. Im Vergleich zu der Hitze in Marrakesch ist es angenehm kühl, die Berge sind meist in Wolken gehüllt, so daß man schon einen Pullover gebrauchen kann. Vereinzelt wächst hier noch Ginster, ansonsten findet man Büschel, Kissen und Polster eines niedrigen holzigen Strauches. Wenn man nach dem Stausee die Sperre zum **Skigebiet** passieren will, muß man 5 DH (im Winter angeblich sogar 10 DH) bezahlen!

Zwei Sessellifte führen zum 3265 m hohen *Djebel Oukaïmeden* hinauf, drei Skipisten hinunter nach Oukaïmeden. Es gibt im Ort und auf der Bergstation einen Skiverleih (ca. 120 DH für die komplette Ausrüstung), Liftkarten (ca. 25 DH) kann man aber nur unten und nicht an der Bergstation kaufen!

In und bei Oukaïmeden gibt es einige **Felsgravuren:** kaum mehr erkennbare gleich hinter dem *Restaurant/Auberge Chez Juju*, andere beim Skilift, bei der Schutzhütte des *Club Alpin* und beim *Maison de la Jeunesse et de Sports.*

Den Ort verunstalten inzwischen einige häßliche Betonbauten; es gibt ein Sportzentrum, Restaurants, zwei Hotels und Polizei. Im Sommer wirkt der Ort wie ausgestorben, das *Hotel Imlil* ist geschlossen.

Am Ortsende kann man in Richtung Radio/TV-Station auf einer kurzen Piste zu einer ehemaligen Aussichtsplattform in einer Höhe von 2740 m fahren. Hier hat man einen großartigen Rundblick auf den *Tizi-n-Test, Djebel Toubkal* und *Marrakesch.* Mit etwas Glück kann man einen der seltenen Lämmergeier beobachten, die hier oben zu Hause sind.

Auch als Ausgangspunkt für zahlreiche Wanderungen und mehrtägige Bergtouren ist Oukaimeden geeignet (s. a. S. 306).

Übernachtung im Hotel Kenzi Louka ****, Tel. 04/31 90 41/42: ein sehr großes neues Hotel gleich am Ortseingang links (beim See), das lange auf die Fertigstellung harrte, aber jetzt 100 komfortable Zimmer mit Panoramaterrassen bieten kann. EZ 650 DH, DZ 800 DH, Suite 1500 DH. Sehr gutes Essen (auf Vorbestellung) 140 DH. Das Schwimmbad wird erst bei einer bestimmten Auslastung geheizt, Ski-, Kletter- und Bergtouren werden vom Hotel aus organisiert, Mountainbikes werden vermietet.

Hotel Imlil***, Tel. 31 09 32, und in der **Auberge Chez Juju**,** Tel. 05 (einfach 420 DH/DZ mit Halbpension) oder im Unterkunftshaus des **Club Alpin Français,** Tel. 31 90 75 und 31 90 36. Außerdem gibt es noch **Chalets** der **Fédération Royale des Ski et de Monatgne**, Tel. 31 90 04 und einfache Jugendunterkünfte von der **Délégation de Jeunesse et de Sports,** Tel. 31 90 01.

Der **Campingplatz** liegt beim See und ist so gut wie nie besucht, da es in Oukaïmeden meist sehr kalt ist.

Nach Moulay Brahim, Asni und Ouirgane

ÜBERBLICK

Diese landschaftlich sehr schöne Hochgebirgsstrecke kann **nach Schneefällen gesperrt** sein. Für Wohnwagen und überdimensionale Wohnmobile ist sie nicht geeignet.

Viele Busse fahren nur bis Asni, danach verkehren Sammeltaxis (Ausnahme: ein privater Bus, der direkt bis Taroudannt durchfährt). Bis Moulay Brahim kostet ein Grand Taxi komplett 500--600 DH (fünf Fahrgäste). In der umgekehrten Richtung fahren Busse bis *Ouled Berhil*.

Die Route führt bergauf in den Hohen Atlas, entlang der grünen Flußtäler des *Asif Reraïa* und *Asif (Oued) N´fiss*. In den Tälern wachsen Pflaumen-, Kirsch-, Pfirsich- und Nußbäume, auf den Wiesen blühen Mohnblumen und Iris – im Frühsommer eine Augenweide. Aber die Idylle trügt: Die sprudelnden Bergbäche können bei starken Regenfällen zu tobenden Flüssen anschwellen, die die einfach gebauten Lehmhäuser, Bäume und riesige Steine mit sich reißen. Bei schlechtem Wetter und/oder Nebel ist es ausgesprochen unangenehm, auf dieser Strecke zu fahren. Es lohnt sich dann, auf besseres Wetter zu warten. Manche Reisende bevorzugen es, die Strecke in umgekehrter Richtung zu fahren, da sie dann

Markt in Tahanoute

auf der Südseite die Felswand, nicht den Abgrund auf ihrer Seite haben.

Das Gebiet um Moulay Brahim und Ouirgane wurde durch die Unwetter im August 1995 stark betroffen, zahlreiche Häuser wurden durch Regenmassen und Bergrutsche weggespült, es gab über 1000 Tote. Die zunehmende Erosion der Gebirgshänge, der zwar immer wieder durch Aufforstungsmaßnahmen begegnet wird, ist in dieser Gegend gut zu beobachten.

ANFAHRTSBESCHREIBUNG

Ab Marrakesch beachten Sie die Beschilderung nach Taroudannt, bei Km 5 geht es links in Richtung **Taroudannt** weiter, rechts nach **Amizmiz.**

Bei Km 30 ignorieren Sie den Abzweig links ins Ourika-Tal (s. S. 298). Bei Km 31 liegen vor dem Ort **Tahanaoute** eine Tankstelle und ein Marktgelände, wo dienstags ein **schöner Markt** stattfindet. Trotz vieler Touristen aus Marrakesch ist dieser Wochen-Suq noch recht ursprünglich. Es werden sowohl Waren des täglichen Gebrauchs angeboten als auch Dienstleistungen erbracht. So sieht man sowohl Schreiber, die für die im Gebirge zahlreichen Analphabeten Briefe aufsetzen, als auch Friseure, die den Berbern den Bart stutzen, die Haare schneiden oder gar den Schädel kahl scheren, weil das gegen Ungeziefer hilft.

Nach 1 km ist der große Ort Tahanaoute, nach 34 km das Dorf **Saour** erreicht; viele Souvenirläden verteilen sich links und rechts der Straße.

Nach 3 km führt eine Brücke über den **Asif Reraïa**; rote Lehmhäuser, die sich kaum von der Umgebung abheben, ziehen sich entlang der Hänge.

Auf der weiteren Strecke trifft man auf diverse Cafés am Straßenrand. Bei Km 47 besteht die Möglichkeit, zur **Zawia** und zum Ort **Moulay Brahim** abzuzweigen (4 km).

MOULAY BRAHIM

Das schöne Bergdorf, nach dem „Heiligen" *Moulay Brahim* benannt, liegt auf 200 m Höhe. Einige Tage nach Mauladbeginn (2000 Mitte Juni) findet hier ein wichtiger und sehenswerter **Mausim** statt.

Das Dorf unterteilt sich in ein Wohn- und ein Marktviertel. Letzteres erreicht man, wenn man am Ortseingang bei den Restaurants oder beim *Hotel Haute Roches* parkt und linkerhand die Treppen nach oben geht. Hier sind Frauen damit beschäftigt, ihren Geschlechtsgenossinnen die Hände mit Henna zu verzieren; das bringt „Baraka", den göttlichen Segen (vgl. rechts). Die Tradition der Hennabemalung wird vor allem in Wallfahrtsorten gepflegt und ist auch bei Hochzeiten üblich. Touristinnen können sich ebenfalls schmücken lassen (einfache Bemalung für ca. 30 DH).

Der **Suqbereich** zieht sich zur Zawia hin, und je näher man dem Heiligtum (an dem grünen Dach zu erkennen) kommt, desto mehr Devotionalien werden verkauft.

Vom Marktbereich gelangt man zum Wohnbezirk. Dazwischen sind die heiligen Quellen zu besichtigen. **Im Wohnbereich** kann man sehr schöne Einblicke in das Leben einer ländlichen Gemeinde gewinnen, sei es durch einen Blick in die Bäckerei

HENNA – URALTE KULTURPFLANZE UND SEGENSBRINGER

von Jamila Guntermann

Der Name „Henna" soll aus dem Persischen stammen und bezieht sich auf den Hennastrauch (lat.: lawsonia inermis). Dieser ist beheimatet in Nord- und Ostafrika, in Vorder- und Ostasien sowie in Australien. Die Blätter liefern einen rotbräunlichen Farbstoff, und die Blüten werden zu einem wohlriechenden Parfümöl verarbeitet. Die Wurzel gibt zusätzlich roten Farbstoff für fettende Öle ab.

Bekannt war Henna bereits zur altägyptischen Zeit. Bei den alten Römern wurde es zu kosmetischen Zwecken verwendet.

Bei den islamischen Völkern gilt Henna noch heute als Überträger von „Baraka" (göttlicher Segen) und wird von einer „Neqqacha/Hennaya" (Henna-Zeremonienmeisterin) bei Hochzeitsfeierlichkeiten o. ä. in stundenlanger Arbeit auf die Hände und Füße der Braut mit einem zarten Spitzenmuster aufgetragen. Diese kunstvollen Körperbemalungen färben sich später von grün zu rot. Zu den Füßen der Braut, traditionsgemäß in Grün und Weiß gekleidet, steht ein großes Messingtablett mit den vorgeschriebenen Schalen voller Henna, getrockneter Rosenknospen und Nelken sowie den Zuckerhüten (Symbole der Reinheit), Eiern (Symbole der Fruchtbarkeit) und den drei kleinen Tellern mit Dufthölzern oder Gewürzen, die verbrannt werden und einen intensiven Geruch verbreiten, der die bösen Geister von der Braut fernhalten soll. Den orientalischen Männern und Kindern werden des öfteren dabei die Handinnenflächen leicht mit Henna betupft.

Hauptanwendungsgebiet von Henna ist jedoch die Verwendung als kosmetisches Mittel, hauptsächlich zur Haarfärbung, wobei die nassen Haare mit Henna (eine Paste, zu einem grünlichen Schlamm zusammengerührt) bestrichen werden. Nachdem die Paste eingezogen und wieder ausgewaschen ist, ist die rötliche Färbung der Haare erkennbar.

Einige Orientalen benutzen Henna als durchblutungsanregendes Heil- und Schönheitsmittel für die Fußsohlen. Henna wird außerdem noch verwandt zur Färbung von Leder und Textilien sowie für Cremes und Lotionen.

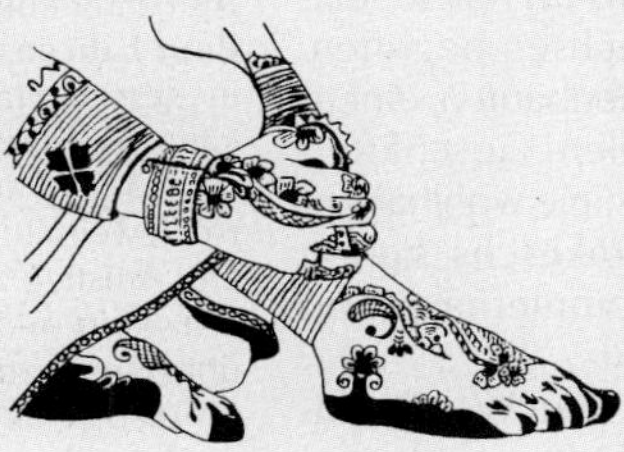

oder auf traditionelle Haushammams, die aus Ruten geflochten und mit Plastik verkleidet werden, um dann darin ein Dampfbad nehmen zu können. Diese „Urform“ des Hammams wurde angeblich geschaffen, damit die Frauen des Dorfes nicht in ein öffentliches Hammam gehen müssen, denn es wird noch - wie man behauptet - einigen von ihnen verwehrt, das Haus zu verlassen.

Ein guter und netter **Führer** durch den Ort ist *Mohammed Boussalem,* Moulay Brahim Nr. 94 (ca. 60 DH).

Beim Ort beginnen die *Schluchten des Moulay Brahim* mit dem *Oued Moulay Brahim.*

Übernachten kann man im sauberen *Hotel Haut Roches,* das DZ für ca. 150 DH; das Essen ist gut, der Blick von der Terrasse in die Schlucht herrlich; als Alternative bietet sich das *Star Hotel* an, etwas oberhalb (DZ 200 DH inkl. Frühstück).

Hinter Moulay Brahim schlängelt sich die Straße hinauf ins Bergland. Der Boden ist bewachsen mit Oleander, Thuja, Kiefern und Steineichen. Nach 48 km ist Asni erreicht.

ASNI

Asni ist der größte Ort im *Asif Reraïa-Tal* und stetig im Wachsen begriffen. Neben zahlreichen Neubauten, einem Marktplatz und vielen Geschäften gibt es eine Kasbah. Viele wohlhabende Einwohner Marrakeschs haben sich im Ort ihre Sommerhäuschen gebaut.

Von Asni aus kann man Wanderungen in den Hohen Atlas unternehmen. Der Ort ist ebenso Ausgangspunkt für eine *Djebel Toubkal*-Besteigung (s. Kastentext S. 312) und das Zentrum der Mineralienverkäufer des Hohen Atlas. Überall entlang der Straße zum *Tizi-n-Test* stehen sie und bieten ihre echte oder auch gefälschte Ware feil.

PRAKTISCHE INFOS

Tel. Vorwahl von Asni: 04
PLZ: 42 150

Unterkunft

Grand Hotel du Toubkal ***
Gutes Hotel auf der Strecke nach Süden, Dreierzimmer ca. 350 DH.
Eine sehr einfache **Jugendherberge** (20 DH, kein Ausweis erforderlich) befindet sich hinter dem Hotel Toubkal; hier kann man auch campen (ebenfalls 20 DH).

Taxis

Sammeltaxis bis **Imlil** für ca. 10 DH; Taxi nach Marrakesch (komplett für 4–5 Personen) 500 DH, Bus und Sammeltaxi ca. 15 DH.

Ausflüge

Nach Imlil am Ortsende links ab (15 km). In Imlil steht das einfache, aber saubere **Hotel Aksoual**, EZ 25 DH, DZ 40 DH. Von Imlil aus beginnt der Aufstieg zum **Djebel Toubkal** (4165 m).
In Imlil kann man Maultiere mieten: **Brahim Azdour** vom **Douar Mazik**, ein ausgebildeter und zuverlässiger Bergführer, vermittelt Tiere (80–100 DH/Muli) und Führer (100–200 DH/Tag).
Als Führer ebenfalls empfehlenswert ist **Azdour Lahcen Ben Houssa, Douar Mazik**, in dessen Haus man auch übernachten kann. Weitere Führer vermittelt auch das „bureau des accompagnateurs“ (Führerbüro), jeweils in Asni, Marrakesch oder Imlil.
Der Aufstieg zum Djebel Toubkal ist nicht schwierig (6–7 Std.), dennoch nur für geübte Geher zu empfehlen (s.a. Kastentext).
Im Gebiet des **Djebel Toubkal-Nationalparks** gibt es mehrere Schutzhütten

(44 DH, mit Jugendherbergs-Ausweis 33 DH, mit Ausweis des Alpenvereins 22 DH). In Imlil stehen ebenfalls eine gute **Refuge** (Unterkunftshütte) und ein Hotel, wo man vor dem Anstieg übernachten kann.
Die **Neltner-Hütte** ist nicht das ganze Jahr über besetzt. Auf der Route nach Toubkal bekommt man aber den Schlüssel für sie in **Aroumd**, dem nächsten Ort.
Man kann auch von Imlil, ca. 300 m nach dem Marktplatz rechts, auf einer 5 km langen Piste bis nach Aroumd zu dem kleinen Park- und Campingplatz von **Omar Le Rouge** fahren. Seine Frau kocht auf Anfrage. Unmittelbar dahinter hat das kleine Hotel Lahcen Id Blaid eröffnet (HP 80 DH). Diese Strecke verkürzt den Anstieg, und man entkommt den zahlreichen Führern, die in Imlil auf Kundschaft lauern, und kann sich in Ruhe das schöne Terrassendorf anschauen.

Zu Fuß im Hohen Atlas

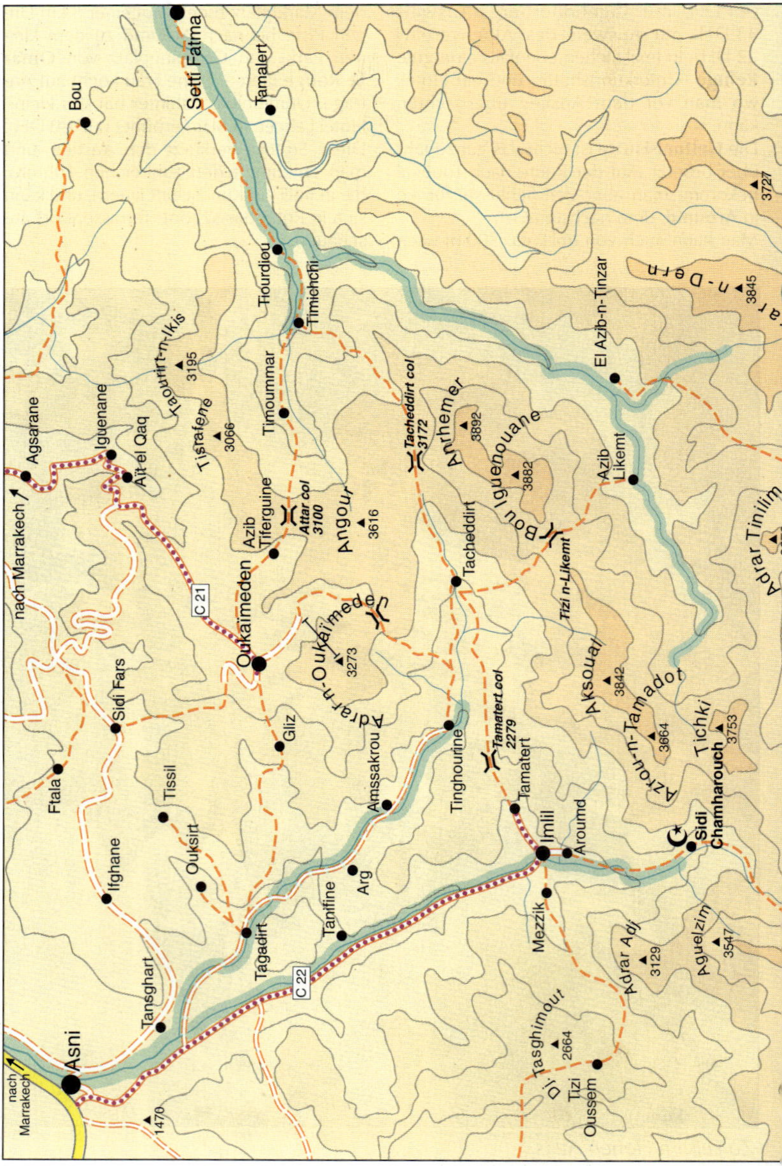
Setti Fatma
Tamalert
Bou
Tiourdiou
Timichchi
Taourirt-n-Ikis
3195
Tisrafene
3066
Timoummar
3727
ar n-Dern
3845
El Azib-n-Tinzar
Agsarane
Iguenane
Aït el Qaq
nach Marrakech
Azib Tiferguine
Attar col 3100
Angour
3616
Tacheddirt col 3172
Anghemer
3892
Bou Iguenouane
3882
Azib Likemt
Adrar Tinilim
C 21
Oukaïmeden
Oukaïmeden
Adrar-n-Oukaïmeden
3273
Tacheddirt
Tizi n-Likemt
Sidi Fars
Ftala
Gliz
Tissil
Ouksirt
Ifghane
Amssakrou
Tinghourine
Tamatert col 2279
Tamatert
Aksoual
3842
Azrou-n-Tamadot
3664
Tichki
3753
Imlil
Aroumd
Sidi Chamharouch
Arg
Tanfine
Tagadirt
Mezzik
Adrar Adj
3129
Aguelzim
3547
Tansghart
C 22
Asni
nach Marrakech
1470
Tasghimout
2664
Tizi Oussem

Der We

Wikinger F

Tel: 0 23 3

mail@wiki

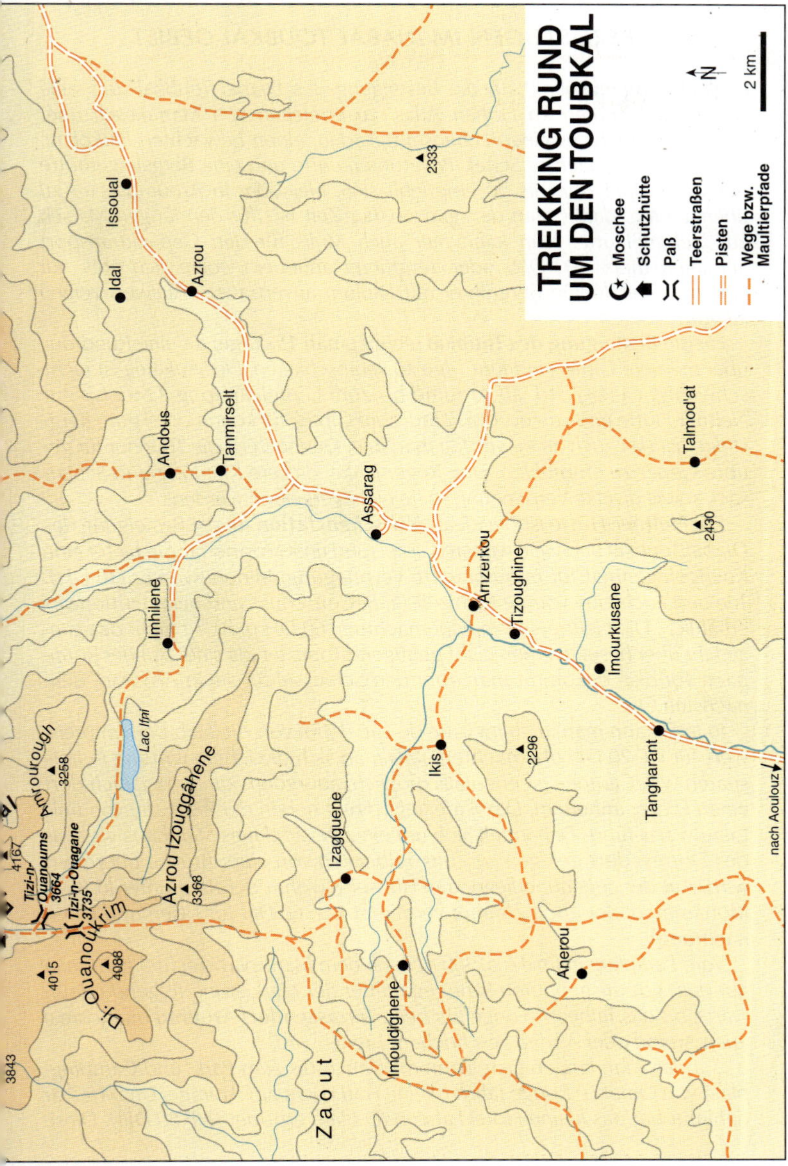
TREKKING RUND UM DEN TOUBKAL
Moschee
Schutzhütte
Paß
Teerstraßen
Pisten
Wege bzw. Maultierpfade
N
2 km
Issoual
Idal
Azrou
2333
Andous
Tanmirselt
Assarag
Talmod'at
2430
Imhilene
Amzerkou
Tizoughine
Imourkusane
Lac Ifni
Tangharant
nach Aoulouz
Ikis
2296
Amrourough
3258
4167
Tizi-n-Ouanoums 3664
Tizi-n-Ouagane 3735
Azrou Izouggahene
3368
Izagguene
Dj. Ouanoukrim
4015
4088
3843
Imouldighene
Anerou
Zaout

BERGSTEIGEN IM DJABAL TOUBKAL-GEBIET

Imlil ist Ausgangspunkt für die Besteigung des Djabal Toubkal und viele weitere Bergtouren im Hohen Atlas, zu erreichen von Marrakesch über Asni. In Imlil gibt es einen Lebensmittelladen, einen bewachten Parkplatz, zwei Hotels (s. nächste Seite), Privatunterkünfte und eine Bergsteigerhütte des Club Alpin Français. Es empfiehlt sich, hier oder in Aroumd (s.u.) zu übernachten, damit man den ganzen Tag Zeit hat für den langen Marsch zur Neltner-Hütte. Man kann hier auch Mulis für den Gepäcktransport anmieten (max. 100 DH) oder Bergführer anheuern, sollte sich aber nur einem ausgebildeten Bergführer mit Diplom anvertrauen (Ausweis zeigen lassen).

Für die ***Besteigung des Toubkal*** *rechnet man* ***1½ Tage;*** *für eine Rundtour über mehrere Gipfel sind fünf Tage zu veranschlagen. Der Aufstieg ist nicht schwierig: ca. 6–7 Std. ab Aroumd bis zum Gipfel: knappe 4 Std. bis zur Neltner-Hütte und von dort ca. 2 Std. zum Gipfel, für konditionell gute Bergsteiger ist das auch an einem Tag machbar. Dennoch ist die Tour nur für geübte Geher zu empfehlen. Eine Regenjacke, dickere Kleidung und Schlafsack sowie diverse Verpflegung sollte nicht vergessen werden!*

Die ***Neltner-Hütte*** *ist die ideale* ***Zwischenstation*** *für die Besteigung des Djabal Toubkal und viele weitere Gipfel rund ums Mizane-Tal. Sie bietet eine Kochgelegenheit für mitgebrachte Verpflegung; Mineralwasser (10 DH), Tee und auch eine warme Mahlzeit (z. B. Couscous) sind beim Hüttenwirt erhältlich. Die Neltner-Hütte (Übernachtung 60 DH p. P.) ist nicht das ganze Jahr über besetzt, wenn nicht genügend Touristen da sind. Auf der Route nach Toubkal bekommt man aber den Schlüssel für sie in Aroumd, dem nächsten Ort.*

In Imlil kann man auch im Café de Lac d´Ifni von Ait-Talib Brahim preiswert für ca. 20 DH übernachten, falls man sich die Übernachtung in Imlil sparen will. Campen ist ebenfalls möglich, außerdem kann man auch dort einen Führer anheuern. Das Café liegt direkt neben der Piste, die von Imlil talaufwärts führt. Es handelt sich um ein zweistöckiges Steinhaus vis-à-vis des Dorfes, dort gelegen, wo das Talbecken von einer Brücke überquert wird. Auf der gegenüberliegenden Flußseite wohnt der Bergführer Id Blaid Mohammed, der auch Zimmer vermietet (ca. 60 DH für Essen und Übernachtung).

Vom Parkplatz in Imlil (ca. 300 m nach dem Marktplatz rechts) geht man auf dem gut ausgebauten Fahrweg immer der Markierung folgend talaufwärts, bis das Talbecken ungefähr beim ***Terrassendorf Aroumd*** *(manchmal auch Aremd oder Armed geschrieben) breiter wird.*

Auf der 5 km langen Piste kann man auch bis zum Park- und Campingplatz von Omar Le Rouge fahren; seine Frau kocht auf Anfrage. Unmittelbar dahinter hat das kleine Hotel Lahcen ID Blaid eröffnet (HP 80 DH). Diese

Blick auf den Toubkal

Strecke verkürzt den Anstieg, und man kann sich in Ruhe das schöne Terrassendorf anschauen, sofern man angesichts der vielen bettelnden Kleinkinder Ruhe bewahren kann.

Der Aufstieg

Von Aroumd geht es quer nach links über den Bach, der überquert wird. Zur Zeit der Schneeschmelze oder nach Regenfällen kann dieser recht reißend sein. Wer die Querung durchs Wasser umgehen will, sollte zwischen Imlil und Aroumd am Café Lac Ifni links abbiegen und zum Bach hinunter bis zu einer kleinen Brücke steigen und über diese den Fluß queren, dann den Bach entlang wieder bergauf marschieren. Nach der Querung schlängelt sich der Weg den linken Hang hinauf.

*Nun immer links über dem Tal bis zum Bergdorf **S'Chamharouch,** wo der Bach abermals überquert wird. Am rechten Ufer über Serpentinen hinauf, bis sich das **Mizane-Tal** verflacht und die Neltner-Hütte sichtbar wird.*

***Der Gipfelaufstieg** führt durch den südlichen **Irhzer n'Ikhibi,** das ist das Tal, das etwa bei der Neltner-Hütte ins Haupt-(Mizane-)Tal mündet. Es handelt sich um einen steilen, nach Westen exponierten Anstieg, der vormittags lange im Schatten liegt.*

Von der Neltner-Hütte aus überquert man den Mizane-Bach und steigt in dem zunächst steilen Seitental auf: entweder rechts, unangenehm und mühsam durch Schutt und Geröll, oder weiter links durch Rinnen und über Bänder des Felsabbruches, der die linke Talseite versperrt. Das Tal wird bald flacher. Es geht weiter über große Felsblöcke, dann wieder über Schutt, immer den Bach entlang, bis man eine Art Talkessel erreicht. Schräg rechts steigt man über steiles Geröll zur Toubkalscharte ***(Tizi n' Toubkal)*** *und nach links über den SW-Grat zum Gipfel.* ***Gehzeit ca. 2-3 Stunden*** *ab der Neltner-Hütte.*

Weitere Gipfel im Bereich der Neltner-Hütte

Neben dem Djabal Toubkal gibt es noch eine ganze Reihe anderer leicht zugänglicher hoher Berge.

Den ***Ras n'Ouanoukrim*** *(4083 m) und die* ***Timesgouida*** *(4089 m) erreicht man über den Felsgrat nach Westen, später über Geröll zu den Gipfeln* ***Akioud*** *(4010 m) und* ***Afella*** *(4015 m) über die* ***Amrharas-N'Iglioua-Scharte***.

Diese Routen auf die höchsten Atlasgipfel sind auch als ***Skihochtouren*** *möglich. März bis Mai gilt als die beste Zeit hierfür.*

Für Kletterer gibt es jede Menge Routen, zumeist Gratklettereien mittlerer Schwierigkeitsgrade, jedoch auch extrem schwierige Wandklettereien. Die bekanntesten ***Kletterberge in der Region*** *sind* ***Tadat*** *(3760 m),* ***Le Clochtons*** *(3963 m),* ***Tadaft*** *(ca. 3900 m) sowie der* ***Djabal-Toubkal-Westgipfel.*** *Je nach Jahreszeit sind in den diversen Rinnen und Couloirs auch Eis- und kombinierte Fahrten möglich.*

Tip: *Auch bis kurz vor dem Gipfel funktionieren GSM-Telefone (Handys) noch recht gut, zu Hause sollte man sich erkundigen, mit welchen Netzbetreibern Marokko ein rooming-Abkommen hat. Im Notfall kann man dann Hilfe über die Gendarmerie Royal anfordern (Französichkenntnisse vorausgesetzt).*

Informationen zum Bergsteigen und Skifahren bei:

„Club Alpin Français"

Bd Brahim Roudani, Casablanca 01, B.P. 6178, Tel. 0 02 12/2/27 00 90, Fax 0 02 12/2/29 72 92;

„Fédération royale marocaine de Ski et Montagne"

Parc de la Ligue Arabe, Casablanca 01, B.P. 15 899

Tel. 0 02 12/2/20 37 98, Fax 0 02 12/2/47 49 79

„Association Nationale des Guides et Accompagnateurs du Maroc"

(A.N.G.A.M) B.P. 47, Asni, Tel. 0 02 12/4/44 49 79, Fax 43 36 09

Lokale Skiclubs, das Tourismusministerium in Rabat und örtliche Touristenämter erteilen ebenfalls Auskünfte.

Hüttenreservierung *über „Club Alpin Français", B.P. 888, Marrakesch bzw. Casablanca oder CAF Oukaimeden, Tel. 00212/4/31 90 75 oder 31 90 36.*

Marrakesch - Tizi-n-Test - Taroudannt

ÜBERBLICK

➠ **229 km von Marrakesch, 143 km von Asni, S 501**

Die Strecke, die im Winter nach frischem Schneefall gesperrt sein kann, führt durch eine landschaftlich eindrucksvolle Hochgebirgsregion.

Busverbindung bis Asni, danach Sammeltaxis. Es gibt aber auch einen privaten Bus, der über diese Strecke fährt (s. Marrakesch). Die meisten Busse nach Taroudannt fahren über die wesentlich schnellere Strecke *Chichaoua* und *Imi-n-Tanoute*. Die Straße über den Tizi-n-Test ist schmal, häufig geflickt und führt teilweise ohne Randbegrenzungen ab dem Paß steil und kurvig bergab; für Busse sowie hohe und breite Wohnmobile nicht geeignet.

ANFAHRTSBESCHREIBUNG

Anfahrt nach Asni s. S. 306. Hinter Ouirgane (s. S. 264) durchquert die Straße eine schöne Gebirgslandschaft im Tal des *Oued N´Fiss* flußaufwärts, begrenzt durch die steilen Flanken der Atlas-Berge. Am Fluß wachsen Walnuß- und Obstbäume.

Bei Km 94 ist der kleine Ort **Oued Agoundis (Ijoukak)** erreicht. Ca. 1½ km weiter gibt es eine Tankstelle. Wer nur noch wenig Benzin hat, sollte hier auftanken, da die nächste Tankstelle erst in *Ouled Berhil* anzutreffen ist. Ein Abzweig führt nach *Tleta n'Yâcoub,* ein wichtiges Zentrum des *Goundafa*-Stammes.

Etwas entfernt stehen links und rechts der Straße zwei mächtige Kasbahs, die *Goundafa-Kasbah* mit Namen „Agadir N'Gouj" (rechts) und die *Kasbah Tagoundaft* (links).

103,5 km nach Marrakesch führt ein Abzweig rechts nach **Tin Mal.** Man kann mit dem Auto über eine kleine Brücke den Oued N'Fiss überqueren und erreicht dann nach ca. 1 km bzw. 15 Min. Fußweg die Moschee neben einem Lehmhüttendorf.

TIN MAL

GESCHICHTE

Die Moschee und Zawia aus dem 12. Jahrhundert ist **Ursprungsort der Almohaden.** Der von den *Almoraviden* verfolgte *Ibn Tumart* fand hier im Jah-

Mihrab in der Moschee von Tin Mal

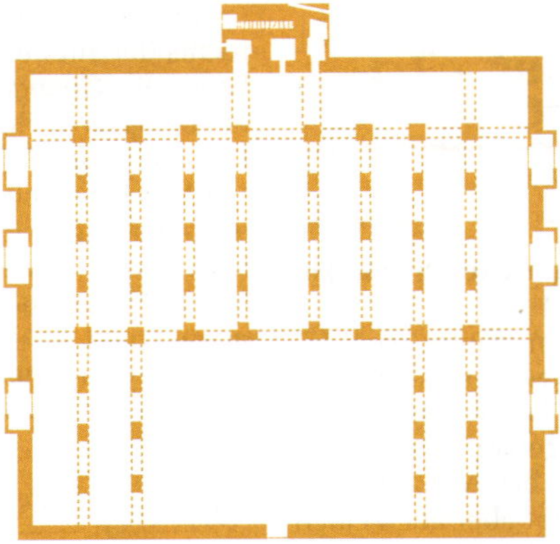

Grundriß der Moschee von Tin Mal

re 1120 Zuflucht. Der Marabut wurde von seinen Anhängern als Mahdi (ein von Gott Gesandter) verehrt und bekehrte die hier wohnenden *Masmouda-Berber* zum Islam und gründete das Kloster „Ribat". Die Klosterbrüder nannten sich „Al Mohawadun", daraus wurde später der Name „Almohaden" (vgl. S. 36).
Der Nachfolger von Ibn Tumart, *Abd al Mu'min,* eroberte von Tin Mal aus in sieben Jahren ganz Marokko. Marrakesch wurde Hauptstadt.
Tin Mal blieb weiter heiliger Ort und letzte Zufluchtsstätte der Almohaden, als die *Meriniden* das Reich eroberten.
Die **Moschee** ließ *Abd al Mu'min* 1154 erbauen, sie wurde 1276 von den Meriniden zerstört. Seit 1993 wird sie mit großem Aufwand von Stuttgarter Architekten renoviert und steht kurz vor der Fertigstellung.

Die schlichte, mit Lehmziegeln gebaute Anlage (48x44 m) bildet in ihrem Grundriß die für Maghreb-Moscheen typische T-Form, die sich aus der Anordnung von Querschiff und (neun) Längsschiffen ergibt. Die Bögen der Längsschiffe sind hufeisenförmig gestaltet und werden von 52 Pfeilern getragen. Lediglich der Qiblatrakt vor der Gebetsnische *(Mihrab)* ist mit Stalaktitenmustern ausgestattet, und nur die Wandpfeiler sind mit Schmuckbändern verziert.

Die Moschee kann (außer am Freitag) für 10 DH besichtigt werden. Ein sehr freundlicher junger Mann verfügt über den Schlüssel und steht als Führer bereit. Am Freitag steht die Moschee der Bevölkerung der umliegenden Dörfer zum Beten zur Verfügung.

---

116 km hinter Marrakesch liegt das Dorf **Idni** mit einfachem *Café*.

Ungefähr 1½ km hinter Idni ist eine „Barrière de Neige" eingerichtet, d. h. ab hier bzw. bei Km 152 wird bei starkem Schneefall die Strecke von Süden her gesperrt.

Steile Abhänge ohne Begrenzung fallen hinab zum *Oued N'Fiss*. Oleander, Walnußbäume und im Frühjahr blühende Iris säumen das Flußufer. An die stark erodierten Hänge sind winzige kärgliche Lehmhäuser gebaut, die sich kaum von der roten Erde abheben.

Bei Km 135,6 ist der Paß **Tizi-n-Test** in 2093 m Höhe erreicht.

Pinienaufforstungen sollen die fortschreitende Erosion stoppen. Eine schmale Straße führt bergab, immer wieder bieten sich herrliche Ausblicke. Infolge von Regen- und Schneefällen ist im oberen Bereich der Paßhöhe die Teerdecke der Straße häufig beschädigt. Nach ca. 3 km ragt ein Felsüberhang über die Straße, der Fahrzeugen über 3,50 m Höhe Probleme machen dürfte.

Ein kleiner Wasserfall fließt links der Straße bergab, darunter (direkt unterhalb der Straße) haben sich Tropfsteingrotten gebildet.

Auf den nächsten 10 km passiert man einige Cafés und Stände von Mineralienhändlern. Lavendel, Ginster, Steineichen und Stechpalmen wachsen an den Hängen.

Weiter geht es in Serpentinen bergab – auf einer Strecke von 30 km führt die Straße von 2000 m Höhe bis auf eine Höhe von nur noch 500 m im Soustal.

152 km hinter Marrakesch trifft man auf eine weitere „Barrière de Neige", daneben Mineralienhändler und ein einfaches Café, in dem Zimmer vermietet werden.

Nebel zieht über den Tizi-n-Test

Ca. 164 km hinter Marrakesch flachen sich die Hänge des Hohen Atlas zur Sousebene hin ab, und das Arganiengebiet beginnt. Auf den zahlreichen Arganienbäumen klettern die Ziegen bis in die oberen Äste, um die gelben, im Sommer reifen Früchte zu erhaschen (vgl. S. 214).

Bei Km 175,4 mündet die S 501 in die breite Straße P 32; links Abzweig nach *Aoulouz* und *Ouarzazate*, rechts nach Taroudannt.

Der große Ort **Oulad Berhil** ist etwa bei Km 184 erreicht. Es bietet sich an, eine Pause in dem schönen **Palast-Restaurant/Hotel Riad Hida** einzulegen. Hierzu fahren Sie bei den Schildern im Zentrum unmittelbar links auf eine Piste, die am Markt vorbeiführt, biegen ab und fahren 1,1 km geradeaus weiter. Auf diesem Flecken hat *Mohammed Laafissii* ein Hotel/Restaurant in einem 1860 errichteten Palast eines Paschas eingerichtet. Der Palast ist mit typisch maurischem Dekor ausgestattet und diente vielen Filmen als Kulisse. Die Diener des Hauses, die schon unter dem letzten Besitzer des Hauses, einem dänischen Brigadeoffizier und Ziehvater von Mohammed Laafissii, im Hause waren, machen liebevolle Führungen und sind sehr um die Gäste bemüht. Im wunderschönen Garten, voller tropischer Pflanzen und Heimat eines Pfaus, kann man auf der Terrasse des Palastes ausgezeichnet essen. Übernachtung in stilvollen Zimmern, Abendessen und Frühstück für 500 DH/DZ, Suite 700 DH. Etwas für nostalgiesuchende 1001-Nacht-Fans, die höchstens mittags einmal von einfallenden Reisegruppen gestört werden.

Im Palast Riad Hida

Mohammed war übrigens Radrennfahrer der marokkanischen Nationalmannschaft; Radfahrer finden hier also Gesprächsstoff.

Im weiteren Bereich – das fruchtbare Soustal zieht sich von Ouled Berhil bis nach Agadir – wird viel Landwirtschaft betrieben. Immer wieder sieht man große Zitrusfrucht-Plantagen und Landgüter, die oft in Staatsbesitz sind. Zahlreiche kleine Orte reihen sich entlang der Straße bis Taroudannt.

2 km vor Taroudannt gibt es eine Shell-Tankstelle mit bleifreiem Benzin, und bei **Km 229** ist **Taroudannt** erreicht (s. S. 205). Bis Agadir sind es dann noch ca. 67 km.

Marrakesch - Tizi-N-Tichka - Ouarzazate

ÜBERBLICK

204 km, P 31
Auf der gut ausgebauten P 31 beträgt die Fahrzeit mit dem Bus ca. 4 Std. Ein Ausflug nach Ouarzazate kann auch in Marrakesch im Hotel oder Reisebüro gebucht werden.

Die Berge des **Hohen Atlas,** die hier die natürliche Trennlinie zur Sahara bilden, sind fast unbesiedelt, die Täler der Gegend werden zum Obst- und Getreideanbau auf Terrassenfeldern genutzt. Die Bewohner leben in kleinen Häusern aus Stampflehmerde mit Flachdächern aus Knüppelholz, die stufenartig entlang der Berghänge gebaut werden. Ein Gemeinschaftsspeicher (Agadir) ist Bestandteil der Dörfer im Hohen Atlas. Eine Kasbah, die meist als Wohnsitz der Fürsten diente, bestimmt vor allem das Ortsbild auf der Atlassüdseite. Hier im *Glawi-Land* sind das vor allem die Kasbahs des Paschas *El Glawi* (siehe zur Geschichte S. 249).

Die Bewohner der Täler verdienen sich ein Zubrot zum ihrem kärglichen Unterhalt durch den Verkauf von Halbedelsteinen, die sie entweder selber suchen oder von Zwischenhändlern erwerben; Vorsicht vor Fälschungen! Mit etwas geübtem Auge allerdings lassen sich immer wieder sehr schöne und preiswerte Stücke ergattern.

Aus Marrakesch führt die P 31 in landschaftlich wunderschöner Gegend hinauf zum *Tizi-n-Tichka,* einem Paß (= Tizi) in 2260 m Höhe. Vor allem im Frühjahr, wenn die Kakteen und Oleanderbüsche blühen, ist der Ausblick in die Gebirgstäler ein Genuß. Man sollte unbedingt einen der zwei großen Atlas-Pässe, *Tizi-n-Tichka* oder *Tizi-n-Test,* befahren, da diese zu den landschaftlich schönsten Punkten Marokkos zählen, wobei die Strecke über den Tizi-n-Tichka wohl die allerschönste ist. Der Tizi-n-Tichka ist breit, gut ausgebaut und auch für Wohnanhänger geeignet. Im Winter ist er (bis auf Unterbrechungen zu Schneeräumarbeiten) passierbar.

ANFAHRTSBESCHREIBUNG

Man verläßt Marrakesch entweder über Nordosten (nördliche Umfahrung der Altstadt) über die Straße nach *Beni-Mellal* und dann rechts auf die Route des Remparts in Richtung Ouarzazate oder alternativ über den Süden (schlecht zu finden) am Königspalast vorbei, durchs *Bab Ahmar,* zur Route des Remparts und dann rechts.

Nach Verlassen der Stadt führt die Straße über Ebenen mit Kornfeldern; einzelne Palmen sind zu sehen. Im Frühjahr hat man am Rande der Stadt einen fantastischen Blick entlang der roten Stadtmauern auf die Palmenhaine, die grünen Felder und - als Kulisse am Horizont - auf die schneebedeckten Berge des Hohen Atlas.

Nach 30 km erreicht man den Ort **Aït Ourir.** Zimmer gibt es im nicht mehr besonders empfehlenswerten Motel *Le Coq Hardi,* einer ursprünglich schönen Anlage mit großem Garten und Terrasse (DZ ca. 100 DH ohne Frühstück, Menü 60 DH). Eine weitere Herberge ist *L'Hermitage*** an der Pont du Zat, Route de Ouarzazate. Hier gibt es einen Abzweig nach *Oukaïmeden* und ins *Ourika-Tal* (s. S. 257ff.).

Bei ca. Km 55 gibt es ein neues Hotel/Café/Restaurant, das *Dar ou Dar*. Es hat 14 Zimmer und 31 Betten. Das DZ kostet 150 DH, das EZ 100 DH. Auch Zimmer mit Dusche und Toilette sind vorhanden, Frühstück 25 DH. Die Straße führt weiter bergauf, entlang aufgeforsteter Vorgebirgshänge und Felder, bis sich die Landschaft nach ca. 10 km immer mehr zum Gebirgswald wandelt.

Bei Km 63 ist der kleine Ort **Toufliht** mit Café-Restaurant erreicht. Man fährt weiter über den *Tizi-n-Aït Imguer* (1470 m; bei Km 67) mit Blick auf den *Djebel Tistouit* (3224 m), links unten liegt das Dorf *Aghbalouh*.

12 km später passiert man das Straßendorf **Tazlida** (Tankstelle, Geschäfte, Restaurants) und erreicht 91 km hinter Marrakesch **Taddert** mit einigen barackenähnlichen Häusern und jeder Menge Steinhändler. In den Flußtälern ist es grün, die Berghänge sind kahl und schroff. Hier befindet sich die „barrière de neige", d. h. im Winter ist die Straße nach Schneefällen zeitweise gesperrt. Dann kann es schon vorkommen, daß wegen Räumarbeiten zwei bis drei Stunden gewartet werden muß.

Endlich ist nach 107 km der **Tizi-n-Tichka** auf 2260 m erreicht. Auch hier haben sich zahlreiche Fossilien- und Mineralienhändler postiert.

Schroffe, steil zerklüftete, meist kahle, zum Teil aber auch aufgeforstete Berghänge ziehen sich an der Südseite des Hohen Atlas hinab ins Tal. In landschaftlich ansprechender Umgebung geht die Straße vorbei an grünen Tälern mit sprudelnden Quellen und ursprünglichen Dörfern, in denen Märkte abgehalten werden.

4 km nach der Paßhöhe liegt das *Café Atlas;* ein Abzweig führt nach *Telouèt* und *Anemiter* mit Pistenverbindung nach *Aït Benhaddou*. Dieser 75 km lange Abstecher (35 km Piste) gehört zu den schönsten Strecken Marokkos und verbindet die beiden Highlights Telouèt und Aït Benhaddou. Da die Strecke doch einige Erfahrung im Pistenfahren erfordert, mehrmals ein Fluß durchquer werden muß und möglichst nur mit Allrad befahren werden sollte, sind in diesem Buch nur die Abstecher nach Telouèt bzw. weiter südlich nach Aït Benhaddou beschrieben. Geländewagenfahrer finden die exakte Pistenbeschreibung der Direktverbindung mit Angabe der GPS-Koordinaten in meinem Buch „Marokko – vom Rif zum Anti-Atlas", man kann den Ausflug aber mittlerweile auch mit einem gemieteten Geländefahrzeug mit Fahrer (über Reisebüros der Vermieter buchbar) unternehmen.

Vom Tizi-n-Tichka verläuft die Strekke nach Telouèt durch das Tal des *Oued Imarene* und eine grandiose, stark zerklüftete Gebirgswelt – Folge starker Erosion. Bei klarem Wetter hat man herrliche Ausblicke auf die Berge des Hohen Atlas.

20 km nach dem Abzweig ist Telouèt, ein 1800 m hoch gelegenes „Großdorf" mit kleinem Restaurant erreicht.

TELOUÈT

Links der Straße thront das von mächtigen, zinnenbewehrten Mauern umgebene **Dar Glaoui,** der Herrschaftssitz eines der bedeutendsten Berberfürsten, des *El Glaoui*. Die El Glaoui-Stammesfürsten beherrschten das Glaoui-Bergland südlich von Marrakesch und kontrollierten die Handelswege. Am mächtigsten wurde der Pascha *Thami El Glaoui* (1879– 1956), der sich während der Protektoratszeit mit den Franzosen verbündete, dies weidlich auszunutzen wußte und zeitweise mächtiger als der Sultan war.

Erbaut wurde die Kasbah von Telouèt im 19. Jahrhundert; die Ausstattung war kunstvoll im maurischen Stil gehalten, voller Stuckverzierungen und bunten Fayencen, das Deckendekor aus Zedernholz geschnitzt und herrlich bemalt.

Mittlerweile ist es still geworden in der Kasbah des El Glawi, die lange Zeit ein kultureller Mittelpunkt war; die Festung verfällt zusehends, die einstige Pracht aber läßt sich noch erahnen: Einige prachtvoll ausgestattete Räume sind zu besichtigen, am besten erhalten sind das Empfangszimmer und der Harem. Von der Dachterrasse hat man einen wunderbaren Ausblick auf die umliegenden, häufig schneebedeckten Drei- und Viertausender des Hohen Atlas.

Die Schloßanlage wird von dem freundlichen **Wächter/Führer Brahim Zouiz** bewohnt, der Touristen gegen 10 DH offizielle Eintrittsgebühr (plus Trinkgeld) in der Kasbah herumführt. Am Markttag (Donnerstag) ist der Wächter häufig auf dem Markt, so daß eine Kasbahbesichtigung nicht immer gewährleistet ist.

Blick aus der Kasbah auf das Dorf Telouet

Die Kinder im Ort stürzen sich wie die Geier auf Touristen. Verteilen Sie aber keine Bonbons oder Geschenke, sonst werden die Geier zu Wölfen...!

Unterkunft findet man im *Café/Restaurant Auberge Telouèt* (einfachste Übernachtungsmöglichkeit, auch mit Schlafsack auf der Dachterrasse).

Es gibt außerdem eine **Gite d´Etape** (Unterkunftshaus für Bergsteiger), die von der Familie *Bennari* betrieben wird. Die einfache Pension liegt 5 Minuten oberhalb des Suqs. Saubere und schlichte 2- und Mehrbettzimmer, gutes Essen, sehr freundliche Leute. Gemeinschaftsdusche.

Nach 31½ km endet die Teerstraße bei **Anemiter.** Das *Restaurant/Café Inmiter* (mit Campingplatz) liegt am gegenüberliegenden Flußufer. Es gibt eine sehr schöne Kasbah hier. In Anemiter fängt die eingangs erwähnte Piste an, die über 30 km bis *Tamdakht* führt, wo vor Aït Benhaddou die Asphaltstraße beginnt.

Fährt man ohne Abstecher entlang der P 31, liegt bei Km 130 das *Café/Restaurant Tichka*. Es wirkt von außen sehr touristisch, die Terrasse auf der Rückseite öffnet jedoch einen wundervollen Ausblick auf die Berge.

Weiter geht es auf der Paßstrecke *Tizi-n-Tichka – Amerzgane* auf guter Strecke**.** Der 1400 m hoch gelegene Ort ist nach ca. 163 km erreicht. Einige Kasbahs von geringer Bedeutung säumen den rechten Straßenrand.

Nach 176 km (direkte Strecke von Marrakesch) sollten Sie in **Tabourath** (bei der Tankstelle) den Teerstraßenabzweig links zu dem befestigten Dorf (Ksar) *Aït Benhaddou* nehmen.

AÏT BENHADDOU

8 km nach dem Abzweig ist der neue Ortsteil rechts der Straße, der nur aus wenigen Häusern, meist Souvenirbuden und Cafés, besteht, erreicht. Hier liegt das *Café-Restaurant Aït Benhaddou* mit Parkplatz. Organisiert Reisende essen hier oft, bevor das Dorf besichtigt wird. Sollten Sie auf eigene Faust unterwegs sein, ist es ratsam, den Vormittag oder späten Nachmittag für eine Besichtigungstour zu wählen, um dem großen Rummel zu entgehen.

Das **Ksar** (befestigtes Dorf) liegt auf der gegenüberliegenden Flußseite des neuen Ortes. Bislang führt nur ein Steg, der bei Hochwasser überschwemmt ist, über den Fluß. Pläne für eine Brücke und eine Zufahrt für Busse existieren, sind aber noch nicht verwirklicht...

Das Ksar, das als **Weltkulturerbe** unter dem Schutz der *UNESCO* steht, ist ein verschachteltes Labyrinth aus Häusern, Türmen und Kollektivspeichern, von denen es sechs in Aït Benhaddou gibt. Mit Unesco-Unterstützung wurde die Moschee bereits renoviert, andere Häuser sollen folgen, doch fließen die Geldmittel nur spärlich.

In Aït Benhaddou erhebt sich eine alte Berberburg über der anderen (s. a. „Baukunst der Berber", S. 82). Ein einziges Zugangstor führt hinein; drinnen ein enges Gewirr von schmalen Gassen und Steintreppen. Dunkle Gänge führen unter Häusern hindurch. Von den Anhöhen des Dorfes hat man einen herrlichen Blick auf die Berge, den Fluß und die verschachtelten Lehmbauten. In manchen Jahren nisten im Frühjahr auch Störche auf den Türmen der **Kasbahs.** Die Berber-Kasbahs und Speicherburgen zählen zu den interessantesten Bauwerken des Atlas und Anti-Atlas; einige sollten unbedingt besichtigt werden. Viele sind, ähnlich unseren mittelalterlichen Fluchtburgen, als eine Art Wehrburg in mehreren Stockwerken erbaut und von einer Mauer umgeben. Sie waren ein starkes Bollwerk gegen Feinde von außen. Manche dieser Kasbahs dienten als Zufluchtsstätte für ein ganzes Dorf, andere waren lediglich der geschützte Herrschaftssitz eines Berberfürsten.

Die **Speicherburgen,** deren Eingänge oft nur durch ein kompliziertes Leiternsystem erreichbar sind, werden heute kaum noch benutzt. Die Ernte eines Jahres wurde hier aufbewahrt und von einem Wächter beaufsichtigt, der als einziger den Schlüssel besaß. Vor allem die komplizierten **Schlösser** dieser Burgen sind sehenswert. Die Haustore sind mit doppelten Schlössern versehen. Man muß erst das eine öffnen, bevor man das zweite mit einem zahnbürstenähnlichen Holzschlüssel betätigen kann. Die alten hölzernen Türschlösser und Schlüssel wurden früher von Juden gefertigt.

In Aït Benhaddou wurden viele Filme, u. a. „Sodom und Gomorrha", gedreht; dafür wurde eigens eine imposante Tor- und Mauerattrappe um das Dorf gebaut, die immer noch steht. Der eigentliche Zugang erfolgt von der Südseite.

Am Geburtstag des *Marabut,* des Beschützers des Dorfes, wird ein großes Fest veranstaltet. Von weither kommen die Gäste zu Fuß, auf dem Esel, Maultier oder Kamel. Verschleierte Frauen aus der Stadt legen ihre schönsten Festkleider und den besten Schmuck an; ab 16 Uhr schleppen sie große Kessel, Brennholz und alle sonstigen Zutaten zum Platz vor dem Grabe des Marabout und bereiten das Festessen vor, während die Männer ein Kalb, Schafe und Ziegen schlachten. Die Felle werden an Ort und Stelle versteigert. Nach einem ausgiebigen Mahl gehen alle ins Dorf zurück, und zum Takt der Bendirs und Flöten wird die ganze Nacht hindurch gesungen und getanzt.

In Aït Benhaddou

PRAKTISCHE INFOS

Unterkunft

Auberge La Baraka

Tel. (04) 89 03 05, Fax 88 62 73. Einfache, aber mittlerweile hübsch ausgebaute und 1998 frisch renovierte Unterkunft, neun saubere Zimmer, heiße Duschen. DZ 60 DH mit Dusche und WC, auf der Polsterbank im Salon 15 DH und auf der Dachterrasse im Schlafsack 5 DH!

Es gibt ein gutes **Restaurant** im Nomadenzelt. **Camping** ist bei der Auberge ebenfalls möglich. Eine Anmietung von 4x4-Fahrzeugen (V.T.T.) ist über den Besitzer Hammou Aït Lhabib möglich.

Hotel Restaurant La Kasbah

Sehr einfache DZ mit HP 150 DH (zu teuer); sehr gutes Essen, aber meist Tajine, wie üblich im Süden.

Auberge El Ouidane

Sehr einfache Zimmer, im Winter absolut ungemütlich. Zu anderen Jahreszeiten angenehmer, auch weniger Rummel als in den anderen mit schöner Sicht auf das Ksar. 100 DH/DZ.

Sonstiges

Wer ohne Gruppe unterwegs ist und einen Führer engagieren will, dem sei **Abou le Chakal**, der im neuen Ortsteil anzutreffen ist, empfohlen. Der alte Herr ist sehr liebenswürdig und spricht gut Französisch, allerdings kaum Englisch. Er weiß eine Menge über das Dorf zu erzählen; der Zeitaufwand für eine Führung beträgt ungefähr 3 Std., etwa 50 DH Entlohnung sind angemessen.

Wer nach der Besichtigung von Aït Benhaddou noch Lust auf weitere Unternehmungen hat, kann auf der Teerstraße 6 km weiter zur **Kasbah Tamdakht** fahren. Auch diese mächtige Kasbah gehörte einst dem **Glawi-Pascha**.

Heute steht sie leer und verlassen, dem Verfall preisgegeben. Die neuen „Burgherren" sind Tauben, Falken, Blauracken und Eulen, auf den Türmen haben Störche ihre Nester gebaut. Einer Besichtigung der Kasbah und der Oasengärten steht dies nicht im Wege.

Auf Anfrage bei der Bevölkerung kann man auch auf der Dachterrasse oder im Hof der Kasbah seinen Schlafsack zum Übernachten ausbreiten.

Die Kasbah Tamdakht

Zurück auf der Teerstraße nach Ouarzazate zweigt bei Km 190,5 (von Marrakesch aus, ohne Abstecher) rechts eine Straße zur **Kasbah Tiffoultoute** (2 km) und nach *Zagora* ab. Die Kasbah liegt sehr schön und dient gelegentlich Reisegruppen als Restaurant. Innen bietet sie nicht besonders viel (Eintritt 10 DH), die Aussicht vom zinnenbewehrten Dach ist allerdings grandios.

Nach 192 km ist **Tamassint** mit dem geschlossenen **Hotel Oscar Salam** und den daneben gelegenen **Atlas-Filmstudios** (geöffnet ab 10 Uhr, s.a. bei Ouarzazate S. 333) erreicht. Die Gegend zwischen Aït Benhaddou und Zagora hat sich zur beliebten (orientalischen) Filmkulisse entwickelt, zahlreiche bekannte Filme wurden hier gedreht.

Nach weiteren 4 km, bei Gesamtkilometer 196 (ohne Abstecher), erreichen Sie Ouarzazate (s. S. 331).

Ouarzazate - Taliouine - Taroudannt

ÜBERBLICK

293 km, P 31, P 32; 260 km, S 7027
Gute Teerstraße an der Südseite des Hohen Atlas und den Ausläufern des Anti-Atlas entlang. Landschaftlich meist reizvoll, wechselt die Gegend zwischen schroffen Felsbergen und Prärie-Landschaft. Im Sommer und Herbst ist diese allerdings karg und trocken. Sehr schön ist die Landschaft um *Taliouine*.

Es verkehrt ein Bus ab Ouarzazate in Richtung Agadir (Abfahrtszeiten und Preise s. Ouarzazate, S. 338).

ANFAHRTSBESCHREIBUNG

Fahren Sie ab Ouarzazate in Richtung Marrakesch. Von dort erreicht man bei Km 15 den Ort **Tabourath** (Tankstelle), rechts führt ein Abzweig nach Aït Benhaddou (s. S. 275), geradeaus geht es weiter.

Nach 19 km zweigt links die Straße nach Agadir ab; Wegweiser „346 km". Weiter durch einsame Hügellandschaft.

Bei Km 56 ist **Anezal** (Anzel), ein Ort in schroffer Felsgebirgslandschaft, erreicht. Die Gegend ist häufig sehr trocken und wirkt dann öde, aber nach Regenfällen und im Frühsommer sprießen Gras und Blumen, und dann gleicht sie einer Prärielandschaft aus Wildwestfilmen.

Bei Km 63 geht es bergauf – das Felsgebirge erinnert an den Sinai, die Ausblicken auf das Umland sind herrlich. Den **Paß Tizi-n-Bachkoum** erreicht man nach 67 km, danach geht es 2 km bergab in einen sich weit öffnenden, hügeligen Kessel, bis bei Km 82 **Tazenakht** erreicht ist. Hier gibt es vier Tankstellen, einen kleinen Markt, das **Café Etoile** (Grill, Snack, Lunch) und das Restaurant **La Marie** (Brochette, Salate, Tajine).

Übernachtung im einfachen und sauberen *Hotel Zenagha* (Doppelz. 100 DH) oder im großen, motelähnlichen **Hotel Etoile**. Die großen Zimmer (riechen verschimmelt) gruppieren sich um einen Innenhof mit Pool, der allerdings nicht in Betrieb zu sein scheint. Dritte Übernachtungsmöglichkeit ist im **Café-Restaurant Sanhadja** (einfach, 25 DH p.P.). Sehr lohnenswert ist der Besuch der sich direkt an der Hauptstraße in der Ortsmitte befindlichen **Teppichko-**

operative; hier werden schwarz-gelbe (mit Safran gefärbte) Wollteppiche, eine Besonderheit dieser Gegend, gewebt und sehr preiswert verkauft. Die Gegend zwischen Tazenakht, Taliouine und Aoulouz ist **Safranland;** hier wird Safran angebaut, unterwegs kann man bei wandernden Händlern die Fäden kaufen.

Während links ein Abzweig nach **Foum-Zguid** führt, geht unsere Route rechts weiter nach Taroudannt. Bei Km 97 liegt linkerhand ein verfallenes Ksar mit Moschee und Marabout, die **Zawia Sidi Hussein**. Nach 105 km laden zwei neue Cafés/Restaurants zur Rast ein.

Weiter führt die Straße durch eine etwas langweilige, hügelige Halbwüstengegend mit Weizenfeldern, die größeren Berge sind jetzt weiter weg. Danach geht es wieder bergauf durch Hügel und Berge.

Bei Km 127 liegt rechts der Piste (ca. 2 km) ein prägnanter Hügel/Berg, in dessen Fels zahlreiche Höhlen gehauen wurden. Ob diese früher einmal als Zufluchtsstätten dienten oder aus sonstigen Gründen geschaffen wurden (einige entstanden sicherlich durch Erosion), konnte ich nicht in Erfahrung bringen; jetzt werden einige als Viehunterschlupf benutzt. Von den Höhlen hat man eine hervorragende Aussicht, die Hirten sind sehr freundlich und zurückhaltend.

Nach 141 km ist links ein größerer Ort am Berg gebaut (Café/Restaurant). Weiterhin führt die Route durch schroffes Bergland. Die Region ist sehr dünn besiedelt, es gibt viele Hirten.

Km 153,7: links Abzweig nach **Agadir-Melloul** (Wegweiser 35 km). Von der Abzweigung aus sieht man in ca. 1 - 2 km Entfernung eine Moschee sehr schön und kontrastreich vor einer Felswand stehen. Es lohnt sich, den kurzen Weg zu dem Dorf **Ifri** zu fahren, denn die Felswand beherbergt einen von fern nicht sichtbaren **Agadir** mit vielen raffiniert in den Fels gehauenen und mit Türen verschlossenen Kammern in unterschiedlichen und kaum zugänglichen Höhen.

Bei Km 165 ist Taliouine erreicht.

TALIOUINE

Die stark expandierende **Palmenoase** ist von den schroffen, vulkanischen Bergen des **Djebel Siroua** im Norden, im Süden vom **Anti-Atlas** umgeben. Eine schöne Kasbah thront auf einem Berg.
Der Ort lohnt sich zu einem längeren Aufenthalt, auch als Basis für Ausflüge in die umliegenden Täler und Berge. Man lebt hier sehr abgeschieden, auch wenn der Trekkingtourismus den Ort langsam entdeckt.

In Taliouine gibt es am Ortsausgang in Richtung **Ouarzazate** auf der linken Seite eine **Safran-Kooperative,** wo man preiswert einkaufen kann.

Klassifizierte Hotels

Ibn Toumert ****B
Tel. 53 51 30, Fax 53 51 31; schon etwas verstaubtes Hotel mit dem Charme eines Krankenhauses und 100 Zimmern, steht meist leer; DZ 400 DH, Frühstück 39 DH, Menü 125 DH (nicht besonders). Mit Schwimmbad (oft kein Wasser), schön gelegen neben der Kasbah. Sehr freundliches Personal.

Unklassifizierte Hotels

Auberge/Restaurant Soukthana
Sauberes, einfaches Hotel gegenüber der Kasbah (aus Agadir kommend 1 km vom

Der Felsagadir von Ifri

Stadtzentrum entfernt); Das sehr beliebte Trekkinghotel verlor seinen Besitzer Ahmad und einen der Köche durch einen tragischen Autounfall 1997. Das Personal und die Erben halten den Betrieb aufrecht, sind sehr freundlich und bieten weiterhin gutes Essen. DZ ca. 120 DH, EZ 70 DH, Etagenduschen, Menü 40–60 DH ohne Service, Frühstück 15 DH; kleiner Campingplatz, pro Person 7 DH, Zelt 5 DH, Auto 4 DH, Caravan 10 DH. Reitmöglichkeit und Fahrradverleih; Parkplätze im Hof; Zisterne, die zum Schwimmbecken umfunktioniert wurde.

Hotel de la Poste

etwas eigenartige Atmosphäre, komische Typen, kein Bettzeug, aber 50 DH pro Person, dafür viel zu teuer.

Auberge Askoun

1 km außerhalb in Richtung Tazenakht. Die Zimmer sind o.k., 40 DH pro Person, aber etwas abgelegen und einsam.

Hotel/Restaurant/Camping Siroua

In der Ortsmitte links abbiegen, gegenüber der Polizeistation gelegen. Einfache und saubere Zimmer. EZ 85 DH, DZ 130 DH, reichhaltiges Frühstück mit Olivenöl und Datteln 20 DH, gutes Menü 70 DH. Der Camping ist eher eine Notlösung (Zelt 8 DH, Person 7 DH, Auto 5/Camper 15 DH). Ab der Auberge Soukthana werden mehrtägige **Trekkingtouren** ins **Djebel Siroua-Gebiet** unternommen. Es geht durch traumhaft schöne Wüstenberge und schwarze Schluchten mit Palmen; Tagesleistung ca. 15 km, pro Person 400 - 450 DH/Tag inkl. Essen und Muli. Preise und Fotos hängen in der Auberge aus.

Von Taliouine aus empfiehlt sich des weiteren ein Ausflug zum **Agadir** des Dorfes **Ifri** (siehe vorne bei km 153,7!).

Essen & Trinken

In der **Auberge Soukthana** oder im **Restaurant Caravane Selim.**

Verkehrsverbindungen

Busse verkehren nach **Ouarzazate, Taroudannt** und **Agadir**. **Sammeltaxis** bedienen die Nebenstrecken in die Umgegend.

79 km hinter Ouarzazate liegt der Ort **Iouzioua Ounneïne** (Tankstelle und Geschäfte).

Nach der Brücke über den **Oued Assaki** weicht die karge Felslandschaft mit Palmenoasen und Kasbahs einem Buschland, in dem Arganienbäume und Getreidefelder sich abwechseln. Es bietet sich immer wieder ein schöner Blick auf den Atlas.

Bei Km 195,5 führt links (bzw. geradeaus) die Straße 7027 in Richtung **Agadir** (**Tata** und **Igherm**). Diese Strecke nach Agadir und Taroudannt ist ca. 35 km kürzer, aber landschaftlich langweiliger; rechts führt die alte Route über **Aoulouz** nach **Ouled Berhil**, außerdem nach Marrakesch über den Tizi-n-Test.

Weiter geradeaus auf der S 7027 in Richtung Agadir, führt die schmale, gute Straße nach der Kreuzung bergauf; nach 5 km ist der Ort **El-Faid** erreicht.

Im Sous-Tal, im Norden durch den Hohen Atlas begrenzt, wachsen viele Obstbäume.

Bei Km 46,5 erreicht man den großen Ort **Khemis Arazane.** Hier fällt auf, daß viele Frauen verschleiert gehen – ähnlich wie in Taroudannt macht sich der arabische Einfluß bemerkbar.

Weiter geht es durch die fruchtbare Sous-Ebene, ein landwirtschaftlich intensiv genutztes Gebiet. Sowohl große Landgüter als auch Kleinbauern produzieren hier. Weizen, Zuckerrohr, Arganien-, Mandel- und Olivenbäume wachsen in der Ebene.

Bei Km 71 mündet die Strecke in die Straße Agadir – Taroudannt: geradeaus nach Taroudannt (6 km), links nach Tata – Igherm.

Im Soustal bei Tiout

SÜDMAROKKO

OUARZAZATE

VON OUARZAZATE INS DRAATAL
(Agdz · Zagora · M´hamid)

DIE STRASSE DER KASBAHS
(von Ouarzazate nach Errachidia und Abstecher in die Todhra- und Dadès-Schlucht)

DIE WÜSTENREGIONEN IM SÜDOSTEN
(Errachidia · Erfoud · Rissani · Erg Chebbi · Merzouga)

VON RISSANI ÜBER TAZZARINE INS DRAATAL

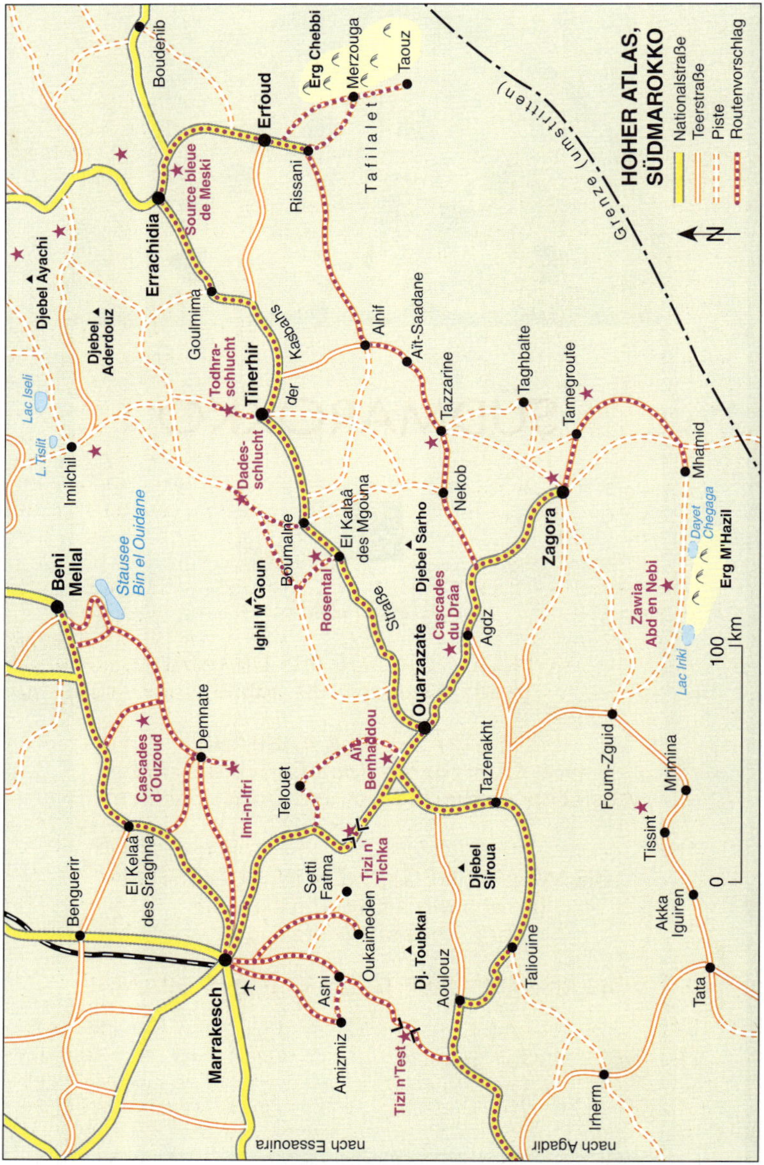
HOHER ATLAS, SÜDMAROKKO
Nationalstraße
Teerstraße
Piste
Routenvorschlag
N
0
100 km
Grenze (umstritten)
Tafilalet
Boudenib
Erfoud
Erg Chebbi
Merzouga
Taouz
Rissani
Source bleue de Meski
Errachidia
Djebel Ayachi
Djebel Aderdouz
Goulmima
Straße der Kasbahs
Todhra-schlucht
Tinerhir
Alnif
Aït-Saadane
Tazzarine
Taghbalte
Tamegroute
Mhamid
Lac Iseli
L. Tislit
Imilchil
Dades-schlucht
Boumalne
El Kalaâ des Mgouna
Nekob
Zagora
Djebel Sarho
Dayet Chegaga
Erg M'Hazil
Beni Mellal
Stausee Bin el Ouidane
Ighil M'Goun
Rosental
Cascades du Drâa
Agdz
Zawia Abd en Nebi
Lac Iriki
Ouarzazate
Demnate
Cascades d'Ouzoud
Imi-n-Ifri
Telouet
Aït Benhaddou
Tazenakht
Foum-Zguid
Mrimina
Tissint
El Kelaâ des Sraghna
Benguerir
Setti Fatma
Tizi n' Tichka
Djebel Siroua
Oukaimeden
Dj. Toubkal
Akka Iguiren
Marrakesch
Asni
Amizmiz
Tizi n'Test
Aoulouz
Taliouine
Tata
Irherm
nach Essaouira
nach Agadir

OUARZAZATE UND DAS DRAATAL

ÜBERBLICK

Überquert man den Atlashauptkamm, wähnt man sich in einer anderen Welt. Die Berge werden kahl und unwirtlich, in dünn bewachsenen Hochtälern ziehen die Menschen mit ihren Viehherden umher und wohnen in Zelten, Höhlen oder Lehmhäusern, die sich in den Orten zu mächtigen Lehmburgen oder verschachtelten Wohnkomplexen türmen. Die felsigen, im Abendlicht rotschimmernden Südhänge sind von tiefen Schluchten durchzogen, in denen Palmen wachsen und wo entlang der Flüsse Terrassenfeldbau betrieben wird oder kunstvolle Bewässerungskanäle gezogen sind.

Das ist das **Land der Kasbahs,** jenes Marokko, das in jedem Reiseprospekt vorgestellt wird. Vor allem für aktiv Reisende, Geländewagen- und Motorradfahrer, Radler und Wanderer gibt es in Südmarokko viel zu entdecken. Wer abseits der Teerstraßen fährt und eine Piste wählt, die nur mit Geländewagen machbar ist, sollte auf mein Buch „Marokko – vom Rif zum Anti-Atlas" zurückgreifen; im vorliegenden Führer werden vor allem die Haupttouristikgebiete beschrieben.

Auch für diese besteht die Möglichkeit, zu Fuß oder im Sammeltaxi in einsame Regionen vorzudringen oder interessante Ausflüge zu buchen.

Das **Klima im Süden** ist durch starke Temperaturunterschiede geprägt. Trockene, sehr heiße Sommermonate mit Tagestemperaturen bis über 40°C und Nachtwerten bis zu 28°C stehen der Winterzeit gegenüber, in der es nachts manchmal bis zu -5°C abkühlen kann, tagsüber aber in der Regel angenehme 25°C vorherrschen. Auch Regenfälle sind im Winter, nach heftigen Gewittern manchmal auch im Sommer zu erwarten. Für den Winter empfiehlt es sich demgemäß, warme Kleidung mitzunehmen, da die Nächte in den meist ungeheizten Hotels empfindlich kalt werden können, während im Sommer ohne Klimaanlage oder Ventilator eine Nacht im stickigen Zimmer v. a. kleiner Hotels nicht auszuhalten ist. Hier ist Reisenden mit schmalem Geldbeutel anzuraten, die Übernachtung im Schlafsack auf der Dachterrasse oder auf einem Campingplatz vorzuziehen.

Als günstiger Ausgangspunkt für Exkursionen in den Süden, allerdings ohne besonderen städtebaulichen Reiz, bietet sich Ouarzazate mit seiner sehr guten Hotelinfrastruktur an.

OUARZAZATE

Ouarzazate (sprich: Warsasat) hat sich vom ehemaligen Militärstützpunkt zu einer modernen Stadt gemausert und hat jetzt knapp 40 000 Ew. Während der Protektoratszeit war die Stadt bereits wichtiger Militärstützpunkt, und nach dem Zweiten Weltkrieg waren auch deutsche Kriegsgefangene in Ouarzazate interniert. Nach der Unabhängigkeit nutzten die Marokkaner den Ort weiterhin als Militärstützpunkt, aber mit der touristischen Entwicklung im Süden wuchs auch die Stadt und bekam ein neues Gesicht.

Braune und rote Häuser, Mauern mit weiß abgesetzten Zinnen, ein hübscher Hauptplatz *(Place du 3 Mars)* mit Springbrunnen und ein prunkvolles, fast protziges Hotelviertel verleihen dem Ort Aussehen und Ambiente einer Touristen-Retortenstadt mit „Kasbahdesign".

BESICHTIGUNG

Die Stadt selbst ist **fast ohne Sehenswürdigkeiten;** wegen der zentralen Lage zwischen dem Hohen Atlas und der Wüste eignet sie sich jedoch hervorragend als Ausgangspunkt für Ausflüge in die Umgebung. Dies haben auch die Reiseveranstalter erkannt, so daß inzwischen Pauschal- und Cluburlauber in die Stadt eingeflogen werden.

★ KASBAH TAOURIRT

Die Kasbah Taourirt am Rande der Stadt - einst Wohnsitz des Paschas von Marrakesch, *El Glawi* - ist der Inbegriff der stadtähnlichen Kasbah mit Fürstensitz und Wohnvierteln, die noch bewohnt sind. Der riesige, verschachtelte Bau hinter hohen Mauern bot ehemals einem ganzen Stamm Unterkunft. Der Komplex ist geradezu eine Stadt für sich: Eine Anzahl verschieden hoher Bauten, eine Burg, zahlreiche Türme und eine *Mellah* (das Judenviertel, einen Bewohner gibt es noch) fügen sich zu einem Ganzen zusammen und bilden die Kasbah, in diesem Falle die Altstadt insgesamt, eine der größten ganz Marokkos. Hier durch die Gassen zu bummeln, ist faszinierend, man taucht in eine völlig andersartige Welt ein. Der Palastbereich, der besichtigt werden kann und innen schöne Holz- und Stuckverzierungen aufweist, verfällt leider zusehends, so daß sich ein Besuch kaum noch lohnt. Der Eintritt kostet 10 DH plus Trinkgeld für den Führer. Der zweite Eingang zur Kasbah führt in die danebenliegenden Souvenirläden.

★ STAUSEE MANSOUR ED DAHBI

Der Stausee Mansour ed Dahbi, umgeben von schroffen Wüstenbergen und ca. 15 km von Ouarzazate entfernt, wurde als Wasserreservoir für die trockenen Wüstengebiete gedacht und sollte gleichzeitig für den Tourismus erschlossen werden. Ehrgeizige Pläne lockten Investoren an, das Projekt ist aber nicht nur wegen des Wassermangels in den Kinderschuhen steckengeblieben. An einem kleinen Bereich des Ufers sind ein Nobelwohnviertel entstanden, in dem sich angeblich *Sean Connery* und *Alain Delon* eine Kasbah errichten ließen, und ein Touristikkomplex mit Golfplatz, Surf- und Segelcenter.

Der Golfplatz existiert, letztere Anlagen nicht und der kleine begrünte Bereich mit Palmen und Villen wirkt sehr retortenhaft, da die übrigen Uferabschnitte mehr oder minder kahl und unwirtlich sind und alles mit dem Seewasser bewässert werden muß, da der jährliche Regenfall unter 200 mm liegt. Da in regenarmen Jahren der Stausee ausgetrocknet ist, erscheint deshalb so ein ehrgeiziges, wasserfressendes Tourismusprojekt nicht gerade als sinnvoll, zumal es in Marokko geeignetere Gebiete für Golfplätze gibt. Auf der anderen Seite des Ufers liegt der Club Mediterranée, der auch über Segelboote und Surfbretter verfügt.

Es ist möglich, etwas außerhalb der Stadt beim „complexe touristique" bis zum See zu fahren; man muß dann aber an einer Sperre anhalten, das Restaurant ist nicht mehr in Betrieb, und Baden ist verboten - schade um ein Gebiet, das sich zumindest hervorragend für eine kleine touristische Erschließung eignen würde, an der auch kleinere private Investoren beteiligt werden könnten, anstatt schönes Terrain für ehrgeizige Großprojekte zu reservieren.

Die sehenswerte **„Storchenkasbah"** und ein anderes Ufer des Stausees erreicht man auf der Strecke in Richtung Zagora. Wenn man die erste Gasse nach dem *Hotel Le Vallée* nach links fährt, trifft man nach ca. 3 km auf die alte Festung mit den Storchennestern *(Kasbah Cigogne)*.

★ZOOLOGISCHER GARTEN

Am *Place du 9. Novembre,* der gegenüber dem Campingplatz liegt, gibt es einen kleinen, hübsch angelegten zoologischen Garten, in dem einheimische Tiere wie Wildschweine, Affen, Enten, Fasane, Dornschwänze und Schlangen gehalten werden; Eintritt ca. 3 DH.

★ATLAS FILMSTUDIOS

Ouarzazate und das Drâatal, auch Aït Benhaddou sind **die** Drehorte für Filme mit Orientcharakter. Ouarzazate wurde das Hollywood Marokkos und die Atlasfilmproduktion betreibt dort zwei Filmstudios. Das Studio in der Stadt, neben dem Cinema Atlas, war im Sommer 99 geschlossen, während das zweite Studio neben dem ehemaligen *Hotel Oscar Salam* in Tam-

Kasbah Taourirt

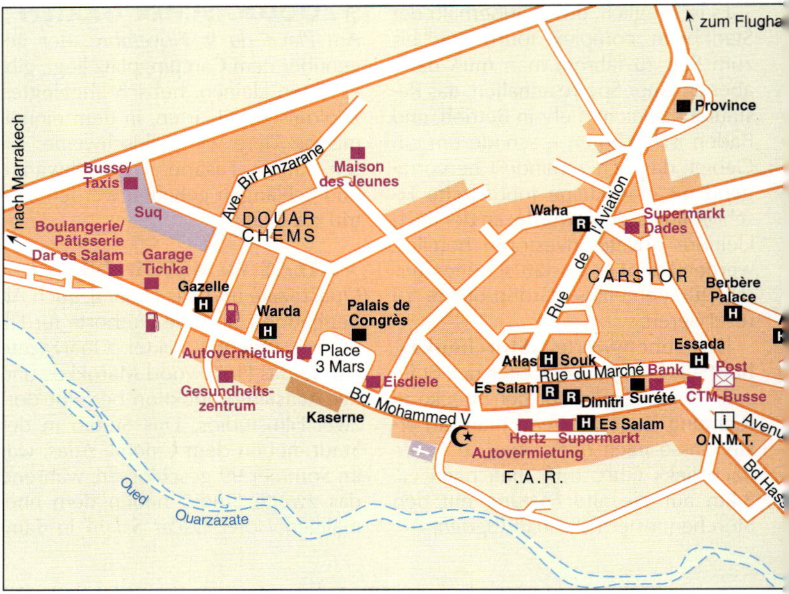

sinnt, 4 km in Richtung Marrakesch, für Besucher offen ist (10 DH). Hier kann man sich zwischen orientalischen Kulissen bewegen, und Leser berichteten mir, daß es sogar vorkommt, daß Europäer als Statisten verdingt werden, z.B. bei Filmen, in denen Schlachten zwischen Arabern und Christen vorkommen und so nicht genügend hellhäutige Statisten zur Verfügung stehen.

Einige der **bekanntesten Filme,** die hier und in der Umgebung gedreht worden sind, waren: „Sodom und Gomorrha", „Die Suche nach dem Diamanten vom Nil" mit Michael Douglas, „Der Himmel über der Wüste" von Bernardo Bertolucci und der kürzlich in den Kinos gelaufenen Film „Marrakesch". Auch zahlreiche Kitschproduktionen, u.a. ein Haremsfilm mit Natassja Kinski (dessen Namen mir entfallen ist) waren auch dabei.

★KASBAH TIFFOULTOUT

Diese Kasbah liegt knappe 6 km nördlich von Ouarzazate in Richtung Marrakesch. Von der P 32 biegt man in Richtung Zagora ab und erreicht nach 2 km die ehemalige Kasbah des Paschas *El Glawi* (s. S. 325), die imposant über dem Oued Drâa thront. Sie wurde traditionell in Stampflehmbauweise errichtet (s.a. Baukunst der Berber S. 82.) und ist mittlerweile halb zerfallen. Im schön ausgestatteten Saal des Untergeschosses werden für Reisegruppen ab und zu Abendveranstaltungen mit traditionellen Tänzen und Essen abgehalten. Von der Dachterrasse hat man einen herrlichen Blick auf das Drâatal (s. Fotos S. 341).

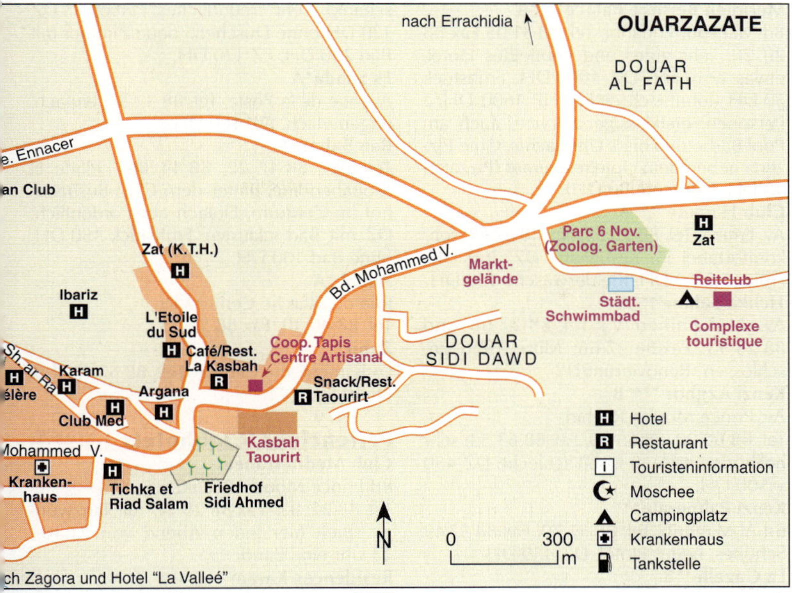

PRAKTISCHE INFOS

Tel. Vorwahl von Ouarzazate: 04

PLZ: 45000

Touristeninformation

Syndicat d'Initiative

Av. Mohammed V, BP. 297, Tel. 88 24 85, Fax 88 52 90.

Das Touristenbüro organisiert Tagesfahrten ab Ouarzazate für ca. 200 DH pro Person und vermittelt Bergführer.

Klassifizierte Hotels

Riad Salam****

Av. Mohammed V., Tel. 88 33 35, Fax. 88 27 66. DZ 80 DH, Pool, Tennis, schönes Hotel, aber im Vergleich zu Bélère zu teuer; bewachter Parkplatz. Mittwoch und Samstag kommen die Touristenbusse, dann gibt es vor allem zur Osterzeit für Individualtouristen nur noch die schlechten Zimmer (laut Leserbrief: Rumpelkammer für 387 DH), und die Küche schafft gerade noch, ein deutsches Büffet mit Dosengemüse zu zaubern.

Le Zat ****A

Quartier Aït Goudif (in Richtung Errachidia), Tel. 88 25 58/21, Fax 88 53 94. Flacher Bau, an dem der Putz bröckelt, aber ruhig gelegen. Blick auf die Stadtkulisse, kleiner Garten, gepflegter Pool, gutes Essen, freundliches Personal. DZ 230 DH, HP 250 DH p.P..

Bélère Salam****A

Av. Prince Moulay Rachid, Tel. 88 28 03/ 88 29 37, Fax 88 31 45; sehr schönes, ruhiges Hotel, erholsamer Garten, Pool; DZ 555 DH + 18 DH Tax; bewachter Parkplatz. Das Preis-Leistungsverhältnis ist ausgezeichnet. Mittlerweile steigen viele Pauschaltouristen hier ab, eine Reservierung ist daher zur Hochsaison empfehlenswert. Das Büffet ist nicht berauschend, das Frühstück mäßig.

Farah Al Janoub****

Zone Touristique Erraha, Tel. 88 48 88. Luxuriöses, neues Hotel.

Meridien Berbère Palace**A**
Bd Mansour Eddahbi, Tel. 88 31 05 Fax 88 20 20; sehr gutes und gepflegtes Hotel, etwas arrogant. DZ 1000 DH, Frühstück 50 DH (lohnt sich nicht). HP 1600 DH/2 Personen, erstklassiger Service, auch am Pool Barbetrieb bis 1 Uhr nachts. Gute Pizzeria neben dem Hotelrestaurant (Pizza ab 40 DH, Entrecôte 80 DH).

Club Hanane**A**
Av. Erraha, Tel. 88 25 55, Fax 88 57 37; sehr komfortabel im Kasbahstil. DZ 700 DH, Frühstück 60 DH, Kleiderwäsche 120 DH.

Tichka Salam**A**
Av. Mohammed V., Tel. 88 22 06 und 88 23 93, Fax 88 27 66; Mitte 1996 geschlossen (Renovierung?)

Kenzi Azghor ****B
Av. Prince Moulay Rachid,
Tel. 88 60 00, 88 65 00, Fax 88 63 53; sehr hellhörig und laut, Essen schlecht; DZ 450 - 500 DH.

Kenzi Palmeraie***
Bd Al Maghrib, Tel. 88 57 70, Fax 88 57 49 Schönes, neues Hotel. DZ 450 DH.

La GazelleB**
Avenue Mohammed V., Tel. 88 21 51, Fax 84 47 27; Traveller-Hotel; die Zimmer sind um einen Innenhof mit einem hübschen, kleinen botanischen Garten gruppiert, aber oft muffig; DZ mit WC und Du. 154 DH, in der Nebensaison billiger; gutes Essen (Menü 100 DH, Tagesgericht 50 DH, Bier 15 DH), Frühstück 20 DH; schöner Swimmingpool, Parkmöglichkeit im Hof.

La Vallée *(ca. **)*
Tel. 85 40 34, Fax 85 40 43; außerhalb an der Straße nach Zagora, hinter der großen Furt über den Oued Ouarzazate. Saubere Zimmer, freundliches Personal, hübsche Terrasse mit Blick auf die Berge, schöner Pool, 1999 erweitert, aber noch nicht fertig. Im Neubau schöne Zimmer, dafür sind die Zimmer im alten Teil nicht mehr gepflegt. Wenn der neue Teil voll ist, dann muß man wohl oder übel auf den alten Teil zurückgreifen. Zu hoffen ist, daß diese Mißsstände lediglich auf die Umbauphase beschränkt bleiben. Gutes, reichliches Essen (Diner 70 DH mit Berber-Live-Musik), Frühstück 20 DH, Alkoholausschank), sehr freundliches Personal. DZ 120 DH ohne Duschen, neue Zimmer mit Bad 200 DH, EZ 120 DH.

Es Saada*A
Avenue de la Poste, Tel. 88 32 31; einfach, ungemütlich, DZ 100 DH.

Bab Sahara*
Telefon 88 47 22, 88 44 65. Place El Mouaheddine, hinter dem CTM-Busbahnhof im Zentrum. Einfach aber ordentlich. DZ mit Bad inklusive. Frühstück 150 DH, ohne Bad 100 DH.

Amlal *A
Rue du Marché Centre Ville,
Tel. 88 40 30, Fax 88 52 25.

Zahir*
Lotissment du Centre, Tel. 88 57 40, Fax 88 30 50.

Ferienclubs/Clubhotels

Club Mediterranée
Bd Prince Moulay Rachid,
Tel. 88 22 83, Fax 88 28 14; für Tanzwütige spielt hier jeden Abend von 21.30–23 Uhr eine Band.

Residences Karam
Av. Mly. Rachid, Tel. 88 25 24.
62 Appartments mit Reinigungsservice.

Unklassifizierte Hotels

Residence Warda
Av. Mohammed V.; freundliche, helle und sehr saubere Zimmer mit Badezimmer und Kochnische; sehr schöne Dachterrasse, freundlicher Besitzer; ca. 200 DH, Preis ist Verhandlungssache.

Es Salaam
Zentrum, Tel. 88 25 12; preiswertes, bedingt sauberes, etwas muffiges Hotel, in dem viele Rucksackreisende absteigen; Duschen und WC im Zimmer, Fenster zum Flur. DZ 100 DH, EZ 60 DH.

Royal
Av. Mohammed V., Tel. 88 22 58; EZ 50-65 DH, DZ ca. 90 DH, einfach, sanitäre Anlagen aber nicht immer ganz sauber, gute Betten, warme Duschen, schöner Innenhof.

Atlas
Beim Marché Municipale, Parallelstraße nördl. zur Mohammed V.; einfach, sauber,

Restaurant „Chez Dimitri"

DZ ca. 80 DH, EZ ca. 40 DH, Menü 30 DH. Tel. 88 23 07.

Waha

Beim Busbahnhof (f. Privatlinien), einfach, DZ ohne Bad 70 DH, mit Bad 90 DH, Frühstück 15 DH.

Baba

Neues Hotel (eröffnet 8'98), nett, hell und freundlich, direkt neben obigem Waha. Sauber, aber nicht immer frische Bettwäsche. Große Zimmer (DZ ohne Bad 80 DH, mit Bad 120 DH, mit AC und Bad 170 DH).

Habib

Ebenfalls am Busbahnhof, einfache Zimmer, relativ neu und sauber. Personal spricht kein Französisch, DZ 65 DH.

Camping

Camping Municipale

Tel 88 25 78. Nach der Kasbah Taourirt in Richtung Tinerhir, 4 km vom Zentrum entfernt; gut gepflegter und sauberer Campingplatz mit gepflasterten und abgezirkelten Standplätzen, einfache, aber saubere sanitäre Anlagen; Preise: Auto 6 DH, Zelt/Wohnmobil 7 DH, pro Person 10 DH; einfache Zimmer zu mieten. Gutes Essen (40 DH) im Nomadenzelt (nicht immer), Frühstück 10 DH. Nebenan liegt das öffentliche Schwimmbad (teuer!). Der Platz ist vom Tourismuszentrum umgeben, so daß man abends gleichzeitig mehrere Folkloreveranstaltungen in beträchtlicher Lautstärke akustisch mitverfolgen kann.

Essen & Trinken

Restaurants und Cafés

In den Hotels, z. B. im **La Gazelle** bzw. **Hotel le Vallée** (Tel. 85 40 34) (gut und preiswert mit Alkoholausschank).

Preiswerte Restaurants gibt es auch um den Suq und in der Av. Mohammed V., gegenüber der Touristeninformation.

Chez Dimitri

Bd Mohammed V., schönes Restaurant, gute Küche , Alkoholausschank. Menü ca. 75 DH. Akzeptiert Kreditkarten.

Restaurant La Kasbah

Gegenüber der Kasbah Taourirt, mit schöner Terrasse; mittelmäßiges Essen, gepflegte und freundliche Atmosphäre, Menü (ab 80 DH) zu teuer für das Gebotene.

Restaurant Fint
Direkt daneben, großes Restaurant, gehobene Preisklasse mit herrlicher Terrasse.

L´Etoile du Sud
Av. Annasr, Tel. 88 48 73. Neues, großes Restaurant nahe der Kasbah mit Terrasse und Abendveranstaltungen.

Café/Restaurant Essalam
Seitenstraße gleich rechts vom Chez Dimitri (in Richtung Suq); gutes Essen, sehr zuvorkommende Bedienung, Dachterrasse; Brochettes, Tajine 50-60 DH.

Restaurant/Cabaret Manzani
Av. Mohammed V.

Restaurant Munia
nahe beim Hotel Bab Sahara, gut und preiswert (Harira 3 DH).

Café/Restaurant Raha
Rue el Mouahidine (beim Busbahnhof).

Restaurant Dadès
Av. Moulay Rachid, neben dem Supermarkt „Dadès“.

Restaurant Yasmine
Am Ortsanfang, wenn man von Skoura (Errachidia) kommt; sehr gut.

Restaurant el Warda
Av. Mohammed V.; Menü ca. 50 DH, o. k., gutes Frühstück.

Snack Taourirt
Neben der Kasbah Taourirt; wenn viele Touristen im Ort sind und frisch gekocht wurde, dann gibt es eine gute Tajine und ein Menü für 60–70 DH. Sind wenig Gäste da, werden die Gerichte vom Vortag aufgewärmt, und dann sollte man das Lokal lieber meiden...

Restaurant Atlas
Nahe dem Marktplatz, mittelmäßiges Cous-Cous oder festgesetztes Menü für 50 DH.

Glacier 3 Mars
Gute Eisdiele am Place de 3 Mars.

Patisserie Al Aaila
Gegenüber des Marchée Couvert. Gute Kuchenauswahl, lecker, französisches Ambiente.

Le Ouarzazate
Quartier Sidi Daoud (beim Campingplatz und Zoo), Tel. 88 31 10. Das ist kein Restaurant im üblichen Sinne, sondern eine Kasbah, in der neben dem Essen Folkloreshows veranstaltet werden (à la 1001 Nacht), ähnlich wie in Marrakesch im Ali Baba oder Oasis. Es wird in erster Linie von Reisegruppen gebucht, aber der nicht gerade billige Spaß (ca. 300 DH) ist auch für Individual-Touristen durchaus mal sehenswert, zumal man sie separat von den Reisegruppen setzt.

Busverbindungen

CTM - Busse

Der CTM-Busbahnhof liegt am **Place Mouahidine** (von Marrakesch kommend links der Av. Mohammed V., in einer Parallelstraße).

Strecken, Preise, Abfahrtszeiten:

- ***Ouarzazate - Inezgane (Agadir):***
  12 Uhr (6 Std. Fahrzeit, 100 DH). Über **Tiznit** nach Agadir 17.00 Uhr. Der Privatbus nach Agadir (über Taroudannt 7 Std. Fahrzeit) fährt um 8 Uhr. Bis Taroudannt kostet er 79 DH.
- ***Ouarzazate - Zagora - M´Hamid***
  CTM um 12.30 Uhr, ca. 50 DH, nach Zagora 36 DH und nach M´hamid ca. 60 DH. Gepäck und Fahrräder ca. 5 DH (3,5 Std. Fahrzeit nach Zagora); Privat-Bus nach Zagora um 12 Uhr, Dauer 6 Std. - doppelt so lange wie der CTM-Bus, ca. 40 DH.
- ***Ouarzazate - Marrakesch:***
  CTM-Bus um 8.30 Uhr, 10 Uhr, 11 Uhr, 12 Uhr (Moumtaz-Expreß), 55 DH; außerdem fährt der Bus um 21.30 Uhr in Richtung Casablanca über Marrakesch). Um nach Aït Benhaddou zu kommen, ist es möglich, in den Bus nach Marrakesch zu steigen und an der Kreuzung nach Aït Benhaddou auszusteigen (ca. 8 DH). Dort findet man für die restlichen 11 km meist sehr schnell eine Mitfahrgelegenheit.
- ***Ouarzazate - Boumalne - Tinerhir - Errachidia:***
  Abfahrt 10.30 Uhr, Tinerhir an 15 Uhr, ca. 35 DH, weiter nach Errachidia (ca. 75 DH). Priv. Bus nach Tinerhir ca.8 Uhr.

➡ ***Ouarzazate – Casablanca:***
10 Uhr und 21.30 Uhr, 130 DH (Moumtaz- Express, über Marrakesch).

Privatlinien:
Der Busbahnhof für Privatlinien liegt am westlichen Stadtrand an der Parallelstraße zur Av. Mohammed V., nördlich der Garage Tichka. 50 m südlich halten auch die Sammeltaxis..

Bahnbusse:
Supratours (arbeiten mit CTM zuammen), Tel. 60 72 62.

Taxi/Sammeltaxi

Stadttaxis
Hier werden häufig Phantasiepreise von 30 DH innerhalb der Stadt verlangt, v.a. nachts vom Flughafen. Dieser ist nur 3 km weit vom Stadtzentrum, nicht mehr als 15 DH zahlen!; tagsüber nicht mehr als 5 DH!

Sammeltaxis
Abfahrt 50 m südlich vom **Busbahnhof für Privatlinien,** am westlichen Stadtrand an der Parallelstraße zur Av. Mohammed V., nördlich der Garage Tichka.
50 km kosten nach Aït Benhaddou für 6 Personen ca. 200 DH oder nach Zagora 300 DH (es ist auch möglich, das ganze Taxi als Gruppe zu mieten), Einzelpersonen zahlen ca. 15 DH bis zum Abzweig nach Aït Benhaddou, die restl. 11 km lassen sich per Tramp bewältigen.
Ein Sammeltaxi nach Marrakesch kostet ca. 60 DH, nach Zagora 45 DH. Ein Grand Taxi nach Ouarzazate über Aït Benhaddou und zurück nach Marrakesch kostet komplett 500 DH (5 Personen).

Flugverbindungen

Flughafen: Taourirt, Tel. 88 23 48
Flugbüro Royal Air Maroc:
1, Av. Mohammed V., Tel. 88 32 36, 88 23 48, Fax 88 68 93. Flugpläne wechseln halbjährlich.
Inlandsflüge:
➡ täglich nach **Casablanca** und von dort Anschlußflüge an andere Städte.
Auslandsflüge:
➡ Nach **Amsterdam** 4x wö., **Brüssel**, **Genf, Wien** und **Lyon** 1x wö., nach **Frankfurt** 3x wö., **Paris** täglich (alle über Casa).

Am Busbahnhof von Ouarzazate

Rund ums Auto

Mietwagen

Avis

Ecke Bd Mohammed V. et Rue A. Sehraoui, Tel. 88 43 10 und Flughafen.

Interrent/Europcar

Bureau Nr. 4, Place du 3 Mars, Tel. 88 20 35, Fax 88 40 27. Geöffnet montags bis samstags von 8.30 Uhr bis 12 Uhr und 14.30 Uhr bis 19 Uhr, sonntags von 8 Uhr bis 12 Uhr. Preise ab Dtl. s. S. 155.

Budget

Av. Mohammed V., Tel. 88 42 02, Fax 48 42 12 und am Flughafen. Das Büro ist nicht immer besetzt, was ärgerlich ist, wenn der Wagen eine Panne hat und man dringend jemand erreichen möchte. Tarif in Marokko für die billigste Klasse (Fiat Uno) 2800 DH für 1 Woche inkl. Freikilometer.

Hertz

33, Bd Mohammed V., Tel. 88 20 84/ 88 34 85. Von den internationalen Autovermietern der billigste, aber noch immer 100 DH mehr pro Tag als bei den marokkanischen Vermietern. Preiswerter ist es nur bei Buchung von zu Hause aus. Das Büro ist nur sehr unregelmäßig besetzt.

France Car/Sixt Eurorent

4, Av. Mohammed V., Tel. 88 69 82. Eine Woche billigste Klasse 2387 DH, alles inklusive. Auch ab Deutschland über Sixt, München zu buchen (teurer).

Week-End Cars

4, Av. Mohammed V., Tel. 88 28 80. Ein zuverlässiger Vermieter, der in Agadir seinen Stammsitz hat. Teurer als in Agadir.

Khouloud Cars

Neben dem Hotel Bab Sahara, Place El Mouwahidine. Günstiger und sehr zuverlässiger Anbieter. Z.B. 1 Woche ab 1800 DH (Nebensaison) alles incl. Fiat Uno 400 DH/Tag. Neue Autos, im Fall der Panne wird das Auto gegen ein neues eingetauscht. Tel./Fax. 88 31 35.

Mirage

Bd Mohammed V.; teuer, aber sehr freundlich und kulant.

Amazrou Transport

41, Av. Moh. V, Tel 88 23 23, 1 Tag Fiat Uno 500 DH, 1 Woche 2800. DH.

Mars

Place du 3 Mars, Tel. 88 69 82, sehr günstiger Anbieter, Preise verhandelbar.

Citer (Dollar Rent a Car)

Place du 3 Mars, Tel. 88 52 60. Angenehmer Service, ermäßigte Preise außerhalb der Saison.

Siehe auch Reisebüros: Einige vermieten Geländefahrzeuge. Preisvergleich und Handeln lohnen sich; Bedingungen etc. siehe Praktische Tips, Kapitel „Mietwagen" S. 155.

Werkstätten

Garage Tichka

75, Av. Mohammed V, Tel. 88 51 96.

Raquiq El Habib

Quartier Industriel, B.P. 99,
Tel. 88 49 33; führt Reparaturen zuverlässig aus und ist sehr zuvorkommend.

Treibstoff

Bleifrei-Benzin an der **Afriquia-Tankstelle** an der Straße nach Zagora.

Notfall

Notruf: Tel. 19

Polizei: Tel. 19, Av. Mohammed V.

Nachtapotheke:
Av. Mohammed V., Tel. 88 27 08

Rotes Kreuz: Tel. 88 36 35.

Krankenhaus:
Clinique Chifa, Bd. Mly. Rachid, Tel. 88 36 35.

Nachtleben

Diskos/Nachtclubs

In den großen Hotels.

Diner Spectacle

Le Ouarzazate

Quartier Sidi Daoud (beim Campingplatz und Zoo); Tel. 88 31 10; Folkloreshows und Abendessen in einer Kasbah (á la 1001 Nacht), ähnlich wie in Marrakesch im **Ali Baba** oder **Oasis**; Buchung in erster Linie durch Reisegruppen; der Spaß ist nicht gerade billig (ca. 350 DH), aber auch für Individual-Touristen durchaus mal sehenswert.

Einkaufen

Supermarché Dimitri
In der Avenue Mohammed V. (gegenüber dem Restaurant Chez Dimitri); gute Auswahl an Konserven, kaum Frischwaren; Wein und Campinggaskartuschen; Öffnungszeiten von 8.00 bis 21.00 Uhr
Supermarché Dadès
(Beschilderung folgen) Av. Moulay Ali Rachid; gutes Angebot, Mittagspause bis 16 Uhr.
Marché Municipale (Marché couvert)
In einer nördlichen Parallelstraße bzw. am Platz zur Av. Mohammed V. (von Marrakesch kommend links); hier gibt es alle Frischwaren zu kaufen.
Café/Boulangerie/Pâtisserie
Dar es Salam
Am Ende der Av. Mohammed V. in Richtung Marrakesch rechts; Brot und Backwaren, Joghurt; hier kann man auch preiswert und gut frühstücken, schneller Service.
Ouarzazate ist einer der wenigen Orte im Süden, wo man problemlos Butter, Wein und Bier kaufen kann - also die Vorräte auffrischen!
Souvenirgeschäfte gibt es in der Kasbah Taourirt und im Hotelviertel gegenüber dem Hotel Bélère.
Außerdem hat Ourzazate einen kleinen aber interessanten Suq, der bis 22 Uhr geöffnet hat. Die Preise sind normal.

Reisebüros

Desert Adventure
5, Place du 3 Mars, Tel. 88 49 43; Wüstenreisen, Verleih von Allrad-Autos.
Holiday Service
11, Av. Mohammed V. (neben Hotel la Gazelle), Tel. 88 29 97; der renommierte Veranstalter organisiert v. a. Touren für große Reiseveranstalter, hat aber auch ein eigenes Ausflugsprogramm.
Les Hommes Bleus
11, Place du 3 Mars, Tel. 88 29 97; Wüstenausflüge, Verleih von Allrad-Fahrzeugen.
Palmiers Voyages
Place de la Poste, Tel. 88 34 34.

Blick von der Kasbah Tiffoultoute

Ksour Voyages
11, Place du 3 Mars, Tel. 88 28 40.
Top Voyages
Hotel Karam, Tel. 88 22 25.

Post/Telefon

Hauptpost an der Rue de la Poste.
Telefonboutiquen v. a. an der Av. Moh. V.

Banken

Banque populaire
Avenue Moulay Rachid und Av. Mohammed V.
BMCE, BMCI und **Wafabank**
Av. Mohammed V.
Die Gelegenheit zu wechseln besteht auch in den großen Hotels.

Sport

Tennis/Baden/Reiten

Ein **Sportzentrum** mit Tennisplätzen gibt es im Hotelviertel oberhalb der Avenue Mohammed V. (gegenüber dem Hotel Bélère). Alle großen Hotels haben einen Pool. Ein Reitclub befindet sich im Quartier Sidi Daoud.

Golf

Royal Golf
B.P. 83 (Am Stausee), Tel. 88 26 53,
Fax 88 33 44

Trekking/Wildwasser/ Mountainbiking

Ein autorisierter Bergführer für die Gegend ist **Naïmi Lahcen**, B.P. 34, Khmis Dadés, oder **Abdelilah Aït el Caid** (s. S. 357), ferner **Mohammed Aït Za**, B.P. 16, Tassoumat bei Ourazazate, Tel. 88 27 29.
Man kann diese Führer auch über das Touristenbüro in Ouarzazate engagieren bzw. über das „Bureau des guides et accompagnateurs" in Agdz, Tel. 04/84 30 80 (das Büro ist nur Freitag besetzt).

Feste/Veranstaltungen

Semaine de Ouarzazate
In Sidi Daoud bei Ouarzazate im April; weitere fünfzig Moussems finden in der Provinz Ouarzazate in der Zeit zwischen 7 Rabia I und 20 Rabia I statt (zum islam. Kalender vgl. S. 394).

Ausflüge

Individuelle Ausflüge

Nach **Aït Benhaddou** und **Telouèt** (großes Ksar mit Kasbahs, Glaoui-Fürstensitz (s. S. 274). Die Verbindungsstrecke zwischen beiden Orten sollte nur mit Geländefahrzeug befahren werden! Verfügt man über kein eigenes Auto, sollte man sich zumindest für den Rückweg von Aït Benhaddou von anderen Touristen mitnehmen lassen. Ein Geländewagen kostet zur Miete wca. 1500–2000 DH/Tag.
Weitere Ausflugsmöglichkeiten bieten sich entlang der **Straße der Kasbahs** in Richtung **Skoura, Kelâa M´gouna** und **Tinerhir** (s. S. 331ff.), ins **Drâa-Tal,** zur **Cascade du Drâa** und nach **Agdz** (siehe S. 356); zur Storchenkasbah oder zum Stausee.

Organisierte Ausflüge

In allen großen Hotels hängen Ausflugsprogramme aus, z. B. auch zur Oase Fint oder nach **Boumalne du Dadès** oder zu den Kasbahs in Skoura und Kelaa M´Gouna (Straße der Kasbahs).

Ouarzazate - Agdz - Zagora

ÜBERBLICK

165 km, gute Teerstraße P 31
Busse verkehren ab Ouarzazate. Die Route führt durch wild zerklüftete schwarze Canyonlandschaften bergab bis *Agdz,* dann landschaftlich sehr schön entlang der Palmenhaine des Oued Drâa (südliche Straße der Kasbahs). Der Drâa ist von einem breiten Palmenband gesäumt, er führt in der Regel Wasser bis Zagora, in regenreichen Jahren bis M´hamid, und versickert dann in der Sahara. Der Oued Drâa erreicht als einziger Fluß

Marokkos nur selten den Atlantik, sein langgezogenes Trockenoued und die Mündung sind allerdings sowohl auf der Landkarte als auch in natura gut zu sehen. Viele noch gut erhaltene Kasbahs und ursprüngliche Ksour sind auf der linken Drâaseite zu bewundern. Die Gegend lieferte die traumhaft schönen Landschaftsbilder für Bertoluccis Film „Der Himmel über der Wüste".

ANFAHRTSBESCHREIBUNG

Ouarzazate ist in Richtung Marrakesch zu verlassen; nach 3 km muß man links Richtung *Kasbah Tifoultoute* und *Zagora* (von Marrakesch kommend mehr oder minder geradeaus) „abbiegen". Viele Neubauviertel entstehen hier. Auf das *Restaurant/Hotel Le Vallée* trifft man nach der Furt über den Fluß (s. S. 298).

Nach 14 km zweigt links zur *Barrage El Mansour Eddahbi* und zur Staumauer eine Straße ab. Dorthin kann man nur mit Militärgenehmigung fahren, während die andere Seite frei zugänglich ist.

Nach weiteren 8 km überquert man einen Paß in 1300 m Höhe; die Aussicht auf Ouarzazate und das Drâa-Tal ist sehr schön. 41 km danach ist der Ort **Aït Saoun** erreicht.

Hinter dem Ort geht es 5 km in Serpentinen bergauf zum *Tizi-n-Tinifif* (1700 m), wo ein alter Wachturm steht und sich der Blick auf Saoun, grüne Felder und einige Kilometer weiter auf die verschneite Bergkette des Hohen Atlas öffnet.

Die Straße windet sich durch ein arides, stark zerklüftetes schwarzes und rotbraunes Bergland. Die gänzlich unbewachsenen Gesteinsschichten sind schräg gefaltet und wie verrutschte Tortenböden aufeinandergeschichtet. In einem engen Canyon zwängt sich der Drâa einige Kilometer entfernt durch die faszinierenden Wüstenberge.

Cascades du Haut Drâa

Zweigen Sie bei Km 58 beim Schild „Cascades du Haut Drâa" links zu den **Cascades du Drâa** ab. Dieser Abstecher führt über eine Piste, die mit Pkw vorsichtig befahren werden sollte, durch hügeliges Gelände. Fahren Sie nach ca. 8 km bei einer Pistengabelung links. Bei Km 9,3 und einer weiteren Pistengabelung geht es links steil bergab, bis nach ca. 700 m ein kleiner Parkplatz erreicht ist. Rechts führt die Piste weiter zum **Douar Tisgui** (dort Ende der Piste). Das Dorf ist eine Palmenoase im breiten Flußtal des *Oued Drâa*.

Fortsetzung auf Seite 356

FLUSSOASEN IN MAROKKO -

Tradition und Wandel – Spiegel von Einst und Jetzt

von Dr. Martin Weiß M.A, Frauenaurach

Der Begriff „Oase" weckt wohl ähnliche Assoziationen wie der Begriff „Orient". Namen wie Todhra- oder Drâaoase sind uns schon aus unseren Schulbüchern bekannt. Mit einer Oase verbinden wir Karawanenhandel, satte Vegetation inmitten einer unwirtlichen Umwelt, malerische Dörfer (Ksour) und exotische Landschaften. So manches aus unseren Vorstellungsbildern läßt sich auch in der Realität wiederfinden, und dennoch – wieviel anders, differenzierter und weit weniger exotisch ist die Wirklichkeit der Oase.

Südlich des Hohen Atlas bilden die Flußoasen eine ideale Anpassungsform menschlichen Wirtschaftens und Lebens an einen Raum mit erheblichen naturbedingten Risiken. Historisch, kulturell, politisch und demographischen bedeutsam hat die Oasenwirtschaft v.a. auch eines der intensivsten traditionellen Anbausysteme der Welt ausgebildet, um die Ernährung der auf engstem Raum zusammenlebenden Bevölkerung sicherzustellen.

Aufgrund der relativ gut beregneten Gebirgsmassive des Hohen Atlas ist der Typus der Flußoase in Marokko am häufigsten verbreitet. Die wohl bekanntesten unter ihnen finden sich entlang mehrerer Wasserläufe und nehmen eine Fläche von etwa 80 000 ha ein (inkl. Grundwasseroasen, wie z.B. Figuig oder Aïn-Ech-Chair): der Oued Drâa mit seinen Nebenflüssen aus dem Hohen Atlas (Oued Dadès und Oued Mgoun); südlich des Hohen Atlas der Oued Todgha, Oued Rhéris und Oued Ziz (das Gebiet des Tafilalet bildet z.B. insgesamt eine Oasenfläche von 30 000 ha); an der südöstlichen Abdachung des Hohen Atlas, östlich von Errachidia die beiden Flußoasen Boudenib und Bouânane; die aus dem Antiatlas kommenden Oued Zguid, Oued Tata, Oued Assa und Oued Akka.

Die Oasenvegetation - Blühender Garten Eden unter gleißender Sonne?

Leitkultur der südmarokkanischen Flußoasen sowie für das Auge des Reisenden am beindruckensten und schon von weitem sichtbar ist die Dattelpalme (phoenix dactylifera). Sie verfügt zum einen über eine hervorragende klimatische Eignung unter den vorherrschenden Vegetationsbedingungen und bietet verschiedene Verwertungsmöglichkeiten.

Die Dattelpalme zählt zu den ältesten Kulturpflanzen der Menschheit. Bereits um 4000 v. Chr. kannte man sie im ganzen Mittelmeerraum; die Phönikier verbreiteten sie an der nordafrikanischen Küste, die islamische Expansion trug sie bis nach Spanien (Palmenhain von Elche).

Datteln kurz vor der Reife

Dattelpalmen sind zweihäusig, es gibt also sowohl männliche als auch weibliche Bäume. Die Befruchtung der Dattelpalme erfolgt überwiegend künstlich (manuell). Dazu werden die männlichen Fruchtstände abgeschnitten und die weiblichen damit bestrichen. Durch diese Intensivierung der Befruchtung können Ernteerträge bis zu 40 kg pro Baum erzielt werden. Neben dem hohen Proteingehalt sind Datteln reich an Vitaminen und Kohlehydraten, wodurch sie einen hervorrragenden Nährgehalt besitzen. Gedörrt eignen sich Datteln ideal für eine langfristige Vorratshaltung. Von Zeit zu Zeit werden in der lokalen Küche junge, noch eingerollte Palmblätter aus dem Palmherzen als Salat angeboten. Da dieses Entfernen der jungen Palmblätter die Pflanze zerstören würde, handelt es sich normalerweise um keine frischen Palmherzen – auch wenn sie als solche angepriesen werden –, sondern um Palmherzen der tropischen Königspalme (Ölpalme), die in Konserven nach Marokko eingeführt werden. Nichtsdestotrotz verfeinern sie durch ihre Milde und feinen Geschmack so manches Gericht. Seltener wird man auf einer Reise durch die Oasen echten Palmwein als Delikatesse angeboten bekommen. Dieser milchig-trübe „Lebens“Saft der Palme wird bei alten Palmen durch das Anzapfen der Palmherzen oder direkt aus dem Stumpf frisch geschlagener Palmstämme gewonnen. Er spielt jedoch im islamischen Kontext als Getränk aufgrund seiner schnellen Gärung und dem damit verbundenen Alkoholgehalt keine nennenswerte Rolle.

Die Stämme der Palme wurden traditionell als Baumaterial (Decken-, Quer-, Stützbalken) genutzt, verlieren aber durch die Verwendung moderner industrieller Baumaterialien immer mehr an Bedeutung. Die Palmblätter mit ihren langen, haltbaren Fasern eignen sich hervorragend für eine handwerkliche Verarbeitung. Dieses Handwerk, das auch heute noch teilweise von sozial und ökonomisch schlechter gestellten Bevölkerungsschichten ausgeübt wird, produziert vor allem Körbe, Transportbehälter und weitere kleinere Artikel für den alltäglichen Haushaltsbedarf. Doch werden diese Waren durch das Vordringen von Industrieprodukten verdrängt, die immer mehr auch in den alten traditionellen Oasenlandschaften Einzug halten.

Ein weiterer Vorteil der Dattelpalme als Kulturpflanze ist ihre Robustheit. Durch ihre tiefragenden Wurzeln (Pfahlwurzeln) kann sie zum einen Wasser aus bis zu 10 m Tiefe anzapfen, aber auch über einen längeren Zeitraum ohne Wasser auskommen. Dattelpalmen wachsen überwiegend in die Höhe (charakteristisch dafür ist der relativ dünn bleibende Stamm). Ihr Alter ist eher in der Höhe des Stammes und in Form von „vertikalen Altersringen" zu ersehen. Mit den „vertikalen Altersringen" ist die Verdünnung des Stammes während einer Trockenperiode gemeint. Steht wieder reichlich Wasser zur Verfügung, wächst die Dattel weiter in die Höhe, der

Khettaraschächte im Erg Chebbi

Stamm verdickt sich wieder. So ist es auch dem Laien auf relativ einfache Weise möglich, Zeiten der Dürre und des Wassermangels zu erkennen.

Von allen Kulturpflanzen ist die Dattelpalme die einzige Spezies, die erhebliche Versalzungstendenzen toleriert. Stellen sich z.B. beim Anbau von Tomaten bereits Ertragseinbußen bei einem Salzgehalt des Wassers von etwa 3g/l ein, wird der kritische Punkt bei der Dattelpalme erst bei 8g erreicht. Damit eignet sich die Dattelpalme hervorragend für halb- bis vollaride Naturräume, in denen das Wasser oft sehr salzhaltig ist.

Die Dattelpalme ist eine sehr frostempfindliche Pflanze, so daß sie oberhalb von 1300–1400 m nicht mehr wächst. In den winterkalten Gebirgsregionen des oberen Dadès- und Ziztal z.B. wird man sie deshalb vergebens suchen.

Der größte Feind der Dattelpalme ist der „Bayoud“. Diese Pflanzenkrankheit hat sich seit der Jahrhundertwende von Marokko aus mittlerweile im ganzen Maghreb ausgebreitet. Es handelt sich um eine Gefäßkrankheit (fusarium oxysporum), deren Erreger über den Wurzelstock die Dattelpalme befällt. Nicht selten greift der Bayoud die Dattelpalme so stark an, daß innerhalb von zwei Jahren ein vollständiges Absterben erfolgt. Die eigentliche Gefährlichkeit des Bayoud liegt aber in seiner Art der Verbreitung. Die Erreger werden durch das Bewässerungswasser verbreitet. So können sie innerhalb kürzester Zeit große Palmenareale infizieren, wobei zuallererst die besonders anfälligen hochqualitativen Sorten als Wirt angenommen werden. Bis jetzt konnte keine Methode der Schädlingsbekämpfung gegen diese resistente Pflanzenkrankheit gefunden werden. Einziges Mittel der Bekämpfung ist das vollständige Abbrennen der befallenen Dattelpalmen. Die Oasenbauern müssen immer wieder erhebliche ökonomische Einbußen wegen solcher Maßnahmen hinnehmen, manchmal sogar die Vernichtung der landwirtschaftlichen Existenzbasis insgesamt.

Traditionelle Bewirtschaftungs- und Anbaustrukturen als Anpassung an die natürlichen Gegebenheiten

In den traditionellen Oasenwirtschaften dominierte die Eigenbewirtschaftung der Felder. Formen der Teilpacht waren dagegen nur von untergeordneter Bedeutung. Die Feldarbeit (Aussaat, Ernte) erfolgt nach genau definierten, von Generation zu Generation tradierten Regeln und Vorgehensweisen. Die kleinparzellierten Felder z.B. werden in Gemeinschaftsarbeit mit der Sichel geerntet, Nachbarschaftshilfe (wechselseitige Hilfe = Twiza) wird dabei großgeschrieben und bildet einen festen Bestandteil der kollektiven Organisation in der Oase. Alle Mitglieder der Oasengemeinschaft (Männer, Frauen, Kinder, Tiere) sind in die Arbeit miteingebunden.

Wahrzeichen der landwirtschaftlichen Nutzung einer Oase sind die Vielfalt und Dichte der unterschiedlichen Sorten und Produkte auf engstem Raum nicht nur in der Fläche, sondern auch in der Höhe. Diese vertikale

Nutzung (Stockwerkanbau) erfolgt in seinem typischen Muster auf drei „Etagen". Die Bodenkulturen sind normalerweise annuelle Kulturen wie Getreide (Gerste, Weizen, Mais), Gemüse, Leguminosen, Futter- und Gewürzpflanzen. Futterpflanzen weisen auf eine nicht sichtbare Stallhaltung von Rindern, Schafen oder Ziegen hin, die eine überaus wichtige Funktion für die organische Düngung der Felder und der Produktion von tierischem Eiweiß für die Ernährung der Oasenbevölkerung besitzt. Darüber folgen in der zweiten Etage die Fruchtbäume, wie Olivenbaum, Granat-, Feigen-, Mandel- oder Aprikosenbaum. Das oberste Stockwerk, und damit die Schattenspender für die darunterliegenden Anbaukulturen, wird von den Dattelpalmen ausgebildet. Damit erfolgt eine gleichzeitige Mehrfachnutzung des beschränkten fruchtbaren Bodens in der Oase. Hoher Nutzungseinsatz und optimale Verteilung der knappen Ressource Wasser können so gewährleistet werden.

Diese idealtypische Ausprägung einer Oase wird sich in der Wirklichkeit jedoch nur schwer finden. Zu differenziert und verschieden sind die jeweiligen lokalen Bedingungen. In den marokkanischen Flußoasen des Südens werden sie sich aufgrund der relativ guten Wasserverfügbarkeit etwas häufiger entdecken lassen, doch auch hier wird sich eine solche intensive Nutzung nur in unmittelbarer Nähe des Oasendorfes finden. Diese kleinparzellierten Flächen (manchmal auch als umzäunte Gärten vorzufinden) dienen hauptsächlich der Selbstversorgung, spielen aber für die gesamtlandwirtschaftliche Produktion der Oase nur eine untergeordnete Rolle. Der größte Teil der landwirtschaftlichen Flächen einer Flußoase zeigt eine wesentlich andere Anbaudifferenzierung. Befinden sich auf einer Fläche viele Dattelpalmen, so gibt es hier normalerweisen keine Unterkulturen, abgesehen vielleicht von einer schütteren Luzernendecke, deren Ertrag zur Fütterung der Stalltiere verwendet wird. Werden jedoch vorwiegend Bodenkulturen wie Getreide oder Futterpflanzen kultiviert, sind die Dattelpalmen entweder nur realtiv locker und weitständig auf den einzelnen Parzellenflächen angesiedelt, oder sie befinden sich am Rand der Flur, zwischen den einzelnen Feldern entlang der Bewässerungskanäle. Hier übernehmen sie nicht selten die Funktion eines Schattendaches über den Kanälen zur Minderung der Verdunstung.

Unser Bild von der allen schattenspendenden Dattelpalme stimmt somit nur bedingt. Allzu starke Beschattung der Unterkulturen behindert eher das Wachstum. Zahlreiche wissenschaftliche mikroklimatische Untersuchungen haben dies bestätigt. Das Blattwerk der oberen Stockwerke filtert das Sonnenlicht so stark, daß das für die Photosynthese (Stoffwechselvorgang der Pflanze) benötigte Licht nur mehr bedingt bis zum Boden vordringt. Daneben kommt es zu einer verstärkten Aufheizung und Verdunstung in den unteren Stockwerken aufgrund ungenügender Belüftung und Luftaustausch. Die Pflanzen werden in der Folge krankheitsanfälliger.

All diese Zusammenhänge sind auch dem Oasenbauern seit jeher bekannt, und er berücksichtigt sie bei möglichen Anbauentscheidungen. Diese sind jedoch von komplizierten wasserrechtlichen und sozio-kulturellen Strukturen der traditionellen Organisation der Oase mitbestimmt, so daß er manchmal gezwungen ist, auf kleinster Fläche zur Selbstversorgung von allen Grundnahrungsmitteln etwas anzubauen. Im Raum von Kelaât-Mgouna liegt z.B. die durchschnittliche Betriebsfläche unter 0,7 ha pro landwirtschaftlichem Betrieb. Das Phänomen der Stockwerkskulturen findet somit seine Erklärung vorwiegend aus dem Mangel an Boden und Wasser und der damit verbundenen traditionellen rechtlichen und sozialen Organisation der kleinbäuerlichen Subsistenzlandwirtschaft in den Oasen. Sie ist kein Indiz besonderen Reichtums oder Üppigkeit der Oase.

Soziale und rechtliche Organisation traditioneller Oasen

Privateigentum ist in der traditionellen Gesellschaft des Orients nicht bekannt. Es exisitieren lediglich verschiedene Formen des Besitzes. Vor allem im ländlichen Raum ist der Ressourcenbesitz noch stark durch das Islamische Recht, die Scharia, geregelt. Den Orientierungsrahmen hierfür bildet das mündlich tradierte Gewohnheitsrecht (orf), welches sich nicht nur auf die Landbesitztitel, sondern auch auf Bäume und das Wasser erstreckt. Nicht selten sind deshalb ein Stück Land und die darauf befindlichen Nutzpflanzen unterschiedlichen Besitzern zuzuordnen.

Die dorfnahen Fluren sowie die Wohnhäuser gehören als Privatbesitz dem Einzelnen (melk). Daneben gibt es jema'a-Land als weiteren Besitzstatus. Zum jema'a-Land gehören alle diejenigen Siedlungs- und Produktionsflächen, die durch die Stammes- oder Dorfversammlung (jema'a) als Kollektivland für die gesamte Oase verwaltet werden. Dazu zählen z.B. die dörflichen Weideflächen (agdals), die nach ganz bestimmten Nutzungsrechten bewirtschaftet werden. Dieses Land kann gemeinschaftlich genutzt werden, oder auch an einen Einzelnen zur Bewirtschaftung übergeben sein. Sofern eine Aufteilung unter den Nutzungsberechtigten erfolgt, geschieht dies jedes Jahr durch Losentscheidung aufs neue. Als dritter Besitzstatus der traditionellen islamischen Rechtsorganisation ist das religiöse Stiftungsland (habus) zu nennen. Habus bezeichnet einen ehemaligen Privatbesitz, der als Gabe an eine Moschee oder islamische Bruderschaft (zawia) als Dank für Heilung oder religiös motivierte Stiftung übertragen wurde. Habus-Land kann durch die Bruderschaft in Eigenregie genutzt werden, wesentlich häufiger ist jedoch eine Verpachtung an private Nutzer.

Das Dorf (duar) gilt als Ausdruck eines funktionalen und normativen Sozialgefüges, am sinnfälligsten veranschaulicht in Form der gemeinschaftlich genutzten Einrichtungen, wie z.B. Moschee, Dorfbrunnen, Getreidespeicher (agadir), Friedhof, usw.

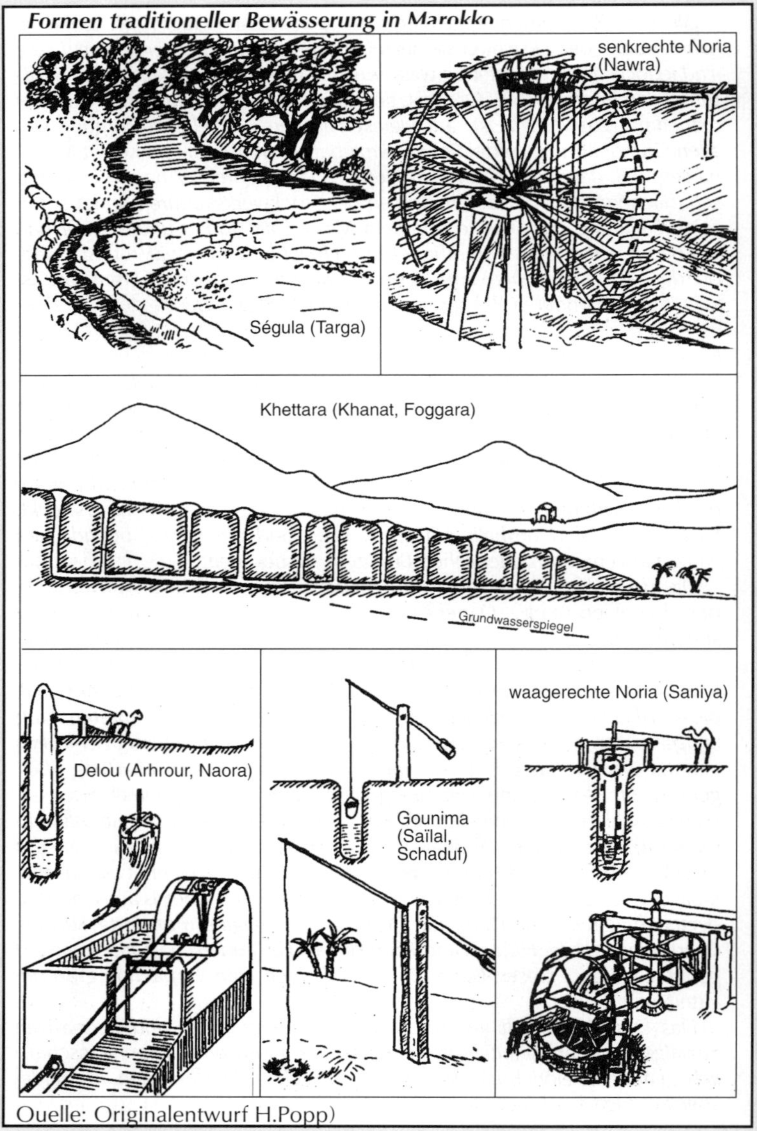
Formen traditioneller Bewässerung in Marokko
Ségula (Targa)
senkrechte Noria (Nawra)
Khettara (Khanat, Foggara)
Grundwasserspiegel
Delou (Arhrour, Naora)
Gounima (Saïlal, Schaduf)
waagerechte Noria (Saniya)
Quelle: Originalentwurf H.Popp)

Die Verteilung der knappen Ressource Wasser erfolgt mit Hilfe gewohnheitsrechtlicher und sozio-kultureller Ordnungsprinzipen. Zuständig für die Wasserverteilung ist ein Wasserwächter (Lokalbezeichnung: Sraïfi, Amazzal, Cheikh el-Ma (Herr über das Wasser), dessen Amt eine hohe Vertrauenstellung innerhalb der Sozialorganisation der Oase darstellt und jedes Jahr durch Wahlen neu besetzt wird.

Traditionelle Formen der Bewässerung – Relikte aus einer anderen Zeit?

Zur Förderung des Wassers gibt es die unterschiedlichsten und erstaunlichsten Methoden. Viele von ihnen mögen auf den ersten Blick archaisch und überkommen erscheinen, und doch repräsentieren sie eine Form der Ressourcennutzung, die in hervorragender Weise an die natürlichen Gegebenheiten angepaßt ist. Leider verlieren sie durch ihre Arbeits-, Zeit- und Pflegeintensität immer mehr an Bedeutung. Ihre schärfsten Konkurrenten sind die allgegenwärtigen Dieselpumpen. Neben dem Zerfall alter Sozialstrukturen und Rechtsnormen zur Verteilung des Wassers innerhalb der Oasengemeinschaft treten auch verstärkt Formen der Überpumpung, und als Folge eine Schädigung des labilen Grundwasserregimes der Oasen auf.

***Grundwasserförderung:** Die wohl bekannnteste Form der Grundwasserförderung ist das seit dem 11. Jh. bekannte System der Khettara-Stollen. Hierbei handelt es sich um Galeriestollen, die entlang eines flachen Gebirgshanges den im Hang vorhandenen Grundwasserspiegel gewissermaßen anzapfen und mit einem geringeren Gefälle als der Hang am Übergang zur Ebene an die Oberfläche leiten. Hier wird das Wasser in einem Sammelbecken aufgefangen. Mit Hilfe eines Kanalnetzes (séguia, pl. souagui) wird es auf die einzelnen Parzellen verteilt. Durch diese Art der Bewässerung kann nur soviel Wasser angezapft bzw. verbraucht werden, wie augenblicklich im Grundwasserkörper verfügbar ist. Eine Übernutzung der natürlichen Wasserressourcen wird vermieden. Wegen des hohen Aufwandes zur Instandhaltung des Stollensystems (Reinigen, Stollenbefestigung usw.) finden sich immer weniger Beispiele für dieses ausgeklügelte System. Vereinzelt treten sie noch auf, wie z.B. im unteren Todghatal, im Raum Tinjdad, Goulmima und El Jorf am Rande des Tafilalet. Liegt ein oberflächennaher lokaler Grundwasserkörper vor, reichen zur Wasserförderung auch einfache Ziehbrunnen (Gounima, Tasskimt), die jedoch sehr zeit- und arbeitsintensiv sind. Weiterentwicklungen des Ziehbrunnens stellen das Göpelwerk (Saniya) und der Deloubrunnen (=Arhrourbrunnen) dar. Beim Saniya handelt es sich um eine endlos verbundene Eimerkette auf einem senkrecht laufenden Rad. Die Endloskette verläuft dabei im Paternosterprinzip im Brunnenschacht. Dieses vertikal laufende Rad ist mit einem horizontal angeordneten Rad verbunden, welches von einem Tier, das sich im Kreis um den Brunnen bewegt, angetrieben wird. Beim Delou-Brunnen wird ein Wasserbehälter durch das Zurück- und Vorlaufen* *eines Tieres entlang einer schiefen Ebene im Brunnen niedergelassen. Um nach dem Hochziehen ein Auskippen des Wassers zu erreichen, ist ein zweites etwas kürzeres Seil mit dem Zugtier verbunden.*

Oberflächenbewässerung: *Ein sehr einfaches Prinzip, um Wasser aus einem Fluß über ein gewisses Höhenniveau zu transportieren, ist das Aneinanderreihen nacheinandergeschalteter Schwenkarme mit einem daran befestigten Wasserbehälter. Dabei wird von dem niedrigeren Niveau mit Hilfe des Schwenkarmes das höher gelegene Becken aufgefüllt. Da es sich jedoch um eine sehr arbeits- und zeitintensive Methode handelt, wird diese Technik nur zur Überwindung geringer Höhenunterschiede verwendet. Eine weitere Möglichkeit der Oberflächenbewässerung besteht mit Hilfe eines Wasserrades (Noria), sofern ein Fließgewässer mit ausreichender Fließgeschwindigkeit zu Verfügung steht, das in der Lage ist, das Wasserrad selbstständig zu drehen. Norias sind in Marokko sehr selten geworden. Nur noch wenige Relikte sind im Raum Fès zu finden.In den Flußoasen südlich des Hohen Atlas treten sie überhaupt nicht auf.*

Die wohl bekannteste Form der Oberflächenbewässerung ist das System der Rinnenbewässerung (séguia, pl. suagui). Dazu wird ein Fließgewässer mit Hilfe eines kleinen Dammes (Ougoug) aufgestaut. Von diesem Staubecken zweigt mit einem geringeren Gefälle als das Fließgewässer ein Hauptkanal ab. Dieser kann dann entweder zu einem Sammelbecken führen, oder er verzweigt sich selber in die zahlreichen kleinen Nebenkanäle (Mesref, Aghlane), die das Wasser auf die einzelnen Felder verteilen.

Beispiel der Wasserrechte in der Flußoase Tamnougalte im Drâatal

Bei der Targa von Tamnougalte, so die berberische Lokalbezeichnung für Séguia, dauert die Periode eines Wasserumlaufes 13 Tage. Diese Periode von 13 Tagen wird als Gesamtzeit des Wasserumlaufes mit dem Begriff „Nouba" bezeichnet. Die Nouba ist wieder in Tag- und Nachthälften, sogenannte „Ferdia", unterteilt. Zwei Ferdia ergeben somit einen ganzen Tag. Umgerechnet auf eine Nouba sind dies insgesamt 26 Ferdia für eine Periode von 13 Tagen. Die einzelne Ferdia ist wieder in Zeiteinheiten, sogen. „Kharrouba" (z.B. 45 min) unterteilt. Die Messung der verschiedenen Zeiteinheiten erfolgte traditionellerweise mit Sanduhren oder durch ein halbrundes Gefäß (ebenfalls Kharrouba) mit einer kleinen Öffnung im Boden. Dieses Gefäß wurde auf die Oberfläche des Verteilerbeckens gesetzt – war es vollgelaufen, war auch die Zeiteinheit zu Ende.

Von dem Hauptkanal, der Targa von Tamnougalte, die das Wasser aus dem Oued Drâa entnimmt, verteilt sich das Wasser nach dem Zentralbekken über zahlreiche Sekundärkanäle (Mesref, Aghlane) auf die einzelnen Felder (Gammoun oder Haoud). Dabei können drei verschiedene Formen der Wasserverteilung durch den Cheikh el-Ma angewandt werden, die zum Teil auch eine Projektion der unterschiedlichen sozialen Schichtung

Ziehbrunnen im Anti-Atlas

der Oasenbevölkerung sind. Das Wasser als zentrales „Lebenselixier" bedingt typische soziale Organisationsformen und kulturelle Erscheinungen:

Allam (=Aghlane, S´Oughlane): Der Wasserwächter verteilt die Wassermengen nachfolgend vom Oberlieger zum Unterlieger, bis alle versorgt sind. Die Überstauung der Felder erfolgt im Rahmen einer Art egalitären Rechtsverteilung.

Tiremt (=Nouba): Interne lokal unterschiedliche Sippenregeln organisieren die Art der Wasserverteilung.

H'(a)bel (=Aghanime): Die Reihenfolge der Verteilung des Wassers erfolgt pro Feld proportional nach der Größe der bewirtschafteten Fläche, die mit einem Seil (H'bel) oder Schilfrohr (Aghanime) gemessen wird.

Daneben gibt es lokal noch die unterschiedlichsten Ausprägungen und Kombinationen dieser drei Grundformen. In Zeiten großer Trockenheit z.B. kann je nach Notwendigkeit und Bedeutung der zu bewässernden Pflanzen eine andere Priorität der Felder eingehalten werden (z.B. Gemüse vor Baumkulturen).

Die Flußoasen Marokkos auf dem Weg in die Moderne

Die Flußoasen sind trotz ihrer teilweise archaisch anmutenden Form Gebilde, die in einen ständigen dynamischen Prozeß der Veränderung eingebunden sind. Natürlich sind nicht alle Teile einer Oase gleichermaßen

Bestandteil dieses Prozesses – Gebiete der Stagnation stehen Bereichen der Transformation gegenüber. Abhängig von der Wasserverfügbarkeit, der Wassergewinnung, der sozialen wie auch ökonomischen Situation der Bewohner lassen sich Bereiche sowohl des Niedergangs als auch innovativer Prozesse, teilweise in einem engen räumlichen Nebeneinander, finden.

Mittlerweile hat sich eine Vielzahl von unterschiedlichsten Kombinationen an Erwerbsquellen ausgebildet. Als dominierend, wie für viele andere Räume Marokkos auch, ist hier die temporäre Arbeitsmigration eines oder mehrerer Familienmitglieder zu nennen. Diese Arbeitsmigration orientierte sich anfangs hin zu den großen Städten Marokkos, vornehmlich Casablanca. Inzwischen wurde diese seit den 60er Jahren von der Migration in europäische Länder abgelöst; kaum eine Familie ist ohne Mitglied in Europa. Derjenige Teil der Familie, der in der Oase geblieben ist, bewirtschaftet weiterhin die landwirtschaftlichen Flächen. Mit dem Einkommen aus der Arbeitsmigration wird teilweise modernisiert, oder es werden neue Erwerbsquellen vor Ort erschlossen, z.B. durch die Eröffnung eines kleinen Geschäftes. Zeitweise verläßt auch die ganze Familie die Oase, um Arbeit in der Ferne zu finden. Dabei werden in der Regel die Besitztitel nicht aufgegeben. Beim Besuch einer Oase oftmals verlassen anmutende Anbauflächen deuten damit nicht auf den sukzessiven Niedergang der Oase hin, sonder lediglich auf eine zeitlich begrenzte Auflassung der landwirtschaftlichen Flächen, die nach der Rückkehr reaktiviert bzw. rekultiviert werden können. Gerade dieser ständige Bevölkerungsab- und zustrom ist ein bestimmender Faktor für den Erhalt des Gesamtsystems Oase.

Geld und Initiative der temporären Arbeitsmigranten sind von großer Bedeutung und bedingen weitreichende Veränderungen in der Oase. Die temporäre Abwanderung und der damit einhergehende Arbeitskräftemangel müssen und können bis zu einem gewissen Grad durch auswärtige Lohnarbeiter ausgeglichen werden, auch wird auf extensivere Anbaumethoden ausgewichen. Die höheren finanziellen Mittel der Gastarbeiter erlauben inzwischen vielen Familien den Kauf privater Dieselwasserpumpen, um ihre Felder zu bewässern. Damit einher geht jedoch oft ein Absinken des Grundwasserspiegels. So manchem weniger kaufkraftstarken Nachbarn kann sprichwörtlich das Wasser abgegraben und seine Existenz gefährdet werden.

Immer ausgeprägter ist die Marktorientierung der Landwirtschaft, so durch Futteranbau für Milch- und Fleischproduktion, teilweise auch durch den Anbau von Sonderkulturen (Tomaten, Melonen) für ein jahreszeitlich differenziertes Angebot. Der Erwerb von höherwertigem Saat- und Pflanzengut sowie der Einsatz von Düngemitteln beschleunigen solche Modernisierungsprozesse. Die traditionelle Subsistenzwirtschaft verliert nach und nach ihre ursprüngliche Notwendigkeit und Bedeutung. Der Verlust traditioneller rechtlicher und sozialer Strukturen können die Folgen sein.

Diese Veränderungen beziehen sich nicht nur auf den landwirtschaftlichen Bereich. Alte traditionelle Baustrukturen werden von modernen städtisch nachempfundenen Wohnhäusern und der dazugehörigen gehobenen Komfortausstattung abgelöst (Satellitenfernsehen, fließend Warm- und Kaltwasser usw.). Daneben werden durch den vermehrten Außenkontakt und einfließende westliche Wert- und Normenvorstellungen die Ansprüche und Erwartungen der Oasenbewohner verändert. Westliche Konsumgüter und Konsumansprüche gehören mittlerweile ebenso zum Bild der Oasen wie z.B. der aus Europa importierte Gebrauchtwagen. Die Todgha-Oase mit ihrer kleinparzellierten Flur ist ein typisches Beispiel für jene sowohl positiven als auch negativer Modernisierungsprozesse im Gefolge der temporären Arbeitsmigration nach Europa.

Literatur

Ait Hamza, M. (o.J.): Auswirkungen der Arbeitsmigration auf die Oasen am Südrand des Hohen Atlas (Marokko) - In: GR 2/97, o.S. (in Vorbereitung); Bencherifa, A. (1990): Die Oasenwirtschaft der Maghrebländer: Tradition und Wandel - Geographische Rundschau 42, S. 82-87; Bencherifa A./ H. Popp (1990): L'oasis de Figuig, Persistence et changement - Passau (=Passauer Mittelmeerstudien, Sonderreihe H.2); Büchner H.-J. (1986): Die temporäre Arbeitskräftewanderung nach Westeuropa als bestimmender Faktor für den gegenwärtigen Strukturwandel der Todrha-Oase (Südmarokko) - Mainz (=Mainzer Geogr. Studien, H. 18); Büchner H.-J. (1994): Das Bild der saharischen Oasen des Maghreb im deutschen Erdkunde-Schulbuch - In: Popp H. (Hrsg.): Die Sicht des Anderen - Das Marokkobild der Deutschen, das Deutschlandbild der Marokkaner - Passau (=Maghreb-Studien, Bd. 4); Müller-Hohenstein, K./ H. Popp (1990): Marokko, ein islamisches Entwicklungsland mit kolonialer Vergangenheit - Stuttgart (=Klett Länderprofile); Themenheft der Geographischen Rundschau (GR) im Februar 1997: Oasen im Wandel - GR, 2/97 (in Vorbereitung).

Vom Parkplatz erreicht man links (Hinweisschild) entlang eines steinigen, sandigen Flußbettes nach acht Minuten den kleinen Wasserfall, der sich hier in einer schönen Schlucht mit Palmen und Wassertümpeln in zwei Stufen nach unten in ein *Guelta* (Wasserbecken) ergießt. In den letzten Jahren war der Wasserfall häufig versiegt, weil die Bewohner von Tisgui von dort eine Wasserleitung zu ihrem Dorf verlegt haben, so daß das Wasser auch im Winter nur noch spärlich fließt und der Reiz des einstmals wunderschönen Platzes gelitten hat. Wenn Wasser im Teich ist, läßt sich in dem Guelta herrlich baden (s. Foto S. 31), und die letzte Steinstufe, in der das Wasser in einer Rinne läuft, dient als Wasserrutsche.

Zurück auf der Hauptstraße erreicht man nach 2 km das Dorf *Ourika* (1100 m). Weiter geht es durch flache Steinwüste mit Akazien, bis bei Km 70 der große Ort Agdez (Agdz) (900 m) erreicht ist.

AGD(E)Z

Der Ort mit ca. 5800 Einwohnern war früher eine französische Garnison; die Festung, in der jetzt das marokkanische Militär stationiert ist, thront auf einem kleinen Berg über dem Marktplatz, wo am Donnerstag ein sehr schöner **Suq** stattfindet (linkerhand an der Straße nach Zagora).

Der sympathische Ort liegt im Drâa-Tal am Fuße des 1531 m hohen **Djebel Kissane,** der als schwarzer, langgezogener Tafelberg die Kulisse bestimmt. In den Läden des Ortes kann man leider nicht mehr ungestört einkaufen, einige Händler werden recht aufdringlich in ihrem Wunsch, etwas zu verkaufen. Man sollte sich davon aber nicht abhalten lassen, denn es finden sich bisweilen noch sehr schöne Dinge. Weniger penetrant sind die Händler, die nicht direkt am Hauptplatz ihr Geschäft haben. Besonders frech sind die Schlepper von dem Bazar neben dem Fahrradverleih *Le Horizon Sud*. Diese behaupten, Freunde des Campingplatzes zu sein und weisen den falschen Weg, man landet dann unweigerlich in ihrem Geschäft. Dennoch: wem es in Ouarzazate zu touristisch und „modern" ist, der wird sich in Agdz wohl fühlen, denn die Menschen hier - es ist Siedlungsgebiet der *Mezguita-Berber* - sind freundlich und - abgesehen von den wenigen Bazaristen im Ort - keineswegs aufdringlich. Die schöne Lage im Drâa-Tal lädt zu Ausflügen in die Umgebung ein.

Wenn man von der Hauptstraße links in Richtung Campingplatz (Beschilderung „Camping la Palmeraie") durch sehr ursprüngliche alte Wohnviertel geht bzw. fährt, erreicht man nach ca. 2 km neben dem Campingplatz die **Kasbah Asslim.** Die Kasbah (ca. 250 Jahre alt) gehört der Familie *Aït el Qaid,* die auch den Campingplatz betreibt. *M´Barek,* einer von vier Brüdern und Soziologe, eröffnete den Campingplatz, um durch die Einnahmen den Erhalt der Kasbah zu gewährleisten. Mittlerweile ist er in Ouarzazate im Amt für die Erhaltung der Kulturgüter tätig. Sein Großvater war der letzte *Qaid* des nördlichen Drâa-Tals. Die Kasbah selbst wird noch in einem Teil von der Familie bewohnt, ein anderer Teil wird an Urlauber vermietet.

Teile der Kasbah und die Dachterrasse mit dem herrlichem Blick auf den *Djebel Kissane* und die umliegenden, verschachtelten und halb zerfallenen Kasbahs können in Begleitung eines Familienmitglieds besichtigt werden (10 DH p.P., auch in Englisch). Auch wenn es keine Kunstwerke zu sehen gibt, so gewinnt man doch einen hervorragenden Einblick sowohl in die Architektur einer Familienkasbah als auch in das noch funktionierende Großfamilienleben.

Hassan (spricht Französisch) und *Hussain* (spricht Französisch, Englisch und leidlich Deutsch), Sohn und Neffe des Hauses kümmern sich rührend um die Gäste. Sie wissen auch sehr viel über die Umgebung zu berichten und können gute Tips für Ausflüge geben. Auch die nahegelegene *Kasbah Tamnougalte* (siehe Kastentext), die als Kulisse im Film „Himmel über der Wüste" diente, gehört dem Familienclan.

PRAKTISCHE INFOS

Tel. Vorwahl von Agdez: 04
PLZ: 45050

Klassifizierte Hotels

Kissane ***A
Avenue Mohammed V., am Ortsanfang rechts (von Ouarzazate kommend); Tel. 83 30 44, Fax 84 32 58. Nettes Durchgangshotel, sehr sauber, Swimmingpool; Preise DZ mit Bad sehr unterschiedlich. Es werden zw. 230 und 400 DH verlangt. HP 500 DH pro DZ, Abendessen (nicht zu empfehlen) 80 DH.

Unklassifizierte Hotels

Les Palmiers
Avenue Mohammed V., Tel. 84 31 27, einfach, DZ 70–100 DH. Sehr sauber, es wird stündlich saubergemacht, und der Besitzer fragt auch dauernd nach, ob es sauber genug ist. Ein Leser schreibt, man fühlte sich fast schuldig, wenn man die Toilette benutzt.

Drâa
Avenue Mohammed V. , einfach aber sauber und nett, warme Duschen, freundlicher Besitzer. EZ 40 DH, DZ 70 DH, gutes Restaurant ist angegliedert. Es wird immer frisch gekocht.

Camping

Camping la Palmeraie
B.P. 23, 45050 Agdz, Tel. (04) 84 36 40. Im Ortszentrum nach links abbiegen (Schild) und dann ca. 2 km gute Piste bis zum Platz (glauben Sie nicht den Bazaristen, die behaupten, der Camping sei geschlossen oder überfüllt!). Romantisch unter Dattelpalmen und Obstbäumen zwischen der **Kasbah Asslim** und den **Oasengärten** gelegen und sehr persönlich und engagiert geführt (von der Familie Aït al Qaid, s. oben bei Kasbah). Die Sanitäranlagen sind je nach Ansturm meist sauber, neue (europäische) Toiletten sind im Bau. Die Zisterne wurde zu einem **Schwimmbecken** umgebaut, das Wasser ist herrlich frisch (wird immer wieder nachgefüllt), es gibt allerdings keine Filteranlagen. Abends wird auf Vorbestellung gekocht, und es findet hin und wieder ein Fest statt, an dem alle Campingplatzgäste teilnehmen können. Ausflüge, sei es zur Kasbah Tamnougalte, zu den Cascades du Drâa, zu der Staumauer des Drâa, die nicht weit vom Campingplatz entfernt ist, oder nur ein Bummel durch die Oasengärten (weit ruhiger als in Zagora) werden angeboten. **Mountainbikes** können geliehen werden. Es ist auch möglich, in den **Zeribas** (Strohhütten) am Boden zu schlafen oder im **Nomadenzelt** am Campingplatz, bzw. eines der hübschen **Zimmer in der Kasbah** zu nehmen (wurden 1998 renoviert; nur auf Anfrage gibt es Leintücher, besser: eigener Schlafsack).

Preise: Camping 10 DH pro Person, 10 DH pro Auto, 10 DH pro Zelt, Elektrizität 10 DH, Zimmer in der Kasbah 30 - 40 DH p.P (je nach Saison), Menü 60 DH, Cola 5 DH. 1-Tages-Ausflug nach Tamnou-

galte mit Führungen durch alle Kasbahs und Mittagessen 200 DH.
Gegenüber dem Camping befindet sich ein Hamam, 5 DH, Frauen nachmittags, morgens und abends Männer. Massage muß extra bezahlt werden.

Feste/Veranstaltungen

Moussem Sidi El Haj
Im Douar Zaouite Taoudacht bei Agdz, im August
Moussem Sidi Hssaine
In Agdz Ende September
Moussem Zaouite Timesla
Bei der gleichnamigen Zaouia bei Agdz, am 18 Rabia I
Moussem Sidi Ameur
Im Douar Sidi Ameur bei Agdz, 12 Rabia I (islamischer Kalender)

Hinter Agdz ändert sich die Szenerie. Die Strecke geht durch das Tal des *Oued Drâa* und ist landschaftlich recht abwechslungsreich und schön. Das Flußtal wird zur Linken von dem hohen Bergzug des *Djebel Kissane* begrenzt; davor ein breiter Saum von Dattelpalmen, Oleanderbüschen und vielen Kasbahdörfern: *Dar Cheikh-el-Arabi, Dar Fatima* u. a. Sandfarbene Wüstenratten und kleine, graue, gestreifte Erdhörnchen haben hier ihren Lebensraum, Kameldorn, Tamarisken, Gonfocarpusbüsche und Schirmakazien geben der Landschaft einen ostafrikanischen Anstrich. In den Bergen heulen Schakale, mit Glück sind Adler und Blauracken zu sehen.

Der Drâa ist angeblich mit *Bilharzia* (Blutegel, Auslöser der Bilharziose, vgl. S. 450) verseucht.

Ein **lohnender Abstecher** führt bei Km 74 links über die Brücke in den Ksar **Tamnougalte.** Hier finden sich mehrere schöne Kasbahs innerhalb des Dorfes, darunter auch die älteste Kasbah des Drâatales, dessen Besichtigung man sich keinesfalls entgehen lassen sollte (nur mit Begleitung eines Familienmitgliedes möglich). Bereits auf dem Weg ins Dorf passiert man nach ca. 2 km die auf einem Hügel thronende Kasbah Taouirt, besser bekannt als das Fort Bounoura aus dem Film "Himmel über der Wüste". Für den Film wurden eigens ein Tor gebaut und eine Sanddüne angekarrt, um das *Fort Bounoura*, in dem der Hauptdarsteller starb, stilecht darzustellen. Leider ist sie halb zerfallen und fast leer.

Das unterhalb der Kasbah liegende **Ksar Tamnougalte** ist ein verschachteltes Labyrinth aus Lehmburgen und engen Gängen, in dem ebenfalls wesentliche Szenen des Films gedreht wurden. Der Ort mit seinen schönen, mit Lehmornamenten verzierten Kasbahs ist bei weitem interessanter als die auf dem Hügel thronende Kasbah. Besonders schön ist das Eingangstor in den Ksar mit einer alten, geschnitzten Holztür und dem typischen Zahnbürstenschloß (s. S. 85). Die Dorfkinder, rotzfrech und nett, folgen den Touristen als langer Troß; sie lassen sich aber nicht fotografieren. Ein hübsches Restaurant innerhalb der größten Kasbah (direkt am Parkplatz) wartet auf seine Eröffnung. Derzeit fehlt nur noch die Lizenz. Wer die Kasbahs besichtigen möchte, sollte hier an die Türe klopfen und nach *Jalil* oder *Rabii Ait el-Qaid* fragen. Die Führung kostet pro Kasbah 10 DH (also 30 DH p.P., da es drei Kasbahs sind, zwei Personen 50 DH). Ohne Führer kann es manchmal recht anstrengend werden, sich Kinder und „falsche" Führer vom Leibe zu halten (s. a. Kastentext S. 360).

Blick auf das Fort Bounoura (Kasbah Taouirt in Tamnougalt)

Übernachtung ist im Restaurant **Jardin Tamnougalte** möglich. Die deutsche Besitzerin Barbara Koller hat zwei nette und sehr saubere Zimmer mit Bad hergerichtet, die in einem schönen Garten liegen. Wer möchte, kann auch hier sein Zelt aufstellen. Preise: DZ 130 DH mit Frühstück.

Wer nicht auf der Teerstraße Richtung Zagora fahren möchte, kann von Tamnougalte aus die Piste nehmen, die bis zur Einmündung der Straße P 6956 auch für PKWs gut befahrbar ist. Sie führt links des Drâas nach Süden.

Wieder Richtung Zagora auf der Hauptstraße, ist bei Km 97 die *Barrage Deriaba,* ein neuer Stausee, erreicht; ein Abzweig führt nach *Tazenakht.* 2 km weiter führt links ein beschilderter Abzweig nach *Nekob* (s. S. 434) und *Tazzarine* (S. 431). Beim Abzweig liegt unter Palmen das nette, kleine *Hotel Bougafer.*

Anschließend durchquert man mehrere schöne Ksour, u. a. *Tamsikht* und *Irchegui,* einige mit schönen Kasbahs.

Der Ort **Tinzouline** (Geschäfte, schöner Souk am Montag und Donnerstag) folgt nach 125 km. Die diversen Café/Restaurants im Ort haben allenfalls Tajine anzubieten, deren Preis aber unbedingt im voraus ausgehandelt werden muß. Übernachten ist evtl. auf den Dachterrassen eines der Cafés möglich, Campen nach Anfrage neben der Auberge oder an den Ufern des Oued Drâa.

Wenn man in Tinzouline bei der Post rechts abbiegt (rostiges Schild „gravures ruprestes lybico berbere“

Fortsetzung auf Seite 365

TAMNOUGALT

DIE GESCHICHTE EINER KASBAH UND VIEL MEHR...

von Muriel Brunswig

Jahrhundertelang war die Kasbah von Tamnougalt Herrschaftssitz und Schutzburg für die umliegenden Dörfer. Herrschaftlich, wenn auch vom Verfall bedroht, ist sie heute noch. Nicht nur der bekannte Regisseur Bernardo Bertolucci hat die Schönheit und die Mystik dieses Ortes erkannt. Zahlreiche Filme wurden hier gedreht und es war für keinen schwer, den Zauber Tamnougalts einzufangen

Irrtümlicherweise wird die Kasbah Tamnougalt oft mit ihrer Schwester Taouirt verwechselt, die nur wenige hundert Meter daneben stolz auf einem Hügel thront. Stolz auch darauf, daß sie in dem berühmten Film Der Himmel über der Wüste *eine Rolle spielen durfte: die des Fort Bounoura, in welchem der Protagonist stirbt. Abgesehen davon hatte sie keine Funktion. Erst vor 60 Jahren gebaut und nie vollendet, war sie nicht mehr als ein „Lückenfüller" im Konkurrenzkampf zwischen Glawi- und Qa'id-Familien. Nicht so die Kasbah Tamnougalt, die sich inmitten des alten Dorfes befindet.* **Sie** *war die erste Kasbah des Drâa-Tals,* **sie** *kann auf eine lange und bewegte Geschichte zurückblicken.*

Ein alter Mann, würdig im blauen Anzug, eine Zigarette im Mundwinkel, ansonsten jedoch zahnlos, erzählt die Geschichte seiner Familie. Er ist der Neffe des vorletzten Qa'ids von Tamnougalt und über 80 Jahre alt. Er freut sich, daß eine Europäerin etwas über seine Familie erfahren möchte und so beginnt er zu erzählen:

Weißt Du, sagte er, das ist eine lange Geschichte. Erinnerst Du Dich an Mulay Rachid? Ich frage ihn, ob er damit den Begründer der Alawiden-Dynastie meint, den Vorvater des heutigen Königs, der Mitte des 17. Jahrhunderts die Macht übernahm. Natürlich den, wen denn sonst? Nach einer kurzen Pause, in der ich zweifelnd gemustert werde, ob ich es wohl wirklich wert bin, daß man mir diese Geschichte anvertraut, nimmt der alte Mann den Faden wieder auf: Rachid war unzufrieden. Jahrelang hatte er das Herrscherhaus beobachtet und den steten Verfall seiner Macht erkannt. Ihm war klar, daß die Dynastie dem Untergang geweiht war, und so beschloß er, das Schicksal in seine Hände zu nehmen und selbst Sultan zu werden. Das Problem war Ben Micha'il, ein Jude, der immer an der Seite des Sultans war und ihn beschützte. Wenn man die Macht wollte, mußte man an Micha'il vorbeikommen - aber wie? Er fragte seinen engsten Vertrauten, Ali Mansur. Ali, ein gewitzter Berber aus dem Rifgebirge, überlegte und ersann einen teuflischen Plan: Micha'il war für seine Gier nach Gold bekannt. Also würde er eine Kiste mit Gold erhalten, die so groß sein sollte, daß darin Ali selbst und zwei weitere Krieger Platz hätten.

Die Kiste wurde zu Micha'il gesandt, und als dieser sie öffnete, sprangen die Krieger heraus, töteten den Mann und erlangten so die Herrschaft für Rachid. Meuchelmord also, die den ersten Sultan der neuen Dynastie an die Macht brachte, die Geschichte vom trojanischen Pferd. Der alte Mann fragt mich, ob diese Tatsache ein schlechtes Bild auf seine Familie werfe, denn, man ahnt es schon, der mutige Ali Mansur war niemand anderes als der Vorfahr der Familie Ait al-Qa'id, die bis zum heutigen Tag in der

Eingang zum Ksar Tamnougalte

Kasbah lebt. Falls doch, so solle ich sie auf keinen Fall erzählen. Ich beteuere ihm, daß dies nicht der einzige Fall gewaltsamer Machterlangung sei und er sich deswegen keine Sorgen zu machen brauche. Er freut sich, denn Ali Mansur war es, der auf diese Weise die Herrschaft der Familie im Drâa-Tal etablierte.

Mulay Rachid hatte aus den Fehlern seiner Vorgänger gelernt. Ein zentral geführter Staat, das hatte die Geschichte bewiesen, ließ sich nicht regieren. Also setzte er Verwalter ein, Gouverneure, die in seinem Namen das Land regierten. Als Dank für das, was Ali Mansur mit seinen zwei Brüdern für ihn getan hatte, ernannte er ihn zum Qa'id (arab. Führer, Gouverneur) *des Drâa-Tals und ließ als dessen Herrschaftssitz die erste Kasbah in Tamnougalt errichten. Und da steht sie noch heute. Sichtlich angeschlagen, aber sie steht. Großartig das Tor, reich verziert die Innenräume. Jalil, der Großneffe des alten Mannes, der mir so spannend die Geschichte seiner Familie erzählte, führt mich durch die Burg und erklärt mir ihre Funktionen, denn eine Kasbah war mehr als nur ein Herrschaftssitz. Sie war Schutzburg für umliegende Dörfer, die den Stammeskriegen ausgesetzt waren, sie war Versammlungsort für den Dorfrat, Wohnort für die Herrschaftsfamilie und Marktfleck zugleich. Mit einer Fackel führt er mich durch dunkle Gänge von Hof zu Hof, erklärt mir die Architektur des Lehmbaus und erzählt mir viel über die Geschichte des Hauses. Von einer Kasbah gelangen wir über die Dächer zur nächsten, denn bald schon wurden mehr und mehr Kasbahs errichtet, zwei davon im selben Dorf, die anderen in Sichtweite der jeweils nächsten. Eine Kette von Kasbahs, die sich, parallel zum Fluß, das Tal entlang bis nach Zagora zieht.*

Tamnougalt, was in der Übersetzung so viel bedeutet wie „Ort des Zusammentreffens", war seit ewigen Zeiten ein wichtiger Marktfleck auf der langen Handelskarawanenstraße von Fès nach Timbuktu: Die erste Oase, wenn man - von Marrakesch kommend - die Berge des Hohen Atlas und des Tinififft hinter sich gelassen hatte; die letzte für die Karawanen, die Gold, Elfenbein, Sklaven und Salz vom Süden nach Marrakesch transportierten. Die Kasbahs des Drâa-Tales nördlich Zagoras blieben in den Händen der Nachkommen Alis. Starb ein Qa'id, übernahm - ganz im Sinne Mulay Rachids – der älteste Bruder dessen Funktion. So war es ausgemacht, damals, 1656, als Ali Mansur die Herrschaft im Drâa-Tal übernahm. Denn seine Brüder waren es gewesen, mit deren Hilfe er Ben Micha'il hatte meuchelmorden können. Nur unter der Bedingung, daß es keinen Bruder mehr gibt, darf das Amt an den ältesten Sohn übergeben werden oder - falls es diesen nicht gibt – an den Neffen. Auf diese Weise wurde es bis Mitte der 40 er Jahre dieses Jahrhunderts gehandhabt, als die Familie ihren Titel abgeben mußte. Nicht nur das, sie verlor ihren Besitz, ihr Land,

Die Kasbah

ihre Kasbahs und somit ihre Ehre. Schuld daran war das französische Kolonialsystem, oder, besser gesagt, der kolaborierende Berberfürst Tami ibn Muhammad al-Maswari al-Glawi.

Betretendes Schweigen, als ich nach diesem Mann frage, dann blitzt Zorn aus den Augen des alten Mannes, der mir so schön die Geschichte seiner Vorfahren erzählt hatte. „Ein Verräter“ zischt er, „nicht wert, daß man sich seiner erinnert“. Natürlich bin auch ich empört, möchte dann aber doch mehr erfahren über diesen Mann, der auch von offizieller Seite Marokkos totgeschwiegen wird. Von den Menschen des Südens erfährt man nicht mehr, als daß die Glawis Verräter waren, Zorn bei der Erwähnung seines Namens. Kramt man aber ein wenig in der Literatur, wird man schnell fündig: Auf ihn gehen prächtige Kasbahs wie die Kasbah Taouirt in Ouarzazate oder Telouet zurück.

Schon im 19. Jahrhundert schaffte es der Berberclan der Glawa, sich durch skrupellose Kämpfe als größter Großgrundbesitzer des Südens zu etablieren. Seine Herrschaft war gefürchtet, seine Brutalität bekannt. Während die Berber erbittert gegen die französische Vorherrschaft kämpften, nutzte jener berüchtigte Tami ibn Muhammad die Gunst der Stunde und schloß sich den Franzosen an, die seit 1912 das Land zu ihrem Protektorat erklärt hatten. Spätestens damit begann sein Verrat. Seite an Seite mit den

Franzosen erkämpfte sich der „Sultan des Südens", wie er zu dieser Zeit genannt wurde, die Vorherrschaft im Drâa-Tal. Bis Mitte der Vierziger Jahre konnten sich die Qa'ids mit Hilfe der Bevölkerung noch halten, dann wurde der letzte Widerstand gebrochen. Si Ali, der letzte Qa'id von Tamnougalt (welch Ironie des Schicksals, daß der letzte Qa'id denselben Namen trug wie der erste), mußte ins Exil, seine Familienmitglieder wurden aus der Region verbannt, einige wanderten ins Gefängnis.

Heute noch sichtbares Zeugnis dieser Zeit der großen Konkurrenz zwischen den sultanfreundlichen Qa'ids und den franzosentreuen Glawis sind die zahlreichen Kasbahs, die mit Beginn dieses Jahrhunderts in der Region entstanden. Jede Familie versuchte, mit dem Bau einer Kasbah die andere Familie zu übertrumpfen. Wo eine Qa'id-Kasbah stand, wurde in direkter Nachbarschaft eine Glawi-Kasbah errichtet, exponierte Orte, wie der Hügel bei Tamnougalt, wurden durch den Bau einer Kasbah „besetzt". Nicht nur die wunderschöne Kasbah Taouirt von Tamnougalt besteht fast nur aus den Außenmauern, viele Kasbahs wurden nie vollendet, waren wie Taouirt auch nur „Lückenfüller" im Konkurrenzkampf. Heute zerfallen die Glawi-Kasbahs mehr und mehr, nur wenige werden - im Zeichen eines zunehmenden Tourismus - zögernd restauriert. Das erzählt mir der alte Mann nicht...

Der Triumph der Glawi hielt nicht lange an. Schon 1956 mußte sich Tami ibn Muhammad ergeben und sich dem Sultan Muhammad V. unterwerfen. Sein Besitz wurde verstaatlicht, seine Familie wanderte nach Frankreich aus. Er selbst starb nur wenige Monate nach seiner Niederlage. Der Untergang des Einen war der Sieg des Anderen: Aufgrund ihrer langen Sultanstreue erhielt die Familie Ait al-Qa'id ihren Besitz zurück. Natürlich konnte das alte System der Qa'id-Herrschaft nicht in dem jungen Staat übernommen werden, aber Ehre und Ehre überhäuften sich und Si Ali konnte eines zufriedenen Todes sterben. Er hinterließ seinen Söhnen und Neffen 10 Kasbahs. Ein paar davon sind heute zerfallen, denn die Lebensdauer einer Kasbah ist - wenn man sie nicht fortwährend erneuert und restauriert - kurz. Die meisten aber sind von den Nachfahren der Erben bewohnt, darunter sind zwei, die man besichtigen kann. Die eine ist die „Originalkasbah" in Tamnougalt, inzwischen fast 350 Jahre alt , die andere ist die Kasbah Asslim in Agdz. In ihr lebt ein Enkel von Si Ali, Si Ahmad mit Hassan, einem seiner Söhne und dessen Familie.

Der alte Mann lächelt mir zu und gebietet seinem Enkel, mir noch einmal Tee einzuschenken. Ob ich noch eine andere Geschichte hören möchte, die Geschichte vom furchtlosen Abdelkrim, der die Franzosen bekämpfte. Mir scheint, er muß beweisen, daß al-Glawi keine Brüder hatte. Ich nicke begeistert. Er zündet sich eine Zigarette an, nimmt einen Schluck des köstlichen Tees und beginnt...

7 km schlechte Piste) und immer geradeaus fährt, erreicht man nach guten 7 km einen kleinen Parkplatz, von dem aus man zu Fuß ca. 250 m das Oued entlanglaufen muß. Dann findet man an den Felswänden prähistorische Gravuren (ca. in Höhe eines gemauerten Brunnens). Besser ist es, sich einen Führer mitzunehmen, da man die Gravuren - Gazellen, Strauße, Reiter - schwer entdeckt.

Weiter geht es durch kleine Dörfer in hübscher Oasenlandschaft. Hinter **Zaouit Faggout** (Km 132) wird das Flußtal enger, die Felswände rechts der Straße rücken näher; insgesamt ist das Tal von nun an dünner besiedelt.

Bei Km 149 ist man in **Duar Khemis Beni Zoli,** einem hübschen Ort, in dem die Touristen selten Halt machen. Suq ist am Donnerstag vormittag.

Ab hier oder Tamnougalte kann man einen Abstecher zu den Oasen auf der anderen Drâaseite machen (bei beiden Orten gibt es Brücken), welche von Touristen so gut wie gar nicht besucht werden und noch um einiges ursprünglicher sind als die stark frequentierten Orte entlang der Teerstraße. Nach 165 km ist Zagora erreicht.

ZAGORA

ÜBERBLICK

Früher war der Ort eine wichtige Karawanenstation; das Schild „52 Tage nach Timbouctou" am Ende der Hauptstraße beim *Cercle de Zagora* zeugt noch davon. In der Protektoratszeit dann französischer Militärstützpunkt, ist Zagora heute eine wichtige Garnison der marokkanischen Truppen.

Die **hübsche Oase** liegt am Rande der Wüste, an den palmengesäumten Ufern des *Drâa*. Begrenzt wird sie von den Wüstenbergen des *Djebel Adafane* (1027 m) und des *Djebel Zagora* (974 m) im Osten. Auf dem Djebel Zagora befinden sich Reste einer Almoravidenfestung aus dem 11. Jahrhundert.

Zagora zählt mittlerweile 26 171 Einwohner und expandiert nicht nur wegen seiner militärischen Bedeutung, sondern auch infolge des **zunehmenden Fremdenverkehrs.** Die Bewohner leben aber immer noch hauptsächlich von der Landwirtschaft. Sie wird vorwiegend für den Eigenbedarf entlang des Oued Drâa betrieben. Daneben gibt es Kleingewerbe und zahlreiche kleinere Unternehmen, die sich immer mehr auf den Tourismus konzentrieren.

BESICHTIGUNG

Die Häuser der Stadt und die arkadengesäumten Geschäfte in der Hauptstraße sind mit rosafarbenen und weißen Ornamenten verziert, wie es in allen typischen marokkanischen Wüstenstädten der Fall ist.

Viele Touristen sprechen vom „Endzeitcharakter" der Stadt, was aber sicher davon abhängt, zu welcher Jahreszeit man reist: Ist es trocken und fegt der heiße Wüstenwind *Chergui* den Staub durch die Luft, dann ziehen sich die Bewohner in ihre Häuser zurück, halten Siesta, und der Tourist muß sich tatsächlich etwas verloren vorkommen - ein Eindruck aber, den alle Wüstenorte vermitteln.

Die Frauen hier im Süden tragen schwarze Umhänge und Kleider. Sie sind zwar nicht gänzlich verschleiert, ziehen den Umhang aber vors Gesicht, wenn ein Fremder naht.

Die **Kinder von Zagora** haben die Touristen inzwischen als Einkommensquelle entdeckt: Sie betteln nicht einfach um Geld, sondern wollen ihre aus Palmblättern geflochtenen Tiergestalten verkaufen. Versuchen Sie einen Tauschhandel mit Kugelschreibern oder Bonbons, bevor Sie Geld dafür geben.

Auch wenn Zagora selbst keine Sehenswürdigkeiten zu bieten hat, so eignet sich der Ort hervorragend für **Wüstenexkursionen** mit dem Auto, dem Taxi, zu Fuß oder mit dem Kamel oder auch nur zum Relaxen in einem der angenehmen Hotels.

Die deutsche **GTZ** (Gesellschaft für technische Zusammenarbeit), die in Marokko viele Naturschutzprojekte betreut, unterstützt in Zagora ein Projekt „lutte contre la Désertification dans la Vallée du Dra" *(PROLUDRA)*, das, wie der Name sagt, die Verwüstung der Region verhindern soll, außerdem im Rahmen des Projekts die natürlichen Resourcen managen und dabei durch nachhaltige Bewirtschaftung zu deren Schutz beitragen sowie die Einkommensquellen der Bevölkerung verbessern will. Dazu zählt auch die Förderung des Tourismus. Geplant ist eine Association, die die vielen Tourenanbieter unter einen Hut bringen will und eine Kooperation anstrebt. Zielsetzung ist ein ökologischer Tourismus, kein Ralleytourismus. Treibende Kraft dieser Association ist der Schweizer Markus Ritter, der auch **Ökotouren** veranstaltet. Kontakt: e-mail: markus.ritter@lifescience.ch.

Desweiteren ist die **Errichtung eines Naturreservates geplant,** das ein Gebiet südlich Zagora unter Schutz stellen soll, denn die Region ist überweidet, und diese Überweidung ist wiederum die Hauptursache des Sandes der die Oasen bedroht. Außerdem sollen in dem Naturschutzgebiet verschiedene Gazellen- und Antilopenarten sowie eventuell Strauße ausgesetzt werden. Man kann dieses Projekt unter proludra@mts.com erreichen.

★SUQ

Ein **schöner Markt** wird am Sonntag und Mittwoch abgehalten; die Bevölkerung der Umgebung handelt dabei v. a. mit Gemüse aus den Oasengärten, aber auch mit Tieren und Waren des täglichen Bedarfs. Es gibt einen urigen „Eselsparkplatz" wie in *Rissani* (siehe dort), da die Bevölkerung aus den weniger erschlossenen Regionen hauptsächlich mit dem Esel zum Markt aufbricht.

★OASENGÄRTEN

Sehr schön ist ein Bummel durch die **Oasengärten von Amazrou,** die leicht vom *Camping Amazrou,* vom *Camping Montagne* oder den Hotels *Fibule du Drâa* oder *Kasbah Asma* erreichbar sind. Hier kann man den typischen Oasenfeldbau, wie ab Seite 306 beschrieben, beobachten.

Wenn man für einen Besuch die lästigen Kinder abschütteln will, ist es am besten, einen Führer zu nehmen (in den Hotels oder beim Camping).

★DJEBEL ZAGORA

Da sich oben das Militär eingerichtet hat, darf man mit dem Auto nicht bis ganz hinauf fahren. Zu Fuß ist der Auf-

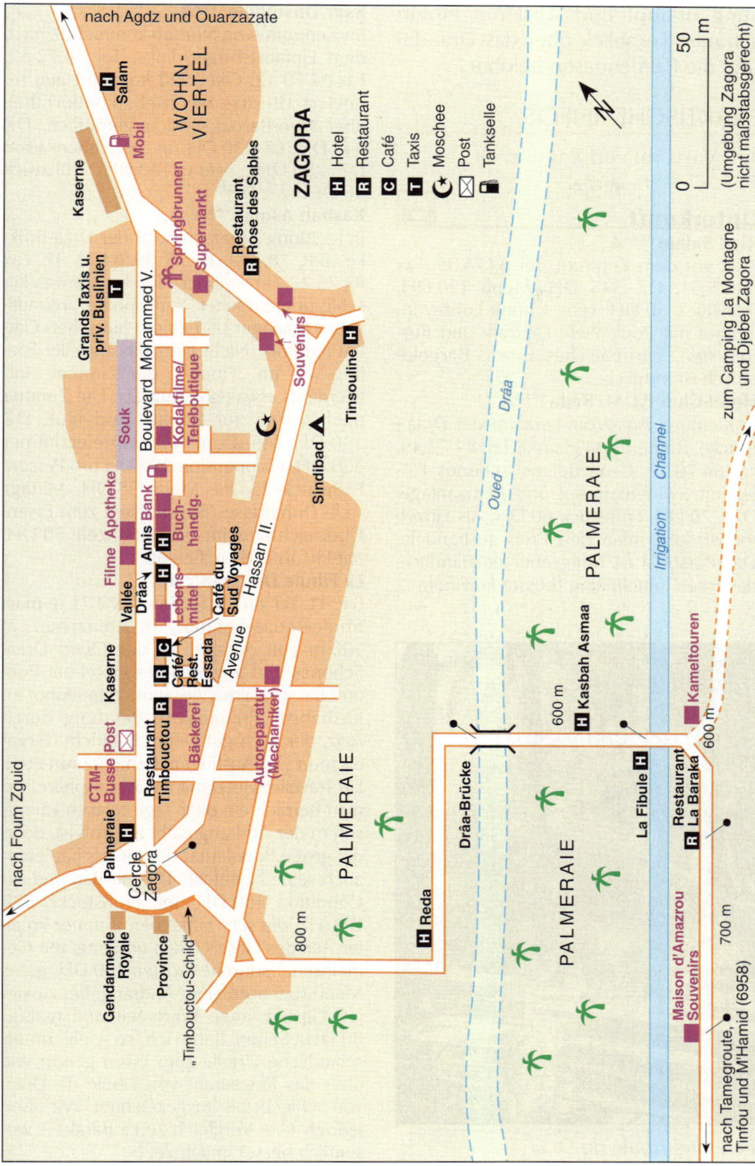
nach Agdz und Ouarzazate
nach Foum Zguid
WOHN-
VIERTEL
Salam
Mobil
Kaserne
Grands Taxis u.
priv. Buslinien
Springbrunnen
Supermarkt
Restaurant
Rose des Sables
Boulevard Mohammed V.
Souk
Kodakfilme/
Teleboutique
Souvenirs
Tinsouline
Sindibad
Apotheke
Filme
Amis
Bank
Buch-
handlg.
Vallée
Drâa
Lebens-
mittel
Café du
Sud Voyages
Avenue
Hassan II.
Kaserne
Café/
Rest.
Essada
Post
Restaurant
Timbouctou
Bäckerei
Autoreparatur
(Mechaniker)
CTM-
Busse
Palmeraie
Cercle
Zagora
Gendarmerie
Royale
Province
„Timbouctou-Schild"
PALMERAIE
800 m
Reda
Drâa-Brücke
Oued
Drâa
600 m
Kasbah Asmaa
PALMERAIE
Irrigation
Channel
La Fibule
Restaurant
La Baraka
600 m
Kameltouren
PALMERAIE
Maison d'Amazrou
Souvenirs
700 m
nach Tamegroute,
Tinfou und M'Hamid (6958)
zum Camping La Montagne
und Djebel Zagora
ZAGORA
Hotel
Restaurant
Café
Taxis
Moschee
Post
Tankselle
0
50
m
(Umgebung Zagora
nicht maßstabsgerecht)

stieg erlaubt und wird mit einem schönen Fernblick über das Drâa-Tal und die Palmenoasen belohnt.

PRAKTISCHE INFOS

Tel. Vorwahl von Zagora: 04
PLZ: 45900

Unterkunft

Riad Salam**A**
Kurz vor dem Zentrum, Tel. 84 74 05, Fax 84 75 51; DZ 545 DH, Menü 150 DH, Frühstück 50 DH; sehr schöne Lobby, Innenhof mit Pool. Viele Fahrrad- und Bustouristen, europäisches Essen. Bargeldtausch ist möglich.

Hotel-Club P.L.M. Reda**A**
In Richtung Amazrou, kurz vor der Drâa-Brücke. Route de M'Hamid, Tel. 84 72 49, Fax 84 70 12. Großzügiges, schönes Hotel mit Swimmingpool und Klimaanlage. DZ 770 DH, Frühstück 60 DH. Als Einzeltourist sollte man den Preis aushandeln. Das Personal ist ruhig aber umständlich, das Essen mittelmäßig (besser im Fibule).

Im Hotel Fibule du Drâa

Ksar Tinsouline**B**
Im Zentrum (von Norden kommend), nach dem Einfahrtsbogen links, Tel. 84 72 52, Fax 84 70 42; Okt 1998 komplett neu renoviert (Besitzerwechsel), komfortabel, aber Neo-Barock und ungemütlich; DZ 545 DH, EZ 230 DH (in der Nebensaison DZ 250 DH), Menü 120 DH, Frühstück 50 DH.

Kasbah Asmaa*A**
In Richtung Amazrou nach der Drâa-Brükke. B.P. 78, Tel. 84 75 99/84 72 41, Fax 84 75 27. Ein schönes Hotel mit etwas kitschig-orientalischer Atmosphäre, freundlichem Manager und einem hübschen Garten mit Pool. Nicht ganz das Traveller-Feeling wie im „Fibule", die Zimmer sind allerdings etwas großzügiger. Die Zimmer nach vorne zur Straße sind laut. DZ 250 DH (Air Condition), Dreierzimmer 300 DH, Halbpension 250 DH pro Person, Frühstück 25 DH, Menu 95 DH. Mittags viele Durchreise-/Bustouristen zum Essen. Übernachtung im Nomadenzelt 50 DH, mit HP 160 DH p. Person.

La Fibule Du Drâa*B**
B.P. 11, Tel. 84 73 18, Fax 84 72 71 (e-mail: fibule@atlas-net.ma). In Amazrou, ca. 300 m von der Brücke des Oued Draâ. Schönes und angenehmes Hotel mit Pool und Bar im palmengesäumten Innenhof im Kasbahstil. Freundliche Beratung durch Aziz, der auch gut Deutsch spricht (Organisation von Ausflügen, Kameltouren etc.). Ein Traveller-Hotel mit viel Atmosphäre, wo man herrlich ein paar Tage relaxen kann – sofern der Andrang nicht zu groß ist, denn die große Popularität des Hotels hat leider auch seine Nachteile. DZ mit Bad und Air Condition 360 DH (mit Frühstück), 528 DH/HP, die sehr einfachen Zimmer im alten Teil des Hotels (klein und eng, mit Gemeinschaftsdusche) kosten 180 DH, gutes Menü (bei normalem Andrang, bei zu vielen Gästen lange Wartezeit und mäßig) 80 DH. Selten habe ich so viele unterschiedliche Urteile zum Essen gehört wie über das Restaurant von Fibule de Drâa: von schlecht bis ausgezeichnet. Wir aßen jedoch – im Vergleich zu La Baraka – wesentlich besser im Fibule.

Das Hotel bietet Kameltouren an, die aber im zu großen Troß (20 Personen) stattfinden und zu teuer sind, was auch für die sonstigen Ausflüge zutrifft. Wer eine solche Kameltour unternehmen möchte, kommt u. U. preiswerter weg, wenn er sie gleich mit Übernachtung im Hotel bucht. Das Gepäck kann man im Hotel einstellen.

La Palmeraie *A
Avenue Mohammed V. im Zentrum, Tel. 84 70 08, DZ 100 DH,, DZ mit WC und Dusche 160 DH, Menü 40 DH, Frühstück 10 DH. Sauber, heiße Duschen und Pool. Gutes Essen, Treffpunkt der Einheimischen, nette Atmosphäre, schön!.

La Rose des Sables
Avenue Allal Ben Abdellah, Tel. 84 72 74, ehemals nur Restaurant, jetzt auch Hotel. Ein reichliches und gutes Menü kostet ca. 65 DH, das einfache, saubere DZ 70 DH mit Bad, ohne 50 DH.

Unklassifizierte Hotels

Vallée du Draâ
Avenue Mohammed V., Tel. 84 71 10, ein einfaches, aber sauberes und sehr angenehmes Budget-Traveller-Hotel. Die Räume zum Innenhof sind sehr ruhig, zur Straße laut. DZ mit Bad 90 DH, ohne Bad 65 DH. Der Chef kocht auf Wunsch auch anderes als die übliche Tajine, z.B. sehr lekkere Spaghetti mit Tomatensoße.

Hotel-Café-Restaurant des Amis
liegt in der Hauptstraße. Hotel und Restaurant sind etwas heruntergekommen, 30 DH pro Person, abends warme Duschen.

Auberge/Restaurant Sindibad
In Nachbarschaft von Hotel Tinsouline inmitten eines großen Palmengartens, auch Camping (s. dort). Nette Besitzer, lockere Atmosphäre. Die Zimmer sind klein und einfach (60 DH), die Toiletten nicht gerade sauber; nur etwas für sehr einfache Ansprüche. Besser ist es, bei Hitze im Schlafsack auf der Terrasse zu übernachten (10 DH, s.a. bei Camping)..

Camping

Camping Sindibad
liegt neben dem Hotel Tinsouline zentrumsnah mitten im Palmengarten. Der Besitzer hat das Gelände hübsch hergerichtet. Der Platz ist bepflanzt mit schönen, hohen Palmen und Obstbäumen. Strom ist vorhanden, das Schwimmbecken war 1999 gut gefüllt und wird von Untergrundwasser gespeist. Die sanitären Anlagen am Campingplatz sind unterschiedlich sauber, im Winter gibt es heiße Duschen.
Nettes Restaurant mit sehr gutem Essen (ca. 36 DH) und üppigem Frühstück (20 DH) im Freien unter Palmen und im Zelt. Treffpunkt vor allem für jüngere Touristen und Marokkaner zum Quatschen, Dominospielen und Musikmachen. Gebühren: je 10 DH pro Person, Auto und Zelt.

D'Amazrou
In Richtung Amazrou und unmittelbar hinter dem Hotel/Restaurant La Fibule du Drâa nach rechts abbiegen (noch vor dem Kanal). Eine schmale Stichstraße führt zu dem sauberen und angenehmen Platz inmitten eines großen, wunderschönen Palmengartens– es gibt sogar Grasboden. Saubere Sanitäranlagen, Sitzklos, Warmwasserdusche 5 DH. Elektroanschluß. Sehr freundliche Leute. Preise: 10 DH p.P., 10 DH für ein Zelt, Wohnmobil oder Auto.

Camping La Montagne
Tel. und Fax 84 75 78. Auf der anderen Seite des Oued Drâa am Fuße des Djabal Zagora in Richtung Amazrou. Am Hotel Fibule vorbei nach links bis zum letzten, eingezäunten Gelände auf der linken Seite. Angenehmer Campingplatz, einfache, aber meist saubere sanitäre Anlagen. Das Gelände mit Blick auf das Oued und den Djabal Zagora ist im vorderen Bereich grün, die kiesigen Standplätze für die Fahrzeuge sind von vielen Bäumen begrenzt. Der Pächter, Mohammed Azaghar, ist ein angenehmer Gesprächspartner und vielseitig interessiert, er spricht fließend Französisch und gut Englisch. Er hat ein offenes Ohr für Probleme, man kann ihn gerne über das Leben und die Gewohnheiten in den Oasen befragen. Der Platz ist nicht an das örtliche Elektrizitätsnetz angeschlos-

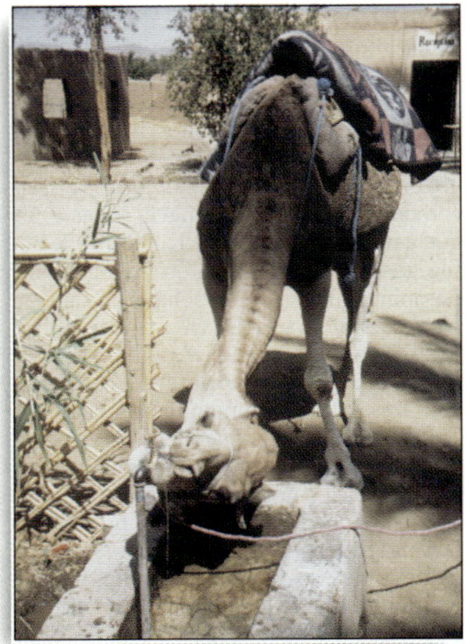

Das Kamel, das aus dem Wasserhahn trinkt - am Camping Montagne

sen. Strom gibt es am Abend über einen Dieselgenerator; nachts wird er abgeschaltet, dann ist eine Taschenlampe für den WC-Gang nötig.

Mohammed organisiert auch **Kameltouren** in die Umgebung, die von Lesern sehr gelobt werden, investiert aber in den Campingplatz - wegen der großen Konkurrenz im Ort- nicht mehr besonders viel. Seine zahlreichen Kamele sind im Stall, der direkt an den Campingplatz anschließt, untergebracht. Eine besonders witzige Sensation ist dabei ein Kamel, das auf Aufforderung aus dem Wasserhahn trinkt.

Campingpreise: 8 DH/Person, 8 DH/Auto, 4 DH/Zelt. Wer es ruhig und beschaulich mag und keinen Wert auf großen Komfort legt, ist hier gut aufgehoben.

Camping Tombouctou

Tel. 84 71 65, B.P. 14. Der im Sommer 1997 eröffnete 1,5 ha große Campingplatz ist großzügig mit vielen noch jungen Bäumen angelegt und einem netten marokkanischen Restaurant mit Dachterrasse. (Menu ca. 45 - 60 DH, Frühstück ca. 15 - 20 DH). Die Besitzer *Ferrikh Omar* und sein Bruder sind sehr nett und engagiert und sprechen Englisch. Leider wird nur wenig in den Platz investiert, die seit 1997 sich im Bau befindlichen Zimmer waren im Mai 1999 noch immer nicht fertig, der Pool war leer und die Pflanzen kläglich klein. Eine Übernachtung im halbfertigen Zimmer 50 DH. Der Platz ist ummauert und ca. 6 km von Zagora entfernt, auf der Straße in Richtung M´hamid (auf rechter Seite). Preise: Auto 8 - 10 DH, Person 10 DH, Zelt 10 DH.

Essen & Trinken

Restaurants

La Baraka

Route d´Amazrou, ca. 700 m vom Hotel Fibule entfernt, in Richtung Tamegroute, rechts der Straße; gutes Menü für 80 DH, original marokkanische Atmosphäre, sehr freundlicher Besitzer, dennoch mäßiger Service und durchschnittliches Essen, verdünnter Orangensaft.

La Rose des Sables

Av. Allal Ben Abdellah. Reichliches und gutes Menü für 70 DH, Wein 70 DH, Mineralwasser 10 DH, gutes Frühstück. Insgesamt etwas zu teuer, aber wahrscheinlich immer noch das beste Restaurant.

Ferner die Restaurants der Hotels: Zu empfehlen ist das Restaurant des **Fibule du Drâa** (s. oben), gutes Menü für 80 DH, Musik, Service und Wartezeit je nach Andrang unterschiedlich.

Gute marokkanische Küche in familiärer Atmosphäre bekommt man auch im Hotel **de la Palmeraie**, in dem sich die Einheimischen treffen.

Busverbindungen

CTM-LN und private Linien:

- ***Zagora - Ouarzazate:*** 6.30 Uhr; ca. 25 DH
- ***Zagora - Casablanca:*** 15.30 Uhr und 19 Uhr; ca. 110 DH
- ***Zagora - M'Hamid*** (von Marrakesch kommend): am Nachmittag von dort kommend in Richtung Marrakesch ca. 16.00 Uhr.

Zagora – Agadir
(über **Ouarzazate**) einmal wöchentlich von den privaten Linien (sehr ermüdend, lange Strecke, viele Stops, endet außerdem in Inezgane mitten in der Nacht, so daß ein Weiterkommen schwierig ist). Besser mit dem Bus nach Ouarzazate und dann umsteigen in den CTM-Bus nach Agadir.

Zagora – Tazzarine – Rissani – Erfoud
Privatbus Samstag, Montag, Mittwoch, 30 DH nach Tazzarine, nach Rissani 60 DH.

Taxi/Sammeltaxi

Sammeltaxis (Grand Taxis) fahren vom Busbahnhof nach **Ouarzazate** 35 DH (nicht besonders häufig), **Tamegroute** 6–8 DH, nach **M'Hamid** 25 DH und nach **Tazzarine** 45 DH. Taxis für einen ganzen Tag oder andere Ziele zu mieten ist möglich, aber Verhandlungssache. Vom Busbahnhof muß man ein Petit Taxi (5 DH) nehmen, wenn man zu den weiter abgelegenen Hotels, wie z. B. Fibule oder Kasbah Asmaa, oder zu den Campingplätzen will.

Feste/Veranstaltungen

Moussem Zaouite Tamegroute
(siehe Ausflüge) bei der bekannten Zaouia am 10. Moharrem

Moussem Sidi Ali ou Brahim
Im Ksar Tinsouline, im August

Ausflüge

Organisierte Ausflüge

Tombouctou Aventures
79, Av. Mohammed V., Tel.84 82 07 macht Kameltrekking, Mountainbike- und Geländewagentouren (auch 4x4 Vermietungen) und arbeitet laut Eigenwerbung mit der (in Gründung befindlichen) *Association de tourisme écologique* zusammen (s. S.366)

Kameltourenanbieter

Zagora ist das Zentrum der Kameltouren-Veranstalter. Es gibt viele Veranstalter, so daß man Preisvergleiche anstellen sollte. In der Regel werden Touren von einer Stunde bis zu einer Woche angeboten – wobei es schon einiger Übung und Kondition bedarf, eine Woche schaukelnd im Kamelsattel durchzustehen. Es gibt allerdings auch Touren, bei denen man mehr beschaulich neben dem Kamel läuft, was wiederum für Wanderer, die Wüstenfeeling suchen, sehr schön ist.

Mohammed Azaghar vom Camping Montagne, 45900 Zagora, B.P. 87, Tel. 84 75 78. Er hat viele Kamele und war einer der ersten Anbieter in Zagora. Zuverlässige und gute Durchführung der Touren auch in Kleingruppen zu fairen Preisen. Individuelle Gestaltung, einige Stunden bis zu mehreren Wochen, zu Fuß mit Kamel als Tragetier oder als Kamelritt.

Neben diesem gibt es zahlreiche Anbieter, über die unterschiedliche Leserbriefe kommen. Sie reichen vom dickem Lob bis zu unangenehmer Anmache von Männern (!) und Frauen (wobei bei einigen nicht auszuschließen war, ob es sich um gekaufte Verleumdungen handelte). Der Konkurrenzkampf unter den Anbietern ist in der Zwischenzeit so groß geworden, daß man sich gegenseitig verleumdet. Eine Agence behauptet von der anderen, sie bestechen Touristen, damit sie negative Leserbriefe an den Verlag schicken. Kamelbesitzer geben sich als Reiseveranstalter aus und loben ihre eigene Agentur im Namen der Reisveranstalter etc. Es ist nicht möglich, in der Flut von Beschimpfung und Lob innerhalb der Leserbriefe die Wahrheit herauszufinden. Ein jeder möge sich sein eigenes Bild machen. Das ist zwar schade und tut mancher Agence sicherlich unrecht, ist aber momentan nicht anders zu bewerkstelligen.

Zur Erleichterung hier eine Liste der Veranstalter mit Leserbriefangaben, auf die man sich aus oben genannten Gründen allerdings nicht allzu sehr verlassen sollte:

Caravane Touareg, Azizi Najih, Dar Douni-Boubklal, Zagora, Tel. 84 79 22 (positives Feedback).

Abdessadek Naciri, über **Restaurant-Auberge Jnane Dar** in Tamegroute zu erreichen, Tel. 84 86 22 (s. nächste Seite), veranstalten ebenfalls Kameltouren (positives Feedback).

Am **Camping d´Amazrou** und **Camping Sindibad** kann man ebenfalls Kamelkarawanen buchen (nicht so positives Feedback); **Caravane du Sud**, gegenüber dem Hotel Fibule du Drâa (laut Lerbrief lustige Typen , aber etwas ungeschult im Umgang mit Kamelen). **Caravane Mille Etoiles, Boutique Ali**, Nr. 45, Tel. 84 75 72. **Caravane Tombouctou, Boutique Lac Iriki,** 79, Av. Mohammed V. , Tel. 84 75 33 (beide widersprüchliches, aber überwiegend positives Feedback).

Bei allen Veranstaltern bewegen sich die **Preise auf ähnlichem Niveau:** 1 Std. ca. 40–50 DH, ein halber Tag von 8 Uhr bis Mittag oder von 14 Uhr bis 18 Uhr 100–150 DH; eine Nacht mit Abendessen und Frühstück (bei Abmarsch am Morgen mit drei Mahlzeiten), mit Brot- und Tajinezubereitung unter freiem Himmel, Schlafen im Nomadenzelt ab 16 Uhr (bei Mohammed Azaghar ab 10 Uhr) bis zum nächsten Tag 12 Uhr ca. 300–400 DH (sicher die interessanteste Tour); ein Tag von 8–17 Uhr ca. 200–250 DH mit Essen, 200 DH ohne Essen; eine Woche ca. 1800 DH mit Verpflegung.

Landrovertouren in die Wüste veranstalten verhältnismäßig teuer das Hotel Fibule du Drâa (Dunes de Tinfou, Chegaga, Lac Iriki etc.) und etwas preiswerter **Brahim al Meddiki,** Hay El Massira, Khadra Nr.6, Tel. 84 70 26, ein ehemaliger Soldat, der 30 Jahre in der Wüste stationiert war.

Individuelle Ausflüge

18 km südöstlich von Zagora liegt der Ort **Tamegroute** mit einem altem Ksar, der **Zaouia Tamegroute** und einer Töpferkooperative. Der Ausflug dorthin kann ohne weiteres an einem halben Tag durchgeführt werden (siehe Beschreibung weiter unten) ebenso nach **M´hamid**, zu den **Dünen von Tinfou** und zum **Erg el Yahudi bzw. Erg M´hazil.** Ein Tag sollte für die Tour bis M´hamid einschließlich der Abstecher veranschlagt werden.

Wenn man die Piste am **Camping d'Amazrou** vorbei nach links über den **Drâa-Kanal** wählt, kommt man nach 8 km zu **zwei Kasbahs,** von denen die linke neu ist und die rechte angeblich aus der Almoravidenzeit stammen soll. In dieser Kasbah befindet sich eine Töpferei, die große, sehr altertümlich anmutende Gefäße für Wasser und Getreide fertigt.

Weiter durch die Oase gelangt man zur Hauptstraße Agdz - Zagora (Einmündung bei **Tissergate**).

Zagora - M'hamid

ÜBERBLICK

85 km, S 6965

Auf der Strecke passiert man einige kleine Palmenhaine und Dünen, und von der Paßhöhe bietet sich eine großartige Aussicht. Richtiges „Wüstenfeeling" kann man aber erst hinter M´hamid erleben: Voraussetzung für eine Fahrt durch die schöne Wüstenlandschaft entlang des Oued Drâa in Richtung *Lac Iriki* sind ein Geländewagen und Wüstenerfahrung. In Zagora oder in M´hamid kann eine Rundtour bei den Veranstaltern oder im Hotel gebucht werden.

Ab Zagora bzw. ab Marrakesch verkehrt einmal täglich ein Bus nach M´hamid.

ANFAHRTSBESCHREIBUNG

Ab Zentrum Zagora sind es 1½ km bis zum Abzweig rechts nach Tamegroute (hinter dem Hotel Fibule) bzw. 2 km zur Kasbah von **Amazrou**.

Ca. 700 m danach kommt man am großen Souvenirladen **Maison d´-Amazrou** vorbei.

Nach 18 km ist der Ort **Tamegroute** mit der **Zawia Tamegroute** erreicht. Das im 17. Jahrhundert von **Mohammed Bennacer** gegründete berühmte Heiligtum des **Nassirya-Or-**

In der Zawia Tamegroute ((evtl. Tamgroute Ort)

dens enthält eine **alte Bibliothek** mit etwa 40 000 handgeschriebenen Büchern und Schriften, die ältesten von Ende des 12. Jahrhunderts. In der Zawia befinden sich die Gräber von sieben heiligen Männern und einer heiligen Frau, die unter großen, grünen Brokatdecken ruhen, in einem Raum mit sehr schöner Wanddekoration.

Zu finden ist die grüngedeckte Zaouia, wenn man im Ort links abbiegt und dann rechts vor dem großen Platz mit den Läden parkt.

Der Ort Tamegroute ist auch wegen seiner grünglasierten **Töpferwaren** bekannt. Die Handwerker sitzen in Erdhöhlen und formen die Töpfe mit der Hand auf einer runden Drehscheibe, die mit den Füßen bedient wird. Daneben gibt es seit neuestem auch moderne Gasbrennöfen und Farbmühlen. Die Töpfer haben sich zu einer Kooperative zusammengeschlossen, die auch von Deutschland unterstützt wird und in der man günstig Gebrauchskeramik kaufen kann. Des weiteren findet sich eine Frauenkooperative, die Teppiche herstellt.

In Tamegroute steht noch ein alter Ortsteil mit Lehmhäusern, überdachten Gassen und sehr ursprünglicher Atmosphäre, die zum Bummeln einladen, auch wenn die Kinder dabei bisweilen nervend aufallen.

Unterkunft bietet das hübsche Hotel **Jnane Dar Diyafa** gegenüber der Bibliothek. Das Hotel wird von der netten Deutschen Doris Paulus und ihrem nicht minder netten Lebensgefährten Sadiq Naciri engagiert geführt. Es gibt 7 einfache Zimmer in einem hübschen Haus, das inmitten eines großen Palmen- Blumen und Gemüsegartens liegt. Saubere DZ kosten 120 DH, EZ 80 DH. Suiten mit Bad sind im Bau, ebenso neue Toilettenblöcke. Ein Pool war im Juni 99 so gut wie fertig. Gutes und schönes Restaurant unter Nomadenzelten, die um einen Pavillon gruppiert sind. Bei ihnen können Kameltouren gebucht werden. Tel 04/84 86 22.

Bei Km 25,8 ist **Tinfou** erreicht; Wegweiser: „Dunes de Tinfou". 1 km geht es auf guter Piste zu den Dünen durch schöne Wüstenlandschaft. Im November 1997 wurde hier das neue Kasbah Hotel **Porte au Sahara***** fertiggestellt. Es gehört der Deutschen Helga Thiess-Koring und ist im schönen Kasbahstil gehalten. Die relativ geschmackvoll eingerichteten Zimmer sind sehr komfortabel, wirken aber etwas steril. Das Hotel steht einsam an den Dünen, der Hof ist fast noch unbewachsen und schon jetzt von den Sandverwehungen bedroht. Kein Pool. Studiosus reserviert hier schon lange im voraus, für Individualreisende ohne fahrbaren Untersatz etwas weit abseits und schlecht zur erreichen.

Es stehen auch Kamele zur Verfügung. DZ 416 DH, Frühstück 40 DH, Menu 100 DH, Nomadenzelt 70 DH p.P. Es können Landrover für 2000 DH mit Faher gemietet werden. Tel.: 04/ 84 85 62, Fax: 04/ 84 70 02.

Das schöne **Restaurant Repos du Sable** (mit Schwimmbecken in einem großen Palmenhain) folgt bei Km 34; auch hier Zimmer (DZ ohne Bad 100 DH, einfach, nicht allzu sauber). Tel. 04/84 85 66. Ungefähr 6½ km danach wird das Oued Drâa überquert, und die Straße führt über eine kleine Paßhöhe durch Ausläufer des **Jebel Bani.**

60 km hinter Zagora ziehen sich Palmenhaine links der Straße. Nach einem weiteren Kilometer weist ein Schild links zum **Bivuac Auberge Aït Issfoul.** Die Piste führt ca. 2 km durch einen Palmenwald. Von dem großen Restaurant mit Parkplatz hat man einen traumhaft schönen Blick auf die Wüste. Übernachtung im Zelt (mit HP 50 DH p.P.) oder in (sehr) einfachen Zimmern (HP 140 DH). Es ist ein Pool vorhanden, der aber nicht immer mit Wasser gefüllt ist. Tel 04/84 83 02, Fax 04/84 76 08.

Tagounite, eine Wüstenoase mit Geschäften und Bäckerei, folgt nach 66 km. Ein Abzweig links führt zum **Ksar Nasrate,** zu dem von Zagora aus ebenfalls Ausflüge organisiert werden. Der Ort hat eine sehenswerte Kasbah.

Ab Km 75 geht die Straße bergauf zur **Paßhöhe Tizi-Beni-Salmane.** Auf einem Kegelberg steht ein Turm, ein Torbogen weist auf die Paßhöhe hin; die Aussicht zurück ins Draâtal ist sehr schön.

Bei Km 84 künden kleine bewachsene Sanddünen und Tamariskensträucher von den Ausläufern des **Erg al-Yahudi,** den Juden-Dünen. Der Legende nach soll hier einmal ein Jude, der die Nomadenzelte am Rande der Dünen als Händler aufsuchte, verschwunden sein. In Vollmondnächten soll man ihn rufen hören... Auf 10 km Piste (gut für PKW befahrbar) kann man dieses kleine Sanddünengebiet erreichen, das auch von Touristengruppen angefahren wird (bei Km 84 Hinweisschild nach rechts). Bei den Dünen wird im Nomadenzelt Tee serviert. Es gibt auch Übernachtungsmöglichkeiten, ein kleines "Restaurant-Zelt" und leider bisweilen auch jede Menge Touristen, die ihren Müll hier hinterlassen.

2 km weiter folgt ein großer Palmenhain, in dem ein kleiner Ort mit einer hübschen Kasbah liegt, bei Km 90 ist das Dorf **Ouled Driss** erreicht. Zur Unterkunft eignen sich **Camping Carrefour des Caravanes**, ein schön gelegener Platz, umgeben von Palmen und Sanddünen, und eine kleine Auberge mit Campingplatz im Palmenhain. Der nette und unaufdringliche Besitzer *Mahjub Chems ed-Din* führt auch zuverlässig Landrover- und Kameltouren zu festgesetzten Preisen durch. Einfache, mäßig saubere Zimmer, sanitäre Anlagen auch eher mäßig, dafür großer, erfrischender Pool. DZ 60 DH, HP im Nomadenzelt 50 DH p.P. Tel. 04/84 86 65.

Nur wenige Meter weiter liegt rechterhand der Camping **Bivouac mille et une nuit.** Ein netter und sauberer Platz, der zur **Agence Caravane Touareg** in Zagora gehört. Die Nomadenzelte sind eingemauert, was Stabilität und Komfort gibt., HP im Zelt 120 DH p.P., ohne Essen 40 DH. Wird v.a. von Reisegruppen angefahren. Tel./ Fax. 04/84 79 22.

600 m weiter geht links eine Piste ab. Direkt hier liegt das nette Café Oasis. Folgt man der schlechten, aber für PKW befahrbaren Piste, gelangt man nach wenigen Kilometern zu der wohl "originellsten" Kasbah-Herberge, **Auberge Kasbah Touareg.** Sehr einfache aber saubere Zimmer werden im Familientrakt der Kasbah für 40 DH angeboten (keine Leintücher). Hochromantisch für Menschen, die sich an der Einfachheit nicht stören.

Am Dayet Chegaga südlich von Zagora

Man lebt mehr oder weniger mit der Familie, die Bäder sind blitzeblank und aus gekalktem Lehm. Restaurant und Camping (10 DH) sind angeschlossen, die Mama kocht!

Zurück auf der Straße geht es vorbei an einem weiteren (neuen) Capingplatz, M'hamid ist nach 96 km erreicht.

M'HAMID

Die **große Oase** M´hamid (ca. 8000 Einwohner) liegt am Oued Drâa und besteht aus den acht Ksour *Talhab Ben M'Hamid, Talhasch Schirfa ou Marabout, Oulad M'Haya, Zenaga, Zaouia Ben Nasseur, Oulad Youssef L'Batha* und *Oulad Bounou el Gabi.*

M´hamid liegt unmittelbar an der algerischen Grenze und ist deshalb militärisch sehr wichtig. Entsprechend häufig sind Polizeikontrollen.

M´hamid ist Endpunkt der Straße. Im Ort gibt es ein großes Wüstenfort, einen kleinen Suq und eine Sanitätsstation. Die Türen der traditionellen Häuser und die Holzschlösser sind aus Dattelpalmenholz gefertigt. Viele Frauen sind von Kopf bis Fuß in dunkelblaue Baumwolltücher gehüllt.

An der Source Sacré (hl. Quelle)

Es gibt in M´hamid auch ein **Artisanat,** wo man Souvenirs zu günstigen Preisen kaufen kann. Der wöchtenliche **Suq** findet montags statt.

Sehr schön ist ein Bummel durch die Palmenhaine entlang des Oued Drâa oder eine Tagestour im Geländewagen zu den Dünen von *Chegaga* bzw. *Erg M´hasil,* zur *Zawia Abd en Nebi* mit der *Source Sacré* oder zum *Lac Iriki,* der nur selten Wasser führt und in einsamer, sehr eindrucksvoller Wüstenlandschaft voller Sanddünen und Berge liegt.

Wanderdünen gibt es beim Dorf *Oulad-em-Haya.* Die Sandwogen wandern und begraben verlassene Häuser und Palmen.

Führer und Touren zur Erkundung der unberührten Wüste werden überall vermittelt, neu ankommende Touristen werden sofort von ebendiesen bestürmt.

Übernachtet werden kann im einfachen *Hotel-Restaurant Iriki* (Frauen berichten von Anmache!), im *Hotel-Restaurant Sahara* (äußerst rudimentär und dreckig) oder beim *Camping/ Auberge Al Khaïma,* ca. 1 km südlich, in einem großen Palmenhain. Dort werden einfache Zimmer in der Lehmkasbah von *Khadiri Bachi,* Besitzer des Geländes, vermietet. Er ist sehr freundlich und veranstaltet auch Kameltouren. Zelten kann man direkt auf dem schattigen Palmengelände. Wer nicht hier übernachten möchte, sollte versuchen, in Ould Driss unterzukommen.

DIE STRASSE DER KASBAHS

Von Ouarzazate nach Tinerhir

ÜBERBLICK

Eine gute Busverbindung besteht mehrmals täglich zwischen **Ouarzazate** und **Errachidia** (302 km; siehe Ouarzazate). Die Fahrt läßt sich problemlos in *Boumalne-du-Dadès* oder *Tinerhir* unterbrechen. Von allen Reiseveranstaltern wird diese reizvolle Route angeboten.

Die „Straße der Kasbahs", wie diese beliebte Hauptverbindungsstrecke genannt wird, führt - nomen est omen - an zahlreichen festungsartigen Lehmburgen und -dörfern vorbei. Zum Teil sind sie verfallen, viele aber haben sich in sehr gutem Zustand erhalten.

Im ersten Routenabschnitt zieht sich die Straße flußaufwärts am Dadèsfluß entlang. Der Fluß enstpringt im Hohen Atlas und windet sich in einem tiefen Canyon hinab zur Dadèsschlucht. Bei Boumalne-du-Dadès biegt er in die Hochebene zwischen Boumalne und Ouarzazate ein, vor Ouarzazate, vor der Mündung in den Drâafluß, wird er zum See gestaut. Zahlreiche schöne Oasendörfer mit Dattelpalmen und Kasbahs, auf denen bereits Fernsehantennen von modernen Zeiten künden, werden passiert.

Bei Tinerhir ist ein weiterer touristischer Höhepunkt entlang der Route erreicht. Eine der größten Dattelpalmenoasen Marokkos liegt eingebettet zwischen rötlichbraunen Bergen malerisch am *Oued Todrha (Todgha)*. Auch hier stehen mächtige Kasbahs, zu bewundern ist ferner die eindrucksvolle Todrhaschlucht mit ihren mächtigen, steil aufragenden Felswänden.
Der erste Teil der Straße der Kasbahs ist der bekanntere und landschaftlich attraktivere Teil. Er führt durch spektakuläre Landschaften auf guter Straße 165 km über Boumalne nach Tinerhir.

ANFAHRTSBESCHREIBUNG

Nach der Kasbah von Taourirt nimmt die Route ihren Anfang. Von dort fährt man die P 32 in östlicher Richtung. Sie führt zunächst über ein Wüstenplateau und erreicht bei Km 18 rechts die **Site Touristique du Lac**. Hier sollten touristische Einrichtungen entstehen... stattdessen ist Baden verboten, und vor einer Schranke wird man vom Militär am Weiterfahren gehindert. 2½ km danach gelangt man zum *Royal Golf Club* (s.a. S. 332, 342). Bei dem alten Dorf am Stausee steht eine halbverfallene Kasbah.

Nach 44 km ist **Skoura,** ein großer Dattelpalmenhain mit eindrucksvollen Kasbahs, erreicht; er ist ausführlich beschrieben in *Werner Wrages* Buch „Die Straße der Kasbahs" (1963). In dem hübschen Oasenort, wo typische Oasenbewirtschaftung betrieben wird, sticht das mit Ornamenten verzierte rote Mauerwerk der eindrucksvollen Lehmbauten hervor. Viele der Kasbahs liegen aber inzwischen verlassen und sind dem Verfall preisgegeben. Diese große, siebenstöckige **Kasbah** kann allerdings besichtigt werden. Die vier eckigen Wehrtürme sind reich verziert. Ausflüge dorthin werden in den Hotels in Ouarzazate und von den Reisebüros angeboten.

In Skoura werden zahlreiche Rosengärten unterhalten, die zur Gewinnung von Rosenwasser dienen. **Suqtag** ist der Montag.

Übernachtung im *Hotel/Café Palmeraie* (sehr schmutzig, 35 DH p.P.) im Zentrum, gutes Essen im *Restaurant Kasbah* im Ortszentrum. Im Ort werden viele Töpferwaren verkauft.

Zahlreiche Moussems finden in den umliegenden Dörfern zwischen 12. und 20. Rabia I statt; in Skoura selbst der **Moussem Sidi Othmane** am 14. Rabia I (islam. Kalender s. S. 394).

Hinter Skoura führt die Straße weiter durch wüstenartige Gegend, die lediglich im Drâa-Tal grüne Farbe zeigt. Entlang der Straße liegen gruppenweise malerische Kasbahs. Die Hauptverbindungsstrecke führt dann bergauf über ein ödes Plateau mit wenigen Aufforstungsprojekten zum Paß **Tizi-n-Taddert** (Km 61). Danach geht die Straße hinab ins grüne Dadèstal zum Ort **Imassine** (Km 66).

Bei Km 70 liegt rechts der Straße ein großer, natürlicher Pilz-Nagelfluh-Felsen, der durch Winderosion seine Form erhielt und jetzt als Aussichtspunkt dient. Eine neue, betonierte Treppe führt hinauf. Unten gibt es zahlreiche Souvenirläden, einen großen Parkplatz und Cafés.

Aït Ridi, ein kleiner Ort mit Dattelpalmenhain und vielen Kasbahs, ist nach 85 km erreicht.

4 km weiter führt eine Brücke über den **Assif M'Goun**. In der Nähe haben sich viele Restaurants, Cafés und Steinverkäufer entlang der hübschen Palmenhaine angesiedelt. Die landschaftlich sehr schöne Strecke führt weiter entlang des Dadèstals. Der Fluß hat sein Bett tief in den roten Sandstein eingegraben. Viele Kasbahs und Ruinen säumen die Ufer. Bei Km 89 hat sich das **Hotel Rosa Damaskina (chez Jean-Pierre)** etabliert. Es gehört einem Franzosen, der mit strengem Regiment das Haus führt. Jedes Zimmer hat eine eigene Espresso-Kanne mit Kochplatte, ist ansonsten nicht so schön eingerichtet, dafür sehr sauber. Herrlich sind die Terasse und der Blick von derselben. DZ mit Bad 159 DH, das üppige Frühstück (mal anders als Brot, Marmelade und Margarine) kostet 26 DH. Tel. 83 69 13, Fax 83 69 69.

El Kelâa des M´Gouna (**Kelaa** bedeutet Festung, **Mgouna** ist der Name des Stammes) folgt bei Km 94. Die Oase mit ca. 10 500 Einwohnern liegt 1467 m hoch sehr schön am Fluß **Assif M´Goun**, der hier vom Hohen Atlas kommend ins Dadès-Tal einbricht und wenige Kilometer vor El Kelâa des M´Gouna in den Dadès fließt. Auf einem Felsen, der die Oase überragt, „sitzt" die Kasbah des früheren Paschas von Marrakesch, El Glaoui. Es bieten sich im Ort zahlreiche Führer dorthin an; ein Ausflug kann auch in Ouarzazate gebucht werden.

Die Oase ist vor allem durch die Herstellung von Rosenwasser und Rosenöl bekannt, ersteres wird vor allem zum Backen und Kochen verwendet, letzteres dient als Essenz für die Parfümherstellung. Der bekannte **Moussem Fête touristique des Roses** wird am ersten Wochenende im Mai zur Rosenernte gefeiert.

Im Rosental bei Bou Thraghrar (Thrarar)

Die **Übernachtung** kann im *Hotel* **Roses du Dadès*********A* (Tel. 83 63 36, Fax 83 60 07) erfolgen; DZ 300 DH. Mit Glück bekommt man Zimmer mit eigener Dachterrasse und tollem Blick bei Sonnenuntergang. Das Restaurant ist ungemütlich; Menü für 100 DH.

Von El Kelâa kann man auf guter Piste, die ausgebaut wird, ins **Rosental** *(Vallée des roses)* fahren (s. Karte nächste Seite). Die Piste führt entlang einer Flußschleife und ist herrlich gelegen. Es geht an verschiedenen kleine Dörfern vorbei bis nach **Tourbist**, einem Ksar mit vielen schönen Kasbahs. Weiter geht es nur noch mit Geländewagen. Man muß ca. 1 km die Piste Richtung El Kelâa zurück, um dann rechts auf die Piste zu kommen, die weiter ins Gebirge hineinführt. Nach ca. 7 km gabelt sich die Piste wieder. Rechts geht es zurück auf die Straße der Kasbahs, links führt nach **Tamaloute**, einem schönen, ursprünglichen Berberdorf, in welchem man Frauen noch in ihren bunten Trachten sehen kann. Von Tamaloute aus gelangt man dann via Piste direkt ins Dadèstal (Piste Richtung Osten). Ausflüge ins Rosental werden vom **Bureau des Guides et Accompagnateurs** in Souk el-Khemis (siehe unten), oder vom *Hotel Le Soleil bleu* in Boumalne aus organisiert.

Zaouiat el Bir folgt nach 103 km. Ab hier führt unsere Route weiter durch dichtbesiedeltes Gebiet bis Boumalne. Man kann kaum mehr einen Blick auf die Kasbahs und den rechterhand liegenden vulkanischen Bergzug des **Djebel Sarhro** werfen, weil alles zugebaut ist.

Bei Km 108 ist **Souk el Khemis** erreicht. Hier befindet sich das **Bureau**

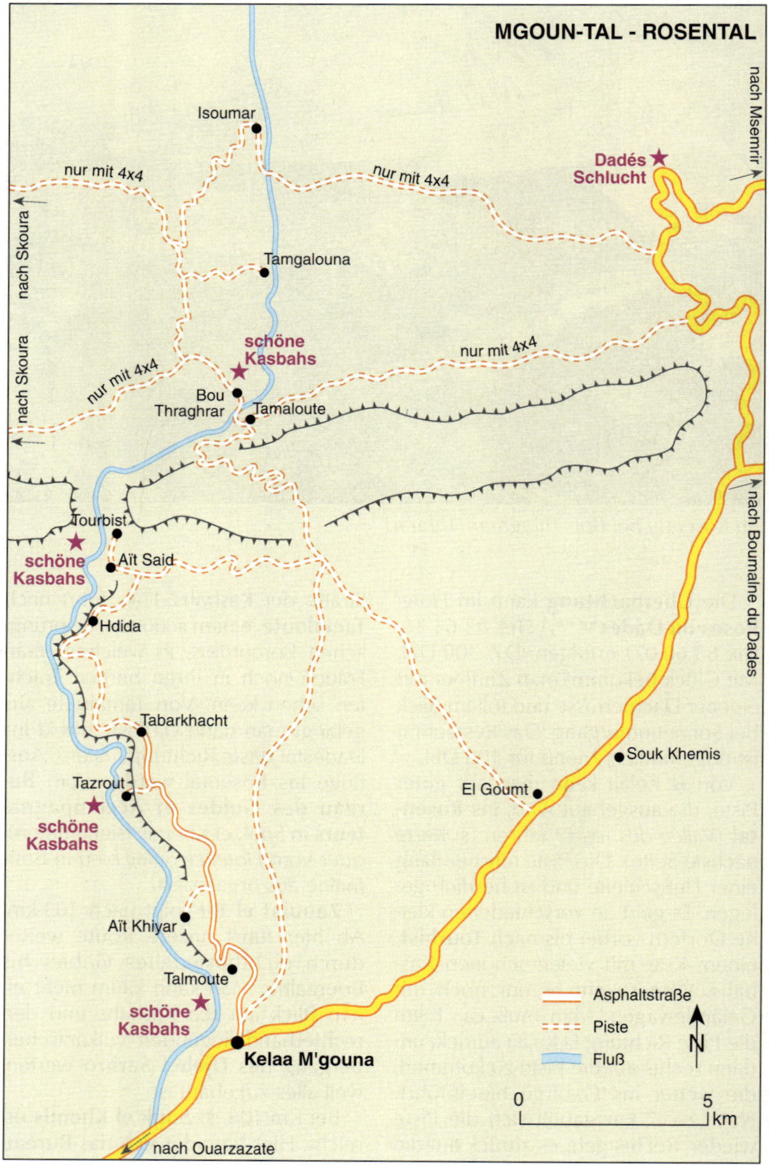
MGOUN-TAL - ROSENTAL
Isoumar
nur mit 4x4
nur mit 4x4
nach Skoura
Tamgalouna
schöne Kasbahs
nur mit 4x4
nur mit 4x4
nach Skoura
Bou Thraghrar
Tamaloute
Dadés Schlucht
nach Msemrir
nach Boumalne du Dades
Tourbist
schöne Kasbahs
Aït Said
Hdida
Tabarkhacht
Tazrout
schöne Kasbahs
Souk Khemis
El Goumt
Aït Khiyar
Talmoute
schöne Kasbahs
Kelaa M'gouna
nach Ouarzazate
Asphaltstraße
Piste
Fluß
N
0
5
km

des Guides et Accompagneurs en Montagne, einem Büro, welches Bergführer für das Atlasgebiet und in die Wüste vermittelt.

Bei Km 115 Boumalne erreicht.

BOUMALNE

Boumalne-du-Dadès, in einer Höhe von 1586 m gelegen, hat 9900 Einwohner und ist **Markt- und Verwaltungszentrum der Region.** Es liegt zwischen den kahlen, verwitterten Berghängen des Hohen Atlas im Norden und dem vulkanischen *Djebel Sarhro* im Süden.

Der schöne Ort ist aufgeteilt in ein neues Verwaltungszentrum auf dem Plateau und in den alten Teil mit Marktzentrum, der sich als gut erhaltener Ksar mit zahlreichen mächtigen Kasbahs am Fluß entlang zieht. Vom Verwaltungsviertel, in dem auch die Hotels stehen und in dem eine rege Bautätigkeit festzustellen ist, hat man einen herrlichen Blick auf den alten Ortsteil und den Marktplatz.

Der Ort ist **Zentrum der Aït Atta-Nomaden.** Die Frauen tragen traditionell ein schwarzes Wickelgewand, das an den Schultern mit silbernen Fibeln gehalten wird und um die Taille von einer bunten Kordel. Die Haare sind mit einem schwarzen Tuch verhüllt, das mit Kordeln fast hutartig verschnürt wird. Die Art, wie die Kopftücher getragen werden, variiert von Stamm zu Stamm. An der Schnürung der Kopfhaube (rund oder spitz) ist zu erkennen, ob eine Frau ledig oder verheiratet ist. Die Haare selbst sind oft zu Zöpfen oder Schnecken zusammengebunden (s. Foto S. 68). Nur noch selten zu sehen sind traditioneller Schmuck wie z.B. Bernsteinketten mit dicken Kugeln und schwere, gezackte Silberarmbänder, häufiger jedoch Ketten und Anhänger, z. B. die fünffingrige Hand der Fatima als Schutz gegen den „Bösen Blick", .

Die Männer tragen den weißen Turban „Rezza", der häufig den Hinterkopf freiläßt, oder ein besticktes Käppchen, das „Takia", auf dem Kopf und am Körper weiße oder blaue Djellabhias und darüber, wenn es kalt ist, einen wollenen, braun-grauen Kapuzenmantel. Die traditionelle Kleidung weicht aber zunehmend moderner europäischer Kleidung, v. a. bei den jungen Leuten. Je mehr man in die Seitentäler vorstößt, desto häufiger sieht man noch die Tracht der einzelnen Regionen. Der wollene Kapuzenmantel, als Schutz vor der im Winter grimmigen Kälte, ist noch überall anzutreffen.

Die Bewohner leben in erster Linie von der Landwirtschaft, die hier vor allem entlang der Flüsse im Terrassenfeldbau betrieben wird. Die Felder bekommen durch zahlreiche Bewässerungskanäle auch zur trockenen Jahreszeit ausreichend Wasser zugeführt (s. a. Kastentext S. 344). Am Flußufer wachsen Silberpappeln und viele Obstbäume, aber auch Gemüse und Getreide werden angebaut. **Markttag** ist am Mittwoch; ein Besuch des sehr ursprünglichen Marktes, zu dem die Bewohner der gesamten Umgebung kommen, lohnt sich.

Boumalne-du-Dadès eignet sich gut als **Ausgangspunkt für Touren** in die wildromantische *Dadès-Schlucht* oder in das *Djebel Sarhro-Gebiet,* außerdem werden von den Hotels Touren in das *Vallée des Oiseaux* („Vogeltal") angeboten.

Die Dadès-Schlucht ist eindrucksvoller als die *Todrha-Schlucht;* schon nach wenigen Kilometern trifft man auf sehr schöne Kasbahs und grandiose Landschaft. Bei hohem Wasserstand bieten im Frühjahr verschiedene Reiseveranstalter (z.B. die deutsche Agentur Nord-Süd-Reisen oder einheimische Agenturen) Kayak-Touren an. Selbst wenn man die Schlucht nicht ganz durchfährt, ist es empfehlenswert, zumindest bis *Aït-Oudinar* oder noch die Serpentinenstraße nach oben zu fahren, was mit normalem Pkw problemlos möglich ist (siehe Ausflüge auf S. 385).

In der Dadès-Schlucht sind die Kasbahs besser erhalten und faszinierender als an der Hauptstraße, sie thronen auf Hügeln inmitten des grünen Flußtales, umgeben von einer schroffen Hochgebirgsszenerie und können z.T. zusammen mit einem Führer besichtigt werden.

PRAKTISCHE INFOS

Tel. Vorwahl von Boumalne04
PLZ: 45150

Klassifizierte Hotels

PLM-Hotel El Madayeq***
Tel. (04) 83 07 63, Fax 83 07 67. Oberhalb des Ortes in Richtung Tinerhir, dann links. Hotel im modernisierten Kasbahstil mit schöner Aussicht, aber unpersönlicher Atmosphäre. DZ kostet 275 DH, Frühstück 35 DH.

Hotel Kasbah Tizzariouine
B.P. 53, Tel. (04) 83 06 90, Fax 83 02 56, betrieben von **Mohamed Lemnaouar**; im Ort rechts abbiegen (beschildert), dann einige 100 m Piste. Schönes, neues Hotel ganz im Stile einer Kasbah mit großem Eingangstor. Die Kasbah ist in mehrere Sektionen eingeteilt, die für jeden Anlaß (Feste usw.) Platz bieten, die aber auch jede Menge Reisegruppen unterbringen. Die Terrasse am hinteren Ende der riesigen Anlage bietet einen wunderschönen Blick auf Boumalne. Eines der zwei sehr hübschen Restaurants befindet sich in einem Berberzelt. Übernachtung ist in normalen Zimmern (DZ 600 DH, auch 3-Personen-Zimmer) oder in Höhlenzimmern (direkt in den Fels geschlagene originelle Zimmer, DZ 350 DH p. P. und HP) und in Berberzelten (200 DH mit Frühstück, sanitäre Anlagen im Gebäude daneben, sind aufgrund der vielen Gruppen, die hier Halt machen, oft verschmutzt) möglich. Alle Zimmer sind recht sauber und schön eingerichtet mit exklusivem und großem Bad. Eher mäßiges Essen, ebenso das Frühstück und die Berberfolklore. Ausflüge werden angeboten, sind aber sehr teuer.

Hotel/Restaurant ChemsB**
Abderrahmane Moubarik, Tel. 83 00 41, Fax. 83 13 08. Oberhalb des Ortes in der Kurve Richtung Tinerhir, schöne Aussicht. Sauber, DZ mit Dusche 150 DH. Gutes Restaurant, Tajine 38 DH.

Soleil Bleu*A
Boumalne B.P. 23, Tel. 04/83 01 63. Ebenfalls oberhalb des Ortes in Richtung Tinerhir und dann links. Vom Hotel Madayeq ca. 400 m weiter auf Piste. DZ mit WC/Dusche und ohne Blick ins Tal 80 DH, mit Blick ins Tal 100 DH (keine Kreditkarten), sauber, sehr freundliche Leute. Camping im Hof 10 DH p. Person und Fahrzeug. Gutes Restaurant mit sehr schöner Terrasse, von der man einen herrlichen Blick ins Dadès-Tal hat. Der sehr nette und hilfsbereite Sohn des Hauses, **Mustapha Najim**, ein staatlich geprüfter Bergführer, veranstaltet Bergtouren durch den Djabal Sarhro, den Hohen Atlas, ins Rosental und zu weiteren Gebieten. Auch die große Atlas-Querung ist mit ihm zu machen, Dauer von einer Woche bis zu 14 Tagen, aber es gibt auch einfache Touren von zwei Tagen zu Fuß, per Pferd oder Kamel. Die Preise sind fest und die Tourangebote hängen zur zwanglosen Information im Hotel aus.

Vallée des Oiseaux*A
Av. de Prince Héritier Sidi Mohammed, Tel./Fax 83 07 64. Am Ortsende in Rich-

tung Tinerhir links. Zimmer mit Dusche und WC (leider nur durch Vorhang abgetrennt), sehr freundliches Personal, gutes Essen in einem großzügigem Speiseraum, nettes Hotel. DZ mit Bad 120 DH, ohne 80 DH.

Unklassifizierte Hotels

Adrar
Links der Hauptstraße, gegenüber der Bushaltestelle, DZ 60 DH, einfach aber sauber.
Bougafer
Links hinter der Bushaltestelle (von Ouarzazate kommend), einfach, sauber, empfehlenswert. DZ 50 DH.
Almander
Av. Mohammed V., in Richtung Tinerhir, steil die Straße hoch, auf der rechten Straßenseite. Schöne Zimmer mit heißer Dusche und WC, mit herrlichem Blick ins Tal. Gutes Restaurant, netter Besitzer, Garage zum Motorradabstellen. DZ 100 DH, ohne Dusche/ WC 60 DH. Gutes Frühstück 15 DH, Menü 60 DH.

Essen & Trinken

Restaurant Chems
Im gleichnamigen Hotel. Lecker, schöne Terrasse.
Café/Restaurant Ossikis
No.75, Suq Boumalne (im Marktgelände). Sehr einfach und nicht besonders sauber.
Besser sind die **zwei Restaurants gegenüber dem Markttor,** das hintere mit der weinüberwachsenen Terrasse ist Zentrum der Bergführer (auch Vermittlung) und sehr gut.

Verkehrsverbindungen

CTM-Busse täglich nach Ouarzazate und Marrakesch um ca. 14.30 Uhr (30 DH, 3 Std. Fahrzeit), Privatbus um 12.30 Uhr, Fahrzeit nach Marrakesch 7,5 Std., 70 DH. Bis Skoura kostet der Bus 15 DH. Nach Tinerhir und Errachidia um 12.30 Uhr.
Sammeltaxis (Kleinbusse oder Grand Taxis) mittags ab der Bushaltestelle in die Dadès-Schlucht bis **Aït Arbi** 5 DH und bis **Aït Oudinar** 10 DH, nach **Tinerhir** 15 DH, nach **Ouarzazate** p.P. 30 DH (Fahrrad 20 DH). In den **Djebel Sarhro** nach **Ikniounn** fahren nur Lastwagen.
Ein Grand Taxi komplett nach **Agadir** für 4 Personen kostet ca. 1000–1200 DH.

Sonstiges

Es gibt in Boumalne im Zentrum zwei **Banken,** die **Post** liegt oberhalb des Zentrums zwischen PLM-Hotel und Soleil bleu.
Ein Briefkasten ist am Markttor angebracht (unsere eingeworfene Post kam aber daheim nie an...). Briefmarken gibt es außerdem in der Buchhandlung im Zentrum.
Der Besitzer des Hotels Kasbah Tiazzarioune, **Mohammed Lemnaouar Brahim,** betreibt neben dem Hotel eine Souvenirboutique mit sehr schönen, aber nicht gerade preiswerten Stücken.

Blick auf den Markt von Boumalne

Ausflüge

Von den Hotels werden diverse Ausflüge angeboten, u. a. in das Rosental oder das **Vogeltal** (Vallée des Oiseaux, s. S. 367), Trekkingtouren auf den Djebel Sarhro, v. a. aber in die Dadèsschlucht, die sich niemand entgehen lassen sollte. Die Schlucht bietet sich als Halbtages- oder Tagesausflug an (siehe auch Hinweise bei den Hotels). Als staatlich geprüfte Bergführer bieten sich *Mustapha Najjim* vom Hotel **Le Soleil Bleu** oder *Muha Mansub* (Postadresse: Slillow Boumalne, 45150 Ouarzazate, man kann auch in dem Souvenirladen neben der Bank nach ihm fragen) an.

Wer auf eigene Faust die Schlucht erkunden will, muß entweder ein Sammeltaxi nach Aït Oudinar oder **Msemrir** besteigen bzw. sich als 5er-Gruppe ein Taxi komplett mieten. Eventuell vermitteln auch Hotels Leihwagen.

★ ABSTECHER IN DIE DADÈSSCHLUCHT

Nach dem Zentrum von Boumalne wählen Sie den Abzweig rechts, ein Schild kündet von „Gorge Dades, Msemrir 60 km". Eine schöne Kasbah liegt rechterhand des Flusses.

Der **Dadès** windet sich auf den weiteren Kilometern als grünes Band durch die Landschaft. Feigen- und Obstbäume, Palmen und Silberpappeln wachsen entlang des Flußbettes, das von kargen Felsbergen begrenzt wird. Die Straße windet sich in großen Kehren bergauf. Am Dadès-Talausgang ziehen sich die Berghänge wie gefaltete braune Riegel bergab zu den saftigen grünen Feldern im Tal hin.

Bei Km 16 ist das **Hotel Meguirne**, bei Km 17 das **Hotel/Restaurant Kasbah** erreicht. Es ist in typisch marokkanischem Stil gehalten, das DZ kostet 120 DH. Danach sind rechterhand spektakuläre Felsformationen zu sehen, häufiges Motiv marokkanischer Touristenplakate. Bei Km 18 wird die schöne Kasbah Ait Arbi sichtbar. Man kann diese besichtigen (5 - 10 DH), ist dabei aber auf einen Führer angewiesen, der die Kasbah aufschließt. Am besten geht man ins Dorf und frägt die Bewohner nach jemanden, der diese Aufgabe übernehmen kann. Kurz danach liegt das **Hotel/Restaurant Kasbah Aït Arbi**, das im Frühjahr 1998 neu eröffnet wurde. Die sehr nette Familie Hammou (sprechen Französisch und etwas Englisch) bietet Essen ab 35 DH/Person an. Sehr schöne Aussichtsterrasse, Zimmer mit warmer Dusche kosten 100 DH, Frühstück 15 DH, Übernachtung auf der Dachterrasse für 20 DH möglich. Es werden auch Touren in die Umgebung organisiert. Tel. (04) 83 17 23. Danach gibt es links den Abzweig zur Piste Richtung Rosental (siehe bei Kelâa M'Gouna), den man - als Geländewagenfahrer - auf dem Rückweg als Variante zur dicht besiedelten Hauptstraße Richtung Kelâa M'Gouna wählen kann.

3 km weiter folgt der Ort **Aït-Ali,** mit schönen Kasbahs (für 10 DH zu besichtigen, aber auch hier ist ein Führer vonnöten) am rechten Flußufer. 5 km darauf (Km 25) erscheint **Aït Oudinar,** ein langgezogener, kleiner Marktort. An der Strecke liegen auf den nächsten Kilometern bis **Aït Ouffi** zahlreiche Hotels und Campingplätze, wo vor allem Individualreisende Halt machen. Bei Km 26 steht die **Auberge Gorges du Dadès,** eine gemütliche, einfache Herberge mit Campingplatz; DZ 140 DH, die Auberge dient diversen Reiseveranstaltern als Ausgangspunkt für Kayak-

und Trekkingtouren. 1 km danach folgt das **Hotel/Camping Aït Oudinar** und kurz darauf (Km 28) ist **Aït Ouffi** erreicht, ein kleiner Ort, der sich die Felswände und die Straße entlangzieht. Es bieten sich zahlreiche Unterkunftsmöglichkeiten. Zum Beispiel das einfache, saubere **Hotel/Restaurant du Peuplier** (Campen möglich); das DZ mit warmen Duschen und Frühstück kostet 80 DH. Das Hotel gehört **Mohammed Echaouich**, der Touren zu den in den Bergen lebenden Höhlennomaden durchführt. Er betreibt auch ein kleines Souvenirgeschäft. Links daneben das Hotel **La Gazelle**, nett und sauber. DZ mit Dusche 100 DH, ohne 30 DH, Nacht im Nomadenzelt 15 DH, Ebenso die Übernachtung im Salon. Auf der Terrasse kostet die Übernachtung 5 DH. Tel. 83 17 53.

Teurer, aber deswegen nicht unbedingt besser ist das **Hotel/Restaurant La Kasbah** daneben. DZ für 130 -160 DH; Camping möglich (10 DH p. P.), der Platz ist allerdings sehr klein; die sanitären Anlagen (heiße Duschen) im Hotel können von Campern benutzt werden. Am Abend werden Berbertänze aufgeführt. Es gibt ein gutes Menü für ca. 70 DH. Links der Straße am Ortsende die einfache **Auberge Tissadrine** in schöner Lage (direkt am Wasser), mit gutem und preisgünstigem Restaurant; Camping ist möglich. Die freundlichen Brüder Urizi, Lahsan und Yussuf bieten kostenlos eine Führung in die Berge an. DZ 80 DH incl. Bad mit heißer Dusche, Tel. 83 17 45. Daneben finden sich die Hotels **Atlas Berbere** und **Le Vieux Chateau du Dades.** Ersteres ist ein sehr nettes kleines Hotel im Kasbahstil. Netter Besitzer, sehr stimmungsvoll die Zimmer und die Terasse am Fluß. DZ, mit Etagendusche, sehr sauber, 100 DH, unter dem Nomadenzelt 15 DH. Gutes Essen. Ab Ende Mai 1999 soll eine zweite Terrasse fertig sein, auf der dann für 15 DH übernachtet werden kann. Tel. 83 17 42. Daneben das große, saubere und großzügig angelegte **Le Vieux Chateau du Dades**. Durch die Größe etwas steril wirkend, aber sehr nette Besitzer. Sehr gutes und reichhaltiges Essen (45 - 60 DH), jeden Abend wird von den Brüdern selbst schöne Berbermusik gespielt, ohne daß dabei der Eindruck eines Touristenspektakels entstünde. Große freundliche Zimmer mit Bad 100 DH, Tel. 83 01 31, Fax 83 17 10.

In der Dadésschlucht

Bei Km 30 endet die Teerstraße. Die Piste führt nun steil in engen Serpentinen bergauf (für Pkw befahrbar) bis zur Paßhöhe in 1850 m; senkrechte Felswände fallen hinab zum *Dadès*.

Bei Km 34 ist das **Café/Restaurant/Hotel Taghia** (DZ 40 DH), mit Campingmöglichkeit im Hof, erreicht. Es ist einfach, sauber und wird von sehr freundlichen Leuten geführt; kein Touristennepp!

Danach verengt sich die Schlucht, und ein landschaftlich sehr schöner Abschnitt beginnt. **Imdiazen,** ein Ort mit wenigen Häusern und einer schönen Kasbah ist nach 3 km (Km 37) erreicht; die Schlucht weitet sich.

1 km danach folgt **Aït Toukhsine.** Die Häuser und Felder im Tal sind von stark zerklüfteten und schräg gefalteten braunen Bergen umgeben. Wieder 1 km weiter trifft man auf eine schöne Kasbah. Die Häuser und Felder ziehen sich am Fluß entlang. Es wachsen Pappel-, Äpfel-, Feigen- und Walnußbäume, begrenzt von schroffer Gebirgskulisse.

Nach 5 km führt die Piste bergauf und wird etwas schmäler, ist aber nach wie vor gut.

Bei Km 47 verengt sich das Tal, und die Piste führt nach 2 km auf einer Brücke über den *Dadès.*

Nach einem kleinen Ort bei Km 53 steigt die Piste bis auf 2100 m an. Hier bietet sich ein herrlicher Blick in den *Canyon des Dadès;* unten schlängelt sich der Fluß in grünen Schleifen durch die graubraunen schroffen Berge.

Bei Km 59 führt eine Brücke über einen Dadès-Seitenarm, ca. 1 km weiter folgt links ein Abzweig nach *Ouskis* (Wegestein: *Msemrir* 3 km, Ort *Zawia Sidi Moha).* Die Häuser hier sind nicht mehr aus Stampflehm, sondern aus Stein.

63 km hinter Boumalne ist **Msemrir** erreicht, ein Bergdorf mit roten gemauerten Häusern. Markt ist am Samstag. Im Spätherbst, Winter und Frühjahr ist es hier oben sehr kalt, es wurde mir von -10° C im April berichtet! Da infolge der verbesserten Piste auch nach Msemrir Touristen kommen, sind mittlerweile einige Hotels entstanden: Zu empfehlen sind **Chez Achour, Hotel-Restaurant Aït Atta** (pro Person 40 DH), mit Campingmöglichkeit in einem netten Obstgarten voller Sonnenblumen, ferner die **Auberge Agdal** (sauber, warme Duschen, pro Person 40 DH) und die einfache **Auberge El Warda.**

Wer über ein Geländefahrzeug verfügt, kann von Msemrir auf sehr schwieriger Piste nach *Agoudal* und *Imilchil* oder über ein Hochtal (2700 m) bis in die Todrhaschlucht fahren.

Von Boumalne nach Tinerhir geht es durch eine baumlose Hochebene ohne besonderen Reiz, begrenzt im Norden durch den Hohen Atlas, im Süden durch den Djebel Sarhro. 15 Km hinter Boumalne geht rechts eine kleine Teerstraße zum **Vogeltal,** dem *Vallée des Oiseaux* ab, Beschilderung (Tiouit, Vallée des Oiseaux). Nach ca. 10 Km endet die Teerstraße, geht dann aber in auch für PKW befahrbare Piste über. Nach 15 Km ist das Vogeltal erreicht. Hier findet man v.a. in der Vogelsaison (November bis März) Tausende von Vögeln. Das Tal selbst ist ein hübscher Ort, um darin Spaziergänge zu unternehmen. Keine Souvenirläden, kein Kiosk, keine Auberge, nichts. Nur Vögel. Sehr schön!

135 km hinter Ouarzazate ist der Ort **Imiter** erreicht. Hier stehen sehr schöne Kasbahs, das Landschaftsbild wird grüner, da ein Flüßchen ins Tal einbiegt.

22 km weiter liegt an der Straße das **Café/Restaurant/Camping Saghro**, bei Km 159,3 das **Café/Restaurant La Berbère.**

Nach 165 km ist Tinerhir (Tineghir) erreicht.

TINERHIR

(Tineghir)

Das ehemalige Festungsdorf liegt in 1342 m Höhe inmitten einer großen Palmenoase. Es setzt sich aus 25 Oasendörfern zusammen, die sich das Tal entlangschlängeln.

Tinerhir ist **Kreisstadt und Verwaltungszentrum** für 72 Orte des Umkreises. Bedingt durch den Tourismus ist Tinerhir in den letzten Jahren stark gewachsen, und es sind viele neue Häuser und Verwaltungsbauten entstanden.

Immer noch leben die ca. 30 000 Einwohner des Verwaltungsbezirkes hauptsächlich vom traditionellen Oasenfeldbau. Die Dattelpalme als höchster Baum beschattet Obstbäume und Sträucher und diese wiederum die Bodenkulturen. Dazwischen verlaufen zahlreiche Kanäle, die die Felder bewässern. Ein Rundgang durch die Palmenhaine, Maisfelder und Gemüsegärten ist ein Muß (zur Oasenwirtschaft vgl. S. 344ff.). In der Oase steht eine imposante Kasbah, die ursprünglich dem Pascha *El Glawi* (Glaoui) gehörte und jetzt in Privatbesitz ist.

Dorf bei Tinerhir

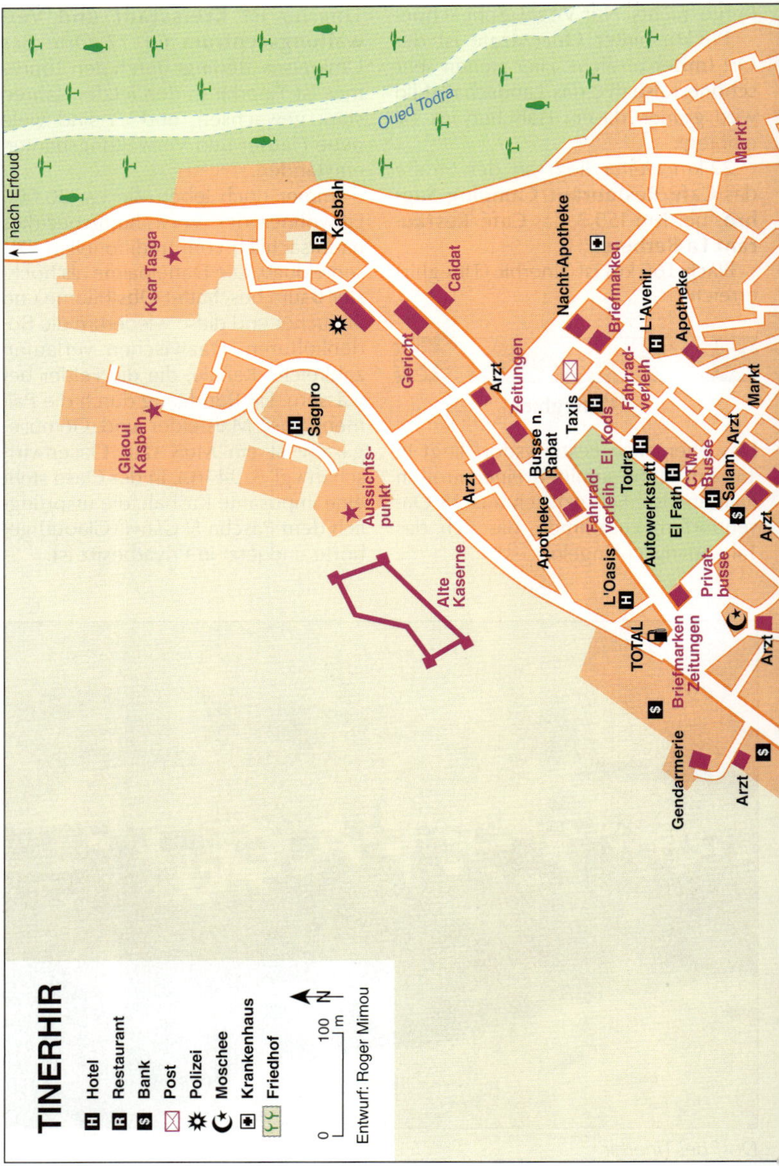
TINERHIR
Hotel
Restaurant
Bank
Post
Polizei
Moschee
Krankenhaus
Friedhof
0
100
m
N
Entwurf: Roger Mimou
nach Erfoud
Oued Todra
Kasbah
Ksar Tasga
Caidat
Nacht-Apotheke
Briefmarken
L'Avenir
Apotheke
Markt
Gericht
Arzt
Zeitungen
Saghro
Glaoui Kasbah
Aussichtspunkt
Alte Kaserne
Busse n. Rabat
Taxis
El Kods
Fahrradverleih
Todra
Autowerkstatt
El Fath
CTM-Busse
Salam
Apotheke
L'Oasis
Privatbusse
TOTAL
Briefmarken Zeitungen
Gendarmerie

Hamam
Quartier Ait Barra
Suq Tahtani
Apotheke
Hamam
Reifenreparatur
Arzt
Tomboctou
Autowerkstatt
Reifen-reparatur
Autowerkstatt
Reifenreparatur
SALAMA
Zahnarzt
Msalla
ZIZ
Cremerie Ourti
nach Ouarzazate und Camping Almo (2 Km)

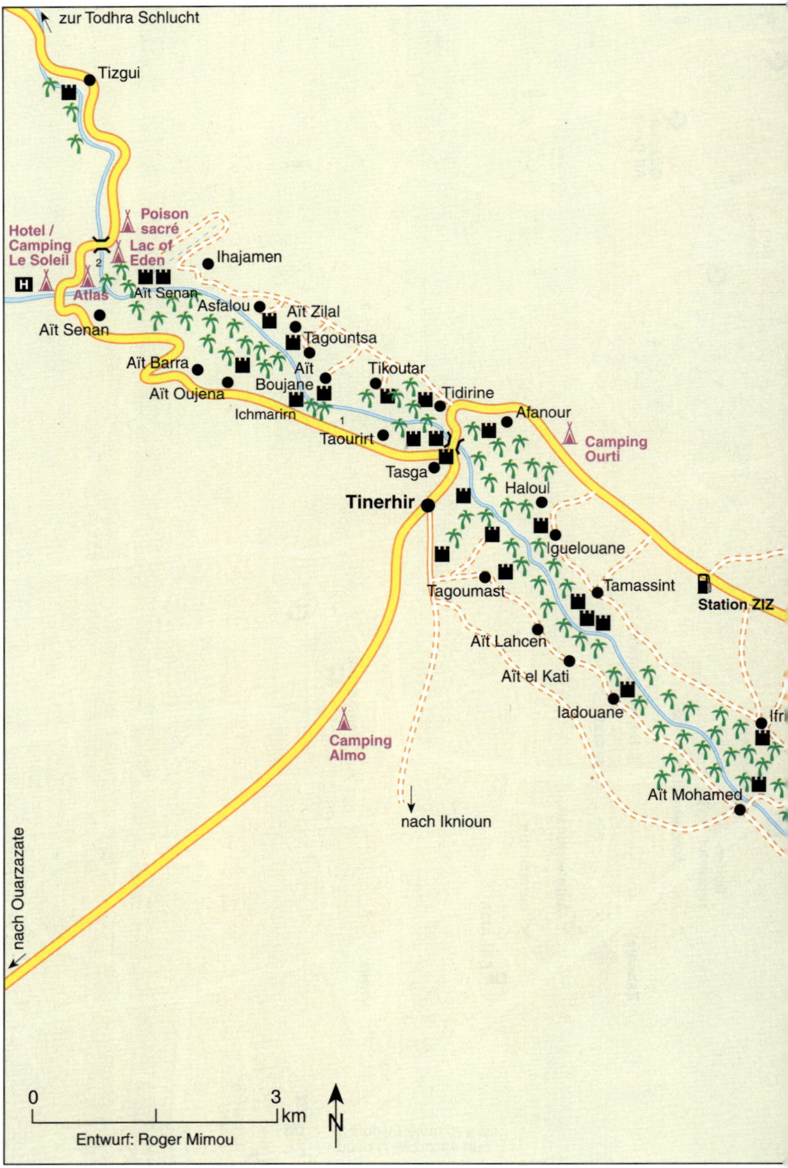
zur Todhra Schlucht
Tizgui
Poison sacré
Hotel / Camping Le Soleil
Lac of Eden
2
Ihajamen
H
Atlas
Aït Senan
Asfalou
Aït Zilal
Aït Senan
Tagountsa
Aït Barra
Aït Boujane
Tikoutar
Aït Oujena
Tidirine
Ichmarirn
Afanour
1
Taourirt
Camping Ourti
Tasga
Haloul
Tinerhir
Iguelouane
Tamassint
Station ZIZ
Tagoumast
Aït Lahcen
Aït el Kati
Iadouane
Ifri
Camping Almo
Aït Mohamed
nach Iknioun
nach Ouarzazate
0
3
km
N
Entwurf: Roger Mimou

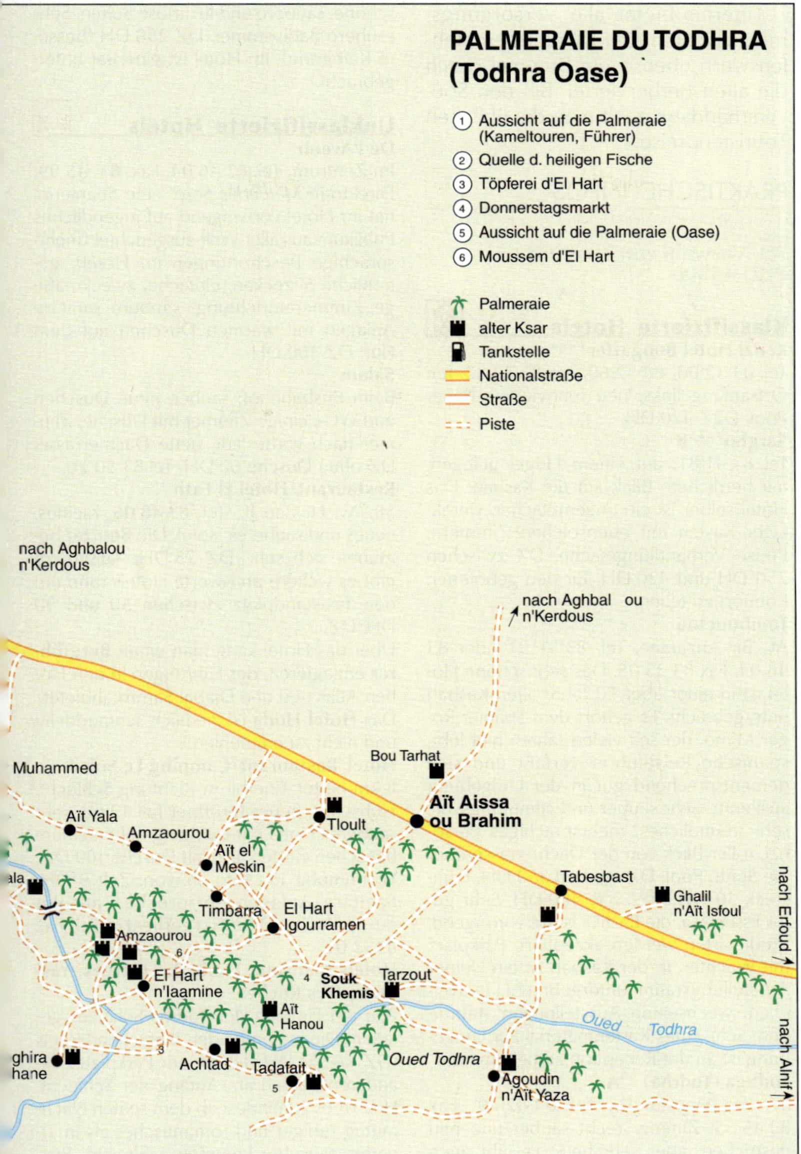
PALMERAIE DU TODHRA
(Todhra Oase)
1 Aussicht auf die Palmeraie (Kameltouren, Führer)
2 Quelle d. heiligen Fische
3 Töpferei d'El Hart
4 Donnerstagsmarkt
5 Aussicht auf die Palmeraie (Oase)
6 Moussem d'El Hart
Palmeraie
alter Ksar
Tankstelle
Nationalstraße
Straße
Piste
nach Aghbalou n'Kerdous
nach Aghbal ou n'Kerdous
Bou Tarhat
Muhammed
Aït Aissa ou Brahim
Aït Yala
Amzaourou
Tloult
Aït el Meskin
Tabesbast
Ghalil n'Aït Isfoul
nach Erfoud
Timbarra
El Hart Igourramen
Amzaourou
El Hart n'laamine
Souk Khemis
Tarzout
Aït Hanou
Oued Todhra
Achtad
Tadafait
Agoudin n'Aït Yaza
nach Alnif
ghira hane

Tinerhir bietet alle Versorgungsmöglichkeiten. Der Markt ist empfehlenswert, ebenso ein Bummel durch die alten Berberviertel. Bei den Souvenirhändlern zahlt man die üblichen Touristenpreise.

PRAKTISCHE INFOS

Tel. Vorwahl von Tinerhir: 04
PLZ: 45800

Klassifizierte Hotels

Kenzi Hotel Bougaffer****
Tel. 83 32 00, 88 32 60, Fax 83 32 82, am Ortsanfang links, neu renoviert, schöner Pool, D2Z 420 DH.

Sargho******B**
Tel. 83 41 81; auf einem Hügel gelegen, mit herrlichem Blick auf die Kasbah. Das Hotel selber ist ein ungemütlicher, viereckiger Kasten mit ebensolchen Zimmern; Preise Verhandlungssache, DZ zwischen 250 DH und 420 DH, für den gebotenen Komfort zu teuer.

Tombouctou
Av. Bir Anzarane, Tel. 83 51 91 oder 83 46 04, Fax 83 35 05. Das sehr schöne Hotel ist in einer über 70 Jahre alten Kasbah untergebracht. Es gehört dem Spanier Roger Mimo, der seit vielen Jahren hier lebt, spanische Reiseführer verfaßt und sich dementsprechend gut in der Umgebung auskennt. Sehr sauber und stimmungsvoll, sehr freundliches, mehrsprachiges Personal, toller Blick von der Dachterrasse über die Stadt, Pool. DZ mit Bad 350 DH, Frühstück 30 DH, HP/ 2 P. 480 DH. Sehr gutes Essen, v.a. die Bastilla ist hervorragend. Kreditkarten werden akzeptiert, Parkplatz mit Wächter. In der Kasbah ist ein kleiner Ausstellungsraum untergebracht, in welchem wechselnde Ausstellungen stattfinden. Sehr gutes Kartenmaterial zur Umgebung ist an der Reception zu bekommen.

Todhga (Todrha) ****A**
37, Av. Hassan II., Tel. 83 42 49, Fax 83 45 65. Zimmer recht sauber und neu gestrichen, aber sehr heiß. Es gibt auch schöne, saubere und luxuriöse Suiten. Sehr saubere Badezimmer. DZ 250 DH (bessere Kategorie). Im Hotel ist eine Bar untergebracht.

Unklassifizierte Hotels

De l'Avenir
Im Zentrum, Tel. 83 46 04, Fax 83 45 99; Direktorin *Mercedes Soro,* eine Spanierin, hat ihr Hotel vorwiegend auf jugendliches Publikum aus aller Welt ausgerichtet (mehrsprachige Beschriftungen im Hotel); gemütliche Sitzecken, einfache, zweckmäßige Zimmereinrichtung, saubere sanitäre Anlagen mit warmen Duschen auf dem Flur; DZ 100 DH.

Salam
Beim Busbahnhof; sauber, neue Duschen und WCs, einige Zimmer mit Dusche, Zimmer nach vorne laut, nette Dachterrasse; DZ ohne Dusche 60 DH. Tel.83 50 20.

Restaurant/Hotel El Fath
56, Av. Hassan II., Tel. 83 48 06. Kleines, neues und sauberes Hotel. Die Besitzer bemühen sich sehr. DZ 75 DH. Außerdem gibt es weitere preiswerte Hotels rund um den Taxistandplatz zwischen 50 und 90 DH/DZ.

Über das Hotel kann man einen **Bergführer** engagieren, der Führungen in den Hohen Atlas und den Djabal Sarhro anbietet. Das **Hotel Hoda** ist ziemlich schmuddelig und nicht zu empfehlen.

Hotel/Restaurant/Camping Le Soleil
8 km hinter Tinerhir in Richtung Schlucht. Hübsches, neues (eröffnet Juli 1998), sehr sauberes Hotel mit Camping neben einem hübschen Garten. DZ mit Dusche 100 DH, Wohnmobil 15, Auto, Person, Zelt 9 DH. Sanitäre Anlagen entsprechen absolut europäischer Norm (gefliest). Tel/Fax 8352 01.

Hotels Mansour, Etoile des Gorges, Yasmina, Des Roches.
Alle am Eingang der Todrha-Schlucht gelegen. Die ersten beiden einfachen Hotels (DZ 60/70 DH) liegen am Parkplatz, die anderen beiden am Anfang der Schlucht. Hier ist es zumindest ab dem späten Nachmittag ruhiger und romantischer als in Tinerhir, tagsüber kommen zahlreiche Bus-

ladungen Touristen zum Essen vorbei. Das teurere von beiden ist das **Yasmina** (DZ/ Du./WC 200 DH, HP p.P 150 DH), Tel. 83 42 07, es akzeptiert auch Kreditkarten. Frauen berichten wiederholt von unangenehmer Anmache im Hotel. Das Hotel des Roches ist für alleinreisende Frauen angenehmer, wenn auch weniger komfortabel. DZ 100 DH, netter Besitzer. Beide Hotels liegen ausgesprochen hübsch, da es aber tagsüber nur so von Touristen wimmelt, verliert die Stimmung. Man muß sich mit einer Massenabfertigung zufrieden geben. Das **Hotel Mansour** liegt am Eingang zur Schlucht, ist einfach aber o.k.

Camping

Camping Atlas

Tel. 83 42 09. Neun Kilometer von Tinerhir in Richtung Todrha-Schlucht. Sehr schöner, sauberer Campingplatz unter riesigen Palmen. Netter Besitzer, gutes Essen im Restaurant (Menü 45 DH), saubere sanitäre Anlagen, heiße Duschen, auch Zimmer (90 DH), Camping 10 DH pro Person, Motorrad 6 DH, Zelt bzw. Auto 15 DH. Einer der besseren Plätze in Marokko, manchmal etwas laut, da viele Feste gefeiert werden.

Camping le Lac – Garden of Eden

Tel. 83 42 15. Direkt neben Camping Atlas, auf der rechten Seite. Ein schöner Platz, der in bevorzugter Lage idyllisch zwischen Palmen oberhalb der Oasengärten liegt. Das Personal ist freundlich und gerne bereit, Gäste durch die Oasengärten und zu einer halbverfallenen Kasbah zu führen. Campinggebühren: 8 DH/p.Person, Zelt 10 DH, Auto 10 DH, warme Duschen. Es gibt auch Zimmer (60 DH) oder die Möglichkeit, im Nomadenzelt zu übernachten (15 DH).

Dorf im Dadèstal

Camping Almo
am südl. Ortsrand, 2 km vom Zentrum. Kleiner Platz mit gepflegtem Swimmingpool, ordentlichen Sanitäranlagen und Restaurant mit marokkanischer Küche, Essen 40 DH. Camping 7 DH p.P., Auto 10 DH, Zelt 8 DH.
Camping Ourti
Pool, Restaurant und mit kleinen Bäumchen, am Ortsanfang von Boumalne kommend. 32 DH für 2 Personen mit Wohnmobil.
Weitere Campingplätze in der Todrha-Schlucht und Camping/Rest. du Lac siehe Route C 9.

Essen & Trinken

Café/Restaurant Central
48, Av. Hassan II., ausgezeichnete Tajine (ca. 45 DH), auch vegetarisch.
Restaurant Kasbah
69, Av. Mohammed V., Tel. 83 44 71. Leckeres Essen (Cous-Cous, Brochettes, Tajine) für ca. 50 DH, Menüs 70 DH; gemütlicher Speiseraum; das Lokal wird von Lesern sehr gelobt! Glauben Sie nicht den Schleppern, die behaupten, das Lokal hätte geschlossen, diese wollen lieber Lokale vermitteln, die Provision bezahlen. Der Chef des Lokals, Mohammed, weiß übrigens sehr gut über Berbertraditionen Bescheid, schleppt Touristen aber auch schon gerne mal in ein Teppichgeschäft.

Busverbindungen

CTM-LN-Busse
- nach **Goulmima, Erradichia**: 16.30 Uhr
- nach **Marrakesch**: 6 Uhr, ca. 65 DH

Privatbusse
Jeden zweiten Tag nach Erfoud um 6.45 Uhr; ab Tinjedad fährt täglich ein Bus um 9.30 Uhr, eventuell dorthin auch per Sammeltaxi.

Taxi/Sammeltaxi

Sammeltaxis (am Platz hinter der Post) in alle Richtungen. Nach **Tinjedad** ca. 1 Std., ca. 15 DH. Zum Eingang der Todrha-Schlucht (Hotel Yasmin) für ca. 6 DH, mit **Berber-Trucks** kommt man auch weiter bis **Aït-Hani** oder **Imilchil** (meist montags gute Verkehrsverbindungen, wenig Lastwagenverkehr im Winter, siehe Route C 10).
Wer von Tinerhir mit öffentlichen Verkehrsmitteln zur Dadès-Schlucht will, sollte mit dem Bus oder Sammeltaxi erst bis Boumalne fahren (15 DH) und von dort mit den zahlreichen Taxis in die Schlucht.

★ ABSTECHER IN DIE TODRHA-SCHLUCHT

Ab **Tamtattouchte** zwängt sich der Oued Todrha durch die enge Schlucht. Palmen und Oleander wachsen, die Felswände ragen links und rechts des Flusses bis zu 1000 m in die Höhe, Ziegen klettern auf schmalen Pfaden entlang der steil abfallenden Schluchtränder.

Eine schmale Piste führt von Tinerhir nach Tamtattouchte. Sie ist im Frühjahr nach starken Regenfällen häufig nicht passierbar, während im Sommer der Fluß bloß noch bis zur **Auberge Yasmina** fließt. Wenn man nicht die ganze Rundfahrt durch die Todrha- zur Dadèsschlucht (oder umgekehrt) machen will, sollte man keinesfalls versäumen, wenigstens einige Kilometer hineinzufahren oder zu wandern. Zu Fuß geht man ca. fünf Stunden durch die Schlucht, es lohnt sich nur das erste Drittel!

Zur Anfahrt nehmen Sie 1 km von **Tinerhir** entfernt den Abzweig in die Todrha- bzw. Todgha-Schlucht. Bis Km 14 ist die Straße geteert.

9½ km hinter dem Abzweig reihen sich bei dem Ort **Aït Ouritane** fünf Campingplätze aneinander; alle liegen schattig im Palmenhain. Am besten ist der **Camping Atlas,** ein sehr schöner und gepflegter Platz mit warmen Duschen (s. S. 393).

Kurz danach liegt der Camping **Lac of Eden** (siehe Camping bei Tinerhir) und das **Camping-Restaurant Source de Poisson Sacre** (schattig und idyllisch, einfache, mäßige sanitäre Anlagen). Beim **Poisson Sacre** sollten sie kurz haltmachen und die heilige Quelle besichtigen, der Heil- und magische Kräfte zugeschrieben werden; ihre Fische stehen unter Schutz und dürfen nicht gefangen werden.

14 km hinter Tinerhir endet die Teerstraße beim **Hotel-Restaurant Mansour** (DZ 70 DH). Es gibt einen bewachten Parkplatz (5 DH) für alle, die nicht in die Schlucht weiterfahren (Busse, Pkw).

Anschließend nimmt die Schlucht ihren Anfang; eine betonierte Furt führt durch den Fluß, der bis hier wasserreich (durch den Quellzufluß), danach aber oft versiegt ist.

1 km weiter – bereits in der Schlucht – liegt rechts das **Hotel-Restaurant Yasmina,** neben dem eine Quelle entspringt. Daneben befindet sich das **Hotel des Roches**. Beide Hotels liegen ausgesprochen hübsch (siehe Hotels in Tineghir).

Bis hierher und einen weiteren Kilometer hinein in die Schlucht wimmelt es zu manchen Jahreszeiten von Touristen. Außerhalb der Saison ist es dagegen ziemlich ruhig. Einschließlich **Roteltours** sind hier alle Marokko-Reiseveranstalter vertreten. Da aber viele Touristen gehfaul sind und die Omnibusse nicht weiter als bis zum Hotel fahren, ist man nach spätestens 2 km allein in der grandiosen Landschaft, umgeben von roten Felswänden, die steil in den klaren blau-

In der Todhraschlucht

en Himmel ragen. Durch die Schlucht schlängelt sich der **Todrha-Fluß**, umgeben von Dattelpalmen und Dornbüschen, Oleander und Kakteen. Vereinzelt klettern Ziegen in den schwindelnden Höhen der Felswände. Die Piste ist im großen und ganzen in Ordnung (wenn nicht gerade Unwetter bzw. ein hoher Wasserstand des Todrha die Piste zerstören; eng wird's bei Lkw-Gegenverkehr). Beim Durchfahren des Todrha-Flusses ist Vorsicht geboten vor großen Steinen. Ungeübte Fahrer und die Führer eines Pkw ohne Bodenfreiheit sollten zu Fuß in die Schlucht gehen.

Nach 1½ km folgt ein **Klettergarten** mit abgesteckten Routen.

Die Straße führt in gleichmäßiger Steigung an der Todrha entlang bergan, ab und zu muß der Fluß, der selten Wasser führt, gequert werden; keine Orte sind zu sehen. Wanderer sollten nach 2–3 km umdrehen, da der weitere Weg durch die Schlucht keine Abwechslung bietet.

Nach 17 km stehen die letzten Palmen, viele Furten führen durch das Kiesbett. Die schlechte Piste weist einige steinige Passagen auf. Die Piste flußaufwärts war in den letzten Jahren in schlechtem Zustand und für Pkw ungeeignet.

Bei Km 29 ist ein kleiner Marabout erreicht, und 3 km danach führt ein Abzweig links nach **Msemrir** (s. S. 382) weiter.

Tamtattouchte, ein größerer Ort mit eindrucksvoller Kasbah, liegt 33 km hinter dem Abzweig. Am Ortsanfang stößt man auf das schön angelegte und saubere **Café-Restaurant-Auberge Baddou** (mit Campingplatz, warme Duschen). Ein anderer, sehr einfacher Campingplatz (**Auberge Imilchil**) liegt am Ortsende. Auf der rechten Seite von der Todhraschlucht kommend liegt gegenüber

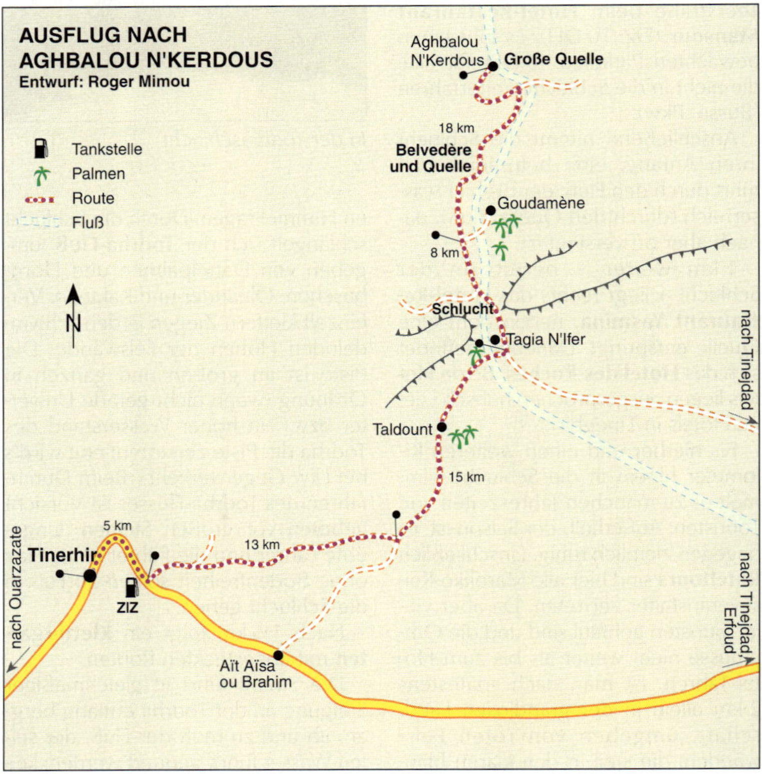

dem Baddou die **Auberge Bougafre**, wo man für 10 DH pro Person übernachten kann. Diese Herberge ist v.a. Rucksacktouristen zu empfehlen sowie Reisenden, die gerne Kontakt zu Einheimischen aufnehmen möchten.

Tamtattouchte ist zum Verbleib nicht zu empfehlen: Die aufdringlichen Kinder nerven unaufhörlich! Wesentlich entspannter übernachtet man am Anfang der Schlucht oder später im Hochtal des *Asif Melloul*.

★ AUSFLUG NACH AGHBALOU N'KERDOUS

Dieser Ausflug (104 km Piste) führt durch eine hübsche Schlucht zur Quelle *Aghbalou N'Kerdous*. Anfahrtsbeschreibung: 5 km hinter Tinerhir, gegenüber der ZIZ-Tankstelle, geht die Piste ab. Man folgt dieser, bis sie nach 13 km auf eine andere Piste stößt. Links weiterfahren bis zum Dorf Taldount. Von dort der Piste folgen. Diese führt nach ca 4,5 km durch einen Fluß, der durch die **Schlucht von Tagia N'Ifer** führt. Immer gradeaus kommt man nach 8 km zu einem schönen **Aussichtspunkt mit kleiner Quelle.**
Nach weiteren 18 km ist die große und schön gelegene Quelle **Aghbalou N'Kerdous** erreicht.

Von Tinerhir nach Goulmima und Errachidia

138 km, P 32
Der letzte, weniger besuchte Teil der Straße der Kasbahs führt von Tinerhir weiter durch karge, steinige Wüstenlandschaft, begrenzt von den Bergzügen des *Djebel Tisdafine* im Norden und jenen des *Djebel Ougnat* im Süden, bis nach Goulmima, einer letzten großen Ansammlung befestigter Dörfer, um schließlich in Errachidia zu enden.

Nach 55 km ist **Tinjedad** erreicht, ein großer Ort mit allen Versorgungsmöglichkeiten. Es gibt keine Übernachtungsmöglichkeit, dafür aber eine hübsche Galerie, die von Said Ouabou geführt wird. Er hat in Heidlelberg studiert und sammelt seit 25 Jahren alte Gegenstände seines Landes. Bei Interesse kann man ihm auch etwas abkaufen. **Essen** gibt es im Café d'Avenir oder im guten Restaurant Ferkal an der Hauptstraße.

In Tinjedad kann man direkt nach *Erfoud* abbiegen (s. Beschreibung S. 355). Der Bus nach Erfoud fährt um 9.30 Uhr; ein Platz im Sammeltaxi nach Erfoud ist für ca. 25 DH zu bekommen.

Weiter in Richtung Osten folgt nach 14 km (Gesamt-Km-Zahl 79) Goulmima.

GOULMIMA

Die saubere Stadt mit ihren roten Häusern hat 14 000 Einwohner und besteht aus einem neuen und einem alten Teil. In der Neustadt befinden sich alle wichtigen Geschäfte, die **CTM-Busstation** und die **Bank** in der Hauptstraße.

Für einen **Imbiß** ist das Café/Cassecroute *Chez Mohammed* (rechterhand an der Hauptstraße, von Tinerhir kommend) zu empfehlen. Der nette Besitzer spricht gut Deutsch; er hat lange in Holland gearbeitet.

Mutter und Sohn auf dem Weg zum Markt

Unterkunft gibt es im sauberen **Hotel Gehris*,** Avenue Hassan II. (DZ mit Bad 120 DH, Tel. 05/78 31 67) oder am **Campingplatz/Auberge Maison d´Hôtes „Les Palmiers"** 6 Bis, Hay Outmane, Secteur 2, Tel. / Fax 78 40 04. Beim Kreisel an der Straße nach Errachidia ausgeschildert. Man folgt dem Schild ca. 500 m nach rechts. Die Zufahrt ist etwas eng und für größere Wohnmobile nicht geeignet, für kleinere Wohnmobile und Autos mit Zelt ideal. 15 Stellplätze liegen in einem sehr schattigen Palmengarten. Das Einfahrtstor in der hohen Mauer ist immer verschlossen, man muß klopfen. Die sehr sauberen Sanitäranlagen sind im Haus, es gibt Warmwasser. Geführt wird es von Madame Odile, die auch ein nettes Restaurant und die Auberge betreut. Es werden außerdem Ausflüge angeboten. **Preise 1999:** Camping pro Person 20 DH. Hotel: DZ mit Bad 126 DH, ohne Bad 87 DH, Viererzimmer mit Bad 224 DH, ohne Bad 185 DH. Frühstück 21 DH, Menü 75 DH.

Goulmima hat ein hübsches, zinnengekröntes und ummauertes Suqgelände; **Markt** ist am Donnerstag.

Die unbedingt **sehenswerte Altstadt** (Beschilderung zum Ksar Goulmima), 1,2 km südlich der Neustadt, ist ein typischer Lehmksar aus engen, dunklen, zum Teil überdachten Gassen mit einem Hauptplatz, einer Moschee und einem alten, sehr schönen Eingangstor, das von mächtigen, quadratischen und mit Ornamenten verzierten Ecktürmen flankiert wird. Hier leben ungefähr 3000 Menschen, die noch sehr freundlich auf Touristen reagieren. Mit einem der netten Studentenführer ergibt sich auch hin und wieder die Gelegenheit, ein Wohnhaus zu besichtigen.

Im **Zentrum** links zweigt eine Teerstraße ab, die durch die **Schluchten des Oued Gheris (Rheris)** nach *Ammelago* und weiter nach *Rich* durch phantastische Landschaften führt. Diese Tour sollte man aber nur mit Geländewagen unternehmen (vgl. dazu mein Buch „Marokko – vom Rif zum Anti-Atlas").

138 km hinter Tinerhir ist die Verwaltungsstadt Errachidia erreicht.

ERRACHIDIA

(ehemals Ksar es Souk)

Der ursprüngliche Name *(Ksar* = Festung, *Souk* = Markt) deutet auf die militärische und wirtschaftliche Bedeutung als wichtiger Kreuzungspunkt zweier Straßen hin. Früher war die Stadt Stützpunkt der Fremdenlegion, jetzt ist sie Standort der marokkanischen Truppen. Errachidia, am Rande der Sahara gelegen, wächst stetig und hat mittlerweile 62 500 Einwohnern. Die saubere Stadt mit den typisch rosa-weißen Mauern und Häusern des Südens hat mit keinen besonderen touristischen Attraktionen aufzuwarten, ist aber eine günstige Basis für Ausflüge in die Sahararandgebiete. Die Bevölkerung ist außerdem in solchen Durchgangsstädten wesentlich besser auf Touristen zu sprechen, man wird unvoreingenommen, zuvorkommend und ohne jegliche Anmache behandelt.

Im August findet eine Touristenwoche *(semaine touristique)* statt.

PRAKTISCHE INFOS

Tel. Vorwahl von Errachidia: 05
PLZ: 52000

Touristeninformation

O.N.M.T.
16, Av. Moulay Cherif, Tel. 57 09 44

Klassifizierte Hotels

Rissani ****B
B.P. 3, Route d'Erfoud; Tel. 57 21 86 und Fax. 57 25 85; DZ 630 DH, Frühstück 70 DH; Schwimmbad; man wechselt Travellerschecks. Im Haus befindet sich eine Bar. Ungemütlicher Betonbau.

Oasis**A
4, Rue Sidi Abou Abdellah,
Tel. 57 25 19, Fax. 57 01 26; 148 DH/DZ. Menu 76 DH. Einfache, aber saubere Zimmer, nettes Personal, etwas ungemütliches Restaurant im Keller.

Meski **B
Av. Moulay Cherif, Tel. 57 20 65, Fax. 57 42 29; sauberes, angenehmes Hotel mit Pool, DZ 130 DH; EZ 100 DH, Frühstück 25 DH. Parken im Hof möglich.

M'Daghra **
92, Rue M'Dghra, Tel. 57 40 47, Fax. 79 08 64. Sauberes, aber düsteres Hotel, DZ 166 mit Dusche.

Unklassifizierte Hotels

Renaissance
19, Rue Mulay Youssef, Tel. 57 26 33, ca. 200 m vom Busbahnhof, die Straße zweigt in der Stadtmitte von der Hauptstraße ab. Etwas heruntergewirtschaftet, für einfache Ansprüche aber o.k. DZ mit Dusche (nur abends warm) 120 DH. Freundlicher Besitzer; allerdings ist *Abderrazak Mahfoud* sehr geschäftstüchtig, bei Ausflugspreisen und Wagenmiete sollte man aufpassen – laut Leserbrief unverschämte Preise und Versprechungen, deshalb unbedingt Preisvergleiche einholen. Gutes, preiswertes Essen.

Weitere Hotels

Royal
6, Rue Moh. Zerktouni, Tel. 57 22 78, sehr einfach.

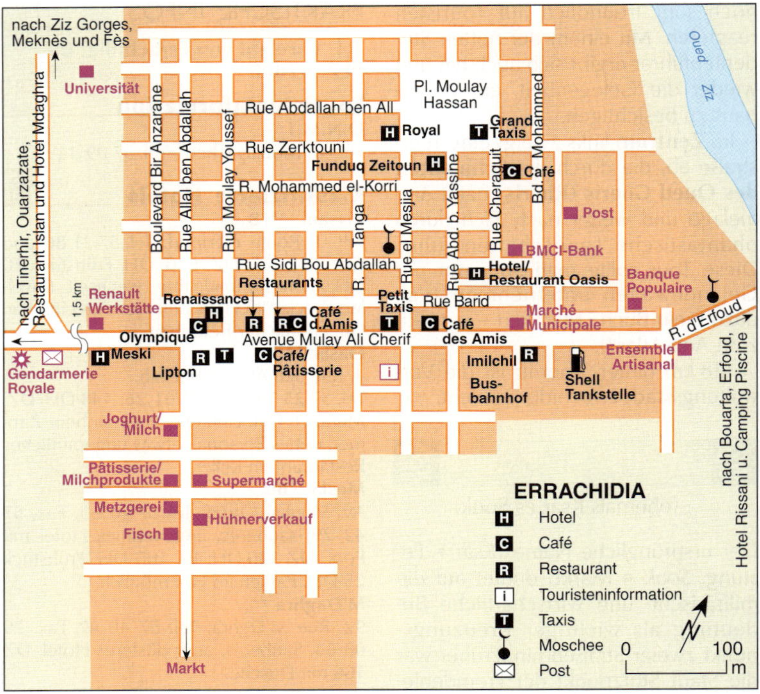

Zitoune
25, Pl. Hassan II., Tel. 57 24 49

Annhada
19, Rue Mulay Youssef, Tel. 57 26 33

Campingplatz

Der Platz wurde Anfang September 1998 neueröffnet. Preise sind Verhandlungssache, für 4 Personen, 1 Zelt, 1 Kleinbus hat ein Leser 70 DH bezahlt. Der Zeltplatz ist sauber und mit Duschen und WCs ausgestattet, es gibt einen Geschirrwaschplatz.

Essen & Trinken

Café/Restaurant Imilchil
An der Hauptstraße links (von Süden kommend); schöne Außenanlagen, nettes Personal.

Busverbindungen

FernverkehrsBusse

CTM-LN-Busse

- **Marrakesch** (über **Ouarzazate**): 5.45 Uhr; ca. 118 DH
- **Casablanca**: 20 Uhr; ca. 145 DH (Moumtaz-Komfortbus)
- Nach **Erfoud** und **Rissani** mehrmals täglich

Von **Meknès** fährt ein CTM-LN Express-Bus nach **Rissani**, der gegen Mittag in Errachidia hält.

- Nach **Meknès, Fès, Rabat**: 19.30 Uhr und 22 Uhr.
- nach **Meski** (Linie Errachidia – Erfoud): ca. 6 DH, das Gepäck kostet ca. 3 DH.

Privatbusse

- nach **Erfoud** und **Rissani** mehrmals täglich
- nach **Meknès, Fès**: 9 Uhr, 11 Uhr, 13 Uhr und 17 Uhr
- nach **Bouarfa** und von dort (mit Umsteigen) nach **Figuig** um 5 Uhr

Taxi/Sammeltaxi

Der Sammeltaxiparkplatz befindet sich bei der Moschee, Sammeltaxis verkehren nach Süden und Norden. Der Halteplatz ist bei der Moschee; **Preise:** nach **Erfoud** ca. 30 DH, nach **Tinjedad** ca. 20 DH.

Rund ums Auto

Die zuverlässige **Renaultwerkstat**t Sjilmassa liegt an der Hauptstraße rechts am Stadtanfang Richtung Erfoud.

Ausflüge

Neben dem Hotel Renaissance veranstaltet **Larbi Lamrani** vom Souvenirladen **Touren nach Merzouga;** billiger ist es mit dem Sammeltaxi. Larmi spielt auch zuverlässig Chauffeur für Leute, die in den Erg Chebbi unterwegs sind und sich selbst nicht zutrauen zu fahren. Honorar zwischen 150 DH (Minimum) bis 250 DH.

DER HAMMAM – EINE ORIENTALISCHE INSTITUTION

von Olaf Weißenborn

„...Nur der Hauptraum des Hammam ist ein wenig beleuchtet, die beiden anderen sind dunkel. Es herrscht ein Zwielicht, in dem auch ein scharfes Auge nur mit Mühe einen schwarzen Faden von einem weißen zu unterscheiden vermochte...“

(Tahar Ben Jelloun – „Die Nacht der Unschuld“)

Der Hammam, das Dampfbad, ist in orientalischen Ländern eine wichtige soziale Institution. Das öffentliche Badehaus ist über den gesamten islamischen Kulturkreis verbreitet.

Das Erscheinungsbild eines Hammam kann sehr unterschiedlich sein. Unter dem Begriff Hammam werden sowohl sehr einfache Dampf- als auch prunkvolle Marmorbäder verstanden, wie sie in der Türkei, Persien oder östlichen arabischen Ländern verbreitet sind. In den Ländern des Maghreb ist der Hammam in der Regel eher schlicht und funktional ausgestattet.

Der Hammam entspricht nach unseren Vorstellungen etwa einer Kombination aus Bad und Sauna. Neben dem Waschen vervollständigt das Schwitzen die körperliche Reinigung und trägt zur Entspannung bei. Ein Sauna-Effekt wird durch die unterschiedlich temperierten Räume bewirkt, die der Besucher nacheinander aufsucht. In der Regel kommt noch eine Massage hinzu, die gegen ein geringes Entgelt vom Masseur des Hammam vorgenommen wird.

Die Entstehung öffentlicher Badehäuser gründet in den orientalischen Ländern nicht zuletzt in der Glaubenslehre des Islam. Der Islam räumt der Sauberkeit einen großen Platz ein und schreibt dem Gläubigen bestimmte Reinigungszeremonien vor. So sind dem Muslim vor den täglichen fünf Gebeten die Waschungen bestimmter Körperstellen vorgegeben. An den Moscheen bestehen zu diesem Zwecke einfache Waschgelegenheiten.

Der Koran hat die Hygiene der Gläubigen jedoch auch weitergehend geregelt. So wird z. B. der Geschlechtsverkehr zwischen Mann und Frau als unrein eingestuft. Sowohl nach vollzogenem Verkehr als auch nach „unreinen“ Phantasien sind dem gläubigen Muslim umfassende Waschungen vorgeschrieben, anderenfalls er die Moschee nicht betreten darf und Allah das Gebet nicht akzeptieren würde.

Diesseits religiös vorgeschriebener Reinigungssitten schließt der Hammam zunächst eine Versorgungslücke: In Ländern, in denen das eigene Bad noch längst nicht zur selbstverständlichen Ausstattung der Wohnung gehört, stellt der Hammam einen Grundpfeiler der Hygiene dar.

Neben der körperlichen Reinigung erfüllt der Hammam auch wesentliche soziale Funktionen. Nach Geschlechtern streng getrennt, stellt er einen Treffpunkt der Männer- und Frauenwelt in islamischen Ländern dar. So ist der Hammam ein Ort der Begegnung, in dem Gespräche über Familie, Erziehung und gesellschafftliche Dinge geführt werden.

Für Männer und Frauen existiert üblicherweise ein jeweils eigener Hammam, oder aber bestimmte Öffnungszeiten sind dem jeweiligen Geschlecht vorbehalten.

Tahar Ben Jelloun beschreibt in seinem Roman „Harrouda", wie der Hammam für einen pubertierenden Jungen in Fès zu einem Ort sexueller Träume und Phantasien wird und der Junge sich im Traum Zugang zum Frauenhammam verschafft. In Ländern, in denen voreheliche Erfahrungen mit der Nacktheit des anderen Geschlechts fehlen, vermag es kaum zu verwundern, daß gerade auch das öffentliche Badehaus die Phantasien der Menschen anregt. Auch im Hammam ist vollständige Nacktheit jedoch tabu, Badekleidung oder Unterwäsche wird anbehalten.

Der Hammam spielte im orientalischen Alltagsleben schon immer eine wichtige Rolle, so auch heute noch bei verschiedenen gesellschaftlichen Ereignissen. So ist es z. B. vor Hochzeiten in Marokko üblich, daß die Braut sich in Begleitung von Freundinnen oder weiblichen Verwandten in den Hammam zum Zwecke einer umfangreichen Reinigung begibt.

In den Städten wird der Hammam heute zunehmend durch öffentliche Duschen und moderne Badeanstalten ersetzt. So scheint es nur eine Frage der Zeit zu sein, bis die Institution Hammam ganz verschwunden sein wird.

Als Tourist im Hammam

„...Kein warmes Wasser heute, erst morgen früh ist warmes Duschen möglich...", gab mir der Mann an der Hotelrezeption in Errachidia zu verstehen.

Nach längerer Fahrt und den einfachen Waschgelegenheiten in der Unterkunft an den Sanddünen des Erg Chebbi hatte ich mich auf eine warme Dusche im Hotel gefreut. Philip, einen jungen Lehrer aus Frankreich, und seine Frau Catherine hatte ich auf der Fahrt vom Tafilalet nach Errachidia kennengelernt. Beide waren in Errachidia auf Verwandschaftsbesuch und so mit den örtlichen Gegebenheiten bestens vertraut. Philip schlug mir vor, mit ihm zusammen den örtlichen Hammam zu besuchen, er sei bislang zwar auch noch nie dort gewesen, wolle dies aber einmal ausprobieren.

Warum eigentlich nicht, dachte ich mir. Ein Besuch des Hammam wurde mir in Marokko bereits öfters von Einheimischen empfohlen. Allein und ohne Kenntnis, wie man sich in einem Hammam verhält, hatte ich meine Neugier jedoch immer wieder aufgeschoben. Wir verabredeten, uns eine

Stunde später im Männerhammam in der Nähe der Moschee zu treffen. Da ich keine genaue Vorstellung hatte, was man zum Besuch eines Hammam eigentlich benötige, entschied ich mich kurzerhand, einfach die Sachen mitzunehmen, die ich daheim auch für einen Schwimmbadbesuch einpacken würde.

Als ich unterwegs zwei junge Marokkaner nach dem Weg zum Hammam fragte, erntete ich erstaunte Blicke. „...Hammam?...", fragten die Beiden verwundert, während sie sich mit Gesten nachhaltig versicherten, ob ich tatsächlich das öffentliche Bad meinte. Offenbar fanden die beiden Marokkaner es merkwürdig, daß ein europäischer Tourist den öffentlichen Hammam aufsucht, wo doch in der Hotelunterkunft eine Dusche zur Verfügung steht.

Freundlicherweise führten sie mich zum Hammam, den ich der unscheinbaren Fassade nach wohl kaum als Bad hätte ausfindig machen können: Kein Hinweisschild an der schlichten und verwitterten blauen Holztür verriet, daß sich hier der Hammam befindet.

Nach dem Eintreten gelangte ich in einen Vorraum, in dem sich etwa zwanzig Marokkaner aufhielten und in Unterhosen auf Holzbänken saßen. Vor den Bänken standen alte Holzeimer. Lediglich ein Marokkaner war mit einer Djellabah bekleidet und gab sich so als Bediensteter des Bades zu erkennen. Der erste Eindruck vom Vorraum erinnerte an die Umkleidekabine eines Sportvereins.

Ich suchte mir einen Platz und begann – etwas ratlos – mich zu entkleiden. Immerhin soviel war mir bekannt, daß man sich nicht gänzlich auszieht, sondern die Bade- oder Unterhose anbehält. Von den anwesenden marokkanischen Besuchern wurde ich zwar neugierig und erstaunt beobachtet, jedoch insgesamt durchaus freundlich willkommen geheißen. Üblich ist es sicher nicht, hier abseits der großen Touristenzentren, daß ein Tourist den Hammam aufsucht...

Der Angestellte des Hammam trat auf mich zu und deutete auf ein verstecktes Holzfach, in dem ich Kleidung und Wertsachen einschließen könne, und wies auf eine Tür, die hinein ins Bad führte.

Das Innere des Hammam bestand aus drei kellerartigen Räumen, die sehr schlicht gehalten waren. Die Räume waren unterschiedlich temperiert, wobei der hinterste Raum der heißeste, der vorderste der kühlste war.

Die drei Räume hatten gewölbte Decken, einfach verputzte und wasserabweisend lackierte Wände, die Böden waren mit einfachen alten Kacheln ausgelegt.

Die spärliche Beleuchtung und der Wasserdampf beschränkten die Sicht auf die unmittelbare Umgebung. Im mittleren Raum befanden sich zwei große Wasserbecken, die in der Wand eingemauert waren und von einem Angestellten des Hammam aufgefüllt wurden. Derselbe Mann reichte je-

dem Gast zwei Eimer, einen mit sehr heißem, einen mit lauwarmen Wasser. Ist das Wasser aufgebraucht, können die Wassereimer beliebig oft nachgefüllt werden.

Mit den Eimern suchte ich mir auf dem Boden des hinteren Raumes einen Platz und begann mich zu waschen.

Erst als ich angesprochen wurde, erkannte ich Philip. Philip war mit einem Marokkaner in Gespräch gekommen und unterhielt sich – der arabischen Sprache mächtig – mit diesem über die gesellschaftliche Bedeutung des Hammam. Wie mir Philip übersetzte, fand es der Marokkaner prima, daß wir den Hammam kennenlernen wollten. Schon öfters hatte ich auf Reisen in Marokko die Erfahrung machen können, daß mit der eigenen Bereitschaft, Land und Leute tatsächlich kennenzulernen, sich auch die Offenherzigkeit und Gastfreundschaft der Marokkaner zeigt. Wer Begegnungen sucht und bereit ist, ein wenig in den marokkanischen Alltag einzutauchen, dem öffnen sich Einblicke, die dem eiligen Touristen verborgen bleiben.

Während Philip sich unterhielt, schaute ich mich um. Der Hammam war gut besucht, in dem Raum saßen ungefähr 15 Personen aller Altersstufen. Manche diskutierten lautstark miteinander, andere wuschen sich, einige entspannten beim Schwitzen. Ein Marokkaner reichte mir einen kleinen Schöpfbecher, mit dem das Abschöpfen aus den großen Eimern leichter fiel.

Nach ausgiebigem Waschen wechselte ich in den mittleren Raum des Bades, der etwas kühler war. Dem Temperaturunterschied entsprechend wurden die Eimer nun nicht mehr mit ganz so heißem Wasser gefüllt.

Neben mir ließ sich jemand vom Masseur des Hammams „kneten". Die Frage des Masseurs, ob ich mich im Anschluß auch massieren lassen wolle, bejahte ich spontan. Sich auf ausgiebiges Waschen zu beschränken, erschien mir hier zu eintönig; wenn ich schon einmal im Hammam war, wollte ich auf die Massage auch nicht verzichten. Auch Philip wurde von dem Masseur angesprochen, verneinte jedoch. Und schnell wurde mir auch klar warum: Philip hatte wohl die Massage schon länger beobachtet, und so langsam wurde auch mir bewußt, auf was ich mich da eingelassen hatte – gerade eben drückte der Masseur seinem Kunden zunächst das Knie in den Rücken, zerrte dann an dessen Kopf, Armen und Beinen, um sich anschließend auf den Rücken des „Massierten" zu stellen... Ich mußte schlucken, hatte ich doch bereits zugesagt und war als nächster an der Reihe. Der Masseur erschien mir plötzlich ausgesprochen kräftig und nicht gerade leichtgewichtig.

Meinen immer skeptischer werdenden Gesichtsausdruck hatten offenbar auch einige andere Hammambesucher bemerkt, denn sie lächelten mir aufmunternd zu – oder war es die Vorfreude auf das Erlebnis, wie es dem verwöhnten Touristen ergehen würde...?

Ich kam an die Reihe. Der Masseur signalisierte mir, daß ich mich auf den Bauch legen solle. Auf meinem Kreuz sitzend, begann er, mich mit einem harten Scheuerschwamm abzuschrubben. Vom Schutzmantel der Haut ist hier offenbar nicht allzuviel bekannt, dachte ich mir. Durch die Prozedur sollen die Durchblutung angeregt und selbst kleinste Schmutzpartikel gelöst werden.

Nach diesem Auftakt stellte sich der Masseur hinter mich und umfaßte mit beiden Händen mein Kinn. Es folgte nacheinander ein kurzes ruckartiges Zerren nach beiden Seiten. Dann nahm der Masseur meinen Fuß – ich lag immer noch auf dem Bauch ausgestreckt – und zog ihn bis zu meinem Nacken hoch. Während ich in dieser gebogenen Haltung lag, wiederholte er das Federn der Muskulatur einige Male. Auf ähnliche Weise wurden die Arme gedehnt: Hinter dem Rücken zog mein Foltermeister die rechte Hand zum linken Ohr und umgekehrt die linke Hand zum rechten Ohr. Ich mußte mich über meine eigene Gelenkigkeit wundern.

Glücklicherweise ging es mit einer sanfteren Massage der Schultern weiter, eine angenehme Kneterei, die Verspannungen im Schulterbereich löste. Die Behandlung endete damit, daß mir Haare und Rücken gewaschen wurden.

Was sich hier zum Teil nach einer körperlichen Peinigung angehört haben mag, verfehlte seine Wirkung nicht: Jegliche Verspannung war gewichen, und trotz des zeitweilig flauen Gefühles im Bauch kam bei mir nie der Eindruck auf, daß der Masseur von seinem Handwerk nichts verstehen würde.

Ich kühlte mich abschließend im vordersten Raum mit kaltem Wasser ab. Ein Marokkaner, der neben mir saß, klopfte mir anerkennend auf die Schulter. Nach ausreichender Abkühlung entschloß ich mich, mich anzukleiden und zu gehen.

Bezahlt wurde am Ausgang, 3 DH kostete der Hammambesuch, die Massage 20 DH. Mehrere Marokkaner verabschiedeten sich von mir mit einem freundlichen „besläma".

Vor der Tür wartete Philip und lächelte mich an: „Comment ca va?" Ich fühlte mich wie neu geboren und gab ihm dies zu verstehen.

Philip gestand mir später, daß ihn die Massage insgeheim schon neugierig gemacht habe, und da ich ja offensichtlich unversehrt geblieben war, beschloß er, gleich am nächsten Tag den Hammam aufzusuchen und auch eine Massage auszuprobieren.

Ich kann jeden Reisenden nur dazu ermuntern, den Mut aufzubringen und einen Hammam zu besuchen. Für mich war es jedenfalls eine interessante und schöne Erfahrung. Bei meinem nächsten Marokko-Urlaub ist ein Besuch im Hammam auf jeden Fall wieder eingeplant.

DAS TAFILALET UND DER SÜDOSTEN

Errachidia - Erfoud - Rissani

Auf der Strecke besteht eine gute Busverbindung. Die Teerstraße ist ausgezeichnet und zieht sich landschaftlich reizvoll am palmenbewachsenen Ziz-Tal entlang.

Hinter Errachidia führt die Route durch eine trockene Ebene mit Streusiedlungen. Von der Straße aus ahnt man nicht, daß sich der *Oued Ziz* sein Bett tief in die Wüstenebene „gefressen" hat. Der Fluß ist von einem grünen Palmenband gesäumt und fließt ca. 1 km rechterhand der Straße.

16 km hinter Errachidia zweigt eine kleine Straße ins Tal ab zur „Source bleu de Meski".

★SOURCE BLEU DE MESKI

Die „Blaue Quelle von Meski" ist nach 600 m erreicht. Die Quelle oberhalb des *Ziz-Flusses* wurde während der französischen Protektoratszeit gefaßt; sie fließt durch mehrere Steinbecken, die als Schwimmbad genutzt werden, in die Oasengärten. Entlang der Becken mit klarem (das Wasser erneuert sich alle 2 Stunden von selbst), kaltem Wasser wachsen hohe Dattelpalmen. Zwischen den Palmengärten liegt ein Campingplatz mit Restaurant und einigen Souvenirläden und bisweilen recht penetranten Händlern.

Die schön konzipierte Anlage ist im öffentlichen Besitz und wurde in der Vergangenheit leider sehr schlecht gepflegt, vor allem, was die sanitären Anlagen betraf. So wurde zwar im April 1995 ein neuer Toilettenblock in Betrieb genommen, der aber so gut wie nicht gepflegt wurde. Der Zustand war bereits nach einem Jahr haarsträubend, weil nichts sauber gemacht oder instand gehalten wurde. Eigentlich waren die Duschen unter dem Toilettentrakt gebaut worden, aber es wurde dabei übersehen, daß diese zu tief liegen und das Wasser nicht abläuft, so daß der Trakt gar nicht erst in Betrieb genommen werden konnte. Allerdings wurde im Frühjahr 98 aufgrund von Beschwerden beim Tourismusministerium am Sanitärbereich gearbeitet und in den obe-

Im Ziz-Tal

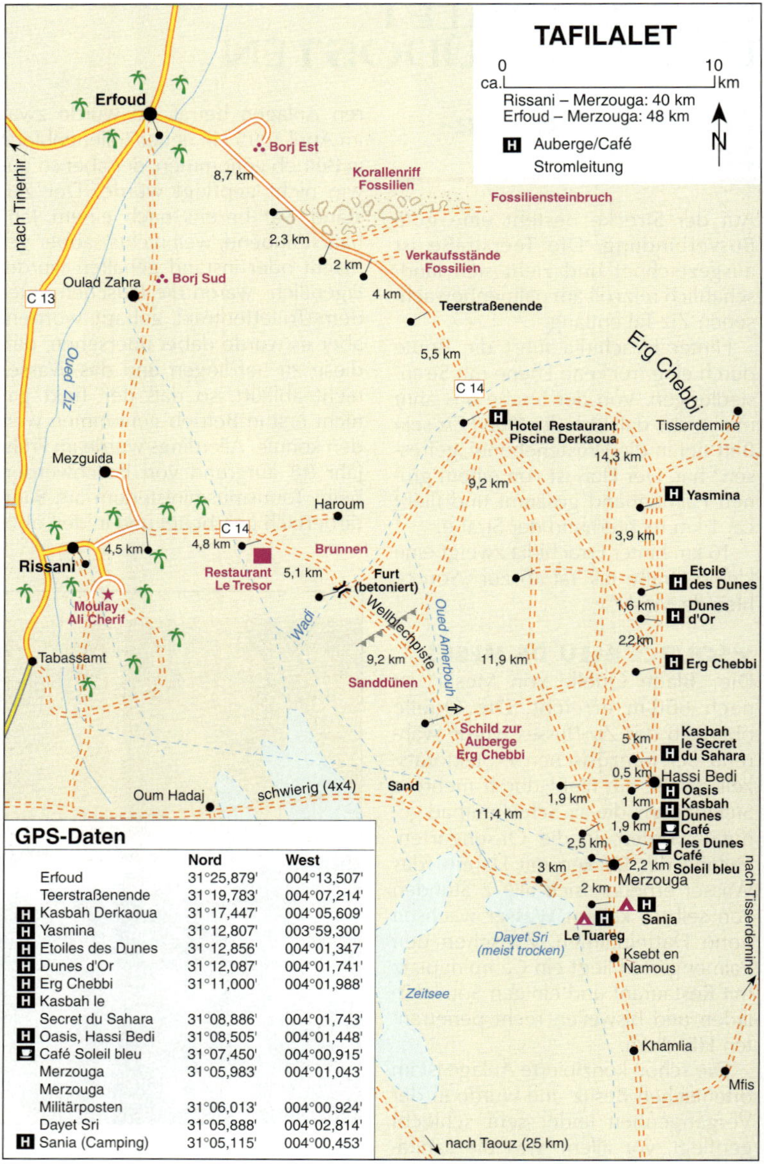

GPS-Daten

	Nord	West
Erfoud	31°25,879'	004°13,507'
Teerstraßenende	31°19,783'	004°07,214'
H Kasbah Derkaoua	31°17,447'	004°05,609'
H Yasmina	31°12,807'	003°59,300'
H Etoiles des Dunes	31°12,856'	004°01,347'
H Dunes d'Or	31°12,087'	004°01,741'
H Erg Chebbi	31°11,000'	004°01,988'
H Kasbah le Secret du Sahara	31°08,886'	004°01,743'
H Oasis, Hassi Bedi	31°08,505'	004°01,448'
Café Soleil bleu	31°07,450'	004°00,915'
Merzouga	31°05,983'	004°01,043'
Merzouga Militärposten	31°06,013'	004°00,924'
Dayet Sri	31°05,888'	004°02,814'
H Sania (Camping)	31°05,115'	004°00,453'

ren Duschen Warmwasserboiler eingebaut. Die Anlage strahlte im Sommer 98 in neuem Glanz. Seitdem kann sie sich mehr oder weniger gut halten. Die sanitären Anlagen sind derzeit (Mai 1999) okay, die Duschen heiß (7,5 DH!).

Das Restaurant hat jetzt einen neuen Pächter (geöffnet seit April 1999), der ehemalige holländische Besitzer, der das Restaurant hübsch hergerichtet und sich auch intensiv um die Belange der ausländischenTCampingtouristen gekümmert hat, hat den Kampf gegen die Behörden 1998 aufgegeben. Es gibt zwei einfache Zimmer für 100 DH zu mieten, allerdings nur mit Etagendusche. Auch die Übernachtung im Nomadenzelt (40 DH p.P.) ist möglich, jeden Samstag abend wird hierin allerdings Folklore geboten; Tel. 05/57 09 08.

Im Sommer ist es in Meski alles andere als ruhig und erholsam: Dann ist der Platz Treffpunkt marokkanischer Jugendlicher und Soldaten. Vor allem am Wochenende sind die Plätze rund um das Schwimmbecken voll besetzt.

Außerhalb der Saison, im Frühjahr und Herbst, findet man die Anlage zur Zeit brauchbar vor. Zum Baden ist es hier wirklich schön, es schwimmen sogar noch Fische im Becken.

Die **Campinggebühren** betragen pro Person 10 DH, für ein Auto 10 DH; Eintritt nur fürs Schwimmbad 6 DH, für Camper frei, warme Dusche 7,5 DH.

Getränke (große Flaschen Cola und Fanta) und Brot gibt es im Restaurant zu kaufen.

Von der „Blauen Quelle" kann man zur anderen Seite des Flusses gehen. Hier befindet sich die halbverfallene *Kasbah Meski* mit gut erhaltenen Mauern. Die Kasbah liegt auf einem Felssporn, von dem sich vor allem morgens oder bei Abendlicht ein schöner Blick auf das Ziz-Tal eröffnet.

Zurück auf der Hauptstraße liegt ca. 20 km hinter der Quelle ein Parkplatz mit Aussichtspunkt auf das Ziz-Tal, in dem Lehmhäuser und Palmenhaine zu sehen sind. Ein kleiner kasbahähnlicher Komplex wurde 1995 zum Restaurant ausgebaut.

Bei Km 38, 22 km nach der „Source bleu", liegt **Zawia Amelkus.** Das Heiligtum befindet sich rechts im Palmenhain, danach trifft man auf sehr schöne Lehmksour rechts der Straße.

Aoufouss, ein großer Ort mit Geschäften, kommt 51 km nach Errachidia. Schöne rosa Häuser mit rot-weißen, zinnengekrönten Arkaden schmücken das Dorf. Ab hier ist die Landschaft sehenswert. Der Oued Ziz fließt in einem tiefen Taleinschnitt mit grünen Oasengärten, Palmen und Lehmdörfern – der Kontrast zu den Wüsten-Plateau-Bergen könnte nicht stärker sein.

Entlang des Ziz-Tals führt nun die Straße hinein in das **Gebiet des Tafilalet** (vgl. S. 414) und nach *Erfoud.*

Bei Km 59 spritzen auf der rechten Seite nahe der Straße **Wasserfontänen** in die Luft. Amerikanische Geologen haben hier nach Wasser gegraben und reichlich gefunden! Das Wasser wird durch den Schwemmdruck des Atlas nach oben gefördert. Da aber auf dem Gebiet des Tafilalet im Tertiär ein Ozean war, sind die Sedimente ziemlich calziumhaltig; daher wird leicht salzhaltiges Wasser gewonnen. Ein Probeschluck ist nicht abträglich, für den täglichen Gebrauch je-

doch kommt das Wasser nicht in Frage. Nach Erfoud und Rissani wurde eine Pipeline gebaut, so daß dort zumindest für Waschzwecke fast immer fließendes Wasser zur Verfügung steht. 1995 wurde ein Badebecken angelegt, ein „complexe touristique" mit Restaurant und Hotel soll folgen.

3 km weiter folgt abermals eine Wasserfontäne; kleine, goldgelbe Sanddünen mit Befestigungen aus Palmwedeln (damit die Dünen nicht wandern) säumen die Straße. Bei Km 73 ist der Ort *Maadid* erreicht. Der alte Ksar hat ein prächtiges Eingangstor aus der Almohadenzeit und ist von mächtigen Mauern und schönen Oasengärten umgeben.

Erfoud folgt bei Km 77.

ERFOUD

Die Stadt hat ca. 18 800 Einwohner und ist **Hauptstadt des Tafilalet.**

Der malerische Ort besteht aus roten Lehmbauten. Er liegt in 802 m Höhe am Fuße des *Djebel Erfoud* (935 m).

1917 von den Franzosen offiziell gegründet, war er schon **im Mittelalter Karawanenstützpunkt** auf dem Weg nach *Sijilmassa* (die kümmerlichen Reste liegen 20 km südlich von Erfoud bei Rissani, fast vom Sand zugedeckt). Sklaven und Gold wurden aus Schwarzafrika nach Marokko, Arabien und später auch in die europäischen Länder gebracht.

Erfoud hat keine besonderen Sehenswürdigkeiten aufzuweisen, ist aber interessant als Ausgangspunkt für Touristen, die in das einzige größere Dünengebiet Marokkos, den *Erg Chebbi,* wollen, zum versteinerten Korallenriff oder in die südlichen Wüstenoasen *Merzouga* und *Taouz*.

Im Ort gibt es ein Schwimmbad, ein Krankenhaus, mehrere Geschäfte, einen Suq mit guter Auswahl an Frischwaren und einigen kunsthandwerklichen Dingen, auch diverse Kunsthandwerksläden. Vor allem Fossilien kauft man am besten in Erfoud, sie werden aus dem versteinerten Korallenriff in der Nähe gebrochen.

Im **Bordj Est,** einem Fort, das sich auf dem *Djebel Erfoud* über dem Ort erhebt, hat sich das Militär einquartiert. Die Militärbehörden haben nichts dagegen, wenn man kurz hinauffährt (parken kann man nach ca. drei Viertel des Weges, dann muß man zu Fuß weiter gehen), um die Aussicht zu genießen.

Wer sich für Kunst interessiert, sollte bei der Galerie von *Madeleine Laurent,* einer Schweizerin, vorbeischauen (68, Rue al Wahda). Sie lebt seit 15 Jahren in Marokko und hat schöne Aquarelle. Man findet sie in ihrer Galerie oder im Hotel Salam, wo es auch von ihr handkolorierte Postkarten zu kaufen gibt.

Bei Erfoud in Richtung *Tinjedad* steht die sogenannte „Himmelstreppe", die der deutsche Künstler und Architekt *Hans-Jörg Voth* gebaut hat. Das Kunstwerk, als Treppe ins Unendliche weisend, kann man auf dem Weg nach Tinjedad von außen besichtigen (s. S. 429).

PRAKTISCHE INFOS

Tel. Vorwahl von Erfoud: 05
PLZ: 52200

Klassifizierte Hotels

Salam ******A**
Route de Rissani, Tel. 57 64 24, Fax 57 64 26, mit Swimmingpool und Klimaanlage. Gutes und schön ausgestattetes Hotel, arrogantes Personal, das auch durchaus freundlich und höflich sein kann, wenn die Gäste ihren Vorstellungen entsprechen (auch deutschsprachig), gutes Essen. Bewachter Parkplatz. DZ 560 DH.

Kenzi El Ati ******A**
Route de Rissani, B.P. 118, Tel. 57 73 72/ 73, Fax 57 70 86. Komfortables Hotel mit Pool im Innenhof (allerdings ohne Schatten), Klimanlage; die Fenster in den Zimmern sind allerdings etwas klein geraten. Freundliches Personal; DZ 500 DH, Frühstück 45 DH, HP 690 DH.

Tafilalet *****B**
Av. Mulay Ismail, Tel.57 65 35, 57 68 81, Fax 57 60 36, schöner zweiteiliger Innenhof mit Pool, Bar und Garten. Das Hotel wird sehr empfohlen, schöne DZ mit Frühstück 505 DH. Essen 143 DH/Menü (unterschiedliche Qualität). Es werden Landrover-Touren nach **Merzouga** organisiert. Man kann hier auch Bier kaufen.

Kasbah Tizimi *****B**
B.P. 94, Route de Jorf (in Ri. Tinjedad ca. 700 m ab Kreuzung), Tel. 57 73 74, Fax 57 73 75. Ein sehr schönes Kasbah-Hotel mit Pool, geschmackvoll mit marokkanischen Fliesen und Stilelementen ausgestattet. DZ 300 DH, Frühstück 35 DH, Menü 120 DH, Air condition. Euroschecks werden akzeptiert. Vermittlung von Touren und Fahrzeugen möglich, dauert aber etwas. Lassen Sie sich nicht auf "vielleicht" ein, sondern bestehen Sie auf konkrete Aussagen.

Du Ziz ***
3, Av. Mohammed V. Tel. 57 61 54, Fax 57 68 11, 100 m vom Busbahnhof und dem Sammeltaxistand entfernt. Die um einen kühlen rechteckigen Innenhof mit mehrfarbigem glasgedecktem Dach angeordneten Zimmer sind sauber, die sanitären Anlagen nicht besonders. Es wird von **Zizi Larbi** geführt, der auch Landrovertouren zum **Erg Chebbi** organisiert. Freundliches Personal, gutes Essen. DZ mit Bad 314 DH.

Farah Zouar ****B**
Av. Mulay Ismail, Tel. 57 62 30, Fax 57 62 30; am Ortsanfang von Rissani kommend, gegenüber dem Hotel Salam. Saubere Zimmer (sehr hellhörig), Dachterrasse, DZ 200 DH mit Bad/WC, Frühstück 25 DH. Das Hotel wurde dem Hotel Tafilalet angegliedert.

Sable D'Or **
141, Av. Mohammed V. (an der Hauptkreuzung im Ort, schräg gegenüber der Post); Tel. 57 63 48; saubere Zimmer mit Du./ WC, 140 DH.

Hotel/Restaurant Lahmada**
Av. Mulay Ismail, Tel. 57 69 80, DZ mit Bad 110 DH; unfreundlich, keine Französischkenntnisse.

Unklassifizierte Hotels

Restaurant/Hotel La Gazelle
Av. Mohammed V., Tel. 57 60 28 Mohammed Moussaoui führt es; er spricht gut Englisch. DZ mit Dusche 110 DH, ohne 85 DH. Ein Terrassencafé und ein Restaurant in typischer traditioneller Atmosphäre

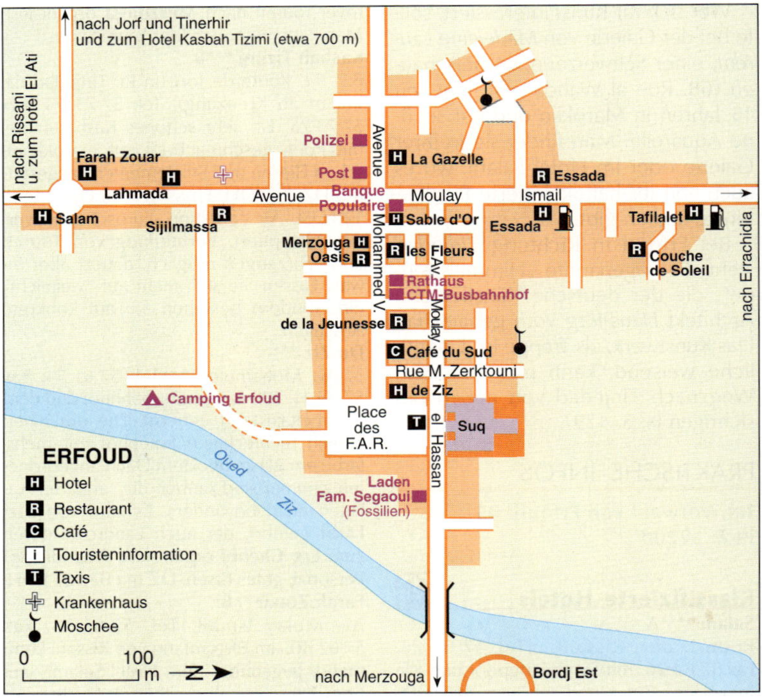

sind angeschlossen; netter Besitzer, gutes Essen, v.a. die Spezialität des Hauses ist zu empfehlen (ca. 60 DH).

Merzouga,
114, Av. Mohammed V., Tel. 57 65 32. Ein nettes, sauberes Hotel, DZ mit Bad 80 DH. Weitere kleine Hotels finden Sie in der **Av. Mohammed V**.

Camping

Es gibt einen etwas trostlosen Campingplatz, der 1999 neu eröffnet wurde. Noch ist alles sauber, der Pächter aber ist unfreundlich, Preis ist Verhandlungssache, oft überteuert.

Essen & Trinken

Restaurants

s. oben auch Restaurant la Gazelle

Café/Restaurant des Dunes
Tel. 57 67 93, neben der ZIZ-Tankstelle, sehr gut und freundlich, 4 - Gänge Menü für 40 DH. Hervorragende Spezialität des Hauses ist ein Fleischragout in Tajine mit 44 Gewürzen, genannt Kalia, das 50 DH kostet. Der Besitzer Sadik bietet auch Touren und Führungen in die Sanddünen an. Über das Restaurant kann man auch Ibrahim Karaoui aus Merzouga kontaktieren, der sehr gut Deutsch spricht und ebenfalls gut und zuverlässig Touren durch den Erg Chebbi organisiert

Restaurant Le Couche du Soleil
Av. Mulay Ismail, preisgünstiges Essen in angenehmer Atmosphäre, (Brochettes 35 DH, Bananenmilch 5 DH.).
An der Route de Rissani liegen noch die Restaurants **Riad** und **L´Oasis.**

Busverbindungen

CTM-LN-Busse

Tel. 41 07 57. Busbahnhof an der Av. Mohammed V.;

- Nach **Meknès** um 20 Uhr, ca. 100 DH.
- Nach **Errachidia** ca. 35 DH.
- Nach Ouarzazate um 14.30 Uhr, 30 DH, 3 Std. Fahrzeit.

Taxi/Sammeltaxi

Abfahrt der **Sammeltaxis** vom Place des F. A. R. nach **Tinerhir**, Fahrpreis ca. 50 DH p. P. (nach zähen Verhandlungen), **Kleinbus** um 12 Uhr nach Tinjedad, 15 DH, Fahrzeit 2-3 Std., Taxi von **Tinjedad** nach **Tinerhir** ca. 15 DH.

Weiterfahrt zum **Erg Chebbi** und **Merzouga** täglich um 15.00 Uhr in der Av. Mulay Al Hassan, (ca. 50 m nach den Taxis, direkt beim Suq) mit Landrover-Sammeltaxi (komplett 400-800 DH geteilt durch die Fahrgäste oder ca. 25 DH/Person), 1,5 Std. Fahrzeit, oder mit Bedford-Camion 2,5 Std. für ca. 20 DH. Man sollte sich erkundigen, ob eine Rückfahrt am selben Tag noch möglich ist, sonst muß man sich auf eine Übernachtung in Merzouga einstellen, was ich aber auf jeden Fall empfehlen würde, denn dann reicht die Zeit gerade für einen kurzen Dünenspaziergang. Manchmal fahren alle 2 Std. Taxis nach Merzouga, die Häufigkeit hängt aber vom Passagieraufkommen und der Touristensaison ab.

Von Erfoud geht es nach **Rissani** für ca. 6 DH pro Person im Sammeltaxi, und von Rissani per Lkw oder Landrover/Sammeltaxi nach **Merzouga** (ca. 10 DH).

Sonstiges

Treibstoff

An der Ziz-Tankstelle gibt es bleifreies Benzin.

Einkaufen

Die **Av. Mohammed V.** führt direkt auf den Suq zu. In ihr sind sämtliche wichtigen Geschäfte und Banken zu finden. Am Platz vor dem Souk **(Places des Forces Armee Royale)** befinden sich die Polizei und andere wichtige Ämter.

Hotel Salam: Innenhof

In Erfoud kann man wunderschöne geschliffene Fossilien kaufen, die ca. 20 km südlich aus einem versteinerten Korallenriff gebrochen werden. Die Schnecken- und Muschelversteinerungen kosten je nach Größe zwischen 50 und 300 DH. Am besten kauft man sie direkt am Steinbruch bei der Familie **Segaoui** oder in deren Laden am Ortsende von Erfoud, rechts an der Straße in Richtung Bordj Est und Merzouga:

Fossiles du Sahara

Av. Moulay Hassan, in der Nähe des Oued Ziz, Tel. 57 66 92.

Weitere, teils sehr schöne und noble Fossilienläden verteilen sich im Ort. Sogar fertige Tische aus Fossilienplatten sind erhältlich. Wunderschöne Stücke hat das **Maison Tamlalet**, in der Av. Moulay Ismail (nahe der Total-Tankstelle), wo man auch mit Kreditkarte bezahlen kann. Selbstverständlich sollte man sowohl bei den Segaouis als auch bei den anderen Fossilienhändlern handeln. Schönen, auch „antiken" Schmuck und Gebrauchsgegenstände findet man in einem kleinen Laden, der **Antiques & Fossiles Boutique** von **Abde-**

lou Jakani, 44, Av. Mohammed V. (neben dem Hotel Tafilalet).
Neben dem Hotel Restaurant Ziz (Flag-Schild) an der Av. Mohammed V. kann man Bier kaufen.

Feste/Veranstaltungen

In der dritten Oktoberwoche, anläßlich der Dattelernte, findet das Dattelfest statt (von Freitag bis Sonntag).

Ausflüge

Von Erfoud kann man direkt nach *Merzouga* und zum **Erg Chebbi** fahren. Es handelt sich dabei um die bessere Strecke für Pkw. Auch von **Rissani** aus kommt man nach Merzouga. Plant man eine Rundtour, so ist es günstiger, mit dem Auto erst nach Rissani/Merzouga und zurück nach Erfoud zu fahren, da dann bei den kritischen Sandstellen manchmal bergab gefahren werden kann.
In allen Hotels können Touren zum Erg Chebbi oder nach Rissani gebucht werden. Auf eigene Faust unterwegs ist man mit einem Sammeltaxi; als Gruppe bietet es sich an, ein Taxi komplett zu mieten.

Touristen unterwegs mit „Ali Wüstenfuchs"

Von den diversen Führern in Erfoud ist **Ali Hamioui** („Ali Wüstenfuchs") aus Merzouga zu nennen; er spricht gut Deutsch. Man findet ihn zumindest manchmal im Hotel Kasbah Tizimi.

RISSANI

ÜBERBLICK

Rissani liegt 20 km von Erfoud entfernt am Rande der Wüste und zählt ca. 4600 Einwohner. Es handelt sich um einen der Orte, der in keinem Reiseprogramm fehlt. Der **Massentourismus** hat seine Spuren hinterlassen: Es gibt kaum einen anderen Platz in Marokko, wo die Kinder und Jugendlichen aufdringlicher und aggressiver sind als hier. Ganz gleich, wo man hält - eine Horde laut schreiender Kinder stürmt auf einen zu, und die Bettelei geht los. Führer gibt es so viele wie der Erg Chebbi Sandkörner zählt...

Diese Unannehmlichkeiten außer acht gelassen, ist Rissani - inmitten eines riesigen Palmenhains - eigentlich ein hübscher Oasenort mit rosafarben getünchten Lehmhäusern, einigen historischen Bauten und einem herrlichen, inzwischen auch reichlich touristischen Markt.

GESCHICHTE

Ca. 2 km vom Ort enfernt lag das legendäre **Sijilmassa,** die ehemalige Hauptstadt des Tafilalet. Der marokkanische Reisende *Leo Africanus* (um 1490-1550) führt die Gründung auf die Römer zurück; schenkt man jedoch dem Geographen *El-Bekri* Glauben, der die Gründung auf das Jahr 757 datiert, wäre das Reich Sijilmas-

DAS TAFILALET

Das Tafilalet-Gebiet erstreckt sich südlich von Erfoud über eine Länge von 30 km und eine Breite von 4 bis 16 km. Am Horizont der blauschwarzen Steinwüste dehnt sich der Erg Chebbi aus, Berge gelber Sanddünen, durchwachsen von einigen Grasbüscheln, im Sand Spuren von Käfern, Vögeln und Schakalen, die die spärlichen Grasbüschel nach Wüstenratten durchsuchen.

Sijilmassa, im 10. und 11. Jahrhundert Hauptstadt dieser Landschaft, war so mächtig, daß sie sich mit Fès und Marrakesch messen konnte. Die Ursprünge von Sijilmassa sind umstritten, nach Leo Africanus war es eine römische Gründung, nach dem Geographen El Bekri eine Gründung des Schmieds Midrar aus Meknès. Jedenfalls war es die Wiege der Alouiten: Von hier brachen die Chorfa, Nachkommen Mohammeds und Begründer der jetzt noch regierenden Alouitendynastie, Anfang des 17. Jahrhunderts auf, die religiöse Erneuerung ins ganze Land zu tragen. Sie eroberten Marrakesch und unter Moulay Rachid 1666 auch Fès und den Norden. Das Tafilalet war wichtiges Karawanen- und Handelszentrum. Von hier zogen die Karawanen nach Timbouctou und Schwarzafrika, auf ihrem Rückweg brachten sie Sklaven und Gold mit. Doch der Stern des Tafilalet erlosch langsam, und auch Moulay Ismail, der große Sultan von Meknès und Beherrscher Marokkos über einen Zeitraum von 55 Jahren, konnte Ende des 17. Jahrhunderts die Region, aus der seine Vorfahren stammten, nicht wieder voranbringen – Sijilmassa wurde bedeutungslos.

Heute ist das Tafilalet bekannt für die Herstellung von Töpferwaren und besonders schönen Ledererzeugnissen, den sogenannten „Filali". Diese werden mit dem speziellen Gerbstoff „Takaout" präpariert, welcher dem Leder seine natürliche Farbe läßt.

Im Tafilalet kämpfen Menschen, Tiere und Pflanzen einen ungleichen Kampf gegen den Sand. Der Wüstensturm bläst Myriaden von Sandkörnern ins Kulturland, haushohe Dünen wälzen sich wandernden Sandwogen gleich und überfluten die Oasen, so daß die Menschen zum Abwandern gezwungen werden. Die Gegenwehr ist mühsam: Hecken aus Palmenzweigen werden gegen den Wind errichtet und Reihen bestimmter genügsamer Gräser angepflanzt, deren Wurzeln den Boden festigen. Im Windschatten der Gräser kommt dann der Sand zur Ruhe.

Das Tafilalet ist das größte zusammenhängende Oasengebiet Marokkos. Hier wachsen unzählige Dattelpalmen, und die Menschen kultivieren in ihren Oasengärten, die mit Khettaras (s. S. 346) und Schöpfbrunnen (Segouias) bewässert werden, Gemüse, Getreide und Futterpflanzen. Die Kulturen werden von Obstbäumen beschattet, diese wiederum von den Dattelpalmen. Die Trockenheit Anfang der 80er und 90er Jahre hat das Tafilalet stark in Mitleidenschaft gezogen. Die Palmenhaine sind in vielen

Bereichen verdorrt, zudem macht eine gefährliche Pilzkrankeit den Bäumen zu schaffen. Der Bevölkerung wurde somit die wichtigste Lebensgrundlage entzogen. Nach den „mageren Jahren" der Trockenheit folgten zwar wieder bessere Zeiten, für viele Oasenbauern und Palmenhaine war es jedoch zu spät.

Als Licht am dunklen Horizont erscheint der anwachsende Tourismus, von dem sich viele Einwohner einen finanziellen Aufschwung versprechen. Zu wünschen wäre wegen der permanenten Wasserknappheit ein ökologisch angepaßter Tourismus, der die Wasserreserven nicht zur Befriedigung touristischer Luxusbedürfnisse ausbeutet – angesichts überlaufender Hotelpools andernorts und der steigenden Ansprüche vieler Touristen höchstwahrscheinlich ein unrealistischer Wunsch...

Palmensterben im Tafilalet

sa eines der ersten Sultanate auf islamischem Boden überhaupt gewesen.

922 errangen die Fatimiden die Staatsgewalt über das Wüstenreich, 1056 besetzten die Almoraviden Sijilmassa, danach folgten die Almohaden und 1255 die Meriniden.

Im Mittelalter war der Ort ein **bedeutender Karawanenstützpunkt** und Handelszentrum, in dem Datteln, Salz, Leder- und Metallwaren gegen Gold, Elfenbein und Sklaven getauscht wurden. Mitte des 17. Jahrhunderts eroberten die Alouiten-Cherife aus dem Tafilalet unter *Mulay ar-Rashid* (1664 –1672) Fès und Marrakesch und gründeten die auch heute noch regierende *Alawiden-Dynastie*. Zahlreiche Kasbahs wurden errichtet, nach und nach aber wurde Rissani zur Hauptstadt des Tafilalets, und Sijilmassa verfiel.

BESICHTIGUNG

★TORBOGEN

Die Einfahrt von Rissani schmückt ein großer, prachtvoll verzierter **Torbogen,** der unter Hassan II. zum Gedenken an seine aus der Gegend stammenden Vorfahren errichtet wurde.

★MARKT

Besonders sehenswert ist der Markt: Sonntag ist großer, Dienstag und Donnerstag kleiner Markt.

Zwischen den Mauern des Suq hocken die Händler mit Gemüse, unter den Arkaden befinden sich die Läden der Handwerkskünstler sowie die Bäcker und Fleischer. In einigen Höfen werden Schafe, Ziegen, Hühner und anderes mehr verkauft. Kauf, Tausch und Handel dürften sich noch genauso abspielen wie vor hundert Jahren - genießen Sie die Szenerie, das laute und bunte Treiben.

Ein echtes Erlebnis ist der Parkplatz für Marktteilnehmer. Nein, nicht Autos oder Fahrräder stehen hier, Esel und Kamele werden „geparkt". Vor zwei umfriedeten Höfen werden die Sättel der Vierbeiner gelagert, ein imposanter Anblick. Im Hof aber geht es rund: Dichtgedrängt stehen die Esel, oftmals übereinander - wann trifft man auch schon so viele hübsche Eselinnen... Das Gewieher ist laut, die Brunftschreie überschlagen sich, ein gewaltiges Schauspiel - und für den Berber ein Geschäft, kann er doch davon ausgehen, seine Stute „in anderen Umständen" nach Hause zu führen...

★KASBAH MULAY ISMAIL

Neben dem *Hotel El Filalia* liegt die sehenswerte Kasbah Mulay Ismail. Das prachtvolle Eingangstor ist gut erhalten. Der Bau diente als Filmkulisse für „Marco Polo", „The secret of the Sahara" und „Himmel über der Wüste".

★MAUSOLEUM MULAY ALI CHERIF

Nicht unbedingt lohnenswert ist ein Besuch des 2 km entfernten Mausoleums von Mulay Ali Cherif (Moschee und mosaikgeschmückte Grabkammer), da sowohl das Grabmal als auch die Moschee für Nicht-Moslems nur von außen besichtigt werden können. Mulay Ali Cherif ist ein Vorfahr des jetzigen Königs.

★OASENRUNDFAHRT

Im Rahmen der Oasenrundfahrt *(circuit touristique),* die auch die schon genannten Sehenswürdigkeiten einschließt, passiert man zahlreiche schöne Ksour, so das **Ksar Abbar (Abouame),** einen riesigen Lehmbaukomplex, dessen von mächtigen Türmen flankiertes Eingangstor herrliche Ornamente aufweist. Die Anlage schuf der Sultan *Mulay Abd er-Rahman* Mitte des 19. Jahrhunderts. Er ließ hier seine Schätze und zahlreichen Frauen von einer schwarzen Leibgarde bewachen. Das Dorf kann besichtigt werden, allerdings wird man von wild gewordenen Kindern terrorisiert. Hier ist es eventuell sinnvoll, einen offiziellen Führer zu nehmen, der einem etwas Bewegungsspielraum verschaffen kann.

2 km weiter auf der Piste, die beim Mausoleum vorbeiführt, gelangt man zu den Resten des **Ksar Oulad Abd el Halim** aus dem 19. Jahrhundert.

Ksar El Rorfa am Cirquit Touristique

Es ist noch bewohnt und war einst eines der schönsten Wehrdörfer in der Wüste. Inzwischen stark verfallen, zeugen die Reste der Lehmhäuser doch noch ein wenig von der prunkvollen Vergangenheit. Bescheiden ist das Leben, das die Menschen zwischen den halbverfallenen Mauern führen.

Sehenswert ist schließlich das **Ksar Dar el Beida** aus dem 18. Jahrhundert, für das sogar Marmor aus *Volubilis* herbeigeschafft wurde. Teilweise sind die Außenmauern und Wehrtürme noch gut erhalten.

Weiter geht die Oasenrundfahrt *(Circuit Touristique Rissani – Zawia Mulay Ali Cherif – Rissani)* auf einer schlechten, ausgewaschenen Piste durch zahlreiche, teilweise abgestorbene Palmenhaine; nach insgesamt 20 km ist Rissani vom Süden her wieder erreicht.

Die ganze Rundfahrt rentiert sich nicht, interessant sind nur die ersten 8 bis 10 km an der Zawia vorbei entlang der alten Ksur.

PRAKTISCHE INFOS

Tel. Vorwahl von Rissani: 05
PLZ: 52450

Klassifizierte Hotels

Kasbah Asmaa***
Tel. 77 40 83, Fax. 57 54 94 Ca. 3 km vom Zentrum in Richtung Erfoud auf der linken Seite. EZ 215 DH, DZ 256 DH, Dreierzimmer 309 DH, Suite 500 DH. Frühstück 33 DH, Menü 118 DH, HP p.P. 250 DH. Freundlich, kein Luxus aber gutes Preis-Leistungsverhältnis; Pool, schöner Garten. Übernachtung auch im Zelt mgl.

Hotel/Restaurant El Filalia
Grand Place Rissani (bei der Bushaltestelle). Tel. 57 51 03, Fax 77 41 01. Die Zimmer sind einfach, die Fenster weisen nach innen zu einem Schacht, deshalb ist es et-

was rauchig und stickig, aber sauber. Die Duschen und Toiletten liegen auf dem Flur (kein warmes Wasser, mäßig sauber). Das EZ kostet 60 DH, DZ 80 DH, Dreierzimmer 100 DH, Übernachtung auf der Dachterrasse 20 DH. Rucksäcke werden auf Wunsch sicher aufbewahrt. Landrovertouren nach **Merzouga** und zurück werden organisiert.
Es bieten sich im Hotel viele Führer an, die z.T. recht aufdringlich sind. Das Schwesterhotel **Filalia** in Merzouga hat keinen besonders guten Ruf!
Hotel/Café/Restaurant Sijilmassa
Place Massira Khadra, Tel. 57 50 42, wird gemanagt von **Aziz Touji**. Geräumige und saubere Zimmer mit WC/Dusche ca. 120 DH.

Essen & Trinken

Links vom **Hotel El Filalia** liegt das **Café-Restaurant Du Sud**, wo man von „guides" umlagert wird, auch wenn die Besitzer das Gegenteil behaupten; Bedienung und Essen sind mäßig.
Wesentlich angenehmer sitzt man auf der Terrasse des **Hotels Sijilmassa,** wo **Aziz Touji** dafür sorgt, daß man in Ruhe gelassen wird.

Busverbindungen

Busse verkehren täglich nach **Erfoud** und weiter nach **Errachidia** (Sammeltaxi ca. 20 DH).
Eine Fernverbindung besteht nach **Meknès** (über Erfoud/Errachidia/Midelt/Azrou) täglich um 20 Uhr für 115 DH mit CTM-Bus (ca. 11 Std.).
Mit **LKW** oder **Mercedes-Transporter** weiter zu verschiedenenen Stellen des Erg Chebbi bzw. nach **Merzouga** um 14 Uhr ab Markt für ca. 10 DH p. P. (handeln), eingepfercht unter 20 Personen mit Sack und Pack, Rückfahrt dann am nächsten Tag morgens um 6 Uhr (wird von der Auberge/Hotel auf Wunsch organisiert).
Es gibt auch ein **Landrovertaxi** um 16 Uhr (falls es voll wird, ca. 15 DH pro Person, sonst bleibt nur noch das Chartern des kompletten Fahrzeugs für ca. 400-600 DH).

Sonstiges

Souvenirs

Maison Saharienne, Ksar Abouame, freundliche Bedienung, schöne Teppiche.
Ein guter und netter, offizieller **Führer** ist **Mohammed Nasser.**
Außerdem gibt es noch die Souvenirläden **Maison Touareg** und **Maison Bedouine**.
Für den **Notfall** gibt es ein **Centre Medical** und zahlreiche Apotheken.
Im ganzen Ort findet man ausgezeichnete moderne **Téléboutiquen** (mit Fax).

Führer

Ein guter und netter offizieller Führer ist **Mohammed Nasser.**

Ausflüge

Merzouga bzw. Taouz liegen am **Erg Chebbi** (bis zu 100 m hohe Dünen), sie werden von Saharaneulingen als das Wüstenerlebnis schlechthin empfunden, obwohl man die Wüsteneinsamkeit nur noch viele Kilometer abseits der Piste findet. Mittlerweile sind die herkömmlichen Fahrten zum Erg Chebbi reiner Touristennepp.
Meist wird diese Tour, die man auch vom **Hotel Filalia** oder **Sijilmassa** aus buchen kann (150 DH p. P. im Landrover), für die Zeit des Sonnenuntergangs bzw. -aufgangs empfohlen. Wer über ein eigenes Fahrzeug verfügt, kann die Morgen-/Abendstimmung natürlich wesentlich entspannter genießen; Campingmöglichkeiten gibt es am Rande des Erg Chebbi zuhauf. Wer kein Fahrzeug hat, es sich aber leisten kann, einen Geländewagen mit Fahrer zu mieten, sollte von dieser Möglichkeit Gebrauch machen und auch auf die Ostseite vom Erg Chebbi fahren, hier ist es wesentlich ruhiger.
Sehr schön ist der **Dayet Sri** (s. S. 425), ein flacher See in der Wüste, der je nach Regenfall und Jahreszeit gefüllt oder trokken ist. Das nötige Wasser vorausgesetzt, kann man gelegentlich Flamingos und badende Kamele beobachten. Leider gab es in den letzten Jahren so wenig Regen, daß der See seit 1995 kein Wasser mehr hatte.
Auch beim **Café Yasmina** am Nordrand des Erg Chebbi und beim **Ksar Sania** süd-

lich von Merzouga bilden sich in regenreichen Jahren Seen, die vor dem Hintergrund bzw. in der Umgebung der Sanddünen schön anzuschauen sind.

Erfoud -Merzouga -Taouz-Rissani

ÜBERBLICK

Von Erfoud nach Merzouga und Rissani sind es 89 km, über Taouz 26 km zusätzlich.

Sammeltaxis fahren je nach Touristenansturm ab Rissani oder Erfoud (s. unter „Verkehrsverbindungen" bei Erfoud und Rissani), organisierte Touren starten von den Hotels. Mit Pkw ist die Piste – teilweise handelt es sich nur um sehr breite Spurenbündel – mit Vorsicht zu genießen: Sie sollten nicht zu nah an die Dünen fahren und auf den gut sichtbaren Spuren bleiben. Da es mit dem Pkw durchaus passieren kann, daß man im Sand steckenbleibt, sollte eine Sandschaufel oder ähnliches mitgeführt werden; ein Wagenheber mit großem Hub kann auch nützlich sein, falls man sich festgefahren hat.

In Erfoud und Rissani wird man umringt von penetranten Halbwüchsigen und auch Erwachsenen, die sich als Führer verdingen wollen. Man kann sich das Geld sparen, denn die Piste hinaus aus dem Ort ist kaum zu verfehlen und mit etwas Geschick im Landkartenlesen und mit Kompaß findet man auch weiter. Schwierig ist es nur, ganz ohne Kompaß oder Landkarte zu fahren, da dann die Orientierung recht schwer wird. Die früheren Telegrafenmasten sind gekappt, und Offroader eröffnen ständig neue Spuren, die eine eindeutige Pistenführung unmöglich machen. In Richtung Merzouga kann man sich noch problemlos an den Dünen orientieren. Schwieriger wird es dann auf der Rückfahrt, wenn man keinen so offensichtlichen Orientierungspunkt mehr hat, bei Sandsturmgefahr (oft im Herbst oder Frühjahr) oder wenn man ohnehin unsicher beim Pistenfahren bzw. in der Wüstenorientierung ist. Dann empfiehlt es sich, einen Führer zu nehmen. Wer über ein Satellitennavigationsgerät verfügt, kann sich nach den in der Karte (S. 408) eingetragenen GPS-Koordinaten orientieren.

Stark beladene Pkw sollten keinesfalls irgendwelche Abstecher in sandiges Gebiet wagen. Außer im Sand steckenzubleiben ist auch ein Kupplungsschaden zu befürchten, wenn man zu lange versucht, sich freizuwühlen.

Im **Falle des Einsandens** hilft nur eines: Bei den Reifen stark Luft ablassen, freischaufeln (notfalls mit den Händen) und Matten unter die Reifen legen (besser Sandlbeche, Lochgitter oder ähnliches, manchmal helfen auch Bretter, notfalls die Fußmatten nehmen). und einige Leute zum Schieben engagieren und möglichst weit mit viel Schwung im zweiten Gang solange fahren bis eine feste Stelle erreicht ist.

Wer einen Spaziergang in den Dünen unternehmen will oder einen ruhigen Rastplatz sucht, bleibt nicht lange allein, denn vereinzelt kommen Mopedfahrer, Kinder und Händler vorbei, die entweder etwas verkaufen oder sich als Führer anbieten wollen. Auch der Nepp nimmt zu, für 20 Min. Kamelritt in den Dünen werden sogar manchmal 150-200 DH verlangt, was man keinesfalls zahlen sollte. Selbst ein Drittel ist noch zu viel!

Besser ist es, zu Fuß in die Dünen zu laufen; wer die Augen aufmacht, kann zwischen den Dünen Wasserlöcher, verschiedene Kürbisarten, diverse Gräser, Käfer und Schlangen aufspüren. Da hier auch die gefährlichen Hornvipern heimisch sind, sollten Sie keinesfalls barfuß laufen!

Am Rande der Dünen führt eine Khettara bzw. Foggara (vgl. S. 344ff.) nach Merzouga.

ANFAHRTSBESCHREIBUNG

Der meiner Meinung nach besser zu findende Weg führt von Erfoud am Suq und Hauptplatz vorbei, geradeaus über den **Oued Ziz** und am **Bordj Est** vorbei; die ersten 17 km sind geteert. Es geht an der Telefonleitung entlang (viele Spuren verlaufen wesentlich weiter links). Ca. 9 km östlich von Erfoud zieht sich links der Straße ein 350 Millionen Jahre altes **Korallenriff** hin, wo schöne Versteinerungen zu finden sind.

Nach 11 km führt links eine Piste zu einem Fossiliensteinbruch (5 km). An drei Häusern links vorbei, ist nach 2 km das Haus der Familie **Segaoui** erreicht. Die Familie hat eine sehr schöne Sammlung unbearbeiteter Fossilien, die sie selbst aus dem Riff bricht. Polierte Fossilien werden im Laden in Erfoud (s. dort) und an den nahegelegenen Fossilienständen links der Piste verkauft. Auch im Haus können Fossilien erworben werden (30-150 DH, je nach Größe), man wird dazu aber nicht gedrängt.

Die Familie ist sehr freundlich und hilfsbereit. **Ahmed Ouazizi** vom Familienclan stellt sich für Führungen

Fossiliensuche am Korallenriff im Steinbruch Segaoui

durch die riesigen Felsen, die übersät sind mit Fossilien, zur Verfügung. Er ist sehr freundlich, aber auch manchmal arg aufdringlich, wenn er nicht zum Zuge kommt.

In den Felsen kann man nach Belieben „rumschnüffeln" und sich unbehauene Stücke aussuchen.

Vom Haus der Familie ungefähr 50 m entfernt, auf der linken Seite, bricht **Brahim Boumia** ebenfalls Fossilien aus dem Steinbruch und bietet sie zum Verkauf an. Er ist sehr bescheiden und unaufdringlich und macht gleichfalls Führungen durch den Erg Chebbi.

Ca. bei Km 13 geht es zu Fossilienverkaufsständen diverser anderer Händler, die auch schöne Ware verkaufen.

Die Teerstraße endet nach 17 km.

Bei Km 19 führt eine Zementfurt über ein Oued.

Nach 22 km ist die **Auberge Kasbah Derkoua,** mit Pool und Café, erreicht. Das hübsche, sehr gepflegte kleine Hotel, das einen herrlichen Garten hat, wird von einem Franzosen geführt, ist aber im Sommer von Juni bis September geschlossen; DZ 400 DH inkl. HP.

Um weiter nach Merzouga kommen zu können, gibt es nun zwei Möglichkeiten: Die Wellblechpiste geradeaus entlang vieler Spuren, oder den „Dünenweg" links zu fahren (s. Beschreibung nebenan) und dann die Route entlang einer holprigen Piste und vorbei an zahlreichen Cafés nach Merzouga einzuschlagen. Beide Pisten sind mit Vorsicht auch per PKW zu befahren, einfacherr ist die Variante 2, schöner die Variante 1. Die Gefahr des Einsandens ist aber im Bereich der Dünen größer.

Variante 1: entlang den Dünen nach Merzouga

Abzweig bei **Auberge Kasbah Derkoua** nach links nehmen. Leider gibt es keine Schilder mehr, die den Fahrer eindeutig irgendwohin führen würden. Auch Markierungen enden plötzlich oder verlaufen in unterschiedliche Richtungen. Hier helfen nur Orientierung mit Hilfe der Karte und Kompaß bzw. GPS (s. auch Karte S. 408). Am besten den vielen Spuren nach Süden folgen, die Dünen bleiben von Erfoud gesehen aus links liegen (im Osten). Von der Auberge Derkaoua aus sind es ca. 38 km bis Merzouga.

Nähert man sich den Dünen von Norden, stößt man zuerst auf das schöne **Café/Hotel Yasmina,** das in einer ehemaligen Moschee am Rande der Dünen untergebracht ist. Dieses wird von freundlichen Leuten betrieben. Eine Übernachtung auf dem Dach kostet 25 DH, ein DZ 60 DH, Essen zw. 25 und 60 DH. Der abgeschiedene Flecken strahlt so etwas wie eine „Wildwestatmosphäre" aus. Wer es ruhig mag und ein bißchen „Wüstenfeeling" bekommen will, ist hier besser aufgehoben als in den südlicheren Herbergen. Kamelausflüge können unternommen werden. Ab und zu entsteht nach ausgiebigen Regenfällen auch ein See direkt zwischen den Dünen und dem Hotel.

Die Spuren der nicht trassierten Piste führen weiter in Richtung Süden entlang den Dünen. 2 km weiter befindet sich die **Auberge la Fibule du Sahara**. Die sehr einfache, aber saubere Herberge bietet Kameltouren an, wirkt ansonsten aber eher verloren, DZ 50 DH.

Im Erg Chebbi

Nach weiteren 2 Km erreicht man **Café Etoile des Dunes.** Es kann in sehr (!) einfachen Zimmern (80 DH) übernachtet werden, auch besteht die Möglichkeit zu campen, die Duschen funktionieren, Kamele für Ausflüge, Nomadenzelte etc. sind vorhanden ; angenehm und freundlich, Essen gut und reichhaltig, ca. 45 DH. Ein Neubau ist bereits im Entstehen, die Fertigstellung für Sommer 1999 geplant. Ob's klappt? 300 m weiter liegt das **Café du Sud** mit einfachen Zimmern (80 DH) und freundlicher Mannschaft. Sehr sauber (europäische Toiletten), gutes Menu (60 DH) auf schöner Terrasse.

Bald danach erscheint das **Hotel Dunes d´Or:** Sauberes, hübsches und nettes Hotel, nicht ganz so einfach, wie die bisher beschriebenen, dafür auch etwas teurer: DZ 100 DH, EZ 75 DH, Tajine 45 DH. Tel. (Handy) 01/35 96 65.

2 Km weiter liegt das **Hotel-Café Erg Chebbi.** Das Doppelzimmer kostet 90 DH, mit Dusche (heiß!) und WC 120 DH. Man kann auch auf dem Dach übernachten, und ein Pool wartet darauf, mit Wasser gefüllt zu werden (Stand Mai 1999). Leckeres Cous-Cous und Tajine gibt es für 60 DH. Die eigentlich sehr schöne Auberge leidet etwas unter dem unfreundlichen Besitzer, der hartnäckig versucht, seine Kameltouren zu verkaufen.

Km 27 hinter der Auberge Derkaoua taucht die **Auberge Kasbah La Secret du Sahara** (sehr einfach) auf.

Den Ort **Hassi Bedi** (Hassi Labied) erreicht man einen halben Kilometer danach. Es gibt mehrere Souvenirläden. Unterkunft gibt es in vielen kleinen Hotels, wie z.B. der **Auberge Atlas du Sable,** gleich am Ortseingang von Norden kommend. Ein neues, nettes und sauberes Hotel mit freundlichen Leuten. DZ mit (warmer) Dusche 130 DH, ohne 70 DH, Übernachtung im Nomadenzelt 25 DH. Tel. 05/57 70 37 oder in der Auberge der Brüder Oubadi - Oubadi Frères, Tel. 57 73 03. Nette, saubere Zimmer, Toiletten und Duschen. Schatten durch Bäume, Nomadenzelt, Kamelausflüge. Auch Camping 10 DH pro Person, Fahrzeug 5 DH.

Über die **Auberge-Café L´Oasis** hört man unterschiedliches: Leser berichten begeistert oder empört (wegen der Aufdringlichkeit des Besitzers, Geschäftemacherei etc.). Auf jeden Fall ist es eine einfache aber hübsche Pension mit sauberen Zimmern (DZ 60 DH), Tel. 05/67 73 21. Gleiches gilt für die **Auberge/Camping Ocean des Dunes.** Zelt/Wohnmobil 10 DH. Ein wenig weiter Richtung Süden befindet sich direkt an den Dünen der Campingplatz **La Chance,** der von einer Amerikanerin geführt wird. Wenig Schatten, aber sauber. Zelt, Auto, Person und Wohnmobil: Je 10 DH, Nacht im Nomadenzelt 40 DH, auf dem Dach des Restaurants 20 DH. Tel. 05/ 57 72 69.

Bei Km 28 erscheint dann linkerhand die neue **Auberge Kasbah Tombouctou** (eröffnet April 1999). Diese sehr schöne Auberge ist ganz im Kasbahstil erbaut und wird von der netten Familie *Ettaiek* geführt. Innerhalb des Ortes Hassi Bedi bzw. *Labied* ist sie die einzige Auberge, die direkt an bzw in den Dünen gebaut wurde. Schlafen kann man in den sehr sauberen und nett eingerichteten DZ mit Bad für 150 DH (bei Nachfrage gibt es auch Reduktion!) oder in einem der Zelte (frische Laken und Betten!), die direkt unter Palmen in den Dünen stehen für 25 DH p.P.- auf jeden Fall dem Camping La Chance vorzuziehen! Kameltouren werden wie überall in Merzouga angeboten. Tel. 05/57 67 93, GPS-Position N 31°07.635, W 004°00.773.

1997 wurde das "Maison Merzouga" neu gebaut und ein Laden eingerichtet. Der Besitzer Lahsan Segaoui erklärt ohne Kaufzwang seine Teppiche und lädt zu traditioneller Teezeremonie ein. Auch Wüstenexkursionen werden von ihm organisiert, die Leser loben. Nach einem 4,5 Std. Ritt in die Sandwüste erlebt man eine Teezeremonie und wird mit im Sand der Wüste gebackenem Brot versorgt. Trommelmusik und der Sonnenaufgang bei Merzouga komplettieren das Erlebnis. Adresse: Maison Merzouga, Ksar Hassi Labied, P. Merzouga / Errachidia. Tel.: 57 72 99, Fax: 57 68 26.

Weiter geht es Richtung Süden. Bei Km 31 weist ein Schild zum **Auberge-Restaurant Panorama**, das links auf einem Hügel steht.

Nach 32 km ist der Ortsanfang von Merzouga erreicht, nach rechts führen Spuren zur Hauptpiste.

Variante 2: auf direktem Weg nach Merzouga

Wer beim Hotel Derkoua geradeaus weiterfährt, trifft ca. bei Km 31,3 (von Erfoud aus) auf ein Hinweisschild zum **Café d'Etoile de la Dunes**, ca. 700 m weiter trifft man auf das Hinweisschild zum **Café Dunes d'Or** und der **Auberge Erg Chebbi.** Mit dem Pkw kann man, (vorsichtige Fahrweise voraus-

Blick auf Hotel-Camping Ksar Sania und Merzouga

gesetzt) nach links zu den Cafés abzweigen.

Bei Km 45,5 mündet die Piste von Rissani rechts ein.

2½ km darauf führt ein Abzweig zum **Hotel/Rest. Oasis** (s.o.). Hier machen gelegentlich auch Reisegruppen halt.

Etwa bei Km 46,3 ist Merzouga erreicht. Um direkt zum **Erg Chebbi** zu gelangen, läßt man Merzouga links liegen und fährt weiter, vorbei an einem Militärposten.

MERZOUGA

Die kleine Wüstenoase mit Dattelpalmen und Oasengärten liegt am Rande des Erg Chebbi. Rotgelb schimmern die ca. 100 m hohen Dünen im Abend- und Morgenlicht und wirken wie ein Abziehbild der großen algerischen Wüstenlandschaften. Die Vermarktung ist dementsprechend, der Ort lebt bald ausschließlich von den Touristen - jedermann will verkaufen, zeigen, führen... An den Dünen haben sich Dutzende von Cafés/Hotels etabliert, die von Jahr zu Jahr mehr werden und, von wenigen Ausnahmen abgesehen, nur ein Dach über dem Kopf bieten.

3 km westlich von Merzouga liegt der **Dayet Sri,** ein flacher See, der nur in regenreichen Jahren den Winter über Wasser führt und wo man dann von Zeit zu Zeit auch Flamingos antrifft.

Sie gelangen zum See, wenn Sie vom *Restaurant des Amis* die Mauer entlang in Richtung Westen fahren, danach gleich rechts die Piste entlang, die erste Abzweigung wieder rechts und dann ziemlich geradeaus. Die Piste führt auf leichte Hügel zu, von denen der See gut zu überblicken ist.

Unterkunft

Café/Restaurant Hotel des Amis
geführt von **Hassan Bokbot** und seinem Bruder, mit Schlafsack in Gemeinschaftsräumen für ca. 30 DH, DZ 50 DH. Es handelt sich hier um ein einfaches, aber sauberes und ruhiges Hotel am Rande der Dünen. Die Brüder haben inzwischen auch den

Campingplatz La Kharma
direkt an den Dünen mit einem Berberzeltrestaurant (nicht immer aufgebaut) errichtet. Pro Person 8 DH, Zelt, Auto 10 DH.

Auberge/Camping Le Touareg
von **Hassan Aït-Ali**, mit Camping, am Ortsausgang 1 km in der Palmeraie, rechts gegenüber der großen Düne, neben Camping Ksar Sania. Alles im Stil einer Kasbah, mit einfachen aber sauberen Zimmern um einen schönen Innenhof herum (70 und 100 DH), Camping 10 DH pro Person und Auto.

Hotel-Camping Ksar Sania
Tel. 05/577414, Fax 05/ 57 72 30, B.P. 4 52202 Merzouga. Es liegt ebenfalls 1 km außerhalb in der Palmeraie, direkt neben den Dünen. Das kleine Hotel, als kleine Kasbah gestaltet, wird von dem französischen Ehepaar Françoise und Gérard geführt und wurde 1995 eröffnet. Der Campingplatz und die Sanitäranlagen (heiße Duschen) sind in gutem Zustand (gefliest), Stromanschluß für Campingfahrzeuge. Die Zimmer sind einfach, aber hübsch und sauber. Im Sommer wird es jedoch sehr heiß in den Zimmern, dann ist es besser, auf dem Campingplatz zu übernachten. DZ 70 -100 DH, im Nomadenzelt 25 DH, Camping 15 DH p.P., Elektrizität 15 DH. Gutes Essen im geschmackvollen Restaurant 85 DH (Kinder die Hälfte); Frühstück 25 DH; keine Kreditkarten und Travellerschecks. In der Hochsaison ist Halbpension Pflicht: im DZ sind das 200 DH p.P., außerhalb der Saison 180 DH. Low-Budget-Traveller scheinen allerdings im Hotel weniger willkommen zu sein. Wie überall in Marokko, wenn Europäer kleine Tourismus- Projekte verwirklicht haben, bleiben die Neider nicht aus. In Merzouga treibt das wegen der zahlreichen marokkanischen Konkurrenz besondere Blüten, so daß es nicht nur bei Aussagen bleibt, die Anlage wäre nicht zu erreichen, geschlossen, schlecht, oder nicht zu empfehlen, sondern es wird auch Gérard und Françoise die Schuld an einem 1997 in der Wüste verdursteten Franzosen in die Schuhe geschoben: Sie hätten angeblich dem Franzosenpaar den falschen Weg nach Rissani gezeigt, was dazu führte, daß sie sich verirrten (die Frau blieb nach einer Fahrzeugpanne beim Auto und überlebte, der Mann marschierte in die falsche Richtung, um Hilfe zu holen und kam ums Leben). Françoise und Gérard hatten deswegen viel gerichtlichen Ärger, was sich natürlich auch in der Stimmung im Hotel niederschlug. Die Behauptungen der marokkanischen Konkurrenz gehen von Rassismus der Franzosen, Ausnutzung ihres Personals bis hin zu Vorwürfen, sie würden Schmiergelder an Reisebuchautoren zahlen. Deshalb wird auch mittlerweile über mich nicht mehr gut in Merzouga gesprochen, auch wenn solche Bestechungsgelder natürlich nur in den neidvollen Augen der Einheimischen vorkommen. Solche Unterstellungen kenne ich aber bereits aus anderen Landesteilen.

La Palmeraie
200 m südlich von Ksar Sania, einfach. Neue Duschen und WC waren 99 im Bau. 30 DH pro P.

Filali
(Tochterhotel des gleichnamigen Hotels in Rissani, in einer kl. Lehmkasbah), leere Zimmer 60 DH, viel Atmosphäre, Treffpunkt der Dorfjugend zum Rauchen und Musizieren. Gutes Cous-Cous für 60 DH.

Auberge/Camping Africa
Die Herberge liegt (von Erfoud aus gesehen) hinter Merzouga direkt vor den großen Dünen. Kommt man von der Piste von Merzouga zum Hotel Merzouga (Turm), so geht es rechts zu den Camping-Hotels **le Tuareg** und **Ksar Sania**. Biegt man vor

dem Turm links ab, so kommt man nach 400 m zum **Africa**. Es ist einfach, aber sauber und hat keinen Stromanschluß. Die Atmosphäre ist abends mit den Gasstrumpflampen recht gemütlich.

Auberge Kasbah Tombouctou
wird von den Brüdern Ettaiek bettrieben. Zimmer mit Dusche, sauber. Tel. 57 67 93, Fax 57 77 65.

Verkehrsverbindungen

Einen Sammeltaxi-Landrover kann man überall im Ort ordern, am besten von der Terrasse des Café des Dunes aus. Die Taxis fahren mit offener Tür durch den Ort und rufen so lange das Fahrtziel aus, bis der Wagen voll besetzt ist. Normalerweise verkehren mehrmals täglich (ca. alle 2 Std.) Taxis nach Erfoud und Rissani. Dort kann man den Fahrer nach der Rückfahrzeit fragen. Das Verkehrsaufkommen hängt von der Jahreszeit und dem Wetter ab. Wenn Sandsturm ist, findet man keine Menschenseele auf der Straße geschweige denn unterwegs. Der Preis ist Verhandlungssache, ca. 15 DH pro Person (einfache Fahrt).
Falls Sie nicht den „berühmten" Sonnenaufgang von Merzouga sehen wollen (nichts anderes als ein Touristenköder), ist es ohne weiteres möglich, an einem Tag die Strecke **Erfoud – Merzouga – Erfoud** zu schaffen.

Einkaufen

Ibrahim Karaoui hat vor kurzem ein Souvenirgeschäft aufgemacht, das sich **„Maison des produits nomades"** nennt und, wie der Namen sagt, kunsthandwerkliche Produkte der Nomaden und Berber der Umgebung verkaufen will (aber auch Fossilien und ähnliches.) Ibrahim spricht gut Deutsch und organisiert Rundtouren bzw. führt auch zuverlässig selbst durch den Erg Chebbi und zu den Felsgravuren von Taouz. Tel. und Fax 00212/5/57 65 89.

Die Fahrt nach Taouz bietet landschaftlich wenig. Es gibt aber Bleiminen und bei Taouz **Felsgravuren**.

Weiterfahrt nach Taouz

5 km hinter Merzouga enden die Tamariskenbüsche. Links steht ein hoher Sandberg.

Bei Km 9 sind zur Rechten ein Turm und wenige Häuser zu sehen, links endet der *Erg Chebbi*. Weiter geht es durch flache Gravelwüste.

Nach 15 km gelangt man zu einem Schild: „Point d'Eau" (Brunnen, Wasser). Ein breites Wadi mit Tamarisken zieht sich hier entlang.

Ungefähr bei Km 16 weisen Schilder zu den Minen: „Furt M'Fis, Pb. Mine 7,5 km".

Eine Zementfurt durchquert man bei Km 23, 3 km danach ist man in Taouz angelangt.
Eine Weiterfahrt zu den **Felszeichnungen** ist nur mit Führer möglich, ohne ihn sind sie kaum zu finden. Die Polizei in Taouz vermittelt gerne einen Jugendlichen, der die Führung übernimmt.

Die Piste, die zu den Zeichnungen führt, ist schlecht, teilweise sandig. Nach 2 km wird der kleine Hügel mit der Signalstange links liegen gelassen. Nehmen Sie die linke Piste. 1 km darauf müssen Sie links vor der braunen Bergecke abbiegen, ein schwarzer Hügel liegt zur Linken.

5 km hinter Taouz erreicht man Tumuli (Hügelgräber) und Felszeichnungen.

Fahren Sie zurück zur Abzweigung und 2 km nach der Abzweigung die rechte Piste hoch.

Weitere 3 km sind es bis zum Ende des langen Bergzuges. Alte Befestigungsruinen und Felszeichnungen von libyschen Wagen sind zu sehen.

Von Merzouga nach Rissani

Zurück in Merzouga sind es ca. 41 km Wellblechpiste bis Rissani. Die Piste ist brauchbar, mit Ausnahme einiger sandiger Stellen, die im Bereich der Wadis durch Betonfurten entschärft wurden.

Fahren Sie von Merzouga zurück in Richtung Erfoud, bis bei Km 2,1 der Abzweig in Richtung Rissani erreicht ist. Etwa bei Km 12,8 werden die Telefonleitungen gekreuzt, die nach Erfoud führen. Starkes „Wellblech" folgt im weiteren Verlauf. Hier sollte die Geschwindigkeit auf unter 50 km/h reduziert oder auf über 80 km/h erhöht werden, damit die Wellenwirkung der Piste weitestgehend ausgeschaltet wird. Die schnellere Geschwindigkeit belastet allerdings die Achsen stärker.

Bei Km 14,5 weist ein Hinweisschild links zur *Auberge Erg Chebbi*.

Ungefähr 10 km später erreicht man eine zerstörte Betonfurt durch ein Wadi; die neue, geschotterte Furt liegt ca. 150 m westlich.

Nach 30 km taucht das **Camping/ Restaurant Tresor** auf, inmitten einer kahlen, flachen Ebene an einem Ziehbrunnen gelegen.

Bei Km 32,2 beginnt der Palmenhain von Rissani; Km 35,5 markiert die Einmündung der Piste in die Teerstraße nach Rissani; links weiter (rechts geht es in Richtung *Haroum*). Eine neue Variante führt weiter östlich von Merzouga über Haroum nach Rissani.

Bei Km 40 erreicht man eine Kreuzung mit einem Wegweiser: „Haroum - Merzouga"; links geht es zum *Mausoleum Mulay Cherif* (s. S. 417), geradeaus nach Rissani (noch etwa 1 km).

Erfoud - Tinjedad

ÜBERBLICK

146 km, P 3451

Diese Abkürzungstrecke zurück zur Straße der Kasbahs führt durch schöne Wüstengegend. auf neu ausgebauter zweispuriger Straße. Bei Gegenverkehr ist Vorsicht angebracht, denn: Muß man die Teerstraße verlassen, erwarten einen arg ausgefranste Ränder. Manchmal ist die Straße im Bereich von Furten recht schlecht. Der Busverkehr zwischen Erfoud und Tinjedad ist spärlich, häufiger verkehren Sammeltaxis.

ANFAHRTSBESCHREIBUNG

In Erfoud biegen Sie - vom Zentrum kommend - bei der Kreuzung zu den Hotels **Farah Zouar** und **Salam** rechts in Richtung Tinjedad ab (Beschilderung).

Nach 4½ km liegt ein Ort mit schöner Lehmkasbah links der Straße.

Bei Km 7,2 führt eine Furt über den **Oued Gheris**, der bei Regen im Frühjahr viel Wasser führt. Die Furt ist betoniert, so daß der Fluß problemlos passiert werden kann, es sei denn, die Furt weist Beschädigungen infolge von Hochwasser auf. Rechts der Straße befindet sich ein versteinertes Korallenriff.

Jorf, ein größerer Ort mit Palmenhain und schönem Ksar, Tankstelle und Geschäften erreicht man nach 19 km.

Bei Km 22,4 ist rechterhand bei dem Ort **Achouria** eine Foggara/ Khettara zu sehen. Der unterirdische Wasserkanal (siehe Skizze auf S. 350), früher von Sklaven ausgehoben und instandgehalten, ist heute an den 2–3 m hohen Sandkegeln zu erkennen, durch deren Öffnung man nach unten blicken kann. Dies waren die Einstiege für die Sklaven, die die immer wieder versandenden Kanäle freischaufeln mußten. Heutzutags werden die meisten Foggaras nicht mehr benutzt.

Nach 25,8 km, bei **Fasna (Fezna)**, zweigt eine Straße zur **Barrage** (Stausee) **Fezna** ab. Der Wärter **Mohammed** erklärt und zeigt die Anlage.

1 km weiter geht es rechts weg (nur für Geländefahrzeuge oder zu Fuß) zur **„Himmelstreppe"** des Künstlers **Hans-Jörg Voth** bei **Hassi Romi**, die man bei klarem Wetter auch von der Straße aus sehen kann. Etwas weiter weg ist eine neues Kunstwerk - die goldene Spirale - entstanden, das aber noch schwerer erreichbar ist. Wenn der Künstler selbst vor Ort ist (in den Wintermonaten), ist Besuch nicht erwünscht. Leserangaben zufolge beschimpfte und bedrohte der Künstler Besucher, die sich der Himmelstreppe näherten. Informieren kann man sich über die Kunst von H.J. Voth auch in seinen Büchern u.a. Voth, Hans: *„Hassi Romi" - Himmelstreppen,* Verlag für modernen Kunst, Nürnberg.

Für die, die es nicht lassen können, eine Anfahrtsbeschreibung:

Wählen Sie zur Anfahrt die Piste, welche rechts durch die Oasengärten führt. 600 m entfernt muß man links abbiegen und weiter durch die Oasengärten fahren. Nach weiteren 600 m geht es bei der Staumauer bergab in ein sehr sandiges, mit Steinen versetztes Oued, das gequert werden muß. Zum Teil sind nur noch wenige Spuren zu sehen, da sich jeder den Weg nach Gutdünken bahnt. Nach der Querung sind wieder mehr Spuren zu erblicken: Sie gehen direkt auf die Himmelstreppe zu, die nach 6 km erreicht ist.

Ein kleiner Parkplatz ist mit Steinen ausgelegt. Ansonsten ist der Platz verlassen, es gibt auch keinen Wärter. Die Treppe kann man besteigen; von oben bietet sich ein großartiger Ausblick.

Wieder auf der Hauptstraße sieht man bei Km 27,3 rechts der Straße Ruinen einer Karawanserei oder einer Festung.

Nach 1½ km überquert die Straße erneut eine Foggara, die zum Teil 1,50 m hohe Ausgrabungshügel bei den Zustiegslöchern hat.

Touroug ist nach 35 km erreicht. Hier beginnen die Oasendörfer entlang des **Oued Gheris.**

Nomadenmädchen an der Himmelstreppe

Mellab, eine große Wüstenoase, passiert man nach 50 km. Der alte **Ksar Melolab** liegt ca. 1 km weiter beim Oued, in einem großen Palmenhain.

67,6 km hinter Erfoud kommt **Igli,** ein großer Ort mit einem alten Lehmksar und neuen rosa Häusern, zwischen schräg gefalteten Bergen gelegen. Die Oase liegt idyllisch am **Oued Todrha**. Die Kinder vor Ort sind allerdings eine Plage!

83½ km von Erfoud entfernt mündet die Straße beim **Café/Restaurant Oued Eddahab** in die P 32: Rechts geht es nach Errachidia, links nach Tinjedad und Ouarzazate.

Bei Km 87 ist Tinjedad erreicht.

Rissani - Tazzarine - Zagora

ÜBERBLICK

Die mittlerweile durchgehend asphaltierte 233 km lange Route ins Drâatal bietet sich zur Rückfahrt an, um nicht auf gleicher Strecke wieder nach Ouarzazate zurückfahren zu müssen.

Die landschaftlich schöne Strecke, die zwischen **Djebel Sarhro** und der Sahara nördlich der algerischen Grenze verläuft, ist weniger frequentiert als die Straße der Kasbahs. Sehenswert sind die Oase **Tazzarine** und die nahegelegenen Felsgravuren.

Eine Busverbindung besteht von Rissani aus täglich um ca. 14 Uhr. Sammeltaxis verkehren nach **Alnif** bzw. **Nekob**. Ab **Tazzarine** gibt es Sammeltaxis Richtung Zagora, d.h. bis zur Straße P 31 (Ouarzazate - Zagora), dort dann weitere Sammeltaxis in beide Richtungen.

ANFAHRTSBESCHREIBUNG

Verlassen Sie Rissani in Richtung Erfoud. Fahren Sie bei dem Schild „Circuit de Touristique“ geradeaus weiter. Nach 4½ km kündigt sich das Ende der Tafilalet-Oasen mit kleinen Sanddünen an.

Fahren Sie bei Km 5,5 links weiter nach Alnif und Tazzarine, geradeaus geht es nach Errachidia.

Nach 26 km liegt das **Bordj Taguerroumt** zur Linken.

Bis **Mecissi** zieht sich ein schwarzes und schroffes Bergmassiv zur Rechten. In den Oueds wachsen Grasbüschel und Akazien, vereinzelt weiden Ziegenherden.

Mecissi, ein kleiner Ort mit spärlichen Versorgungsmöglichkeiten und einer Tankstelle, ist nach 55 km erreicht. Weiter geht es durch schwarzbraune Wüstenlandschaft mit kleinen Bergen, Kameldornbüschen und vereinzelten Akazien.

Bei Km 82,5 folgt **Achbarou,** eine langgezogene Palmenoase. Ein zerfallenes Ksar liegt malerisch am Berg links der Straße. Im **Café/Restaurant Sahara** bietet sich eine Rast an. Weiter führt die Strecke entlang eines palmenbestandenen Flußtales.

Alnif (ca. 90 km von Rissani entfernt) ist ein stark expandierender Ort (Militärposten) mit rotweißen Häusern. Übernachtung ist im sauberem **Restaurant/Hotel Bougafer**, (DZ 55 DH, EZ 40, beide ohne Duschen, Tel. 05/88 42 89) oder im einfacheren und nicht so sauberen **Gazelle du Sud** (DZ 40 DH, Tel. 05/78 38 13) möglich. In beiden Hotels sind häufig Reisegruppen zum Mittagessen. Entsprechend kann es sehr voll sein, dann sind die Ober gestresst und der

Am Campingplatz von Tazzarine

Individualtourist geht unter. Es gibt eine große Tankstelle im Ort.

Bei Km 106 taucht die Palmenoase **Tisernay** am **Oued Tazlaft** auf. Sie liegt zwischen schwarzen Bergen. Die Straße führt durch flache Steinwüste, die von Bergketten gesäumt wird.

Nach 127 km passiert man **Imi-n-Ouzrou,** den Hauptort einer großen Palmenoase (diverse Orte, u. a. **Aït-Saadane, Aït-Oufrou**), die sich über mehrere Kilometer am Fuß eines hohen, dunklen Berges hinzieht. Die sehr schöne Landschaft ähnelt der von Arizona: Rötlichbraune Tafelplateauberge mit ausgewaschenen Felsformationen flankieren eine Halbwüstensteppe.

Die Frauen hier im Süden verdekken ihr Haar mit schwarzen, paillettenverzierten Tüchern.

Bei Km 158 ist Tazzarine erreicht.

TAZZARINE

Der Ort ist Militärposten und verfügt über einfache Versorgungsmöglichkeiten. Es gibt ein Restaurant, Hotel, zwei Campingplätze und eine Tankstelle. Die große, schöne und **ursprüngliche Palmenoase** ist ein gutes Beispiel einer noch „funktionierenden" Saharaoase. Lehmhäuser, enge Gassen, Bewässerungskanäle und zum Teil noch gut erhaltene, alte, kasbahähnliche Häuser prägen das Erscheinungsbild. Die **Kasbahs Aït Chaib** und **Aït-Ali Ouhda** sind zu besichtigen. In einer von ihnen hat der Campingplatzbesitzer *Lahcen El Ouarzizi* ein kleines **Museum** eingerichtet, das sehenswert ist. Ebenfalls rentiert sich ein Bummel durch den Ort und die Oasengärten, im Gefolge natürlich ein Troß Kinder, die wenigstens recht freundlich sind.

Von Tazzarine aus empfiehlt sich ein Ausflug zu den Felsgravuren (Buchung am Campingplatz) oder in den **Djebel Sarhro**. Letzterer kann auch im Rahmen einer Trekkingtour erkundet werden (in Deutschland z.B. über Hauser Exkursionen zu buchen). Im Djebel Sarhro in Richtung *Tizi-N-Tazazert* (Paß) und *Ikniounn* gibt es bizarre Berge, die wie Vulkanschlote in den Himmel ragen; Wasserfälle und herrliche Schluchten runden die schöne Landschaft ab. Die Tour dorthin ist aber nur mit Geländewagen möglich. Auch Kameltouren werden ab Tazzarine organisiert.

PRAKTISCHE INFOS

Hotels

Hotel/Restaurant Bougafer
Im Zentrum, Tel. 04/83 80 10, Fax 04/83 80 86; Halbpension 160 DH; freundlich, einfach, die Zimmer sind im Sommer sehr heiß; der ausgesprochen nette Juniorchef **Brahim Moulay Aziz** spricht fließend Englisch und hat in Agadir Touristik studiert. Er hat nun angefangen, ein neues Hotel mit Camping am Ortsausgang links hinter dem Fluß zu bauen: **Village touristique Bougafer**. Im Mai 1999 war dieses noch immer im Bau, der Pool nicht fertig, die Pflanzen winzig (so daß für Camper kein Schatten da ist), die Zimmer klein und völlig überteuert (100 DH für 2 Matrazen auf dem Boden in einem max. 7 qm großen Zimmer ohne Bad). Etappenstopp für Reisegruppen. Allerdings sehr sauber! Tel. 04/83 80 84, Fax. 04/83 80 86.

Camping

Camping Amasttou
Eine weitere Übernachtungsmöglichkeit im Nomadenzelt (2-Bett-Zelte bis 6-Bett-Zelte mit frischer Bettwäsche!) und einfachen aber sehr sauberen Zimmern (mit Ventilator) gibt es am **Camping Amasttou,** Tel. 04/83 80 78, Fax. 04/44 78 24, einem wunderschönen Campingplatz unter Palmen mit hervorragenden sanitären Anlagen (europäische Norm), einem Restaurant und einem kleinen Wasserbecken zum Planschen. Pro Person 15 DH, Wohnmobil 18 DH, Strom 12 DH, Kind 6 DH. Übernachtung im Zimmer 40 DH p. P. (inkl. warmer Duschen), im Nomadenzelt 35 DH. Da der Platz sehr klein und die Einfahrt niedrig ist, müssen große Wohnmobile auf den weniger schönen Platz gegenüber ausweichen ausweichen.

Ausflüge

Organisierte Ausflüge
Vom Camping Amasttou können Ausflüge zu den nahegelegenen Felszeichnungen **Tirourirines, Abdi Boulili** und **Aït Ouazik**, zu den Wasserfällen **Imi Nougizi Noukbache** und nach **Taghbalte** organisiert werden. Auch Kameltouren oder die Miete eines kompletten Landrovers (1100 DH/Tag) sind möglich. Der Patron, der selbst über viel Reiseerfahrung verfügt, ist bei allen Fragen behilflich und vermittelt Führer zur Besichtigung der örtlichen Kasbah. Gute Detailkarten von der Gegend hängen in der Rezeption aus.

★ Zu den Felsgravuren von Ait Ouazik
Die 83 km Piste sind auch mit Pkw (vorsichtig) befahrbar. Die Felsgravuren liegen nahe der Piste nach Zagora (eine Weiterfahrt dorthin ist nur mit Geländewagen möglich). Es sollte in Tazzarine oder Aït Ouazik ein Führer für die Besichtigung der Gravuren genommen werden, denn selbst wenn die Piste nach dieser Beschreibung durchaus auf eigene Faust zu finden ist, so ist es doch sehr schwierig, die Felsgravuren auf den einzelnen Steinen zu entdekken, wenn man nicht genau weiß, wo man suchen soll.
Die eigentliche Piste nach Zagora beginnt bei der **Village Touristique Bougafer** am Ortsende Richtung Agdz jenseits des Oued. Es gibt arabische Hinweisschilder, eine lateinische Beschilderung folgt nach ca. 3 km Piste Richtung Zagora. Der Pi-

stenverlauf ist zu Beginn jedoch eindeutig, so daß der Weg nicht zu verfehlen ist.
Folgen Sie der Piste geradeaus entlang der Telefonleitungen in südlicher Richtung durch dünn mit Akazien bewachsenes Gebiet. Bei Km 5 steht ein Ziehbrunnen rechts der Piste.
Nach etwa 9 km muß ein Oued gequert werden, links stehen Häuser, rechts Palmen. Danach folgt der kleine Ort **Aït Ousghal**. Die Piste macht einen Knick in Richtung Nordwesten, hinein in ein schönes Palmental mit steilen, 10 m hohen Felswänden. Ca. 1 km danach stehen wieder Häuser in einer Talsenke.
Bei weiteren 4 km folgt **Aït Ouazik,** ein schönes Dorf, das mit Solarstrom versorgt wird. Fahren Sie links am Dorf vorbei.
Nach dem Ortsende fahren Sie nach weiteren 2 km an einer Kreuzung links zu den Felsgravuren; rechts geht es weiter nach Zagora.

Nach 400 m kommt wieder eine Kreuzung, Wählen Sie die rechte Spur über die Hammada (Steinwüste). Nach einem weiteren Kilometer (GPS-Pos: N 30°41,097, W 005°38,868) sollte man parken. An der Abbruchkante zum Oued und auch ca. 500 m weiter finden sich auf Steinen zahlreiche schöne Gravuren; Motive sind Gazellen, Strauße, Rinder, Fische, usw. Leider wurden viele der Steine, auf denen Felsgravuren zu finden waren, bereits von den Einheimischen als Baumaterial benutzt, so daß man hier Häuser mit Felsgravuren an den Wänden findet. Da die Gravuren unwiederbringlich sind (zwischen 6000 und 10 000 Jahre alt), sollte man unbedingt vermeiden, auf den Steinen herumzutrampeln oder diese sonstwie zu beschädigen, auch wenn der Bevölkerung selbst häufig der Blick für ihr wertvolles Kulturgut fehlt!
Den Rückweg treten Sie auf der gleichen Piste an.

Felsgravuren in Aït Ouazik

Von Tazzarine ins Drâatal

Von Tazzarine in Richtung Nekob passiert man eine sehr schöne Wüstenlandschaft parallel zum Oued, gesäumt von vielen Palmenhainen und Bergketten. Nach 6 km endet der Palmenhain von Tazzarine.

178,5 km von Rissani (20½ km von Tazzarine) entfernt liegt links der Straße der kleine Ort **Ilal.** Linkerhand sind interessante Bergplateaus zu sehen. Große Palmenhaine ziehen sich entlang der Bergkette.

Nach 6 km ist **Aït Massaoud**, ein kleiner Ksar mit Moschee und Kasbah, erreicht.

Bei Gesamt-km 193 von Rissani, 35 km hinter Tazzarine, folgt der große Ort **Nekob** (bzw. **N´kob**).

NEKOB

Der Ort liegt auf 1000 m Höhe und wird im Norden von den vulkanischen Gebirgsketten des Djabal Sarhro-Massives begrenzt.

Es gibt eine Geschäftsstraße, Mechaniker und Tankstelle.

PRAKTISCHE INFOS

Hotels

Im Ort liegt die traumhafte **Auberge Club Kasbah Baha Baha.** Die 50 Jahre alte Kasbah wurde März 1999 von *Lahsan el Quarzizi*, der auch den Camping Amasttou in Tazzarine besitzt, zum Hotel umgebaut. Die gesamte Anlage ist liebevoll eingerichtet, mit einem kleinen ethnographischen Museum, Pool und stilvollem Restaurant. Zu besichtigen ist auch die alte und restaurierte Küche, wo der Besucher sich über traditionelle Kochweisen kundig machen kann, und von der Terrasse hat man einen herrlichen Blick über das ganze Tal. Nur 2 Zimmer haben ein Bad, die Etagenduschen sind jedoch sehr sauber. Alles in allem eine traumhafte Anlage, in der es sich wunderbar ein paar Tage in aller Ruhe enspannen läßt. HP im DZ 250 DH, im EZ 200 DH, im Zweiernomadenzelt (mit Matrazen und frischer Bettwäsche)150 DH p.P., Frühstück 24 DH, Tajine 45 DH. Es werden die selben Ausflüge wie in Tazzarine angeboten. Tel. 04/83 80 78, Fax. 04/44 67 24.

Busverbindungen

An öffentlichen Verkehrsmitteln verkehren Sammeltaxis bis **Nekob** und **Tazzarine**; Lkws befahren die Pistenstrecke kaum, so daß diese Transportmöglichkeit fast ausscheidet.

Ausflüge

Vom **Club Baha Baha** werden Touren nach Boumalne veranstaltet. Die einsame Fahrt geht durch die schöne und bizarre Wüstenlandschaft des Djebel Sarhro.
Die Piste von **Nekob** in Richtung **Boumalne-du-Dadès** (s. S. 381) ist in den trockenen Jahreszeiten auch für normale PKWs, sonst nur für Allradfahrzeuge befahrbar.

Weiter in Richtung Drâatal führt die Straße durch Nekob durch weiter nach **Tamsikht**. Nach 3,3 km kommt **Aït Ouzzine,** ein neuer Ort am Fuß schwarzer Tafelberge (mit Palmenhain). Die Straße ins Drâatal führt zwischen zwei Bergzügen durch flache steinige Steppe mit niedriger Buschvegetation. Ab und an sind alte Wachtürme, Häuser und Palmen zu sehen.

Ungefähr 40 km hinter Nekob (Gesamt-Km 233) mündet die Straße im Drâatal nördlich von Tamsikht in die P 31. Rechts geht es nach **Agdz** (29 km) und **Ouarzazate** (ca. 100 km), links nach **Zagora** (66 km).

PRAKTISCHE INFOS A–Z

ANREISE NACH MAROKKO
AUSRÜSTUNG

EINREISE- UND ZOLLBESTIMMUNGEN
ESSEN UND TRINKEN

FINANZEN • GESUNDHEIT

INFORMATIONSSTELLEN

POST/TELEFON

REISEN IM LAND

SOUVENIRS • SPRACHE

SONSTIGES WISSENSWERTES
(Elektrizität, Trinkgeld, Fremdenführer, Uhrzeit)

UNTERKUNFT

VERANSTALTER/RUNDREISEN

AUSRÜSTUNG

REISEGEPÄCK

Eine rechtzeitig angelegte **Checkliste** garantiert, daß man nichts einzupakken (und vorab zu erledigen) vergißt. Grundsätzlich erfordert eine Marokkoreise kaum andere Vorbereitung als eine beliebige Südeuropareise. Zu beachten ist jedoch, daß man in ein arabisches Land reist (u. a. strengere Kleidungssitten).

KLEIDUNG

Sie richtet sich nach **Reisezeit, Reiseziel und Reiseart.** Wer einen Pauschal-Badeurlaub gebucht hat, muß anders packen als der Rundreisende. Sportliche Freizeitkleidung ist auch für Mehr-Sterne-Hotels ausreichend – Smoking und Abendkleid sind kaum irgendwo angemessen, geschweige denn erforderlich – abgesehen vielleicht vom Mamounia-Hotel in Marrakesch.

Selbst in der heißesten Jahreszeit muß auf jeden Fall **Rücksicht auf das islamische Gastland** genommen werden. **Nacktbaden** ist in Marokko **verboten;** „oben ohne" wird höchstens an den Hotelpools geduldet, an Stränden jedoch signalisiert die barbusige Europäerin dem männlichen Marokkaner sexuelle Bereitschaft, was die entsprechenden Belästigungen nach sich zieht... Badekleidung, Shorts, tief ausgeschnittene, ärmellose/rückenfreie Oberteile bei Damen müssen auf die Badezonen und den Hotelbereich beschränkt bleiben.

Empfehlenswert ist Kleidung aus **pflegeleichten, luftdurchlässigen und schweißsaugenden Baumwoll- oder anderen Naturfasern.** Mit leichten, langen Hosen oder luftigen, kniebedeckenden Röcken und bequemen, weitärmeligen Blusen oder T-Shirts ist man unterwegs nicht nur „anständig" angezogen, sondern auch vor der intensiven Sonneneinstrahlung geschützt. Marokkaner wird man außerhalb der Küstenstädte selbst im Hochsommer selten in Shorts auf der Straße antreffen (kurze Hosen sind in der traditionellen arabischen Welt Unterhosen!); auch der wohlgeformte Mann würde sich danebenbenehmen, liefe er mit entblößter Brust herum. Diese Einschränkungen gelten umso mehr, je weiter man sich von touristischen Zentren entfernt, z. B. bei Stadtbesichtigungen und Rundfahrten über Land.

Das Tragen **marokkanischer Landestracht** empfiehlt sich nur zu geeigneten Anlässen: Als Kopfbedekkung bei einer staubigen Tour unter sengender Sonne etwa ist ein *Chech* (Kopfwickeltuch der Tuareg und anderer Saharavölker) sehr praktisch, beim Stadtrundgang kann durchaus eine *Djellabah* getragen werden; insgesamt aber sollte auch hier das nötige Fingerspitzengefühl bewiesen werden.

Sehr praktisch für Frauen ist ein möglichst großes, leichtes **Tuch,** beliebig über Kopf und/oder Schultern zu tragen; dies ist nicht nur ein empfehlenswertes Zugeständnis an die Landessitte, es schützt auch Kopf und Nacken vor der Sonne und das Haar vor Austrocknung, Ausbleichung und Staub; außerdem läßt sich damit bei Besuchen z. B. von Moscheen, Museen, Suqs, Restaurants, etc. ein etwaiges Zuviel an nacktem Fleisch im Schulterbereich dezent verhüllen.

Auch ins Sommergepäck gehören ein **warmer Pullover** für kühle Abende sowie ein leichter Wind- und Regenschutz; im Winter braucht man v. a. im Gebirge durchaus eine dicke, gefütterte Jacke, Regenkleidung und/oder einen warmen Mantel.

Feste, geschlossene **Schuhe** sind nicht nur für Wüstenexkursionen nötig; auch bei Ausflügen ins Gelände und Besichtigungen antiker Ruinenstätten gewähren sie sicheren Halt. Ansonsten sind luftige Sandalen ideal; Badeschuhe nicht vergessen!

SONSTIGES

Auch wenn Sie etwas zu Hause vergessen haben – das meiste (Kleidung, Toilettenartikel, etc.) läßt sich in Marokko, zumindest in Städten und Touristenzentren, nachkaufen.

Wichtig ist generell, an die **persönlichen, unersetzlichen Dinge** zu denken, z. B. Personaldokumente, Brillen, besondere Medikamente, Adressenbüchlein, französisches Wörterbuch (evtl. ein arabisch-marokkanischer Sprachführer), Reiseführer/-karte und Urlaubslektüre (deutschsprachige Tageszeitungen und Zeitschriften sind in den Urlaubszentren erhältlich).

Fotografen sollten ausreichend Ersatzbatterien und Filmmaterial dabeihaben (letzteres ist in Marokko teurer und u. U. schlecht gelagert).

Sonnenbrille, Sonnencreme, Badetücher (die Hoteltücher dürfen außerhalb des Zimmers normalerweise nicht benützt werden) sind wichtig für **Badeurlauber.**

Packen Sie eine kleine **Taschenlampe** ein: Sie brauchen sie bei evtl. Stromausfällen, bei abendlichen Spaziergängen durch schlecht oder unbeleuchtete Straßen, bei Touren über Land für Übernachtungen in Zelten oder Hütten, gelegentlich sind sie auch nützlich bei Besichtigungen von Ruinenstätten. Ein kleiner **Taschenschirm** ermöglicht Spaziergänge notfalls auch bei Regen.

Empfehlenswert ist die Mitnahme einiger individueller **Geschenkartikel** als Dank für kleinere Dienstleistungen. Auch Kellner und Zimmermädchen freuen sich (neben dem Trinkgeld) darüber. Beliebt sind Kugelschreiber, Seifen, Parfüms, amerikanische Zigaretten oder ein typisches Souvenir (Kalender/Postkarten/Bildband/Aschenbecher) von zu Hause.

Noch ein Tip: Ein **Notizbuch** mit Kalenderteil sollte jeder dabeihaben, um die eine oder andere Information

Fehlen Schuhe im Gepäck...?

festzuhalten. Handelt es sich um die erste und einzige Marokkoreise, hat man später ein interessantes Souvenir. Folgen weitere Reisen, kann man dankbar auf das Notierte (z. B. Preise, Hotel-, Restaurant- oder Einkaufstips, Adressen) zurückgreifen.

Kopien von Paß und wichtigen Personalpapieren – separat aufbewahrt – sind nützlich bei Verlust der Originale.

ANREISE NACH MAROKKO

Der Pauschalurlauber erreicht Marokko im allgemeinen **per Charterflug nach Agadir/Ait Melloul** (Flugzeit ca. **4 Std.**) und gelangt anschließend per Bustransfer zum Hotel. Linienflüge gehen nach Casablanca, Anschlüsse bestehen nach Agadir, Marrakesch und Ouarzazate. Charterflüge nach Marrakesch gibt es nur ab und zu. Im Winter 98/99 gab es eine Verbindung von Aero Lloyd, die aber nach Anfrage bei der Linie im Sommer 1999 nicht mehr bestand.

Die Abfertigung am Flughafen ist ziemlich unproblematisch. Dem Polizeibeamten legt man den Paß und den Einreisezettel (der bereits im Flugzeug auszufüllen ist) vor; daraufhin erhält man den Einreisestempel mit Identifikationsnummer. Bei der Zollabfertigung werden Gruppenreisende selten kontrolliert; im Falle von Alleinreisenden kann es schon vorkommen, daß das Gepäck genauer in Augenschein genommen wird (erst recht, wenn man in ein bestimmtes Klischee paßt, z. B. lange Haare oder Rastalocken = Kiffer, usw.).

Beachten Sie die Angebote der Spezialbüros für Billigflüge oder Last minute-Flüge im Internet. Die Preise für Flüge nach Agadir schwanken je nach Saison erheblich, so kann es im Januar, Februar, Juni oder November durchaus möglich sein, einen Flug ab DM 350 zu ergattern, während in den Ferienmonaten ein Flug unter 700 DM kaum zu bekommen ist. Ihre Entscheidung für eine bestimmte Airline kann sicher auch beeinflussen, ob Sportgepäck (Fahrrad, Surfboard, Tauchausrüstung, etc.) ohne Aufpreis befördert wird.

In Marokko selbst lassen sich günstige Inlandsflüge (auch verbilligte Wochenendtarife) über die *Royal Air Maroc* buchen.

BEHINDERTEN-REISEN

Marokko ist kein ideales Land für Behinderte. Es gibt nur selten behindertengerechte Hotels, öffentliche Einrichtungen oder gar öffentliche Verkehrsmittel, die darauf eingerichtet sind, Rollstuhlfahrer zu befördern. Am ehesten geht dies noch mit der Eisenbahn. Auch die Straßen und Gehsteige sind überhaupt nicht behindertengerecht. So sind Gehwege ohnehin meist nicht vorhanden und wenn, dann häufig uneben. Pflastersteine fehlen oder Bordkantenabflachungen gibt es gar nicht. Behinderte, die auf den Rollstuhl angewiesen sind, sollten deshalb unbedingt mit Begleitperson reisen. Es gibt zwar Rollstuhlfahrer, die sich auch alleine durch Marokko geschlagen haben, aber alle schildern dies als ausgesprochen mühsam, allerdings einstimmiges Urteil aller: Die Bevölkerung wäre Behinderten gegenüber sehr aufgeschlossen und freundlich.

Reisetips für Behinderte gibt die *Bundesarbeitsgemeinschaft der Clubs Behinderter und Ihrer Freunde – BAG* cbf, Eupener Str.5, 55131 Mainz.

EINREISE- & ZOLLBESTIMMUNGEN

Deutsche Staatsbürger benötigen für einen Aufenthalt in Marokko bis zu drei Monaten einen mindestens noch sechs Monate gültigen **Reisepaß,** für Kinder unter 16 Jahren ist ein Kinderausweis mit Lichtbild oder Eintragung im Familienpaß erforderlich. Jugendliche ab 16 Jahren brauchen einen eigenen Reisepaß, alleinreisende Minderjährige grundsätzlich einen eigenen Reisepaß und eine schriftliche Reisegenehmigung der Eltern, die notariell oder von einer Behörde beglaubigt und ins Französische übersetzt sein muß. Für deutsche **Pauschalreisende,** die einen Charterflug (fester Hin- und Rückflugtermin) mit Hotelaufenthalt für die gesamte Reisedauer gebucht und bezahlt haben, genügt der **Personalausweis**. Impfvorschriften bestehen nicht (vgl. hierzu S. 447).

Zollfreie Einfuhr neben dem üblichen Reisebedarf: 1 Fotoapparat, 1 Tonband-/Kassettengerät mit zwei Bändern, 1 Videokamera, 1 Camcorder, 1 Fernglas, tragbare Musikinstrumente, 1 Schreibmaschine bzw. Laptop, 1 Plattenspieler, Campingausrüstung, zwei Tennisschläger, zwei Paar Ski, 1 tragbarer Fernseher, professionelles Material für fotografische Aufnahmen; Surfbretter, GSM-Handys. (wertvollere Gegenstände wie z.B. Computer werden bei der Einreise in den Paß eingetragen). Ferner: pro Person über 18 Jahren 200 Zigaretten oder 50 Zigarren oder 250 g Tabak; 1 l Wein und 1 l Spirituosen oder 3 Flaschen Wein.

Jagdwaffen und Munition können zeitlich befristet mit einer Genehmigung der *Sûreté Nationale* eingeführt werden. Verboten sind alle sonstigen Waffen, feststehende Messer und Tränengassprays, ebenso **Funkgeräte** aller Art. Die Einfuhr von pornografischen Druckerzeugnissen ist streng verboten. Die Ein- und Ausfuhr von Rauschgift (in Marokko v. a. **Cannabis** in seinen Verarbeitungsformen Haschisch, Haschischöl, Marihuana und Kif) ist ebenfalls verboten und wird mit langen Gefängnisstrafen geahndet.

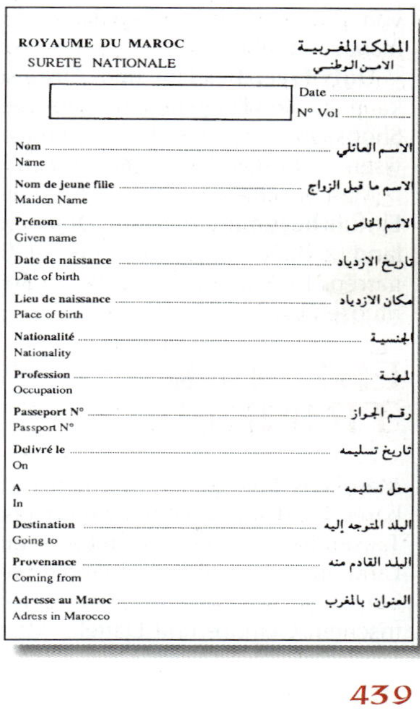

ROYAUME DU MAROC — المملكة المغربية
SURETE NATIONALE — الامن الوطني

Date ....
N° Vol ....

Nom / Name .... الاسم العائلي
Nom de jeune fille / Maiden Name .... الاسم ما قبل الزواج
Prénom / Given name .... الاسم الخاص
Date de naissance / Date of birth .... تاريخ الازدياد
Lieu de naissance / Place of birth .... مكان الازدياد
Nationalité / Nationality .... الجنسية
Profession / Occupation .... المهنة
Passeport N° / Passport N° .... رقم الجواز
Delivré le / On .... تاريخ تسليمه
A / In .... محل تسليمه
Destination / Going to .... البلد المتوجه إليه
Provenance / Coming from .... البلد القادم منه
Adresse au Maroc / Adress in Marocco .... العنوان بالمغرب

Die marokkanische **Währung (Dirham)** darf weder ein- noch ausgeführt werden.

Tiere: Amtstierärztliches Gesundheitszeugnis nicht älter als 4 Tage vor Abfahrt; Bescheinigung über Tollwutschutzimpfung (mindestens 1 Monat alt, höchstens 8).

Kraftfahrzeuge: Zollfreie Einfuhr (bis zu 6 Monaten) mit nationalem Führer- und Fahrzeugschein. Die Internationale Grüne Versicherungskarte muß auf Marokko gültig geschrieben sein, sonst obligatorischer Versicherungsabschluß bei Einreise.

Mittelmeerfähren verkehren von Spanien nach Marokko: u. a. von Málaga und Almería nach Melilla bzw. Nador und von Algeciras und Tarifa nach Ceuta und Tanger. Die längste, aber bequemste Verbindung besteht von Sète (Frankreich) nach Tanger (im Sommer auch nach Nador) und wird von der marokkanischen Linie *Comanav* betrieben.

Duty-Free: Bei Ein- und Ausreise kann an allen Flughäfen in Duty-Free-Shops eingekauft werden (gegen Devisen, nicht marokkanische Dirham!).

Man beachte bei der Rückreise die **Einfuhrbestimmungen für Deutschland** (z. B. 200 Zigaretten oder 50 Zigarren, 1 l Alkohol über 22%, 2 l Spirituosen bis 22%, 2 l Wein).

ESSEN & TRINKEN

Marokkos Kerngebiet ist ein fruchtbares Land mit vielen Wäldern und Tausenden von Obstbäumen – ein Land, in dem „Milch und Honig fließen". Die Märkte quellen über von frischem Gemüse und Datteln, Mandarinen, Aprikosen, Mandeln, Orangen, Äpfeln, ja sogar Kirschen, Erdbeeren und Pflaumen (das heißt allerdings nicht, daß im Land keine Menschen hungern).

Der Eiweißbedarf kann durch zahlreiche **Fische,** verschiedenste **Meeresfrüchte,** wie Krabben, Hummer, Langusten, Muscheln, Austern, und durch **Geflügel, Schaf-, Ziegen- und Rindfleisch,** manchmal auch Kamelfleisch, gedeckt werden.

Milchprodukte sind durch die weit verbreitete Viehhaltung ebenso erhältlich, auch wenn die Milch infolge von Kühlproblemen oft als Buttermilch oder Sauermilch genossen wird.

Oliven – sowohl frisch als auch zu Öl verarbeitet – gehören zu den wichtigsten Nahrungsmitteln in Marokko; früher wurde Olivenöl auch als Lampenöl verwendet.

Eine Spezialität Marokkos ist das **Arganienöl,** das aus den Kernen der gelben Arganienfrüchte gepreßt wird und nußartig schmeckt (zum Arganienbaum vgl. auch S. 214); wegen der aufwendigen Gewinnung ist es verhältnismäßig teuer (pro Liter ca. 80 DH)

Getreide wird sowohl eingeführt als auch in großen Mengen angebaut. Getreidearten wie Weizen, Hirse oder Dinkel bilden die Grundlage marokkanischer Ernährung.

Eine wichtige Bedeutung als Grundnahrungsmittel haben ferner **Hülsenfrüchte** wie Linsen, Erbsen (vor allem Kichererbsen) und dicke Bohnen.

Das Wesentliche an der marokkanischen Küche sind aber die **Gewürze.** Araber waren lange Zeit führend im Gewürzhandel und konnten bis ins 13. Jahrhundert das Geheimnis der

Herkunft von seltenen Gewürzen wie Muskat, Zimt, Nelken, Ingwer und Safran wahren. Erst die Reisen *Marco Polos* machten die Handelswege und Herkunftsländer bekannt.

Auf den marokkanischen Märkten leuchten die verschiedenen Gewürzläden und -stände in Rot-, Braun- und Gelbtönen. Die Nationalgerichte *Tajine* und *Cous-Cous* (s. u.) verdanken ihren Geschmack vielerlei Gewürzen. Eine spezielle Gewürzmischung *(Ras el Hanout),* die aus bis zu 35 verschiedenen Gewürzen besteht und auf marokkanischen Märkten erhältlich ist, vereinfacht es, einem arabisches Gericht auch zu Hause den nötigen Pfiff zu geben. Die Marokkaner jedoch sagen, daß dies die Gewürzmischung für Frauen sei, die nicht kochen könnten!

Die reichhaltige marokkanische Küche ist beeinflußt durch die jahrhundertealten Verbindungen zu den Mittelmeerländern: Andalusische und sizilianische Einflüsse *(Pastas)* machen sich bemerkbar und auch solche aus den östlichen arabischen Staaten bis nach Persien. Die eher dürftige Berberküche beschränkt sich auf wenige unzugängliche Gebiete, wo die Nahrungsmittelbeschaffung wesentlich komplizierter war und ist als in den kosmopolitischen Städten.

Traditionell wird in Marokko **auf Holzkohle gekocht.** Nach wie vor zieht die marokkanische Hausfrau ein transportables Holzkohlegestell oder einen Holzkohlerost zum Grillen dem Gasherd vor, auch wenn dieser inzwischen Einzug in die Stadtküchen gehalten hat. In Marokko kommen besondere Küchenutensilien zum Einsatz (z. B. der *Mehraz,* ein Messingmörser, oder die *Midouna* (auch *T'beck),* eine große, flache Korbschale zur Vorbereitung von Cous-Cous), die auf dem Land immer noch **aus gebranntem Ton** bestehen; in Gebrauch sind außerdem mit **Zinn ausgekleidete Kupfertöpfe.** In den Stadthaushalten werden Kochtöpfe aus Aluminium verwendet, deren Ausmaße eine europäische Hausfrau oft in Erstaunen versetzen. Denkt man aber an die Anzahl der Familienmitglieder in einem marokkanischen Haushalt, sind sie nicht weiter verwunderlich.

Ist man in einem **marokkanischen Haus zu Gast**, so wird man sich häufig über das **strenge Zeremoniell** wundern. Zunächst ist es angebracht, daß man vor Betreten des Zimmers die Schuhe auszieht, selbst wenn der Gastgeber beteuert, daß man diese doch anlassen könne. Im marokkanischen Wohnraum befinden sich vor

Teezeremonie

allem Decken und Teppiche, an der Wand reihen sich Polster entlang, und um einen niedrigen Tisch sind Sitzpolster gruppiert, auf denen man sich mit verschränkten Beinen niederläßt. Von einer Magd oder einem Kind wird die Waschschüssel *(tass)* gebracht, die ringsum zum Händewaschen gereicht wird.

Gegessen wird mit der rechten Hand, die linke wird nie benutzt: Sie gilt als unrein (da sie zum Säubern des Hinterteils auf der Toilette benutzt wird).

Jeder ißt von seiner Seite aus einer gemeinsamen runden Speiseschale, dem Gast werden stets die besten Fleischbrocken zugeschoben. Der Gastgeber bricht das flache arabische Fladenbrot in mehrere Teile und verteilt es rings um die Speiseschale, damit sich jeder bedienen kann. Dann fordert er mit einem *„bismillah"* („Im Namen Gottes") zum Essen auf und segnet die Mahlzeit. Das Essen wird beendet mit einem *„alhamdu-lillah"* („Gelobt sei Gott"). Dieser Satz ist auch ein Zeichen dafür, daß man genug gegessen hat. Nach dem Essen wird abermals die Wasserschüssel zum Händewaschen gereicht, und auch der Mund wird ausgespült.

Getrunken wird zum Essen meist **Wasser.** In modernen Haushalten werden auch **Softdrinks** wie Cola oder Limonade angeboten.

Zu jeder Tageszeit wird **Tee** serviert, meist auf einem kunstvoll ziselierten Messingtablett, manchmal auch versilbert, mit dazugehöriger bauchiger Teekanne und Gläsern mit Goldbemalung. Tee ist in Marokko ein Aufguß aus chinesischem grünen Tee und frischen Pfefferminzblättern, das Ganze stark gezuckert. Das **Nationalgetränk** wurde erst 1854 von britischen Händlern eingeführt. Der Tee wird sehr heiß serviert, kunstvoll in dünnem Strahl von weit oben in die Gläser gegossen, nachdem vorher in langer Zeremonie der Aufguß zubereitet wurde. Jedem in der Runde stehen drei Gläser zu. Erst dann ist die Teezeremonie beendet. Spaßeshalber wird das marokkanische Nationalgetränk auch „Whisky marocain" genannt.

In den Hotels oder Restaurants mit Alkoholzulassung gibt es auch marokkanischen **Wein** zu trinken, der vorwiegend in der Gegend von Meknès und um *Boulâouane* (südlich von Casablanca) angebaut wird. Der marokkanische Wein ist trocken, leicht und von guter Qualität.

BEKANNTE GERICHTE

Cous-Cous

Das marokkanische **Nationalgericht** wird auch in allen anderen nordafrikanischen Ländern in verschiedenen Varianten gegessen. Es besteht aus Hartweizengrieß, der in einem Sieb über einem Eintopf aus Hammel-, Lamm- oder Hühnerfleisch mit sieben verschiedenen Gemüsen und Kichererbsen gedämpft wird. Dazu kommt eine sehr scharfe Soße aus *Harissa* (Paprikamark mit Chilli). Traditionell wird Cous-Cous freitags serviert; oftmals wird von reichen Familien auf dem Lande mehr als benötigt gekocht und zur Speisung bedürftiger Familien in die Moschee gebracht.

Mechoui

Das Gericht ist das **traditionelle Festmahl,** das v. a. zum Opferfest *Aid el*

Kebir fünfzig Tage nach Ramadanende, aber auch zum *Mouloud,* dem Geburtstag Mohammeds, oder zum Neujahrsfest *Achoura* zubereitet wird. Ein junger Hammel wird am Stück am Spieß über einem Holzkohlenfeuer oder im Ofen gebraten, mit Knoblauch, Salz, Kreuzkümmel, Paprika und Cayennepfeffer gewürzt und eingerieben mit *Smen,* dem marokkanischen Butterschmalz.

Bastillia (B'stilla)

Ebenfalls ein **Festgericht.** Es handelt sich um eine aufwendig zubereitete Pastete aus hauchdünnen Teigblättern *(Warkha),* die mit Rosinen, Mandeln und Taubenfleisch, oder auch mit Früchten und Geflügel gefüllt ist.

Tajine

Das absolut landestypische Gericht wird **in jedem marokkanischen Restaurant angeboten.**

Für die Zubereitung wird ein Tontopf mit spitzhaubigem Deckel verwendet, in dem das Gericht direkt über der Holzkohle im *Kanoun* (Holzkohlebecken) geschmort wird. Es gibt verschieden Tajine-Arten: gebratenes Hähnchen mit Mandeln, Rosinen und Oliven; gestückeltes Hammelfleisch mit Quitten; Rindfleisch mit Pflaumen und Mandeln oder mit Gemüse, usw.

Kebab (Brochettes)

Hierbei handelt es sich um die im ganzen arabischen Raum erhältlichen, auf **Spieße** gesteckten, gegrillten Hammelfleischstücke, welche mit verschiedenen Salaten gegessen werden.

Kefta

Die **Kügelchen** oder auch Würstchen **aus gerolltem Lammhack,** ziemlich scharf gewürzt und in Öl gebraten oder gegrillt, sind im gesamten Vorderen Orient und von Ägypten bis in den Maghreb beheimatet.

Merguez

Rötliche, kleine Würstchen, die wie unsere Bratwürstchen gebraten oder gegrillt werden.

Harira

Die **traditionelle Fastensuppe** ist eine dicke, nahrhafte Suppe aus Lammbrühe, Lammfleisch, Linsen, Kichererbsen, gehackten Tomaten, Zwiebeln und frischen Kräutern und Gewürzen. Das Gericht ist in der ganzen arabischen Welt verbreitet und wird vorwiegend im Winter gegessen, wenn frisches Gemüse fehlt.

Sonstiges

In den Küstenregionen wird sehr viel **Fisch** gefangen, aber auch Langusten, Krabben und allerlei Meeresfrüchte

Cous-Cous wird serviert

gehen ins Netz. Zahlreiche Restaurants entlang der Meeresküste bieten hervorragende Fischgerichte an.

Salate aus frischem Gemüse sind in Marokko weit verbreitet und in verschiedensten Variationen erhältlich. Sehr gebräuchlich ist ein Salatteller aus Gurken, Kartoffeln, Tomaten und Rote Beete.

Als **Nachtisch** reicht man **Obst** oder **süßes Gebäck** mit viel Honig und Mandeln.

Abschließend sei noch auf den **Stadt-Land-Unterschied** in der marokkanischen Küche hingewiesen: Opulente Menüs erhalten Sie nur in den Städten; in den Cafés und Restaurants auf dem Land hingegen muß man sich mit einfachem und preiswertem, aber nicht minder wohlschmeckendem Essen zufrieden geben. Die Auswahl beschränkt sich meist auf Tajine, Brochettes, Kefta, Omelette und Cous-Cous.

Der Pauschalreisende, der einen Hotelaufenthalt mit Halb- oder Vollpension gebucht hat, wird hauptsächlich mit internationalen bzw. der französischen Küche angepaßten Gerichten verköstigt werden. Oft steht im Hotel ein Büfett zur Verfügung, in aller Regel zu den Hauptmahlzeiten, nicht unbedingt zum Frühstück. Mittag- und Abendessen bestehen häufig aus mehreren Gängen, oft mit Wahlmöglichkeit. Marokkanische Gerichte sind die Ausnahme bzw. werden oft nur im Rahmen von „Folkloreabenden" angeboten. Sehr viele Reisende berichten, daß selbst in Vier-Sterne-Hotels bei Pauschalreisen immer wieder dieselben faden Büffets geboten werden und das Frühstück v.a. in Mittelklassehotels mager ausfällt.

Wer ein Zimmer ohne Frühstück gebucht hat, was die Regel ist, wenn man nicht pauschal gebucht hat, sollte auf eines der vielen Cafés/Pâtisserien in den Ortszentren ausweichen. Hier bekommt man für weniger als die Hälfte des in Hotels üblichen Frühstückpreises ein gutes Frühstück mit frischgepreßtem Orangensaft und leckeren Schokoladencroissants, auf Wunsch auch Ei, Omelett oder Yoghurt.

Auf keinen Fall sollte der Marokkobesucher sich scheuen, auch die schmackhafte landestypische Küche in Lokalen außerhalb der Hotels auszuprobieren. Diese zeichnet sich zwar im Süden nicht gerade durch Vielfältigkeit aus, aber eine Tajine vom Markt oder in den kleinen einfachen Restaurants ist oft um vieles schmackhafter als die dreimal so teuere im-Hotel.

FEIERTAGE

DER ISLAMISCHE KALENDER

Ein **„Hidjri"** entspricht einem Jahr christlicher Zeitrechnung minus 10–11 Tage je nach Mondaufgang, 100 Hidjri entsprechen ungefähr 97 Jahren christlicher Zeitrechnung.

Der **1. Hidjri** ist das christliche Jahr **622 n. Chr.** (Auszug Mohammeds aus Mekka), dementsprechend ist 1999 ungefähr das islamische Jahr 1420/21.

Die Schwierigkeit der genauen Übertragung resultiert aus der Mondorientierung des islamischen Kalenders; jedes neue islamische Datum beginnt abends nach Sonnenuntergang und jeder neue islamische Monat mit dem Mondaufgang.

Wochentage

Sonntag = *nhar el had*
Montag = *nhar et tnin*
Dienstag = *nhar el tlata*
Mittwoch = *nhar el arba*
Donnerstag = *nhar el khemis*
Freitag = *el djemaa*
Samstag = *nhar es sebt*

RELIGIÖSE FEIERTAGE

Die religösen Feiertage sind vom islamischen Mondjahr abhängig und verschieben sich jedes Jahr um ca. 11 Tage nach vorne. Da der Tagesbeginn im islamischen Jahr jeweils vom Sonnenuntergang abhängig ist, werden viele Feierlichkeiten und Gebete bereits am Vorabend abgehalten. Da die genauen Termine der Festtage jeweils auch vom Sonnenuntergang und -aufgang abhängig sind, dieser natürlich in Mekka früher als in Marokko erfolgt, ist die Wahrscheinlichkeit größer, daß der Feiertag jeweils am hier zweitgenannten Termin beginnt.

Aid es Seghir (Aid al-Fitre)

Das Fest am Ende des Fastenmonats Ramadan findet 2000 am 8./9. 1. und 2001 am 28. bzw. 29. 12. statt .

Aid el Kebir (Aid el Adha)

Das Opferfest (im Volksmund auch Hammelfest) erinnert an die nicht vollzogene Opferung *Ismails* (Isaaks) durch seinen Vater *Ibrahim* (Abraham). Dieses Fest dauert vier Tage bis eine Woche, und überall in der islamischen Welt werden zu diesem Anlaß Hammel geschlachtet.

Das Hammelfest beginnt 2000 voraussichtlich am 18. März und 2001 am 7. März.

Mouloud (Veladet)

Geburtstag Mohammeds; im Islam werden Geburtstage eigentlich nicht gefeiert, aber dieser Tag ist zugleich ein Gedenktag an die Emigration der Muslime von Mekka nach Matrib *(Hiçret)*. Zahlreiche Moussems (vgl. S. 94) finden an diesem Tag bzw. am Vorabend statt - 2000 etwa am 16. Juni.

Achoura (islam. Neujahrstag)

Am 1. Tag des Monats *Muharram;* ursprünglich ein Trauertag zur Erinnerung an den Tod von *Hussain,* Enkel des Propheten, heute eine Mischung aus Kinderkarneval und Neujahr - 2000 (islam. Jahr 1421) am 6./7 April, 2001 (1422) am 26./27.März.

Ramadan

Während der islamischen Fastenzeit im 9. Monat darf von Sonnenaufgang bis Sonnenuntergang weder gegessen noch getrunken werden. Diese Vorschrift legt das öffentliche Leben nahezu lahm, da nachts gegessen und gefeiert wird und tagsüber, soweit möglich, Erholung und Schlaf nachgeholt werden.

1999 beginnt der Ramadan am 9. bzw. 10. Dezember und endet am 8. bzw. 9. Januar; 2000 geht er vom 29./30. November bis zum 28./29. Dezember.

Vor dem Opferfest – unter Lämmern.
„Ein Freund von uns hat in der Indischen Botschaft um Asyl gebeten . ."

Zum Thronfest sind Straßen und Gebäude mit Fahnen geschmückt

Die Pilgerfahrt (Hadj)
Der Tag des Aufbruchs zur Pilgerfahrt nach Mekka fällt 2000 auf den 16./17. April.

STAATSFEIERTAGE

- **1. Januar:** Neujahrsfest
- **3. März:** Fest der Thronbesteigung König Hassans *(Fête du Throne).* Ob sich dieser Feiertag anläßlich des Todes von König Hassan II. ändert und das Fest jetzt zur Thronbesteigung König Mohammeds VI. stattfindet, war zum Redaktionsschluß noch nicht bekannt.
- **1. Mai:** Tag der Arbeit
- **14. Mai:** Jahrestag der Armeegründung
- **9. Juli:** Fest der Jugend *(Fête de la Jeunesse),* am Geburtstag des Königs Hassan II.
- **6. November:** Jahrestag des „Grünen Friedensmarsches“ zum Wiederanschluß der ehemaligen spanischen Sahara *(Anniversaire de la Marche Verte)*
- **18. November:** Unabhängigkeitsfest *(Fête de l’Indépendance)*

Wochenfeiertag und arbeitsfreier Tag ist der Sonntag, freitags sind mittags zur Gebetszeit zahlreiche Ämter zu, aber auch im Suq sind Freitagvormittag und mittwochs zahlreiche Läden geschlossen.

FINANZEN

DEVISENBESTIMMUNGEN

Der marokkanische Dirham ist zwar mittlerweile im **Bankenverkehr konvertierbar,** aber nicht im Bargeldverkehr. Marokkanische Dirham dürfen deshalkb weder ein- noch ausgeführt werden. Nicht verbrauchte Dirhams können bis zu 50% des im Land eingewechselten Betrages gegen Vorlage der Umtauschbelege vor der Ausreise am Flughafen wieder zurückgetauscht werden, allerdings zu einem sehr ungünstigen Kurs – geben Sie Ihr Geld also besser aus!

WÄHRUNG, GELDWECHSEL

Währungseinheit ist der **marokkanische Dirham,** der in 100 Centimes unterteilt ist.

Es gibt Scheine zu 10, 20, 50, 100 und 200 Dirham, Münzen im Wert von 1 und 5 Dirham und zu 5, 10, 20 und 50 Centimes.

Geldwechsel ist möglich bei Banken und in autorisierten Wechselstuben (oft ist Vorlage des Reisepasses erforderlich) und in den meisten Touristenhotels (wo Bankschalter und Wechselstuben untergebracht sind). Zunehmend tauchen „Bankomaten" auf, wo mit Kreditkarte und Pincode Geld abgehoben werden kann, aber noch nicht mit der normalen Eurokarte. Zahlen kann man allerdings in größeren, modernen Läden und Hotels des öfteren **bargeldlos** mit Eurokarte.

Euro- (Höchstsumme 2000 DH) **und Reiseschecks** werden in Städten und größeren Orten eingelöst, wobei fast immer Gebühren anfallen. Je mehr aber der Zahlungsverkehr mit Scheck auch in Europa wegfällt (Ende der Scheckausgabe 2001 mit einführung des Euro), um so weniger werden Schecks in Marokko angenommen. Bereits 1999 wechselten nicht mehr alle Banken Schecks ein.

Kreditkarten (verbreitet sind *Visa, Mastercard, Eurocard,* nicht aber *American Express)* werden in den großen Hotels, in exklusiven Restaurants und in vielen größeren Geschäften angenommen. Abseits der Touristenzentren und Großstädte sind sie kaum von Nutzen (halten Sie stets einen Vorrat an Kleingeld parat für Kleineinkäufe, als Trinkgeld und Almosen und zum Telefonieren).

Wechselkurs (Herbst 1999):
1 DH = 0,18 DM, 1 DM = 5,32 DH
1 DH = 1,53 SFR, 1 SFR = 6,60 DH
1 DH = 1,32 ATS, 1 ATS = 0,76 DH

Öffnungszeiten der Banken: Montag bis Freitag von 8.15–11.30 Uhr und 14.30–16.30 (17) Uhr, freitags von 15- 17 Uhr; in Großstädten sind manche Banken auch Samstag vormittags, in den Hotels häufig auch bis 19 Uhr, gel. auch sonntags geöffnet.

Im Ramadan und in den Sommermonaten Juli und August sind die Geschäftszeiten kürzer: von 8–14 Uhr bzw. 14.30 Uhr. Während der Aid-Feiertage (s. S. 444) haben Banken und Wechselstuben) mehrere Tage zu.

GESUNDHEIT

SCHUTZIMPFUNGEN

Eine Marokkoreise birgt normalerweise keine größeren gesundheitlichen Risiken als eine Reise in ein beliebiges südeuropäisches Land. **Impfungen** sind keine vorgeschrieben.

Unbedingt empfehlenswert ist jedoch eine gültige Impfung gegen **Tetanus** (Wundstarrkrampf) und **Polio** (Kinderlähmung, woran auch Erwachsene erkranken können).

Wer länger unterwegs ist, auch in billigen Garküchen Mahlzeiten zu sich nimmt und in intensiven Kontakt mit der einheimischen Bevölkerung tritt, sollte sich gegen **Hepatitis A** (infektiöse Gelbsucht) impfen lassen oder die Hepatitiskombinationsimpfung (A+B) wählen (Schutz ca. 10 Jahre). Ermessenssache ist auch eine Schluckimpfung gegen Typhus, zumal diese nur eingeschränkte Wirksamkeit hat. Malaria kommt in Marokko nur sehr punktuell und nur in den Sommermonaten vor und dürfte im Falle eines Urlaubs in Touristenzentren und Städten keine Rolle spielen.

VERSICHERUNGSSCHUTZ

Das Sozialversicherungsabkommen zwischen Deutschland und Marokko schließt keine Kostenerstattung im Falle einer Krankheit während des Urlaubs ein.

Die staatlichen Krankenhäuser und Gesundheitszentren in Marokko bieten ihre **Grundleistungen auch für Ausländer kostenlos** an. Sonderleistungen, Behandlungen in Privatkliniken und private Konsultationen müssen selbst bezahlt werden.

Um Problemen aus dem Weg zu gehen, empfiehlt sich - zumindest bei längerem Aufenthalt oder gefährdeteren Personen - der Abschluß einer privaten **Auslands-Kranken- und Unfallversicherung,** die notfalls auch Krankenrücktransporte übernimmt.

MEDIZINISCHE VERSORGUNG IM LAND

Zumindest in den Städten und Fremdenverkehrsorten ist eine gute ärztliche Versorgung gewährleistet. Größere Hotels verfügen gelegentlich über einen eigenen Medizinischen Dienst. In den Ferienorten nennen Ihnen Hotelrezeptionen und Fremdenverkehrsämter die jeweils diensthabenden und evtl. auch englisch- oder sogar deutschsprachigen Ärzte. In den Städten gibt es **staatliche Krankenhäuser** *(hôpital)* und **private Kliniken** *(clinique),* in kleineren Orten oft nur Polikliniken, einfache Ambulatorien *(dispensaire)* oder mobile Stationen. Adressen finden Sie jeweils unter den Städtekapiteln im Buch.

Apotheken *(pharmacie)* führen neben einheimischen auch ausländische (vor allem französische, Schweizer und deutsche) Medikamente, die meist rezeptfrei und billiger als bei uns zu haben sind. In jedem größeren Ort gibt es Bereitschaftsapotheken, *(pharmacie de Nuit),* die auch nachts und an Sonn- und Feiertagen geöffnet sind.

ERKRANKUNGEN UNTERWEGS

Folgende Abschnitte stellen nur eine knappe Anleitung zur Selbsthilfe dar. Bei ernsthaften oder nicht abklingenden Symptomen sollte unbedingt ärztliche Hilfe in Anspruch genommen werden.

Magen-/ Darmstörungen

Sie zählen zu den häufigsten Problemen unterwegs. Ursachen können der Klimawechsel sein, ungewohnte Kost (fettige, ölige, scharf gewürzte Speisen), zu kalte Getränke, meist aber Infektionen durch Bakterien in Speisen, Speiseeis oder Getränken. Zwar gilt das Leitungswasser in den Hotels offiziell meist als risikolos; zu Trinkzwecken empfiehlt sich jedoch das in Flaschen erhältliche Mineralwasser. Im Lokal auf original verschlossene Flaschen achten!

Beschwerden unterwegs lassen sich vermeiden, wenn man folgende **Ratschläge** beachtet: keine Salate in Garküchen essen; Obst unbedingt waschen, noch besser schälen; keine Rohmilchprodukte; kein rohes Fleisch; stark durchgebratene oder gekochte Speisen zu sich nehmen.

Leichte Verdauungsstörungen - der „Touristen-Durchfall" - lassen sich durch kurzfristige Nulldiät bzw. eingeschränkte Nahrungaufnahme (ungezuckerter Tee mit Zwieback) beheben. Oft genügt eine Ruhigstellung des Darmes für ein bis zwei Tage, um ihm Zeit zu geben, selbst mit der Infektion fertigzuwerden. Bei hartnäkkigen Fällen hilft der Arzt oder notfalls die Einnahme von Mitteln wie *Imodium* oder *Reasec.*

Fleisch nur durchgebraten verzehren

Durchfall – wie auch starkes Schwitzen – haben neben dem hohen Flüssigkeitsverlust stets eine Störung des Mineralstoffhaushalts und eine dadurch bedingte „Schlappheit" zur Folge. Durch die reichliche Zufuhr einer Trinklösung aus Wasser oder Tee und z. B. *Elotrans*, *Oralpädon* oder *GEM* (Glucose-Elektrolyt-Mischung nach Rezeptur der WHO) kann man den gestörten Elektrolythaushalt wieder normalisieren. Nach Abklingen der Beschwerden sollte die Magenbelastung langsam gesteigert werden.

Probleme durch Sonneneinwirkung

Vermeidung von **Sonnenbrand:** Bräunung ohne Rötung erreicht man durch langsame Gewöhnung an die Sonneneinstrahlung, wohldosierte Sonnenbäder (auch im Schatten bräunt man!) und eine Sonnenschutzcreme mit hohem Lichtschutzfaktor. Meiden Sie die Mittagshitze. Körperbedeckende Kleidung und eine Kopfbedeckung sind der beste Schutz. Kommt es trotzdem zum Sonnenbrand, lindert eine Brandsalbe den Schmerz. Bei hohen Temperaturen ist es wichtig, viel zu trinken (alkoholfrei versteht sich!) und salzreich zu essen.

Sonnenstich (Kopfschmerz, Blutandrang im Kopf, Übelkeit, Erbrechen bis zur Bewußtlosigkeit) ist eine Folge direkter, starker Sonnenbestrahlung des ungeschützten Kopfes oder Nackens.

Hitzschlag (ähnliche Symptome wie beim Sonnenstich, auch Schweißausbruch, Atmungsschwierigkeiten) entsteht meist durch Wärmestau (ungeeignete Kleidung).

Behandlung in beiden Fällen: den Kranken an einem kühleren Ort in den Schatten legen, Kopf hochlagern, beengende Kleidung lockern, Kühlung z. B. mit kalten Umschlägen. Viel Flüssigkeitszufuhr, Ruhe, auch noch nach Abklingen der Beschwerden.

Bilharziose

Die Krankheit wird durch winzige Würmer übertragen, die beim Baden oder Waten in befallenen Gewässern durch die Haut eindringen. Die Eiablage der Würmer erfolgt in Blase und Darm und hat starke (bei Nichtbehandlung tödliche) Folgen. **Vorsicht** ist in Marokko v. a. im Falle stehender Wassertümpel, bei Bewässerungskanälen in den Oasen südlich des Atlas und auch im Drâafluß geboten! die Würmer können sich nur bei warmen Temperaturen halten, deshalb gibt es diese Krankheit nicht in den Gebirgsregionen des Atlas. In Bergseen und Gebirgsbächen kann man problemlos baden!

Diverses

Haut-/Augenschutz: Sonne und Wind trocknen die Haut aus; eine Fettcreme und ein Fettstift für die Lippen gehören ins Gepäck. Eine gute Sonnenbrille schützt die Augen vor grellem Licht und Staub.

Insektenschutz: Hautsprays oder Lotions (z. B. *Autan, Toxial, Zedan);* Insektensprays halten Stechmücken fern bzw. bringen sie um; Insektensalbe (in Marokko *Mousticrème)* oder -stift (z.B. *Soventol* oder *Fenistil*) verhindern Schwellungen und lindern den Juckreiz, wenn die Biester trotzdem gestochen haben.

Schlangenbisse/Skorpionstiche: Besten Schutz bietet festes Schuhwerk. Tragen Sie in unwegsamem Gelände keinesfalls Sandalen! Ein Skorpionstich ist schmerzhaft, für gesunde Menschen aber im allgemeinen nicht tödlich. Nach einem evtl. Schlangenbiß – längst nicht alle Arten sind giftig – merken Sie sich trotz Schock, wie das Tier aussah; nur so kann evtl. das richtige Gegenserum gespritzt werden. Grundsätzlich gilt: so schnell wie möglich ärztliche Hilfe herbeiführen, keinesfalls die Wunde ausschneiden oder aussaugen. Ist ärztliche Hilfe innerhalb weniger Stunden erreichbar, kann die Giftausbreitung in der betroffenen Extremität durch Bandagieren verlangsamt werden. Das Abbinden kann durch die Unterbrechung der Durchblutung zum Absterben der Extremität führen und ist nicht sinnvoll.

Wenn das jetzt alles etwas furchteinflößend klingt, kann ich Sie trösten: Seit 28 Jahren in Marokko unterwegs, kenne ich niemanden, der dort von einem Skorpion oder einer Schlange gebissen worden wäre. Eine gewisse **Vorsicht** ist **bei Kindern** angebracht: Sie sollten nicht unbeaufsichtigt in der Wildnis spielen, denn unter dem einen oder anderen Stein mag ein Skorpion sitzen, vielleicht sonnt sich auch auf einem Felsen ganz unscheinbar eine Schlange oder zieht in der Nähe einer Wasserstelle ihre Bahnen.

Ansteckungsgefahr mit **Aids** (franz. „SIDA") besteht, wie bekannt, hauptsächlich beim ungeschützten Geschlechtsverkehr. Die AIDS-Quote liegt laut offiziellen Daten jedoch bei nur 0,03%, bei Prostituierten und Homosexuellen jedoch deutlich höher. Besser ist Zurückhaltung. Wer es trotzdem nicht lassen kann: Vorsicht und Kondome!

INFORMATIONS-STELLEN

DIPLOMATISCHE VERTRETUNGEN

In Deutschland:

- **Königlich Marokkanische Botschaft**
  z. Zt. noch (Umzug n.Berlin 2000)
  Gotenstr.7–9, D-53175 Bonn
  Tel. 02 28/ 36 79 50 Fax 35 78 94
  Sprechzeit: Mo–Fr von 9–15 Uhr
  Es gibt noch Honorarkonsulate in Düsseldorf, Frankfurt und Hamburg, die aber für Touristen nicht von Belang sind.

In Österreich:

- **Botschaft des Königreichs Marokko**
  Untere Donaustr. 13–15,
  A-1020 Wien,
  Tel. 01/2 14 25 68
  Fax 01/2 16 79 48

In der Schweiz:

- **Botschaft des Königreichs Marokko**
  Helvetiastr. 42,
  CH-3005 Bern
  Tel. 031/3 51 03 62,
  Fax -3 51 03 64
- **Botschaft des Königreichs Marokko**
  Chemin Francois Lehmann
  CH-1218 Grand Saconneux/Genève, Tel. 022/7 98 15 35/36
  Fax 022/7 98 47 02

In Marokko:

Deutsche Vertretungen:

- **Botschaft der Bundesrepublik Deutschland**
  7, Zankat Madnine,
  B.P. 235, Rabat
  Tel. 00212/7/70 96 62/97/85
  Fax 00212/7/70 68 51
- **Rechts- und Konsularabteilung der Botschaft** (Visastelle)
  12, Av. Mehdi Ben Barka, Rabat
  Tel. 00217/7/65 36 05
  Fax 00217/7/65 36 49
- **Generalkonsulat**
  42, Av. des F.A.R., B.P. 13165
  Casablanca
  Tel. 00212/2/31 48 72, 31 48 74,
  Fax 00212/2/31 20 47
- **Vizekonsulat** (Außenstelle des Generalkonsulats in Casablanca)
  5, Rue Cavendish (Quartier California), B.P. 195, Tanger
  Tel. 00212/9/93 87 00
  Fax 00212/9/33 08 16

Österreichische Vertretungen:

- **Botschaft**
  2, Rue Tiddas, Rabat
  Tel. 00212/7/76 40 03
  Fax 00212/7/76 54 25
- **Konsulat**
  45, Av. Hassan II., Casablanca
  Tel. 00212/2/26 69 04
  Fax 00212/2/22 10 83

Schweizer Vertretungen:

- **Botschaft**
  Square de Berkane, B.P. 169, Rabat
  Tel. 00212/7/70 75 12, 70 57 48,
  Fax 00212/70 57 49
- **Konsulat**
  79, Av. Hassan II., B.P. 13 00 5
  Casablanca
  Tel. 00212/2/26 02 11/20 58 56-57
  Fax 00212/2/2 05 48 55

FREMDENVERKEHRSÄMTER

Deutschland:

- **Staatliches Marokkanisches Fremdenverkehrsamt (ONMT)**
  Graf-Adolf-Str.59, 40210 Düsseldorf
  Tel. 02 11/37 05 51/52
  Fax 02 11/3740 48

Schweiz:

- **Staatliches Marokkanisches Fremdenverkehrsamt (ONMT)**
  Schiffslände 5, CH-8001 Zürich
  Tel. 01/2 52 77 52
  Fax 01/2 51 10 44

Österreich:

- Das Fremdenverkehrsamt in Wien wurde geschlossen, jetzt verschickt die Botschaft Informationsmaterial.

Marokko:

Die Hauptniederlassung des Fremdenverkehrsamtes und Vertretung des Tourismusministeriums befindet sich in Rabat. Die Auskünfte sind auch nicht wesentlich besser als in anderen marokkanischen Städten. Sie erhalten dort dieselben Prospekte wie in Deutschland.

- **Office National Marocain du Tourisme (ONMT)**
  31, Angle rue Oued Fès - Av. Al Abtal, Rabat-Agdal, Tel. 00212/7/68 15 31/32/33, Fax 77 74 37

Weitere Niederlassungen marokkanischer Fremdenverkehrsbüros finden Sie im Reiseteil bei den einzelnen Städten unter „Praktische Informationen".

NÜTZLICHE INTERNETADRESSEN:

- **www.marokko.com**
  Deutschsprachige Internetseiten mit Tourismusinfos, Schwarzem Brett, links zur Alalakwayan-Universität in Ifrane, zu marokkanischen Zeitungen etc..
- **www.tourism-in-morocco.com.**
  Sehr ausführlich mit aktuellen Reiseberichten und vielen links.
- **ourworld.compuserve.com:80/homepages/jey/morocco.htm**

Außerdem findet man unter dem Stichwort Marokko bei der Suche im Internet zahlreiche weiter interessante Internetadressen und viele private homepages mit Reiseberichten und Infos zu Marokko.

VEREINE

- **ADAC Camping- und Urlaubsservice**
  Am Westpark 8, D-81373 München
  Info-Tel. 018 05 10 11 12
  Fax 018 05 30 29 28
  http://www.adac.de
  e-mail mss@adac.de
  Hier erhalten ADAC-Mitglieder eine Informationsmappe (Touren-Set) mit Info-Blättern über Einreise-, Verkehrsbestimmungen etc., zur Planung hilfreiches Kartenmaterial mit einem Kurzführer über das Land.

Ferner gibt es zahlreiche **Vereine**, die dem **Informationsaustausch** zwischen Reisenden dienen oder sich zum Ziel gesetzt haben, **Völkerverständigung** oder **interkulturellen Austausch** zu betreiben:

- **DMF Deutsch-Marokkanischer Freundeskreis e.V.**
  Postfach 10 19 08, 40010 Düsseldorf, Tel. 02 11/32 24 52,
  Fax 02 11/32 25 10
  http://www.marokko.com
  e-mail dmnetz@dmnetz.com
- **DMG Deutsch-Marokkanische Gesellschaft e.V.**
  c/o Institut für Entwicklungsforschung, Universitätsstr. 150, D-44801 Bochum, Tel. 02 34/7 00-24 18, Fax 02 34/70 94-2 94
  Beide Gesellschaften veröffentlichen Inforundschreiben und orga-

nisieren Sprachkurse und Treffen, wobei sich die Aktivitäten des *DMF* mehr auf den Bereich Nordrhein-Westfalen konzentrieren. Die Internetseiten sind jedoch sehr ausführlich und bieten auch ein Schwarzes Brett für Anfragen.

POST / TELEFON

POST

Postämter gibt es in allen größeren Orten. Sie sind leicht zu erkennen an der Aufschrift „P.T.T." *(Poste, Téléphone, Télégraph).*

Öffnungszeiten sind Montag bis Freitag durchgehend von 8.30–18 Uhr; kleinere Ämter schließen mittags zwischen 12 und 15 Uhr. Im Urlaubsmonat August schließen viele Postämter schon um 14 Uhr, in großen Städten gibt es manchmal einen Spätschalter.

Briefmarken gibt es meist auch in Tabak- und Schreibwarenläden, in denen Postkarten verkauft werden. Sowohl eine Postkarte als auch ein Brief bis 20 g nach Deutschland müssen bei Luftpost mit 5 DH frankiert werden.

Die **Laufzeit** für Briefe und Karten in die Heimat bewegt sich zwischen einer (Agadir) und drei Wochen.

TELEFONIEREN

Am einfachsten ist es, von sog. **Teleboutiquen** aus zu telefonieren (auch faxen). Hier werden Scheine in 5 DH-Münzen getauscht, bei Problemen wird weitergeholfen. Die Grundgebühr für internationale Gespräche beträgt ca. 40 DH für drei Minuten. Die Teleboutiquen sind an ihren blauen Schildern deutlich erkennbar und in aller Regel von 8–22.30 Uhr geöffnet. Natürlich besteht auch die Möglichkeit, **von öffentlichen Telefonzellen** zu telefonieren, vorausgesetzt, Sie haben ausreichend 1 und 5 DH-Stücke einstecken und bringen die Geduld auf, evtl. Wartezeiten in Kauf zu nehmen. In vielen Städten gibt es auch **Kartentelefone.** Telefonkarten sind mit 80 Einheiten für 110 DH zu haben und auch mit 50 und 70 Einheiten. Das Problem besteht darin, daß z. B. Betreiber von Teleboutiquen ihre eigenen Telefonkarten herausgeben, die auch auf der Straße verkauft werden, aber für die Telefonzelle um die Ecke nicht gültig sind.

Von den Postämtern kann man ebenfalls telefonieren, allerdings ist es umständlicher und oft mit Wartezeit verbunden. Meist existiert ein getrennter Eingang neben dem Haupteingang zu den Postschaltern.

In vielen Hotels besteht die Möglichkeit, Briefe aufzugeben, Faxe abzuschicken und Telefongespräche zu führen – allerdings zu wesentlich höheren Preisen.

Die **Vorwahl** für Gespräche von Marokko nach Deutschland ist 0049, (Schweiz 0041, Österreich 0043); im Anschluß daran kommt die Ortsvorwahl ohne die „0" (z. B. für München 89 statt 089) und schließlich die eigentliche Rufnummer.

Für Telefonate von Deutschland (Österreich, Schweiz) nach Marokko lautet die Vorwahl 00212; anschließend ist die Ortsvorwahl ohne die „0" (für Agadir 8 statt 08, für Marrakesch 4) und schließlich die eigentliche Rufnummer zu wählen.

ÖFFNUNGSZEITEN

In Marokko gilt **kein Ladenschlußgesetz,** das die Geschäftszeiten rigide vorschreibt; folglich können hier nur Öffnungszeiten genannt werden, die am ehesten für alle Geschäfte gelten, keineswegs aber verbindlich sind:

- **Geschäfte:**
  Mo bis Sa 9.30–13 und 15–19 Uhr
- **Ämter und Behörden:**
  Mo bis Do 8.30–12 Uhr und 14.30– 18.30 Uhr, Fr 8–11.30 Uhr und 15.30– 18.30 Uhr
- **Postämter** s. S. 389
- **Museen:**
  täglich außer Di von 9–12 und 14–17.30 bzw. 18 Uhr (Eintritt generell 10 DH)
- **Suq in Großstädten:**
  täglich geöffnet bis in die Abendstunden, wobei mittags manche Geschäfte und Freitag vormittags wegen des Moscheebesuchs sehr viele Geschäfte geschlossen haben.

Im Fastenmonat Ramadan und in der Woche nach dem Opferfest *(Aid el Kebir)* sind die Öffnungszeiten sehr eingeschränkt (meist nur vormittags bzw. nach Lust und Laune).

REISEN IM LAND

Dem Urlauber stehen vielerlei Transportmittel zur Verfügung, um auf eigene Faust die Umgebung seines Ferienortes zu erkunden (Hinweise bei den jeweiligen Ortsbeschreibungen). Für den Nahbereich eignet sich z. B. das **Fahrrad** (Verleih – gelegentlich auch von **Motorrädern und Vespas** – in den Hotelzonen); in vielen Touristenorten verkehren **Pferdekutschen** *(calèches).* Für größere Distanzen bieten sich **Busse, (Sammel-)Taxis** und die **Eisenbahn** an; absolut unabhängig reist man mit **Mietwagen.**
Auch Rundreise- und Ausflugsprogramme sind in diesem Zusammenhang zu erwähnen (vgl. S. 482). Siehe dazu auch jeweils unter den Städten, praktische Informationen – Ausflüge.

BUSSE

Es gibt in Marokko ein staatliches Busunternehmen *(Compagnie de Transport au Maroc Lignes Nationales, CTM)* und eine Reihe privater Buslinien. Auf den Hauptstrecken ist das Reisen mit Bussen problemlos; im Süden wird es zunehmend schwieriger, kleine Nebenstrecken abseits der Hauptrouten werden grundsätzlich kaum bedient.

Busse sind das billigste und populärste Transportmittel, sowohl für Überland- wie für Stadtfahrten. Gedruckte Busfahrpläne von CTM (für die Hauptstrecken) sind mit Glück am Busbahnhof *(gare routière)* erhältlich, wo man auch Auskünfte erhält, ebenso in Touristen-Informationsbüros und an Hotelrezeptionen. Der Fahrplan von CTM wird jährlich, der der privaten Linien alle zwei Monate gewechselt, so daß die angegebenen Abfahrtszeiten im Reiseteil nur als Richtlinie gelten können. Die Busse von CTM und SATAS sind in gutem Zustand, der Service ist sehr gut. Die Preise sind insgesamt niedrig, variieren natürlich nach Entfernung, Bustyp und -gesellschaft, 1. oder 2. Klasse. Die Langstreckenbusse von CTM

Geschäftsschild einer Motorradwerkstätte im Süden

(Moumtaz) sind mit Klimaanlage und Video ausgestattet.

TAXIS

In den Städten ist das **Petit Taxi,** das höchstens drei Passagiere befördern darf, die einfachste, schnellste und - für unsere Preisbegriffe - auch eine erschwingliche Transportart. Diese Taxis sind durch eine einheitliche grelle Farbe zu erkennen (oft gelb, blau oder rot). Ungefähre Preise kann man im Touristenbüro erfragen, um eine Verhandlungsgrundlage zu haben (Stadtfahrt ca. 10–15 DH, nachts 50% mehr).

Zu und von den Flughäfen fahren nur **Grand Taxis,** die wesentlich teurer sind. Sie führen auch Stadt- und Ausflugsfahrten durch; in diesem Fall ist der Preis vor Fahrtantritt zu vereinbaren (Tagesmiete bis 1200 DH). Bei den Grand Taxis (Überland- bzw. Sammeltaxis) handelt es sich meist um Peugeot-Combis oder Mercedes-Limousinen, die sechs bis acht Personen fassen. Sie halten bei den großen Taxistandplätzen, Marktplätzen und Busbahnhöfen. Abgefahren wird in der Regel erst dann, wenn das Taxi vollbesetzt ist; der Preis wird von den Fahrtteilnehmern gemeinsam getragen bzw. fest pro Person und Strecke erhoben. Wer nicht beengt sitzen will, zahlt einfach einen Platz zusätzlich, der dann frei bleibt.

Erwähnt seien noch die **Pick-Ups** *(camionettes)* und **Berber-Trucks** *(camions),* auf denen man gegen (ausgehandelte) Bezahlung auf der Pritsche mitfahren kann. Die günstigste Gelegenheit, zuzusteigen, bietet sich auf dem örtlichen Markt.

EISENBAHN

Die Eisenbahn in Marokko ist pünktlich, bequem, preiswert und zuverlässig. Zwischen Casablanca und Rabat verkehren stündlich Schnellzüge. Allerdings existiert ein Schienennetz nur bis Marrakesch, so daß allenfalls eine Anfahrt bis dahin geht. Der Ausbau ist zwar bis Agadir und in die Westsahara geplant, doch bis wann mit einer Realisierung dieses Vorhabens zu rechnen ist, weiß allein Allah.... Zwischen Marrakesch und Agadir und weiter in den Süden verkehren allerdings Busse der bahneigenen Linie Supratours, die schnell und zuverlässig die Strecke befahren. Büros der Supratoursagenturen liegen in der Nähe der Busbahnhöfe (s.a. bei den Städten unter Busse). Der Fahrplan der Eisenbahnen und weitere Informationen zum marokkanischen Eisenbahnnetz ist unter www.oncf.org.ma im Internet abrufbar.

MIETWAGEN

In Marokko gibt es sehr **viele Autovermietungen** *(Avis, Europcar, Hertz,* usw.), die in der Regel nie ausgebucht sind. Die Palette der angebotenen Fahrzeuge reicht vom Kleinwagen (v.a. Renault und Fiat-Modelle) bis zum Kleinbus (Mitsubishi) und Geländewagen (Landrover, Opel Feroza, Suzuki).

Wenn Sie versiert im Handeln sind, können Sie vor Ort bei kleinen Vermietern günstigere Tarife als von Deutschland aus erzielen. Bei der Preiskalkulation zu beachten ist aller-

Marokkanische Eisenbahn – das zuverlässigste und schnellste Transportmittel

dings, daß bei manchen marokkanischen Vermietern die Autos in katastrophalem Zustand sind und bei den Angeboten in Deutschland unbeschränkte Km-Zahl sowie Steuer (in Marokko 19% des Mietpreises) und Versicherung (in Marokko je nach Fahrzeugtyp von 50–100 DH) enthalten sind, außerdem keine Kaution hinterlegt werden muß. In Marokko können Sie wählen zwischen Tagespreisen und Wochenpauschalen; handeln ist immer möglich.

Voraussetzungen zur Miete eines Fahrzeugs sind: Alter von 21 Jahren (manchmal sogar 25, kleine Vermieter halten sich aber selten daran), ein Jahr im Besitz eines Führerscheins, Hinterlegung einer Kaution von 2500–3500 DH (bei Zahlung mit Kreditkarte Blankounterschrift).

Tip: Checken Sie das Mietauto gut durch, schon aus eigenem Sicherheitsinteresse (Bremsen, Licht, Reifen, Bordwerkzeug) und auch, um evtl. Forderungen des Vermieters bei Zurückgabe des Fahrzeugs zu vermeiden (wenn es etwa heißt, Sie hätten die Beule im Kotflügel zu verantworten, die aber tatsächlich schon fünf Jahre alt ist...).

Weitere Informationen und Adressen der Anbieter (auch Verleih von Motorrädern und Mopeds) finden sich bei den „Praktischen Informationen" zu den einzelnen Städten.

STRASSENNETZ

Marokko verfügt über das dichteste Teerstraßennetz Nordafrikas. Der Belag läßt auf den Nebenstrecken häufig zu wünschen übrig (bedingt v. a. durch Wetterschäden wie Frost, Hitze und Erdrutsche), die Hauptstraßen aber (*routes principales* – in den Landkarten mit „P" und Nummer gekennzeichnet) sind in sehr gutem Zustand. **Vorsicht** vor Fußgängern, Eselskarren, Fahrrad- und Mopedfahrern, v. a. nachts!

Guter Rat ist teuer

Pistenfahrten sind (abgesehen von den im Buch genannten Strecken) nur mit Allradfahrzeug und der entsprechenden Ausrüstung und Erfahrung durchzuführen.

VERKEHRSREGELN

Es herrscht **Rechtsverkehr;** Vorfahrt hat, wer von rechts kommt.

Geschwindigkeitsbeschränkungen: 100 km/h außerhalb von Ortschaften (auch Autobahnen), in Ortschaften 40 km/h, beim Überholen von Militärkolonnen 30 km/h. Anschnallpflicht besteht, wenn das Auto über Gurte verfügt. Es herrscht absolutes **Alkoholverbot!** Rotweiße Streifen am Randstein zeigen ein Halteverbot an.

TREIBSTOFFVERSORGUNG

Es gibt ein dichtes Tankstellennetz in Städten und entlang der Hauptstraßen. Auch bleifreies Benzin ist mittlerweile in allen größeren Orten erhältlich. Auf Nebenstraßen in dünn besiedelten Gebieten sollte man vorsichtshalber einen Ersatzkanister mit sich führen bzw. in größeren Orten auftanken.

Kraftstoffpreise (pro Liter):
- Normal *(ordinaire)* 6,85 DH
- Super *(supercarburant)* 7,49 DH
- Diesel (gasoil) 4,35 DH
- Bleifrei *(sans plomb)* 7,60 DH

SONSTIGES WISSENSWERTES

ELEKTRIZITÄT

Die Netzspannung beträgt 220 V, kaum noch 110 V. Da unsere Gerätestecker nicht immer in die marokkanischen Steckdosen passen, wird die Mitnahme eines französischen bzw. Euro-Zwischensteckers empfohlen (im Fachhandel erhältlich).

FREMDENFÜHRER

Der Ärger mit (inoffiziellen) Fremdenführern und die Belästigung durch aufdringliche Kinder, Jugendliche und/oder „Mopedguides“ haben in der Vergangenheit wesentlich zu dem touristischen Negativimage Marokkos beigetragen. Kampagnen in Fernsehen und Rundfunk sowie verstärkte Polizeikontrollen haben zumindest in den Großstädten die Situation wesentlich verbessert. Selbst in Marrakesch kann man mittlerweile unbeschwert bummeln. Anders verhält sich die Situation in den kleinen Oasen im Süden, wo man auf Schritt und Tritt von Kindern, Jugendlichen oder Geschäftemachern angesprochen wird, denn jeder will am Touristen verdienen (s. auch Eingangskapitel „Als Gast in Marokko“ ab S. 11).

Nehmen Sie sich bei Bedarf (wenn Sie sich in orientalischen Ländern unsicher fühlen oder kein Französisch sprechen), d. h. wenn Sie auf eigene Faust etwas unternehmen wollen – in der Reisegruppe werden Sie mit einem zuverlässigen Führer versorgt –, **einen autorisierten offiziellen Führer;** diese sind vor großen Hotels anzutreffen, bei den örtlichen Fremdenverkehrsbüros *(Syndicat d'Initiative)* und bei den Vertretungen des Staatlichen Fremdenverkehrsamtes ONMT. Hier gibt man auch Auskünfte über die offiziellen Tarife (ca. 100 DH pro ½ Tag zzgl. Trinkgeld). Diese Preise gelten pro Führung, unabhängig davon, wie viele Personen daran teilnehmen.

Zu erkennen sind die offiziellen Führer an ihrer Messingplakette, an dem vom Tourismusministerium ausgestellten Ausweis und an der Dienstkleidung (Djellabah oder dunkler Anzug). Sagen Sie vor Beginn Ihrer Tour deutlich, was Sie sehen wollen und was nicht (z. B. Souvenir-/Teppichgeschäfte!). Wobei zu bedenken ist, daß auch staatliche Führer in keinem festen Anstellungsverhältnis stehen, also im Falle eines schleppenden Geschäftsgangs oder nach Krankheit für den Verdienstausfall nicht entschädigt werden und deswegen auf die Provision des Teppichhändlers oder Restaurantbesitzers angewiesen sind.

TRINKGELD

Eine wichtige Sache, wenn man das meist geringe Einkommen der Einheimischen berücksichtigt. Zimmermädchen und Tischkellner im Hotel sollten nicht erst bei der Abreise bedacht werden; ein Trinkgeld vorweg bzw. zwischendurch hebt die Stimmung und verbessert den Service.

Im Restaurant sind je nach Service ca. 5–10% angemessen, bei Bar- und Taxipreisen rundet man auf. Auch Fahrer von Ausflugsbussen und örtliche Reiseleiter erwarten ein Trinkgeld.

UHRZEIT

Bezogen auf die mitteleuropäische Zeit (MEZ) geht Marokkos Uhr eine Stunde zurück, während der europäischen Sommerzeit MESZ zwei Stunden.

ZEITUNGEN, RADIO & FERNSEHEN

Deutschsprachige Zeitungen und Illustrierte sind (etwas verspätet) in den großen Hotels der Touristenzentren und an Kiosken der Ferienorte und Großstädte zu kaufen, dort meist nur in der Hauptstraße, die fast immer *Mohammed V.* oder *Hassan II.* heißt.

Die **Deutsche Welle** ist recht gut zu empfangen (ab 19 Uhr, 49 m-Band bei 6075 kHz), manchmal auch *Bayern 3* und *Bayern 1* auf dem 49 m-Band bei 6085 kHz. Von den Kanarischen Inseln tönt vormittags ein privater deutscher Schnulzensender bis auf das marokkanische Festland herüber. Das beste Programm bietet wohl **BBC-World-Service** (in Englisch) mit aktuellen Nachrichten- und guten Musiksendungen. Voraussetzung zum Empfang der genannten Programme ist ein gutes Kurzwellenradio.

In den Touristenhotels verfügen die Zimmer über einen Fernseher, in kleineren Hotels ist oft ein **Fernsehraum** eingerichtet. Meist ist auch Satelliten-Empfang (deutscher, italienischer und französischer Programme) möglich.

SOUVENIRS

Die größte Auswahl und die günstigsten Preise für Souvenirs findet man **auf dem Suq.**

In typischen Souvenirgeschäften ist die (teure) Auswahl meist nur auf den Touristen abgestimmt, und alltägliche Gebrauchsgegenstände sind dort in der Regel nicht zu bekommen.

Sehr reizvoll sind die kleinen Märkte auf dem Lande. Hier bekommen Sie oft sehr hübsche Töpferwaren und Dinge des täglichen Gebrauchs, und das „Drumherum" ist noch wesentlich ursprünglicher als in den Großstadtsuqs. In den Städten wiederum besteht eine Aufteilung nach Handwerkervierteln und auch die Möglichkeit, die Handwerker bei Ihrer Arbeit zu beobachten. Sollten Sie zudem Spaß am **Feilschen** haben, so können Sie das vor allem in den Großstadtsuqs stundenlang betreiben und vielleicht – das nötige Geschick vorausgesetzt – auch erfolgreich.

Ein Preisnachlaß von **50%** sollte herausspringen, in manchen Touristenorten sind angesichts der unverschämt hohen Summen, die die Händler nennen, 75% angebracht. Wenn Sie ohne Führer kommen, ist die Chance, einen guten Preis zu erzielen, noch größer, weil dessen Provision entfällt. Jedoch sind manche Führer durchaus behilflich, den Preis nach unten zu handeln.

Feste Werte kann man nur für silbernen Berberschmuck und auch Goldschmuck angeben; hier sind die Preise relativ konstant, es wird meist nach Gramm abgerechnet (Silberpreise ca. 4 DH/g bei neuen Stücken, 5 DH/g bei alten Stücken, bei wertvollen alten Stücken bis zu 35 DH das Gramm.

Für meisterhaftes Feilschen gilt eigentlich nur eine **Anstandsregel:** Ist der Händler (endlich) bereit, auf den von Ihnen gewünschten Preis einzugehen, wäre es mehr als unhöflich und unangebracht, die Ware nicht zu kaufen und so die eigentlich ernsthafte Angelegenheit als amüsantes Spielchen für den reichen Europäer erscheinen zu lassen! Beginnen Sie also erst gar keinen Handel, wenn Sie nicht die Absicht haben, den Gegenstand auch wirklich zu erwerben. Manchmal wird man zwar fast zum Handeln gezwungen, aber meist kann man deutlich machen, daß nicht das geringste Interesse besteht, etwas zu kaufen. Sollte der Händler trotzdem nicht lockerlassen, nennt man einen so idiotisch niedrigen Preis, daß ihm schnell die Lust zum Handeln vergeht, oder bietet irgendeinen wertlosen Gegenstand zum Tausch an.

Wenn Sie mit einem offiziellen oder auch inoffiziellen Führer unterwegs sind, werden Sie zwangsläufig durch diverse Geschäfte geschleift – die sogenannte *tour de magasin*. Auch

Gewürzstände auf dem Wochenmarkt in Agdez

wenn Sie unmißverständlich klar machen, daß Sie das nicht wollen, wird Ihr Führer immer wieder von neuem versuchen, Sie zu einem Geschäftsbesuch zu überreden, denn an jedem verkauften Stück verdient der Führer mit, auch bei Restaurantbesuchen auf Empfehlung Ihres Führers verhält es sich so. Besser ist es, gleich anzugeben, welche Art von Geschäften man sehen will und welche nicht. Ein Besuch z. B. in einer Weberei, Teppichmanufaktur oder Töpferei ist auf jeden Fall lohnenswert, auch wenn man nicht die Absicht hat, etwas zu kaufen.

Sollten Sie am Handeln keinen Spaß finden oder Angst haben, zu teuer einzukaufen, dann suchen Sie die staatlichen Läden *Maisons de l'Artisanat* oder *Co-Operatim* auf, die es in allen großen Städten gibt (Adressen beim Fremdenverkehrsamt erfragen oder auf Hinweisschilder in den Orten achten). Hier können Sie zu Festpreisen kaufen und bekommen die Waren auf Wunsch sogar nach Hause geschickt.

LEDERWAREN

Die Lederbearbeitung in Marokko beruht auf **jahrhundertealter Tradition,** die Produkte fanden schon früh in Europa Absatz (Lederwarengeschäfte heißen in Frankreich „Maroqinerie"!).

In der Gegend von *Tétouan* und im *Rif* sind die großen braunen und beigefarbenen Ledertaschen der Hirten und Nomaden mit farbigen Riemen verziert. Die Lederwarenhersteller von *Rabat* verfeinerten diese Technik und benutzten gefärbtes Leder mit gepunzten Ledermustern, um Taschen, Geldbeutel und Gürtel herzustellen. Die Vergolder von *Fès* bringen auf den verschiedensten Lederwaren goldene Ranken, Girlanden, Sterne und Muster an. In Marrakesch verzieren Sticker gelbes, violettes und weißes Leder mit farbiger Seide und verarbeiten es zu wunderschönen Kissen und Taschen. Diese werden dann mit roten oder blauen Riemen versehen. In der Gegend von *Zemmour* werden Sandalen, Gürtel und Taschen mit Filzringen und Silberfäden verziert.

Neben den traditionellen Lederwaren gibt es natürlich auch „moderne", z. B. Taschen und Rucksäcke, z. T. mit Kelimgewebe durchsetzt, Geldbeutel, Bekleidung, Sitzkissen, etc.

MESSING- & KUPFERWAREN

Die Messing- und Kupferbearbeitung ist auch in Marokko, wie in allen arabischen Staaten, sehr verbreitet. Die Gegenstände werden nach jahrhundertealten Mustern mit geometrischen Flechtwerken, Ranken, Blumen und Ornamenten verziert. Tabletts, Wasserkessel, Teekannen, Zuckertöpfe, Mokkaservices, Mörser, Leuchter, Laternen, Becher, Türklopfer und vieles mehr wird dadurch zu wertvollem und wunderschönem Hausrat.

Leider ist gerade dieses Handwerk durch das Vordringen von Plastikgegenständen und billigem Aluminiumhausrat stark gefährdet.

KUNSTSCHMIEDE

Bei den Kunstschmieden wird hauptsächlich Eisen zu Ranken, Bändern, Scheiben und Ornamenten verarbeitet, die Eingangstüren, Leuchter und Blumenvasen, Gartentore, Balkonbrüstungen, Fenster und noch vieles mehr verzieren.

SCHMUCK

Silber- und Goldschmuck ist in den Dörfern der Hochebenen bei den **Berbern** immer noch eine **wertvolle Geldanlage.** Er ist Aussteuer, Brautgeschenk und Prestigeobjekt zugleich, und man trägt ihn dauernd bei sich.

Der Silberschmuck der Berber wird mit Kerben und einfachen Linien dekoriert und zu sehr schweren Armbändern, Kopf- und Gürtelschmuck, Ringen und Anhängern verarbeitet. Vielfach werden die Schmuckstücke **mit Bernstein, Malachit oder Korallen** verziert.

Der Schmuck dient in Form von Amuletten vor allem **zur Abwehr des „bösen Blickes“**. Silber und Kupfer wird eine segensreiche Wirkung zugesprochen, welche noch durch die Form des Schmuckstückes verstärkt werden kann. So sind vor allem Amulette als fünffingrige Hand üblich, welche als „Hand der Fatima“ (nach der Tochter Mohammeds) oder als *chamsa* (arabisch für *fünf)* bezeichnet werden. Diese Amulette sollen ebenfalls böse Geister und Unglück abwehren. Die Fünf wird als magische Zahl angesehen, und schon das Aussprechen der Zahl oder auch nur das Ausstrecken der rechten Hand genügt, um den bösen Blick von sich abzuwenden. Die Fünf bestimmt in zahlreichen Kombinationen das Design der Schmuckstücke, so auch in Form von Kreuzen und Sternen mit fünf Zacken (Doppelkreuz mit gemeinsamem Mittelpunkt) und als Kreuzbalken in Blütenform. Aber auch Dreiecksamulette und Amulette in Form eines stilisierten Auges sind sehr üblich.

Traditionell wird der Schmuck bei den Berbervölkern **von männlichen Schmieden hergestellt,** die je nach Gebiet einen unterschiedlichen Status haben. Da sie magisches Material verarbeiten, werden ihnen häufig auch **magische Kräfte zugesprochen.** Schmiede werden oft als Berater hochgestellter Persönlichkeiten herangezogen, sie werden aber auch wegen dieser magischen Kräfte gefürchtet und deshalb im öffentlichen Leben gemieden. Meist stehen sie **außerhalb der Sozialordnung.** Der Beruf des Schmiedes wird innerhalb der Familie weitervererbt.

Oft übernahmen den Beruf des Schmiedes Zugewanderte, Nachkommen von Negersklaven *(Haratin)* und Juden, welche vor allem in den *Mellahs* der Städte die Mehrheit der Schmiede stellten. Sie verarbeiteten auch den **Goldschmuck,** der vor allem von der arabisierten Bevölkerung der Städte gekauft wurde. Da aber die Juden nach dem Ersten Weltkrieg in großer Zahl das Land verließen, zudem die Edelmetalle für viele Familien unerschwinglich wurden, ist generell ein **Niedergang des Schmuckhandwerks zu beobachten.** Oft wird anstelle von Silber inzwischen Aluminium verwendet, damit viele sich überhaupt noch Schmuck leisten können. Der Goldschmuck wird hauptsächlich in der Stadt zu zierlichen Schmuckstücken verarbeitet. Sie werden mit Smaragden, Türkisen, Perlen und Granaten besetzt und haben einfache, aber trotzdem kunstvolle Muster.

Besonders schön und inzwischen auch sehr wertvoll sind die silbernen, mit Edelsteinen verzierten Dolche und Gewehre der Berber.

Alter Schmuck ist selten geworden. In Agadir und Marrakesch gibt es Antiquitätengeschäfte (s. bei den „Praktischen Informationen“ zu den beiden Städten), die solchen Schmuck im Angebot haben - zu sehr hohen Preisen.

INTARSIENARBEITEN

Dazu wird das Holz von Zeder, Zitronen-, Nußbaum und Thuja verwendet. Für Intarsien in Schmuckkästchen, zierlichen Möbeln, Schränken und Zigarettendosen kommt oftmals auch Perlmutt, Silber und Ebenholz zum Einsatz, um besonders hübsche Farbschattierungen und -nuancen zu erreichen. Die Muster bestehen in erster Linie aus Arabesken, Blumendekors und Linien. Die fertigen Stücke werden auf Hochglanz poliert und spiegeln in goldenen, braunen, beigen, schwarzen Farbtönen, jedes auf seine Art. Besondere Tradition hat die Intarsienarbeit in Essaouira, wo kunstvoll Kästchen, Tische und andere Möbelstücke gefertigt werden.

HOLZSCHNITZEREI

Viele Moscheen, Koranschulen und auch neuere Bauwerke wie das *Mausoleum Mohammed V.* bieten herrliche Beispiele für die Kunstfertigkeit der Holzschnitzer. **Decken und Kuppeln,** Wände und Leuchter sind mit Unmengen von Sternen, Geflechten und Ranken **kunstvoll verziert** (zu besichtigen z. B. im *Palais de la Bahia*

Intarsienarbeiten aus Essaouira

in Marrakesch). Auch an Grabmälern und in *Medersas* (Koranschulen) findet man prachtvolle Holzschnitzereien, ebenso werden Musikinstrumente, Teller, Tabletts, Pfeifen, etc verziert. Den Touristen werden in der Regel nur kleinere Stücke interessieren, aber auch komplette Türen (mit Malereien) und Fensterläden kann man mit Glück im Suq erstehen; wer will und die Transportfrage gelöst hat, kann sich auch eine Wohnzimmereinrichtung anfertigen lassen.

KERAMIK

Die Töpferei des *Abaka-Stammes* ist bekannt für ihre rustikalen Formen und das fahlrote und weiße geometrische Dekor. Rotbraun glasierte Töpfe für *Tajine* und *Cous-Cous* und andere Gerichte bilden das übliche Geschirr der marokkanischen Hausfrau. Kobaltblaue, schwarz umringte Muster auf Email verzieren Schüsseln, Buttertöpfe, Krüge, Schalen und Vasen.

Salé ist auf Ziertöpferei mit farbigem Email spezialisiert, und die grünen Ziegel der Dächer von *Fès, Meknès* und manchen Heiligtums sind ebenfalls aus Ton.

Die **bekanntesten Keramiken stammen aus Fès** (typische blau-weiße Keramik) **und Safi,** aber auch aus der Region Tétouan. Sie sind durchaus mit Keramiken aus Italien und Spanien vergleichbar, oft sogar durch die kunstvolle Bemalung schöner.

Am besten kauft man direkt bei den Töpfern, inzwischen kann man aber auch in den Touristikzentren oft teure, aber sehr schöne Keramiken erstehen, mitunter auch schon in Kunsthandwerksläden in Deutschland.

STICKEREIEN

Stickereien sind vor allem **als Raumschmuck beliebt** – Kissen, Tischdekken, Nischenvorhänge und Wandbehänge werden mit Baumwoll- oder Seidenfaden auf Baumwollstoff gefertigt. Die Stickereien stammen aus dem Norden, wo sich in allen großen Städten (Meknès, Fès, Tétouan, Chefchaouen, Rabat, Salé) ein eigener Stil herausgebildet hat.

Bestickte Kleidungsstücke, z. B. *Djeballahs* oder *Gandouras,* eignen sich hervorragend als Mitbringsel.

TEPPICHE

Sie fehlen in keinem Haushalt. Selbst in den Nomadenzelten der Berber verwendet man sie als Sitzgelegenheit und als Bettdecke in kühlen Nächten.

In den einfacheren Häusern sieht man oftmals nur Rohrmatten, auf die mit Wolle Muster geknüpft wurden. **Kelims,** Webteppiche (bei den Berbern heißen sie *Hambel),* in die neben ornamentalen Mustern häufig auch Figuren gewebt sind, findet man v. a. **bei den Berbern.** Sie kommen aber auch in städtischen Haushalten vor.

Am häufigsten sind **Knüpfteppiche,** die als Boden- oder Wandschmuck dienen.

Die **Teppichornamente sind sehr vielfältig.** Häufig verwendet werden Rautengitter-Muster. Das Dekor besteht aus unverbundenen, in sich geschlossenen Längs- oder Querstreifen mit Rauten oder Zickzackbändern oder miteinander verbundenen Rechteckketten. Bei vielen Teppichen, vor allem bei den Hochzeitsteppichen, die als Aussteuergut dienen, werden

Keramikteller warten auf Käufer

Geschichten aus dem täglichen Leben einer Familie dargestellt und in die einzelnen Ornamente Bilder von Häusern und Tieren eingearbeitet, seltener auch Menschenfiguren.

Traditionelle Berberteppiche haben im Gegensatz zu den asiatischen Orientteppichen nie eine abschließende Bordüre, die den Teppich umrahmt. Erst zu Anfang unseres Jahrhunderts tauchten Teppiche mit Bordüren auf, in Anlehnung an asiatische Vorbilder.

Die in den Städten vertriebenen Teppiche werden in den Nachbarregionen von Stämmen gefertigt, zu denen traditionell enge Handelsbeziehungen bestehen, z. B. von den Stämmen der *Beni Nguild* und der *Zayan* im Mittleren Atlas.

Gebetsteppiche werden nur zum Beten benutzt und sind nicht durch traditionelle Muster zu erkennen.

Berberteppiche scheinen farblich den Berglandschaften angepaßt zu sein. Fahlrot und Beige bevorzugen die *Marmouchka-Stämme* im Hohen Atlas, die *Beni Ouarain* Schwarz, Weiß und Grün. Bei den *Uled Besseba* in der Haouz-Ebene bei *Chichoua* werden Teppiche mit stilisierten Menschen, Tieren und Mustern in den Farben Ocker und Rot gefertigt.

Sehr berühmt sind die Teppiche der *Glawa* aus dem Hohen Atlas. Die Stämme der *Aït Glawa* weben in farbenfrohen Mustern, vor allem in Orange, Schwarz, Gelb, Grün und Weiß. In der Gegend von *Ouarzazate* werden Blau, Rot und Weiß bevorzugt.

Der **einzige Teppich städtischer Herkunft ist der Rabatteppich,** der zum Vorbild den Orientteppich hat.

SPRACHE

In Marokko ist **Arabisch** offizielle Amts- und Landessprache. **Französisch** ist seit der Kolonialzeit **Verkehrs-, Bildungs- und Handelssprache,** also bei Behörden, in Büros, im Geschäftsverkehr üblich. Es ist Pflichtfach in den Schulen, in den meisten höheren Schulen sogar Unterrichtssprache. Straßen- und Hinweisschilder sind oft auf Französisch abgefaßt. In den Ferienhotels und an populären Ausflugszielen hat man sich auf die ausländischen Besucher eingestellt; Hotelpersonal, Fremdenführer und Souvenirhändler verblüffen oft mit passablen Deutschkenntnissen. **Speisekarten** in den Touristenlokalen sind häufig zusätzlich in **Deutsch und Englisch** abgefaßt.

Außerhalb der Touristenzentren muß man allerdings ohne Kenntnis wenigstens der **wichtigsten französischen Grundbegriffe** und Redewendungen mit Verständigungsschwierigkeiten rechnen. Es lohnt sich also, vor der Reise die Französischkenntnisse aufzupolieren und zumindest ein **Wörterbuch** oder kleinen Sprachführer mitzunehmen. Wer sich gar die Mühe macht, wenigstens ein paar Begriffe, Grußformeln, Redewendungen, etc. auf **Arabisch** zu lernen, erleichtert Kontakte mit den Bewohnern und steigt in deren Achtung. In Marokko werden zusätzlich noch drei verschiedene Berbersprachen gesprochen (z. B. bei den Nomaden im Hochgebirge); hier kann die Verständigung sehr schwierig werden.

Empfehlenswert ist der handliche Sprachführer aus dem Reise-Know-how-Verlag Rump „Kauderwelsch Band 77, Marokkanisch-Arabisch".

AUSSPRACHE

Die folgende Auflistung soll helfen, Laute des Marokkanisch-Arabischen, die im Deutschen nicht existieren, annähernd richtig auszusprechen. Aufgrund einer einfacheren Handhabung müssen allerdings Zugeständnisse hinsichtlich der Differenzierung der Laute gemacht werden. Als Hilfe sei empfohlen, einheimische Radio- bzw. Fernsehsendungen zu hören, um ein Gefühl für Klang und Aussprache zu bekommen. Ebenso sollte man stets auf der Straße, im Café, im Suq oder sonstwo mit offenen Ohren unterwegs sein, dann ist man bald soweit, Unterschiede zu identifizieren und für den eigenen Sprachgebrauch nutzbar zu machen.

Konsonanten:

<u>sch</u> stimmhaftes „sch" wie in französisch „journal"

H stark gehauchter h-Laut (als ob man sich zum Wärmen der Finger in die Hände haucht)

ch wie in deutsch „Dach"

r rollendes Zungenspitzen-r (wie im Italienischen)

<u>gh</u> r wie in deutsch „gerade" (Zäpfchen-r)

â Kehlkopfverschlußlaut, der am besten zu artikulieren ist, wenn man ein „a" so tief wie möglich ausspricht. Mitteleuropäer hören diesen Laut wie ein dunkles „a", obwohl er eigentlich einen Konsonanten darstellt

h wie im Deutschen am Wortanfang, jedoch immer hörbar Das arabische Wort „mahdi" hört sich also an wie „mahadi" wobei das zweite „a" nur leicht angedeutet auszusprechen ist.

z stimmhaftes weiches „s“ wie in deutsch „Rose“
q hinten im Rachen gebildetes kehliges „k“ (wie im Tiroler Dialekt)
w wie in englisch „what“, mit beiden Lippen gebildet

Alle anderen Konsonanten werden wie im Deutschen ausgesprochen und geschrieben.

Doppelte Konsonanten werden durch einen Doppelpunkt hinter dem Buchstaben angezeigt (n: = nn) und werden deutlich gelängt ausgesprochen!

Zwielaute:

ai, au wie im Deutschen
äi beide Vokale werden hörbar ausgesprochen (z. B. das gebräuchliche Wort „käin“ = vorhanden, gesprochen wie „käjin“)

Langvokale:

a ä e i o u – diese Laute sind identisch mit der deutschen Aussprache. Es gibt aber zusätzlich einen Laut, der im Marokkanischen sehr häufig ist und hier mit „ë“ geschrieben wird. Dieser Laut ist auch im Deutschen vorhanden, z. B. das „e“ in „singen“, also eine Art dumpf gesprochenes „i“.

Betonung

Langvokale werden immer betont! Betonte Kurzvokale werden der Übersichtlichkeit zuliebe nicht eigens dargestellt. Man halte sich aber an die Daumenregel, daß in einem Wort ohne Langvokale üblicherweise die letzte Silbe betont wird, wenn sie mit zwei Konsonanten aufhört bzw. die vorletzte Silbe, wenn das Wort mit Vokal-Konsonant endet: „fëhë'mt“ = ich habe verstanden, „tëntkë'llëm“ = ich spreche. Ein Vokal am Ende eines Wortes wird niemals betont.

ABKÜRZUNGEN

Ez Einzahl;
Mz Mehrzahl
m männlich;
w weiblich
- zwischen zwei Buchstaben: muß getrennt ausgesprochen werden!
/ Alternative: m/w bzw. Ez/Mz
, oder (zwei Übersetzungs_ möglichkeiten)
<...> durch anderes Wort ersetzbar

Mit Sprachkenntnissen ist Einkaufen kein Problem

KLEINER SPRACHFÜHRER

von Jürgen Sieberer (Wien)

Deutsch	Marokkanisch	Französisch
Die wichtigsten Wörter		
ja	naâm, ij:e	oui
nein	la	non
bitte	âfak, l:a ichal:ëk	s'il vous plaît
danke	schukran	merci
in Ordnung	wach:a	d'accord
viel, zuviel	bzäf	beaucoup, trop
wenig	schwij:a	(un) peu
billig	rëchis	bon marché
teuer	ghali	cher
groß, alt	këbir	grand, agé
klein, jung	sghir	petit, jeune
lang	twel	long
kurz	qsir	court
es gibt	käin	il y a
es gibt nicht (kein)	makäinsch	il n'y a pas
ich will	bghit	je veux
ich will nicht	mabghitsch	je ne veux pas
ich brauche, ich muß	chas:ni	il me faut
geben Sie mir	schibli, âtäni	donnez-moi
komm/kommt	aschi/aschiu	viens/venez
verschwinde/t	sir: bHälk/sir:u bHälkum auch: baâd min:i/baâdu min:i	dégage/z la piste
schau/schaut	schuf/schufu	regarde/z
ich bin Österreicher/in	äna nimsawi/nimsawija	ja/je suis Autrichien/ne
ich bin Deutscher/-e	äna almani/almanija	ja/je suis Allemand/e
ich bin Schweizer/in	äna swisri/swisrija	ja/je suis Suisse/sse
ich bin verheiratet	äna mëmzuw:usch	je suis marrié
ich bin nicht verheiratet	äna maschi mëmzuw:usch	je ne suis pas marrié
gut	mëziän	bon
schlecht	chaib	mauvais
schön	zwin	beau
häßlich	chaib, qbiH	laid
wieviel (kostet das)?	schHäl (häd schi)?	combien (ça fait)?
nichts	walu	rien
ich will nichts	ma bghit walu	je ne veux rien

Achtung!	ândak!	attention!
Entschuldigung!	smaHli	éxcusez-moi
Was hast du gesagt?	schnu gulti	Qu'est-ce que tu as dit?
Ich habe nicht verstanden	ma fhëmtsch	je n'ai pas compris
noch einmal bitte!	âud min fadlik	encore une fois
so Gott will, hoffentlich	in scha allah	ésperons-le
im Namen Gottes	bismillah	
gelobt sei Gott	ël Hamdu lilah	

Begrüßung – Gespräch

Grüß Gott (höflich)	as salamu âlekum	bonjour, bonsoir
– Antwort:	wa âlekum as salam	
wie geht's ?	läbäs, ki däir (m) ki däira (w)	comment ça va ?
– Antwort:	läbäs ël Hamdu lilah	
guten Morgen	sëbaH ël cher	bonjour
guten Abend	msa ël cher	bonsoir
gute Nacht	lela sâida,tisbaH âla cher	bonne nuit
Mahlzeit!Guten Appetit	bismil:ah	bon appétit
zum Wohl (beim Essen, nach dem Hammam)	bsiH:a	à votre santé
– Antwort:	l:ah jâtik ës siH:a	
auf Wiedersehen	bsläma, mâs:aläma	au revoir
bitte (als Aufforderung)	tfad:al (m),tfad:ali (w) tfad:lu (Mz)	s'il vous plaît
Haben Sie Kinder?	wasch ândak ëd:räri?	avez-vous des enfants?
Junge/n	wuld/wulad	garçon/s
Mädchen/Mz	bint/bnat	jeune/s fille/s

Hilfszeitwörter

ich habe	ândi	j'ai
du hast	ândak	tu as
er hat	ându	il a
sie hat	ândha	elle a
wir haben	ândna	nous avons
ihr habt	ândkum	vous avez
sie haben	ândhum	ils ont

„Sein" wird in der Gegenwart nicht gebildet.
„Haben" wird eigentlich umschrieben als „bei mir ist", usw.
(ând = bei + Possesivpronomen)

Zahlen

eins	waHid	un
zwei	schusch	deux
drei	tläta	trois
vier	rbâ	quatre
fünf	chamsa	cinq
sechs	sëtta	six
sieben	sbâ	sept
acht	tmanija	huit
neun	tsâud	neuf
zehn	âschra	dix
elf	Hadasch	onze
zwölf	tnasch	douze
13	tlätasch	treize
14	rbâtasch	quatorze
15	chamstasch	quinze
16	sët:asch	seize
17	sbâtasch	dix-sept
18	tamantasch	dix-huit
19	tsâtasch	dix-neuf
20	âischrin	vingt
21	waHid-u-âischrin	vingt-et-un
22	tnen-u-âischrin	vingt-deux
23	tläta-u-âischrin	vingt-trois
30	tlätin	trente
40	rbâin	quarante
50	chamsin	cinquante
60	sët:in	soixante
70	sbâin	soixante-dix
80	tmanin	quatre-vingts
90	tsâin	quatre-vingts-dix
100	mij:a	cent
200	mijaten	deux cents
300	tlätamij:a	trois cents
1000	alf	mille
2000	alfen	deux mille
3000	tlätalaf	trois mille

Die Zahlen werden wie im Deutschen gebildet:
drei-und-zwanzig = tläta-u-âischrin
fünf-hundert-und-vierzig = chamsa-mij:a-u-rbâin.
Achtung: Bei 22, 32, 42... 92 wird nicht „schusch" als 2 verwendet, sondern das hocharabische „tnen"!!

Die **arabischen Zahlen** werden von links nach rechts gelesen.
Die **arabische Schrift** wird von rechts nach links gelesen. Sie setzt sich aus 28 Zeichen zusammen, für die es je eine Schreibweise für Buchstaben am Anfang (nach links verbunden), im Wort (beidseitg verbunden) und am Schluß (rechts verbunden) gibt. Eine Druckschrift wie bei uns gibt es nicht.
Wo keine Angaben für Mitte und Anfang gemacht werden, bleibt der Buchstabe gleich.

Zeitbegriffe

wie spät ist es?	schHäl hädi fës:aâ?	quelle heure est-il?
es ist 5 Uhr	l-chamsa hädi	il est cinq heures
es ist 12 Uhr	t-tnasch hädi	il est midi
es ist ... Uhr	l+ Zahl + hädi	il est ...
um 7 Uhr	maâs-sbaâ	à sept heures
um 1 Uhr	maâl-waHda	à une heure
um ... Uhr	maâl+ Zahl	à ... heure (s)
in der Früh	fës:abaH bekri	au matin
am Vormittag	fës:abaH	au matin
zu Mittag	maâd:har	à midi
am Nachmittag	fëlâschija	l'après-midi
(= etwa 16 bis 20 Uhr)		
am Abend	fëlmasa (letztes a betont)	au soir
Montag	nhar t:nen	lundi
Dienstag	nhar t:lät	mardi
Mittwoch	nhar l-ërbâ	mercredi
Donnerstag	nhar l-chmis	jeudi
Freitag	(nhar) l-schumâ	vendredi
Samstag	nhar s:ëbt	samedi
Sonntag	(nhar) l-Had	dimanche
(nhar tnen ... bedeutet gleichzeitig auch „am Montag", usw.)		
Woche	sämana	semaine
Monat	schhar	mois
Jahr	säna	année
(in) 5 Minuten	(f-)qsëm	(dans) cinq minutes
(in) 10 Minuten	(f-)qsmain	(dans) dix minutes
heute	ël-jom	aujourd'hui
gestern	ëlbäriH	hier
morgen	ghad:a	demain
übermorgen	baâd ghad:a	après-demain

Unterwegs

wo ist ...?	fen käin/a (m/f) ...?	où est ...?
der Busbahnhof	mHat:a djal kiran	la gare routière
Stadtbus/se	tobes/tobesat	autobus
Überlandbus/se	kar/kiran	autocar
der Bahnhof	lagar	la gare
der Taxistandplatz	l-blasa djal taxijat	station de taxis
der Flugplatz	l-matar	l'aéroport
das Krankenhaus	l-mustaschfa	l'hôpital
ein Arzt	schi tbib	médecin
die Post	l-busta	la poste
die Bank zum Wechseln	l-banka djal s:arf	la banque de change
Tabakladen	saka	débit de tabac
Restaurant	matâm	restaurant
was für eine ... ist das?	asch min ... hädi?	quel/le ...est ça?
Stadt	mdina	ville
Dorf	qarja	village
Strasse	schariâ	boulevard
Gasse	zanqa	rue, ruelle
gibt es <einen Bus>	wasch käin <schi kar>	y-a-t-il <un autocar>
nach ...?	il ...?	à ...?
wann fährt <ein	waqtasch taimschi	quand part <l'autocar>
Bus> nach ...?	<schi kar> il ...?	à ...?
wann fährt	waqtasch ghadi	quand part <l'autocar>?
<der Bus> ab?	imschi <l-kar> ?	
wann kommt <der Zug>	waqtasch taiwusl <l-trän>	quand arrive <le train>
in <Marrakesch> an?	fi <mraksch> ?	à <Marrakech>?
der Zug	l-trän	le train
das Flugzeug	ët-tajara	l'avion
was kostet eine Fahr-	schHäl katâmal l-warqa	combien ça fait d'ici
karte von hier nach ...?	min hëna il ...?	à..?
eine Fahrkarte	qtâli waHid l-warqa	un billet à ...
nach ... bitte!	il ... âfak!	s'il vous plaît!
ist der Platz frei?	wasch häd l-blasa chawija?	la place est-il libre?
der Platz ist besetzt	häd l-blasa âmra	cette place est reservée
Fahrkarte/n	warqa/auraq	billet/s
fahren Sie geradeaus!	sir nischan	allez tout droit
biegen Sie rechts ab!	dor âl limen!	tournez ádroite!
biegen Sie links ab!	dor âl lisër!	tournez á gauche!
fahren Sie zurück!	rschâ lor!	retournez!
halten Sie!	wëq:ëf!	arrêtez!
ich will hier aussteigen	bghit ënchruschhëna	je veux descendre ici

warten Sie auf mich bitte!	tsën:ani afak!	attendez-moi s.v.p.!
ich bin gleich zurück	däba nschi	je viens tout de suite
ich rauche nicht	mankmisch	je ne fume pas
gute Reise!	träq sälama!	bon voyage!
Reisepaß	baspur	passeport
Auto	tomobil	auto
Mofa	moto	mobylette
Rad	bischkleta	bicyclette
Normalbenzin	les:ans	l'essence
Diesel	masot	Diesel
Superbenzin	mumtaz	Super
Tankstelle	bomba	station-service
volltanken!	âm:arha til-fum:	fait le plein
Führerschein	ruchsat qijada	permis de conduire
Übernachtung		
wo ist ...?	fen käin ...?	où est ...?
ein Hotel	schi otel, schi funduq	un hôtel
billig und gut	rachis u mziän	bon marché et agréable
die Jugendherberge	dar sch:abab	auberge de la jeunesse
der Campingplatz	l-muchaj:am	terrain de camping
wieviel kostet ...?	schHäl ...?	combien fait ...?
ist ein Zimmer frei?	wasch käin schi bet chawi?	y a-t-il une chambre libre?
was kostet das Zimmer?	schHäl t:aman djal l-bet?	combien fait la chambre?
gibt's etwas billigeres?	wasch käin schi Häscha rchas min:u?	n'a-t-il pas quelque chose plus bon marché?
ich will ein Zimmer für ...	bghit schi bet ...	je veux une chambre ...
eine Person	djal waHid	à un lit
für zwei Personen	djal schusch	à deux lits
mit Bad	bilHam:am	avec bain
mit Dusche	bid:usch	avec douche
mit warmen Wasser	bil-ma s-chun	avec eau chaud
ich werde <einen Tag> bleiben	ghadi ngli <nhar waHid>	je vais rester <un jour>
zwei Tage	jomen	deux jours
drei Tage	tlät aj:am	trois jours

une semaine	semana	une semaine
wo kann ich meine Wäsche waschen?	fen jëmkinli nsab:un Hwaischi?	où peux-je laver mes vêtements?

Einkauf in der Medina

wieviel kostet..?	schHäl ...?	combien est ...?
wo ist ...? (wo gibt's?)	fen käin ...?	où est ...? (où sont ...)
ein Geschäft	schi Hanut	magasin
ein Tabakladen	schi saka	débit de tabacs
eine Apotheke	schi farmasian	une pharmacie
eine ausländische Buchhandlung	schi maktaba lil aschanib	une librairie étrangère
ausländ. Zeitungen	schara-id lil aschanib	des journaux étrangers
der Markt (allg.)	s-suq	le marché
der Gemüsemarkt	s-suq djal chudra	marché municipal
der Obstmarkt	s-suq djal fakija	marché municipal
der Fischmarkt	... djal Hot	marché aux poissons

Lebensmittel

gib mir ...	âteni ...	donne-moi ...

Was darf´s bitte sein?

ein Kilo	kilo[+djal+Wort]	un kilo (m)
ein halbes Kilo	nus: kilo	un demi kilo
ein Viertel Kilo	rubâkilo	un quart de kilo
100 Gramm	mijat gram:	cent grammes (m)
200 Gramm	mijaten gram:	deux cents grammes
ein Liter	litro	litre (m)
ein bißchen	schwij:a	un peu
ganz wenig	schwik:a	un petit peu
Milch	Halib	lait (m)
Brot	chubz	pain (m)
Baguettebrot	gumira	baguette (f) de pain
Butter	zubda	beurre (m)
Zucker	sukkar	sucre (m)
Marmelade	konfitur	confiture (f)
Honig	âsël	miel (m)
Käse	frumasch holandi	fromage (m)
Streichkäse	kiri	la vache qui rit!
Joghurt	danon	yaourt (m), danone
Öl	zit	huile (f)
Essig	chal:	vinaigre (m)
Salz	milH	sel (m)
Pfeffer	bzar	poivre (m)

Fleisch

Fleisch	lHam	viande (f)
Schaffleisch	lHam djal Hauli	mouton (m)
Lammfleisch	...ghanmi	agneau (m)
Rindfleisch	...begri	boeuf (m)
Schweinefleisch	...Hal:uf	porc (m)
Huhn	dschascha	poulet (m)
Hackfleisch	këftä	hachis (m)
Leber	këbda	foie (m)
Herz	qëlb	coeur (m)

Gemüse

Gemüse	chudra	légume
Tomaten	matäischa	tomates (f)
Kartoffel	btata	pommes de terre
Zwiebel	bsla	oignions
Gurken	chijar	concombres
Karotten	chiz:u	carottes (f)
Petersil	maâdnus	persil (m)
Pfefferminze	naâna	menthe (f)

Rüben	lëfta	raves (f)
Erbsen	schilbana	pois
Linsen	âd:is	lentilles (f)
Bohnen	lubja	fèves (f)
Knoblauch	tuma	ail (m)
Salat	schlada	salade (f)
Kohl	krumb	chou (m)
Blumenkohl	schifrul	chou-fleur (m)
Paprika	filfla	paprika (m)
Olive	zituna	olive (f)
Sellerie	krafs	céleri (m)
Auberginen	dënschala	aubergine (f)

Obst

Orangen	limun, ëltschin	oranges (f)
Zitrone	Hamid	limons (m)
Bananen	banan	bananes (f)
Äpfel	tuf:aH	pommes (f)
Wassermelonen	dël:aH	pastéques (f)
Honigmelonen	btiach	melons (m)
Birnen	buâwid	poires (f)
Artischocke	qoqa	artichaut (m)
Pfirsiche	choch	pêches (f)
Aprikosen	mischmasch	abricots (m)
Pflaumen	brqoq	plumes (f)
Rosinen	zbib	raisins secs (m)
Weintrauben	âinab	raisins (m)
Granatapfel	rom:ana	grenade (f)
Datteln	tmar	dattes (f)
Feigen	karmus	figues (f)
Kaktusfeige	zâbul, hindija	cactus (m)

Die meisten obigen Bezeichnungen sind im Plural angegeben. Um die Einzahl zu bilden, muß man nur ein „-a" anhängen: limuna = eine Orange, etc.

Im Restaurant / Café

Bitte bringen Sie mir ...!	âfak schibli ...!	... s.v.p.!
bringen Sie uns ...!	schiblna ...!	
Naânatee	atäy bin:aâna	thé à la menthe
Milchkaffee	qahwa bil-Halib	café au lait
Melange	qahwa mhär:sa	café cassé
schwarzer Kaffee	qahwa kaHla	café noir

Milch	Halib	lait
Orangensaft	âsir dël:imun	jus d'orange
Limonade	la zigon/munada	la cigogne (limonade)
Wein	schrab	vin
Bier	bira	bierre
ich will zahlen bitte	âfak bghit ënchal:ës	payer s.v.p.
wir wollen zahlen	bghina ënchal:su	
wieviel alles zusammen?	schHäl kul: schi?	combien ça fait tout?

Wichtige Phrasen

wie heißt du?	a schnu smitak?	comment tu t'appele?
ich heiße	smiti	je m'appele
– Antwort:	mutschar:fin (etwa: sehr erfreut!)	
woher kommmst du? (m)	minen ënta?	d'où viens-tu?
woher kommst du? (w)	minen ënti?	
woher kommt ihr?	minen ëntuma?	
wir sind aus ...	Hna min ...	nous venons de ...
Österreich	an-nämsa	l'Autriche
Deutschland	almanja	d'Allemagne
der Schweiz	swisra	la Suisse
wie alt bist du?	schHäl f-âmrëk?	quel âge as-tu?
ich bin ...	ândi	j'ai ...
22 Jahre alt	tnen u âischrin âam	vingt-deux ans
37 Jahre alt	sbâu tlätin âam	trente sept ans
das ist ... (m/w)	hädä .../hädi ...	c'est ...
meine Frau	mrati	ma femme
mein Mann	raschli	mon mari
meine Mutter	um:i	ma mère
mein Vater	baba	mon père
mein Sohn	wuldi	mon fils
meine Tochter	bënti	ma fille
mein Bruder	chuja	mon frère
meine Schwester	uchti	ma soeur
mein Freund	saHbi	mon ami
meine Freundin	sachibti	mon amie

UNTERKUNFT

Wer eine **Pauschalreise** nach Marokko plant, tut gut daran, verschiedene Kataloge zu vergleichen. Nicht jeder Veranstalter bietet alle Ferienzentren an; große Unterschiede bestehen bei Rundfahrtprogrammen. Sonderangebote, Nachlässe für Kinder und Spartarife führen teilweise zu spürbaren Preisunterschieden.

Die in diesem Buch enthaltene Beschreibung der wichtigsten Urlaubszentren, der verschiedenen Hotelzonen bis hin zu einzelnen Hotels soll dem Leser schon bei der Buchung Hilfestellung leisten.

HOTELS

In Marokko findet man **Hotels aller Kategorien.** Als Gruppen- bzw. Pauschalreisender wird man in der Regel in besseren Etablissements ab drei Sternen aufwärts untergebracht. Will man Geld sparen, kann man natürlich auch auf ein preiswerteres Hotel zurückgreifen; die billigsten Unterkünfte befinden sich meist in der Nähe der Busstationen und in der Altstadt (Medina).

Bei einem längeren Aufenthalt sollte vor allem in Agadir beachtet werden, ob sich das Hotel in Strandnähe befindet – sonst kann es mitunter eine halbe Stunde dauern, bis man ans Meer kommt; auch sollte die Lage eines Hotels bezüglich der Medina überprüft werden – nicht daß der sehnlich erwartete Erholungsurlaub zum Überlebenskampf inmitten marokkanischer Geräusche, Gerüche und Geschäfte wird...! Natürlich spielen bei der Auswahl der Unterkunft auch die eigenen Erwartungen eine Rolle: Will man sich ins marokkanische Alltagsgetümmel werfen, bietet sich eben gerade ein Hotel in oder nahe der Altstadt an, legt man mehr Wert auf Restaurantbesuche, Discos und Kinos, dann ist man in den touristischen Zentren und in den Neustädten besser aufgehoben; ist man vor allem an Ruhe und Entspannung interessiert, wäre ein Mittelweg empfehlenswert. In Hotels direkt am Strand, in ausgewiesenen Tourismushochburgen und in der Altstadt geht es naturgemäß am lautesten und lebhaftesten zu, bestes Beispiel dafür ist der „complex Tafoukt" in Agadir.

Die **Zimmer** sind in allen Hotels in der Regel **sauber;** einfache Hotels dienen gelegentlich als Stundenhotels, so daß eine Kontrolle der Zimmer und v. a. der Bettwäsche nicht schaden kann. In diesem Zusammenhang sei angemerkt, daß in Marokko ein Gesetz gilt, das dem/der Ausländer/in und dem/der Einheimischen keine gemeinsame Belegung eines Doppelzimmers gestattet. Ursprünglich war diese Vorschrift dazu gedacht, hetero- und homosexuelle Prostitution zu unterbinden. Doch Trieb und Geschäft finden immer einen (Aus-)weg: Heute wird den „Interessenten" (darunter viele arabische Geschäftsleute) auch in großen Hotels diskret nahegelegt, zwei Zimmer zu mieten – so kommen alle auf ihre Kosten... Fast alle: Das Nachsehen haben „seriöse" ma-rokkanisch-europäische Paare.

Die **Toiletten** einfacher arabischer Hotels oder Restaurants sind gewöhnungsbedürftig: Nicht immer sauber, muß man für Klopapier oft selbst sorgen, bzw. ist die Spülung für Klopapier gar nicht gedacht und bringt gar nicht den nötigen Druck, um das Pa-

Vier-Sterne-Hotel in Agadir

pier wegzuspülen. Hier hilft oft ein bereitgestellter Eimer. In diesem Fall sind die arabischen Stehclosetts wesentlich hygienischer als unsere Toiletten. Die Säuberung nach arabischer Tradition erfolgt mit der linken Hand (ein Wasserhahn ist neben der Toilette angebracht und eine Flasche steht ebenso bereit) bzw. ein kleines Rohr in der Schüssel spült ähnlich wie im Bidet von unten das Hinterteil.

In **Hotels ab zwei Sternen** aufwärts kann man durchaus mit schönen Zimmern rechnen, die normalen Ansprüchen genügen. Störungen allerdings können auch im teuersten Hotel vorkommen, besonders bei technischen Einrichtungen (z. B. Klimaanlage, Lift, Strom- und Wasserversorgung), und, da erforderliches Ersatzmaterial oft erst importiert werden muß, auch länger andauern.

Die **Klimaanlagen** in den Hotels sind erfahrungsgemäß nur etwa von Mitte Juni bis Ende September in Betrieb. Wer zur kühleren Jahreszeit bucht, sollte auch auf **Beheizbarkeit** des Zimmers achten.

Nicht jedermann teilt unter Umständen auch die Musikbegeisterung der Marokkaner; in Foyers, Restaurants, Bars, Hotelgärten, Poolanlagen - gehört **„Musikbeschallung"** häufig dazu, nicht selten auch TV-Berieselung!

ÜBERNACHTUNGEN BEI RUNDFAHRTEN

Auch die bei Exkursionen über Land angesteuerten Hotels, in denen meist nur einmal übernachtet wird, entsprechen grundsätzlich europäischem Standard. Ausnahmen bilden Trekkingtouren in abgelegenere Gebiete: In diesem Fall wird in einfachen Unterkünften (gite d´Etappe) übernachtet, evtl. auch in Zelten oder Berghütten. Mangelnder Komfort wird dabei durch ein Mehr an Romantik ersetzt.

HOTELKLASSIFIZIERUNG

Die Hotels werden vom marokkanischen Tourismusministerium in fünf Kategorien eingeteilt. Der Besucher kann wählen von der 5-Sterne-Luxusklasse über die Mittelklasse abwärts bis zu den einfachen 1-Stern-Hotels. Außer den offiziellen Sterne-Hotels gibt es noch zahlreiche unklassifizierte Hotels bis hin zu extrem billigen (und entsprechend einfachen) Unterkünften, interessant vor allem für Individualreisende.

HOTELPREISE

Die Hoteltarife sind im Zuge der Privatisierungsmaßnahmen **nicht** mehr für das ganze Land **einheitlich geregelt,** statt dessen gibt es eine Liste der Mindest- und Höchstpreise für die größeren Städte und Touristenorte. Sie sollten gut leserlich an der Rezeption angeschlagen sein, evtl. auch im Hotelzimmer aushängen.

Richtwerte

(DZ ohne Frühstück zur Hauptsaison)

- 5-Sterne-Hotel: 1000–2500 DH
- 4-Sterne-Hotel: 500–1000 DH
- 3-Sterne-Hotel: 250–500 DH
- 2-Sterne-Hotel: 150–250 DH
- 1-Stern-Hotel: 100–150 DH
- Unklassifizierte Hotels sind ab 25 DH zu haben (meist pro Person).

Soweit in diesem Buch **Hotelpreise** genannt werden, entsprechen sie dem Stand Mitte 1999 und sollen nur der groben Orientierung dienen (die Hoteltarife ändern sich schnell). Sie beziehen sich grundsätzlich auf **Übernachtung ohne Frühstück für zwei Personen im Doppelzimmer** (abgekürzt im Reiseteil „DZ", Einzelzimmer „EZ"), und zwar zur Hauptsaison. Was das Frühstück anbelangt, sei hier noch darauf hingewiesen, daß nicht in allen Hotels ein Frühstücksbüfett bereitsteht; oft ist das Frühstück eher dürftig (und dabei teuer), so daß es sich manchmal empfiehlt, morgens in ein Café zu gehen.

In vielen Hotels übernachten **Kinder** unter 2 Jahren kostenlos, Kinder bis zu 12 Jahren (im Zimmer der Eltern) mit Ermäßigung, die saisonal abhängig von 10–40% reicht.

In den Strandhotels müssen natürlich **Nebenkosten** eingerechnet werden, an erster Stelle steht oft die Miete eines Sonnenschirms (25–45 DH pro Tag) und Liegestuhls (25–40 DH); Wochenarrangements sind jeweils möglich. Auch alle weiteren Sonderleistungen, die sich vor allem auf das weite Feld der sportlichen Betätigungen beziehen, müssen zusätzlich kalkuliert werden.

Ein besonderes Angebot stellen die Programme zur **Fitneß- und Schönheitspflege** dar (etwa verschiedene Therapien, z. B. Algo-Therapie und Thalasso-Therapie), die in Agadir vom *Hotel Tikida Beach* ab ca. 420 DM (4 Tage) offeriert werden. In *Afourer* im Mittleren Atlas kann man im *Hotel Chems Tazerkount* Gesundheitsprogramme für drei Tage buchen: Schönheits-, Sport-, und Herrenprogramm, angeboten z. B. bei TUI).

Saisoneinteilung der Hotels

Hauptsaison: Anfang Juli bis Anfang September, Ostern und Weihnachten. Höchste Preise in den Hotels.

Zwischensaison: Anfang April bis Ende Juni und Mitte September bis Ende Oktober. Günstige Hotelpreise, wenig Betrieb.

Nebensaison: November bis Mitte Dezember und Mitte Januar bis März. Niedrigste Hotelpreise.

Diese Einteilung trifft v. a. auf die Touristenhotels an der Küste zu. Die meisten anderen Hotels sowie die nicht klassifizierten Häuser haben normalerweise **ganzjährig konstante Preise.** Hoteltarife in weniger frequentierten Orten liegen deutlich unter jenen in den Touristenhochburgen.

CAMPING/ JUGENDHERBERGEN

In Marokko verteilt sich eine stattliche Anzahl von Campingplätzen über das ganze Land.

Viele Anlagen sind jedoch in schlechtem Zustand, was sich folgender pekuniären Logik verdankt: Die Verpachtung städtischer bzw. staatlicher Plätze geschieht zu einem Zins, der sich nach dem Zustand des Campingplatzes richtet; die Folge: Der Pächter versucht, mit wenig Investitionen möglichst viel zu verdienen, und wenn nach einem Jahr die Pacht neu festgelegt wird, zahlt er für den heruntergewirtschafteten Platz entsprechend weniger...

Die Sauberkeit der Anlagen hängt aber nicht nur von ihrem Alter ab, sondern auch von Jahreszeit und Andrang. Im August ist v. a. an der Atlantikküste mit überfüllten und verdreckten Plätzen zu rechnen, weil zu diesem Termin viele marokkanische Familien Campingurlaub machen, während imDezmeber und Januar die europäischen Rentner in Agadir die Plätze füllen. Toiletten und sanitäre Einrichtungen entsprechen selten europäischen Standards.

Die **Campingplatzgebühren** betragen zwischen 10 und 20 DH pro Person (für Kinder meist die Hälfte), je nach Fahrzeugtyp kommen 8–20 DH hinzu, Zelt und Stromanschluß (wenn vorhanden) werden extra berechnet.

Die **Jugendherbergen** *(Auberges de Jeunesse)* in größeren Orten sind sauber und brauchbar. Die Übernachtung kostet 20–25 DH pro Person. Ein Internationaler Jugendherbergsausweis ist unbedingt erforderlich; Adressen bei den „Praktischen Informationen" zu den einzelnen Städten.

SONSTIGES

Neben den Hotels, Campingplätzen und Jugendherbergen existieren auch komfortable und entsprechend teure Ferienclubs *(Club Valtur, Club Med),* Clubhotels mit vielfältigen Möglichkeiten zur sportlichen Betätigung und Appartements *(résidence)* und Bungalows für Selbstversorger. Letztere werden zu sehr günstigen Preisen in Wochenarrangements von den Reiseveranstaltern in Deutschland angeboten *(NUR, TUI, Scharnow, ITS,* etc.).

Tip: In Marrakesch und Essaouira kann man in stimmungsvollen und prächtigen Stadthäusern übernachten; manche Adresse findet sich bei den „Praktischen Informationen" zu den einzelnen Städten, auch können Sie vor Ort in Restaurants nachfragen oder sich an Einheimische wenden.

VERANSTALTER & RUNDREISEN

Das Angebot an Marokkoreisen in den deutschen Reisebüros ist vielfältig, wobei allerdings reine Badeurlaubsangebote in Agadir überwiegen. Pauschaltouristen, die nicht nur zum Baden nach Marokko reisen, sollten die **Rundreiseprogramme** diverser Veranstalter in Erwägung ziehen (wer innerhalb seines Hotelarrangements Ausflüge bucht, bezahlt für Übernachtung und Verpflegung u. U. doppelt).

Bei solchen Rundreisen handelt es sich v.a. um Rundreisen zu den **Königsstädten** Rabat, Fès, Meknès und Marrakesch**, zu Kasbahs und Speicherburgen,** um Bus- oder **Geländewagenfahrten** in die **Berge** und die **Wüste.** Beachten Sie aber bei Rundreisen, die durch das ganze Land führen, daß eine solche Tour mindestens 14 Tage dauern sollte, sonst wird die Tour zum Streß. Selbst 14 Tage sind meiner Meinung nach zu knapp. Für eine Tour im Süden, ausgehend von Agadir nach Marrakesch und weiter nach Ourzazate und entlang der Straße der Kasbahs, reichen 14 Tage, auf eine 8 Tage Rundreise sollten Sie sich auch hier nicht einlassen.

Ferner werden u. a. **Wander- und Trekkingwochen, Fahrradreisen, Sportreisen** und **Rundfahrten mit Mietwagen** angeboten. Vor allem Golfurlaub in Marokko gewinnt zusehends an Liebhabern. Ein reiner Badeurlaub läßt sich anhängen. Aber auch Bausteinprogramme (Flug, kombiniert mit individuellen Destinationen und Ausflügen) kann man mittlerweile im Reisebüro buchen. Wer wirkliche Wüsten- und Atlasrundreisen abseits der Hauptrouten machen will, sollte nicht die gängigen Landroverrundfahrten der großen Veranstalter buchen, sondern sich wirklichen Wüstenreiseveranstaltern anschließen wie s.B *Sun-Tours* in Langöns oder *Saro-Expeditonen* (s. Anzeigen) in Rosenheim. *Hispania-Mototours* (s. Anzeige) und *Wüstenfahrer-Reisen* in Seehausen bei Murnau sind zuverlässige Anbieter für Motorradtouren. Bei Studienreisen hat sich *Studiosus* (München) eine guten Namen gemacht und bei Bergreisen *Hauser Exkursionen* (München). *Frosch-Touristik* und die übernommene Tochter *Sport-Scheck-Reisen* sind v. a. bei Sporturlaub führend. In der Schweiz bietet *Sindbad-Reisen* in Urdorf ein vielfältiges und variables Marokkorundreiseprogramm. Internet: www.sindbadreisen.com.

Auch der Hotelurlauber wird (oft schon im Katalog, spätestens aber an Ort und Stelle) auf das vielfältige **Ausflugsprogramm** hingewiesen. Meist schon beim „Begrüßungs-Cocktail" erläutert der Reiseleiter die verschiedenen Touren und nimmt **Buchungen** entgegen. Im Hotel sind am Aushang oder in den Infomappen der Veranstalter Ziele, Daten, Preise und sonstige Details zu erfahren. Zur Auswahl stehen u. a. Ausritte und Bootsfahrten, Folkloreabende, Halb-, Ein- und Mehrtagesfahrten; es werden Städte besichtigt, Fahrten ins Bergland und in die Wüste unternommen.

HINWEISE & TIPS

1. Die über die Reiseveranstalter oder Hotels gebuchten Touren werden von **offiziellen Agenturen** mit örtlichen (oft deutschsprachigen) Reiseleitern durchgeführt. Die Ausflüge sind meist gut organisiert und die Teilnehmer versichert, was bei Buchung über private Anbieter nicht garantiert ist. **Eintrittsgelder** (ohne Fotogebühr), bei Ein- und Mehrtagesfahrten die **Übernachtungen** und **Mahlzeiten** (ohne Getränke) sind im Preis inbegriffen. Kinder erhalten meist Ermäßigung. Bei Abwesenheit gibt es weder „Lunchpakete" noch eine Kostenerstattung vom gebuchten Ferienhotel.

2. Informieren Sie sich vor einer Buchung (z. B. anhand dieses Führers) über die jeweiligen **Ziele,** und vergleichen Sie die Angebote evtl. auch mit jenen der Nachbarhotels. Achten Sie darauf, kein allzu dicht **gedrängtes Besichtigungsprogramm** zu buchen. Wer überall nur durchhetzt, hat zwar viel „abgehakt", aber wenig gesehen.

3. Ausflugskosten belasten die Urlaubskasse spürbar im Verhältnis zum oft günstigen Pauschalpreis. Prüfen Sie, was Sie (individuell und billiger) **allein unternehmen** können.

4. Bei manchen Fahrten werden **fakultative,** also extra zu bezahlende Ausflüge (z. B. Kamel- oder Pferderitte, Kutsch- oder Bootsfahrten) angeboten. Fahrer und Reiseleiter erwarten zum Schluß ein **angemessenes Trinkgeld.**

5. Seien Sie darauf gefaßt, daß Sie bei Ortsbesichtigungen irgendwann in ein **Teppich- und Souvenirgeschäft** geführt werden. Tätigen Sie größere Souvenirkäufe aber besser an einem Ort, wo Ihnen genügend Zeit und Möglichkeit zum Vergleichen, zum Handeln und Feilschen bleibt. Bei Gruppenreisen muß man sich ohnehin vergegenwärtigen, daß die Provision des Führers bzw. Reiseleiters (bis 40 %) im Kaufpreis einkalkuliert wird. Auch bei gratis angebotenen Fahrten zur Besichtigung von Leder-, Teppich-, Keramikfabriken etc. wird natürlich auf die Kauflust der Teilnehmer spekuliert.

Arretez! Donnez moi bonbon, cadeau, dirham...

ANHANG

GLOSSAR

Ashura bzw. Achoura
Kinderfest (am 10. Tag des Monats Moharrem)

Agadir
Umfriedung; befestigter Platz; befestigter Speicher

Aguedal
Gärten und Obsthaine derSultane

Agoumi
Entspricht etwa dem Begriff „Alpweide“

Aguelmame
See

Ahaidous
Tanz der Dorfbevölkerung im nördlichen Atlas

Ahwach
Tanz der Dorfbevölkerung im südlichen Atlas

Aid al Kebir
das große Fest (erinnert an das Opfer Abrahams)

Aid al Seghir
das kleine Fest: Abschluß des Fastenmonats Ramadan

Ain
Quelle

Ait
Söhne von...; Leute der... (Stammesname)

Amghar
Dorfältester; wohlhabender Dorfbewohner

Arhour
Brunnen für die Bewässerung (mit Rampe für Zugtiere)

Asif
Wasserlauf

Assarag
Tanzplatz

Azrou
Felsen

Bab
Tor, Durchgang

Balek
Warnruf wie „Achtung!“

Ben (Mz. *Beni)*
Sohn des (der)...

Bir
Brunnen

Bled
offenes Land (Gegensatz zur Stadt)

Chergui
heißer Südwind, Wüstenwind

Chleuh (Schlöh)
Berberstamm im Anti-Atlas

Chouari
Ragkorb mit zwei großen Taschen,

den man über den Rücken des Esels legt

Cous-Cous
Gericht aus Weizen- oder Hirsegrieß mit Schaf- oder Hühnerfleisch und Gemüse

Dir
Geländerücken; in die Ebene hinauslaufender Sporn

Dirham
marokkanische Geldeinheit

Dar (Mz. *Duar bzw. franz. Douar)*
Haus; ländliche oder vorstädtische Siedlung; Gruppe von Zelten oder Häusern

Djama
Moschee

Djamaa bzw. Djemaa
Versammlung der Bevölkerung eines Gebietes; Versammlungsplatz

Djabal bzw. Djebel
Berg

Djedid
jung, neu

Djellabah
weites mantelartiges Kleid mit Kapuze; wird von Männern und Frauen im Freien getragen

Djinn (Mz. *Djnoun)*
Dämon, Geist

Doum
Zwergpalmenart

Erg
Sandwüste

Fantasia
wilder Ritt, bei dem Gewehre abgefeuert werden (aus dem Spanischen)

Fata
rituelles Gebet

Fellah
Bauer

Fina
Hauskleid der Frau; Schleier, der über das Hauskleid getragen wird

Fkih
Lehrer an einer Koranschule

Gara (Mz. *Gour)*
isolierter Tafelberg; Zeugenberg

Gharbi
Westwind, Meerwind

Ghezzou
Raubzug; Teilnehmer an einem Raubzug

Gnawa (franz. Gnaoua)
Meist schwarze Musiker (Ursprungsland Guinea) die islamischen Orden angehören und deren Gesängen und Tänzen Heilkraft zugesprochen wird. Oft auf dem Djemâa el Fna (Platz in Marrakesch) zu sehen.

Guedra
röhrenförmige Töpferarbeit (mit Fell bespannt als Tamburin verwendet); Volkstanz in Guelmim

Guich
bewaffneter arbischer Stamm, vom Sultan zur Überwachung eines Gebietes angesiedelt

Hadj
Wallfahrt nach Mekka

Haik
weibliches Kleidungsstück, Überwurf (nur noch selten getragen)

Hammada
Felswüste, Steinwüste

Hammam
islamisches Bad

Haratin
dunkelhäutige, aus der marokkanischen Sahara stammende Bevölkerung

Harira
kräftige Suppe zum Fastenunterbruch im Ramadan

Imam
frommer Mann, der das Gebet in der Moschee leitet

Imazighen
freie Leute, Freie

Irherm (Igherm)
Umfriedung; befestigter Platz; befestigter Speicher

Kaftan
besticktes Kleid aus kostbarem Stoff

Kaid s. Qaid

Kalif
Herscher der Gläubigen; Nachfolger Mohammeds

Kanoun bzw. Qanun
Holzkohlebecken aus gebrannter Erde oder Metall

Kasbah
befestigter Wohnsitz einer Sippe, bzw. Ansammlung von mehren Tighremts, vor allem im südlichen Marokko

Kerkour
Pyramide, auf die jeder Vorbeigehende einen Stein legt, um Unglück abzuwenden

Kesra
rundes Brot

Khammès
Pächter, der ein Fünftel der Ernte erhält

Khettara
unterirdischer Bewässerungskanal

Khoms
Vereinigung verschiedener Stämme

Kibla
Gebetsmauer in der Moschee, nach Osten (Mekka) gerichtet

Kissaria
Markthalle für Stoffe, Leder, Parfüm, usw.

Koubba s. Qubba

Ksar (Mz. *Ksour*)
von lat. „castrum"; in Marokko befestigtes Lehmdorf im Süden oder Osten des Atlas

Maghreb
Westen; Land des Sonnenuntergangs; Okzident

Maghzen
Regierung des Sultans

Mahdi
der durch Gott bestimmte Führer (z.B. Ibn Tumart)

Makina
Fabrik

Marabut (franz. Marabout)
islamischer Heiliger; wegen seiner Frömmigkeit und seines beispielhaften Lebens angesehener Mann; bzw. sein Grabmal

Mechwar (franz. Mechouar)
Versammlungsplatz der Stämme vor dem Sultanspalast

Mechoui
im geschlossenen Ofen gebratenes Schaf

Medersa
Schule, Hochschule der Muslims, zugleich Wohnhaus der Studenten

Medina
Stadt; traditioneller Stadtteil; Altstadt

Mellah
Judenviertel, Judenstadt

Mihrab
apsisförmige Gebetsnische in der Kibla

Mouloud bzw. Maulad
Geburtsfest des Propheten oder eines Heiligen

Moussem(franz.) bzw. Mausim
Fest oder Pilgerfahrt zu Ehren eines Schutzheiligen

Msid
Koranschule

Nouala
Hütte aus Schilfrohr und Lehm mit Strohhäcksel

Oued bzw. Wadi
Wasserlauf, Fluß

Oulad bzw. Ulad
Söhne des...

Pastilla
mit Taubenfleisch und Eiern gefüllte Pastete (aus dem Spanischen)

Qaid
Chef, Stammesoberhaupt

Qubba
Kuppel; gebraucht für Marabout mit runder Kuppel über quadratischem Grundriß

Ramadan bzw. Ramadhan
Fastenmonat im islamischen Kalender

Ras el Hanout
Gewürzmischung, der man allgemeine und besondere Heilwirkung zuspricht

Ribat
befestigtes Kloster

Ryad bzw. Riad
Innengarten eines Hauses
auch Herrenhaus oder Palast

Ryal
Münzeinheit: 0,05 Dirham (vom span. „Real")

Scherif (Mz. *Schorfa*)
angeblicher Nachkomme des Propheten Muhammad
siehe chérif

Seguia
offener Bewässerungskanal

Sidi
mein Herr!

Suq bzw. Souk (franz.)
in der Einzahl: Markt, meist Wochenmarkt; in der Mehrzahl: Marktgassen einer Stadt. Die Wochenmärkte tragen die Namen der Tage, an denen sie stattfinden: el had = Sonntag, et tnine = Montag, et tleta = Dienstag, el arba = Mittwoch, el khemis = Donnerstag, el djema = Freitag, es sebt = Samstag

Tachelhit
einer der drei Berberdialekte Marokkos

Tajine
Fleisch mit Soße, in spitzdeckeligem Tontopf geschmort

Takbilt
politische Einteilung der Berberbevölkerung des Hohen Atlas (arabisch-berberische Mischform)

Taleh (Mz. *Tolba*)
Student an einer islamischen Hochschule

Tamazight
einer der drei Berberdialekte Marokkos

Tarbouch
männliche Kopfbedeckung (städtisch)

Tigemmi
Haus

Tighremt
Umfriedung; befestigte Burg oder Speichburg auch Kasbah.

Tirs
gute schwarze Ackerböden

Tit
Quelle

Tizi (franz. Col)
Paßübergang

Umma
Gemeinschaft der mohammedanischen Gläubigen

Zawia bzw. Zaouia (franz.)
Heiligtum, kleine Moschee; Sitz einer religiösen Bruderschaft

Zellij bzw. Zellighes
Mosaik aus farbigen Keramikstücken, verwandt mit dem spanischen „azul" (= blau); „azulejos"

Zenata
nomadisierende Berber (aus dem Osten zugewandert); sie sprechen einen der 3 Berberdialekte Marokkos

DIE AUTORIN

Erika Därr, geb. 1949, ist seit 1971 auf allen Kontinenten unterwegs, vorwiegend aber in den Saharaländern.

Das erste Land außerhalb Europas, das sie besuchte, war Marokko. Auf vielen mehrwöchigen Reisen, allein oder mit Familie, lernte sie Land und Leute kennen und lieben.

Ihren erlernten Beruf als Erzieherin „schmiß" die Autorin bald hin, nachdem sie das Reisefieber gepackt hatte. Nach Jahren der Tätigkeit in ihrer mitttlerweile verkauften Firma „Därr Expeditionsservice" in München (gemeinsam mit ihrem Mann Klaus Därr) ist Erika Därr seit 1987 hauptberuflich als Verlegerin in der Verlagsgruppe Reise Know-How tätig.

Als „Bibel für Marokkoreisende" wird ihr 990-Seiten-Führer „Marokko – vom Rif zum Anti-Atlas" tituliert (in 8. Auflage erschienen im selben Verlag), umfangreicher Ausweis ihrer Kompetenz und Erfahrung; Erika Därr ist als Autorin auch an dem Reisehandbuch „Durch Afrika" beteiligt, das schon in 10. Auflage vorliegt, und als Herausgeberin ist sie verantwortlich für die beiden Westafrikaführer von Anne Wodtcke, die schon in 5. Auflage vorliegen (ebenfalls Reise Know-How).

DANKSAGUNG

Mein besonderer Dank gilt Muriel Brunswig, die für diese Auflage recherchierte. Außerdem allen Co-Autoren und Fotografen, offiziellen Stellen und Tipgebern die für diese bzw. die Vorauflage mitgewirkt haben: insbesondere Frau Ludwig vom Marokkanischen Fremdenverkehrsamt, meiner Tochter Astrid Därr, Karl Schlessmann, Jürgen Sieberer, Gudrun Bourquia, Gabriele Noack-Späth und Robert Furnon-Roberts, Helen Gaudera und Gerd Seegers, Fouad Filali, Reda Elmerini, Elfriede Otter-Montag, Brigitte Hanemann, Prof. Herbert Popp, Olaf Weißenborn, Renate Paschen, Brahim Essemlali, Werner Gartung, Franz Riegel, Hans-Jürgen Schulz und allen LeserbriefschreiberInnen, die mir zu diesem und meinem weiteren Buch „Marokko – vom Rif zum Anti-Atlas" Anregungen, Informationen und Tips zukommen ließen und so auch bei der Entstehung des vorliegenden Buches geholfen haben.

An dieser Stelle darf ich darauf hinweisen, daß ich auch in Zukunft für Zusendungen dankbar bin – Kritik und Lob, Aktualisierungen, Korrekturen und „frische" Informationen sind jederzeit willkommen! Aussagekräftige Zuschriften (keine Erlebnisberichte) und gehaltvolle Informationen (soweit nicht schon bekannt), die ich für weiteren Auflagen verwerten kann, werden belohnt mit einem kostenlosen Exemplar der Neuauflage oder einem anderen Buch aus dem Programm des Reise Know-How Verlages Därr. Danke für die Unterstützung!

REGISTER

E

F

G

H

Programm-übersicht

REISE KNOW-HOW Bücher werden von Autoren geschrieben, die Freude am Reisen haben und viel persönliche Erfahrung einbringen. Sie helfen dem Leser, die eigene Reise bewußt zu gestalten und zu genießen. Wichtig ist uns, daß der Inhalt nicht nur im reisepraktischen Teil „Hand und Fuß" hat, sondern daß er in angemessener Weise auf Land und Leute eingeht. Die Reihe REISE KNOW-HOW soll dazu beitragen, Menschen anderer Kulturkreise näherzukommen, ihre Eigenarten und ihre Probleme besser zu verstehen. Wir achten darauf, daß jeder einzelne Band gemeinsam gesetzten Qualitätsmerkmalen entspricht. Um in einer Welt rascher Veränderungen laufend aktualisieren zu können, drucken wir bewußt kleine Auflagen.

RAD & BIKE:
REISE KNOW-HOW RAD & BIKE sind Radführer von lohnenswerten Reiseländern bzw. Radreise-Stories von außergewöhnlichen Radtouren durch außereuropäische Länder und Kontinente. Die Autoren sind entweder bekannte Biketouren-Profis oder „Newcomer", die mit ihrem Bike in kaum bekannte Länder und Regionen vorstießen. Wer immer eine Fern-Biketour plant – oder nur davon träumt – kommt an unseren RAD & BIKE-Bänden nicht vorbei!

Welt

Abent. Weltumradlung (RAD & BIKE)
ISBN 3-929920-19-0
Äqua-Tour (RAD & BIKE)
ISBN 3-929920-12-3
Auto(fern)reisen
ISBN 3-921497-17-5
CD-Rom Reise-Infos Internet
ISBN 3-89416-658-4
Erste Hilfe effektiv
ISBN 3-89416-689-4
Fahrrad-Weltführer
ISBN 3-9800975-8-7
Der Kreuzfahrtführer
ISBN 3-89416-663-0
Motorradreisen
ISBN 3-89662-020-7
Outdoor-Praxis
ISBN 3-89416-629-0
Die Welt im Sucher
ISBN 3-9800975-2-8
Wo es keinen Arzt gibt
ISBN 3-89416-035-7

Europa

Amsterdam
ISBN 3-89416-677-0
Andalusien
ISBN 3-89416-679-7
Bretagne
ISBN 3-89416-175-2
Budapest
ISBN 3-89416-660-6
Bulgarien
ISBN 3-89416-220-1
Costa Brava
ISBN 3-89416-646-0
Dänemarks Nordseeküste
ISBN 3-89416-634-7
England, der Süden
ISBN 3-89416-676-2
Europa Bike-Buch (RAD & BIKE)
ISBN 3-89662-300-1
Gran Canaria
ISBN 3-89416-665-7
Großbritannien
ISBN 3-89416-617-7
Hollands Nordseeinseln
ISBN 3-89416-619-3
Irland-Handbuch
ISBN 3-89416-636-3
Island
ISBN 3-89662-035-5

Europa

Kärnten
ISBN 3-89662-105-x
Kreta
ISBN 3-89416-685-1
Litauen & Königsberg
ISBN 3-89416-169-8
Das Tal der Loire
ISBN 3-89416-681-9
London
ISBN 3-89416-673-8
Madrid
ISBN 3-89416-201-5
Mallorca
ISBN 3-89662-156-4
Mallorca für Eltern und Kinder
ISBN 3-89662-158-0
Mallorca, Reif für
ISBN 3-89662-168-8
Mallorca, Wandern auf
ISBN 3-89662-162-9
Malta
ISBN 3-89416-659-2
Nordspanien und der Jakobsweg
ISBN 3-89416-678-9
Nordtirol
ISBN 3-89662-107-6
Oxford
ISBN 3-89416-211-2
Paris
ISBN 3-89416-667-3
Polens Norden
Ostseeküste/Masuren
ISBN 3-89416-613-4
Prag
ISBN 3-89416-690-8
Provence
ISBN 3-89416-609-6
Pyrenäen
ISBN 3-89416-692-4
Rom
ISBN 3-89416-670-3
Salzburger Land - Salzkammergut
ISBN 3-89662-109-2
Schottland-Handbuch
ISBN 3-89416-621-5
Sizilien - Liparische Inseln
ISBN 3-89416-627-4
Skandinavien - der Norden
ISBN 3-89416-653-3
Toscana
ISBN 3-89416-664-9
Tschechien
ISBN 3-89416-600-2
Warschau/Krakau
ISBN 3-89416-209-0
Wien
ISBN 3-89416-213-9

Deutschland

Hauptsadt Berlin mit Potsdam
ISBN 3-89416-226-0
Insel Borkum
ISBN 3-89416-632-0
Insel Fehmarn
ISBN 3-89416-683-5
Harz/Ost
ISBN 3-89416-228-7
Harz/West
ISBN 3-89416-227-9
Insel Langeoog
ISBN 3-89614-684-3
Mecklenburg/Brandenburg
Wasserwandern
ISBN 3-89416-221-x
Mecklenburg/Vorpommern
Binnenland
ISBN 3-89416-615-0
München
ISBN 3-89416-672-x
Norderney
ISBN 3-89416-652-5
Nordfriesische Inseln
ISBN 3-89416-601-0
Nordseeinseln
ISBN 3-89416-197-3
Nordseeküste Niedersachsens
ISBN 3-89416-603-7
Ostdeutschland individuell
ISBN 3-89622-480-6
Ostfriesische Inseln
ISBN 3-89416-602-9
Ostseeküste/Mecklenburg-Vorpom.
ISBN 3-89416-184-1
Ostseeküste Schleswig-Holstein
ISBN 3-89416-631-2
Rügen und Hiddensee
ISBN 3-89416-654-1
Sächsische Schweiz
ISBN 3-89416-630-4
Schwarzwald
ISBN 3-89416-611-8
Schwarzwald/Nord
ISBN 3-89416-649-5
Schwarzwald/Süd
ISBN 3-89416-650-9
Insel Sylt
ISBN 3-89416-682-7
Thüringer Wald
ISBN 3-89416-651-7

Amerika

rgentinien/Urug./Parag.
BN 3-89662-051-7
lanta & New Orleans
BN 3-89416-230-9
rbados, St. Lucia ...
BN 3-89416-639-8
nada Ost/USA Nord-Osten
BN 3-89662-151-3
nadas Westen
it Alaska
BN 3-89662-157-2
nile & Osterinseln
BN 3-89662-054-1
osta Rica
BN 3-89416-641-x
ominikanische Republik
BN 3-89416-643-6
cuador/Galapagos
BN 3-89662-055-x
uatemala
BN 3-89416-695-9
awaii
BN 3-89416-696-7
onduras
BN 3-89416-666-5
olumbien
BN 3-89662-058-4
ittelamerika BikeBuch
BN 3-89662-302-8
exiko
BN 3-89662-310-9
ew Orleans
BN 3-89416-686-x
ew York City
BN 3-89416-687-8
anama
BN 3-89416-671-1
eru/Bolivien
BN 3-89662-330-3
adabenteuer Panamericana
AD & BIKE)
BN 3-929920-13-1
n Francisco
BN 3-89416-232-5
. Lucia, St. Vincent, Grenada
BN 3-89416-624-8
inidad und Tobago
BN 3-89416-638-x
A/Canada
BN 3-89662-170-x
A/Canada Bikebuch (RAD & BIKE)
BN 3-929920-17-4

Amerika

USA mit Flugzeug und Mietwagen
ISBN 3-89662-150-5
USA, Gastschüler in den
ISBN 3-89662-163-7
USA für Sportfans
ISBN 3-89416-633-9
USA - Südwest
Natur- und Wanderführer
ISBN 3-89662-169-6
USA-Westen
ISBN 3-89662-165-3
Venezuela
ISBN 3-89662-040-1

Afrika

Agadir, Marrakesch
und der Süden Marokkos
ISBN 3-89662-072-x
Ägypten individuell
ISBN 3-89662-470-9
Äthiopien
ISBN 3-89662-043-6
Bikeabenteuer Afrika (RAD & BIKE)
ISBN 3-929920-15-8
Durch Afrika
ISBN 3-921497-11-6
Kairo, Luxor, Assuan
ISBN 3-89662-460-1
Kamerun
ISBN 3-89662-032-0
Libyen
ISBN 3-89662-005-3
Madagaskar, Seychellen,
Mauritius, Réunion, Komoren
ISBN 3-89662-062-2
Marokko
ISBN 3-89662-081-9
Namibia
ISBN 3-89662-321-4
Simbabwe
ISBN 3-89662-026-2
Tansania Handbuch
ISBN 3-89662-048-7
Tunesien
ISBN 3-921497-74-4
Tunesiens Küste
ISBN 3-89662-076-2
Westafrika - Küstenländer
ISBN 3-89662-002-9
Westafrika - Sahel
ISBN 3-89662-001-0

Asien

Auf nach Asien (RAD & BIKE)
ISBN 3-89662-301-x
Bali & Lombok mit Java
ISBN 3-89416-645-2
Bali: Ein Paradies wird erfunden
ISBN 3-89416-618-5
Bangkok
ISBN 3-89416-655-x
China Manual
ISBN 3-89416-626-6
China, der Norden
ISBN 3-89416-229-5
Chinas Osten mit Bejing
und Shanghai
ISBN 3-89416-680-0
Emirat Dubai
ISBN 3-89662-094-0
Hongkong, Macau
und Kanton
ISBN 3-89416-235-x
Indien, der Norden
ISBN 3-89416-223-6
Israel, palästensische Gebiete,
Ostsinai
ISBN 3-89662-451-2
Jemen
ISBN 3-89622-009-6
Jordanien
ISBN 3-89662-452-0
Kambodscha
ISBN 3-89416-233-3
Komodo/Flores/Sumbawa
ISBN 3-89416-060-8
Ladakh und Zanskar
ISBN 3-89416-176-0
Laos
ISBN 3-89416-637-1
Malaysia mit Singapur
und Brunei
ISBN 3-89416-640-1
Mongolei
ISBN 3-89416-217-1
Myanmar (Burma)
ISBN 3-89662-600-0
Nepal-Handbuch
ISBN 3-89416-668-1
Oman
ISBN 3-89662-100-9
Phuket (Thailand)
ISBN 3-89416-182-5
Rajasthan
ISBN 3-89416-616-9
Singapur
ISBN 3-89416-656-8

Asien

Sri Lanka
ISBN 3-89416-170-1
Sulawesi (Celebes)
ISBN 3-89416-635-5
Taiwan
ISBN 3-89416-693-2
Thailand Handbuch
ISBN 3-89416-675-4
Thailand: Tauch- und Strandführer
ISBN 3-89416-622-3
Thailands Süden mit Bangkok
ISBN 3-89416-662-2
Tokyo
ISBN 3-89416-206-6
Vereinigte Arabische Emirate
ISBN 3-89662-022-3
Vietnam-Handbuch
ISBN 3-89416-661-7

Ozeanien

Neuseeland Campingführer
ISBN 3-921497-92-2
Bikebuch Neuseeland
(RAD & BIKE)
ISBN 3-929920-16-6

Edition RKH

Mallorca, Geschichten aus dem
anderen
ISBN 3-89662-161-0
Mallorquinische Reise
ISBN 3-89662-153-x
Yanomami-Massaker
ISBN 3-89416-624-x

Praxis

Fliegen ohne Angst
ISBN 3-89416-754-8
Kanu-Handbuch
ISBN 3-89416-725-1
Orientierung mit Kompass und GPS
ISBN 3-89416-755-6
Richtig Kartenlesen
ISBN 3-89416-753-x
Wildnis-Ausrüstung
ISBN 3-89416-750-5
Wildnis-Küche
ISBN 3-89416-751-3

ERLEBNISREISEN
يورجن شولز سفريات ممتعة
JÜRGEN SCHULZ
TUNESIEN
z.B. vom 10.04.2000 bis 24.04.2000
LIBYEN
z.B. vom 28.02.2000 bis 20.03.2000
ALGERIEN
z.B. vom 15.11.1999 bis 06.12.1999
MARROKKO
z.B. vom 03.05.2000 bis 24.05.2000
Unsere Leistungen
- erfahrene Tourguides
z.B. Andrea Mayer oder Eddy Hau
- jahrelange Tourerfahrung
- Erfahrung in Rallye-Assistance
- für Anfänger und Profis
- gemeinsame Routenplanung
- Motorradtransport
- moderne Rallye-Allrad-LKW
- von fast allen dt. Flughäfen
- Gepäck- und Ersatzteiltransport
- Motorradmechaniker bei der Tour
- Vollverpflegung
und vieles mehr
INFOS
und Termine unter
Erlebnisreisen Jürgen Schulz
Tel./Fax 09131 - 501808
E-mail: fahrschule-j.schulz@t-online.de
www.erlebnisreisen-schulz.de

Därr
www.daerr.de
Alles für Erlebnisreisen
DER KATALOG
Für Ihre Reiseplanung haben wir:
SOWJETISCHE GENERALSTABS-KARTEN
mit sehr guter Detaildarstellung,
GPS Geräte, PC Programme und elektronische Karten auf CD-ROM
NEU: Afrika in 1:500 000 komplett auf 3 CDs, Tunesien in 1:200 000, und weitere. Damit können Sie Ihre Reise perfekt planen.
In unserem Katalog
finden Sie darüber hinaus eine große Auswahl an Reiseausrüstung. Nutzen Sie doch unsere professionelle Erfahrung aus über 25 Jahren und lassen Sie sich den KATALOG schicken.
Natürlich kostenlos und unverbindlich!
THERESIENSTRASSE 66
80333 München
Telefon 089 28 20 32
Fax 089 28 25 25
Internet: www.daerr.de

FOTONACHWEIS

Werner Gartung: Seite 373
Helmut Hoffmann-Buchardi: Seiten 68, 92, 95, U4
Franz Riegel: Seiten 171
Renate Paschen: Seiten 131, 143
Olaf Weißenborn: Seite 423
Hans-Jürgen Schulz: Seiten 2–3, 158, 387, 401
„Herz für Tiere": Seite 99
Udo Klein: Seite 187
Muriel Brunswig: Seite 385
Karl Schlessmann: Seiten 189, U3
Otfried Herrmann: Seite 30
Vera Fleig: Seite 16
dpa: Seite 53, 55
Die Fotos Seite 118, Seite 175, Seite 277 sind von den Hotelbesitzern.
Die restlichen Bilder sind von der Autorin

KARTENVERZEICHNIS